MICHAEL LENTZ

# Textleben

Über Literatur,
woraus sie gemacht ist,
was ihr vorausgeht und was aus ihr folgt

Herausgegeben von Hubert Winkels

S. Fischer

*Für Erich Kleinschmidt*

MIX
Papier aus verantwortungsvollen Quellen
FSC® C083411
FSC
www.fsc.org


Satz: pagina GmbH, Tübingen
Druck und Bindung: CPI – Clausen & Bosse, Leck
Printed in Germany
ISBN 978-3-10-043934-5

# Inhalt

Hubert Winkels: Vorwort ........................... 7

**Vom Ich und zurück. Poetologien**

Schreiben. Sprechen. Ich. Eine Auskunft .............. 13
Mir graut vor mir. Eine Inventur .................... 48
Infekt. Über Poetik und Poesie ...................... 72
Ich, anders. Eine Poetik der Schwelle ................ 97
I. Warum schreiben? ............................ 97
II. Was geschrieben ist! ........................... 123
Nie wieder Dada! Im Gefängnis der Lautpoesie ........ 157

**Werkbesichtigungen**

Claustrophonie ..................................... 177
I. Einmünden. Aushorchen: Stimme .............. 177
II. ›Denklandschaften‹: textlose Schrift ............ 199
Rühmungen. Gerhard Rühm .......................... 208
Ohrenblicke. Josef Anton Riedl ...................... 223
Pastiorphonie ...................................... 232
I. Wer spricht denn da? .......................... 232
II. Pastior spricht (über) Chlebnikov ............... 238
III. Herta Müllers *Atemschaukel* ................... 243
Die Sprache 1 Tumult. Friederike Mayröcker .......... 251
Zum Parnass. Bodo Hell ............................ 257
Donnerwetter. Uwe Dick ............................ 273
Der letzte Futurist. Valeri Scherstjanoi ............... 289

**Andere: Reverenzen**

Prosakrone. Robert Walser ... 307
Kondensieren, Ausstaffieren. Thomas Mann ... 312
Antipointismus. Joachim Ringelnatz ... 323
Herkunft Heimat. Helga M. Novak ... 328
Flugdaten. Thomas Kling ... 340
Tintenfluss. Lieber Hartmut Geerken ... 349

**Alte: Größe**

Nicht auszulesen. Rainer Maria Rilke ... 369
Schweige und habe gelitten. Gottfried Benn ... 407

**Intermedialitäten**

The steps of music. Samuel Becketts Fernsehspiele ... 459
Anschlussfähig. Experimentelle Schriftfilme ... 512

Hubert Winkels: Sinnflucht mit Fluchtsinn.
Über Michael Lentz' Essays ... 545

Personenverzeichnis ... 562
Quellenverzeichnis ... 572

## Hubert Winkels
## Vorwort

Wenn es stimmen würde, dass es zwei Arten von Künstlern gibt, von denen die eine auf die bisherige Geschichte ihrer Kunst reagiert und die andere auf das Leben selbst, dann wäre Michael Lentz zweifellos der ersten Art zuzurechnen, ja geradezu eine Galionsfigur der intertextuellen Referenz und das Prachtexemplar eines poeta doctus und eines poet's poet obendrein.

Doch es stimmt nicht. Das sogenannte Leben ist so hochgradig codiert, dass man, um ihm nahezukommen, eben die Geschichte dieser Codes kennen und können muss. Wie explizit man diese Kompetenz macht, ob man mit ihr wiederum in höherstufiger Ordnung und also abstrakt zu spielen beginnt, das ist dann freilich eine künstlerische Entscheidung sui generis.

Das Schöne dabei: Man kann sich bis zum Schwindel tief in die formalistischen Texturen versenken, man kann gar mit den Grenzfällen der kruden Handschrift und dem unartikulierten Schreien wiederum experimentell operieren, die Offenbarung eines lebendigen Zusammenhangs, eines persönlichen Bezugs zur Welt wird man ab einer gewissen Durchdringung der Sache nicht verhindern können, und also nicht deren Lesbarkeit, deren Wahrnehmung durch den Leser.

Es ist also sinnvoll, dass der Begriff ›Text‹ der erste und bedeutendste in diesem Buch und in dessen Titel ist. Und ebenso richtig ist und gilt, dass er ohne Leerstelle gefolgt wird vom schwierigen Terminus ›Leben‹. Umgekehrt würden die Begriffe im Kompositum nur mit Erklärung funktionieren, auch wenn der Chiasmus eine der grundlegenden Figuren in Michael Lentz' Denken ist, wie das Nachwort zu zeigen versucht.

Dieses Buch beginnt mit Selbstauskünften – eines Schreibers wohlgemerkt, eines Konzeptualisten, eines Textkonstrukteurs, eines experimentellen Autors, eines Traditionalisten der Avantgarde, eines filiationsbewussten skrupulösen Formulierers, dessen Neigung zur Stabilität der wissenschaftlichen Diskurse fast so groß ist wie der emphatische Impuls, diese mit einem Schlag oder Tritt zu transzendieren.

Dieses Buch beginnt denn auch gleich mit dem ›lucky punch‹, der in normalen Kämpfen erst später seine Sekunde hat, es eröffnet mit ihm eine Reihe von poetologischen Aufsätzen, es durchmustert anschließend die Werke verwandter und wahlverwandter und einfach hochgeschätzter Dichter und Schriftsteller der Vergangenheit und der Gegenwart, es geht in die Literaturgeschichte zurück und trifft dort auch auf Autoren, die auf den ersten Blick der hier gepflegten protomodernen textorientierten Literatur nicht nahezustehen scheinen – diese Referenzen auf Rainer Maria Rilke und Gottfried Benn zum Beispiel waren Michael Lentz besonders wichtig –, und es mündet in eine sehr strikte nachvollziehende Betrachtung strikter poetisch-poetologischer Praktiken, so bei Samuel Beckett und im Schriftfilm. Hier ist Michael Lentz, wie schon in seiner Dissertation *Lautpoesie/-musik nach 1945. Eine kritisch-dokumentarische Bestandsaufnahme* von 2000, auch literaturwissenschaftlicher Pionier.

Dieses Buch hat also eine recht klar erkennbare Dramaturgie, vollzieht eine sich in Diktion und thematischer Strenge manifestierende Zuspitzung. Doch immer ist es gut, sich die persönlicher gehaltenen ersten Texte zu vergegenwärtigen. Dann schallt noch aus der Fußnote der Name des Autors hervor.

Dieser relativen Einheitlichkeit in der Bewegung des Gesamttextes steht eine relative Uneinheitlichkeit der Textsorten, der Schreib- und Redegattungen gegenüber. ›It's a Lentz‹, kann man zwar immer recht schnell erkennen und also sagen, doch zwischen einer dezidiert wissenschaftlichen Untersuchung und einer Laudatio liegen dennoch performativ bedingte stilistische, epistemologische und materielle Unterschiede, die zwar keine Welten ausmachen, aber verarbeitet werden wollen.

Michael Lentz ist Professor am Deutschen Literaturinstitut Leipzig. Er muss schon von Berufs wegen sein Tun reflektieren, und er muss Mittel entwickeln, diese Einsichten weiterzugeben. Schönerweise ist seine eigene literarische Schreibweise, ob sie zur Lyrik oder zur Prosa neigt, immer schon selbstreflexiv gesträhnt. Deshalb kann er damit einmal frei räsonierend umgehen, mit kleinen erzählerischen Einlagen, dann wieder strenger ausbuchstabierend. Die Poetikdozentur, eine im Deutschland dieser Jahre aufblühende literaturinstitutionelle Form, bietet hierzu ein weites Feld von Möglichkeiten. Doch in allen Fällen der Selbstauskunft geht Michael Lentz den Weg über andere Texte, über Texte anderer. Deshalb sind die Grenzen von dieser Gattung zur Laudatio fließend; ebenso die von der Laudatio zum Porträt und vom Porträt zur Besprechung. Es kommt hier auf die Auswahl an.

Vor- oder Nachworte oder umfangreiche Einleitungen zu Sammelbänden mit Werken anderer Dichter bemühen sich um stärkere Gründlichkeit, nehmen größere Teile der Sekundärliteratur mit auf. Schließlich die genuine wissenschaftliche Untersuchung, die Neuland betritt. Das ist der weite Kreis, den die vorliegenden Essays ausmessen. Sie stammen alle, ob als Reden oder Aufsätze, aus den ersten elf Jahren des 21. Jahrhunderts, der Beitrag über Bodo Hell lag bislang nicht schriftlich vor, der über Becketts Fernsehspiele wird hier zum ersten Mal in ganzer Länge veröffentlicht. Die Textdarstellung im Buch wurde, so weit, wie es möglich war, ohne den originalen, dem Ort und dem Anlass geschuldeten Duktus zu verfälschen vereinheitlicht. Doch es gibt sichtbare Unterschiede, von der Schreib- bis zur

Zitierweise. Das ist eben genuiner Teil eines Buches, in dem ein Leben in einer Diversität von Texten hör- und sichtbar wird – und eine Diversität von Texten durch ein persönliches Temperament erkennbar.

# Vom Ich und zurück. Poetologien

## Schreiben. Sprechen. Ich. Eine Auskunft

Boxen ist sehr anstrengend. Boxen ist eine Kunst. Boxen ist schön, macht aber viel Arbeit. Die Anstrengung soll der Kunst nicht anzumerken sein. Ein folgenreicher Treffer braucht eine gute Vorbereitung. Eine jahrelange zuweilen. Oder Glück. Der sogenannte ›lucky punch‹ gehört zum Leben. Er kann dazugehofft werden. Jahrelang auf einen sogenannten ›lucky punch‹ hoffen oder jahrelang dieser Hoffnung gegenarbeiten, es zu dieser Hoffnung erst gar nicht kommen lassen. Einen ›lucky punch‹ nicht nötig haben. Meine Lebensaufgabe ist es, den linken Haken zu beherrschen. Ansatzlos mit dem linken, dem vorgestellten Bein einen Sidekick ausführen. Ohne Zwischenschritt. Das Gewicht wird unmerklich auf das rechte, das Standbein verlagert, der Tritt wird von innen gezogen halbkreisförmig ausgeführt. Hierbei ist auf die Spannung des Fußspanns zu achten. Schläge und Tritte sind körperteilfixiert. Gekonnt ausgeführt, setzen sie den Gegner außer Gefecht. Ohnmacht und Tod. Ein momentaner Eingriff ins vegetative Nervensystem. Der Gegner bin ich selbst. Die Beherrschung des Gegners ist eine Kunst. Boxen ist sehr anstrengend. Ein System im Geviert. Dieselbe Bewegung, derselbe Bewegungsablauf. Für ein und dieselbe Bewegung täglich zusammenkommen. In der Wiederholung des Immergleichen ist Boxen der Versuch, über sich selbst hinauszugelangen. Das Immergleiche des täglichen Hemd- und Hosenanziehens ist die Grundvoraussetzung für die Wiederholbarkeit des linken Hakens. Alles läuft auf die Wiederholbarkeit des linken Hakens hinaus. Im Ausräumen der Spülmaschine ist der linke Haken bereits verborgen. Der linke Haken ist in der Spülmaschine angelegt. Eine Wiederholung allerdings gibt es nicht. Und wer wüsste das besser als Søren Kierkegaard: »Wiederholung und Erinnerung sind dieselbe Bewegung, nur in entgegengesetzter Richtung«, heißt es beim alten Dänen. Wiederholung ist also das, was bei den sogenannten Griechen ›Erinnerung‹ war? Ob die Erinnerung heimlich die Welt regiert. Ob ein Mensch, der nicht aus Erinnerung besteht, denn tatsächlich aus nichts besteht. Und wie dieses Nichts denn aussieht. An anderer Stelle in Kierkegaards Versuch in experimenteller Psychologie *Die Wiederholung* heißt es: »Aber Reisen ist nicht der Mühe wert, denn man braucht sich nicht von der Stelle zu rühren, um überzeugt zu sein, dass es keine Wiederholung gibt.« Das ganze Tun ist ein einziger Wiederholungszwang, Ordnung schaffen, Essen, Trinken, selbst frühmorgens oder zu einer bestimmten Tages- oder Nachtzeit aufstehen, selbst aufstehen ist eine einzige Wiederholung, die dazu dient, die Körpermaschine, die ja die Zentrale des Wiederholungssystems Mensch ist, in Gang zu halten. Warum stehen Sie eigentlich Tag für Tag auf? Um mich wiederholen zu können. »Identität ist variierte Wiederholung«, heißt es bei Franz Mon. Und das ist so einer dieser Schlüsselsätze. Dieser Satz, »Identität ist variierte Wiederholung«, hat mich bei der sprichwörtlichen ›Herstellung‹ des 1998 erschienenen Buches *Neue Anagramme* besonders intensiv beschäftigt, bevor sich eine Lösung einstellte. Eine Lösung stellt sich ein als jahrelang vorbereiteter, täglich wiederholter linker Haken, oder eine Lösung stellt sich ein als ›lucky punch‹. Aus der Titelzeile »Identität ist variierte Wiederholung« habe ich nach monatelanger Überlegung folgendes Anagramm gebastelt: »Identität ist variierte Wiederholung«. Ein Beispiel, wie lebensweltliche Dominanz bei der Lösungsfindung schlimmere ästhetische Windungen verhindern hilft – um sich dann doch an der ästhetischen Nase packen zu lassen. Unüberprüfbar hat die Ausgangsgestalt alle denkbaren Variationen durchrast, könnte man denken, nicht auszudenken, um wieder in ihre Ursprungsform einzurasten – die ja nicht ihr Ursprung ist.

Das Buchstabieren ist ein Ordnungssystem erster Güte. Die Alphabetisierung ist eine Zwangserscheinung. In der Grundschule wollte sich das Alphabet bei mir partout nicht einstellen. Ich konnte es mir – einfach – nicht merken. Oder hoffte ich, durch konzentriertes Nichtlernen, der Alphabetabrichtung entkommen zu können? Als Alphabetletzter musste ich dann so lange im Rücken der Klasse vor der Klassenzimmerwand stehen, bis sich das Alphabet sozusagen von selbst in mir eingestellt hatte, bis es in mich eingesickert war. Irgendwann war es dann halt da. Unter gewöhnlichen Umständen hat man keine Chance mehr, es jemals wieder zu verlernen, vergessen. Dito Zahlenkunde. Und dann lernt man ja, immer schön vernünftig zu sein, das heißt, vernünftige Dinge zu sagen. Den Vorteil auszunutzen, den die Erde im Vergleich zum Mond hat, dass nämlich eine Information scharf einsetzt und scharf aussetzt. Wenn ich spreche, kann ich also gehört werden. Ob ich erhört oder gar verstanden werde, steht auf einem anderen Stern. Unsinn reden ist Unsinn.

Was ist das eigentlich, Schreiben? So allgemein gesehen. So im Allgemeinen. Schreiben ist »die konkrete, in der abendländischen Kultur meist gewohnheitsmäßig und wie unbewusst vollzogene Handbewegung, die Schriftzeichen und Schriftstücke hervorbringt, aber auch in einem weiteren Sinn das berufsmäßige Verfassen von Texten.«[1] Schreiben kann als »Einheit, Gleichzeitigkeit und Wechselwirkung (-affektion) von Schreiber, Schrift und Geschriebenem«[2] begriffen werden.

1 Detlef Thiel: Über die Genese philosophischer Texte. Studien zu Jacques Derrida. Freiburg, München: Alber 1990, S. 13.
2 Ebd., S. 387.

Unter ›Schrift‹ als materiales Substrat von ›Schreiben‹ kann ein einzelnes Schriftstück, die individuelle Handschrift einer bestimmten Person oder ein Notationssystem, eine »Gesamtheit von Regeln zur Produktion graphischer bzw. sichtbarer Zeichen«[3] verstanden werden. Meint Schreiben den Fixierungsprozess, so meint ›Schrift‹[4] zuerst ein Fixiertsein. Und fixiert ist der Autor oft auf Schreibverfahren, Sichtweisen, Wahrnehmungen, die er gar nicht kontrollieren kann, der arme Kerl.

Schreiben geschieht mittels der Medien Handschrift, Schreibmaschine oder Computer. Privat manifestiert sich Schreiben in präliterarischer Notiz, Brief, Tagebuch etc., ein sich öffentlich machendes Schreiben geschieht in den Medien administrative Schriftstücke, Buch, Internet.

Als eine (zunächst) auf Privatheit oder Öffentlichkeit hin angelegte Tätigkeit kommen dem Schreiben in unterschiedlichen kulturellen Zusammenhängen differierende gesellschaftliche und ästhetische Funktionalisierungen zu, deren Grenzen fließend sein können. So dient es als identitätsstiftendes Distributionsmedium gesellschaftlicher oder sozialer Bewegungen (z. B. ›Literatur der Arbeitswelt‹), als (Selbst-)Therapeutikum oder als selbstreferentielles ästhetisches Medium, das wiederum in jeweiligen ideologischen Kontexten unterschiedlich instrumentalisiert werden kann.

3 Ebd., S. 13.

4 Jacques Derridas neuem Schriftbegriff zufolge ist Sprache Schrift und Schrift ein Gewebe von Differenzen und Spuren. Die gesprochene Sprache ist bereits der Schrift zuzurechnen. Derrida dekonstruiert die bei Aristoteles, Platon und Hegel vorfindliche traditionelle Hierarchie von Stimme und Schrift und geht ihren Dependenzen und Wechselwirkungen in jeder Art der – phonischen oder graphischen – Artikulation und Codierung nach. Er definiert ›Schrift‹ weder als System graphischer Zeichen auf einem materiellen Träger noch als Handschrift oder Schriftstück, sondern als Inbegriff aller Festlegung.

Schreiben als ästhetisches Medium mit der Zuweisung der Literarizität und, nach Roland Barthes, mit dem Abgrenzungskriterium ›Form als Wert‹ ist wohl vordringlich dasjenige Schreiben, das hier der Sinnstiftung eines linken Hakens gleichkommt.

Warum aber schreiben? Um der Langeweile zu entkommen, die einen Ende der siebziger Jahre des vorigen Jahrhunderts in einer bundesdeutschen Kleinstadt überfiel und im bürgerlichen Schwitzkasten gefangen hielt. So jedenfalls habe ich mir das selber zurechtgelegt. Kinder gegen Artensterben, Schreiben gegen Langeweile. Seitenfüllen als Zeitabbau. Dann schaut man sich das nach Tagen noch mal an, hat man sich über Nacht doch bereits als Schriftgröße begriffen – und schmeißt es weg. Das heißt, man geht feierlich eine unauffällige Kiste kaufen, in der es abgelegt wird – und da liegt es auch heute noch, seit fast fünfundzwanzig Jahren. Man bringt es einfach nicht übers Herz, das Zeug zu entsorgen. Selbstverklärung in romantischer Reinkultur. Selbsttrost einer klemmenden Existenz, die zunächst noch jeden kleinstädtischen Mülleimer für den Beweis von Weltstadt hielt. Reinkultur auch mit ›h‹. Literatur als Blitzableiter, Therapieersatz, bis sie nicht mehr zu ersetzen ist. Tatsächlich ist mit der ersten Seite bereits alles schon da, die ganze schiefe Haltung ist schon drin in dieser ersten Seite, da sollte man sich gar nichts vormachen wollen, besser wird das nicht mehr, nur versteckter, sublimierter, mit einer immer letzten Ölung von – Achtung – ›Literarizität‹ versehen. Und der sogenannte Akt des Schreibens, der soll einem ja bereits für Geistesgröße stehen, das Schreiben überhaupt, das Rumfummeln auf einer Seite Papier, das Stochern in einem Bildschirm ist bereits Ausweis genug. Und so sieht das Geschriebene dann oft auch aus. Gefummelt, gestochert. Jetzt nennen Sie mir einmal einen triftigen Grund, warum man sich in einen fremden Stoff hineindenken, diesen ausbreiten, formen sollte, zweihundert oder fünfhundert Seiten lang. Den Leser zu unterhalten? Warum man überhaupt über etwas anderes als sich selbst schreiben sollte. Ich meine, bereits über sich selbst weiß man ja nichts zu sagen, geschweige denn zu schreiben, über sich selbst schreibt man ja immer, indem man an einen anderen denkt, damit man sich sich selbst besser vorstellen kann, im Bezug auf einen anderen schreibt man über sich selbst, und selten genug ist das zutreffend. Wie heißt es bei Jessenin: »Mit mir selbst zurande komm ich nimmer, / mir, den ich liebe, / bleib ich ewig fremd.« Da nimmt man also Bezug auf einen anderen, indem man sich selbst schreiben will, weil sich das selbst nicht einstellt, und kommt nur über den Umweg eines anderen dahin, wo man ›ich‹ sagen möchte, was nicht gelingt. Lassen wir das Ich-Schreiben also weg und schreiben direkt über einen anderen? Warum schreiben? Manchmal ist ein Wirkungstreffer ein zur rechten Zeit gegeigtes Statement. »Ich schreibe, um mich nicht aufzuhängen«, gab Thomas Bernhard Anfang der achtziger Jahre des letzten Jahrhunderts bekannt. Das hat mich tief beeindruckt, zeigte Nachhall. Ich stellte mir vor, wie das ist, sich aufzuhängen. Eine gelungene Aufhängung ist unwiederholbar. Ein gelungener Roman zum Beispiel sollte unwiederholbar sein. Reproduktionszwang der Massenindustrie – Ihr Duft, Ihre persönliche Note, nicht wahr – das Einheitsgesicht als Individuum. Man kann sich ja schließlich seine Unterhosen nicht selber stricken. Jedenfalls sollte man das Stricken von Unterhosen nicht zum Lebensprogramm machen. Eine selbstgestrickte Unterhose ist – eine Unterhose.

Immer ist man irgendwo, wo man nicht dazugehört. Manchmal gehört man nicht einmal in sich selbst. Ich halte mich lieber im stinkenden Ballsaal eines Boxtempels auf als in der gewichsten Gesellschaft von Poesieparasiten. Ist es nicht ein Jugendtraum, der Literatur und allen Umherstehenden einmal nach allen Regeln der Kunst in die Fresse zu hauen? Was hat er denn? Elitär bis zur Selbstverleugnung? Anlehnungsbedürfnis an die abgewandte Seite der Sozialisation? Zu viel Schwermetall, zu viel Gewaltfilme? Hooliganwachträume? Jessenins Hooligan-Gedichte. Wenn das Zitat eine Zikade ist, wie Ossip Mandelstam sagt; wenn es eine Anverwandlung ist, eine Aneignung; dann behaupte ich, der Verfasser dieser Gedichte von Sergej Jessenin bin ich.

Vielleicht lässt sich sagen, Literatur ist ein spezifisches Zeichensystem, die Literarizität von Texten unterscheidet diese von Alltagsrede, aber auch von den semiotischen Spezifika zum Beispiel der Bildenden Kunst. Literatur bzw. Poesie kann – und der russische Formalismus zum Beispiel hat das getan – als parasitärer Sonderfall von Sprache bzw. Sprachgebrauch verstanden werden. Dies setzt allerdings ahistorisch eine invariante Normal- bzw. Normsprache voraus. Andere Positionen gehen davon aus, die poetische Sprache als Verwirklichung der »Unendlichkeit des sprachlichen Kodes« (Julia Kristeva) zu begreifen, Poesie also als eine sprachliche Subsysteme sozusagen anzapfende Idealsprache, idealerweise gedacht.

Wie jedes Kind längst weiß, kommt Poesie vom Griechischen ›Poiesis‹, ›machen‹, und dem Gemachten an der Poesie gilt die Aufmerksamkeit in der praktischen Arbeit an literarischen Texten. Einkreisungen der Gemachtheit erfolgen nach makro- und nach mikrostrukturellen Aspekten.

Unzweifelhaft bedient sich Literatur bzw. Poesie vorgefundener Metasprachen, macht sich in spezifischen Sprachkontexten definierte Denotationen zu eigen und codiert diese um, sie erfindet zuweilen nicht als System fungierende Pseudosprachen – dies zeigt zum Beispiel die Geschichte der Lautpoesie. Ein Kriterium der produktiven Auseinandersetzung mit der Funktionalisierung von Sprache in literarischen Texten ist dann, die Sprachschichten offenzulegen, Schemata bewusstzumachen, das semiotische wie mentale Gerüst ›dahinter‹, hinter dem Text, erfahrbar zu machen.

Innerhalb des Zeichensystems von Literatur lässt sich zunächst unterscheiden zwischen Inhaltsebene und Ausdrucksebene, Textbedeutung und Textfunktion bzw. Sinn, zwischen Thema-Rhema-Differenzierungen, zwischen Wie und Was. Wobei eingestanden sei, dass ›Wie‹ und ›Was‹ oftmals nicht so ohne weiteres voneinander zu trennen sind. Nicht umsonst spricht Roland Barthes in seiner Semiotik von einer »Verklebung« von Signifiant und Signifié, des Signifikanten mit dem Signifikat. Diese »Verklebung« resultiert poetologisch aus einer autorenspezifischen Umcodierung der Denotation von Wörtern. Sie scheint mir insbesondere in der Lyrik, der Poesie, ein gegenüber anderen Genres abgrenzungstaugliches Merkmal zu sein. Man nenne diese Lyrik dann ›hermetisch‹ oder nicht. Wortfelder und ihre Denotationen sind in der (internationalen) Geschichte der Poesie immer schon Material der Entfaltung ›neuer‹ Konnotationen gewesen.

## Verstehen – Auslegen

Es gilt, einen Text als ein Kohärenz stiftendes Gebilde zu verstehen, als ein auf sich selbst abgebildetes System, das durchaus Aussagen über seine Gemachtheit zulässt.

Bei der Textanalyse mittels Stilfragen, syntagmatischen und semantischen Detailfragen oder der Erörterung von Vorlieben für ein lexikalisch-morphologisches Inventar werden Kriterien der Text-Kohärenz auf spezifischen strukturellen Ebenen der Syntax, Semantik, Phonetik etc. postuliert, aus dem Text deduziert, methodisch abgeleitet. Kohärenz erster, zweiter usw. Ordnung. Die Debatte über die dem Text eigene Sinnkohärenz ist dabei ein so notorisch streitbares wie fruchtbares Unterfangen.

Die Partie nachspielen, die dem Text zugrundeliegende Ordnung rekonstruieren – das hat mich als Leser immer interessiert. Eine Textordnung, die fahrlässig genug für eine Weltordnung gehalten wird. Den Text rätselhaft lassen, das hat mich nicht weniger interessiert. Einen Text über die Jahre immer wieder lesen, mit jeder neuen Lektüre könnte ein Vorverständnis gelöscht werden, den Text neu belegen, ihn neu ausstatten mit Sinnbezügen, unvermutete Kohärenztrassen deutlich erkennen, Kafka zum Beispiel, Celan zum Beispiel.

Kritikfähig sind gleichfalls textinterne Strategien der makro- und infrastrukturellen Anordnung eines Textes. Neben Fragen des Aufbaus eines Textes auf syntaktischer, morphologischer/lexematischer und phonetischer Ebene zählen für mich hierzu auch Strategien der Rhetorizität von Texten. Diese kommen konzentriert auf engstem Raum insbesondere in der Lyrik zur Geltung. Lyrik operiert oftmals als eine Rede mit all ihren Topoi, ihrem rhetorischen Schmuck, ihren geradezu ausgestellten Tropen/Figuren. Die Appellstruktur von Texten zählt hierzu, ihre spezifische kommunikative Gerichtetheit, die Funktionalisierung der Erzählperspektive etc.

Apropos ›kommunikative Gerichtetheit‹. Manche Gedichte zum Beispiel sind eine Art Kommunikationsstandbild. Sie stellen wiedererkennbare Situationen gelingender oder misslingender Kommunikation aus, indem sie allein auf deren formale Aspekte bzw. Schemata referieren. Diese formalen Aspekte kommen sozusagen durch die Hintertür der Ausdrucksebene hinein ins Gedicht und werden, auf seiner Oberfläche ausgestellt, inhaltlich:

**jedoch immerhin**

aber er hat sie angesprochen
aber er hat sie gelangweilt
aber er hat sie angesprochen
aber er hat sie gelangweilt

aber er hat sie angesprochen
aber er hat sie gelangweilt
aber sie sagt kein wort
aber er hört es nicht
aber sie lacht noch
aber er geht

Oder als Beitrag zum Adorno-Jahr:

Bei den meisten Menschen
sagt Theo
ist es schon
eine Unverschämtheit
wenn sie »ich« sagen
Ich bin die meisten
ich sage deshalb
»du«

Die Rezepte in der Prosa, eine Appellstruktur der kommunikativen Gerichtetheit des Textes aufzubauen, sind traditionell verbürgt und jahrhundertelang erprobt. Ob als Captatio Benevolentiae der Hörer- bzw. Lesergewinnung für die glaubhafte Aufnahme einer als solche beteuerten ›wahren Begebenheit‹; als direkte Ansprache des vermuteten Lesers, der wie ein Eingeweihter fungiert – die schöne Illusion, der Roman ist nur für mich geschrieben, nur ich lese diesen Roman, und ich allein kann ihn auch richtig verstehen –; oder auch als Spiel mit den Grenzen von authentischem Bericht und Fiktion, von Dichtung und Wahrheit, autobiographischem Kern und Rollenprosa. Spricht da auch noch ein ›Ich‹, kann so einiges zusammenkommen an Unterstellung, Bare-Münze-Lesen, An-der-Nase-Herumführen. Im Roman *Liebeserklärung* spricht ein ›Ich‹ unentwegt. Je jetztzeitbezogener und alltagstauglicher die Ingredienzien einer solchen Art von Prosa sind, desto unbedingter sind der Gleichsetzung von ›Ich‹ und Autor Tür und Tor geöffnet. Die Zeigegeste ›ich‹ scheint hier also nicht ins Leere zu weisen, von Leerdeixis ›ich‹ keine Spur, so scheint es, es muss der Autor selbst sein. Oder? Wenn doch alles so offensichtlich zu sein scheint, so unverstellt, so hinweisvoll, wenn die Appellstruktur des Textes doch so offensiv einen Evidenzbeweis zu erbringen scheint, dann muss das doch autobiographisch sein, oder nutzt da jemand gerade diese wuchtige Oberflächenmarkierung nur aus, um eine voraneilende Diskussion diesbezüglich direkt ad absurdum zu führen, genau diese binäre Disposition ›Mitschrift‹ – ›Fiktion‹ zum schillernden Subtext zu machen? Heißt das am Ende, auch wenn es autobiographisch ist, ist es dennoch Fiktion?

Weiter im Text. Von wirkungsästhetischer Relevanz sind – wie angedeutet – deiktische Funktionen des Textes, die Rekurrenz einzelner Elemente auf syntaktischer, semantischer oder phonetischer Ebene. Ein offen gehaltenes ›Hier‹, ›Da‹, ›Dort‹, ›Jetzt‹, ein sich selbst durchlaufendes Medium, die simulierte Selbstentfaltung einer sprachlichen Keimzelle, eine insistierende Geste des Zeigens auf etwas, die sich immer nur wieder im Text selbst verankern kann. Das Bockspringen der Zeichen, die keine ursprüngliche Bedeutung mehr haben. Und die wörtliche ist ja nicht die ursprüngliche. Warum das nicht mal zum Textmovens machen – und siehe da, das ist auch eine Geschichte, und darin enthalten sind wiederum Geschichten, und von einem weltenfernen Brausepaule stammt das nicht. Die sich scheinbar selbst schreibende Sprache, die ihre Verweiskoordinaten offenlegt, die zeigt: So will es der Sprachgebrauch, so steht es im Duden, so wird aus Thesaurus Ernst:

**Das muss von etwas handeln**

Das muss eine handlung sein. Da passiert was. Das ist selbstverständlich. Da läuft was ab. Da läuft etwas immer weiter hinterher. Bis es vor sich selber steht. Das muss dann aber schon schnell gelaufen sein. Also das geschehen dieser geschichte ist ein akt von vorgang ablauf oder abfolge mit aktion im handstreich und geschehen voller historie ein unternehmen so ganz mit entfaltung entwicklung oder vergangenheit wie es so schön heißt. Mit anderen worten ein bravourstück komplett mit eingriff und feldzug. Der gang der handlung ist somit voller vorleben oder vorwelt oder vorzeit ein lebenslauf sozusagen voller sitte überlieferung herkommen und weiterführung. Eine gewohnheit mit kampagne und machenschaften gewissermaßen. Strenggenommen auch eine geschichte mit füllung eingeweide und inneres. Ursprünglich sicherlich eine ladung mit verpacktem nämlich füllsel ware substanz. Eigentlich auch eine sache mit vorgang ablauf und folge schritt und trott und fluss. Mit anderem namen eine angelegenheit der umtriebe und fortentwicklung, ein entwicklungsgang mit werdegang, eine operation mit tätigkeit und handstreich, ein geschehen quasi mit handlungsgerüst und inhalt, an und für sich also ein ereignis mit kern und gehalt, so gut wie ein prozess mit fortgang lauf und fabel, schließlich gleichsam ein verlauf mit maßnahme und tat, oder sagen wir ungefähr eine weitergabe mit brauch und erbe, ursprünglich ein fall mit gestern und hergang, demnach eine aktivität des früheren und gewesenen, könnte aber auch sein ein überfall angriff anschlag eine attacke offensive überrumpelung ein raubzug gewaltstreich einfall und vorstoß quasi, oder doch vielmehr ein attentat raubzug einbruch eine aggression und invasion ein anschlag ausfall einmarsch, vielleicht wohl eher ein komplott ansturm ausfall beziehungsweise eine offensive invasion und ränke, will heißen aktion kaprize erleuchtung, das heißt einmarsch alias flausen und funke und plan respektive überfall und hinterhalt, anderenfalls laune mucke grille will sagen gedanke nämlich sondern plünderung ansonsten beutezug und gegenangriff und eingebung und kapriole und handstreich wie gesagt dagegen lieber anders gesagt je nachdem auch besser gesagt je nachdem sonst außerdem ferner tradition. Das ist es.

Die sprachliche Selbstbeschreibung eines stimmigen semantischen Begriffsfeldes, der Protagonist ›Handlung‹ reist über die Stationen ›Handstreich‹, ›Historie‹, ›Vorleben‹, ›Lebenslauf‹, ›Eingeweide‹, ›Inhalt‹, ›Prozess‹, ›Überfall‹, ›Einfall‹ und zum Beispiel ›Erleuchtung‹ hin zu seinem Bestimmungsort, der ›Tradition‹, gewissermaßen – eines der deutschen Totalwörter, das ganze Heerscharen von Differenzierungen löschen kann. Dieser Text aus dem Band *Muttersterben* enthält alles, was ein Prosastück braucht. Er ist Plot und Plotanweisung in einem.

Im Allgemeinen geht es so auch um die Rekonstruktion der Textentstehung, um die Sensibilisierung für die Materialität von Literatur – die Sprache, indem »die Sache gegen ihr Zeichen hin« gewendet wird, wie es in Jean Pauls *Vorschule der Ästhetik* heißt.

*These 1*: Literatur macht keine – begrifflichen oder begrifflich zu fixierenden – Aussagen. Würde sie diese machen, wäre sie im aussagelogischen Sinne verhandelbar wie die Statements von Politikern. Mögen diese, rein rhetorisch gesehen, auch nur von autoreflexiver Relevanz sein.

*These 2*: Grundsätzlich ist bei literarischen Texten von einer Vieldeutigkeit, einer grundsätzlich polysemen Struktur auszugehen. Hierüber entwickelt sich im Sinne von Frage und Antwort der produktive und im besten Falle dynamische Diskurs – und zwar zwischen Text und Leser.

Einschränkung von These 1: Literarische Texte bewegen sich, sie oszillieren zwischen dem begrifflichen und dem nichtbegrifflichen Pol. Wolfgang Iser führt diesbezüglich aus: »Darin kommt zugleich die Eigentümlichkeit des Sinnbegriffs fiktionaler Texte zum Vorschein; sie ist – um einen Ausdruck Kants abzuwandeln – amphibolischer Natur: bald hat der Sinn ästhetischen, bald hat er diskursiven Charakter.«[5]

Es gilt also, den Brückenschlag zu meistern zwischen seinen textinternen Sinn- und textexternen Bedeutungskoordinaten, die einen fiktionalen Text so vieldeutig in der Schwebe halten.

Bildet der Text solchermaßen sein eigenes Netzwerk, gilt es, seine Kohärenz-Konstitution auf allen strukturalen Ebenen zu hinterfragen. In der scheinbaren Abwesenheit kohärenter Sinnkonstitution erzeugt ein Text, ob Lyrik, Prosa oder Drama, seinen eigenen Metatext, der sozusagen hinzugelesen wird und in literaturtheoretischen und -historischen, in ästhetischen und literaturpraktischen Debatten sehr schnell den Fokus der Auseinandersetzung bildet, hinter dem der gestaltete ›eigentliche‹ Text verschwindet.

## Das ›Was‹ und sein ›Warum‹

Einen Liebesroman gibt es bereits, desgleichen einen Band mit Liebesgedichten. Einen Großstadtroman gibt es ebenfalls schon, die Großstadt hat epochenübergreifend auch im Gedicht ihren Nachhall – und Widerspruch – gefunden.

Ein Lexikon literarischer Stoffe ist redundant, überflüssig. Der Inhalt des kulturellen Gedächtnisses ist möglicherweise mit der Denotation, dem Begriffsfeld ›Inhalt‹ in literarischen Texten deckungsgleich. Was hat alles Platz in einem Gedicht?, hieß einmal eine Debatten auslösende Frage, vor vielen Jahren aufgeworfen von Walter Höllerer. Eine umfassende, gar nicht zu kurz ausfallende Antwort lautet: die Welt. Wenn also alles zu Literatur werden kann, grob- wie feinstofflich, dann ist doch die einzig relevante Frage, ›wie‹ dieses alles zu Literatur

5 Wolfgang Iser: Der Akt des Lesens. München: Fink 1976, S. 43.

wird. Dieses Wie kann im besten Falle dergestalt sein, dass es das Was neu definiert. Sagen wir, idealerweise.

Wahrnehmen ist stets von Erinnern durchwirkt, so auch die wahrnehmende Tätigkeit des Lesens. Lesen selbst als ein schöpferischer Akt mag umgekehrt auch schon Schreiben sein: Mitschreiben, Vorausschreiben, Nachschreiben, Umschreiben. Lesen ist bereits schon Werten, im besten Falle eine Schärfung der eigenen Urteilskraft des Autors. Eine Schärfung des Bewusstseins über die eigenen soziokulturellen Voraussetzungen, über die Situation des Hier und Heute, soweit dies möglich ist, ist meines Erachtens der eigenen Produktivität zuträglich. Anders formuliert: Ich bin davon überzeugt, dass ein Wissen um die systematischen Zusammenhänge von Tradition – kulturelles Gedächtnis – Autorenschaft produktiv umgemünzt werden kann in eine konzise Entfaltung der eigenen literarischen Dispositionen und – ein ähnlich wie Naturlyrik verbrämtes Wort – Selbst(er)findungen. Produktion und Rezeption sind aufeinander bezogen; keine Seite kann unabhängig von der anderen Aussagen machen. Der Schreibende fungiert bereits als Lesender. Ich stehe in diesem Zusammenhang für einen offenen Literaturbegriff zwischen Tradition und Experiment. Beide sind nicht, auch wenn das immer wieder versucht wurde und wird, unabhängig voneinander zu denken.

## Experiment, Lautpoesie. Ein akustisches Schreiben von keinerlei Sprache. Handschrift

In letzter Zeit erfahren poetische Grenzbereiche hin zur Musik, zur Bildenden Kunst und zum Film wieder eine historische Aufarbeitung und ästhetische Auseinandersetzung. Diese Grenzkünste werden zum Beispiel auf Bühnen und in Konzertsälen wieder vermehrt zur Realisierung gebracht.

Als solchermaßen intermediale Borderline-Genres können benannt werden zum Beispiel akustische Kunst, Lautpoesie, Text-Sound-Komposition, digitale Poesie, interaktive Poesie, new media poetry, experimenteller Schriftfilm, Text-Tanz-Projekte. Sie sperren sich gegen die auf den tradierten abendländischen Schriftbegriff fixierten textanalytischen, hermeneutischen etc. Instrumentarien und den mit diesen bedienten Exegeseapparat. Ihre spezifische Form der medialen Vermittlung setzt kognitive Prozesse in Gang, die eine rezeptionsästhetische Neuorientierung verlangen. Im Rahmen meiner Dissertation *Mediale Aspekte der Lautpoesie/-musik nach 1945. Eine kritisch-dokumentarische Bestandsaufnahme* habe ich versucht, dem Paradigmenwechsel in der medialen Verfasstheit von akustischer Poesie methodisch auch im Sinne ihrer Vermittlung gerecht zu werden. Hier wird auch eine spezifisch gefasste Schrift-Stimme-Problematik virulent, die von besonderem ästhetischem Reiz ist.

Paul Zumthor prägte die aus ›voix‹ (Stimme) und ›graphème‹ (Graphem) gebildete Kontamination ›vocème‹, um die Gleichursprünglichkeit von Stimme und Schrift (Schreiben) begrifflich zu fixieren. Roland Barthes spricht in diesem Kontext von einer ›Stimmenschrift‹ (›écriture vocale‹), einer ›Schrift mit lauter Stimme‹ (›écriture à haute voix‹).

Lautpoesie ist ein Genre der akustischen Kunst im intermedialen Grenzbereich von Poesie und Musik, das insbesondere nach 1945 alle an artikulatorischen Prozessen beteiligten Sprechorgane und -werkzeuge und den Atemapparat stimmlich-›kompositorisch‹ funktionalisiert und so das gesamte menschliche Klang- und Geräuschpotential poetisch erfahrbar macht. Für die verschiedenartig inszenierte Lautartikulationskunst sind in der Wahrnehmungshierarchie instabile Beziehungen unter anderem von sprachlichen und stimmlichen Merkmalen oder allgemein von Laut und Stimme konstitutiv. Lautgedichte gelten als ›auditive Irritationsexperimente‹

(Martin Maurach), die von der untersten Einheitenebene eines Einzellauts bis zu einem Textganzen klangliche Eigenschaften von Sprachlauten und Stimmenmerkmalen abtasten. Mit ihrer ausdrucksorientierten, häufig emotionsbesetzten »artikulatorischen Gestik« (Gerhard Rühm) lassen Lautgedichte dabei oft den Höreindruck einer Nachahmung von Gestik und Artikulationsfluss realer Sprachen entstehen.

Lautpoesie: Man hört sich mit anderen Augen schreiben.

Das Lautgedicht *drum*, anagrammatisch substrukturiert und rhythmisch musikalisiert, ist ein stiller Beitrag, Deutsch zu lernen. Hier die erste Strophe:

rud um urmud
rum-rum dur.
um dum-rud rud
mur mu dur mud.
dur mud drum
du urmud dru ru.
ru ur du
duru mu um.

um-um drurum rumdrum
du um drum um mu.

um mu um dru um
mu-mu um

dur mud drum
du urmud dru.

dru dru dru rum
um mur-mur drum.

mur-mur rud
rum-rum dur:

drum rud um urmud ur.

ururu
drumrumum

umumumum
drumdrumrum

In Zusammenhängen des künstlerischen und Selbst-Experiments kommt aber auch der materialen Eigenwertigkeit von Schreiben insbesondere im Sinne einer Resurrektion der Handschrift mit ihren individuellen Konzeptualisierungen als selbstbezügliches und subjektaffizierendes Medium, als ›Körpersprache‹ und Differenz zur normierten Typographie eine besondere Bedeutung zu. (Hand-)Schrift als Intermedium zwischen skripturaler und pikturaler Spur.

Handschrift. In *Muttersterben* existieren von *Einige anmerkungen zum fliegen im flugzeug nach Rom nebst anmerkungen* zwei Fassungen. Die eine, vorangestellte, ist die mit nachträglich eingearbeiteten Fußnoten versehene Druckversion der ursprünglich handschriftlichen Fassung. Diese ist als solche unbearbeitet Seite für Seite im Buch abgebildet. Warum? Die Tätigkeit der schreibenden Hand ist seismographischer Art. Sie lässt Innenprozesse durchschlagen. Ihre indexikalische Natur fügt der Beschreibungsebene eine sonst nicht einholbare Ausdrucksgestik hinzu. Die Ausdrucksgestik kann als zweite Schicht das Gesagte visualisieren – im Falle der Flugzeuggeschichte finden die beschriebenen Luftturbulenzen ihren graphischen Niederschlag. Handschreiben als materiale Tätigkeit ist so eine Rückkopplungsschleife, bei der die unmittelbare Selbstwahrnehmung miteinfließt in den Textprozess. Auch in dem Monolog-Roman *Liebeserklärung* rekurriert der Erzähler auf diesen Sachverhalt:

> »Warum nicht mit einem Kugelschreiber schreiben, einen Stift in der Hand haben, halten. Man ist näher dran am Puls, an der Erde, direkte Bodenhaftung, Direktkontakt zwischen dem überall und an allen Orten sofort ins Wanken geratenden Boden und diesen Erinnerungsgerinnseln, die so ganz fein nur in Fluss geraten, und dieses aus dem Körper herausspringende Sehnen, dieses unablässige nicht Abgeschlossensein, ich bin aufgemacht und kann mich nicht mehr schließen, bei der Wahl des Kugelschreibers kann man schon mal gut einen Tag hergeben, das ist nicht das Unentscheidendste, ein in Fluss geratendes, sich selbst beobachtendes Hinausgehen darf nicht von stockender Mine ins Straucheln gebracht werden. Es muss geschmeidig bleiben, Blau fließt momentan besser als Schwarz [...].«

Immer wieder wird man folgende Erfahrung machen, auch bei sich selbst: Der Autor weiß zu viel, er/sie weiß aber auch zu wenig. Ein Zuviel an sekundärem Wissen, an Faktenwissen, an literarisch verarbeitetem Materialwissen. Der Autor wuchert mit Pfunden. Angesprochen auf dieses oder jenes Detail, konfrontiert mit dem Anwurf eines vielleicht tatsächlich besserwissenden Lesers, dieses oder jenes entspreche doch so nicht der Wahrheit, sei doch ganz und gar anders, das könne man doch so nicht schreiben und schon gar nicht so stehen lassen, bleibt beim Autor, bei der Autorin oft nur Ratlosigkeit ob des besserwissenden Lesers zurück, der es auch noch fertigbringt, leibhaftig vor einem zu stehen.

Der Autor weiß gleichzeitig auch zu wenig: Über die Bedingungen der Entstehung von Literatur, über textanalytische und theoretische Strategien. Genau diese Balance von Wissen und Nicht-Wissen gilt es zu stärken. Ein Originalgenie hat das natürlich alles nicht nötig. Das Erscheinen eines Originalgenies ist ebenso wahrscheinlich wie die Geschichte von einem Autor, dem nichts einfiel, da ging er nach draußen auf den großen Platz der Stadt, als ihm aus heiterem Himmel plötzlich ein fertiges Manuskript in die Hände fiel.

Gehen wir aber von einem Autor/einer Autorin aus, der/die auf tradiertem Wege ein Buch geschrieben hat, so bleibt ein kognitiver Rest, ein blinder Fleck: »Wie haben Sie das denn gemacht?«, fragt die verblüffte Menge. »Das weiß ich auch nicht genau«, sagt der Autor/die Autorin und entspricht damit gerade in der adverbialen Mündung der Aussage der Wahrheit.

Ist Schweigen Literatur? Filippo Tommaso Marinetti und Isidore Isou erklärten die Stille zum Material der Musik bzw. Poesie. Eugen Gomringer installierte das Schweigen. Ich habe versucht, dieses Problem folgendermaßen zu lösen:

ich habe mich nun lange mit dem tod beschäftigt

und bin zu keinem schluss gekommen

Man spürt den Impuls, weiterlesen zu wollen/müssen. Das Schweigen ist aber integraler Bestandteil des Gedichts. Es ist sozusagen die Strophen des Gedichts. Die Buchseite ist, bis zu der das Schweigen unterbrechenden Schlusszeile »und bin zu keinem schluss gekommen«, leer: carte blanche. Um die eigene Irritation aufzuheben, zähle ich schweigend langsam bis sechzig. Das Schweigen muss ein Maß haben. Ist Schweigen peinlich? Das überlegt man sich dann. Aber was soll nach so einem Satz wie »ich habe mich nun lange mit dem tod beschäftigt«, der ja so etwas wie eine größtmögliche Ankündigung ist, noch kommen können? In der Geschichte der Poesie wird so viel über das Schweigen gesprochen. Also schweigen. Sprichwörtlich. Nämlich tatsächlich.

Das Schweigen ist in diesem Gedicht auch Zitat. Es ist ein strophisches Schweigen. Ich denke da an Jesse Thoor, der in seinen Gedichten zuweilen anstelle der ausgeschriebenen Strophen Striche gesetzt hat, getaktetes Schweigen. Ich denke hier das Schweigen auch musikalisch. Ein Innenspannungsschweigen. Das dann seine Zeit hat. Die abläuft.

Und wie ist das noch mal mit der Arena ›Sprache‹, diesem Käfig, dem Eingesperrtsein zwischen Determination und Indetermination, diesem Pseudonym von John Cage?

Ist das auch eine Stimmungssache? Gewisse Freiheiten scheint es ja zu geben. Wir haben die Freiheit, etwas zu sagen oder nicht zu sagen. Sprechen oder schweigen. Und das ist nicht das wenigste. Wir erfinden, indem wir sprechen, weder Sprechen noch Sprache neu, wir werden immer in diesem Sprachkäfig herumhüpfen. Aber wir können gerade aus seinen Grenzen Freiheiten erlernen.

Eine Vorlesesituation. Lesung, Vortrag, Sprechkonzert und so weiter. Sprechlampenfieber. Manchmal ist man eher ängstlich. Dann hält man sich an das von einem selbst Vorgeschriebene. Vielleicht löst sich die eigene Verhaltenheit dann auf, und es findet eine Art Osmose zwischen der aktuellen, akuten Umwelt des Textes, des Gedichts statt. Das gerade Gelesene oder das zu Lesende, das schon dicht vor Augen steht, empfinde ich dann manchmal als eine Antwort auf etwas gerade Geschehendes. Kommentare, direkt ans Publikum gerichtet, fließen ein, oder ich ändere daraufhin spontan das Programm, erzähle etwas, eine Anekdote, binde ein Husten oder einen merkwürdigen, nicht vorprogrammierten Lichtwechsel, einen Fehler im Ablauf etc. in die Lesung/Performance ein. Eine solche Situation kann natürlich auch kippen, die Situation trägt einen fort, Kabarettnähe kommt auf, oder etwas Peinliches bahnt sich an, wobei Peinlichkeit eine in Deutschland ja viel zu unterschätzte Kategorie, ein Spielball, Material ist.

Es kann etwas außer Kontrolle geraten. Was mir zunächst sympathisch ist, dass Kontrolle verlieren möglich ist. Ich bin/war mittendrin, heißt das dann für mich. Nicht mittendrin zu sein kann andererseits schon an Peinlichkeit grenzen. Eine Verausgabung, die Kontrolle verlieren lässt, ist so ein Ideal. Das Publikum merkt hohle Pose, denke ich immer. Es geht da auch um etwas wie ›Wahrhaftigkeit‹ einer Körper-Geist-Einheit. Der Körper ist ein Gedichteigenes, auch. Inszenierung, nicht im Sinne des Theaters, ist mir sehr wichtig. Aber eben nicht Vorinszenierung bis zur abrufbaren Pose, die ich jeden Abend wiederholen könnte. Ich will mich auch selbst noch überraschen können, sonst habe ich bei einer Lesung, bei einem Konzert, auf der Bühne etc. keine Freude mehr. Es muss Anstrengung sein. Herausforderung. Arbeit. Nach einer Lesung/Performance im Stehen, die also dann ausgestanden ist, ist der Bühnenboden oft ein Blättermeer. Das hat auch den Grund, dass das ewige Blättern auf einem Notenständer, wie man das ja von Konzerten bzw. Instrumentalisten her kennt, ein lästiger, eigentlich überflüssiger Begleitumstand ist, der zwar ritualisiert werden kann und wird, der Musik aber nichts hinzufügt – es sei denn, er wird selbst zur Musik erklärt, das Neben- oder Abfallprodukt, das Profane wird, um mit Boris Groys zu sprechen, »valorisiert«. Das (Rum-)Blättern ist ein mechanisches, ein analoges Übel. Fällt das Blatt aber auf den Boden, entfällt das Rumkramen auf dem Notenständer (mit dem ich ja in der Regel auftrete); ich entgehe der Gefahr, dass dieser Notenständer womöglich vor lauter

Rumblättern noch umfällt etc. Zudem bin ich so flexibler: Ich habe die stimmungsmäßige Freiheit, einen oder mehrere zurechtgelegte Texte nicht zu lesen, lasse diese sprichwörtlich fallen, gewinne Zeit fürs Wesentliche, den Vortrag, kann herumwandern (besonders gut bei Mikroport, kabellosem Mikrophon), bin also ortsunabhängiger, kann ins Publikum gehen etc.

Wie steht es mit Form als Zitat? Formelemente als zitierfähiges Material. Formspezifika als Hüllform eines Sprachkörpers. Sie sehen, alles Metaphern, ein anderer Schlingstrick der Verständigung. Wir ahnen, was gemeint sein könnte. Ahnend machen wir also weiter. Jetzt.

Da ist ja zum Beispiel das Rumblättern in Büchern während einer sogenannten Dichterlesung. Der Dichter blättert im Buch herum, aus dem er gerade vorträgt. Er ist entweder wahnsinnig, nämlich wahnsinnig wichtig, jede Krume Wort bedarf einer gezierten Handbewegung, dem abwägenden Blättern im Buch eben, um aus seinem Munde hervorzugehen, oder der Dichter ist mal wieder völlig zerstreut, ihm macht möglicherweise Restalkohol zu schaffen, das letzte rote Halbe ist vielleicht erst zehn Minuten her, kann auch sein, unser Dichter schämt sich ob seiner Genialität, deren Gütesiegel allerdings, und das muss er jetzt beim herumblätternden, gleichwohl stummen Anlesen einiger Gedichtanfänge entsetzt feststellen, da und dort aufgebrochen, beschädigt ist.

Wie aber sieht es mit dem Herumblättern im Gedichtband während der Lesung als zitiertes Formelement aus? Ich habe es von Wolfgang Hilbig übernommen. Bei einer gemeinsamen Lesung in Frankfurt blätterte Hilbig in einem seiner Gedichtbände rum, suchte ein bestimmtes Gedicht, das dauerte, er kommentierte das Dauern, er bedauerte das, er fand das Gedicht nicht, weil es in einem ganz anderen seiner Bücher stand, er bedauerte das, las stattdessen ein anderes vor, das ihm zufällig unter die Augen kam, dann erinnerte er sich, wo das Gesuchte stand, blätterte wieder … fand es schließlich, las es vor. Das war nicht so geplant von Wolfgang Hilbig. Mir aber äußerst sympathisch, plötzlich, Rumblättern und Nichtfinden in Büchern während einer sogenannten Dichterlesung ging mir sonst immer auf die Nerven, ich las deshalb immer von Kopien ab. Rumblättern als Zitat einer traditionellen Lesung. Ein Vor-Augen-Führen. Das kann dann mehr oder weniger inszeniert sein oder wirken. Dann interessiert mich manchmal, einen plötzlich eingestreuten, weitläufig werdenden autorenpoetologischen Selbstkommentar ad absurdum zu führen. Warum soll es der sogenannte Dichter besser wissen? Täuschung des Publikums, eine weitere Zitatbearbeitung als Formelement der Lesung. So tun, als lese man etwas vom Blatt ab, was (vielleicht) gar nicht da steht.

Der Prozess des Verstehens ist zum Prozess der Textgenese und zu dem der artikulatorischen Textentfaltung parallel laufend. Verstehen ist ein schillerndes Kontinuum, das mit einer winzigen Abweichung, einer plötzlichen Unerwartetheit, einer geringfügigen Modifikation des gebahnten Verständnisangebotes wuchtige Ausbuchtungen oder irritierende Kippmomente erfahren kann. Der Prozess des Verstehens selbst kann Trägermaterial von Verstehens- bzw. Nichtverstehensprozessen werden:

> *[accelerando]* das versteht aber wirklich jeder wirklich. ja das ist gut das ist gut weil jeder wirklich das versteht o ja das ist wirklich gut sehr gut das ist nur zu gut weil das ja restlos ja jeder vollkommen verstehen kann weil das ja auch absolut richtig ist und jeder das ja sehr sehr gut zu gut nur wirklich schon immer von von von vornherein, klar das ist es das ist ganz einfach so ein erfolg haben so und so ein dickes buch geschrieben so und das ist dafür davon das heißt kriegen das ist das kann das wiederholen das versteht aber wirklich aber so aber aha ja so und was das was nicht

meckern ganz klar ganz klare quittung a-aha quittung was auch einfacher geht einfacher geht ist klar ja ist klar so klare sachen so klare so so jawohl ja quittung verstehe verstehen sich auch von selber aha so klar so ganz klar so unbedingt so klar so folgerichtig so ja was dinger mensch was sachen was machen was auch kein *(ritardando)* was nicht zum heißen rund um geht rund geht und jetzt nochmal: *(so schnell wie möglich)* riß die metallgitter menge nieder knüppel bewarf zahnpasta bestritten berichte gesamte hauptgeschäftsstraße reicht ja ja ja jetzt reicht regelrecht zu tun hätten zu tun hätten ja zu tun hätten reicht ganz klar so ganz so so reicht so ein harter und anderen harten gegenständen durch wie und ausgeraubt stunden ausgeschrittene aufgebrochen zahnpasta ja reicht jetzt reicht bis übermorgen.

Sprechakte also. Alltagssprache auch, ›Volksmund‹, Phrasen. Artikuliertes Ausloten von Geschwindigkeitsgrenzen. Auch hier: der Fetisch Wiederholung. Der immer wieder alte, der immer wieder neu ausgeführte alte linke Haken. Essen und Trinken. Die Wiederholung, die das Leben stabilisiert. Der Meditationscharakter des Boxens. Das Verschwinden des Autors im Geschwindigkeitsrausch. Die angestrebte Präzision der Boxkunst. Der Zwang zur Präzisionsverbesserung. Außer sich geraten. Sprechen ist Gewalt. Musikalisierung, Rausch, (Selbst-) Überwindung, Fetisch Sprache, Sprechen als Trieb(-leben), Vitalisierung, Sprechen als Sport, schneller als (begriffliches) (Mit-)Denken sein (wollen), sich jung fühlen, Großstadtpotpourri der Laute; Ernst machen mit dem Gerede von Geschwindigkeit als alltäglicher Erfahrung, Reflex dieser Erfahrung als ästhetisches Erleben, Brainstorming, Pulsieren, aus seinem Munde Hervorgehen, und der ›Volksmund‹ ist mittendrin; Erinnerung an meine Herkunft. Dieser gewisse Neid auf den Marktschreier, der nicht einfach »Kartoffel« sagt, der vielmehr die Kartoffel allererst hervorbringt, indem er sie regional einfärbt. Kartoffel, Kartoffel, Kartoffel, Kartoffel, Kartoffel, Kartoffel, Kartoffel, Kartoffel, Kartoffel, Kartoffel.

Sogenannte Vorbilder stellen sich ein. Die sind plötzlich da. Der Marktschreier kann ein Alltagsvorbild sein. Ihm eignet eine Auffälligkeit, die vielleicht nur einem selbst als solche bemerkenswert erscheint. Der Marktschreier spricht ein sehr breites Landdeutsch. Die Leute kaufen ihm die Kartoffeln nicht wegen der Kartoffeln ab, sie sind heimisch in der Art seines Sprechens. Sie freuen sich über die Heimatinszenierung, die das Kartoffelanpreisen ist. Dafür geben die Leute dem Marktschreier einen Obolus – und erhalten obendrein Kartoffeln.

Hier herrscht eine Deckungsgleichheit von Alltags- und ästhetischem Vorbild.

Doch bei alledem: den artikulatorischen Boden unter den Füßen nicht verlieren. Nicht das gequirlt Interessante, das Aparte, das besonders Poetische, das Konfektionierte interessiert mich als (vorgefundenes) Ausgangsmaterial, sondern das so Rausgerutschte, das artikulatorisch Unbedachte, das spontan Geäußerte …

Ästhetische Vorbilder besitzen oft nur einen einzigen Parameter, so scheint es, der ihre Differenz zu anderen Menschen bzw. sogenannten Künstlern ausmacht. Dieses ausgeprägte Bewusstsein für einen Parameter findet dann im Formprozess eines künstlerischen Vorgangs seinen (wieder-)erkennbaren Ausdruck:

Von Josef Anton Riedl (München) lernte ich unter anderem Konzentration, die Auffassung einer Lesung als Konzertsituation, das präzise Artikulieren als musikalisches Sprechen, das Empfinden für Zeiteinheiten und die simultane Aufführungspraxis von Live-Sprechen mit Tape-/(CD-)Zuspielung. Bernard Heidsieck (Paris) und insbesondere Franz Mon (Frankfurt) weckten mein Interesse für lautpoetisch-prosaische Mischformen. Das Anhören der akustischen Arbeiten von

François Dufrêne (Paris, gest. 1982) und Carlfriedrich Claus (Annaberg-Buchholz, Chemnitz, gest. 1998) machte mir sofort klar, anders als die Genannten arbeiten zu müssen, weil sie Artikulatorisches konsequent bereits bis an äußerste Grenzen vorangetrieben haben. Bob Cobbing (London, gest. 2002) zeigte mir, dass Lautpoesie ein gewaltiger körperlich-stimmlicher Akt sein kann. Von Jaap Blonk lernte ich, mich nicht zu schämen.

Provokation, so sie denn eine solche ist oder sein soll, kann für mich nurmehr noch immanentes poetologisches Element sein. Provokation um ihrer selbst willen ist schwachbrüstig, Zitat, falsch verstandene Avantgarde. Der Formgedanke (›Spieltrieb‹, ›Formtrieb‹ heißt es bei Schiller) ist wieder stärker in den Vordergrund getreten. Selbstthematisierung des Medialen. Das Mediale kann als Formelement plötzlich auch inhaltlich werden, durch die mediale Hintertür wieder als Inhalt reinkommen. Und zu diesem Medialen gehören auch Fragen der Inszenierung, der Wahrnehmungspsychologie, der affektiven Rezeptionslenkung und -irritation. Wenn das Füllhorn des menschenmöglich Inhaltlichen zur Neige gegangen ist oder zu sein scheint, müssen Formelemente inhaltlich werden. Das nennt man dann mediale Erfahrung. Letztlich vielleicht nur eine tautologische Didaxe mit überraschenden Bluffqualitäten. Quälend nur das programmatische Gesabbere allerorten darüber; man denke nur an die Programmkommentare mancher Medienkunstverkündigungen.

Gemurmel, Nichtverstehen, Selbstthematisierung von Sinnfragen, die als solche (bloß) ausgestellt werden, die Frage als Antwort, sind bereits zum integralen Bestandteil von Alltagserfahrung geworden und als solche auch zum Beispiel in die Werbung eingegangen. Das Signal könnte lauten: Auch wenn du hier nichts verstehst, auch wenn dir hier Schrift von keinerlei Sprache begegnet, auch wenn du im Dschungel bist, du weißt, wo es langgeht. Nichtverstehen als Primärerfahrung wirkt hierdurch – und vielleicht ist das auch ein Effekt von Globalisierung – nicht mehr so bedrohlich; es ist fast schon zivilisatorische Grundvoraussetzung geworden, ein allgemein geteiltes Allgemeines. Nichtverstehen ist vielleicht auch das eigentliche Phantom des Literaturbetriebs. Man braucht auch ein Buch nicht mehr gelesen zu haben, um darüber sprechen oder urteilen zu können. (Sprechen ist immer schon urteilen.) Das Abrufen eines einzigen Medienbegriffs ersetzt die Sinnfrage.

vielleicht ist es so, vielleicht ist es aber so auch nicht.

so es auch nicht ist, vielleicht, ist es aber vielleicht so:
so es aber vielleicht so ist, ist es auch nicht »vielleicht«.

so es aber vielleicht nicht ist, ist es vielleicht auch so.
auch so ist es, nicht viel, aber es ist vielleicht leicht. so!
so viel, so leicht; ist es, ist es vielleicht aber auch nicht.
es ist soviel licht. vielleicht ist es aber auch nicht so.

leicht ist es viel so, aber auch viel ist es nicht so leicht.

Wiederholungszwang, Insistieren, Ausagieren, Grenzausloten – und etwas vermeintlich ganz anderes: »Denn was du nie verlierst, das musst du stets beweinen«, heißt es bei Goethe.

›Die Katze Erinnerung‹, nannte Uwe Johnson das mal. Die Katze Erinnerung, die unablässig scharrt. Was? Ich nenne es ›Das Raubtier Erinnerung‹. Wenn ich nicht immer wieder gerne diesem Zwang zur Wiederholung, zum fortgesetzten Aufräumen, zum Fortspinnen einer Vorstellung erlegen wäre, ich hätte mich längst schon aufgehängt, entschuldigt man sich. Aufhängen kann man sich nur einmal. Wenn's gutgeht. Am 5. Dezember 2001 habe ich einen Satz geschrieben, der brauchbar war.

»Letzte Ausfahrt Heimat«. Eine Sehnsuchtsformel aus dem Roman *Liebeserklärung*. »[...] was aber nun endlich die Poesie betrifft«, heißt es dort, »das sogenannte Dasein absolviert mich in dem Augenblick, da ich mich gleichsam selbst vernichten will, nicht wahr, ich sage Poesie, und das sogenannte Dasein absolviert mich, Poesie ist ja Selbstvernichtung, ein zur Ausführung gelangter Selbstentwurf, nicht wahr, das ist die Poesie, ein aufgegangener Kuchen, der den Namen Poesie verdient, ein aufgegangenes Rezept, und darin ich selbst, könnte ich mich selbst vertilgen, ich müsste mich dauernd erkennen, ich bin die Poesie, die ich selber nicht essen kann [...]«.

Abschließend ein Text, der für sich alleine steht. Eine Antwort auf die Frage, wo die denn zu finden ist, die »letzte Ausfahrt Heimat«.

## Eine Art Heimatweh

Heimat fand nicht statt. Das war sonntags mal spazieren gehen an der Honighecke. Oder ein Blick über den Schwammenaueler See. Ein Fuß in die Eifel war das. Sonne. Schnee. Dieselben Wege. Das Vertrauen darauf, dieselben Bäume auch nächstes Jahr noch vorzufinden, den See. Heimat war, an nächstes Jahr nicht zu denken. Es war die Fahrt durch Mutters Geburtsort. Mit Mutter. Die hier immer noch zu Hause war. Das Sprechen der Eltern. Mutters Stolz, sich an so viele Einzelheiten noch erinnern zu können, Namen, Häuser, Eigenschaften. Eine sich selbst ertappende Ausgelassenheit war es auch. Ein stilles Versunkensein beim Betrachten des herbstlichen Manövers, aus dem man plötzlich erwacht mit dem sicheren Gefühl, sich soeben selbst verloren zu haben. Die edle Tapferkeit der Bäume, die gerade ihre Blätter verlieren. Was gebe ich denn ab? Es war auch ein Kastanienaufsammeln, ein Nicht-an-morgen-Denken. Die Kastanien nahm man in den

Mund, Heimat nicht. Heimat war schlechterdings unangemessen. Der Heimatatem weht aus der schlechten alten Zeit. Hörte man befürchten. Und doch war es auch eine Entschädigung fürs Dasein. Ein Mitbringsel aus Kindheitstagen. Heimat war da hinten im Garten. Ein Apfelbaum, ein verbotenes Spiel. Ein Klettern über den Zaun. Heimat war auch ein Bücherlesen. Mutters Kriegsdruckbücher, Schullektüre mit Anstreichungen, Notpapier. Heimat war auch Magenschmerzen. Ein weit und breit Alleinsein, ein Bürgerterrain, der unumgängliche Schulweg. Heimat war auf Fragen keine Antworten erhalten. Die Raketentrümmer in den Dünen von Ostende, zum Beispiel. Und auf diesem Rest eine gepinselte Deutschlandbeschimpfung. Orakelhafte Deutschlandvorbehalte, bis die Risse im Vorhang des Orakels Geschichte zeigten. Hinter dem Vorhang war also etwas. Und zwar etwas anderes als du selbst. Dieses Andere wurde wohl oder übel ein Teil deiner selbst. Da war das dann vorbei mit der lässigen Überzeugung, jeder Tag sei ein neuer Tag, ein gänzlich anderer Tag als der vorangegangene, und nichts hätten diese Tage miteinander zu schaffen, und jeden Tag erfinde man sich neu. Von nun an hatte deine innere Heimat einen patinierten Blick. Und Heimat ist das alles nicht. Es ist etwas Unausgesprochenes. Ein Stimmungstief. Eine Sehnsuchtsgeste.

Da muss man erst vierzig werden, und Heimat stellt sich ein als Klartext. Achselzucken ist nicht Heimat. Achselzucken war Jugend. Jugend war nicht auf dem Land. Auf dem Land war sonntags. Sonntags folgte man eingetretenen Pfaden, durchs bloße Hinschauen weggesehenen Landschaftsgerinnseln – ach ja, das ist ja die Honighecke aus dem Bilderbuch –, man taucht vor diesem Landschaftsausschnitt auf und wünscht sich an einen anderen Ort – vors Bilderbuch. Die Bilderbuchheimat kannte kein Wintergrau, keinen Frühjahrstaumel, keinen herbstlichen Nebel im Übergang. Auf die Heimat der Bilderbücher konnte man sich verlassen. Die eigene Veränderbarkeit war aufgehoben in dieser Bildergerinnung der Fotografie. Hinabtauchen konnte man in sie, in diese stillgelegten Wege, die man heimlich und ganz für sich allein zu Ende geht. Da waren die Blätter der Bäume alle Jahre braun und rot und so gerade noch vor Ort, und der soeben niedergegangene Regen hockte noch im Gras, die Sonne stand bald im Tag, jahrein jahraus. Alle Wege ging man diesen einen Weg, der dann ins Gelbe geht, Farbe freigibt, die Dinge in Farbe zerlegt, alles als Farbe zeigt, eine Wehmutskörnung, dieses patinierte Heimatgelb, dieser gewellte Rand. Heimat jedenfalls war ganz weit weg, und eine Sprache wurde da gesprochen, die niemand versteht. An Vaters Hand die Honighecke entlangspaziert. Tränen der Fotoalben, das ist auch Heimat. Heimat ein Fremdwort. Heimaturlaub. War Heimat ein Sonntagsspaziergang, was war dann, mit Verlaub, Heimaturlaub? Opa kam auf Heimaturlaub, sagte Mutter. Danach ging er wieder an die Front, zur Arbeit. Heimatfront. Da sitzt man mitten in seiner Heimatstadt und findet es unerträglich. Die Heimatstädter, die ihre Stadt als Heimat begreifen, sind die unerträglichsten. Findet man. Jahre später findet man heraus, man war sich selbst der unerträglichste. Heimatmiesmachung als Ichkapuze. Die zieht man über den Kopf, die Heimatscheuklappe. Das ging so weit, dass ein rundum zufrieden durch die Fußgängerzone wandelnder Mensch mit Heimat gleichgesetzt wurde, als Heimat unausstehlich war, dabei hatte man nichts anderes als den sehnlichsten Wunsch, auch selbstvergessen durch die Fußgängerzone schleichen zu können, Heimatgeher zu sein, Heimatneid hatte man, vom Wörtchen ›Heimat‹ selbstredend keine Spur, das kannte man ja gar nicht, in diesem Alter, man ahnte es. Lokalzeitung war dann nur wenig später das Wort für unverzeihliches Spießertum. Lokalblatt, Herbstlaub, vom Winde ver… In die Luft sprengen wollte man das. Wenn es wahr ist, dass die Geburtsstadt deine Heimat ist, dann muss man das in die Luft sprengen. Das verliert sich. Mit der Zeit. Wie sich auch das Elternhaus verliert. Mit der Zeit. Äußerlich unverändert, nimmt es eine andere Gestalt an. Mit dem Abhängen der Vorhänge fängt es an. Das Haus durchläuft sein Eigenleben. Es will einem nicht mehr gelingen, die Steintreppe des Hauses hinaufzugehen mit dem Kindschritt. Das Treppensteigen war schon die Welt. Die sich am Geländer hielt. Das Verwundern, dass man nicht immer senkrecht auf der Erde steht, dass man mitten im Raum schwebt. Ein Haus mit mehreren Etagen. Und dann steht man draußen auf der Straße und sieht Mutter im oberen Stockwerk an den Fenstern vorbei auf und ab gehen. Ein Blick in die Fremde. Die Merkwürdigkeit, dass alles unabhängig voneinander zu existieren scheint. Die Kleidung, die man trägt, scheint den Blicken der anderen unegal zu sein. Mit dieser Kleidung geht man spazieren. Durch die Heimat. Der Spaziergang mit Vater durchs Gemüt. Der blieb. Diese weitläufigen, ausufernden Spaziergänge. Diese Luft. Die nie mehr eingeholte.

Heimat ist Kindheit, und weil die so abhandenkam, redet niemand über Heimat.

Eine Heimat finden, ich muss jetzt eine Heimat finden, hört man das nicht sagen an den Straßenecken, das sagt man doch so, beim Überqueren der Straße, beim haltlosen, aber vertrauten Gespräch mit dem Freund, nach dem zehnten Bier, da gibt man das doch zu, ausgeheult, dass man heimatlos ist, habe jetzt die und die Familie gegründet, den und den Beruf probiert, bin versuchsweise aus der Kirche ausgetreten der Kirchensteuer wegen, fühlte mich plötzlich so gottlos, bin wieder in die Kirche eingetreten, fühlte mich nicht weniger gottlos, zahlte aber immerhin wieder Kirchensteuer, die ja nicht von Pappe ist, fühlte mich so einen Beitrag leisten für eine bessere Gesellschaft, fürs Jenseits, ein Irrglaube, aber ein Glaube, Steuern zahlen für die erdabgewandte Seite, wo man draufsitzt, ist Heimat. Spätherbst.

Ein Sonnentag. Warum nicht in der Heimat Urlaub machen? Die Frage stellte sich nicht. Die Frage wurde als ganz abscheulich empfunden. Was soll man da den Freunden erzählen? Bin am Meer gewesen. Oben. Nordmeer. Hatte auch eine Küste, das Meer. Ja, gut, war in Deutschland. Hatte aber auch Salz drin. Mit geschlossenen Augen kaum zu unterscheiden von anderswo. Innen kälter, klar. Das Gesicht musste man abwenden, so kalt war der Wind. Der einen so schräg anblies. Und der Küstenkaffee war der schlechteste, der je getrunken wurde. Aha. Kann denn Kühlungsborn Heimat sein? Und ihr? Wieder auf Sizilien? Malediven? Wo is dat denn? Heimweh bekommen, ach so. Malediven, um Heimweh zu bekommen. Heimgekommen, Malediven vermisst. Lieber gleich zu Hause bleiben. Aber da will man ja nicht hin. Ist man aber da, will man wieder weg. Wo man ist, will man nicht. Bis man es dann irgendwann ordentlich satthat. Erst kauft man sich einen schönen Schrank, der so dauerhaft unverzichtbar ist, in den man alles hängen kann. Bis dann auch alles drinhängt, im Schrank, dann stellt man den Schrank mitsamt Inhalt ins Abseits. Jahresschränke. Und man schaut sich die Kleidung der Jahre an. Aus der man herausgewachsen ist. Die man abgelegt hat. Die einen überallhin begleitet hat. Die für einen zur Schau getragenen Geisteszustand steht.

Nachts durch den Heimatort laufen, als gäbe es noch etwas nachzuholen. Als könne man so eben mal eine Tür öffnen, und alle sind noch da. Als könnte an stehengebliebene Gespräche übergangslos angeknüpft werden. Hier kommen die hin, die immer hier hinkamen. Und da will man am liebsten sofort wieder weg. Weil man nicht dazugehört. Eine Eckkneipe Alteingesessener, zum Beispiel. Würde man auf ewig nicht gerne dazugehören wollen? Leberzirrhose schreckt vor Heimat nicht. Eine abgedrehte Nase ist immer noch Heimat. Wo kommst du denn her? Aus meiner Heimat. Alles klar. Das muss gar keinen Namen haben. Das muss man auf der Landkarte gar nicht finden müssen. Heimat ist, wenn man noch ein Türchen offen hat, eine Hinterstube in petto. Heimat ist aber auch die Leiche auf dem Dachstuhl. Das dumme Gerede. In Italien zum Beispiel scheint Heimat glaubwürdiger zu sein. Piedro wohnt jetzt im neuen Teil von Olevano Romano. Er ist nicht der Einzige, der auch diesen Samstag arbeitet. Diesen Samstag ist es eine Hitze, die zitiert werden kann. Es ist eine Hitze, dass sich die Straße biegt. So heiß ist es. Wissen Sie, wie heiß es tatsächlich ist? Die Luft über den Straßen begnügt sich nicht damit, einfach nur zu flimmern. Diesen Samstag führt sie ein antikes Schauspiel auf. Einmal möchte ich mich fühlen wie in der Antike. Piedro ist nicht der Einzige, der auch diesen Samstag arbeitet. Aber er ist weit und breit der Einzige, der schon geraume Zeit quer durch seine Dorfstadt schwadroniert. Man weiß nicht, was. Dass er ein toller Hecht ist. Dass niemand ihm am Zeug flickt. Dass wo er ist, der Ort ist. Wir wissen es nicht. Wir hören es nur. Es hört sich so an. »Piedro, hat dir noch niemand gesagt, dass du ein Arschloch bist«, antwortet aus der Altstadt die uneingeschränkt Alte, antwortet die Superalte aus ihrem Altstadtverlies quer übers Neubaugehege. Sirren der Stromleitungen. Garantiertes Verstummen. Und sofort empfinde ich wieder Neid. Heimatneid. Eine Art Heimatweh. Auch wenn ich da gar nicht zu Hause bin. Mit diesem Neid aber bin ich da zu Hause. Und da ist doch noch ein anderes Gefühl, eine andere Beschleichung? Wenn das die Heimatstadt erführe, heißt dieses Gefühl. Ein Heimatstadtfremdgang. Der Heimatort und seine Geschichte ist also ein Thema. Der Heimatortgeschichtsverein als Kurie des über Jahre ausbleibenden Heimatgefühls. Dass auch der Ort ein anderer geworden ist, und dennoch hat er seinen Namen behalten, ist er auf der Landkarte zu finden, liegt er immer noch ungefähr hier. Da wird sich dann an einen erinnert, dass man doch einen Beitrag fürs Heimatortgeschichtsvereinsblatt beisteuern könnte, schließlich sei man doch auch mal vor Ort gewesen, und so löst sich Heimat dann auf in Statistik und Erinnerungen, die nur die Verständigung übers Wetter sind. Das Reden übers Wetter, das hier und da und allerorten beobachtet werden kann, ist nur das sichere Zeichen dafür, dass alles in Ordnung ist, so weit. Heimat ist die Gesamtheit seiner Erwähnung. Urkundlich zum ersten Mal erwähnt dann und dann, aus dem privaten Blickfeld entschwunden dann und dann. Zuletzt besucht am soundsovielten. Keine besonderen Vorkommnisse.

Heimat fand nicht statt. Das war sonntags mal spazieren gehen. Heimat war einmal. Und das war schön. Dann war es plötzlich weg. Weil zu viel nachgedacht wurde. Weil der Lieblingsbaum auch anderswo zu finden war. Weil man den Heimatlieblingsbaum andauernd verraten hat. Kaum ist es Herbst, der Sonnentod ereilt das Land, es setzt das große Farbenfliehen ein, für kurze Tage erscheinen Häuser und Straßen ins schattige Zwielicht getaucht, deutlich genug ist das, da sehnen wir bereits den Sommer herbei, den kaum vergangenen, da wollen wir unseren Heimatsommer wiederhaben, den knapp zu Ende geblühten, auf dem dunklen Massiv des Küchentisches liegt der braungekrümmte, der geschrumpfte Faltenkopf einer Anturie, Felder, über die wir gelaufen sind, die Sehnsucht des Drachensteigens, der himmelstürmende, zappelnde Drache auf dem Weg in ein Zwischenreich, Schatten fällt in den Innenhof bereits um vierzehn Uhr, den Sommer wiederhaben, den nie erreichten Sommer, der immer ein Kindheitssommer ist, der so heiß war, der die Kleider am Körper kleben machte, der dann plötzlich vorbei war, und schon setzt Erinnerung ein, als man sich durch die Stadt drückte, weil es so heiß war, dieses völlig übersteigerte Hitzeempfinden, der Badesommer, das strahlende Gesicht der Stadt, in die der Winter wieder eindringt. Der ein Nachbild bereithält, der Winter, ein Sommertod. Wir können uns noch gut daran erinnern, als du klein warst, sagen die Nachbarn, wenn man sie fragt, was das eigentlich ist, Heimat. Sterben ist Heimat. Und da wandern wir hin.

## Mir graut vor mir. Eine Inventur

Für ›Hinterkopf‹ gibt es eine untergegangene Bezeichnung, die gar nicht mal subtil dazu verleiten könnte, das Nachdenken einzustellen: ›Poetenkasten‹. Beides, ›Poet‹ und ›Kasten‹ sind je nach Kontext nicht gerade die positivsten Benennungen komplexer Zusammenhänge. Poetenkasten könnte als Metapher durchgehen für ›Es ist vergeblich‹, ›Es hat keinen Sinn‹, ›Es ist fruchtlos‹. Nichts auf dem Kasten haben ist ein Bruder von ›dumm wie Brot‹. ›Sein Brot im Kasten haben‹ gibt es nicht. ›Er hat was auf dem Poetenkasten‹ gibt es leider auch nicht. Den Poetenkasten leeren: ein Buch schreiben. ›Er hat richtig was auf dem Poetenkasten‹ gälte es einzuführen für ›Er kann toll dichten‹.

Kann ich das? Drei Schläge auf den Poetenkasten – fördern das Dichtvermögen?

Tägliche Besinnung: Jetzt habe ich schon wieder nicht ›das‹ Buch geschrieben. Es ist mir entglitten. Von Anfang an schon. Ich habe halt weitergemacht. Das Buch zu Ende gestrickt. Beim nächsten Buch wird alles anders. Ich schwör's. Da werde ich leben, um endlich nur zu schreiben. Man hat es oder man hat es nicht. Und ich hab's ja. Keinerlei Ablenkungen mehr. Das Minus auf dem Konto als irrationale Größe begreifen lernen. Vierundzwanzig Stunden sind ganz klar zu kurz. Erst einmal also die Segmentierung der Zeit in Stunden und Tage ignorieren. Diesen Zeitzwang innerlich außer Kraft setzen. In größeren Bögen denken. Überhaupt nicht mehr ›rund um die Uhr‹. Da wird man nur selber rund. Die entstundete Zeit ist sicher nicht näher bei Gott. Jenseits jeder Lebenserwartung ist sie sterbensnäher. Man denkt, man habe Zeit. Man hat überhaupt keine Zeit. Da liegt das Buch also, diese Unausstehlichkeit, das einen im Kreis laufen, an den Kopf fassen, an den eigenen Poetenkasten klopfen macht. Zeit für einige Nachfragen in eigener Sache.

Warum musste das so kommen? Habe ich nicht lange genug nachgedacht? Kann man lange genug nachdenken? Waren die Vorbereitungen falsch? Ist ein Übermaß an Vorbereitung nicht ein Krampf, eine Totgeburt, das Ende jeder Spontaneität? Also ganz allein aus sich heraus etwas zutage fördern? Kein Input, kein Output? Der Wunschtraum einer naivischen Literatur, die so ganz unbefleckt erscheint? Welche Kompetenz maße ich mir an, ein Buch schreiben zu können? Wo habe ich das denn gelernt? Bei sich selbst in die Schule gehen? Wie machen das denn andere? Wie schaffen die das denn? Nachschlagen. Lebenserinnerungen. Das schöngeschriebene Leben.

Ist Literatur ein Vortäuschungsmanöver? Ja und? Die Lüge der Fiktion? Manchmal ist es einfach nur banal: Der Autor hat schlecht recherchiert. Oder falsch abgeschrieben. Oder falsch Vorabgeschriebenes übernommen. Und hat sich damit übernommen – eine fiktionale Verdrehung lässt immerhin nach ihrer poetologischen Funktion fragen. Eine saubere Recherche ist also Grundvoraussetzung einer faktisch orientierten bzw. auf irgendeine Weise mit Faktischem arbeitenden Literatur, will diese nicht bereits im Vorfeld am Faktischen scheitern, was sie dann spätestens im Nachfeld kritisch serviert bekommt. Wird Überprüfbares, Verrechenbares durch Literatur auf den Kopf gestellt, kommt es, wie gesagt, auf die Funktion dieser Differenz an. Mit dem alten Literaturstreit über das Mögliche, Wahrscheinliche und Wunderbare hat dies nur sehr bedingt zu tun. Wenn der Autor schon mit Pfunden wuchert, sollte er dies im abgesicherten Modus tun. Gibt es das, im abgesicherten Modus schreiben? Heißt das nicht (zu) wenig wagen? Etwas wagen macht noch keine gute Literatur. Die Frage ist ja, was genau wagt der Autor? Auch eine Revolutionierung der Schreibungsart muss sich mit diesen Sachverhalten auseinandersetzen bzw. sich an diesen messen lassen.

Kommt Literatur also vom Lesen? Literatur entsteht aus Literatur, auch. Ein alter Hut. Ein tradierter Zirkelschluss. Zu viel lesen lässt den Poetenkasten überlaufen? Ist Lesen zur Schule gehen? Wie kann ich nur denken, einen einzigen verlässlichen Satz zustande zu bringen? Sind unbeantwortete Fragen erste Anzeichen einer umfassenderen Krise? Wer sollte diese Fragen denn beantworten? Haben Fragen nichts mit Literatur zu tun? Die Übervorsichtigkeit, überhaupt nur einen einzigen Schritt zu tun. Der niemals begonnene Beginn. Typisch deutsch? Leide ich unter Vollkommenheitswahn? Hätte ich besser aufpassen müssen? Habe ich das Falsche erlebt? Ist Schreiben immer noch zur Schule gehen? Warum steht jetzt da, was da steht? Und falls jemand nachfragen sollte, nichts hat das mit mir zu tun, gar nichts. Wäre ja noch schöner, ein Kurzschluss Leben und Literatur, dann hätte ich mir Letztere ja sparen können. Oder umgekehrt.

Delirien. Nutzt Nachdenken was? Hat Literatur mit Nachdenken zu tun? Oder sind Schreiben und Nachdenken gleichursprünglich? Heißt ›Gut gemacht‹ nicht ›Vergiss es‹? Sollte ich mehr Zeitung lesen? Sind meine Vorratskammern leer? Was sagen die Kritiker? Sterbe ich bald? Denkmalgeschütztem Schriftsteller fällt nichts mehr ein. Kollege X hat sich endlich, nach jahrzehntelanger und reiflicher Überlegung, erschossen. Ich gratulierte ihm herzlich. Tatsache ist, ihm fiel nichts mehr ein. Wie man landläufig so sagt. Bei Suizid auslösenden Rückfragen wie ›Habe ich überhaupt das Zeug zum Schriftsteller?‹ nutzen vielleicht Konter wie ›Habe ich denn das Zeug zum Bademeister?‹ Na also. Lebensweltliche Probleme sind ja ein anderes Thema. Lebensweltlicher Kollege, zwanzig Jahre alt. Hatte sich in seine zentrumsnahe Wohnung verschanzt. Wollte das Megaopus schreiben. Inklusive Selbstauslegung und Abschaffung der Romanform. Es blieb bei der Selbstabschaffung. Ja, so ein Buch wie Henry Millers *Vom großen Aufstand*, das ist noch schlüsselhaft, wie da der Rimbaud das Wort ›Langeweile‹ erfindet, auswandert – und mit nur einem Bein heimkehrt. Bis auch der Rest abhandenkommt. Und wir? Schreiben weiter, was das Zeug hält? Es wird geschrieben, weil schon immer geschrieben wurde?

Die Kopisten der isländischen Sagas zum Beispiel schrieben sich die Finger krumm und ruinierten sich mit dieser so mühsamen wie quälend langsamen Fixierung von Schriftzeichen den ganzen Körper. Auf manchen Seiten der auch bildlich mit großer Kunstfertigkeit gestalteten Bücher hat man Randnotizen der Kopisten gefunden wie »Es langweilt mich« und »Das Schreiben zerstört mich«. Jahrelang in einer Gifte ausdünstenden Kunststofffabrik arbeiten zerstört auch. Und heute? Die Handschrift ist ja schließlich kein rein museales Medium. Sind wir nicht auch nur Kopisten? Und besteht der Unterschied zu den Schreibern früherer Zeiten vielleicht nur in der Vielzahl der Quellen, aus denen wir kopieren? Und die geringste sind vielleicht wir selbst? Also mal nicht zu anmaßend behaupten »Ich habe das geschrieben«. Es war niemand. Beruhigt?

Mal langsam. Ordne die Gedanken und fahre dann fort wie folgt: Es dauert Jahre, bis man ganz bei sich zu Hause ist. Immer auch gibt es das Gefühl, nie dort anzugelangen. Genau dieses Gefühl treibt an. Auf der Suche nach einem geeigneten Stoff ist man schon in der falschen Richtung unterwegs. Das wird nichts. Der Stoff stößt einem zu. Sosehr man auch versucht, vielfältig zu sein, unvereinbar, bunt, man verlässt den Käfig, in den man zu früh und von einem selbst unbemerkt hineingekrochen ist, nie. Cages Wortspiel erscheint da nur als utopischer Imperativ: »In welchem Käfig du dich auch befindest, verlasse ihn.« Sich selbst verlassen? Mit der Zeit und durch alle Krisen hindurch gerät man höchstens in eine gewisse Stabilitätslage, man rostet im Käfig ein, man wird selbst Käfig (aber nicht Cage). Der Käfig ist dieses Sprachkorsett, das man sich anlegt, das man enger schnürt, das man hassen lernt, ohne das man nackt zu sein glaubt, das man irgendwann nicht mehr spürt, das mitläuft. Man hat es nicht anders haben wollen. Hat man die Wahl? Zu viel Sartre gelesen? Der Trost ist ja, dass dies beileibe keine Erfahrung ist, die vor lauter Individualität von niemandem geteilt würde. Ist das ein Trost? Das Schlimme ist, dass man sich eines Tages in dem, was man tut, wenn man ein Buch schreibt, nicht mehr leiden mag, dass man sich auf die Nerven geht, gerne ein anderer sein würde, nur wer? Man wird sich damit abfinden, dass der eine oder andere Text, dieses oder jenes Gedicht gelungen zu sein scheint. Das Wichtigste aber ist, mit Hingabe zu schreiben, mit Enthusiasmus und dem Mut zum Absturz. Das sind mitunter die glücklichsten, die befreiten Stunden. Abtauchen, sich vergessen machen. In die Ferne! »gedichte / von der wollust / des dichtens / in worte / gefaßt« (H. C. Artmann). Eben. Kann man sich aber mal tatsächlich nicht leiden, nehme man ein Buch zur Hand und lese. Die Damen und Herren Kollegen kochen auch nur mit Wasser. Notorische Ausnahmen werden geflissentlich übersehen.

Welchen Nutzen soll das haben, Lesen? Liest man nicht am liebsten sich selbst? Überhaupt nicht. Mir graut vor mir. Dabei habe ich die Hoffnung aufgegeben, dass es mit den Jahren besser werden könnte. Das behindert mich aber nicht. Sicher, ich schäme mich für das eine oder andere, insbesondere, wenn es gedruckt vor mir liegt. Veröffentlicht heißt ja auch: zu spät. Die einzige Chance ist, daraus zu lernen. Auf diese Weise unterrichtet man sich auch selbst. Wenn's schon kein anderer tut.

»Durchaus wohlmeinende Leute sagen: ›Literatur läßt sich

nicht unterrichten‹, und was sie damit meinen, ist wahrscheinlich richtig. Ganz sicher kann man einem Menschen beibringen, zwischen zwei Sorten von Büchern zu unterscheiden. Bestimmte sprachliche Leistungen können als Maßstab angelegt werden, als Reißschiene, als Spannungsmesser, oder sie können ›zum Vergleich‹ dienen, und die Vertrautheit mit ihnen kann einen Menschen zweifellos befähigen, über den Stil schlechthin und über die Kraftströme in einem Buch, über seine Stärken oder Schwächen zu urteilen«, schreibt Ezra Pound in *ABC des Lesens.*[1] »Hievon später mehr.«[2]

Lesen heißt sich ernähren. Sich anspornen. Sensibel bleiben. Den Faden fortzuspinnen.

Zuflucht nehmen zu den Büchern anderer Autoren und Autorinnen. Im rettenden Sinne sind diese oft ›Trostbüchlein‹. Zum Beispiel Uwe Dicks Gedichtbände *Theriak* und *Das niemals vertagte Leben.*

Schreiben und Lesen sind eine Tateinheit.

Lesen ist vielleicht nichts weiter als eine (selbstreflexive) Manifestation der Gehirntätigkeit. »Hä?« Ich lese, also bin ich noch da. Und zwar lese ich, was schon in mir ist. Und so kann ich mich nach einem tausendseitigen Roman oft nur an das erinnern, an was ich mich auch außerhalb dieses Romans erinnern würde. Um mich an den Roman zu erinnern, hätte ich ihn also gar nicht lesen müssen. »Lesen ist ein bloßes Surrogat des eigenen Denkens«,[3] so Schopenhauer, der Erfinder des ›Selbstdenkers‹. Wer liest, schreibt mit. Und denkt mit. Sollte man jedenfalls meinen.

Die beiden Kulturtechniken Lesen und Schreiben mit ihren

1 Ezra Pound: ABC des Lesens. Frankfurt/M.: Suhrkamp 1957, S. 112.

2 Robert Walser: Der Räuber. 1. Seite. Aus dem Kopf zitiert.

3 Arthur Schopenhauer: Parerga und Paralipomena. Kleine philosophische Schriften II. Bd. 5. Zürich: Haffmanns 1988, S. 436.

medialen Rückkopplungseffekten verweisen den Lesenden und den Schreibenden als Betrachter immer wieder auch auf sich selbst. Der Schreibende (und der Lesende) nimmt sich selbst als Schnittstelle und Kontrollorgan der kognitiven Korrelation zwischen ›Idealbewusstsein‹ und je individuellem Betrachter wahr, die gegenseitig verrechnet werden. Das Idealbewusstsein als ein gedachtes ist stets fehlerfrei, verfügt über einen/den umfassenden Wortschatz, ist deckungsgleich mit dem kulturellen Gedächtnis, dessen Repräsentant der (individuelle) Schriftsteller ist (ist er das?), führt verlustfrei den intentionalen Prozess des Schreibens durch – erinnert also an eine wartungsfreie eiskalte Maschine. Und gerade in der wahrgenommenen Differenz zu diesem Ideal erfährt die meist unbewusst vollzogene, automatisierte Handbewegung des Schreibens oft genug eine Irritation und Störung. Das Kontrollorgan, das immer noch ›Ich‹ ist (oder?), schlägt Alarm: Hier stimmt was nicht. Der geschriebene Text ist ein einziges Defizit, entspricht nicht im mindesten den Idealvorstellungen – und ist vielleicht gerade deswegen gut; als Differenz, die sich dem Gedächtnis (des Lesers) einprägt?

Jedes Mal dieselben Kämpfe: Kunst schreiben, sich selbst nicht verraten oder eher doch mal konventionell. Als ob man tatsächlich imstande wäre, eine solche Entscheidung zu treffen. Wäre es nicht besser, einfache Geschichten zu erzählen, klare Gedichte zu schreiben, alltägliche Bühnenstücke zu verfassen, ungestörte Hörspiele ... Besser als was? Als ›darüber‹ zu schreiben? Als über das Schreiben zu schreiben? Ist die Geschichte der deutschsprachigen Poetik, kürzestgefasst, eine Bewegung von der Norm zur Neurose?

Andererseits: Mich interessiert eine größtmögliche Kontrolle während des Schreibens. Als Leser meiner selbst – das Lesen setzt unmittelbar mit dem Schreiben ein und begleitet es – möchte ich mich nicht aus den Augen verlieren. Ich versuche, immer konziser zu werden, eine Sprache zu finden, die ›realistisch‹ zu nennen ist, indem sie nah am Generalthema bleibt, dem Tod. Das spornt an zu Genauigkeit. Womit ich einen Teil meiner Arbeit selbst verleugne.

Was ist das Gegenteil von Schludrigkeit? Korrigier- und Verbesserungswahn: einen Text nicht loslassen, ihn immer wieder durchlesen, bis selbst das Verständlichste völlig unverständlich, der ganze Text unbrauchbar geworden ist. Es muss jetzt Schluss sein mit dem Nachprüfen, und tatsächlich kommt man an kein Ende. Kommt man an kein Ende, fängt das Schreiben an, angstbesetzt zu sein. Sorge also dafür, dich nicht in eine Hysterie des Perfekten zu treiben. Das Übervorsichtige ist Selbstmord auf Raten.

Es gleicht zunächst einer Verstopfung: Es stellt sich das Gefühl ein, ein Text sei fertig. Ein Grund zum Feiern. Spannungsabfall. Wieder und wieder liest man ihn durch. Einige Fehler können entdeckt und ausgebessert werden. Es gibt da auch gar nichts zu diskutieren, das sind schlichtweg durch nichts motivierte Fehler der Wortverwendung, der Semantik, simple Verschreiber, Fehler der Grammatik, widersprüchliche Angaben etc. Die korrigierte Schlussfassung wird *noch* einmal durchgelesen. Sie wird vielleicht von einem anderen gegengelesen. Dieser findet eine Reihe von eines Schriftstellers nicht würdigen Kapitalverbrechen, die unerklärlicherweise von einem selbst nicht als solche erkannt worden sind. Schludrigkeiten? Unvermögen? Regional bedingte Eintrübung der Sprachkompetenz (Herkunft, Heimat …)? Zweifel kommen auf, ob man noch laut Auskunft geben sollte, welchen Beruf man ausübt. Bei Diskussionen kommt das ja noch gut, ein vermeintlicher Versprecher, ein Dativ, der eigentlich ein Genitiv ist, ein erstauntes Aufhorchen, wenn einem klargemacht wird, dass dieses und jenes Wort ganz und gar nicht so verwendet werden kann wie soeben vorgelesen, alles natürlich mit Augenzwinkern zur Kenntnis genommen, das zeigen soll, war mir eh klar, hab ich doch extra gemacht, ein Trick, sozusagen, dabei innerlich schon zernagt und krängend wie ein in nächster Sekunde sinkendes Schiff.

Tatsächlich ist mein Wortschatz dermaßen beschränkt, dass ich zum Beispiel neulich mit größtem Entzücken zum ersten Mal in meinem Leben die Bezeichnung ›Rabatten‹ hörte und heute schon wieder an eine falsche Pluralbildung glaube. Es will sich mir einfach nicht einprägen, dieses botanische Gruppenbildwort. Ab dem soundsovielten Lebensjahr war wohl Schluss mit der sukzessiven Erweiterung des Wortschatzes, der Neuaufnahme nie gehörter Wörter, von da an musste ich mit dem Vorhandenen auskommen. Und dann erst Fremdsprachen … Die ›Muttersprache‹ ist schon Fremdsprache genug. Da muss man nur ehrlich sein und dazu stehen, dass es in der sogenannten Muttersprache einfacher ist, auf die Frage »Haben Sie das verstanden?« mit »Ja« zu antworten, auch wenn »Nein« zu sagen die entsprechende Antwort gewesen wäre. Den berühmten Gesamtzusammenhang hat man ja irgendwie verstanden und könnte ihn mit eigenen Worten ebenso irgendwie wiedergeben, ohne sich die Blöße völligen Unverständnisses geben zu müssen. Diese Salbaderei wird schließlich schon in der Grundschule geübt und spätestens auf dem Gymnasium sehr hoch geschätzt. Zu Hause kann man dann ja immer noch in einem Wörterbuch nachschauen, wenn man dieses Wort bloß erinnern würde, das unbekannte, noch nie gehörte, das alle Aufmerksamkeit auf sich zog, so dass man, Hand aufs Herz, ab da überhaupt nicht mehr zugehört hat. Wie hieß dieses Wörtchen noch mal, dass man es auch nachschlagen kann? Gehört, vergessen. Man kann es auch handhaben wie Karl Valentin: Sehen sich zwei ehemalige Nachbarn nach, wie sich alsbald herausstellt, gar nicht mal so langer Zeit wieder. Keinem von beiden fällt der Name des anderen ein. Von sich aus nennt keiner den eigenen Namen; was auch keiner vom anderen erwartet. So setzt ein munteres Rätselraten ein, das immerhin eine gute Stimmung aufkommen lässt. Man erinnert sich. An was bloß? Die beiden Nachbarn sind wenigstens froh, ein nettes Gespräch miteinander zu haben. Hätten sie einander namentlich wiedererkannt, sie hätten den Namen des anderen wohl kurze Zeit später wieder vergessen. Gerade gestörte Kommunikation ist der Motor, weiterzumachen, aus ihr wird Sprachkapital geschlagen. Und das System Sprache – funktioniert. Vereinfacht gesagt. Der Fehler im System, der vielleicht Literatur ›ist‹.

Immerhin habe ich Zeit, etwas aufzuschreiben. Die Zeit davor, die Zeit danach habe ich verbummelt? Und genau die Zeit mittendrin habe ich konzentriert. Ist das ein Schriftsteller, jemand, der die Zeit ausnutzt, indem er innehält? Permanent in sich kreisende Erinnerungsarbeit. In der Hoffnung, dass eine Wiederholung, von der Søren Kierkegaard schreibt, tatsächlich nicht möglich ist. Schreiben ist dem Betonmischen nicht unähnlich. Es muss immer fließend gehalten werden, aber eben nicht zu flüssig; je nach Verwendungsbedarf und bei entsprechendem Aggregatzustand entnimmt man den Beton, um ihn an Ort und Stelle zu verarbeiten.

Der Unterschied ist, der eine schreibt es auf. Das heißt ja nicht, dass er nicht lebt. Es heißt auch nicht, dass der andere lebt – wenn er ›nicht‹ schreibt. Eines Tages läuft jedenfalls die Zeit davon, da sollte man schon genauer wissen, ›was‹ man ›wie‹ schreibt. Kein Grund zur Panik? Die Wahrheit ist, man verschwendet nicht allzu viel Zeit mit poetologischen Fragen. Man schreibt halt. Der Text ist eine Baustelle. Und eines Tages stellt man vielleicht fest, dass die unterirdischen Leitungen nicht funktionieren. Die Baustelle wird zur Kanalarbeit. Bei dieser Gelegenheit stellst du möglicherweise fest, dass dein Text fundamental unbrauchbar ist. Zu viel Zeit schon verloren?

Höchste Zeit, von diesem Tiefgang poetologisch zu profitieren. Schreiben mit Strukturplan oder ohne? Wenn mit, ist das Korsett zu eng geschnürt? Sklavische Ausführung eines Reißbrettentwurfs, der Literatur sein soll? Habe den Mut, dich deiner Intuition zu bedienen und den Plan über den Haufen zu werfen. Intuition? Der ›Stoff‹ entfaltet sich nach einer nie ganz zu kontrollierenden Eigengesetzlichkeit. Es ist eine große Lust, diese Entfaltung zu beobachten und dabei festzustellen, dass eben – zum Glück – nicht alles nach Plan geht. Hiermit soll keineswegs einem autopoietischen Diskurs das Wort geredet werden. Es handelt sich hier schlichtweg um eine pragmatische Schreiberfahrung, dass die Sprache selbst, hat man erst einmal Fährte aufgenommen, zu denken scheint, dass Sprache selbst sich schreibt. Ein Wort scheint auf, und schon öffnen sich Assoziationsfelder, im Wort eingefaltete Geschichten bieten sich an, erzählt zu werden, das bloße assoziative Nebeneinanderstehen von Wörtern, verbunden zum Beispiel in der Zeile eines Gedichts, die mit anderen Zeilen eine Strophe bilden, suggeriert in der Rezeption Kausalitätsassoziationen; eine poetische Etymologie von Wörtern entsteht, deren lexikalisches oder alltagssprachliches Begriffsfeld erweitert bzw. umcodiert wird.

## Ein Strategienbündel des Schreibens von Prosatexten und Gedichten: Reformulierungen eigener Arbeitserfahrungen

Du bist der Beste, ganz klar. Behalte es für dich. Vergiss es am besten. Das sind die anderen auch.

Siehe das, was du machst, als Literatur an, die als solche ein Eigenleben führt, das schafft eine notwendige und erholsame Distanz: Du gehst zur Arbeit, diese Arbeit besteht aus verschiedenen Problemstellungen, die eine Lösung erfordern. An dieser Lösung arbeitest du. Es ist ein Irrtum zu glauben, es gäbe hierfür einen geeigneten Zeitpunkt. Diese Zeit ist immer (siehe oben).

Setze Angefangenes und seit Jahren Liegengebliebenes nicht mehr fort, es sei denn, du schreibst es ganz neu. Sonst kann es leicht zum Hemmschuh werden, zur völligen Blockade jeder Schreibbewegung. Glaube nicht, es gäbe da etwas zu retten. Sich von etwas trennen ist die beste Schreiberfahrung.

Glaube nicht, auf allen Hochzeiten spielen zu können und schon gar nicht auf allen gleichzeitig. Lasse also einen in den Kinderschuhen steckenden Roman nicht verhungern, nur weil du dir einbildest, unbedingt noch und auf die Schnelle ein weltbestes Drehbuch schreiben zu müssen, parallel zu einem seit Monaten zu schreibenden zyklischen Gedichtband, von dem erst ein schmales Gedichtchen da ist. Parallelarbeit ist praktikabel; du solltest aber in einem größeren Zeitraum denken und an einer Sache kontinuierlich arbeiten. Ganz einfach. Feste Arbeitszeiten sind von großem Vorteil. Sie treiben das Manuskript voran und geben einen Überblick, was noch zu tun ist. Und das ist immer eine Menge.

Triff Entscheidungen: Ich will jetzt einen Roman schreiben, ich will jetzt einen Gedichtband schreiben etc. Fang an. Aber immer schön locker bleiben. Das braucht seine Zeit. Pessoa bastelte mehr als zwanzig Jahre an *Das Buch der Unruhe*. Vertraue auf deine Ausdauer, deinen langen Atem.

Versuche nicht, den Stil des Autors X zu imitieren (es sei denn, parodistisch), der Einfluss anderer kann sowieso fast nicht kontrolliert werden.

Was macht man zum Thema, was schließt man aus? Damit man nicht zu dem von Walter Benjamin beschriebenen Modellfall eines Autors wird, der alles, was ihn im Moment beschäftigt, was auf ihn eindringt, in einem Text, an dem er gerade ›sitzt‹, verarbeiten muss. Andererseits kann gerade dieses Prinzip Generalmotor eines Textes sein. Haben die Surrealisten aber schon ausgeschlachtet. Das systematisch Unsystematische wird meistens nichts. Der konstruktive Anteil wird immer der sein, an dem das Ganze gemessen wird. Debatten über Intentionalität des Autors schließt man mit Hinweisen auf die Arbitrarität des Gemachten erst recht nicht aus.

Mache keine unnötigen Umwege. Segle hart am Wind, vermeide Exkurse, die eigentlich nur verschleiern, dass du im Moment nicht weiterweißt. Bleib auf Kurs, auch wenn gelegentlich Flaute herrscht. Das Zauberwort heißt Kohärenz. Die Debatte über die dem Text eigene Sinnkohärenz ist ein so notorisch streitbares wie fruchtbares Unterfangen. Wenn ein Text ein Kohärenz stiftendes Gebilde ist bzw. sein soll, ein auf sich selbst abgebildetes System, das Aussagen über seine Gemachtheit zulässt – auch vonseiten des Autors, der Autorin –, dann lässt sich dies mittels Stilfragen, syntagmatischen und semantischen Detailfragen oder zum Beispiel der Erörterung von Vorlieben für ein lexikalisch-morphologisches Inventar untersuchen. Der Autor selbst muss ja nicht gleich in einen literaturwissenschaftlichen oder semiotischen Jargon verfallen, seine Textur mit Ausblühungen analytischer Metaphern überwuchern, poetologische Reflexionen in eigener Sache über das Duo ›was‹ und ›wie‹ der eigenen Arbeiten schaden aber ganz und gar nicht. Und wenn auch nur das Vermeiden von immergleichen Fehlern erreicht wird.

Bleibe in der Sprache klar und deutlich. Sage dir das als Mantra. Klar und deutlich heißt nicht, dass der Leser alles verstehen muss. Es kann zum Beispiel auch ›konsistent‹ heißen. Zu viel vorweggenommene Versöhnung, zu viel Einfühlung in den Leser entfremdet dich von deinem Vorhaben.

Hat man auch ein ›Großes und Ganzes‹ im Blick, so sind es gerade die Mikrostrukturen eines Textes, die auch für den Autor überraschende Perspektivierungen, Umwege, Umkehrungen von ›Figur‹ und ›Grund‹ zutage fördern können. Die syntagmatische Ordnung eines Satzes kann Anlass sein, andere Wege einzuschlagen als im Entwurf verzeichnet. Ein bestimmter Satzbautyp kann so dominant werden, dass er zumindest für eine Wegstrecke konstitutiv wird – und in seiner formalen Dominanz von semantischer Relevanz. Bevor aber der Selbstlauf, das Sich-selbst-beim-Schreiben-Zusehen, das ganze Vorhaben aus dem Blickfeld geraten lässt oder zum Selbstzweck der Demonstration einer Ordnung als Bewusstseinsmodell wird, lege man einen Stopp ein. Stets sollte die Funktion einer solchen Vorgehensweise, einzelnen Parametern des Textverfahrens freien Lauf zu lassen, hinterfragt werden: Ist sie integrativ und kann differierende stilistische und rhetorische Ebenen subsumieren oder wirkt sie dissoziierend? Lässt sie einen ganz anders gearteten Text entstehen als intendiert – Autorenintentionalität ist ja ein so legendenumwobener wie nicht restlos in den Text einzuholender Komplex. Kurz, es stellt sich die Frage, streiche ich den ›befallenen‹ Passus, oder lege ich mit ihm ein Kohärenz stiftendes Fundament. Kohärenz erster, zweiter oder dritter Ordnung wird auf den verschiedenen textkonstitutiven Ebenen erzeugt, auf der syntaktischen, semantischen, phonetischen Ebene etc. So liefert ein Text zugleich sein eigenes Netzwerk und seine eigene symbolische etc. Ordnung, die es lesend stets im Auge zu halten gilt, weil mit der Durchführung dieser produktions- und rezeptionsästhetisch relevanten Kohärenzebenen strategisch bewusst gearbeitet werden kann. Sie ermöglichen es zum Beispiel, im Text etwas anzukündigen, eine Erwartungshaltung zu erzeugen, die zumindest vorerst nicht eingelöst wird, den Leser auf die berühmte falsche Fährte zu lenken, den Blick auf Nebensächliches zu richten, um umso gewaltiger ins Zentrum zu gelangen, das nicht weniger berühmte Ganze, das nie ganz in den Blick zu bekommen ist, perspektivisch bzw. Pars pro Toto aufzufächern, sie ermöglichen es, auch längere Textstrecken produktiv zurückzulegen, weil sie den fiktionalisierten Zeitraum und nicht zuletzt die beanspruchte Geduld des Lesers legitimieren helfen.

Womit arbeitet Literatur auf der materialen Seite? Mit Worten und deren Zusammengruppierung. Was die Worte betrifft, sei hier Wladimir Majakowskis Empfehlung wiedergegeben: »Ständige Auffüllung der Vorratskammern und Speicher Ihres Schädels mit notwendigen, ausdrucksvollen, raren, erfundenen, erneuerten, erzeugten und allerlei anderen Worten.«[4]

Das Verwenden und ›Ausstellen‹ entlegener, exotischer, ›hochpoetischer‹ Ausdrücke erzeugt nicht a priori einen komplexen Gedanken, auch wenn solche Ausdrücke die Anmutung einer (poetischen) Fachsprache vermitteln. Das Arbeiten mit einer dem alltäglichen Ausdrucksniveau analogen Sprache verhindert demgegenüber keine gedankliche Komplexität. Sicherlich lässt sich darüber streiten, was das sein soll, ein alltägliches Ausdrucksniveau von Sprache. Vielleicht lässt sich ein solches als nicht elaboriert und allgemein verständlich/zugänglich bezeichnen. Auch als Autor würde ich die Anverwandlung rarer, erfundener, erneuerter oder erzeugter Wörter eher mit Poesie bzw. Gedichten als mit Prosa oder Drama assoziieren. Im deutschsprachigen Bereich ist hier Oskar Pastior für mich paradigmatisch. Gleichwohl sind hier die Übergänge der Genres fließend, wie das Werk von Uwe Dick zeigt. In *ABC des Lesens* stellt Ezra Pound unter anderem folgende Regel auf: »Hüte dich vor Abstraktionen.« In Zeiten der Metaabstraktionen und Begriffsmythologisierungen besitzen solche Imperative fast

4 Wladimir Majakowski: Wie macht man Verse?, in: ders.: Vers und Hammer. Schriften, Gedichte. Frankfurt/M.: Luchterhand 1989, S. 54.

Glaubensrelevanz. Onomatopoetische Ausdrücke und Konkreta haben nicht selten haptische Qualitäten, einen Klangkörper, dessen phonetische Eigenschaften visualisierende Potenz haben können.

Die vermehrte Einbeziehung von Ausdrücken, die ungewöhnlicher, spezieller, unbekannter sind, beargwöhnt man oft als ›manieriert‹, ›kapriziös‹; auch wenn gerade diese ›mots justes‹ eben genau die richtigen, die präzisen, unersetzbaren sind. Denkfäule greift nur nicht auf sie zurück.

Führe dir deine immer wiederkehrenden Manierismen vor Augen, die dir selbst schon längst aus dem Hals heraushängen. Schaffe sie ab. (So schwierig wie das Aufhören mit dem Rauchen.)

Schnell schon ist man dann mit dem Gerede von einer ›Metapher‹ zur Hand, einem ›Sprungtropus‹, als könne dieser in ein ›eigentliches‹ Sprechen zurückübersetzt werden. Paul Celan wies immer wieder darauf hin, dass seine Gedichte nicht mit Metaphern arbeiteten. Nicht die Vorstellung eines Sprungs (von einem Kontext in den anderen) leite seine Poesie, sondern diese sei bereits die ›eigentliche‹ Rede.

Metapherforschung arbeitet im Gesteinsbezirk der Sprache.

Fasziniert von Literaturen, die sich ausgiebig Fach- und Fremdsprachen bedienen und so die Anschauung schärfen und eine geheimnisvollere ›Tiefe‹ evozieren können, arbeite ich insbesondere in der Prosa zunehmend mit einem Vokabular, das der Alltagssprache nahe ist.

Regularitäten können (wieder-)entdeckt oder in netzwerkartig funktionierenden Gruppen bzw. Bewegungen festgelegt werden. Stellvertretend genannt sei hier die Werkstatt Oulipo. Wer spielerisch und mit dem nötigen Ernst die Materialität von Sprache und ihre Regularitäten erproben will und zugleich erkenntnisreich an ihren Eigendynamiken scheitern, dem sei die Anverwandlung einer oulipotischen Regel anempfohlen.[5]

Sollte es dir so gehen wie Ezra Pound, hat sich das mit dem Roman ja von selbst erledigt: »Ich habe keinen guten Roman geschrieben. Ich habe überhaupt keinen Roman geschrieben. Ich rechne nicht damit, dass ich jemals Romane schreiben werde, und werde niemandem erzählen, wie es gemacht wird, eh ich das getan habe.«[6]

Wie es gemacht wird, kann man das nicht nur von Fall zu Fall sagen, und auch das höchst eingeschränkt und unzuverlässig? *Liebeserklärung* habe ich in etwa vier Monaten geschrieben. Verschiedene Repertoires mündeten in den Text: Søren Kierkegaards *Die Wiederholung*, eine kleine Passage aus Alain Robbe-Grillets Roman *Die Wiederholung*, eine Prosaskizze (Brief) von Heinrich von Kleist samt Details aus seiner Klingstedt-Zeit, Gedichte unter anderem von Samuel Beckett, Alexander Block, Rolf Dieter Brinkmann, Paul Celan, Günter Eich, Sergej Jessenin, Ernst Jandl, Friederike Mayröcker, Songtexte unter anderem von Herbert Grönemeyer, Fragmente der Alltagskultur (Radio, Fernsehen, Tageszeitungen, Werbung etc.), gesellschaftspolitische Vorgänge, in Zügen und auf der Straße aufgeschnappte Gesprächsfetzen, Selbsterlebtes samt Verfremdung – und das Ganze getrieben vom Rhythmus des nicht stillstehenden Bewusstseins, einer Schnitttechnik, die das Ganze nur in der untergründigen Amalgamierung seiner Teile simulieren kann, um es gleich wieder zu verlieren. Im Strom des Erzählens wird Heterogenes mitgerissen, das als solches nicht mehr aufscheint, sondern bereits in der Transformation

5 Siehe z. B. Heiner Boehncke, Bernd Kuhne: Anstiftung zur Poesie. Oulipo – Theorie und Praxis der Werkstatt für potentielle Literatur. Bremen: Manholt 1993.

6 Pound, ABC des Lesens, S. 115.

als Motiv, Folge oder Abglanz des zentralen Themas ›Liebe‹ (zu einer Person, zu einem Land). Die Referenzen zwischen Innen und Außen, die Adressierungen der Liebeserklärung gleiten. Erzählstrategisch möglich gemacht wird dieses Gleiten durch das Wahrnehmungsmodell Bahnfahren, das dem Roman zugrunde gelegt ist. Landschaft erscheint als Kulisse innerer Erfahrungsprozesse, diese wiederum finden in heterogenen äußeren Begebenheiten ihre quasisymbolische Manifestation: Alles geschieht im Zeichen der Krise. Das habe ich immer versucht, untergründig mitlaufen zu lassen, es durchscheinen zu lassen, ohne es direkt zu verbalisieren, so dass der ganze Roman (für mich) das Ausagieren einer Liebes- als Identitätskrise darstellt. Das ist seine Handlung.

Apropos Gedicht. Schreibe ein Gedicht wie Paul Celan. Dies setzt allerdings voraus, dass du ununterbrochen Celan liest. Sei überzeugt davon, dieses Gedicht *sei* von Paul Celan. Bist du in diesem Gedicht zu Hause? Was fehlt dir an diesem Gedicht? Verbessere nun das Gedicht. Ist es noch von Paul Celan?

Schreibe ein Gedicht wie Rilke und begründe, warum es nicht von Goethe sein kann – aber auch nicht von dir.

Schreibe ein Gedicht, von dem du behauptest, nur du hättest dieses Gedicht schreiben können. Stellt dich das vor eine unlösbare Aufgabe?

Wähle aus deinen Gedichten dasjenige aus, von dem du sagst, dieses Gedicht bin ganz ich. Erkläre das. Entzünde an diesem Gedicht eine Poetologie, und zwar so kompromisslos, dass du dein Gedicht für verbesserungswürdig hältst.

Nimm deine Gedichte immer wieder zur Hand, bevor du sie aus der Hand gibst. Verabschiede dich von früheren Fassungen nur, wenn du dir ganz sicher bist. Manchmal ist die Tagesleistung ein einziges Wort. Gedicht heiß, jedes Wort zählt. Hier muss die sprachliche Wünschelrute ausschlagen.

Warum *dieses* Wort in *dieser* Zeile? Krame nach: Gibt es nicht doch ein genaueres Wort? Was soll dieser blinddarmartige Appendix, den du an den Schluss des Gedichts gesetzt hast? Kann man den nicht streichen? Genügt es nicht, das Gedicht bei einem poetischen Stillleben zu belassen? Wie kommt es eigentlich, dass Lieblingsfehler der Ungenauigkeit, des Vernebelten, ornamental Stimmungshaften immer wiederholt werden?

Arbeite mit Ableitungen, Aufpfropfungen: Entfalte aus einem motivischen Gerinnsel des einen Textes das Thema eines anderen. Vielleicht ist das der Text, den du schreiben wolltest. Lasse dich auf keinen Fall zu der Jammerei hinreißen, dir falle nichts ein. Erstens ist das kein Verdienst, zweitens gehört das zum Geschäft. Die Arbeit an einem Gedicht heißt zunächst einmal Umkreisung. Umkreise das Gedicht, wenn's sein muss eine ganze Kladde voll. Drehe und wende es. Streiche kompromisslos durch. Das Durchgestrichene scheint ja vorerst noch durch. Lies das Erreichte immer wieder laut vor. Knacken die Gelenke? Brechen die Scharniere? Klingt es zu geschmiert? Wo sind die Sollbruchstellen?

»Geh in die Hölle: geh in Dich!« (Uwe Dick)

Wenn alles nichts hilft, hilft vielleicht Chlebnikov: Chlebnikov schrieb viele kleine Zettel voll, mit denen er auch schon mal sein Kopfkissen ausstopfte. Das Kopfkissen ging verloren. Geht deines verloren, bist du vielleicht von einer großen Last befreit. Vielleicht hast du Glück. Das Kopfkissen wird gefunden, und du wirst berühmt.

## Des einen Poetenkasten ist dem anderen Botanisiertrommel. Exkurs über einige Vorurteile, erlernbares Schreiben betreffend

Imperative als Mutmachungen? Anmaßung des Vorschreibens? Wie hieß das eingangs noch mal? ›Poetenkasten‹? Ein einziges Wort, das einen langen Schatten wirft. Und dieser lange Schatten ist deshalb so dunkel, weil er andere Schatten in sich vereinigt – oder immer länger zieht. Zum Beispiel ist es bekannt, dass der Poet licht- und arbeitsscheu ist. Was Halldór Laxness für Island und das männliche Geschlecht reklamierte, lässt sich international und auch auf Dichterinnen ausweiten: »Seit undenklichen Zeiten musste sich die isländische Nation mit Männern herumschlagen, die sich Dichter nannten und daher nicht arbeiten wollten.« Eine ganze Nation schlägt sich jahrtausendelang mit Dichtern herum. Schön wär's. Und gab und gibt es wirklich so viele Dichter, dass eine ganze Nation um ihre ökonomisch zu messende Produktionskraft fürchten muss? Was Laxness hier pointiert, ist ein hartnäckiges Klischee. Samt Rattenschwanz. Was aber, wenn die Dichterlinge nicht nur nebenher zum leidigen Geldverdienen arbeiten gehen, sondern auch noch regelmäßig zusammenkommen, ihr dichtendes Tun selbstkritisch zu bedenken, ihre Schriftstellerei sogar als Arbeit begreifen (wollen)? Das könnte privat ja noch angehen, nach Feierabend eben. Aber ganztägig? Zur besten Schaffenszeit? Ein Buch liest man ja hin und wieder ganz gern, einen großen Autor will man vielleicht auch mal leibhaftig sehen, was aber ist von Autoren zu halten, die Schreiben lernen wollen? Dichten lernt man nicht, dichten kann man. Richtig. Auto fahren kann auch jeder, bevor er Auto fahren kann. Während aber fast jeder Neuinhaber eines Führerscheins stolz auf diesen verweist, ihn zumindest bei passender Gelegenheit mal dem einen oder anderen unter die Nase hält, wird vielleicht nicht jeder Literaturinstitutsabsolvent der

Menge zurufen, er sei soeben ›Diplomschriftsteller‹ geworden. Warum aber nicht? In Deutschland scheint das etwas Anrüchiges zu sein. Aber gerade nicht im Sinne von Underground oder Hochkultur, sondern im Sinne von ›da musste nachgeholfen werden‹, ›da war von Grund auf was auszubessern‹, ›braves Durchschnittstalent‹, ›gibt es das jetzt auch schon bei uns?‹ oder direkter noch ›wieder so eine saublöde Idee aus Amerika‹. Dass die wenigsten diesen Betrieb von innen kennen, ist schließlich kein Argument. Dass die kolportierten Meinungen durch und durch Unsinn sind, zeigt sich: Es zeigt sich in ebensolchen Seminaren, die nicht selten zur Aufklärung des Dozenten beitragen.

Ist klassenmäßig veranlagtes Schreiben eine Art verlängerter Jugend? Und was soll dann verlängert werden? Zum Schreiben antreten. Ein Grenzgang zwischen Stolz und Beschämung. Und zwar nicht unbedingt in dieser Reihenfolge. »Ich lerne schreiben.« »Hoffentlich!« »Berufsmäßig.« »Haben andere gar nicht nötig.« »Wie meint er das, Papa?!« Oder: »Warum wollten Sie eigentlich Schriftsteller werden?« »Weil ich etwas anderes werden wollte.« »Als wer?« »Als ich.« Oder: »Sie als Schriftsteller …« »Wer?« »Sie!« »Ich?« »Ja.« »Nein.«

Auch geläufig ist folgende Meinung, die auf Hörensagen fußt und zu jener Spezies von Meinungen gehört, die weder auszurotten noch quellentechnisch zu überprüfen sind: Eine Schreibschule ist Spießerschule. Da geht man nicht hin. Und wenn man schon hingeht, dann lehnt man sich dagegen auf. Dozenten sind übrigens Oberspießer. Die haben das Schreiben ja schon hinter sich. Mit dem Betreten des Dozentenzimmers haben Dozenten ihr letztes Buch geschrieben. Die schreiben jetzt nur noch Klassenbuch. Und sehen der Jugend beim Altern zu. Und überwachen eifersüchtig den sogenannten Nachwuchs. Damit da nichts nachwächst. Damit keiner heranreicht – an ihr Klassenbuch.

Laut einem Anbieter von Lebensqualitätsverbesserungen ist

die Botanisiertrommel »ein bewährtes Transportgefäß, in dem die in Feld und Flur gesammelten Blumen, Blätter und Stängel bruchsicher und geschützt (auch vor unbotmäßigem Austrocknen) nach Hause gebracht werden können«. Manches Modell verfügt über eine verschließbare Mittelklappe. Der Dozent öffnet seinen Poetenkasten und richtet semesterweise eine Art Ausstellung seines poetanischen Gartens ein. Seine Zuhörer filtern aus dem Mitteilungsstrom (manchmal eben nur ein Bächlein) Denkwürdiges, das sie zunächst einmal, geschützt vor unbotmäßigem Sofortvergessen, in ihren individuellen Bedürfnissen entsprechend eingerichteten Trommeln ablegen. Manches aus diesen Trommeln wird im Laufe der Zeit neuen Schätzen weichen, ab und an wird etwas aus dem eigenen Herbarium hinzugelegt, das später vielleicht nicht mehr von einer Fremdaneignung zu unterscheiden ist, aus dem Verbleibenden wird ein eigenes geistiges Gebäude errichtet, darin der ehemalige Zuhörer dann wohnt. Aus der Mittelklappe geht er hinaus und kommt wieder durch diese hinein.

Paradoxale Erfahrung(en): Die gesammelten, aufgelesenen, im »Fanggedächtnis« (Uwe Dick) gespeicherten Schätze müssen nun selbst erworben werden; die schützende Botanisiertrommel ist dann – windschief ins Bildreich gestellt – vielleicht nur die Leiter, die man erklimmt, um sie wegzuschmeißen. Vom Philosophen der Leiter zum Selbstdenker-Philosophen Schopenhauer: »Die bloß erlernte Wahrheit klebt uns an wie ein angesetztes Glied, ein falscher Zahn, eine wächserne Nase oder höchstens wie eine rhinoplastische aus fremdem Fleische; die durch eigenes Denken erworbene aber gleicht dem natürlichen Gliede: sie allein gehört uns wirklich an.«[7]

Was auch immer dir in einem Schreibseminar gesagt wird, du wirst es nie einsehen. Vielleicht ersetzt du mal das eine Wort durch ein anderes, streichst einen ganzen Satz, erwei-

7 Schopenhauer, Parerga und Paralipomena, S. 413.

terst ein Romankapitel, nimmst ein anderes heraus, änderst den Titel eines Gedichts … wirklich einsehen kann man nur sich selbst – höchstens. Und das ist auch gut so. Wenn ein Schreibseminar nur das bewirkt, ist es schon eine Menge. Wer ist ›du‹? ›Ich‹.

Merkwürdig genug, das ›Ich‹, das viele ist, kann nur im Kontakt mit und in der Differenz zu anderen ›Ich‹ sein. Diese anderen müssen unablässig durch die Reuse ›Ich‹ hindurchströmen. ›Ich‹ bleibt allein.

## Nach dem Schreiben ist vor dem Schreiben. Abspann

Treibe Sport. Wer Sport treibt, macht nicht so schnell schlapp vor dem Computer, der Schreibmaschine oder dem Notizbuch. Außerdem macht Sport selbstbewusster – auch beim Schreiben.

Hör mit dem Rauchen auf – fang es erst gar nicht an. Rauchen vermittelt nichts, außer den Trugschluss, beim Schreiben kreativer zu sein. Schnell ist die Packung aufgeraucht, das Blatt Papier aber noch völlig unschuldig.

Hör nicht mit dem Lesen auf. Lesen als ein schöpferischer Akt ist selbst schon Schreiben. Mitschreiben, Vorausschreiben, Nachschreiben, Umschreiben.

Bringe Unordnung in dein Leben – ein Roman über diese Unordnung könnte wieder Ordnung hineinbringen.

Geh auf Reisen. Begleite die Reise schriftlich. Beiße dich an etwas Erlebtem fest, schlachte es aus. Beschäftige dich mit der Literatur vor Ort, das lässt einen nicht immer so beschränkt sein. Monokulturell denkende und arbeitende Autoren sind das Beschränkteste, was man sich vorstellen kann.

Literatur arbeitet mit Sprache. Was heißt da, nur? Aus der Sprache, aus dem Sinn, aus der Welt. *Über die Sprache* hat Ernst Herbeck seinem Poetenkasten Folgendes entlockt:

Die Sprache ist die Not-
wendigkeit der Menschen
und wird zu Papier gebracht.
Ist die Sprache vollständig, so
setzt man einen Punkt hin wie
bei der österreichischen. Wien
ist der Ausgangspunkt unserer
Sprache; die ist eine Abteilung
deutsch. Wird die Sprache gesungen
und getippt, so gibt sie der
Rundfunk – durch den Sender wieder.
So meint es mein Freund Kurt Bauer.

# Infekt. Über Poetik und Poesie

»Fast alles, was man über Dichtung sagt, ist so wahr und wichtig wie alles andere, was irgendwann irgendwer gesagt hat.«[1] Sagt Dylan Thomas. Wenn das stimmte, ist es das Unsinnigste, hier etwas über Gedichte zu sagen. Es wäre die reinste Zeitverschwendung. Abfall. Irrelevant. Was aber ist mit dem, was *in* der Dichtung gesagt wird? Reichtum, Ehr und Titel schwinden, es bleibt nichts als der nackte Sterbe-Kittel, sagt der Barockdichter Daniel Casper von Lohenstein in seinem Sonett *Umbschrifft eines Sarches.*

Ich möchte im Folgenden auf ein paar einfache Dinge zu sprechen kommen.

Seitdem das Schreiben von Gedichten nicht mehr regelgeleitet ist, ist das Reden über Gedichte das unzuverlässigste. Seitdem eine die Regeln generierende Poetik nicht mehr aus der Rhetorik und den Exempla deduziert wird und die Rhetorik mitsamt den Exempla nicht mehr auf ein Höheres verweist, Gott, den Fürsten. Was ist die Konsequenz? Es ließe zu denken übrig, dass Poetik samt Rhetorik genau in dem Moment ihren regulativen Status verloren haben, als ihre Schutzbehauptung weniger durchschaut als überhaupt erst entdeckt wurde. Die Schutzbehauptung, dass es ein Ziel außerhalb des Textes gibt, dass es einen anders gearteten Text außerhalb des Textes gibt, der ihm allererst Bedeutung verleiht. Dieser Text, der teleologische und eschatologische Überbau des poetischen Textes,

1 Dylan Thomas: Die Befragung des Echos. Frühe Erzählungen und Aufsätze. München, Wien: Hanser 2003, S. 255.

heißt Gott und Fürst bzw. Staat. Allein über den ›Sinn‹ eines Textes, eines Gedichtes wird innerhalb des Textes, des Gedichtes verhandelt. Das alte Streitpaar ›Sinn‹ und ›Bedeutung‹.

Haben Poetik und Rhetorik den Laden zusammengehalten, so stellt sich nun ein altes Problem: Wie kann ich etwas über die Signatur der Zeit sagen, wenn ich vom Besonderen nicht ohne weiteres aufs Allgemeine schließen kann? Stichwort Differenzqualität. An was wäre die heutzutage zu messen, wie wäre sie auszumachen, wenn eine Matrix fehlt? Und das Barockgedicht? Macht derjenige Dichter des Barock nicht den feinen Unterschied unter den Barockdichtern, dessen Gedicht die Regel vergessen macht; dessen Gedicht die Regel zwar zugrunde liegt, das aber die Regel zugleich erweitert, das die Regel als Freiheit zeigt. Präzision, Sprachüberraschung und komplexe Einfachheit, das zeichnet die Gedichte von Andreas Gryphius oder Hofmann von Hofmannswaldau aus. Scharfsinnigkeit der Metapher, ich werde darauf noch zurückkommen.

Wir hätten es so gerne, dass beide Grenzen, das Besondere und das Allgemeine, auch heute noch gegenseitig permeabel wären. Zielt das auf einen Repräsentanzbegriff von Poesie? Wer ist der Thomas Mann der zeitgenössischen Dichter? Zielt es darauf? Das könnte ja immerhin ein schönes Gesellschaftsspiel sein. Die Namen wären schnell gefunden. Die Gegenrede auch. Kanon kommt vor dem Fall.

Warum immer noch Barock, warum immer noch Romantik, warum immer noch Expressionismus? Ich spreche für die deutschsprachige Poesie. Die Romantik haben wir nie verlassen, aber darauf näher einzugehen wäre Gegenstand einer gesonderten Betrachtung. Der Expressionismus ist – im völligen Missverhältnis zu seiner Bedeutung als explosive Sprachkunst und Frühform intermedialer Kunst – merkwürdigerweise immer noch recht unbekannt. Von van Hoddis kennt man höchstens das Gedicht *Weltende.* Benn klar, Trakl klar, Lasker-

Schüler klar, aber wie steht es mit dem revolutionären August Stramm? Fehlanzeige.

Die genannten, ja was denn, Epochen, Zeitalter oder doch nur Strömungen?, haben zentrale poetologische Ansätze artikuliert. So wie es die Avantgarden auch getan haben und einzelne Dichter nach dem Ende der Poetiken auch. Barock, Romantik und Expressionismus: Da ist alles schon angelegt. Nehmen wir hinzu noch die Konkrete Poesie und also Dichter wie Eugen Gomringer, Franz Mon, Gerhard Rühm. Nennen wir noch, jenseits der Ismen, Rolf Dieter Brinkmann. Mehr ist dann nicht. Das war's eigentlich schon. Der Rest ist Verwaltung.

Es ist meine Überzeugung, dass poetologische Zeugnisse quer durch die Jahrhunderte zum eigenen Tun anstiften, auch wenn sie vielleicht nur Ausdruck tiefer Verlegenheit sind oder sein wollen. Eine aufmerksame Lektüre solcher Selbstzeugnisse gäbe sicherlich Aufschluss über die notorische Frage, *wer* hat *wann* schon mal das Gleiche gesagt wie wer *anders* wann *anders.* Die Differenz des unterstellten Immergleichen könnte dann als Signatur der Zeit gelten. Und die zu erfahren, ist mitunter das Spannende aller Lektüren. Zum Beispiel könnten wir etwas über die Ehrlichkeit des Dichters, der Dichterin erfahren. Über seine/ihre Überkandideltheit. Dass die Meinungen darüber doch stark auseinandergehen, was das überhaupt sei, Poesie. Nur wenn ich [O, S, E, P, E, I] in die richtige Reihenfolge bringe, entsteht ›Poesie‹. Poesie entsteht nicht dadurch, dass ich etwas in die richtige Reihenfolge bringe. Richtungweisend ist die Reihenfolge allemal.

Den Unterschied zwischen Anspruch und Einlösung machen Poetologien erfahrbar. Oder dass genau dies nicht sinnvoll ist, Poetik und Poesie gegeneinander zu verrechnen.

Ist Dichtung heute fast ausnahmslos keine Zweckform mehr, so wird sie in diesen poetologischen Statements oftmals überbauartig rückgebunden an höherintegrative Vorstellungs- und Erfahrungsbereiche. Gott und Staat sind also nicht ganz entmachtet, sie heißen jetzt nur anders. Für diese Vorstellungs- und Erfahrungsbereiche soll sie paradigmatisch einstehen oder sich fast dogmatisch gegen sie abgrenzen. Leben und Tod sind hier die entscheidenden Instanzen, denen ein höherer Sinn zu verleihen oder gegen die anzugehen Aufgabe der Poesie sei. Der Dichter, die Dichterin hat jedenfalls so manches im Poetenkasten abgespeichert, das er/sie bei Gelegenheit oder zum eigenen lustwandelnden Zeitvertreib gerne hervorholt, um darauf mit Nachdruck zu verweisen. Eine poetische Variante des Himmel-und-Hölle-Spiels. Was hat sich zum Beispiel gegenüber dem Barock geändert? Wir wissen es längst: Alles ist zitierfähig, alles ist ein Zeichen, alles erscheint als Variable, die fast beliebig einsetzbar ist. Das meinte ich unter anderem mit der Aktualität der Romantik, siehe Novalis und Friedrich Schlegel. Stellen wir uns den Dichter, die Dichterin auf einem leeren Platze vor, einen Arm steif von sich gestreckt, mal in Richtung Himmel, mal nach vorne, oder auf den Boden zeigend. Oder beide Arme ausgestreckt gleichzeitig nach vorne und nach hinten weisend. Oder sich fortwährend im Kreis drehend. Wohin der Arm weist, darüber wird gesprochen. So sehen dann viele solcher Poetologien auch aus: Sammelsurien, Abstellplätze, Geräteschuppen. Ist der Dichter, die Dichterin ein aufgeblasener Tunichtgut? Ein Angeber, ein Prahlhans, eine Prahlgretel? Wohl nicht immer. Was diese Poesiekonzepte aber fast durchweg eint: Der Idee, dem konzeptuellen Entwurf, dem Wort, dem formativen Prozess, der Beschwörung wird zu viel zugetraut. Immer scheint Weltveränderung angezielt, der Dichter sendet aus, die Welt empfängt. Nur müsste man es auch lesen, wahrnehmen. Keine Zeit, verstehe. Mir sind solche weltgreifenden Aussendungen sehr sympathisch – solange sie sich nicht in Verkündigung und Messianismus erschöpfen.

Signatur der Zeit. Klingt ein bisschen bürokratisch. Wie Zahnpasta. Es kann nicht darum gehen, ihr vorgreifen zu wollen, auch dieser Vorgriff hätte schließlich Signaturcharakter. Man denke an all die historischen Avantgarden, an die manifestösen Poetologien des Expressionismus etc., die gezielt an- und eingreifen oder laufende Strömungen ablösen wollten, zumindest unterbrechen oder an den Pranger stellen. Außerdem: Et kütt wie et kütt, sagte mal der große Kölner Dichter Anonymus. Es könnte aber darum gehen, ein paar Dinge wieder in Erinnerung zu rufen. Das genau ist das Dilemma: nach vorne stürmen wollen, mit den Schuhen aber in der frisch geteerten Straße hängenbleiben, da bleibt eben nur der Weg zurück. Das eigene Spektrum zu erweitern, darum könnte es gehen. Die Erfahrung, zurückzugehen, gehört dabei zum Programm. Ich hör schon: Opitz konnte toll Poetik, in seinen eigenen Gedichten bin ich immer steckengeblieben. Ein gängiges Urteil. Sollte vielleicht noch mal überprüft werden. Nicht zu vergessen, dass es sich in seinem Fall um eine Regelpoetik handelte. Um eine innovative, eine revolutionäre indes, die auf hohe See ging und in der es auch heute noch sehr viel zu entdecken gibt. Opitz legte seiner Poetik die antike Rhetorik zugrunde und somit auch die Trias Inventio, Dispositio, Elocutio, forderte eine deutschsprachige Dichtung, eine Dichtung »in unserer Muttersprach«, wie es in seinem *Buch von der Deutschen Poeterey* von 1624 heißt, etablierte mit der Einführung des akzentuierenden Versprinzips anstelle des quantitierenden Versprinzips (Opposition langer und kurzer Silben) das Betonungsgesetz und führte, geschult an ausländischen Vorbildern, einen neuen Formenkanon ein. Das Barockgedicht, das doch erst der Anfang einer Dichtung in deutscher Sprache sein sollte, bildete schon einen ihrer Höhepunkte. Was sich da an Formenreichtum, scharfsinniger Metaphorik, an überraschenden Sinn- und Wortspielen, allgemein an ›acutezza‹, ingeniösem Scharfsinn des Dichters zeitigte und zeigte, stellt auch heute noch unser eigenes lyrisches Geschwurbel gleich reihenweise in den Schatten. Es fehlt an metaphorischer

Scharfsinnigkeit. Zuweilen auch an Geist. Letzteres ist für mich ein besonders schwerwiegender Umstand. Lyrik kann ja jeder, meint man. Vor allem der selbsternannte Lyriker meint das. Das Gedicht ist aber, neben allen erforderlichen formalen und sprachfassenden Qualitäten, ohne Geist gar nicht zu denken. Man kann eine Sache mehr oder weniger intelligent machen, arrangieren; Geist kann ihr trotzdem fehlen. Der Dichter muss sich ganz auskennen, er muss mehr als tausend Gedichte quer durch alle Zeiten gelesen haben, wer keinen Ezra Pound gelesen hat, kann kein Dichter sein, wer noch nie Reinhard Priessnitz gelesen hat, kann kein Dichter sein, wer über Stefan George lacht, kann kein Dichter sein, wer bei August Stramm glaubt, sich verhört zu haben, ist für die Poesie verloren, an wem Arthur Rimbaud und Charles Baudelaire spurlos vorbeigegangen sind, an dem ist alles vorbeigegangen, und wer nie seinen Jesse Thoor mit Tränen las, und wer nie Philip Larkin studierte, der hat keine Ahnung, wie schwer das aufscheinend Einfache ist, und wer nie mit Wladimir Majakowski und Sergej Jessenin gerungen hat, wer nie wieder und wieder Sylvia Plath gelesen hat, und ich hoffe nicht, eigens auf William Carlos Williams oder Robinson Jeffers hinweisen zu müssen, und nicht auf Cesare Pavese und auf den großartigen Gunnar Ekelöf schon gar nicht, und ich werde nicht müde, immer wieder auf Uwe Dick hinzuweisen. Der Dichter muss ein »Sprachbegeisteter« sein oder er ist keiner, wie schon Novalis wusste.[2] Und es kommt genau auf die Schnittstelle Sprache/Welt an, dass die genau getroffen wird, darauf kommt es an. Dass sich beide die Waage halten, und nur das ist eine Chance der Poesie, genau dieser immer wieder neu auszulotende Grenzgang zwischen Gegenstandsbezug und ästheti-

2 Vgl. Novalis: Monolog, in: ders.: Schriften. Die Werke Friedrichs von Hardenberg. Bd. 2, Das philosophische Werk I. Stuttgart: Kohlhammer 1965, S. 672 f.

scher Funktion der Sprache – ich bleibe bei Geist. Meistens wird aber nichts ausgelotet. Es wird hingenommen. Es wird über die poetische Funktion der Sprache meistens nicht nachgedacht.

Geist. Das meint das Gegenteil von Reprise, sekundärem Atem oder lyrischer Verwaltung der abendländischen Poesie. Schreiben Sie doch mal ein Gedicht ohne jede Anspielung, ohne jedes Zitat. Auf was können Sie sich verlassen? Auf Ihre Erfahrung? Geist meint auch Reaktionsfähigkeit. Sich vom selbstgeknüpften Sprachnetz des Gedichts fangen lassen, aber nicht blindlings, sondern in genau dem Moment, in dem Sie erkennen, dass dieses Gedicht auf einem guten Weg ist. Leider ist es das meistens nicht – und wird trotzdem zu Ende geschrieben. Am Ende war es schon vorher. Herr Lentz, Sie haben hier vergessen, die Kriterien explizit zu machen, wann denn ein Gedicht bitte schön auf dem richtigen Weg ist. Richtig, ich bin froh, dass Sie das ansprechen. Ich antworte zunächst indirekt: Mich sprechen genau die Poetologien bzw. Dichter an, die sich diese Frage zur zentralen Aufgabenstellung gemacht haben: Stefan George, Charles Olson, Ezra Pound, Paul Valéry, Unica Zürn.

Geist – fehlt. Wer Gedichte schreibt, ist zu schnell zufrieden mit dem Gedicht, das er geschrieben hat. Warum sollte es ihm anders gehen als dem durchschnittlichen Anagrammisten: Jeder Fund wird einverleibt ins Gedicht, alles ist willkommen, Hauptsache, es kommt was. Und wenn etwas kommt, kommt auch was zustande. Diese Seite wäre erledigt, jetzt fehlen noch fünfundsechzig Seiten, und fertig ist der Band Gedichte.

Was könnte noch Geist sein? Eine romantische Frage. Schlag nach bei Novalis. Umfassende Begeisterung, vielleicht. Zeitgenössische Lyriker setzen oft nur einen einzigen Parameter in Szene, das, was die Romantiker, namentlich Novalis, »Romantisieren« nannten: »Romantisieren«, so Novalis, »ist nichts als eine qualitative Potenzierung. […] Indem ich dem Gemeinen einen hohen Sinn, dem Gewöhnlichen ein geheimnisvolles Ansehen, dem Bekannten die Würde des Unbekannten, dem Endlichen einen unendlichen Schein gebe so romantisiere ich es – Umgekehrt ist die Operation für das Höhere, Unbekannte, Mystische, Unendliche […]. Es bekommt einen geläufigen Ausdruck.«[3] So weit Novalis. Alles mit allem verbinden, das Profane mit dem Heiligen, und heraus kommt heute oft nur höhere Geistlosigkeit, tote Materie mit allerhand Formgebrechen, Kitsch mit dem Anstrich geistiger Weihe. Dass das wohl nicht zu ändern ist, von Generation zu Generation vererbt zu werden scheint, das ist das Traurige. Es gibt da einen Generationenvertrag, der nur eins deutlich macht: Die Zeitrechnung fängt immer bei null an, Novalis war da weiter als wir alle.

Der Barockdichter hatte es gut: Er konnte in den poetischen Schatzkammern seiner Musterbücher nachschauen, wie es die Altvorderen gemacht haben, und wenn es da nichts zu holen gab, schließlich galt es ja erst einmal, das Deutsche als Literatursprache hoffähig zu machen, gab es immer noch das Ausland, das da ja einen Schritt weiter war und längst schon Strophen- und Gedichtformen wie Sonett, Kanzone, Sestine, Madrigal, Ode, Rondeau und Ringelreim und Versformen wie Vers commun und Alexandriner eingeführt hatte. Dante, Petrarca, Tasso, die französischen Dichter der Pléiade (z. B. Ronsard) hatten hier eine starke Vorbildfunktion.

Es ist völlig richtig: Ohne Spürsinn, ohne, wie sollen wir es nennen, nennen wir es ruhig ›Veranlagung‹, nutzt auch die beste Imitatio nichts, die wir ja nicht wollen, wir wollen in der Poesie keine Lehrer-Schüler-Verhältnisse mehr. Ein Gottfried Benn genügt, ein Ezra Pound genügt, ein Ernst Jandl genügt,

3 Novalis: Die Welt muß romantisiert werden, in: ders.: Schriften, Bd. 2, Das philosophische Werk I, S. 545, Aufzeichnung 105.

eine Friederike Mayröcker genügt, eine Helga M. Novak genügt, ein Thomas Kling genügt. Zwar lässt sich mit der *Ars Poetica* von Horaz geschickt fragen: »Warum aus falscher Scham lieber irren als lernen?« Ebendieser Horaz brachte aber auch die heute noch relevante Dialektik von Ingenium und Handwerk auf den Punkt: »Ich sehe nicht, was alles Bemühen hilft ohne die Ader inneren Reichtums, und wiederum, was ohne Ausbildung das Talent hilft: so gewiss fordert eins des andern Beistand und gelobt sich ihm zu freundschaftlichem Bunde.«[4] Mit anderen Worten: Handwerker haben wir genug. Und so scheint mir die zeitgenössische Lyrik vor allem eins zu sein: eine brave Schule des Handwerks mit dem Hang zu künstlicher Beatmung von ausgeschlachteten, entkernten Auslaufmodellen. Auf der einen Seite. Auf der anderen schert man sich nicht im mindesten um Vorgängiges, sondern geht frisch daran, die Welt der Poesie neu zu erfinden – und das auch bei jeder unpassenden Gelegenheit der Welt zu verkünden. Das ist nicht Mut, das ist nur Verzweiflung. Und totale Ahnungslosigkeit. Hobbyismus. Naivität bis zur paradiesischen Unschuld. Wie schon Friedrich Schlegel sagte: »Es ist gleich tödlich für den Geist ein System zu haben, und keins zu haben. Er wird sich also wohl entschließen müssen, beides zu verbinden.«[5] Es wären die zeitgenössischen Dichter also immer noch einzuteilen in die Naiven und die Sentimentalischen.

Auch scheint man mit zu wenig zu schnell zufrieden zu sein: Jemand hat etwas für sich entdeckt, einen vergessenen Dichter aus dem 12. Jahrhundert zum Beispiel, und eifert ihm nach, schlachtet ihn aus. Demjenigen genügt das, er hat etwas

4 Alle Zitate aus Horaz: Sämtliche Werke. München: Heimeran 1957.

5 Friedrich Schlegel: Fragmente, in: ders.: Kritische Friedrich-Schlegel-Ausgabe. Bd. 2. Paderborn, Wien, Zürich: Schöningh 1958, S. 173.

gefunden, und das wird dann verwertet. Das wird dann ein wenig mit dem eigenen Schmalspurerleben in Beziehung gesetzt, sprachlich frisiert, und fertig ist die Wiederkehr. Was heißt hier also stolz auf die eigene Leistung sein? Geerbt, übernommen, geklaut. Wie bin ich jetzt darauf gekommen. Ach ja, Fremdleistung.

Es ist also, um mit Jesse Thoor zu sprechen, einmal wieder »hochherrliche Zeit«, die eigene Faulheit beiseitezufegen, die eigenen Vorurteile aus Faulheit, aus Feigheit, und einmal genauer hinzusehen, hinzulesen, was denn da wirklich geschrieben steht, und wenn ich das sage, spricht ein anderer bereits das Wiesengrund-Wort der »voreiligen Versöhnung«. Klartext: Ich lese zum Beispiel endlich einmal Grünbein Wort für Wort, *Grauzone morgens* – und finde die Gedichte großenteils wunderbar. Und Jesse Thoor? Ja, denn kennt ja leider niemand.

## In medias Poetologie

Was hat es nun weiter mit den Poetologien auf sich? Man ist ja oft so verzweifelt, hört man sagen, weil einem partout nichts einfallen will. Man weiß sofort, egal was du jetzt schreibst, du wirst damit unzufrieden sein. Man schreibt trotzdem. Ein weitverbreitetes Phänomen, das man poetische Inkontinenz nennen könnte. In solchen Fällen konsultiere man die angesprochenen Poetologien und durchforste sie auf der Suche nach anstiftenden Hinweisen, danach, was eine Handlungsanweisung sein könnte. Diese Anstiftungen können mit der Zeit einen grundsätzlichen Mangel beheben helfen, der mir ein Hauptgrund für diese poetische Inkontinenz zu sein scheint: Es fehlt – neben Geist – an inneren Filtern. Probe aufs Exempel: Schlage nach bei Paul Valéry. In *Über die literarische Technik* schreibt Valéry: Der neue und moderne Dichter »wird sich davor hüten, alles aufs Papier zu werfen, was ihm in glücklichen Minuten die Muse der Ideenassoziationen eingibt. Sondern im Gegenteil, alles wird durch ein Sieb hindurchgehen müssen, wird gewogen, geläutert, in *Form* gebracht, so stark wie möglich verdichtet.«[6] Dieses Sieb ist das Produkt einer immer wieder vorzunehmenden Selbstkonditionierung. Ein unabschließbarer innerer Prozess. Das Sieb bewahrt uns davor, dass gewisse Satzkonstruktionen, eine bestimmte Wortwahl, sich aufdrängende inhaltliche Konstellationen einfach so passieren können. Das, was wir nicht haben wollen, passiert aber anderen. Wir lesen das und stellen konsterniert fest, dass es viele verschiedene Siebe auf der Welt geben muss. Das Sieb kann zuweilen so engmaschig sein, dass innerhalb von einem ganzen Jahr kein einziges Gedicht entsteht.

Und wie ist es mit den verschiedenen Registern, die Paul Valéry zufolge der Schriftsteller »auf der Klaviatur des Ausdrucks« beherrschen muss? Das meint ja nicht, ein Dichter solle keinen Stil haben; gleichwohl gibt es wunderbare Beispiele für Camouflage gerade in stilistischer Hinsicht, an Fernando Pessoa sei hier nur flüchtig erinnert. Der neue Dichter, so Valéry, sei »nicht mehr der zerzauste Schwärmer, jener, der ein ganzes Gedicht in einer Fiebernacht schreibt, er ist ein kühler Wissenschaftler, fast ein Rechenkünstler, im Dienste eines verfeinerten Träumers.«[7] Allein ich sehe auch den zerzausten Schwärmer nicht mehr, vom Typus her sehe ich allerorten nur trockene Biederkeit, von zwei, drei tollen schweizerischen und ganz wenigen österreichischen Ausnahmen abgesehen. Die von Valéry eingeforderten »verschiedenen Register« fehlen einer sehr großen Zahl von Lyrikern ganz, zumal den jüngeren.

6 Paul Valéry: Über die literarische Technik, in: ders.: Werke. Bd. 5, Zur Theorie der Dichtkunst und vermischte Gedanken. Frankfurt/M.: Insel 1991, S. 12.

7 Ebd., S. 177.

Das mag nicht weiter schlimm, sondern ganz normal sein. Schlimm scheint mir nur zu sein, dass man ihren Gedichten anliest, welchen Ton sie in spätern Jahren bevorzugen werden: denselben. Meinte Stefan George noch feststellen zu müssen: »In der dichtung – wie in aller kunst-betätigung – ist jeder der noch von der sucht ergriffen ist etwas ›sagen‹ etwas ›wirken‹ zu wollen nicht einmal wert in den vorhof der kunst einzutreten«,[8] so muss sich ein Großteil des zeitgenössischen Gedichts da nicht sorgen. Ein Großteil des zeitgenössischen Gedichts sagt nichts, klingt nicht, wirkt nicht. Dem Mangel an Ausdrucksregistern gesellt sich bei ihnen eine Sprache von größter Biederkeit, ein sprachlicher Bürokratismus bei; die Klaviatur dieser Dichter ist eine abgenutzte, ihr Sound ist ungewollt verstimmt, und das Schlimmste: Die Verstimmung wird noch nicht mal gehört. Das zeitgenössische Gedicht meint immer erklären zu müssen. Es argumentiert. Das ist das Schlimmste, was passieren kann. Und weiter? Es herrscht Umständlichkeit vor: elend lange Satzkonstruktionen mäandern da über die Textfläche, Behelfe, Vorstadien, aber keine Poesie. Fast zwanghaft werden einzelne Funde zu einer dann ›Gedicht‹ genannten Notiz zusammengefügt. Der Fugenkitt steht deutlich vor Augen. Was ist zu tun? Suche keine Zuflucht bei entlegenen Kostbarkeiten, versuche, einen mittleren Komplexitätsgrad zu erreichen.

Herr Lentz, was soll das Ganze? In seiner Sammlung *Gedichtgedichte* schreibt Oskar Pastior doch »jetzt kann man schreiben was man will«.[9] Ein schöner Wunschtraum. Oder sagt der Satz, es sei egal, was man schreibe, es wird ohnehin nicht

8 Stefan George: Über Dichtung, in: ders.: Tage und Taten. Sämtliche Werke in 18 Bänden. Stuttgart: Klett-Cotta 1998, S. 68.

9 Oskar Pastior: das dialektgedicht, in: ders.: Gedichtgedichte. Darmstadt, Neuwied: Luchterhand 1973, o. P. (= S. 31).

verstanden? Wie ist dieses ›kann‹ zu verstehen? Muss es nicht vielmehr ›könnte‹ heißen? Man tut es nämlich nicht. Ein Irrealis im Gewande des Potentialis. Wieso aber erst ›jetzt‹? Weil jetzt jedwede Regel ad acta gelegt worden ist? Oder alle Regeln dieselbe Relevanz besitzen, weil über sie gleichermaßen verfügt werden kann, weil man sie beachten oder auch nicht beachten kann? Nun, dazu müsste man sie ja erst einmal kennen. Ist der Satz »jetzt kann man schreiben was man will« das poetische Gegenstück zu ›anything goes‹? Da wäre jetzt einmal Zeit für eine starke Kontraposition: »In jedem gegebenen Gedicht muss muss muss eine Erkenntnis, DIRECTEMENT, IN EINE NÄCHSTE ÜBERGEHEN!« Meint jedenfalls Charles Olson.[10] Überhaupt Olson. Sein Entwurf eines »Projektiven Verses«, seine Rede von der »Feld-Komposition«, von der »Kinetik« des Ganzen eines Gedichts und seiner »Energie«. Daran könnte sich so mancher neu aufladen und neu ausrichten. Welche Erkenntnis liefern Pastiors Gedichte? Man kann viel fordern. Morgen geht wieder die Sonne auf, nur nicht für jeden.

Jetzt also haben wir alles durchschaut, haben die Fachsprachen als Metaphernarchive durchdekliniert, das wildernde Cross-over kombinatorischer Regeln durchexerziert und diese Regeln selbst wieder als Zitat in die Tat gesetzt, sind bei einer neuen Einfachheit angelangt und kriegen das Denken an einen höheren Sinn, an einen epochalen Sinnzusammenhang dennoch nicht los. Ist das denn schlimm? Arbeitet dieser vermeintlich höhere Sinn nicht ganz sinnvoll im Hintergrund als Korrektiv, von den Dichtern weitgehend unbemerkt? Oder ist das auch wieder so eine metaphysische Verschwörungstheorie, eine Art Ersatzesoterik, universal einsetzbar für alles und

10 Charles Olson: Projektiver Vers, in: ders.: Gedichte. Frankfurt/M.: Suhrkamp, 1965, S. 107.

nichts, in ihrer Wirkung nicht zu beweisen, von zweifelhaftem Erkenntnisgewinn. Ein Hegel ohne Hegel, sozusagen. Oder wie wäre es mit Rimbaud – revisited? »Der Dichter«, so Rimbaud, »macht sich *sehend* durch eine lange, gewaltige und überlegte *Entregelung aller Sinne.* Alle Formen von Liebe, Leiden, Wahnsinn; er sucht sich selbst, er erschöpft alle Giftwirkungen in sich, um nur den innersten Kern davor zu bewahren. Unsägliche Qual, wo er des vollen Vertrauens, der gesammelten übermenschlichen Kraft bedarf, wo er unter allen der große Kranke, der große Gesetzesbrecher, der große Verdammte wird – und der höchste Wissende – Denn er kommt an beim *Unbekannten*!«[11] Ist das noch eine Herausforderung? Oder bereits Antike? Haben die Beatniks das umgesetzt? Und Rimbaud selbst? Die Verlockung ist immer groß, die Biographie mit hinein ins Gedicht zu ziehen, und alles aus dem Gedicht über die Biographie hinauszuziehen.

Kann es nicht sein, dass wir eine Vorliebe für die Gedichte entwickeln, die schwarz auf weiß vor Augen führen, was wir in seiner Gestalt unscharf umrissen im Kopf hatten, nur eben nicht ausformuliert? Der Ursprung eines Gedichts also seine Ahnung? Eine vorsprachliche Gestalt? Und diese Gestalt ist oft so stark, dass sie den Autor blind macht für die tatsächlichen Leistungsfähigkeiten, die ästhetischen Funktionen ihrer Versprachlichung.

Wystan Hugh Auden brachte es schön auf den Punkt, auch wenn er es sich vielleicht ein bisschen zu einfach machte, aber schließlich ist eine sogenannte wissenschaftliche Definition von ›Lyrik‹, ein scheußliches Wort übrigens und immer noch, eine sogenannte wissenschaftliche Definition von Lyrik ist das nicht Erstrebenswerte, das nicht Leistbare, das Auf-den-Be-

11 Arthur Rimbaud: Seher-Brief, in: ders.: Briefe und Dokumente. Heidelberg: L. Schneider 1961, S. 28.

griff-Bringen, das freie Flottieren ist vielmehr angesagt, das aber mit Überzeugung, mit Herzblut. Auden jedenfalls fand zurück zu einer Formulierung, die in ihrer Nähe zur Gestalttheorie durchaus anschlussfähig ist: »Unter den vielen Definitionen von Lyrik«, schreibt Auden in der Einleitung zu der von ihm und John Garret 1935 herausgegebenen Anthologie *The Poet's Tongue*, »ist die einfachste immer noch die beste: *memorable speech*; unvergessliche, der Erinnerung sich einprägende Rede.« Und weiter führt er aus: »Was immer wir erinnern, gleichgültig wie trivial oder belanglos, ein Gekritzel an der Wand, ein alberner Scherz beim Essen, die einfachsten Wortspiele, die doch an den Tanz des Wiesels erinnern oder an des Raben Schäkern – alles das kann gleichermaßen Gegenstand der Dichtung sein. Man tut der Dichtung einen schlechten Dienst, wenn man sie auf die großen Erfahrungen des Lebens beschränkt.«[12] Rolf Dieter Brinkmann äußerte Ähnliches: »daß schlechthin alles, was man sieht und womit man sich beschäftigt, wenn man es nur genau genug sieht und direkt genug wiedergibt, ein Gedicht werden kann, auch wenn es sich um ein Mittagessen handelt«,[13] diese Entdeckung verdanke er den Gedichten Frank O'Haras, schrieb Rolf Dieter Brinkmann im Frühjahr 1968 in Köln. Zugegeben, das wäre ein wirklich schlechter Dienst, Dichtung auf die großen Erfahrungen des Lebens zu beschränken. Weil nämlich ein großer Teil dieser jüngeren Lyriker diese großen Erfahrungen des Lebens nicht gemacht hat, so scheint es. Diese großen Erfahrungen werden eben oftmals nur simuliert, in die Sphäre des ›Als

12 W. H. Auden: Sprache für das Gedächtnis. Einleitung zu: The Poet's Tongue. An Anthology, chosen by W. H. Auden and John Garret. London: G. Bell 1935, S. V f.

13 Rolf Dieter Brinkmann: Notiz (Vorwort des Gedichtbandes: Piloten), wieder abgedruckt in: ders.: Standphotos. Gedichte 1962–1970. Reinbek bei Hamburg: Rowohlt 1980, S. 186 f.

ob‹ abgedrängt. Und so liest sich diese Lyrik dann auch. Wie eine künstliche Befruchtung ohne Körper. Und was das von Auden apostrophierte Triviale und Belanglose anbelangt, so erscheint dies nur allzu oft im Gewande der eigenen Seligsprechung, des geistigen Ei des Kolumbus, oder eines Welträtsels, der mehrfach codierten Verschlüsselung, wobei die Schlösser einander selbst verschließen; hat man sie vermeintlich geknackt, oder haben sie sich sogar als offen erwiesen, verweisen sie auf ein nächstes Schloss, und man begreift allmählich, wozu der ganze Aufwand dient: Es gibt nur die Schlösser, und nichts, das verschlossen wäre, hinter dem Schloss ist nichts, und das Schloss dient dem Schloss als Schlüssel. Das hat seinen eigenen Reiz und hat durchaus eine eigene poetische bzw. poetologische Tradition. Das Dumme daran ist nur, dass solche Poesie, wanderte man in einem Rundgang von einer Lesung zur anderen, sehr leicht den Eindruck vermitteln kann, es handele sich bei sagen wir zehn verschiedenen Dichtern und Dichterinnen um ein und dieselbe Stimme, um ein und denselben Autor, so dass man überall meint, das soeben Gehörte bereits schon einmal vernommen zu haben, kurz zuvor noch. Auch das kann man ja durchaus noch als ein überindividuelles Programm ausgeben, das endlich Ernst machte mit dem Gerede vom Verschwinden des Autors, aber ist es das wert? Genügt da nicht ein einziger Autor, eine Attrappe, hinter der man sich meinetwegen eine Heerschar anderer Autoren denkt? Gesichtslos, gewichtslos, sich selber los. Nun könnte man einwenden, das sei doch ein romantisches Programm, das Erhabene mit dem Trivialen zu verbinden, das hätten Novalis und Schlegel doch gemeint mit ihrer Formel. Mag sein, das Problem ist nur, wir leiden an einem Überschuss an hochstilisierten Banalitäten, denen der Konterpart des Hohen und Erhabenen so gänzlich, nämlich wirklich abgeht. Das Banale gibt sich im sprachlichen Gewande des Preziosen den Anschein des Höheren. Im besten Falle halten wir das Gedicht dann für hermetisch, für preisverdächtige Chiffrenkunst und den Autor, die Autorin für eine herausragende neue Stimme. Im schlechtesten können wir nicht mal mehr darüber lachen.

Vielleicht aber haben wir nichts anderes als dies: die kleinen Sensationen und Epiphanien, die leisen Stillleben, das »poetische Zwielicht« (Robert Walser), die minimale Rückung, die Unschärfe, die uns zweimal hinsehen lässt. Ist das Gedicht »eine jungfräuliche Mikrobe [...], die hartnäckig wie die Luft in alle Lücken dringt, die die Vernunft nicht mit Worten oder Konventionen hat ausfüllen können«, wie Tristan Tzara den Dadaismus charakterisierte.[14] Muss deswegen aber jeder Mückenfurz eine poetische Duftnote hinterlassen? Werter Herr Lentz, haben Sie sich da eigentlich auch im Visier? Absolut. Ich nehme mich da geradezu zum Vorbild.

## Gehen wir mal ans Eingemachte

Sten Nadolny sagte einmal, er könne Gedichte nicht leiden, das sei gar nicht sein Metier, Gedichte seien Geklimper. Was ich vor zwanzig Jahren, als Nadolny diese Aussage tat, für arrogant und unwissend hielt, hat mich bis heute nachdenken lassen. Was meinte er mit ›Geklimper‹? Sprachlich ungedeckte Wortschecks? Eine bunte Mischung nicht sinnvollen Unsinns? Eine Palette Kosmetik? Die ewige Variation ›Denn sie wissen nicht, was sie tun‹ auf literarischem Kleinfeld? Geklimper. So wirkt auf mich vieles von dem, was als zeitgenössisches Gedicht hinüberschwappt über den Rand der trüben Gedankensuppe. Ich schlage einen Gedichtband auf und frage mich, wie

14 Tristan Tzara: Vortrag auf dem Dadakongreß, in: ders.: 7 Dada Manifeste. Hamburg: Edition Nautilus, S. 12.

konnte das passieren? Meine eigenen Elaborate nicht ausgenommen. Ist das der zeitgenössische Stand der Dinge? Geklimper. Ohne Wissen um Tradition, sprachlicher Ausfluss, Metaphernkrebs, totales formales Unvermögen, da über Form noch nie nachgedacht, und so weiter.

Apropos Tradition. Da kann man es so halten wie der polnische Dichter Julian Przyboś, der Begründer der sogenannten ›Krakauer Avantgarde‹, der Folgendes dekretierte:

»Lyrik ist die für den Wandel, für das Neue empfindlichste Kunstgattung des Wortes. Deshalb ist das sogenannte ›Schöpfen aus der Tradition‹ in der Poesie – verglichen mit solchen Anlehnungen in anderen, gewissermaßen langsameren Gattungen – wenig fruchtbar, wenn nicht überhaupt unmöglich. Ein gutes Gedicht ist Definition einer bis dahin unbekannten Bewegung des Gefühls und der Phantasie. Wie ist also ein Gedicht zu beurteilen? Nach dem *Grad seiner Antitraditionalität.*«[15]

Für Przyboś ist das das ›negative Kriterium‹. Das positive umschreibt er folgendermaßen: »Ein gutes Gedicht ist Entdeckung einer noch unbekannten emotionellen Verhaltensweise, also einer neuen lyrischen Situation, die der veränderten sittlichen Situation entspricht. Ein gutes Gedicht, indem es diese neue lyrische Situation wahrnimmt, verändert die bisherige Gefühls-, Vorstellungs- und Bewertungsweise.«[16] Und dann holt Przyboś aus zu einer rigorosen konzeptuellen Poetik. »Woran erkennt man, daß man es mit Poesie und nicht nur mit Versemacherei zu tun hat?«,[17] fragt er mit dem kritischen Leser aus einem Munde und setzt ein radikales Poesieverständ-

15 Julian Przyboś: Werkzeug aus Licht. Poesie und Poetik. Frankfurt/M.: Suhrkamp 1978, S. 119.
16 Ebd.
17 Ebd.

nis von großem Reiz in die Welt: »Daran«, gibt er sich selbst zur Antwort, »daß der Dichter die bereits von früheren und ihm zeitgenössischen Poeten beherrschten lyrischen Situationen nicht wiederholt und daß er – sich selbst nicht wiederholt. Ein idealer Lyriker wäre also ein Autor von Gedichten, von denen jedes die Entdeckung einer neuen lyrischen Situation wäre.«[18] Przyboś, ein Situationist der Poesie, ein Guy Debord der Poesie. Ich finde, darunter sollte man es auch nicht tun. Nur ist das keine Handlungsanweisung, auf die wir alle ja so sehnsüchtig warten. Lieber Großmeister, sag uns, wie man ein gutes Gedicht schreibt. Dann wollen wir das mal ausprobieren und geben dir artig Bescheid. Du liest das dann und stellst erschrocken fest, dass das ein ausgemachter Mist ist. Und wir erinnern uns an den Satz, gegen den Immanuel Kant stets angegangen ist: »Das mag in der Theorie stimmen, für die Praxis taugt es nichts.« Es geht hier aber gar nicht um Regeln und Rezepte, es geht um eine, nicht erschrecken, mentale Konditionierung.

Allerdings hat Julian Przyboś doch noch was Handfestes auf der Pfanne, das man sich stets zu Gemüte führen sollte, bevor der Überschwang einen überschnappen lässt:

»Erzähle nicht, beschreibe nicht, besinge nicht; reflektiere nicht, räsoniere nicht; beichte nicht, mach nicht in Stimmung: schrei nicht, verkünde nicht, blase nicht in das rhetorische Horn. Drücke aus – das heißt: bilde Sprache! Alles andere wird sich finden.«[19]

Wollen wir doch mal sehen, was sich zeigen lässt. Aus dem vorbeiziehenden Strom gefischte Gedichte sind, werden sie zitiert, gelesen, bereits Poetik, Kronzeugen. Wer hätte Przyboś soeben vernommenes Postulat nachhaltiger, besser eingelöst

18 Ebd.
19 Ebd., S. 122.

als August Stramm? Stramm war Sprachbildner, Sprachbildhauer, Formerneuerer, Wortkontaminierer, Wortartenvertauscher, Litaneiobermeister, Intransitivaktivierer und und und:

**Verabredung**

Der Torweg fängt mit streifen Bändern ein
Mein Stock schilt
Klirr
Den frechgespreizten Prellstein
Das Kichern
Schrickt
Durch Dunkel
Trügeneckend
In
Warmes Beben
Stolpern
Hastig
Die Gedanken.
Ein schwarzer Kuß
Stiehlt scheu zum Tor hinaus
Flirr
Der Laternenschein
Hellt
Nach
Ihm
In die Gasse.

Geist. Scharfsinnigkeit. Scharfsinnigkeit der Metapher. Scharfsinnigkeit der Grammatik. Poesie der Grammatik. Sammeln wir also weiter.

Ich bin überzeugt, die *Grund*krankheit ist nicht der *formale* Aspekt zeitgenössischer Gedichte, da mangelt es schlichtweg an Vielfalt, an Erfindung, auch an Geist, wie gesagt, formal wird das zeitgenössische Gedicht herunterdekliniert, fertig. Was aber hatte Apollinaire, was Mallarmé zu bieten, was brachte E. E. Cummings an formalen Neuerungen ein, Octavio Paz nicht zu vergessen, und schauen Sie sich mal das Gesamtwerk von Oskar Pastior an, dem es nicht nur für formale Lösungen ganz und gar nicht an Erfindungs- und Entdeckungsgabe fehlte. Es krankt an kranken Metaphern. Überrascht Sie nicht, mich auch nicht. Macht mich aber traurig. Und aggressiv. Vielleicht ist diese Krankheit auch eher theoretischer Natur. Die Metapher wird als etwas Gegebenes hingenommen, man hat sie halt immer und allerorten zur Verfügung, man schert sich nicht großartig um sie. Die Metapher ist eine sprachliche Funktion, und als solche bedeutet sie geistige Arbeit, da haben wir es wieder. Vielleicht haben viele ja auch nur ein falsches Bild von der Metapher. Und da sind wir schon an einer Wurzel, die zu behandeln wäre. Der Unterschied zwischen Metapher und Bild. Zum Beispiel. Da gibt es doch einen Unterschied. Die sprachliche und poetische Funktion der Metapher lässt sich eben nicht allein auf visuelle Animation zurückführen. Es wird einfach zu wenig nachgedacht über diese grundlegende Sprachfunktion und einfach drauflosmetaphert. Entweder es mangelt an gedanklicher Schärfe, an formalem Ausdruck oder an der Gabe zu sehen. ›Metaphern‹ hängt oft mit Sehen zusammen. Es wuchern einem Bildkomposita entgegen, die schiefe Ebene wird bestiegen, Unhaltbares wird evoziert, dass es einem grün und blau vor den Augen wird.

Aber lesen Sie mal Stefan George! Das ist der Hammer. Ich darf ein Gedicht von Stefan George in Erinnerung rufen. Und zwar aus *Das Jahr der Seele*:

Die blume die ich mir am fenster hege
Verwahrt vorm froste in der grauen scherbe
Betrübt mich nur trotz meiner guten pflege
Und hängt das haupt als ob sie langsam sterbe.

Um ihrer frühern blühenden geschicke
Erinnerung aus meinem sinn zu merzen
Erwähl ich scharfe waffen und ich knicke
Die blasse blume mit dem kranken herzen.

Was soll sie nur zur bitternis mir taugen?
Ich wünschte dass vom fenster sie verschwände …
Nun heb ich wieder meine leeren augen
Und in die leere nacht die leeren hände.

»Erinnerung aus meinem Sinn zu merzen« … Ein Unternehmen, das willentlich nie gelingt. Unser Blick auf die Dinge ist zugleich ein Blick auf Vergangenes. Ein im Anschauen bereits vergangener Blick, der die Dinge fotografisch fixiert auf ihre momentane Erscheinung. Und genau das bewirkt das Gedicht von George: Es hält die Erinnerung fest und gleichzeitig den Willkürakt, indem es sie als schriftliches Zeugnis nacherfahrbar werden lässt. Schrift meißelt die Erinnerung ein, anstatt sie auszumerzen. Was aber macht die Blume des Augenblicks? Die Blume des Augenblicks mit dem kranken Herzen scheint aus freien Stücken nicht verweilen zu wollen, obwohl sie doch so schön ist. Sie lässt den Kopf hängen, vorzeitig. Ihr Besitzer rächt sich augenblicklich und kommt dem Stillleben des allmählichen Absterbens zuvor: Durch mutwillige Zerstörung wird ihrem natürlichen Sterben ein Ende gemacht. Will das Schöne nicht bleiben, soll es hässlich werden. Das Hässliche als ein letztes Standfoto soll die Erinnerung an die Schönheit überlagern. Damit hat der Blumenliebhaber, der Liebhaber der Liebe, wieder die Oberhand über das Objekt der Begierde. Und steht mit »leeren augen«, mit »leerer nacht« und mit »leeren händen« da. Man nennt das auch Selbstmord – des Betrachters bzw. Dichters, steht doch die Blume auch für die Poesie. Aber so was mal von uns Zeitgenossen! Nichts zu machen. O. k., noch ein paar Namen, dann hat es sich aber bitte mit Namen. Herr Lentz, wen schätzen Sie denn, Sie Großmaul. Also, wenn ich etwas ganz Subjektives äußern darf: Marcel Beyer, Norbert Hummelt, Monika Rinck, Christian Uetz, Raphael Urweider überzeugen mich. Das, was Ulf Stolterfoht macht, ist nicht nur eine Alternative zu Oskar Pastior, es ist der Stolterfoht-Weg, den er sich selbst gebahnt hat, und seiner Spur wird keiner folgen können, den Weg kann nur er gehen, ich warte immer auf den nächsten Stolterfoht, ich könnte mir vorstellen, mich eines Tages am Stolterfoht totzulachen. Ja, finden Sie den denn gut? Ich finde ihn ganz ausgezeichnet.

Lesen. Das hat auch etwas mit Nichtsterbenwollen zu tun. Nichtsterbenwollen ist ein tatkräftiges Synonym für Leben.

Sie können mir ja jetzt mal Gedichte vorlegen, von Ihnen selbst, und ich sage Ihnen was dazu.

Sofort.

Sie werden dann sehr schnell merken, was registriert ist und was nicht. Zum Beispiel die thailändische Lyrik ist bei mir ein Totalausfall. Die Lyrik aus Südkorea meine ich ein bisschen zu kennen, sie ist ja eh immer dieselbe, sagt man. Vielleicht legen Sie mir ja auch ein Gedicht von Brecht vor, und ich erkenne es als das Ihre, weil Sie in diesem Moment genau so dreinblicken, und ich sage Ihnen, ja, das könnte was sein, ist es aber nicht, dem fehlt das Dings, das Wumms, das soundso, jedenfalls genau das. Mehr vorgestellt als eingeholt. Das ist ja das Dings, das Verflixte, die Kriterien offenzulegen, denen zufolge etwas passiert oder hängenbleibt. Ich versuche es mal ungeniert und in der Gewissheit eigener Beschränktheit. Ich will was Existentielles im Gedicht. Deshalb die Vorliebe für Uwe Dick, Andreas Gryphius, Christian Hofmann von Hofmannswaldau, Thomas Kling, Friederike Mayröcker, Helga M. Novak, Rainer Maria Rilke, August Stramm, den zitierten Jesse Thoor.

Mich haben immer Gedichte für sich eingenommen, die so ganz einfach daherkommen, im Reisegepäck vielleicht Anspielungen auf historische Ereignisse, skurrile Begebenheiten, auf das Leben anderer, Gedichte, die untergründig einen Prätext mitlaufen haben, der nicht ausformuliert wird, im Gedicht aber als abwesender aufscheint; Gedichte von schlichter Schönheit und ohne Geklimper, solche, die auf ihre Art bescheiden sind, bescheiden meint aber nicht bieder; Gedichte, die von formaler und sprachbildnerischer Strenge sind, »unvergessliche, der Erinnerung sich einprägende Rede« eben, wie W. H. Auden es nannte.

Übrigens: »Das mag für die Wissenschaft taugen, taugt aber für die Poesie nichts.« Auch so ein gängiges Vorurteil. Dabei können beide symbiotische Verbindungen eingehen. Erich Kleinschmidt, seit Jahren Ordinarius in Köln, hat etwas sehr Handfestes geschrieben, daran es sich abzuarbeiten gilt: *Gleitende Sprache. Sprachbewußtsein und Poetik in der literarischen Moderne,* erschienen 1992 im iudicium Verlag München. Dieses Buch ist ein Schlüssel. Um ein Grabbe-Wort umzumünzen: Wir sind nun mal in der Sprache, und so schnell fallen wir nicht aus ihr raus. Ja, Taumel, Intensität.

Ich möchte die Gelegenheit nicht versäumen, auf ein zweites Buch hinzuweisen, das für mich wie kein anderes in letzter Zeit Poetik und Poesie gegenseitig erhellt und das Erhellende kreativ wirksam macht: *Hälfte des Lebens. Versuch über Hölderlins Poetik* von Winfried Menninghaus, Professor für Allgemeine und Vergleichende Literaturwissenschaft an der Freien Universität Berlin. Erschienen ist das Buch 2005 bei Suhrkamp.

Ich habe bislang nichts geleistet, überhaupt nichts, ich stehe erst am Anfang, hoffentlich lebe ich noch sechzig Jahre, dann werde ich es allen zeigen, das Reden über Gedichte ist das Unzuverlässigste, wie gesagt so zerronnen, wer Gedichte schreibt, ist ein Gewinner.

»Ist das Alles?«, fragt ein gewisser Friedrich Adolf Axel Freiherr von, bekannt unter dem schlichteren Namen Detlev von Liliencron.

**Ist das Alles?**

Ein Maientag im Sonnenglanz,
Ein Julitag, ein Erntekranz.

Ein kurzer Traum von Glück und Rast,
Das Leben flog in Sturm und Hast.

In Sturm und Hast bergab, hinab,
Ein gleich vergeßnes Menschengrab.

Allalles zieht, o Morgenrot,
Ins Netz der alte Spinnrich Tod.

# Ich, anders. Eine Poetik der Schwelle

## I. Warum schreiben?

Das Unternehmen Poetikdozentur als ein Sprechen über sich selbst ist von vornherein zum Scheitern verurteilt – das einzusehen ist, paradox genug, die Voraussetzung für ein gelingendes Scheitern. Das Sprechen über sich selbst setzt Selbstbeobachtung voraus, und genau das ist das Problem. Der Autor ist sein eigener blinder Fleck – beobachten kann auch er eben nur, was sich beobachten lässt. Er ist sich selbst der Unterschied, den er nicht weiter unterscheiden kann, spricht er, wie es hier geschehen soll, poetologisch über sich selbst. Der Autor kann sich als blinden Fleck, den er nicht beobachten kann, nur verschieben – aber wohin? Zu einem anderen Beobachter? Wer soll das sein? Der andere Beobachter sollte doch er selbst sein. Wie aber wäre das möglich?

Über das hinaus also, was jenseits des Beobachtbaren liegt, kann keine sinnvolle Aussage getroffen werden. Selbstbeobachtung, auch eine poetologische, heißt, jemand macht sich selbst zum Gegenstand der Beobachtung – als er selbst, und nicht als ein anderer, auch wenn das der immer gleiche Traum ist und bleibt. Kann man das, die Spaltung von Subjekt, als Beobachtender, und Objekt, als Beobachteter, überwinden? Die Selbstbeobachtung produziert unweigerlich Beobachtungen zweiter Ordnung: Man beobachtet sich beim Beobachten seiner selbst – und gerät sich selbst dabei, fasziniert von so viel Aufspaltung, leicht aus dem Blick. Man setzt sich vor den Spiegel – mit einem Spiegel und beobachtet sich ins Unendliche. Und schließlich: Welches Selbst ist man dann noch selbst? Die Beobachtung zweiter Ordnung kann dann in einer Beobachtung dritter Ordnung reflexionstheoretisch verarbeitet werden.

Gelänge dies, sich zu beobachten als ein anderer, die ganze schöne Gesellschaft, von der Schiller im Sinnbild eines »gut getanzten und aus vielen verwickelten Touren komponierten englischen Tanz[es]« sprach und träumte, schrumpfte zusammen auf den jeweils Einzelnen, der des anderen, der er ja selbst ist, nicht mehr bedürfte. »Alles ist so geordnet«, schreibt Schiller in *Kallias oder Über die Schönheit*, den Briefen an Christian Gottfried Körner, »daß der eine schon Platz gemacht hat, wenn der andere kommt, alles fügt sich so geschickt und doch wieder so kunstlos ineinander, daß jeder nur seinem eigenen Kopf zu folgen scheint und doch nie dem andern in den Weg tritt. Es ist das treffendste Sinnbild der behaupteten eigenen Freiheit und der geschonten Freiheit des andern.«[1] Das Problem einer Poetikdozentur ist nun, dass der über sich selbst Auskunft gebende Autor sich selbst in den Weg tritt – und doch tanzen soll, über den eigenen Schatten hinweg. Er ist eben kein spaltbares Material, das sich, mit Bewusstsein versehen, selbst gegenübertritt und unendlich bespiegeln kann. Hier der Autor, dort der Beobachter – und beides in Personalunion, das gäbe einen schönen Spagat, der den Autor vor eine – im Comic oder im Zeichentrickfilm gern gesehene – Zerreißprobe stellte. Die Selbstbeobachtung ins Unendliche – der Autor im freien Fall, den es nicht gibt.

Es sollte zum guten Ton gehören, Selbstaussagen eines Schriftstellers mit aller Vorsicht zu begegnen. Zu viel Eitelkeit, ver-

1 Friedrich Schiller: Kallias oder Über die Schönheit, in: ders.: Werke in 4 Bänden. Bd. 4. Frankfurt/M.: Insel 1966, S. 108.

letzter Stolz, Verkennung oder bewusste Verdrehung der Sachlage schwingen mit. Der Autor kann über sich selbst gar keine Aussagen treffen – ist die ehrlichste Aussage, die er machen kann. Selbstaussagen zu eigenen Büchern dienen vielfach dazu, neurotische Dispositionen zu verdecken, Besserwisserei in ablenkende Worte zu kleiden, Verbitterung zu kaschieren, erfahrene Anerkennung herunterzuspielen, nachkartend gegen das missbilligende Urteil eines Rezensenten anzuschreiben, der das eigene jüngst erschienene Buch geradezu beerdigt hat – eine mehr verzweifelt zu nennende Anstrengung, dem Versuch nicht unähnlich, einen Toten wiederzubeleben. Was das Neurotische anbelangt, so kann man mit Roland Barthes vielleicht sagen: »Die Neurose ist eine Notlösung: nicht in Bezug auf das ›Gesundsein‹, sondern in Bezug auf das ›Unmögliche‹, von dem Bataille spricht (›Die Neurose ist das bange Gewahrwerden des Unmöglichen in allem‹); aber diese Notlösung ist das einzige, was das Schreiben (und Lesen) ermöglicht.«[2] Nach Barthes kann jeder Schriftsteller deshalb sagen: *»wahnsinnig kann ich nicht sein, gesund will ich nicht sein, also bin ich neurotisch.«*[3] So what?

In seinem Tagebuch vom 10. Dezember 1913 schreibt Franz Kafka: »Niemals ist es möglich alle Umstände zu bemerken und zu beurteilen, die auf die Stimmung eines Augenblicks einwirken und sogar in ihr wirken und endlich in der Beurteilung wirken, darum ist es falsch zu sagen, gestern fühlte ich mich gefestigt, heute bin ich verzweifelt. Solche Unterscheidungen beweisen nur, daß man Lust hat, sich zu beeinflussen und möglichst abgesondert von sich, versteckt hinter Vorurteilen und Phantasien zeitweilig ein künstliches Leben aufzuführen, so wie sich einmal einer in einem Winkel der

2 Roland Barthes: Die Lust am Text. Frankfurt/M.: Suhrkamp 2006, S. 11.

3 Ebd.

Schenke, von einem kleinen Schnapsglas genügend versteckt, ausschließlich mit sich allein mit lauter falschen unbeweisbaren Vorstellungen und Träumen unterhält.«[4] Eine Poetikdozentur ist ein solches »künstliches Leben«, erzeugt aus »Vorurteilen und Phantasien« – ähnlich dem verzweifelten Versuch, endlich und ungeschminkt die Wahrheit zu sagen, den man gelegentlich der oder dem Geliebten gegenüber unternimmt, was in den allerseltensten Fällen *nicht* zu einer heillosen Verstrickung in sprachfigürliche Widersinnigkeiten oder inhaltliche Widersprüche führt, bis man aus Notwehr gegenüber den Geistern, die man rief, und die einem nun den Strick hinhalten, zu dem perplexen Schluss kommt: »Ich liebe dich *nicht.*« Anstatt auf die Gipfel einer strahlenden, von keiner Erden- und Himmelsmacht angefeindeten Liebesoffenbarung führt die Suche nach einer Mitte – die es zunächst schafft, über den klaffenden Abgründen sich lächelnd zu erheben – sturzgerade ins Loch des Kraters. Auf »Ich liebe dich nicht« folgt »Ich hasse mich«. Und genau in diesem Moment sieht man sich nicht nur der oder dem angeblich Nichtgeliebten, sondern auch sich selbst gegenüber, man hat die Aufspaltung in Beobachter und Beobachteten in eigener Person vollzogen – und kann nur den Kopf schütteln. Versucht man die Situation zu retten, so scheitert dies an der Unmöglichkeit, fortan zwischen einem Gespräch mit der angeblich doch nicht geliebten Person und einem Selbstgespräch zu unterscheiden, was der alarmierte Gesprächspartner, der nicht ich bin, natürlich längst schon bemerkt hat.

Wie komme ich – kaum dass sie angefangen hat – nun wieder raus aus dieser paradoxen, systemtheoretisch angeschlagenen

4 Franz Kafka: Tagebücher. Kritische Ausgabe. Frankfurt/M.: S. Fischer 1990, S. 609.

Nummer, im Rahmen einer Poetikdozentur deren Relevanz gleichzeitig in Abrede zu stellen?

Vielleicht, indem ich das Dilemma in ein Gedicht umschlagen lasse und es somit versuchsweise banne:

**»anschauen, ein ausland«:**

sich selbst
erreicht man nicht
durch nachdenken.
sich selbst erreicht man
nicht so einfach außer
halb sich. sich selbst
sitzt ganz schön
tief wo ein erreichen
gar nicht so einfach ist
so tief. sich selbst ist kein
da drüben. es ist über
haupt kein hierher. nun sag schon
der da stromert das bin doch nicht ich
ganz anders hab ich mich
in erinnerung selbst es muss
da mal aufgeräumt werden
und durch das ganze
geht ein strich

Vielleicht hilft es ja auch, ein Stück weit zurückzurudern und einmal mit mir selbst abzurechnen. Meiner Literatur kann ich, indem ich über sie Selbstauskunft gebe, nichts Relevantes hinzufügen, bestehende Urteile über sie kann ich nicht modifizieren oder gar ein Kapitel Literaturgeschichte in eigener Sache schreiben – Selbstüberschätzung und Vermessenheit kennen bekanntlich keine Grenzen. Sicher, allenthalben könnte dennoch etwas Brauchbares dabei herauskommen, Sekundärinformationen für einen Materialienband könnten abfallen, Selbstpositionierungen des Autors innerhalb des Literaturbetriebes könnten gar nicht einmal nur niedere voyeuristische Triebe befriedigen. Das so zu formulieren heißt schon, sich selbst zu wichtig zu nehmen. Aber natürlich: Der Autor nimmt sich selbst am wichtigsten.

Ich erkläre mir versuchsweise den Krieg. Dann schaue ich, was von mir übriggeblieben ist als Autor. Um es vorwegzunehmen, viel wird es nicht sein. Aber es gibt Hoffnung. Die besteht in dem zu schreibenden, als Nächstes zu veröffentlichenden Buch. In ihrer Dankesrede zum Preis der Frankfurter Anthologie 2008 hat Eva Demski gesagt, sie schreibe, »um glücklich sein zu können«. Eine sehr schöne Selbstaussage. Vielleicht ist das ja Glück, im nächsten Buch das vorangegangene zu überwinden, und vielleicht ist das auch ein plausibler und hinreichender Grund, überhaupt zu schreiben – der einzig hinreichende, vielleicht; eine Utopie. Ein Buch, das man schreibt bzw. geschrieben hat, kann überflüssig sein, unnötig. Der Autor wird daran festhalten wollen, schließlich will er mit diesem Buch, kann er auch eingestehen, dass es nicht sein bestes ist, nicht zugleich ein Stück Reputation verlieren, er möchte ja auf den Gipfel, Lebenszeit ist kurz, da darf man keine Zeit verlieren. Dass man mit dem Schreiben eines Buches Lebenszeit verliert – jeder, der seinen Beruf nicht liebt, verliert täglich Lebenszeit, und bei der Ausübung des ungeliebten Berufs immer an etwas anderes zu denken, das den Verlust dieser Zeit einholen könnte, mag für eine kurze Zeitspanne tatsächlich gelingen, der Rest ist Schweigen. Warum schreiben?, lautet die grundsätzlich allen Büchern vorausgehende Frage, die einen immer wieder kalt erwischen und ratlos zurücklassen kann. Für ein einzelnes Buch könnte diese Frage unter gewissen Umständen klar beantwortet werden: Ich habe mir ein bestimmtes Thema vorgenommen; ich musste einmal dieses und jenes Problem loswerden; ich wurde angeregt durch die Lektüre des Buches X; das Buch manifestiert eine Krise und überwindet sie; das Buch ist dreihundert Seiten Trauerarbeit; ich wollte einmal sehen, ob ich das schaffe, ein Buch zu schreiben; die Sache überfiel mich, es musste raus; ich stellte fest, es geht, also habe ich weitergemacht. Die Motivationen sind vielfältiger Art, zum Teil haben sie, wie man sieht, gar nichts mit Literatur zu tun. Gibt es aber nicht eine allen zu schreibenden Büchern zugrundeliegende, eine Art transzendentale Begründung, die dem Schreiben vorausgeht und dieses überhaupt erst ermöglicht? Eine Frage, bei der einem angst und bange werden kann. Muss man sich diese Frage überhaupt stellen? Man stellt sie sich nicht aktiv, man grübelt über sie nicht nach; bekommt sie die von ihr verlangten Texte und Bücher, verzichtet sie darauf, beantwortet zu werden – die Bücher sind Antwort genug und liefern doch keine Antwort.

## Warum schreiben?

Ist Literatur eine Lebensberaterin? Nein. Sie ist, im widrigsten Falle, das Leben, unter dem man leidet. Literatur ist ein Luxusproblem, das Leben ist ihr überlegen. Zu leben heißt, Zeit zu verlieren. Literatur sucht dann Entschuldigungen für die Umstände des Zeitverlustes. Literatur ist dem Leben gegenüber zutiefst beschränkt. Literatur und Leben: zwei sich ausschließende Systeme: Wir können nicht ihren gleichzeitigen Vollzug melden. Lebe erst einmal, dann kannst du schreiben. Ein Irrtum. Das Leben schafft sich durch die perfide Erfindung des Todes selbst ab, Sterben setzt also sehr früh ein; wer sagt denn, Lebenserfahrung sättige die Literatur? Zunächst nährt uns die Erwartung, dass wir dazulernen, dann überrumpelt uns die Hoffnung, dass es schnell gehe.

Ist das die »Totschlägerreihe«, von der Kafka am 27. Januar

1922 in seinem Tagebuch sprach? »Merkwürdiger, geheimnisvoller, vielleicht gefährlicher, vielleicht erlösender Trost des Schreibens: das Hinausspringen aus der Totschlägerreihe Tat – Beobachtung, Tat – Beobachtung, indem eine höhere Art der Beobachtung geschaffen wird, eine höhere, keine schärfere, und je höher sie ist, je unerreichbarer von der ›Reihe‹ aus, desto unabhängiger wird sie, desto mehr eigenen Gesetzen der Bewegung folgend, desto unberechenbarer, freudiger, steigender ihr Weg.«[5]

Eine »höhere Art der Beobachtung«, als müsse man einen Berg besteigen, einen Gipfel erklimmen – und sich hinunterstürzen. Vorher aber, oben, sind dann Tat und Beobachtung nicht mehr voneinander zu unterscheiden, das quälende Spiel, die Totschlägerreihe Ursache und Wirkung scheint ausgehebelt. Was aber meint das »Hinausspringen«? Erscheint das Schreiben bei Kafka als ein Medium der Meditation, der Alltagspraxis enthoben, die unausweichlich immer nur auf einen einzigen Sachverhalt hinweist: Du wirst sterben? Oder erweist sich Schreiben, wie Kafka es versteht, als die überlegene Alltagspraxis, die den Autor als Autor allererst zu sich selbst kommen lässt? Mit der Konsequenz, außerhalb des Schreibens bin ich nicht. Schreiben, nicht etwas schreiben, sondern Schreiben an sich, ein intransitives Verb, wie Roland Barthes es einmal fragend formulierte. Wunderbare Vorstellung, ich sitze am Schreibtisch, werde angerufen und unterbinde das Gespräch sogleich mit der Bemerkung: »Sprechen Sie mich nicht an, das hat keinen Zweck, ich bin nämlich momentan tot.«

Zuweilen erscheint es tatsächlich so, als gebe es zwischen lebendig und tot keinen nennbaren Unterschied. Insbesondere Hyperaktivität gilt einem dann als sicheres Anzeichen dafür, sich selbst verloren zu haben. Wir kommen der Sache schon näher. Leben und Schreiben sind permanenten Verun-

5 Kafka, Tagebücher, S. 892.

sicherungen ausgesetzt. Es ist, als laufe im Hintergrund ein Scanner, der mittels einer verborgenen und nicht zu rekonstruierenden Matrix momentane Prozesse, Stimmungen und Selbstwahrnehmungen unablässig mit vorangegangenen und erwünschten zukünftigen abgleicht, ohne dass man in diesen Automatismus eingreifen könnte und ohne dass dieser Scanner handhabbare Ergebnisse lieferte; er belohnt nicht, er straft nicht, er ist nicht abzuschalten.

Auch diese Vorstellung ist übrigens und selbstredend Teil des selbstinduzierten Verfolgungswahns, dem sich ein Autor zunächst vielleicht freiwillig, dann aber geradezu süchtig aussetzt, hat er erst einmal begriffen, dass er nichts begriffen hat und dass er, hat er schon nichts gewonnen, auch nichts verlieren kann. Dass ein solcher Scanner plötzlich anfangen könnte, wie eine Voicemail zu tönen, dass dieses Tönen zu einem vielstimmigen, sich selbst ins Wort fallenden Chor anschwellen könnte, dass dieser Chor mit der Realität verwechselt werden könnte; dass diese Realität dich in einen Käfig sperrt, und die Augen gehen dir über vor lauter Stimmen, die ununterbrochen kommentieren und dich ununterbrochen auffordern, tue dies, unterlasse jenes, dass du also längst das Heft aus der Hand gegeben hast, das andere vollgeschrieben haben, und du bist immer noch der Überzeugung, Kommentare in eigener Sache zu liefern, dich über dich selbst zu äußern – dass ein solcher Scanner plötzlich anfangen könnte, die Regie zu übernehmen, das steht auf einem anderen Blatt.

Warum also schreiben? Ich habe plötzlich damit angefangen, vor Jahren, als mir langweilig war, als ich mir abhandenzukommen drohte, als ich im Elternhaus unters Dach gezogen war, als ich mit einem Mal aufgehört hatte, mich mitzuteilen (oder ist das bereits Selbstmystifikation?), als mir die Gesprächspartner abhandengekommen waren, als ich in die Pubertät kam und mir war so eigenartig, als mir langweilig war, als ich traurig war; als ich ein anderes Spiel spielen wollte; als ich meiner rechten Hand zuschaute, wie sie auf einem Blatt Papier ein paar Worte anordnete.

Schreiben ist eine Krankheit, die man gerne loswerden würde. Schreiben und Trinken laufen oft parallel, damit das Schreiben nicht so allein ist. Spazieren gehen in der Natur zum Beispiel ist ein Ausweg, der nur wieder zum Schreiben führt. Ich habe mit dem Schreiben keine Geduld, morgen schon könnte ich tot sein. Ein Buch in Angriff zu nehmen, das viele Jahre in Anspruch nehmen wird, ist mir grundsätzlich ein Graus, ich will den Kick unmittelbar sofort, und so sieht dann meine Literatur leider oft auch aus. Mein Trost ist es, zu wissen, dass auch das langsame Schreiben eines Buches keine Garantie für sein Gelingen darstellt.

Warum schreiben? Es hat tatsächlich etwas mit einem Begehren und mit Wollust zu tun, von denen Roland Barthes spricht. Seine Vorlesungen am Collège de France in den Jahren 1978 bis 1980, die auf Deutsch unter dem Titel *Die Vorbereitung des Romans* erschienen sind, geben über diese Zusammenhänge ebenso wie seine Schrift *Die Lust am Text* bestens Auskunft. Beide Bücher sind zu diesem Themenbereich die aufschlussreichsten, eindringlichsten und inspiriertesten Auseinandersetzungen, die ich kenne. In *Die Vorbereitung des Romans* versucht Roland Barthes eine genetische Nachschrift des Schreibens mit all seinen Aufbruchs- und Untergangsszenarien. In seiner thematischen Bandbreite und motivischen Auffächerung der komplexen und permanent bedrohten, an eine individuelle Biographie gebundenen Pragmatik des Schreibens gehen diese Vorlesungen noch weit über *Die Lust am Text* hinaus, was hier nicht annähernd skizziert werden kann. Man lese nur die Vorlesung vom 19. Januar 1980 mit ihren Abschnitten »Das Leben als Werk«, »Vita Nova«, »Verwaltung«, »Schutzmaßnahmen«, »Kasuistik der Selbstsucht« und die Sitzungen vom 26. Januar, 2. Februar und 9. Februar 1980.

In *Die Lust am Text* weist Barthes auf den irreduziblen,

unhintergehbaren Zusammenhang von Wollust und Angst hin. Die Angst sei die »absolute Heimlichkeit«; da sie das »Subjekt spaltet, *indem sie es intakt läßt,* verfügt sie nur über *konforme* Signifikanten: die delirierende Sprache wird demjenigen, der sie in sich aufsteigen spürt, verweigert«, so Barthes. In der Tat: »Wer könnte die Angst schreiben (was nicht heißt, sie erzählen)«, fragt Barthes. Das Schreiben werde von der Angst »weder verhindert noch erzwungen noch verwirklicht: durch den starresten aller Widersprüche existieren beide nebeneinander – getrennt. (Ganz zu schweigen von dem Fall, wo *Schreiben Angst macht.*)«[6] Angst und Schreiben, so möchte ich hinzufügen, liefern sich ein Wettrennen wie Hase und Igel. Hörte das Schreiben auf, würde die Angst übermächtig. Hörte die Angst ganz auf, stellte das Schreiben sich ein, da es keine Herausforderung mehr spürte. Es fragt sich nur, wer hier der Hase und wer der Igel ist, vierundsiebzig Rennen als Revanche für die immer auf die gleiche Art und Weise wiederkehrende Niederlage werden bei weitem nicht reichen, bis der Hase tödlich zusammenbricht. Die Sachlage ist hier komplizierter: Angst und Schreiben rufen beide: »Ich bin schon hier!«

Ich spreche hier nicht von möglichen Themen, die schreibend behandelt werden könnten, überhaupt nicht von Inhaltlichkeit, eher von den grundierenden, stets im Hintergrund laufenden Prozessen des Schreibens, die, kommen sie in den Vordergrund, das Schreiben jäh stoppen, um durch andere Maßnahmen wieder in den Hintergrund gedrängt zu werden. Diese Angst ist weniger konkret als basal zu bestimmen, konkrete Gründe pfropfen sich dieser grundsätzlichen Angst auf. Ich bin mir nicht ganz sicher – grundsätzlich ist das aber ein alter Hut, der durch die Jahrhunderte hindurch bloß unterschiedliche Formungen und Gestalten annahm –, ich schreibe aus einer Angst vor dem Tod, die oder der schon so weit

6 Barthes, Die Lust am Text, S. 72 f.

ins Leben eingreift, dass sie oder er jedwede Wahrnehmung einfärbt, jedweden Abschied vorwegnimmt und mich eher erstaunt sein lässt, wenn etwas überdauert, nicht kleinzukriegen ist – wie die Fette Henne im Erkerzimmer, die seit etwa zwei Jahren ununterbrochen blüht und mittlerweile viele Küken bekommen hat. Eines Tages werde ich sie in ein größeres Zimmer bringen müssen, in absehbarer Zeit wird sie eine größere Wohnung brauchen. Es würde mich nicht wundernehmen, wenn sie über kurz oder lang einen öffentlichen Platz beansprucht. Ein wahrhaft biblisches Gleichnis ist dieser Triumph.

## Momentaufnahmen

»Die Uhren stimmen nicht überein, die innere jagt in einer teuflischen oder dämonischen oder jedenfalls unmenschlichen Art, die äußere geht stockend ihren gewöhnlichen Gang«,[7] heißt es bei Kafka.

Mir kommt es oft genau andersherum vor: Die Uhren stimmen nicht überein, die äußere jagt in einer teuflischen oder dämonischen oder jedenfalls unmenschlichen Art, die innere geht stockend ihren gewöhnlichen Gang. Aber nicht einmal stockend geht sie, sie tritt auf der Stelle. Wiederholung ist ein Erzählprinzip, dem Leben abgeschaut.

Weiter heißt es bei Kafka: »Was kann anders geschehen, als daß sich die zwei verschiedenen Welten trennen, und sie trennen sich oder reißen zumindest aneinander in einer fürchterlichen Art.« Trennen sie sich wirklich, oder reißen sie wirklich aneinander? Es kommt mir so vor, als würde die innere Uhr der äußeren ihr Tempo aufzwingen wollen, als wäre jeder äußere Vorgang nur ein Beleg, ein Ausdruck für das Innenleben.

7 Kafka, Tagebücher, S. 877.

Vielleicht ist Handlung deshalb ein so schwieriger Begriff für mich.

Kafka beschließt seine Beobachtung folgendermaßen: »Die Wildheit des inneren Ganges mag verschiedene Gründe haben, der sichtbarste ist die Selbstbeobachtung, die keine Vorstellung zur Ruhe kommen läßt, jede emporjagt, um dann selbst wieder als Vorstellung von neuer Selbstbeobachtung weitergejagt zu werden.«

Meine Selbstbeobachtungen treten häufig auf der Stelle – und lassen, in der Ausdehnung des Augenblicks, diesen zur Qual werden. Auch die Ausdehnung des Augenblicks ist ein Erzählprinzip. Zeitdehnung bis zum Zerplatzen, eine Besessenheit. Die Angst, das Wesentliche noch nicht gesagt zu haben, das es erst auszugraben gilt. Und bis das Wesentliche endlich heraus ist, muss ein sehr langer Weg zurückgelegt werden. Dieser Weg verläuft aber keineswegs geradlinig, vielmehr verläuft er sich, er bewacht sich selbst, läuft zurück, holt sich wieder ein, kommt von sich ab, spaltet sich auf. Also soll es nur ein stets vorantreibendes Erzählen geben, ohne Kommentar und Selbstreflexion, hieße die entsprechend Abhilfe schaffende Forderung, ein Erzählen, das an der Oberfläche entlanggleitet, ein dramatisch-protokollarisches, ein unmittelbares Erzählen ohne Rückschau und ohne zeitliche Vorgriffe (Prolepsen), ein Erzählen, in dem Einbrüche von Erinnerungen keinen Platz haben, ein Erzählen mithin als die Illusion einer Deckung von Erzählzeit und erzählter Zeit. Das ist in der Literatur schon versucht worden. Ist das ein Grund, es nicht wieder zu versuchen? Oder wäre ein solcher Versuch, da er das Schreiben sich kasteien lässt und ihm Regularien aufnötigt, von vornherein eine Demütigung des Stofflichen, eine formalistische Unterwerfung des Schreibens? Im günstigsten Falle wäre es die ästhetische Konsequenz aus der konstatierten Inkongruenz zwischen innerer und äußerer Uhr.

Welche Gründe könnte diese Nicht-Korrelation von innerer

und äußerer Uhr haben? Ängstliches Beharren, das schon klar vor Augen Stehende immer wieder vor Augen stellen, Veränderungen immer wieder hinausschieben – ein Kreislauf aus Wiederholung und Inkonsequenz. Bis zum großen Knall. Dabei müsste es zu diesem Knall gar nicht erst kommen. Nicht einmal das. Es ist dafür alles zu unbedeutend, man selbst ist zu unbedeutend. Das Leben geht seinen tödlichen Gang, aber gleichmäßig unbedeutend. Man mag ja Kafka bewundern oder Christian Dietrich Grabbe, aber will man ihr Leben geführt haben? Ich wäre dann schon längst tot. Minderwertigkeitskomplexe habe ich nicht gegenüber diesen beiden Autoren, dafür bewundere ich sie zu sehr. Ihre Werke geschrieben hätte ich schon gerne. All diese Gedanken lenken nur ab von der alles in allem nicht abzuleugnenden Notwendigkeit des Schreibens – und Ablenkung, das stellte Kafka ganz klar heraus, ist verwerflich: »Böse ist das, was ablenkt.«[8] Mein Leben besteht zu neunzig Prozent aus Ablenkung. Ein leicht dahingesagter Satz. Sagen wir, fünfundneunzig Prozent. Der Rest ist Bilanz ziehen. Bilanz ziehen ist zur Zeit ein regelrechter Verfolgungswahn. Sollte ich jetzt eine Bilanz ziehen, es gäbe nicht viel zu berichten. Nämlich:

Ich habe keine Geschichte. Ich bin keine Geschichte. Ich will meine Ruhe haben. Ich will niemanden sehen. Ich will, dass immer nur ich ist. Ich weiß zu wenig. Ich habe mich satt. Ich möchte manchmal das sein, was ich sehe. Ich kann keinerlei Auskunft erteilen. Ich empfinde mich zuweilen als ungeheuer dumm. Ich müsste fleißiger sein. Ich kann auf mich keine Rücksicht nehmen. Ich sollte vielleicht nichts mehr schreiben, nur noch lesen. Ich lese ein Buch, und bald schon habe ich das Buch geschrieben, indem ich es lese. Ruhe bringt mich um. Jemand könnte mal vorbeischauen und guten Tag

8 Franz Kafka: Nachgelassene Schriften und Fragmente II. Frankfurt/M.: S. Fischer 1992, S. 48.

sagen. Was ich überhaupt nicht ertrage, bin ich selbst. Wäre ich das, was ich sehe, indem ich in den Spiegel schaue, ich wäre auf der Stelle tot. Ich bin meine eigene Simulation, mein eigenes Second Life. … Mal bis hierhin – und noch mal überprüfen, nachdenken. Keine Geschichte haben, keine Geschichte sein klingt wie eine Fundamentalexegese in eigener Sache, ist möglicherweise aber nichts anderes als ein gerade in der Selbstzurücknahme, der eigenen Marginalisierung eitles Understatement.

Vor lauter Schreiben kommt man gar nicht mehr zum Lesen. Uwe Johnson lesen, Céline lesen, Thomas Mann lesen, Virginia Woolf lesen, Gertrude Stein lesen ist dringend angesagt. Und warum tust du das zu wenig? Warum wartest du immer auf den geistigen Klapperstorch, auf das Raubtier, das die fette Beute schon bringen wird? Vielleicht aber sollte ich mit Literatur gar nichts mehr zu tun haben wollen. Wie lange hielte ich das aus? Literatur ist eben doch eine die Zeit vertreibende Ersatzbeschäftigung, mit der sich der Autor zumindest phasenweise der Fragen der Lebensgestaltung entledigt.

So läuft das eine Zeitlang, das Abstrampeln, Auswegesuchen, Ablenken, Aberkennen, Anstaltenmachen, Ausflüchtesuchen. Dem Schreiben geht immer eine Art Hospitalismus voraus. Bis zur Erschöpfung. Es muss ein Erschöpfungsgrad erreicht sein, der das Schreiben geradezu als Befreiung erleben lässt. Das, wovor ich mich die ganze Zeit gedrückt habe, ist jetzt unausweichlich (geworden). Und immer noch, am Schreibtisch sitzend, überkommen mich immer noch kindliche Anflüge des Unkonzentrierten, ein großes Verlangen, sofort wieder aufzustehen, die Arbeit, kaum dass sie angefangen wurde, auch schon für beendet zu erklären.

Der Schreibtisch müsste einmal aufgeräumt werden, überall liegt Unerledigtes herum, Verdrängtes. Der zu erreichende Idealzustand wäre der des ununterbrochenen Schreibens –

und des nicht minder ununterbrochen aufgeräumten Schreibtisches. Schreiben ist ein ungestilltes Verlangen nach Reinheit, nach Unschuld. Einzig unterbrochen wäre das Schreiben durch Spazierengehen, Essen, Einkaufen, Waschen. Ein Ideal aber ist und bleibt es. Was wird aus all den guten Vorsätzen, kaum ist man dem Bett entkommen, hat gefrühstückt und sitzt wieder am Schreibtisch? Der Alltag ist der starke Wind, der Sturm, gegen den man am Schreibtisch ansitzt, der einen manchmal fortbläst, der einen in den Exzess bläst, und im Exzess verliert man seine Unschuld. Habe ich das gemacht?, habe ich das gesagt?, fragt man scheinheilig, und ganz sicher ist die Literatur daran schuld, eine starrsinnig behauptete und immer wieder behauptete Umkehrung von Ursache und Wirkung, aber so sind sie halt, die Damen und Herren Schriftsteller; die Literatur muss dann doppelt herhalten und den Kreis wieder schließen, indem sie reinwäscht. Literatur ist kein Weißer Riese, und allzu lange hält man es ja auch nicht aus in der weißen Wäsche der Literatur.

Dabei müssten die Zeichen der Zeit eigentlich günstig stehen, alle medialen Voraussetzungen für eine direkte Gedankenübertragung sind gegeben, bald schon wird man ohne technisches Interface miteinander kommunizieren können, allein die antike Technik des Buchdrucks hält sich wacker und wird wohl nicht so schnell obsolet werden, ein Wunder des Konservativen im besten Sinne des Wortes. Die Welt ist zugänglicher geworden, könnte man meinen, die tüchtig erworbene Zugänglichkeit ist jedoch ein Pyrrhussieg: »Noch schneller, und wir sind verloren.« Der Zuwachs an Geschwindigkeit, die Option des medialen Multitasking, die mittels Internet vereinfachte Recherche, der dadurch verringerte Materialaufwand, die Erreichbarkeit immer und überall – insgesamt stellt uns der immense Zeitgewinn vor Entscheidungen und Probleme, denen wir, wie es aussieht, nicht gewachsen sind. Die paradoxe Enttäuschung, die aus der medialen Rund-um-die-

Uhr-Verfügbarkeit der begehrten Kommunikationspartner resultiert, lässt uns einen stillen romantischen Traum von der Postkutsche träumen. Keinen Schatz können wir mehr heben, ist es uns doch verwehrt, eigene Netze zu entdecken und zu knüpfen.

Einem anderen zuweilen dringlich herbeigesehnten Idealzustand haftet etwas geradezu Reaktionäres an: Abschaffung der Kommunikationsmedien Telefon, Fax, Handy und Internet. Wer nichts erwartet, wartet nicht. Es würde sicher eine Zeitlang dauern, dann aber wäre man zurückgeeicht auf jene kommunikative Disposition, als es diese Medien noch gar nicht gab. Ein Traum. Literatur hat eindeutig etwas mit sadomasochistischen Dispositionen zu tun.

Aber konnte man in ferner Zeit besser arbeiten? Wer Ablenkung sucht, der findet sie auch, und wenn es das Beobachten krabbelnder Insekten ist. Was also tun? Sich Tag für Tag ermahnen, endlich Ernst zu machen, keine Ausreden mehr suchen, keine Entschuldigungen: Mit Literatur beschäftige ich mich nur so nebenbei; nur wenn ich Lust dazu habe; hauptsächlich lebe ich gern; ich muss in der Stimmung dafür sein (in welcher denn?). So bringt man sein Leben in verlässlicher Unentschiedenheit zu.

In *Die Vorbereitung des Romans* hat sich Roland Barthes dem Vorhimmel wie der Vorhölle des Schreibens gewidmet und ein Fenster geöffnet mit Ausblick in beide Reiche. Hier einige Passagen, die ich jetzt beim Wiederlesen für besonders wichtig erachte und die mit eigenen Überlegungen, aber auch Ängsten koinzidieren. Roland Barthes schreibt unter dem Stichwort »Vita Nova«:

»Jeder hat einmal die PHANTASIE eines BRUCHS gehabt oder hat sie immer mal wieder: Bruch mit der Lebensweise, mit den Gewohnheiten, mit den Beziehungen (oft bleibt das bloße Phantasie) [...]. Diese Phantasie enthält zwei Elemente:

sich losreißen … von der lähmenden Vergangenheit, den Blockaden der Gegenwart (= Freiheit, Zerreißen der Fesseln; mythisches Bild: sich häuten, mausern, schuppen; Wiedergeburt, Weg zur Unsterblichkeit) + etwas Neues schaffen: total, grandios, triumphal.«[9]

Kann es nicht sein, dass jedes Buch, das man zu schreiben unternimmt, einen Bruch darstellt oder zumindest einen Bruch darstellen sollte? Wenn sie kurz vor dem Abschluss eines Romans stand, fürchtete Virginia Woolf das Hinaustreten aus der Literatur, den krisenhaften, depressiven, psychotischen Bruch, den dieses Hinaustreten verursachen würde; sie nahm sich schließlich das Leben. Arthur Rimbaud brach radikal mit der Literatur, indem er nichts mehr schrieb, zuvor aber lancierte er am 13. Mai 1871 in seinem *Seher-Brief* an Georges Izambard seinen visionären Bruch innerhalb seines poetologisch-existentiellen Selbstverständnisses: »Im Augenblick erniedrige ich mich, so tief ich kann«, schreibt er. »Warum? Ich will ein Poet sein, und ich arbeite an mir, um aus mir einen Seher zu machen […].«[10]

Roland Barthes hat Marianne Fritz nicht gekannt. Sie ist die paradigmatische Schriftstellerin, wenn Barthes über Bruch und Vita Nova schreibt. Das Abschiednehmen bezeichnet Barthes als eine »Unterphantasie des Bruchs im Leben«.[11] »Weigerung« und »unerschütterliche Sturheit« sind für Barthes »Schutzmaßnahmen«.[12] Marianne Fritz ließ das Werk selbst zum Mo-

9 Roland Barthes: Die Vorbereitung des Romans. Frankfurt/M.: Suhrkamp 2008, S. 326 f.

10 Arthur Rimbaud: Lettres du voyant/Seher-Briefe. Mainz: Dietrich'sche Verlagsbuchhandlung 1990.

11 Barthes, Die Vorbereitung des Romans, S. 329.

12 Ebd., S. 337–340.

tiv der Weigerung werden. ›Öffentlichkeit‹ war ihr ein Fremdwort ebenso wie ›Literaturbetrieb‹. Für Interviews hatte sie keine Zeit und sah auch keinen Anlass dafür. Mindestens zehn Stunden verbrachte sie täglich am Schreibtisch. Sie machte keine öffentlichen Lesungen. Marianne Fritz, ein Vorbild – oder eine bestaunte Radikale, die alles auf eine Karte setzte? Ein unvorstellbares Leben, das sich im Schreiben vollzog. Kafka schrieb, er könne sich nicht entrinnen, Schreiben sei ihm die »einzige innere Daseinsmöglichkeit«.[13] Er dürfe sich, »wenn er dem Irrsinn entgehen will, niemals vom Schreibtisch entfernen, mit den Zähnen muß er sich festhalten«.[14] Marianne Fritz scheint sich ganz freiwillig mit den Zähnen am Schreibtisch festgehalten zu haben, ihr manisches Schreibbegehren ließ ihr keine andere Wahl. Kaum sitze ich am Schreibtisch, springe ich wieder auf.

Ich denke oft, ich kann nichts. Es reicht nicht. Das Wichtigste fehlt. Ich weiß dann aber nicht, was das Wichtigste ist. Das Wichtigste ist Gelassenheit. Nicht in jedem Moment denken, etwas zu versäumen, weil man nicht zwei Dinge gleichzeitig machen kann. Genau das versucht man ja immer wieder. Neueste Studien haben gezeigt, dass man nicht einmal eine Sache zustande bringt, versucht man, sich auf mehr als eine Sache zu konzentrieren. Merkwürdig, da hat man schon vierundzwanzig Stunden, und kaum aufgewacht, beschleicht einen das Gefühl, keine Zeit zu haben. Womit aber verbringt man seine Zeit? Mit neunzig Prozent Müßiggang der verschwenderischsten Art. Und so einer soll über etwas befinden können, eine Meinung haben, mitreden können? Zeit für sich

13 Franz Kafka: Briefe an Felice. Frankfurt/M.: Fischer Taschenbuch 1976, S. 367.

14 Franz Kafka: Briefe 1902–1924. Frankfurt/M.: S. Fischer 1975, S. 386.

selbst haben kann das Schlimmste sein. Zu was soll sie führen? Im besten Falle zu einem Dauerzustand der Selbstvergessenheit. Wäre das nun ein erstrebenswerter Zustand, haben Selbstvergessenheit und der positive Zen-Begriff der Gleich-Gültigkeit vielleicht sogar etwas Gemeinsames, haftet dem europäischen Autor plötzlich sogar etwas der eigenen kulturellen Miefbude entkommendes Fernöstliches an?

Gewisse Lebensregeln können von Vorteil sein. Nicht rauchen, zum Beispiel. Nicht zu viel trinken. Beim ›nicht zu viel‹ fängt es schon an. Regelmäßig essen. Sport treiben. Das Zimmer durchlüften. Sich nicht ablenken lassen. Feste Arbeitszeiten einüben. Hartnäckiger werden. Durchhalten. – Alles gut gemeint und letztlich immer noch dem Idealismus des Wahren, Guten und Schönen verpflichtet, dessen eine Grundannahme lautet, der Mensch könne lernen und sei – als Projekt – verbesserungsfähig. So weit ist es schon gekommen, anstatt über die Dispositionen und Konflikte des eigenen Schreibens Auskunft zu geben, wandert der Autor in die Niederungen des Kaffeekochens und der körperlichen Ertüchtigung.

## Ist schreiben nicht lächerlich?

Gesetzt nun den Fall, es könnte tatsächlich gelingen, sich selbst zum Medium der Literatur zu machen, sich selbst im Schreiben verschwinden zu lassen. Eine Frage bleibt: Ist das nicht etwas Lächerliches, ein Buch zu schreiben? Und dass man nach diesem Buch in der Regel wieder ein Buch schreibt? Muss das denn sein? Es hat etwas Unanständiges, denke ich manchmal. Das Buch ist erschienen, man hält das erste Exemplar in Händen. Warum hält die Freude darüber nicht allzu lange an? Druckfehler sind an der Tagesordnung; es ist vielmehr der Umstand, das Buch passagenweise sofort umschreiben zu wollen. Der Autor muss sich fragen, wie manche

Formulierung zustande kommen konnte. Der einzige Trost ist, dass die Hitze des Schreibgefechts so manche Peinlichkeit passieren ließ, die dann leider auch noch dem mehrfachen Korrigieren, Umstellen und Nachbessern entkommen konnte, und dass es wohl allen Autoren so geht – und schließlich kann man sich immer noch einreden, dass es eben besser nicht möglich war. Es gibt also keinen Trost. Selbst die Verärgerung darüber, dass andere es besser können, verflüchtigt sich mit der Zeit, verweisen diese anderen doch auch ohne Unterlass auf andere, die es besser können, was dann eine solch komplexe Welt aus Verweisen erzeugt, dass man schließlich, die Kette zu Ende gedacht, gar nicht mehr weiß, wer die anderen denn sein sollen. Roland Barthes führt in diesem Zusammenhang Friedrich Schlegel an: »Sofern man, seiner heiligen Berufung gewiß, über die Lächerlichkeit, Schriftsteller zu sein, erhaben ist, gibt es überhaupt nichts Lächerliches mehr, und man kümmert sich nicht mehr darum.«[15] Auf diese Erhabenheit warte ich schon lange. Manchmal wache ich mitten in der Nacht oder am frühen Morgen in grüblerischer Verfassung auf, sehe mich irgendetwas schreiben oder bei einer eigenen Lesung – und schon bedrängt mich die eigene Lächerlichkeit, der sich nur allzu gerne die Schwester der Peinlichkeit beigesellt. Erst der Gedanke, dass diese Eindrücke doch eher luxuriöser Natur seien, gemessen an der Schwerarbeit, die andere zu verrichten haben, kann mich wieder schlafnah beruhigen. Aufwachen ist ein gefährlicher Augenblick, das lehrt uns Kafka. Wir wissen nicht, ob wir in einen bösen Traum oder ins Leben hinein aufwachen – und würden dies vermutlich auch gar nicht unterscheiden können.

Aber zurück zu einem soeben benannten Kernproblem: Schreiben überhaupt erscheint mir manchmal unanständig. Warum aber? Weil es peinliche Dinge berühren kann, zur

15 Barthes, Die Vorbereitung des Romans, S. 222.

maskierten Selbstentblößung neigt, sich unendlich wichtig nimmt, der Schreibende sich leicht in die Annahme der unabdingbaren Notwendigkeit dessen, was er da gerade tut, verrennt, es stets mit einem Konkurrenzgedanken verknüpft ist. Schreiben ist eine Tätigkeit der Wollust, ein kindliches Spiel, eine Form von unstillbarer Regression, eine Schizophrenie (Dauerspaltung der Selbstbeobachtung), es ist der von Anfang an zum Scheitern verurteilte Versuch, den Dingen auf den Grund gehen zu können, endlich eine Formel zur Hand zu haben, die alles in sich enthielte und aus der sich alles entwickelte. Die romantische Phantasie einer Urformel. Das ist doch, mit Verlaub, eine anachronistische Peinlichkeit, die sich der formeljagende Autor nachsagen lassen muss. Wer macht denn noch so was? Oder ist die Physik immer noch auf der Jagd wie weiland der romantische Physiker Johann Wilhelm Ritter, der eines Tages davon überzeugt war, die Urformel einer absoluten Physik entdeckt zu haben, aus der alles hervorginge, und zwar nicht nur die Naturgesetze, sondern auch die solche Gesetze konzipierenden Kategorien von Raum und Zeit. »Ganz entwickelt«, so Ritter, müsste die Formel »überhaupt das Universum selber seyn«[16] – eine Feststellung, die ihn zunächst einmal krank werden ließ und tagelang ans Bett fesselte.

Das sind die beiden Grenzen, zwischen denen die Fähre hin- und hergeht: Das Schreiben in Permanenz, unterbrochen allein von der Notdurft des Menschseins – aber immerhin bedarf auch eine Maschine der Wartung –, und die hochfliegende Verweigerung, die über das Schreiben erhaben ist, die einen nur noch lesen lässt, naserümpfend, wenn und überhaupt. Die erste Grenze heißt Kafka, die zweite Rimbaud, wenn man in ihm bloß den Modellathleten der Abstinenz sehen will. Ist der

16 Walter D. Wetzels: Johann Wilhelm Ritter. Physik im Wirkungsfeld der deutschen Romantik. Berlin, New York: de Gruyter 1973, S. 122.

Schriftsteller nicht neidisch auf jeden, dessen Tätigkeit sein Eigenname ist? Der Schmied. Der Müller. Der Bauer. Ein Romantizismus der abgehalfterten Art. Wer schließlich ist das heute noch? Und dennoch: Dieser Neid ist nicht kleinzukriegen. Andererseits ist mir jeder Autor suspekt, der sich ohne zu zögern seinem Gegenüber als Autor zu erkennen gibt, auch wenn sein Gegenüber das gar nicht von ihm wissen wollte. »Guten Tag, mein Name ist Autor.«

Zwei Grenzen. Und ich habe Angst, stets nur unterwegs zu sein, keine der beiden Grenzen je zu erreichen. Man fühlt sich dann auf hoher See, auch wenn man nur auf einem Tümpel gondelt. Man gondelt nicht einmal auf einem Tümpel: Ich sitze neben einer Pfütze auf einer Bank. Ist das schon Literatur? Tatsächlich bin ich gerade zu Hause, irgendwo.

Noch einmal zurück:

Ich habe keinen Weltkrieg erlebt, keine Schlacht geschlagen, die nicht Ich heißt, ich habe nur die Ich-Schlacht geschlagen und gehe als Verlierer hervor. Ich bin kein Opfer des Ostens, kein Opfer des Westens, zumindest keines, dessen Schaden messbar wäre, Achtundsechzig ist so gut wie spurlos an mir vorbeigegangen, alles Wissen darüber habe ich mir aus Büchern angeeignet, die Debatten der letzten Jahre über Relevanz und Schaden von Achtundsechzig habe ich aufmerksam verfolgt, das Ringen um die Meinungshoheit zum Teil als spannend empfunden, einen relevanten Standpunkt selber aber nicht finden können, ich bin vollendet orientierungslos.

Ich bin nicht vorbestraft, gehöre keiner radikalen politischen Gruppierung an, gehöre überhaupt keiner politischen Gruppierung an. Ich bin nicht sonderlich heimatverbunden, denke nur hin und wieder mit sentimentaler Rührung an Momente aus der Kindheit und Jugend zurück, die aus irgendeinem Grund sich der Erinnerung eingeprägt haben. Aber wie heißt es schon bei Justinus Kerner: »Es ist [...] merkwürdig, dass die Träume des Greisenalters, wie auch dessen waches Leben (das doch auch nur ein Traumleben ist) hauptsächlich wieder zur Kindheit zurückkehren: die meisten Träume Älterer sind von der Kindheit. Das könnte dahin deuten, dass der Mensch in die innern Kreise, von denen er naturgemäß ausging, zuletzt wieder zurückkehrt, bis er im seligen Tode wieder in das verlorene Zentrum tritt.«[17] Vielleicht fängt bei mir das Greisenalter ja schon im vierten Lebensjahrzehnt an, vielleicht habe ich gar nichts erlebt, als geboren zu sein, was ich eben nicht erlebt habe – und damit fängt Literatur an, dass man etwas erzählt bekommt. Habe ich doch etwas erlebt und bereits alles wieder vergessen? Möglich. Man erlebt auf Schritt und Tritt etwas, die Unruhe treibt einen darüber hinweg. In die Geschichte vergraben? Aber doch nicht nur, doch nicht immer. Gegenwart beschreiben – und darüber die Gegenwart verpassen? Also nicht mehr schreiben. Dabei ist Schreiben doch die intensivere Form von Gegenwart. Willkommen im Erlebnispark ›Romantik‹.

Sentimentalität ist so ein kleiner Luxus, den ich mir gönne. Ihm haftet das Bewusstsein an ›Ist schon gestorben‹, was diese Momente gleichzeitig traurig macht. Wenn das nicht Luxus ist in Zeiten allgemeiner Verarmung und globaler Phasenverschiebung. So ist das kleine bürgerliche Ich, ich-fixiert, am liebsten seine Zeit im Garten verbringend, den großen Themen möglichst fern, sich selbst bedenkend, dabei keinen Boden unter den Füßen. Aber so richtig bürgerlich ist es dann auch wieder nicht, auf die Selbstverständlichkeit des Bürgerlichen ist es ebenfalls neidisch. Es besteht ausschließlich aus und in der Differenz, ohne identisch zu sein mit etwas, ja, selbst mit sich selbst ist es nicht identisch. Eine Festlegung scheint

17 Justinus Kerner: Die Seherin von Prevorst. Kiel: Steinkopf 1958, S. 149 f.

es umzubringen, so fristet es sein Erdendasein als wandelnde Identitätsstörung.

Machen wir es kurz: Selbstporträt des frühvergreisten Künstlers als bornierter Arsch.

Ein Stoff, über den sich schreiben ließe, der mit- und herausgewachsen ist, findet sich nirgends. Schreibt man halt über den Tod. Oder den Weg dahin. Oder fühlt sich ein in Vergangenes. Dass sich das Leben nach der Literatur richtet, die es gleichsam vorinszeniert, hat Kafka in seinen Briefen an seine Verlobte und Doch-nicht-Ehefrau Felice Bauer eindringlich vorgemacht. Wie wäre es also mal mit einem Kapitalverbrechen, über das der Autor dann höchstselbst schreibt, dann hat er seinen Stoff. Aber wiederum auch eine Identität, und die will er ja nicht.

Im Idealfalle – wieder einer – kreist der Autor nur um sich selbst, begegnet niemand anderem als sich selbst, findet alle nötigen Einrichtungen vor, nur eben vollautomatisiert, und beerdigen müsste sich ein solcher Autor natürlich auch selber können.

»Tatsächlich ist es das Leben, das uns immer wieder in unserem Tun unterbricht«, äußerte John Cage einmal. Er meinte das durchaus im positiven Sinne. Er wollte – wie Marcel Duchamp – den Unterschied zwischen Kunst und Leben aufheben. Das kann ein Ziel sein – und ist spätestens seit der Romantik immer wieder anvisiert worden. Von diesem Ziel bin ich momentan meilenweit entfernt. Ich nehme alles zu wichtig. Ich kann mit nichts zufrieden sein. Ich ärgere mich maßlos über etwas, will mit allem in Kontakt bleiben, kann nichts loslassen. »Unsere Aufgabe im Leben besteht darin«, sagte John Cage ein anderes Mal, »zwischen unserer Person und dem Leben, das wir leben, eine Übereinstimmung herzustellen, und Kunst kann uns dabei helfen.« Ich stimme dem zu. Cages Äußerung hat etwas geradezu Tröstendes. Ist es allzu viel Understatement, wenn ich einen Spaziergang im Wald für wichtiger halte als meine Bücher? Es gibt Kritiker, die würden die Frage verneinen, da sie schon immer dieser Meinung gewesen sind. Das spielt hier keine Rolle, das Spazierengehen im Wald ist auch wichtiger als ihre Idiosynkrasien.

Heißt das insgesamt, Literatur sei ein Lebensproblem? Durchaus. Literatur ist immer Symptom einer Krise. Das wiederum heißt nicht, das Buch storniere die Krise. Diese sucht sich nur neue Kanäle. Ist das Buch gescheitert, kommt eben noch das krisenhaft erfahrene Scheitern hinzu. Ich kann meine Bücher nicht mehr sehen. Habe ich zunächst eine Art erotischer Beziehung zu dem Buch, an dem ich gerade schreibe, geht es mir auf die Nerven, kaum dass es erschienen ist. »Ich interessiere mich weitaus stärker für das, was ich noch nicht geschrieben habe«, heißt es bei John Cage, »als dafür, was ich früher geschrieben habe.« Ich setze hinzu: Für das, was ich früher geschrieben habe, schäme ich mich, zuweilen zutiefst. Der Handwerker, der eine Mauer gebaut hat, und die Mauer ist von Bestand, hat weitaus mehr geleistet. Mit Selbstmitleid hat diese Feststellung weit weniger zu tun als mit einer über die Jahre selbst erfahrenen Klarsicht. Das ist Antrieb und Hemmung zugleich. Der Ansporn, es besser machen zu wollen als zuvor, ist stets da, die Vorstellung, vielleicht schon am Ende der Vorstellung zu sein, löst Hemmungen aus. Sicherlich ist das auch eine Taktik der Untertreibung, mit der ich das, was ich bislang geschrieben habe, in Abrede stelle, es verharmlose, verdränge.

Der Autor muss sich andauernd selbst aus dem Weg räumen, er wird, kaum hat er Platz genommen, vom Schreibtisch fortgezogen, Ablenkung gehört zur Strategie, er kann keinen Moment ruhig sitzen, als würde sich das Entscheidende in der Bewegung einstellen, als fände der Autor gerade in der nervösen, in der absichtslosen Bewegung, im Zerstreutsein den Kompromiss zwischen seiner Abwesenheit im Schreiben und der Anwesenheit im Leben, als fühlte er, es gäbe keine Alternative zu diesen beiden Grenzen, und nur die Unentschiedenheit zwischen beiden, das Umhersein, das sich Bereithalten, machte diese Ausweglosigkeit gerade noch erträglich, indem sie ein Drittes vorgaukelt.

Irgendetwas muss ich mit Literatur ja zu tun haben. Ich habe einige Bücher geschrieben. Deshalb muss man noch kein Schriftsteller sein; ich behaupte das auch nicht. Die Bücher sind eher eine Verlegenheitslösung, sie sind das Ergebnis eines Unentschiedenseins, das Leben und Literatur einfach nicht zur Deckungsgleichheit bringen will und kann. Sie sind der Zeitvertreib während des Wartens auf – auf was eigentlich, auf bessere Zeiten?, die werden nicht besser. Bücher schreiben ist die Überbrückung einer Kluft – zweier unvereinbarer Zustände, von Leben und Tod, von Aufbruch und Niederschmetterung, Traurigkeit und Frohsinn. Lesen ist demgegenüber Spurensicherung, das macht das Wiederlesen eigener Bücher so langweilig. Gemessen an dem, was man vorhatte, ist jedes Buch das Manifest eines Scheiterns. Vielleicht sollte man sich für ein Buch, das man schreibt, ein Leben lang Zeit lassen. Das hätte zur Folge, dass man nur ein einziges Buch schreiben würde. Von was sollte man leben? Von etwas anderem, eben; man wäre nicht der Erste. Bleiben also die geschriebenen Bücher. Was ist mit ihnen anzufangen?

## II. Was geschrieben ist!

### *Neue Anagramme*

Es gibt ja das merkwürdige Ritual, Bücher zu signieren. Ich finde, der Leser hat ein Anrecht darauf. Als Sammler von bibliophilen Büchern bin ich selber auf signierte Exemplare aus, am besten noch datiert und mit Angabe des Ortes versehen.

Signiere ich aber eines meiner Bücher, bin ich oft in der Versuchung, »Tut mir leid« oder »Wie kann ich das wiedergutmachen?« hineinzuschreiben. Fragen, die sicher an den Leser falsch adressiert sind. Die eigenen Bücher sind mir peinlich. Ein Kompendium der Betriebswirtschaftslehre, hätte ich ein solches verfasst, könnte ich wohl ohne jeden Anflug von Scham signieren.

Der Leser? Wer soll das sein? Ich kenne keinen Leser. Warum? Weil ich den Leser vom Autor nicht trennen kann. Als Schreibender ist man schließlich selber Leser. Als schreibender Leser nimmt man gegenüber dem nicht schreibenden Leser keinen höheren Standpunkt ein, kanzelt der nicht schreibende Leser den lesend Schreibenden als professionellen Leser ab, empfinde ich das als Ausladung. Roland Barthes fragte erstaunt: »Wie kann es mehr Leser als Schriftsteller geben?«[18] Ihm sei unverständlich, wofür man – freie – Zeit sonst verwenden solle als für das Schreiben und wie man beim Lesen glücklich sein könne und doch nie zum Schreiben übergehe.[19]

Mit dem Leser fangen die Schwierigkeiten an. Er meint, den Autor besser zu kennen als der Autor sich selbst. Er schließt vom Buch immer auf den Autor. Der Autor schließt vom Buch immer auf eine überwundene oder überwunden geglaubte Krise. Der Autor hat immer die Hoffnung, dass es nach diesem Buch nur besser werden kann. Und tatsächlich – ich träume von einem Buch, von mir selbst geschrieben, das mir selbst gefällt. Mir ist das noch nicht untergekommen –, ausgerechnet aber mein zuerst veröffentlichtes Buch hat für mich Bestand. Vielleicht, weil es nach unhintergehbaren Regeln verfasst ist, weil seine Verfassung eine Regel ist, ein Glaube, ein Gott. Weil ich nur der Überschuss bin, das ausführende Organ. Und doch sollten es veritable Gedichte sein, mit

18 Barthes, Die Vorbereitung des Romans, S. 223.
19 Vgl. ebd., S. 223 f.

aller Handschrift und allem zur Verfügung stehenden Geist. Und schließlich: Die Technik des für mich sehr ernsten Spiels ist schon jahrhundertealt, ich klinkte mich also gewissermaßen in eine überkommene Tradition ein, die es wiederzubeleben galt, weißbärtige Asche im Grill, unter der hoffentlich noch ein Funke glimmt.

Denke ich an *Neue Anagramme*, sehe ich mich in einer Küche in der Nähe von München sitzen, auf dem Küchentisch ein Scrabblespiel, die Küche völlig verraucht, eine geöffnete Flasche Wein, im Winde klirren die Fahnen, es ist Sommer, ein Buchstabe ist unter den Tisch gefallen, er wird erst Monate später beim Korrekturlesen des Bandes wieder auftauchen, und bei Anagrammen gibt es kein Vertun mit richtig und falsch, es gibt nur numerisch vollzählig oder unvollständig – was im Übrigen selbstredend nichts über die Qualität des jeweiligen Anagramms aussagt. Nachdichten war angesagt, im Sinne von Nachsitzen. Und Angst kam hoch, ob so manche Fügung, die man schon als Trüffel wähnte, nicht doch bloß ein Schwein ist. Was, wenn in allen anderen Anagrammen dieser Buchstabe durch Abwesenheit glänzt? Die Anagramme zu Lipogrammen erklären, in denen ein bestimmter Buchstabe eben konsequent vermieden wird? So läuft's leider nicht. Wo Anagramm draufsteht, ist Lipogramm nicht drin. Höchstens bei den Oulipisten.

Ein kleiner Exkurs: Wer oder was ist ›Oulipo‹? Das Akronym kommt von ›Ouvroir de Littérature Potentielle‹. 1960 von François Le Lionnais und Raymond Queneau gegründet, gehören bzw. gehörten dieser ›Werkstatt für Potentielle Literatur‹ zahlreiche französische, italienische, amerikanische und deutsche Autoren an wie zum Beispiel Noël Arnaud, Valérie Beaudoin, Italo Calvino, Marcel Duchamp, Jacques Jouet, Harry Mathews, Michèle Métail, Oskar Pastior, Georges Perec oder Jacques Roubaud. Grundprinzip des oulipotischen Schreibens bzw. Konstruierens von Texten ist die ›Spracherweiterung durch formale Zwänge‹, das heißt, dass jede Textbewegung einen Filter passieren muss, dass für die Textgenese ein oder mehrere spezifische Parameter unabdingbar sind. Diese liegen dem Text methodisch dominant zugrunde, ohne dass die Methode allein tragen sollte. Die Regel befreit den Text, Poesie entsteht durch die Freiheit des Zwangs. Die bloße Übernahme vorgefundener Regeln und deren Vollzug genügt diesem systematisch-konstruktiven Verständnis von Literatur jedoch nicht, die Erweiterung an sich schon strenger Regeln oder die Erfindung neuer Regeln war und ist oulipotisches Gebot.

Neben mathematischen oder zum Beispiel algorithmischen Strukturen und Methoden liegen oulipotischen Texten alterprobte textgenerierende Techniken wie das erwähnte Lipogramm, das Palindrom (als Sonderfall des Anagramms) und eben das Anagramm zugrunde.

Zum Einstieg und zur vertieften Lektüre bestens geeignet ist das *Oulipo Compendium. With additional sections devoted to Oulipopo, Oupeinpo*, herausgegeben von Harry Mathews und Alastair Brotchie, erschienen bei Atlas Press (Atlas Arkhive Six. Documents of the Avant-Garde), London 1998, und *OULIPO. La bibliothèque Oulipienne*, 1990 erschienen in drei Bänden bei Seghers in Paris.

… Bücher, in denen der Geist fehlt, zu Lipogrammen erklären. Zum Beispiel die eigenen. Jedenfalls habe ich an den *Neuen Anagrammen* auch heute noch Spaß. Mein erstes veröffentlichtes Buch, 1994 verfasst, oder sollte man ›konstruiert‹ sagen?, 1998 erschienen in der Wiener edition selene, 2003 als Taschenbuch bei S. Fischer. Ich hätte es vielleicht dabei bewenden lassen sollen, es ist mein bestes Buch, denke ich. Was aber hätte ich dann angefangen mit den Jahrzehnten, die ich in meinem Leben zu früh fertig geworden wäre? Ich bleibe dabei, Schreiben ist Warten auf den Tod. Schreiben ist ausgefülltes Warten auf den Tod. Schreiben ist ausgefülltes Warten auf den Tod als beste aller möglichen Ablenkungen. Dieses Warten kann unterschiedlich ausstaffiert werden, jeder Stoff, jede Abwechslung ist willkommen.

Am 18. Februar 1993 saß ich im Untergeschoss der Münchner U-Bahn-Station ›Münchner Freiheit‹. Es war schon ziemlich spät, die Bahnen verkehrten nur noch im Zwanzig-Minuten-Takt, es war kaum jemand unterwegs. Auf einem riesigen Plakat an der gegenüberliegenden Wand sah ich einen Fallschirmspringer mit ausgebreiteten Armen. Über ihm standen ein paar Worte, die ich leider vergessen habe, unter ihm die bemerkenswerte Zeile: »Dieser Mann ist in dreißig Sekunden tot«. Inscriptio, Pictura, Subscriptio – das Text-Bild-Ensemble ergab ein sehr sinniges Emblem. Ich zählte. Neunundzwanzig, dreißig, jetzt ist er tot. Ich schaute anderswohin, dann wieder auf das Plakat. Noch mal, neunundzwanzig, dreißig, jetzt ist er tot. So läuft das also, ich habe seinen Tod zu verantworten, wir machen die Augen auf und sind schuld an der Welt. Der Satz ging mir nicht mehr aus dem Kopf, ein unendlicher Satz, ohne Anfang, ohne Ende, ohne Ursprung, ohne Ziel. 1985 schickte ich an eine rheinische Kulturzeitschrift ein Gedicht, das ich für sehr gelungen hielt, und bat um Veröffentlichung. Ich bekam eine abschlägige Antwort mit dem eher beiläufigen, die Ehre rettenden, dabei im ersten Moment unsäglich peinlichen Hinweis, dass dieses Gedicht nicht von mir stammen könne, da es bereits Karl Krolow geschrieben habe. Das kann nicht sein, dachte ich zunächst, ich habe es doch meinem Tagebuch entnommen, und dort war kein Verfasser extra ausgewiesen. Ich fand es schließlich in einem Gedichtband von Krolow. In einem hatte ich mich nicht geirrt, es war ein ganz ausgezeichnetes Gedicht. Nicht nur im anderen vermag man sich zuweilen zu erkennen, auch hält man sich nicht selten für einen großen Entdecker. Im Münchner Untergrund sitzend, hatte ich, den Satz »Dieser Mann ist in dreißig Sekunden tot« auf den Kopf stellend, ihn zerreißend, neu zusammensetzend, sprichwörtlich im Sitzen das Anagramm erfunden. Diese Erfindung, das war mir sofort klar, würde mich ganze Bücher schreiben lassen. Von nun an hatte ich eine zu patentierende Methode an der Hand, die so kalt wie produktiv war, eine nie versiegende Quelle der Inspiration, den Quellcode von Dekomposition und Rekomposition. Der Irrtum liegt auf der Hand und muss immer wieder neu durchlitten werden: dass Entdecken zugleich Erfinden heißt. Um die Entdeckung, wie alt die entdeckte Spielregel tatsächlich schon war, kam ich nicht herum; die Sache nicht an die große Glocke gehängt zu haben war mein einziger Trost. Wie ließen sich die dreißig Sekunden Todessturz versüßen? Genau so:

**»Dieser Mann ist in dreißig Sekunden tot.«**
ein anagrammkommentar zu einer Zeile von Bildzeitung München, 18. 02. 1993 (ß = ss)

Im Sinn-Essig sinkt die Todestrauer. Denn:
Trinkt Riese Sinn aus Dose mit Degen? Sind
Dinosaurier stets stinkig? Senden den Mi-
nistern die Damen Kostenruin? Stiess Dig-
nitar in Ostnest dieses Krisending um? De-
generiert sonst das Denken in Tussi dimi-
nuendo? Kreisst mir dienstags ein Dienst?
In Reader's Digest Kundenmission nistet
Sand im Orientierungstest. Denk's inside!
So mied trauriges Kind Sinns Sitten-Ende.

Das Alphabet überfällt einen. Es dringt in einen ein. Es richtet ab. Die Welt wird lesbar durch die Brille des Alphabets. Das Alphabet ist starr, es ist der unveränderliche Grund, aus dem heraus sich die kombinatorischen Spiele erheben, die wir Literatur nennen. Es besteht Zwang zur Freiheit, ein Wechselspiel zwischen Determiniertheit und definierter Freiheit der Wahl. Ist das Buchstabieren ein Ordnungssystem erster Güte, so schafft die Zwangserscheinung der Alphabetisierung die Grundvoraussetzung der mündigen Entscheidung und kombinatorischen Freiheit – allerdings ohne dass die grundsätzliche Interrelation bzw. Interdependenz zwischen Bezeichnendem und Bezeichnetem hintergangen werden könnte: Gerade die ästhetischen Prozesse seit der Frühen Moderne, die sich eine Modifikation bzw. überhaupt ein Bewusstwerden dieser Interrelation zur Aufgabe gemacht haben, aktualisieren diese basale semiotische bzw. referenzsemantische Operation.

Das Basteln von Anagrammen, geschehe dies mehr als intelligenter Zeitvertreib oder als poetische Handlung, bewirkt ein Gleiten von Zeichen, Ort und Sinn. Die mit Hilfe der Lettern aus dem Scrabblespiel erfahrbar gemachte Materialität von Sprache verwandelt sich schließlich in eine tanzende Sinnfrage der kombinatorisch erzeugten bzw. erkannten, aufgefundenen Wörter und Satzkontexte:

**»Bleib der Erde treu«**
(nach einem Motto von Friedrich Nietzsche)

Edel irrte der Bube,
er, die Rebe der Blut-
Deuter, bleib er der
beeilte Bruder der
Liebe, der Erde Brut.
Er, Beute der Bilder,
bleib er der Deuter
der Rede, bleib Rute
er der Bibel-Deuter.

Liebe, der Rede Brut,
bebt duerre Lieder,
rudert Ebbe, leider.

Du, der Erbe, liebt er
der Diebe Trubel?

Er,
die Buerrde, Er lebt!

Bleib der Rede treu!

War das so intendiert, oder hat es sich einfach so ergeben? Beides. Die Maxime hieß: Weiche nicht ab von deinem motivischen Impuls, der Spur eines ersten Fundes, einer ersten Verwandlung thematisch zu folgen. Hoffen wir darauf, dass etwas intendiert ist? Ist es dann mehr wert, besser? Ist dann mehr Mensch drin? Mehr Eigenverantwortung? Anagrammieren ist eine poetische Wünschelrute. Es kommt immer etwas heraus dabei, selten wohl das Gewünschte. Die Titelzeile »Bleib der Erde treu« ist ein Zitat von Friedrich Nietzsche. Das Anagramm sollte von Anfang an mit Nietzsche zu tun haben, mit dem Zitat war der Grundstein gelegt. Herausgekommen ist eine bescheidene Nietzsche-Exegese inklusive Kurzabriss brauner Ideologisierung des religions- bzw. christentumkritischen Rhetorikprofessors mit abschließender Moralkadenz, resultierend aus einem bloßen »Erde«-»Rede«-Dreher. Mit der Entdeckung eines solchen Nukleus, eines in einem Wort aufscheinenden anderen Wortes, das in den Fesseln seines Parasiten gefangen gehalten wird und befreit werden möchte, ist es bereits zu spät, das Anagramm ist bereits angebrochen, die geheime Beziehung, die man zwischen Wirtswort und Parasit erkannt zu haben meint, lässt den Autor der vorgezeichneten Spur folgen, und sei es auch ein Irrweg. Immer aber wittert man, dass da ›mehr drin‹ ist, wie man so schön sagt. Das Anagrammieren ist auch ein »Zauberstab der Analogie«, wie es bei Novalis heißt. Die methodische Conditio sine qua non, dass das gesamte Anagramm aus einem Zeile für Zeile identischen

Buchstabenvorrat hervorgeht, jede Zeile also eine Variation aller anderen ist, suggeriert sowohl auf der Textoberfläche als auch rezeptionsästhetisch bzw. hermeneutisch etymologische Verwandtschaftsbeziehungen zwischen einzelnen Wörtern, die morphologisch möglicherweise nichts miteinander zu tun haben, deren Wortstamm also verschieden ist. Vor dem eigenartig flüchtigen Hintergrund einer dem Anagramm zugrundeliegenden Ausgangszeile, die ja nicht unbedingt die Titelzeile sein oder sonst wie kenntlich gemacht sein muss, erzeugt das Anagramm unweigerlich poetische Etymologien, die ohne die Ausgangsgestalt und ihre Metamorphosen tatsächlich ›unhaltbar‹ wären. Vielleicht funktioniert das ja nur, wenn bzw. weil der Leser (bzw. Hörer) das metamorphotische Prinzip kennt oder eine angenommene Ausgangsgestalt (ein Wort, eine Zeile) beim Lesen oder Hören untergründig immer mitnimmt.

»Wie man so schön sagt« ist der Bruder von »Das ist der Stand der Dinge«. Wird diese inventarische Schlusswendung ins anagrammatische Gehirn eingespeist, ist das Resultat tatsächlich wie kein anderes der Stand der Dinge, nämlich die Anwendung einer unaufhörlich auf Aktualisierung angewiesenen Behauptung auf sich selbst:

**Das ist der Stand der Dinge**

Das Ding ist der Erde Stand.
Der Rede Stand ist das Ding.
Dringend redet das: Das ist
der Stand der Dinge. Das ist
des Dinges Tand. Da irrt des
Redens Test, da das Ding dir
das Ding, das dient. Der Rest:
Dir stand das Ding. Es redet:

DAS ist der Stand der Dinge.

Das Anagramm erfordert Hingabe und Achtung. Das ist nicht bloß so eine Spielerei, die man en passant erledigen kann, weil gerade kein Kreuzworträtsel zur Hand ist. Es ist eine Aufgabe, der man sich stellt und die man sehr ernst nehmen sollte. Man hat eine Mission. Diese Mission ist mit einem ästhetischen Ethos verbunden, der jenseits der konstitutiven Regeln, bzw. diese verschärfend, nicht jeden blinden Passagier passieren lässt.

Das Anagramm ist eine die poetische Handlungsfreiheit einschränkende Aufgabe, die da lautet: Gruppiere die Lettern einer Ausgangszeile Zeile für Zeile numerisch vollständig um zu einem mehr oder weniger sinnvollen Textganzen. Die Ausgangszeile kann aus einem einzelnen Wort oder mehreren Wörtern bis hin zu einem syntaktisch vollständigen Satz bestehen. Eine besondere Herausforderung war es nun für mich, auch sogenannte konventionelle Ergebnisse zu erzielen, die ich ohne normatives Regelwerk gar nicht zutage fördern würde. Immer aber sollte es ein Gedicht sein – der hehre Begriff des ›Gedichts‹ – und kein Sammelcontainer loser Einzelfunde, die zu einem Textganzen mittels Kontext suggerierender Positionierung auf dem Blatt Papier mehr erklärt werden, als dass dieser Kontext aus den sprachlichen Eigenschaften und Fügungen heraus intendiert bzw. evident wäre. Nun könnte man einwenden, dass beim Anagramm grundsätzlich der Zufall seine Hand mit im Spiel hat; dem ist entgegenzuhalten, dass die regulativen Mechanismen dieses poetischen Aktes immer noch Ressourcen an freier Entscheidung und bewusster Lenkung bereithalten. Auch andere typische Anagrammschwächen sollten vermieden werden, wie zum Beispiel der dauernde Imperativ, der sich mangels Verb-Endungs-›t‹ der dritten Person Singular oder einer Infinitiv-Endung nur zu gerne, und zwar ungefragt einstellt. Kurz: Ich wollte weniger Sprache demonstrieren und die materiale Eigenwertigkeit von Sprache ausstellen als vielmehr der Regel des Anagrammierens eine

Spezialregel aufpfropfen, die in einem Kapitel der *Neuen Anagramme* besagt: Schreibe Gedichte im alten Stil, setze auf Kommunizierbarkeit. Renate Kühns Feststellung, die »anagrammatisch erzeugten Zeichen haben [...] streng genommen keinen Referenten, werden im Schreibprozeß also nicht als Denotate eingesetzt, ja können es verfahrenstechnisch nicht werden«,[20] sei hier in ihrer Absolutheit zumindest bezweifelt: Salopp gesagt, hatte ich einen anderen Eindruck, manche Wörter, Satzbruchstücke oder Sätze sind ergiebiger als andere, ob ein Abzielen auf einen Referenten gelingen kann, hängt in hohem Maße vom zu anagrammierenden Ausgangsmaterial ab. Aus Kühns Generalisierung, dass damit »jenes andere, üblicherweise immer vorausgesetzte oder mitgedachte ›Band‹ zwischen Sprache und außersprachlicher Wirklichkeit definitiv gelöst«[21] sei, spricht ein experimenteller Romantizismus.

Rhythmik war mir wichtig, syntaktischer Fluss – ich wollte thematisch immer in eine bestimmte Richtung, inhaltlich war eine Anagrammvorstellung bereits da, bevor das Material auf seine Machbarkeit hin geprüft, sprich getestet worden war. Renate Kühns Diktum, »Sinn« zeige sich »auch für den Autor erst nachträglich«, resultierend aus dem Umstand, dass Sinn hier »grundsätzlich von den im Material enthaltenen Kombinationsmöglichkeiten abhängt«,[22] ist gegenüber Gedichten, die ohne restriktive Verfahren geschrieben werden, nicht zwingend abgrenzungstauglich, da der Autor auch in solchen ›freieren‹ Gedichten den Sinn nicht vorab festlegen kann; ein hermeneutischer Standard. Das hieße ja, es gäbe ein Gedicht, bevor es geschrieben wurde – und als geschriebenes könne ein

20 Renate Kühn: Das Rosenbaertlein-Experiment. Studien zum Anagramm. Bielefeld: Aisthesis 1994, S. 29.
21 Ebd.
22 Ebd., S. 30.

Gedicht auf einen Sinn reduziert werden, der ihm sozusagen entnommen werden kann: hier das Gedicht, da der/sein Sinn.

Eine Anagrammmaschine hingegen macht noch kein Anagramm. Sie rechnet zwar alle Kombinationsmöglichkeiten aus, lässt aber zum Beispiel Zeilenbrüche und Trennungen (am Zeilenende) außer Betracht, das heißt, ein Anagrammgenerator schreibt kein Anagramm, sondern berechnet die rein mathematischen Kombinationsmöglichkeiten: Das hat mit rekursiven Algorithmen zu tun und nicht mit Poesie; es sei denn, man erklärte auch einen Algorithmus zur Poesie.

Der Band *Neue Anagramme* besteht aus acht Kapiteln, die folgende Titel haben: »Losungen«, »Anagrammgedichte«, »Gelegenheitsanagramme«, »Monaden«, »Erzählungen«, »Litaneien«, »Sprechakte« und »Nachtrag«. Die Anagrammierung der Kapitelüberschriften hatte zum Ziel, eine Poetologie in nuce der mit den Titeln benannten Untergenres zu erfinden. Das Kapitelanagramm *Litaneien* zum Beispiel liest sich so:

**Litaneien**

teilen ain
ein Anteil
ante Linie,
ein Tal, ein
Latein, ein
Ei – nein, alt
eint Laien
ain Leiten
in Anteile
nie (:ein Alt-
teil, ein An-
teil:) ainen
Litaneien

Das Anagramm schafft es, die merkwürdigsten Komponenten wie selbstverständlich in einem gemeinsamen Kontext aufleuchten – und wieder untergehen – zu lassen. Ganz im Sinne der frühromantischen Poetik.

Aus der Rubrik »Anagrammgedichte« stammt *scheinbar.* Ein Klanggebilde. Das an sich reduzierte Lautmaterial der Titelzeile »scheinbar« ruft in sich kreisende Assonanzen und Reime hervor:

**scheinbar**
ein anagrammgedicht für josef anton riedl

Ein Barsch
schrieb an
Narbe sich
ran: Schieb
Schrein ab;
Barschein,
Arsch, Bein,
Nase brich;
nasch Bier
nie barsch;
schab rein
Bein rasch,
schar Bein
bis Rachen
Beinschar:
schrieb an
Raben sich
ein Barsch
sich raben
barsch. Ein
Scheinbar
brach sein

Scharbein,
Barschein
brach sein
Scheinbar.

Der Autor ist oft auf Schreibverfahren fixiert. Es ist zunächst ein Glück für ihn, wenn er dieses Fixiertsein nicht kontrollieren kann. Wird es ihm bewusst, gerät es leicht zur Masche. Er sollte sich dann von diesem Schreibverfahren lösen.

Was tun, wenn man es trotz aller guten Vorsätze nicht lassen kann, überall in Wörtern und Sätzen andere Wörter und Sätze zu entdecken, wenn man es beim Lesen, beim Entziffern – und möglicherweise Verstehen – nicht bewenden lassen will, sondern unentwegt dabei ist, die Wörter und Sätze auszuziehen, um sie andersherum wieder anzuziehen? Pausenloses Anagrammieren kann nicht nur krank machen, es *ist* bereits die Krankheit. Was also tun? Man trägt sich den Abschied selber nach und nennt ihn »Nachgetragene Anagramme«. Und mit ihnen, veröffentlicht im 2003 erschienenen Gedichtband *Aller Ding*, setzte dann die Produktion von Anagrammen tatsächlich aus. Eine – hoffentlich letzte – Ausnahme bildete das Anagramm *Da mal Saturn herankam* aus dem Namen des Komponisten Karl Amadeus Hartmann, veröffentlicht in dem Band *Da mal Saturn herankam. In Erinnerung an Karl Amadeus Hartmann*, herausgegeben vom Bayerischen Rundfunk (musica viva), München 2006.

**Da mal Saturn herankam**
Anagramm aus dem Namen »Karl Amadeus Hartmann«

Da mal Unrast heran kam
Kam da erst mal Urahn an

Sah da Merkmal Unrat an
Kam Saturn da lahmer an

Sah Natur da Merkmal an
Kam Salat da nurmehr an

Da Klarem unratsam nah
Erhalt da Ananas krumm

Da kam Ulm rasant heran
Da Ausnahme mal knarrt

Da Armatur Skalen nahm
Kam da nurmehr Atlas an

Da Kanal muehsam narrt
Nahm da Skala Unterarm

Da man Kursaal ermahnt
Da Makler rasant human

Da Rahmen manual stark
Da Nasal markant herum

Da Amtmann klar heraus
Da Kants humaner Alarm

Da Armatur lenksam nah
Da mehr Kanal unratsam

Da Alarm humaner stank
Kam da Urans Lehramt an

Da Skala Urahnen rammt
Nahm da Ararat Muskeln

Da Kerl Ananas umrahmt
Malt Kran da Armenhaus

Da Narrenhaus mal kamt
Da Hausrat anklammern

Da kahler Amtmann raus
Da man kahler unratsam

Da Mamas Ahnenkult rar
Hat da Namensraum klar

Da Anlaut Hammers Kran
Da Alarm humaner Knast

Da Alarm Knauser mahnt
Harkt Umarmen da nasal

Da Katarrh ums Anmalen
Las da Humaner markant

Da ruht Kameramann als
Karl Amadeus Hartmann

Da narrt Mamas Halunke
Da Unklarem ratsam nah

Da mal Unrast heran kam
Kam da erst mal Urahn an

## *Aller Ding*

Auch *Aller Ding* (2003) ist in thematische bzw. poetologische Kapitel rubriziert. Sie heißen: »Reim und Schlamm«, »Gedichtete Gedichte«, »Liebesgedichte«, »Fundstücke, erweitert«, »Glossen«, »Nachgetragene Anagramme«, »Formate und Formalerei«, »Konzepte und Rezepte«, »Zwei Zeilen«, »Einzeilen«, »Einworte«. *Eine* poetologische Zielvorgabe war, einen Durchgang von konventionelleren Schreib- und Textverfahren zu Formen zwischen Oralität und alphabetverschriftetem Sprachspiel zu schaffen, einen Brückenschlag zwischen vertraut erscheinenden Methoden und sogenannten ›experimentellen‹ Anordnungen. So wurde der Reim genauso wieder zur Herausforderung wie der lakonische, der hymnische oder der pathetische Tonfall.

Der Gedichtband *Aller Ding* ist ein Gemischtwarenladen, quantitativ und qualitativ, und das ganz bewusst. Hier finden sich fast erzählende Gedichte neben solchen, die nur aus einem einzigen Wort bestehen. Der hohe Ton wird genauso anvisiert wie der lyrische Abfall. Im Rückblick betrachtet ist *Aller Ding* auch ein Abschied – von bestimmten Verfahrensweisen und Fixierungen. Ein Dogmatiker war ich allerdings nie.

Gedichte müssen sich reimen – ist die halbe Wahrheit. Gedichte müssen sich nicht reimen – ist die ganze Wahrheit. Gedichte, die sich reimen, sollten nicht zu kurz kommen. Aus dem Kapitel »Reim und Schlamm« stammt *rätsel, kreuz, prozess. ein springtanz ohne wanz*, das den Band *Aller Ding* eröffnet. *rätsel, kreuz, prozess* ist ein Klon aus verdrehten, verquirlten Fertigteilen, eine Zusammenfassung, ein Synkretismus, eine Vorfreude, eine ernste Ziellosigkeit:

**rätsel, kreuz, prozess**
ein springtanz ohne wanz

was hört was kommt vom draußen ich.
das muss ein wagen träger sein
dem niemand fehlt den kommt allein
von selber aus dem kuckuck zum.

was ich nicht bin das frisst die not
also denke beißt die runde.
denn er reicht die mühle hof
mit schlägern in der stunde.

um heimes willen drückt er zu
sieh da sieh da jambeus auch du
wie lange noch das über alles
schweig lieb heimat kreist der dalles.

noch eh ich was fromm draußen rein
dem niemand frisst die stunde ein
will über smok und schweigen
der richter sich verneigen.

und aller fragen ofen.

Beim Schreiben von Gedichten insbesondere für einen neuen Gedichtband mit Liebesgedichten hat sich bei mir in letzter Zeit das Bedürfnis eingestellt, formale Überlegungen gegenüber inhaltlichen, thematischen, semantischen, morphologischen, metaphorischen zurückzustellen. Dies geschah und geschieht auch aus der Beobachtung heraus, dass die Korrelation zwischen verschiedenen Themenhorizonten und ihrer formalen Disposition, ihrer optischen, rhythmischen, gestaltbildenden Erscheinungsweise nicht immer eines Aushandelns, eines Kampfes bedarf, dass formale Fragen vielmehr intrinsischen inhaltlichen Prozessen ›gehorchen‹ (können), so hat es den Anschein. Vielleicht ist das aber weniger ein Erfahrungswert als schlichtweg eine bestimmte poetologisch-biographische Entwicklung, die das Gebot, neue formale Konzepte anzubieten, zurückdrängt zugunsten dringlicheren inhaltlichen Fragen. Im Kontext von Liebesgedichten zum Beispiel interessiert mich mehr, lebensweltliche Aporien in sprachliche Paradoxien umzusetzen, als dem ›ewigen‹ Thema mitsamt seinem konstanten Hofstaat an Problemen mittels gattungspoetologisch-formaler Raffinesse etwas abzugewinnen. Das hat unter anderem zur Folge, dass die aus dieser Disposition resultierenden sprachlichen Gebilde in ihrem Erscheinungsbild eher schlicht sind, sie sind zum großen Teil monostrophisch, pflegen manchmal einen fast neutralen Zeilenstil, meiden die metaphorische Sensation und sind eher von sprachlicher Akkuratesse. Ganz bestimmt habe ich es hier unterlassen, den Formbegriff und die notorische Frage, was die Differenz zwischen Form und Inhalt ist, explizit zu machen – eine der schwierigsten Angelegenheiten überhaupt.

Das zum Mündlichen, zum Vortrag tendierende Gedicht tendierte schon immer zur Formel, zur Litanei, zum Refrain, zur Wiederholbarkeit, zur ›memorable speech‹, wie Wystan Hugh Auden es nannte,[23] und drängt gleichzeitig zum wilden, unkontrollierten, aufgebrachten Text, der keine Vergangenheit kennen will und keine Zukunft, der immer nur präsent ist und zuweilen Präsenz predigt. Der Momentanismus einer solchen emphatischen Ästhetik des Augenblicks und der Unmit-

23 Vgl. W. H. Auden: Sprache für das Gedächtnis. Einleitung zu: The Poet's Tongue. An Anthology, chosen by W. H. Auden and John Garret. London: G. Bell 1935, S. Vf.

telbarkeit kennt nur sich, und das ganze Leben scheint auf solche Momente der Plötzlichkeit zuzusteuern, immer wieder. Der akute Ausnahmezustand wirkt befreiend, der Tod durchbricht diese Reihe.

### *Ende gut. Sprechakte*

Am Anfang aber waren das Wort und die Stimme gleich ursprünglich. Das Alphabet ist ein Ordnungssystem erster Güte. Die Stimme ist sein Gehilfe, zuweilen ist die Stimme aber auch ein Partisan, dessen Lautung keinen Buchstaben kennt. Die Stimme ist manchmal ein Wilderer, ein Verwilderer. Dem Gekochten des Buchstabierten setzt sie das Rohe, das Ungestalte des Tönens und Lautens entgegen. Das nichtkodifizierte Signal, ein vokales Freiheitszeichen. Das Nichtzivilisierte, das aus der Zivilisation Verbannte, bricht über die Stimme wieder in die Zivilisation herein. So weit das utopische Moment, das aus der romantizistischen Verklärung von Stimme und Körper in lautpoetischen Ästhetiken resultiert, wenn diese – unvermeidlicherweise, so scheint es – auch esoterische oder mystische Topoi aufrufen. Nun macht die Stimme das nicht von selbst, sie gehört jemandem, dem sie jedoch nicht ganz gehört. Wie die Handschrift ist auch die Stimme kulturell überformt, das Besondere, unverwechselbar Individuelle an ihr ist jenseits dieser Überformung. Stimme und Handschrift sind biographische Emanationen, sie sind plötzlich so da und verändern sich nur noch geringfügig. Sie stehen dann gewissermaßen still und drängen doch vorwärts. Wie bei Kafka der fliegende Pfeil, von dem er in einem Tagebucheintrag vom 17. Dezember 1910 sagt: »der fliegende Pfeil ruht«.[24] Dieses Ruhen stellen wir fest in unserer Stimme und unserer Hand-

24 Kafka, Tagebücher, S. 123.

schrift. Beide sind jetzt ausgeformt. Und schon steht der Tod vor der Tür. Also wollen wir die Handschrift und die Stimme wieder in Bewegung bringen. Sie müssen fliegen und treffen wie ein Pfeil. Merkwürdig, dass Stimme und Alphabet nur über ein begrenztes Repertoire verfügen, doch ist die kombinatorische Energie des Alphabets, die uns zum Beispiel Literatur beschert, weitaus variantenreicher als das Ausdrucksspektrum der Stimme. Braucht also das Alphabet die Stimme nicht, wohingegen die Stimme ohne das Alphabet nur sehr begrenzt aktiv werden kann? Ist das Alphabet omnipotent, und alle alternativen oder komplementären Medien und Systeme sind ihr untertan? Immerhin, Stimme und Handschrift sind Bewegungen, die nie identisch wiederholt werden können. Das unterscheidet unter anderem den Menschen von der Maschine, die auf Grade von Wiederholbarkeit hin angelegt ist, deren Nichtidentisches wir wiederum ohne Maschinen nicht ermessen können.

Die Stimme ist Seismograph, Registratur und Archiv. Sie möchte am Leben teilhaben und ihr eigenes Leben haben. Landschaft, Klima und das Ohr des anderen schreiben sich ein in die Stimme. Man hört sich dann manchmal mit anderen Ohren sprechen. Sprich, damit ich erkenne, wo du herkommst. Was auch immer wir mit unserer Stimme anstellen, es blüht unsere Heimat darin auf. Eine Landschaft, die so die Stimme dominieren kann, dass sie die eigentlich Sprechende ist. Jemand spricht, und es tun sich Hügel und Täler auf, die Sonne scheint, es herrscht sternenklare Nacht. Wir sehen den Sprechenden, wenn er spricht, auch wenn es dunkel ist. Die Stimme ist der Körper. Deshalb sind wir manchmal überrascht, denjenigen leibhaftig zu sehen, dessen ›Stimme‹ wir bislang nur kannten. Die Stimme ließ uns ein Bild machen. Nun kommt also die Körperstimme und bringt einen eigenen Körperkörper mit. Und das geht halt manchmal nicht zusammen, so wie es klingt, wie es den klingenden Anschein hat.

Ist in der Stimme schon der ganze Körper präsent, ohne den sie nicht zu denken ist, so wird dieser Körper immer mitgesprochen, er wird verlautbart, auch wenn wir ihn nicht sehen. Ein Tondokument mit der Stimme eines sprechenden Körpers ist die Spur dieses Körpers, es ist, wenn es diesen Körper nicht mehr gibt, die Aura dieses Körpers. Die Stimme ist, um eine Wendung von Robert Walser aufzunehmen, »veränderlich und unabänderbar«. Und diese Formulierung ist trotz ihrer behaupteten Gleichzeitigkeit gar nicht paradox. Die Stimme tanzt als je veränderliche Figur vor ihrem eigenen unabänderbaren Grund. Und dieser Grund ist die Selbstvernehmung, die Wiederholung, die variiert wird, dieses »Ich spreche, also bin ICH es« oder »Das Bewusstsein, ›Es ist *meine* Stimme‹, muss alles Tun meiner Stimme begleiten können«.

Dann: Die Stimme als Physis der Poesie. Die lautpoetische, die performative Stimme. In dieser Stimme kann die ganze Schrift schon enthalten sein, aber auch eine »Schrift von keinerlei Sprache« (Henri Michaux) kann diese Stimme sprechen. Diese Stimme als Gleichursprünglichkeit von Phoné und Gramma, Laut und Zeichen. Gegenüber der ›traditionellen‹ Literatur radikalisiert Lautpoesie die Ausdrucksmöglichkeiten der menschlichen Stimme, indem sie oftmals gerade diejenigen Artikulationsformen und Ausdrucksgesten dominant hörbar werden lässt, die als der informative Gehalt von Sprache bzw. Sprechen eher störend empfunden werden. Was aber bleibt, stiftet die Stimme, könnte das nietzscheanische Motto der Lautpoesie heißen.

Die Stimme kann auch Zeugin existentieller Grenzerfahrungen sein und direkt eine Physiognomie entstehen lassen. Die Stimme kann Körper ›sein‹, der für sich selber spricht und in diesem Sprechen uns anrührt.

Wie bei keiner anderen Form von Poesie sind in der Lautpoesie die Stimme und der Körper von zentraler Bedeutung. Lautpoesie begreift Stimme nicht mehr bloß als Trägermedium von Äußerungen, Aussagen, Metaphern oder Assoziationen. Stimme und Laut, Was und Wie sind hier nicht mehr auseinanderzudividieren, sind eingeschmolzen in der Stimme. Insbesondere nach 1945 setzten Lautdichter alle an artikulatorischen Prozessen beteiligten Sprechorgane und -werkzeuge und den Atemapparat ein. Sie machen so das gesamte menschliche Klang- und Geräuschpotential erfahrbar und lenken die Aufmerksamkeit des Zuhörers auf die grundlegenden auditiven Parameter Lautstärke, Tonhöhe und Klangfarbe sowie Tempo, Rhythmus, Entfernungseindruck, Raumklang oder Position im Stereoraum.

Emanzipierte sich die Lautpoesie vom konventionellen, und das hieß vom alphabetisch verschrifteten Gedicht, so verdrängte sie auch das aussagen- und begriffsorientierte intentionale Reden, das sich in der Schrift manifestiert, hin zu einem Reden ›überhaupt‹: Überhaupt etwas sagen/reden kann bereits die Initiierung von Lautpoesie sein.

Zwischen Ohr und Artikulationsapparat gibt es eine Rückkopplungsschleife. Diese dient dem Gleichgewicht und der gegenseitigen Kontrolle. Ohr und Artikulationsapparat werden durch sie untrennbar miteinander vereint. Der bewusste Rekurs des Poeten auf diese Rückkopplungsschleife und die von ihr ausgelöste Selbstwahrnehmung kann die energetischsten und bedrängendsten Prozesse in Gang setzen.

Stimme und Schrift sind das Gefängnis der Poesie. Das Gefängnis der Poesie ist existentiell. Und das befreit. Es zeigt, dass und wie wir aus unserem Munde hervorgehen.

Das Mundwerk *Ende gut. Sprechakte* (mit CD), 2001 als dritter Band in der edition selene erschienen, entstand aus der gefühlten Notwendigkeit, zurück zu einer Form der poetischen Mündlichkeit zu finden, kurze Monologe und Dialoge sowie Sprechstücke für mehrere Sprecher zu schreiben. Eine Quintessenz des Zuhörens. Zustande gekommen aus dem Wunsch, Dialoge zu schreiben und – dem Band ist eine CD beigegeben – die eigene Stimme tanzen zu lassen. Die Texte sind zwischen 1988 und 1994 entstanden, parallel zu den Texten des Prosabandes *Oder.* Die Energien, solche Texte wie in *Ende gut* zu schreiben, sind seit einigen Jahren in die Musik ›abgewandert‹, in die Zusammenarbeit mit dem Münchner Komponisten Josef Anton Riedl und dem in München lebenden Musiker und Komponisten Axel Kühn und der Band *Sprechakte x-treme* bzw. *fünfleute.* Soloperformance-Versionen aus *Ende gut* wurden zu in musikalische Abläufe integrierte Text-Sound-Kompositionen, die Stimme selbst erfuhr eine mit dem Beat gehende Rhythmisierung. Der Viervierteltakt zum Beispiel ist nicht nur Massenindustrie, er ist auch Befreiung durch Wiederholung, er nimmt die Entscheidung ab der Frage ›Und was nun?‹, er ist bereits Litanei, sein militanter Bruder heißt ›Trance‹. Man kann sich dem Vierviertel überlassen und entspannt beobachten, was kommt:

Formel I der Stimme. Wie schnell kann gesprochen werden bei gleichzeitiger Aufrechterhaltung der Verständlichkeit des Artikulierten? Kann man sich im vokalen Geschwindigkeitsrausch abhandenkommen? Kann man die Präzision der Aussprache verbessern, auch wenn man gerade dabei ist, außer sich zu geraten?

Sind wir, wie wir sprechen? Sprechen wir, wie wir sind? Aus dem Stimmeninferno des Dürener Wochenendmarktes deutlich vernehmbar war die Stimme eines Kartoffelbauern, der sofort die Frage auslöste: Was ist in der Stimme, dass sie sich so vernehmbar macht und gleichzeitig bei allem Getön und Gerufe so selbstbewusst, so bei sich bleibt? Dieser Marktschreier war mein erstes Vorbild.

Das Raue, Spontane, Nichtkünstlerische, Unretuschierte, Lebensnahe, Verzweifelte, das Gemurmel, Nichtverständliche, Flüchtige, das Exaltierte, Peinliche, Nichtschauspielerische an stimmlichen Entäußerungen interessiert mich, lässt mich aufhorchen und das Gehörte im Gedächtnis speichern.

Stimme und Schrift betreten den Ring und können sich auf keine Regeln einigen. Die Stimme verbietet der Schrift, die Stimme zu erheben, die Schrift will keinen Stillstand der Stimme dulden. Es folgt der Kampf. Ein Unentschieden. Die Stimme habe nicht das realisiert, was geschrieben stehe, beanstandet die Schrift. Die Stimme moniert, sie könne machen, was sie wolle, die Schrift sei unvergänglich starr.

vielleicht ist es so, vielleicht ist es aber so auch nicht.

so es auch nicht ist, vielleicht, ist es aber vielleicht so:
so es aber vielleicht so ist, ist es auch nicht »vielleicht«.

so es aber vielleicht nicht ist, ist es vielleicht auch so.
auch so ist es, nicht viel, aber es ist vielleicht leicht. so!
so viel, so leicht; ist es, ist es vielleicht aber auch
nicht.
es ist so viel licht. vielleicht ist es aber auch nicht so.

leicht ist es viel so, aber auch viel ist es nicht so
leicht.[25]

25 Michael Lentz: vielleicht ist es so, in: ders.: Ende gut. Sprechakte. Wien: edition selene 2001.

## Prosa

Der auf *Neue Anagramme* folgende Band *Oder. Prosa*, veröffentlicht 1998 ebenfalls in der edition selene, 2003 als Taschenbuch bei S. Fischer erschienen, versammelt, ungelenke Vorstöße, die niemand brauchte. Merkwürdige Sexualkunden; manieristisch aufgeladene Fanfaren des Nebulösen, Verworrenen, Ziellosen; Sublimationskadaver, aber eben auch lustvolles Abschweifen in Permanenz, das sich nicht ums Erzählbare, um die Durchführung einer abgeschlossenen Geschichte bekümmerte, das sich eigentlich überhaupt nicht um irgendetwas bekümmerte als um das Schreiben selbst, das noch keine Angst hatte vor der Literaturgeschichte, weil man doch selber die Literaturgeschichte schrieb, weil man doch der Einzige war, der schrieb. Der Band *Oder* ist nach dem einzig möglichen Gesichtspunkt für derlei Texte angeordnet: Mit dem kürzesten Text beginnt das Buch, mit dem längsten hört es auf. Immerhin aber hört es auf – und mit dem Aufhören war das Unbekümmertsein verschwunden. In der Tat ist das ein Vorwurf, den ich mir mache, kalkulierter und kalkulierbarer geworden zu sein, die Anfänge aber verliert man schon am Anfang, und es wäre vielleicht eine Sentimentalität zweiten Grades, den eigenen Anfängen nachzutrauern. Der zweite Grad wird leicht zum ersten, setzt die Trauer über sich selbst zu früh ein, zum Beispiel in der Pubertät. Dann kann man es nicht erwarten, auf dem Sofa der Mutter, des Vaters zu sitzen, lebenslänglich, und zwar neben dem Vater, der Mutter, und wenn sie dann keiner abholt, sitzen die Toten immer noch da.

*Oder*, das ist die hochfahrende Prosapathologie eines nichtsnutzigen westdeutschen Schnösels, der nichts zu sagen hatte, der dieses Nichts-zu-sagen-Haben endlich einmal schwarz auf weiß vor Augen haben wollte. Jetzt hat er es, jetzt kann er es mal gut sein lassen. Merkwürdige Gebilde sind das, der Stolz auf sie wich mit der Zeit einer nicht minder merkwürdigen

Beschämung. Nicht zu wissen, nicht zu durchschauen, was man da schreibt, hat einen gewissen Reiz, auf diese Weise schreibend kann man sich leicht in die Autosuggestion hineinmanövrieren, einem Geheimnis auf der Spur zu sein, der Utopie einer écriture automatique eins draufzusetzen, nur was? Tabulos schreiben, sich nicht um ästhetischen Mehrwert kümmern, gegen seine Herkunft anschreiben, bis man entdeckt, dass dieses Wort komplexer ist, als man ahnte, Grenzen verschieben, aber leider immer nur Grenzen, Unmittelbarkeit erreichen; mit dem Schreiben über das Schreiben hinausgelangen, es als Medium verlassen, der sinnlichen Unmittelbarkeit des Beschriebenen sich überlassen, diesem Unterfangen steht die Materialität des Buchstabens, der Zwang des Bezeichnens entgegen: Schreiben heißt demnach, Umwege zu gehen, zielt man nicht, vereinfacht gesagt, den medialen Apparat als solchen als Botschaft an. Schreiben ist immer im Weg, Schreiben ist das Hindernis, gegen das angeschrieben wird. Wohl dem, der einfach nur eine Geschichte erzählen möchte. Der im Schiller'schen Sinne ›naiv‹ ist, bei dem unter dem Primat der sinnlichen Wirklichkeit die begrifflose Anschauung die Reflexion zurückdrängt. Einen solchen Schriftsteller gibt es nicht, Schiller hat ihn ja auch nur idealtypisch konstruiert, um den sentimentalischen Dichter als den modernen konturieren zu können – und zu zeigen, dass im Neuen auch stets das Alte sein kann und beides, das Alte und das Neue, in ihrer Heterogenität unvergleichlich sind.

## *Muttersterben*

Mit *Muttersterben* (2002) waren Auswege gefunden aus dem Entscheidungsdilemma avanciert schreiben *oder* erzählen, Sprache *oder* Geschichte, zumindest passagenweise. Das Buch ist, ausgelöst durch die Thematik, seltsam heterogen, und doch summiert sich alles unter dem Horizont der Generalthemen Abhandenkommen, Verschwinden, Sterben. Die existentielle Grenzerfahrung des Todes bildet den Nukleus der fünfundzwanzig Prosatexte; unwillkürlich sorgte sie für eine Umstrukturierung meiner literarischen Dispositionen, die existentielle Erschütterung beendete schlagartig, gleichwohl innerlich vorbereitet, ein formales Mäandern literarischer Techniken, das zwar mit Wollust betrieben, aber bis dahin seltsam ziellos, in der Wollust des Schreibens gewissermaßen luxuriös war. Das fessellose Driften durch die Systeme, der irgendwo beginnende, nirgendwo landende Freiflug des Schreibens war mit einem Mal storniert, dem über die Erde kreisenden, gleichwohl erhabenen Heißluftballon mit der Werbeaufschrift »Heimatlos, aber Avantgarde« der Brenner, die Luft, die Hitze ausgegangen. Der Tod stellte meinen Literaturbegriff in Frage, ließ alles bislang Geschriebene als Tändelei erscheinen. Der Tod kündete von der Notwendigkeit, fortan nur klar und nüchtern, präzise und unumwunden zu schreiben. Ich habe diese Vorgabe nie eingelöst, bislang zumindest nicht, und das lässt mich weitermachen, nicht unbeirrt, aber auch nicht völlig desillusioniert. Mit einem Satz: Ich habe mein Buch bislang noch nicht geschrieben. Das ist ärgerlich, andererseits lässt es einen nicht todtraurig zurück, fungiert der Tod – nicht der Tod des Autors, auch nicht der Tod der Literatur – doch fortan als Regulativ, als Disziplinierung, als Spielleiter, und mit ihm läuft die Hoffnung parallel, dass er nicht zu früh kommt und das Spiel beendet. Ich stelle es mir so vor, dass sich eines Tages das Leben ausgeschrieben hat, und man macht den Mund auf und sagt, jetzt ist es ausgeschrieben, jetzt kann das Leben beginnen. Über den Tod zu schreiben ist eine der größten Anmaßungen, die in der Literatur vorstellbar sind. Der Tod ist das tägliche Brot der Theologie; weil sie den Tod überwunden weiß, hat sie leichter reden. In »leichter« steckt die Leiche. Es gehört zu den selbsterkorenen Aufgaben der Theologie, über Leichen zu gehen. Ich möchte mit *Muttersterben* nichts mehr zu tun haben, es kommt mir alles alt und abgestanden vor, jugendlich eben, ein nicht zu wiederholender Modellfall. Ich nehme das Buch zur Hand und denke, »ach ja, früher«. Und wieder stellt sich der Eindruck ein, mit dem Schreiben dieses Buches etwas Beschämendes getan zu haben, etwas Selbstverliebtes, Neurotisches. Vielleicht zeigt das Buch in manchen Teilen auch nur zu deutlich die Wunden und die Gleichzeitigkeit des Ungleichen, die seine einzelnen Texte ausmacht: die fremdbestimmte, nichtautonome Phasenverschiebung von einer absolut gesetzten ästhetischen Bestimmung von Literatur hin zu einer existentiellen, einer mehr oder weniger realistischen Bestimmung, das Buch *Muttersterben* durchmisst diese beiden Bestimmungsräume, zwischen diesen beiden Räumen oder Polen oszilliert es hin und her. Die Phasenverschiebung wurde durch den Tod als deregulierendes Moment ausgelöst, das in den Begriff des Schreibens eingegriffen und das doch so schön besinnungslose Räderwerk vorerst zum Stillstand gebracht hat. Stofftrieb und Formtrieb beanspruchten unnachgiebig das Primat der Bewältigung. Im vierzehnten Brief der theoretischen Schrift *Über die ästhetische Erziehung des Menschen in einer Reihe von Briefen* schreibt Friedrich Schiller:

> »Der sinnliche Trieb will, daß Veränderung sei, daß die Zeit einen Inhalt habe; der Formtrieb will, daß die Zeit aufgehoben, daß keine Veränderung sei. Derjenige Trieb also, in welchem beide verbunden wirken […], der Spieltrieb […] würde dahin gerichtet sein, die Zeit in der Zeit aufzuheben, Werden mit absolutem Sein, Veränderung mit Identität zu vereinbaren.«[26]

26 Friedrich Schiller: Über die ästhetische Erziehung des Menschen. Vierzehnter Brief, in: ders.: Gedichte und Prosa. Zürich: Manesse 1998, S. 458.

Am Spieltrieb, dessen Gegenstand die Schönheit ist, arbeite ich noch. Mit dem Tod der Mutter war Stoff in Fülle. Der Tod und die Literatur. Das Verschwinden und das Aufschwellen. Eine paradoxe Gegenbewegung. Die alles auf den Nullpunkt bringt.

Im siebzehnten Brief stellt Schiller in Aussicht, dass durch »Schönheit« »in dem ›angespannten Menschen‹ die ›Harmonie‹ wiederhergestellt« werde und in dem »abgespannten« die »Energie«.[27] Die Dominanz des Formtriebes führt zum begrifflichen Zwangszustand, die Dominanz des Stofftriebes zum Zwangszustand der Empfindungen. Der ästhetische Zustand, in dem diese beiden Dominanzen mittels Gegengift ausgeglichen sind, befreit den Menschen aus der Zwanghaftigkeit und führt ihn zur Einheit mit seiner Natur zurück.[28]

Das Ideal für Schiller ist die rein ästhetische Wirkung des Kunstwerks – die in der Wirklichkeit aber nicht als rein anzutreffen sei. Die Qualität eines Kunstwerks bestehe demzufolge »bloß in seiner größern Annäherung zu jenem Ideale ästhetischer Reinheit«.

Der »unausbleibliche Effekt des Schönen« sei »Freiheit von Leidenschaften«, so Schiller. Deshalb sei eine »schöne leidenschaftliche Kunst« ein Widerspruch.[29]

Ich will eine schöne Literatur – und dann kommt immer die Wirklichkeit und sagt, hier hast du ein Thema, schreibe darüber. Und dann schreibe ich darüber und bin unzufrieden. Dann kommt das nächste Thema. Das Kloster, dachte ich vor Jahren, wäre der rechte Platz, schöne Literatur zu schreiben. Wahrscheinlich würde man dort nur eine Literatur der Entbehrung schreiben. Ich denke, den Ort gefunden zu haben.

27 Ebd., Siebzehnter Brief, S. 472.
28 Vgl. ebd., S. 473–476.
29 Ebd., Zweiundzwanzigster Brief, S. 493, 496.

Jetzt fehlt nur noch die schöne Literatur. Bis dahin lese ich H. C. Artmann und Rainer Maria Rilke. Ich lese Friederike Mayröcker und Helga M. Novak.

Peter Weiss und Peter Handke haben eine schöne Literatur geschrieben. Zumindest waren sie nahe dran. Eines Tages schreibe ich eine schöne Literatur. Ich weiß, dass ich sie noch nicht habe, es ist alles noch unausgeglichen, noch nicht naiv genug.

Bis dahin ist und bleibt Schiller aktuell.

## *Liebeserklärung*

*Liebeserklärung* war ein Rausch. Dieses 2005 erschienene Buch, das ein Roman sein soll, ist peinlich. Warum? Weil es voranprescht, sprachlich wie inhaltlich, soweit man eine klare Trennung überhaupt veranschlagen kann, weil es neurotische Gemütsverfassungen offenlegt, ein Prozess ist, der einmal rasend um sich selber schwirrt, bevor er in der Undeutlichkeit verschwindet, weil es ein pulsierender Jähzorn ist, der einiges mitreißt und sich selbst, das Schreiben, in Gang hielt. Ist ein eigenes Erleben überhaupt möglich, wenn es schon so vorgeformt ist, wenn allenthalben alles bereits ausformuliert vorzufinden ist, im Leben wie in der Literatur, wenn schon alles gesagt ist, nur noch nicht von allen, wie es bei Karl Valentin heißt. Ich kann dieses Buch nicht mehr ausstehen, und das ist gut so. Das Buch ist durch. Dann doch vielleicht lieber direkt Luhmann lesen: seinen 1969 verfassten, 2008 erschienenen Essay *Liebe*, der im Untertitel schlicht *Eine Übung* genannt wird, und sein Buch *Liebe als Passion. Zur Codierung von Intimität* von 1982.

Andererseits war das manisch Prozessuale, das flutartige Vorantreiben und -schreiben von *Liebeserklärung* eine Vorfreude sondergleichen, wenn auch nur eine Vorfreude auf das vom

Alltag unterbrochene Weiterschreiben, ein Reservat, eine ultimative Ausnutzung von Ressourcen, eine Bergbesteigung ohne Seil und Eispickel, eine leidende Selbstergötzung, ein Anfall, eine Autosuggestion, ein Irrtum, ein Schwachsinn, eine Mutwilligkeit, ein Fortschreiben der Literatur mit Hilfe von anderer Literatur, wie ja Literatur sich am besten durch das Recyceln, das Verwerten anderer Literatur zu helfen weiß, wenn sie sich nicht mehr zu helfen weiß oder sich in den Zustand hineinsuggeriert hat, sich nicht mehr zu helfen zu wissen. Das Schreiben von *Liebeserklärung* hatte etwas Vitalistisches. Und immer habe ich dabei gedacht, so ist das Leben doch gar nicht, das ist doch viel komplexer, und die Literatur ist viel zu linear, als dass sie diese Komplexität aufzeichnen könnte. Wofür braucht man also noch Wirklichkeit, wenn's auch linearer gehen kann?

## *Pazifik Exil*

Ende August 2007 erschien *Pazifik Exil.* Auch das ist kein gutes Buch, dafür aber länger. Deshalb in aller Kürze nur Folgendes: In seinem 1938 im amerikanischen Exil entstandenen Aufsatz *Über den Fetischcharakter der Musik und die Regression des Hörens* manifestiert sich für Adorno die Regression des Hörens in der Fetischisierung von einzelnen Motiven oder Tonfolgen, die aus dem Gesamtzusammenhang des Musikstückes herausgenommen und – aufgrund ihrer leichten Eingängigkeit – für das Ganze genommen werden. Das Stück wird atomisiert, das Atom zum Fetisch des Spießers, der bei bloßer Titelnennung des Stückes aufhorcht und sofort ein Motiv oder eine Tonfolge vor sich hin pfeift, mit welcher Leistung er sich dann als Kenner der Musik genug ausgewiesen zu haben glaubt.

Vor sich hin pfeifen ist das Schlimmste. Ein etwa fünfundfünfzigjähriger Mann kommt mit dem Zug im Berliner Hauptbahnhof an. Er hat gute Laune. Dieser guten Laune will er Ausdruck verleihen. Er schaut auf die Uhr, seine S-Bahn kommt in sieben Minuten. Da ist genügend Zeit, den Koffer zu schwenken, die Krawatte zurechtzurücken, den Sauberkeitsgrad der Schuhe zu überprüfen und – aber bitte nicht, aber klar doch – zu pfeifen. Der etwa fünfundfünfzigjährige Mann trällert ohne Rücksicht auf – auf was denn eigentlich? Sollte man ihm sagen, er ist zu laut? Ist er etwa lauter als seine Umgebung, die die unsrige ist? Ist es sein strahlendes Selbstbewusstsein, das er da zur Schau stellt – und das ich gerne als durch nichts gedeckt entlarven würde? Er trägt einen jener Anzüge, die dem langweiligen Menschen das Recht verleihen, aufrecht zu gehen, Durchschnittskleidung als Haute Couture zu präsentieren, die ganze Welt als Laufsteg zu nehmen. Auf diesem Laufsteg geht er mit sich selbst Gassi. Seine größten Vorzüge: Feistheit und Angepasstheit, die Flötotto als Selbstverwirklichung begreift. Im dichtbesetzten Aufzug, der den Reisenden geschwind von der untersten Ebene des Berliner Hauptbahnhofs bis fast unters Dach katapultiert, setzt der etwa fünfundfünfzigjährige Mann sein Pfeifen nicht etwa fort, er hat es ja gar nicht unterbrochen. Der Kontrapunkt einer knackigen Rechten würde sein Pfeifen dahin zurückbringen, wo es hingehört: an einen schalldichten dunklen unbekannten Ort.

Über die unselige Verbindung von Pfeifen und Fetisch schreibt Adorno: »Der Mann, der in der Untergrundbahn das Thema des Finales der Ersten von Brahms laut triumphierend pfeift, hat es bereits nur mehr mit deren Trümmern zu tun.«[30]

Die Spur des etwa fünfundfünfzigjährigen Mannes verlor

30 Theodor W. Adorno: Über den Fetischcharakter der Musik und die Regression des Hörens, in: ders.: Gesammelte Schriften. Bd. 14, Dissonanzen. Einleitung in die Musiksoziologie. Frankfurt/M.: Suhrkamp 2003, S. 27.

sich. Das ist *Pazifik Exil*, dachte ich. Eine Fetischsammlung, deren Spur sich verliert. Eine Trümmerlandschaft, die sich aus einem Trümmerbewusstsein zusammensetzt. Da liegen dissoziierte Teile drin rum, man liest sie auf und hat ein Konglomerat von Einfällen, in das sich der Stoff unter der schreibenden Hand verwandelt hat. *Pazifik Exil*: Halb zog das Buch die Realität, halb sank es fiktional.

Ich kann einige kürzere Passagen in *Pazifik Exil* gut leiden. Ich könnte sie, wäre das möglich, schön vor mich hin pfeifen.

## Nie wieder Dada! Im Gefängnis der Lautpoesie

Fortschritt in der Kunst? Wohin? Und Rückschritt? Regression? Repression gleich bessere Kunst? Stagnation gleich Indifferenz? Weltkrieg gleich Aufschwung der Avantgarden? Wirtschaftswunder gleich *nur* Kunst? Neuer Wein in alte Schläuche? Das Problem mit neuem Wein ist ja oft eine gewisse Unreife, eine Unausgegorenheit. Sieht aus wie Wein, schmeckt aber nach Wasser mit Schuss. Ein Schuss, der nach hinten losgeht. Wie viele Dadaisten nach Dada werden noch herangeschwemmt? Brave Kunstbürger ohne Fleisch und Tadel. Das Spießbürgertum der historischen Dadaisten war – auch – Pose. Die Infantilisierung Programm. Rätselraten und historische Meinungshoheit zu Lebzeiten: »was dada IST weiß nur der OBERDADA aber der sagt es NIEMAND«, sagte Oberdada Johannes Baader. Recht so. Nur die Postpostdadanachfahrenoberspießer müssen alles ausposaunen. Als wäre ihnen Dada im Traum erschienen. Heiliger Dada. Mit seiner Lautpoesie stellte Raoul Hausmann den Spießer vom Platz. Wimmelnde Nachahmung und Seligsprechung durch Kulturspießer hat denn auch der leichter verdauliche Schwitters erfahren.

Postschwitterianismus heißt Infantilisierung der Artikulationswerkzeuge ohne einen Funken Geist. Um in Abwandlung von Worten Daniil Charms' zu sprechen: Wenn ich einen Menschen Schwitters machen höre, habe ich Lust, ihm eins in die Fresse zu hauen. Die Ausnahmen heißen Jaap Blonk, Gerhard Rühm und Kurt Schwitters. Dass Letzterer behauptete: »Nur Kurt Schwitters kann über Kurt Schwitters schreiben« … geschenkt. Schließlich hat er ja nicht behauptet: »Nur Kurt Schwitters kann Kurt Schwitters sprechen.«

Eine bekannte deutsche Komponistengröße killt auch gelegentlich Schwitters. Es genügt nicht, dass dieser Tertiärschwitters das Klavier in die Untiefen der beweinten Romantik versenkt, er muss auch noch den Kurt hinuntermayern. »Es ist schon nicht mehr feierlich« (D. Charms). Die Schwittersadepten sollten zu einem Jahr Hausmann verurteilt werden. Da geht das ganze lautpoetische Hinunterbeten dann nicht mehr so geschmiert, so gefällig, so großformatig und mit Spießergrinsen. Ja, den Schwitters kann man ja machen, der ist ja sanktioniert, der geht durch, ein Schwitters, der ist lustig.

Die Hausmannlinie ist in Frankreich von François Dufrêne, in Deutschland von Carlfriedrich Claus weiterverfolgt worden. Beide sind zu Ergebnissen weit jenseits von Hausmann gelangt, die dieser gleichwohl mit seiner Lautpoesie schon angelegt hatte: die Schrift in der Stimme jenseits von Stift und Papier. Große Freiheit? Dass wir in unserem Mundraum gefangen sind und mit unseren Artikulationsorganen kein Hochhaus bauen können und auch nicht umstandslos ins Paradies gelangen, dürfte mittlerweile unbestreitbar sein. Es kommt dann darauf an, das eigene Gefängnis zu zeigen, hörbar zu machen. Alles andere ist kopierte Stangenware. Legitim bis zum Schrebergarten – dem ersehnten Paradies im Kleinen, überschaubar, begrenzt.

Das Gefängnis der Lautpoesie ist existentiell. Es zeigt, dass und wie wir aus unserem Munde hervorgehen. In diesem Zeigen gibt es für Raoul Hausmann, François Dufrêne und Carlfriedrich Claus keinen Ersatz. Sie zeigen die Grenzen auf, gegen die sie mit ihren Stimmbändern anrennen. Ihre Ästhetik ist existentiell, ihr Existentialismus ästhetisch. Wir gehen aus unserem Munde hervor und kehren in diesen zurück. Mit den Genannten erschöpft sich aber nicht der Begriff Lautpoesie. Und mit Dada schon gar nicht. Das ist das andere Gefängnis der Lautpoesie, dass ihre Protagonisten und unterschiedlichen Strömungen so wenig bekannt sind; so wird also immer nur das Gefängnis von Schwitters, Hausmann und Jandl gezeigt. Wobei Hausmann von diesem Trio noch der Unbekannte ist.

Warum aber hält sich die hartnäckige Vorstellung, Lautpoesie sei was zum Lachen? Weil wir lieber lachen als peinlich berührt zu werden? Weil Lachen das gefühlte Defizit korrigiert, etwas nicht zu verstehen? Tut es das? Fällt der Begriff Lautpoesie, ist sofort klar, wovon die Rede ist: Dada und Ernst Jandl. Beides scheint übersichtlich, hochkomisch, ungefährlich, didaktisch schnell vermittelbar. Was für eine Komik ist Jandl? Eine Komik, deren Ernst bis zum Halse steht. Guck mal, wie der komisch spricht. Ich erkenne was wieder, ich lache. Das ist manchmal auch schon der einzige Trost. Der Weg von Lachen zu lächerlich ist der kürzeste. Sich lächerlich machen ist sicherlich nie das primäre Ziel der Lautpoeten gewesen. Ernst Jandls Komik ist existentiell bis zur Humorlosigkeit.

Muss aber einer, der Lautpoesie macht, ihre Geschichte kennen?

An dieser Stelle ein kleiner Exkurs zur Geschichte der Lautpoesie. Das Lautgedicht ist ein Genre der akustischen Kunst im intermedialen Grenzbereich von Poesie und Musik, das insbesondere nach 1945 alle an artikulatorischen Prozessen beteiligten Sprechorgane und -werkzeuge und den Atemapparat stimmlich-›kompositorisch‹ einsetzt und so das gesamte menschliche Klang- und Geräuschpotential erfahrbar macht. Für die verschiedenartig inszenierte Lautartikulationskunst sind in der Wahrnehmungshierarchie instabile Beziehungen unter anderem von sprachlichen und stimmlichen Merkmalen oder allgemein von Laut und Stimme konstitutiv. Sie bilden sich auf der Grundlage von akustisch realisierten zeichencodierten Texten (alphabetische Buchstabenkombinatorik, phonetische Lautschrift, typographisch-›optophonetische‹ Notation, graphisch-ikonische Partituren mit z. T. privatkodifizierten Schriftzeichen, musikalische Notation), deskriptiven Notationen oder nicht mehr ohne weiteres phonographisch zu (re-)notierenden spontanen Artikulationen.

Lautgedichte gelten als »auditive Irritationsexperimente«,[1] die von der untersten Einheitenebene eines Einzellauts bis zu einem hierarchisch substrukturierten, mit den Inventaren von Syntax, Semantik und Prosodik beschreibbaren Textganzen klangliche Eigenschaften von Sprachlauten und Stimmenmerkmalen abtasten. Lautgedichte mit ihrer ausdrucksorientierten, häufig emotionsbesetzten »artikulatorischen Gestik« (Gerhard Rühm) lassen dabei oft den Höreindruck einer Nachahmung von Gestik und Artikulationsfluss realer Sprachen entstehen.

Grundsätzlich kann man drei verschiedene Formen von Lautgedichten unterscheiden: reine Echtzeit-Stücke, Live-Performances in Kombination mit präfabriziertem Ton- oder Bildmaterial oder akustischen bzw. optischen Reproduktionsgeräten und reine Studiozeit-Stücke.

Zum ersten Mal belegt ist der Begriff Lautgedicht bei Franz Richard Behrens. Eine erste poetologische Ausformulierung erfährt er bei Hugo Ball. Erste elaborierte Lautgedichte stammen von Paul Scheerbart und Christian Morgenstern. Systematisch erprobt wird das Lautgedicht im russischen und italienischen Futurismus und im Dadaismus. Nach 1945 geht die Bezeichnung Lautgedicht in dem umfassenderen Begriff der phonetischen oder Lautpoesie (sound poetry, poésie sonore, poesia sonora) auf. Zugleich differenziert sich dieser Begriff durch das Aufkommen neuer Medien und Sprachverarbeitungstechniken wie zum Beispiel Tonband, Vocoder, Synthesi-

1 Martin Maurach: Das experimentelle Hörspiel. Eine gestalttheoretische Analyse. Wiesbaden: DUV 1995, S. 21.

zer, Computer, Video, Schnitt und Überlagerung verschiedener Signale bzw. Spuren.

Der Ultra-Lettrismus (Jean-Louis Brau, François Dufrêne, Gil Joseph Wolman) erprobt ab 1953 in seinem extensiven Spiel mit nonverbal-paralinguistischen Signalen (z. B. Schnalzen, Räuspern, Husten, Schluchzen, Wimmern, Stöhnen, Lachen, Lallen, Hecheln, Gurgeln, Kreischen), seinen ›unartikulierten‹ Schreien und Atemsequenzen bis hin zum Schnarchen und zu Speichelgeräuschen die physisch-existentiellen Voraussetzungen von Artikulationen. Er vollzieht hiermit einen radikalen Paradigmenwechsel in der Geschichte der Lautpoesie.

Bei Henri Chopin, der seine ›poésie sonore‹ (ab 1957) ebenfalls ohne ausgearbeitete Partitur direkt auf Tonband ›notierte‹, lässt sich beobachten, wie stimmlich-körperliche und elektro-akustische Eigenanteile durch die Montagetechnik der mehrfachen Überlagerung einzelner Tonbandspuren und die Verschaltung von Maschine und Körper bzw. Stimme nicht mehr so ohne weiteres auseinanderzuhören sind.

Bob Cobbing bereicherte das Formenrepertoire der Lautpoesie durch eine kunstvolle Kombinatorik unterschiedlicher Techniken wie Permutation, Anagramm, Palindrom, Alphabetreihung, ABCdarius. Mittels ›experimenteller‹ Funktionalisierung verschiedener Medien (Handschrift, Druckpresse, Kopierer, Tonbandgerät, Computer) brachte er in seinem umfangreichen Werk eine einzigartige Ausdrucksvielfalt hervor. Cobbings stimmliche Realisierungen seiner ›sound poems‹ stehen paradigmatisch ein für die Wiederkehr der Benjamin'schen ›Aura‹ auf den Tonträgern der Lautpoeten.

Von ihrer Motivation her zielen die Lautpoeten gegen das in der Literatur ihrer Meinung nach längst schon verbrauchte und immer nur wiederholte Narrative und Anekdotische sowie gegen ein lyrisch-stimmungshaftes Verständnis von Poesie. Lautpoesie als stimmliche Performance und ›Multimedia‹-Kunstform konstituiert sich aus musikalischen, tänzerischen, performativen und visuellen Elementen und ist Bestandteil der meisten avantgardistischen und experimentellen Strömungen. Eine wesentliche Zielsetzung von Lautpoesie, die auch als Wiederentdeckung oraler und ethnopoetischer Traditionen gilt, ist das Aufdecken und Durchbrechen sozialer und ästhetischer Tabus.

Was die Kenntnis dieser Geschichte der Lautpoesie auf der einen Seite an Unschuld nimmt, gibt sie auf der anderen Seite als Schutz vor unverstellter Wiederholung des schon Gewesenen zurück. Dass noch immer Stimmen auftreten im Brustton der Überzeugung, mit ihrer fuchtelnden Überspanntheit die Lautpoesie erst erfunden zu haben, da sie noch nie etwas Vergleichbares weder aus den heimischen Lautsprecherboxen noch im Kosmos gehört haben, gehört zu den Grundkonstanten der Kunstgeschichte. Tatsächlich finden sich da gelegentlich die wunderlichsten Ausblühungen. Dass man in der wunderschönen sibirischen Stadt Tomsk einer lautpoetischen Fraktion begegnet, die von der Unvergänglichkeit des russischen Futurismus nicht nur überzeugt ist, sondern für diese Überzeugung auch mit Leib und Seele einsteht, rührt zu Tränen. Erst kommt der russische Futurismus, dann kommt lange nichts mehr, dann kommt wieder der russische Futurismus. Und mit diesem Credo ist die Tomsker Fraktion des postrussischen Postfuturismus immer noch Avantgarde – in Tomsk.

## Alphapoeten, Nachbrenner, Duplikate

Hat sich Lautpoesie als ein Genre unter vielen etabliert, das heute zwar ein paar Menschen mehr kennen, das aber von einer schwindenden Zahl von Dichtern und Musikern praktiziert wird? Musealisierung und Leichenstarre? Schaut man sich die Teilnehmer der internationalen Lautpoesiefestivals an, scheint sich dieser Eindruck zu bestätigen. Die Altstars der Szene treffen auf ihre jüngsten Nachahmer. Konnte die mittlere Generation noch neue Impulse setzen, macht sich unter den Jüngeren wieder ein Konservatismus breit, der auf Altbewährtes setzt. Mit den Möglichkeiten, die eine nun transportabel gewordene Live-Elektronik mittlerweile bietet, setzt man teilweise ganz auf den digitalen Selbstlauf, ohne sich weiter um das Medium Stimme zu bekümmern. Ist stimmlich alles gemacht? Ist die Lautpoesie, von der Stimme her gedacht, an ihr Ende gelangt? Sicher ist, dass es an hervorragenden Stimmen mangelt, sieht man einmal von Lautpoeten ab, die mit ihren ›extended vocal technics‹ aus dem experimentellen Gesang kommen. Hier wären etwa Joan La Barbara, Isabeella Beumer, Diamanda Galas, Phil Minton, Fatima Miranda, Meredith Monk oder Sainkho Namtchylak zu nennen. Allerdings scheinen viele Artikulationskünstler des experimentellen Gesangs in stiller Übereinkunft an einer international einheitlichen Stimme zu arbeiten. Vielleicht ist das menschliche Ausdrucksspektrum einfach doch beschränkter, als es noch die Aufbruchsszenarien auch der Avantgarden nach den historischen Avantgarden vermuten ließen. Oder gewisse Hörerfahrungen konditionieren flächenbrandartig so stark, dass ein bestimmter Vorrat an Stimmtechniken quer über die Kontinente in ein beinahe invariantes Klang- und Geräuschvokabular eingemündet ist. Eine stimmliche Ausnahmeerscheinung in der Geschichte der Lautpoesie/-musik war Demetrio Stratos[2]. An averbaler Extrovertiertheit wird es so leicht niemand mit Jaap Blonk aufnehmen können. Eigenständige Ausformungen einer ritual- und tranceartigen

2 Demetrio Stratos: Cantare la voce. Milano o. J., Cramps records 5 206 119, nova musicha n. 19. LP; ders.: metrodora. Milano o. J. Cramps records CRSLP 6205, DIVerso n. 5. LP; Demetrio Stratos (voce), Lucio Fabbri (violino): RECITARCANTANDO, cremona 21 settembre 1978. Milano o. J., Cramps records 5206 501. LP.

Lautpoesie mit parallel laufenden (instrumental-)musikalischen Aktionen hat Hartmut Geerken hervorgebracht.

Gab es in den sechziger und siebziger Jahren international eine Vielzahl von innovativen Lautpoeten und Lautmusikern, die zugleich Pioniere dieses Genres der akustischen Kunst im intermedialen Grenzbereich von Poesie und Musik waren, so scheint die verschiedenartig (auch technisch) inszenierte Lautartikulationskunst für einen oder mehrere Sprecher nunmehr vom Aussterben bedroht – und hat gleichzeitig ihre eigenen Duplikate hinterlassen:

Englische Lautpoeten, die noch vorrangig mit der Stimme arbeiten und weniger mit ihrer Einspeisung in elektronische bzw. computergenerierte Verarbeitungsmedien, scheinen von Bob Cobbing nicht loszukommen. Der typische Cobbing-Sound röhrt aus monostimmigen Kehlen. Das war auch schon zu Lebzeiten Cobbings so. Seit dem Tod des Alphatiers lässt sich dieses halt ungenierter imitieren. In Italien fand Arrigo Lora-Totino zahlreiche Nachahmer. Zusammen mit Giovanni Fontana hat er für die italienische Lautpoesie/-musik die Maßstäbe gesetzt. Auch Claus' und Scherstjanois wurden schon in mehrfacher Ausfertigung vernommen. Von Rühms ganz zu schweigen. Dass man sich auch in Kanada noch nicht ganz von Dada und (italienischem) Futurismus erholt hat, macht Christian Bök überdeutlich, auch wenn man sein *Motorized Razors* und *Ubu Hubbub* als intertextuelle Stimmbandzwinkerei ansehen mag.[3] Eine der Geburtsstätten der Lautpoesie war das Kabarett. Der wohl berühmteste Ort war das ›Cabaret Voltaire‹ der Dadaisten in Zürich. Heutzutage beweisen auf internationaler Ebene viele (Sprecher-)Ensembles, dass Lautpoesie

3 Auf: Homo Sonorus. An international anthology of Sound Poetry. Curated by Dimitry Bulatov. Published by the National Center for Contemporary Art Kaliningrad Branch, Russia 2001, Vol. II, Track 21.

schlechtes Kabarett sein kann: Imitat der Imitation, Liebhaberposse, im Ausdrucksspektrum und den artikulatorischen Mitteln völlig beschränkt und austauschbar. Was dagegen einzuwenden? Warum sollte es in der Lautpoesie anders sein als sonstwo in der Kunst? Selbst grobgespachtelte, jede Tiefenstruktur diaflach haltende Blasskopien namenloser Impressionismusimitatoren, die gerne die zu den Aufzügen führenden Flurwände im Keller mancher Hotels verzieren, vornehmlich in Stuttgart, haben mittlerweile unter Insidern schon Kultstatus. Langer Satz, kurzer Tatbestand.

Manche Lautpoesie ist einfach nur schlecht gesprochen, schlecht geflüstert, schlecht gebrüllt. Stammtischlautpoeten, Schrebergartenkolonien der Lautpoesie, der etwas andere Heimatgesangsverein. Die Artikulationsorgane strahlen austauschbar matt, denn sie wissen nicht, was sie tun. Ihre Betreiber wollen vielleicht endlich mal auf den Putz hauen, säuselnd bezirzen, mal aus der Rolle fallen, Kunst machen, wenn es schon im Leben dazu nicht reicht: ›wie verrückt‹. Das Problem ist aber, es muss schon im Leben langen, wenn man in der Lautpoesie zulangen will. Dieser Lautpoesie scheint als Differenz zu genügen, dass sie keine konventionelle Poesie ist. Ist sie verschriftlicht und dies vielleicht sogar mittels Alphabet, lässt sie ein credoartiges Motto erahnen: Ist doch egal, *was* ich sage, in der Lautpoesie zählt doch allein, *wie* ich es sage. Wer wie was? Es geht fehl an allem.

Freundlich formuliert, hier kollabieren – ähnlich wie dies für die digitale Poesie zu konstatieren ist – unterschiedliche Poesiebegriffe, die nicht mehr über einen identischen Textbegriff zu vermitteln sind. Gab es jemals einen identischen? Es pocht die Kunst auf ihren autonomen Begriff, während der Laie sich wundert – und, wenn's hochkocht, Soziologie und Psychologie in den Zeugenstand ruft.

Emanzipierte sich die Lautpoesie vom konventionellen und das hieß vom alphabetisch kodifizierten Gedicht, so verdrängte sie auch das aussagen- und begriffsorientierte intentionale Reden, das sich in der Schrift manifestiert, hin zu einem Reden ›überhaupt‹: überhaupt etwas sagen/reden kann bereits die Initiierung von Lautpoesie sein. Dies mag die internationale Eintönigkeit der Stimme in der Lautpoesie/-musik mitbegründen, deren Austauschbarkeit zu beklagen wiederum ein Relikt autoritärer Definitionshoheit sein könnte. Ist es so? Orpheus' Leier? Wer aber von diesen hat je riskiert, sich umzudrehen? Ihre Autoren, die zumeist auch ihre Interpreten sind, scheinen die zentrale Rolle der Stimme vergessen zu haben. Schließlich haben sie auch keine Eurydike zu beklagen. Und in die Unterwelt ist ihnen schon gar keiner abgewandert. Warum also in die Tiefe greifen?

Aber ist das nicht zeittypisch? Reagiert die Lautpoesie/-musik damit nicht auch auf globale Tendenzen der Verschaltung? Vielleicht steht die auratisch ›unverwechselbare‹ Stimme mit all ihren kompositorisch eingesetzten sozialen und intonatorischen Merkmalen für einen Begriff von Virtuosität, den die Geschichte ad acta gelegt hat. Auslöschung? Was erwarten wir? Erlöserlautpoeten? Oder doch lieber Konzertgefälligkeiten? »Ging glatt (r)unter, dieser … hab den Namen schon vergessen.« Vielleicht erwarten wir doch eher – wieder mal – Umcodierung, Recycling als das Neue.

## Und die Medien?

Wenn schon die Lautpoeten in der eigenen Reihe als Medium aussterben? Haben sich die Lautpoeten nach 1945 extensiv des Tonbandgerätes als Verschriftungsmaschine der Stimme bemächtigt, kaum dass dieses als halbwegs erschwingliches ›Heimgerät‹ auf dem Markt war, so erprobten und erproben sie auch sofort die neuesten digitalen Medien. Das ist ein Grundbedürfnis, etwas größer zu machen, zu zerkleinern, abzupacken, einzuspeisen. Im ästhetischen Sinne die Konvergenz von ›Formtrieb‹ und ›Spieltrieb‹ (Schiller).

Der amerikanische Text-Sound-Composer Larry Wendt war einer der Ersten, der im Bereich der Lautpoesie Mikroprozessoren verwendete. 1983 verarbeitete er in *Voyage in California* eine Stimmenimprovisation von Henri Chopin mit einem selbstgebauten Mikroprozessor, einer Art ›digital sampling synthesizer‹.[4]

Die ästhetische Funktionalisierung neuer Medien trägt mit dazu bei, dass sich der Poesie-Begriff im oben angesprochenen Sinne modifiziert hat. Es gab und gibt hier zwei Grenzpositionen: Die Entität des über die Stimme transportierten Textes/Gedichts wird durch mehr oder weniger zurückhaltende elektro-akustische Verarbeitung bewahrt. Als prominenteres Beispiel sei hier der belgische Autor Paul de Vree angeführt. Zwischen 1962 und 1964 sonorisierte der Musique-concrète-Komponist Jan Bruyndonckx zahlreiche audiovisuelle Gedichte de Vrees;[5] Sonorisationen der von de Vree ohne viel Aufhebens mit ruhiger und raumgreifender Stimme gelesenen Gedichte unternahmen zwischen 1965 und 1970 auch Cor Doesburg[6], Lucien Goethals[7] und der Komponist Louis

4 Siehe hierzu Michael Lentz: Lautpoesie/-musik nach 1945. Eine kritisch-dokumentarische Bestandsaufnahme. Wien: edition selene 2000, S. 593–627.

5 1962–63 *Sept poèmes de Paul de Vree*, 1964 *a rose is everywhere a rose*, *Vertigo Gli*, *Veronika*, *ogenblik* und *Kleine Caroli*, *Het leven is een baccarat*.

6 *Exodus*, *Organon*, *April am Rhein*, *Het leven is een baccarat*, *Veronika*, *Kleine Caroli*, *Kinorama*.

7 *Riviera* (1965/67). Diese sonorisierte Fassung bettet de Vrees Stimme bzw. seine Lesung des Gedichts in einen akustische Tiefen auslotenden Hallraum, der wiederum aus technisch verarbeiteten stimmlichen Partikeln besteht. Dominant im Verlauf des Stückes wird die starke Verlangsamung der Stimme.

de Meester[8]. Ästhetisch von Dadaismus und konkreter Poesie beeinflusst, sind diese wunderbaren Gedichte ein ganz eigenständiger Beitrag zur europäischen Poesiegeschichte.[9]

Demgegenüber die Auflösung des Textes/Gedichts: Was mit den schwedischen Text-Sound-Komponisten[10] anfing, setzt sich bis heute in zum Teil radikalisierter Weise fort. Texte bzw. (rudimentäre) Textanteile treten gegenüber ihrerseits dominant gestaltbildenden elektroakustischen bzw. elektronischen/digitalen Eigenanteilen in den Hintergrund. In vom Gehirn nicht mehr verrechenbaren Zeiteinheiten können stimmliche Partikel computergesteuert geschreddert werden, beliebig gestaucht oder gedehnt. Clicks'n'cuts-Ästhetik, Loops und vielfache Überlagerungen von Klang- und Geräuschflächen sind in diesen Stücken beliebte Gestaltungsmittel. Wird Sprache gesampelt, lässt die Verbindung von Samplingtechnik und Keyboard eine Art Sprachklavier entstehen, das auch live einsetzbar ist. Michael J. Weller wäre hier zu nennen mit seinem Stück *Cobalt Energized*[11]. Mein eigenes Stück *sonst gedächtnis* arbeitet mit demselben Prinzip.[12]

8 *Organon, Riviera, April am Rhein.*

9 Paul de Vree: Pl. acid. amore. Antwerpen: Ontwikkeling 1963; h.eros.hima. Heideland, Poëtisch erfdeel der Nederlanden, nr. 39. Hasselt 1965; zimprovisaties. antwerpen: de tafelronde; lier: de bladen voor de poëzie 1968.

10 Lars-Gunnar Bodin, Bengt Emil Johnson, Sten Hanson, Åke Hodell, Ilmar Laaban.

11 Produziert am 18. Februar 2000. Auf: Homo Sonorus, Vol. 1, Track 17.

12 Uraufgeführt bei den *Klang-Aktionen. Neue Musik München* 2004. Der Lautpoet fungiert hier als Live-Komponist, indem er die Freiheit hat, über ein mit seiner eigenen Stimme aufgenommenes, also determiniertes Sprachmaterial zu verfügen. In *sonst gedächtnis* hat der Sprecher/Lautpoet neben dem Spielen des Keyboards die Aufgabe, artikulatorisch auf die über zwölf Keyboardtasten abgerufenen zwölf unterschiedlichen Sprachsequenzen zu reagieren. Je nach affektivem

Was für stimmlich analoge Stücke zu konstatieren ist, gilt auch für viele digital produzierte Stücke der Lautpoesie: Der Selbstlauf der Medien (auch ein Panoramaeffekt oder ein Echo soll hier als Medium verstanden werden) generiert oft ein international homogenes Sound-Kontinuum; die ausgestellte Methode allein scheint hier das ästhetische Ergebnis tragen zu wollen. Deshalb wirken diese Stücke dann auch oft bestenfalls wie einzelne Parameter exzessiv ausreizende Etüden bzw. Versuchsanordnungen, denen die gestaltende Durchwirkung fehlt. Eine große Ausnahme scheint mir hier der Amerikaner Charles Amirkhanian zu sein. Auch die beiden australischen Künstler Chris Mann und Amanda Stewart sind an hervorragender Stelle zu nennen für die lautpoetische Kollaboration von (virtuoser) Stimmenprägnanz und ökonomisiertem Einsatz von Technik.

Schließlich gibt es Gruppierungen, für die eine Lautpoesie ohne menschliche Stimme nicht nur denkbar, sondern anscheinend sogar begrüßenswert ist. In Internetforen weist man gegenseitig auf Veranstaltungen hin mit elektronischer Musik ohne jeden vokalischen Hallraum: ›Lautpoesie‹. Wo ist der Laut? Wo die Poesie? Ein Missverständnis? ›Poesie‹ als Metapher? Vielleicht die Konsequenz aus einer Entwicklung, die in der Musik und der Literatur mit der Inbetriebnahme des Tonbandes für ästhetische Zwecke angefangen hat, in den elektronischen Studios zum Beispiel der schwedischen Text-Sound-Komponisten in Fylkingen komplexere Strukturen annahm und in den hochelaborierten Kompositionen bzw. Computerstücken zum Beispiel von Klarenz Barlow oder Trevor Wishart

Impuls des Ausführenden türmen sich mehrstimmige Sprachtumulte (Cluster) auf, in die der Sprecher sich chorisch eingliedert, oder es entstehen narrative Zusammenhänge im Dialog zwischen einer einzelnen Keyboard-Stimme und dem Live-Sprecher.

kulminiert. Die Transformation stimmlicher Klänge in instrumentalmusikalische Vorgänge, die Metamorphose von Stimme zu Maschine. Gerade bei Wishart kann man die paradoxale Erfahrung machen, dass Klänge und Geräusche, die vermeintlich menschlichen, das heißt stimmlichen oder überhaupt organischen Ursprungs sind, elektronisch bzw. computergeneriert wurden – und umgekehrt. Diese Entwicklung kündigte sich mit Henri Chopins ›poésie sonore‹ an.

## Was aber bleibt, stiften die Lautdichter?

Welche Tabus könnten noch gebrochen werden? Wenn es überhaupt jemals Aufgabe dieser artikulatorischen Entfesselungskunst war, das Publikum zu schocken, so ist dieses heute so konditioniert, dass selbst auf dem Kopf gehen und dabei drei Sprachen gleichzeitig rückwärts sprechen keine Katze mehr hinterm Ofenrohr hervorlockt. Und selbst das hässliche Sprechen, die artikulatorische Fratze ist heute von großer Schönheit. Es scheint also alles gemacht worden zu sein. Wurde aber nicht schon zu allen Zeiten in allen Kunstsparten darüber geklagt, dass schon alles gemacht worden sei, dass das Bestehende zum ganz alten Eisen gehöre, dass endlich etwas Neues kommen müsste? Tatsächlich scheinen alle Register gezogen, alle Parameter ausgetauscht, alle medialen Austauschproben vollzogen worden zu sein.

Das alles ist vielleicht gar nicht beklagenswert, Renaissancen und Revivals sind oft das Salz in der kulturellen Suppe. Und aus einer Renaissance ist manchmal das unerwartet Neue hervorgegangen – das ganz Alte. Eine Rückbesinnung auf die Gestaltungsmöglichkeiten der (menschlichen) Stimme wäre wünschenswert, um der nichtdigitalen Lautpoesie über die Raffinessen digitaler Verarbeitungsprozesse hinaus ihren Ursprungsort zurückzuerobern. Dabei muss Lautpoesie ja kein ewiger Babytalk sein, auch glossolalische Silbenfechterei allein, garniert mit ein paar riskant wirken sollenden Tonhöhenvariationen oder implantierten Ausflügen auf das Hochseil der Gesangsstimme macht noch keine Lautpoesie. Hier wäre allerdings ein genaueres Studium der akustischen Geschichte der Lautpoesie vonnöten, um nicht immer wieder ihre ewige Leier herunterzunölen.

Immer noch publizieren nur kleine Labels die in den letzten Jahren zahlreicher erscheinenden CD-Anthologien mit Lautpoesie/-musik. Ein wenig aber ist diese Spielform der akustischen Kunst aus ihrem Schattendasein herausgetreten, wenn sie auch nie die große Öffentlichkeit erreichen wird. Das aber wäre doch mal einen Versuch wert. Gewissermaßen unter Ausschluss der Öffentlichkeit zu praktizieren hat die Lautpoesie jedoch noch nie davon abgehalten, weiterzumachen. Wo aber sind die jungen Lautpoeten? Belgien hat einen Jelle Meander (geb. 1977), der kenntnisreich ebenso analytisch wie vermittelnd tätig ist und mit eigenen Stücken die Geschichte der Lautpoesie/-musik nicht nur aufleben, sondern kreativ weiterleben lässt. Eduard Escoffet (geb. 1977) zeigt in Spanien, wie man trotz Traditionen geradeaus lautpoeten kann. Apropos Tradition. Dass jemand Lautpoet ist, erfährt er manchmal erst über eine kritische Instanz wie zum Beispiel Zeitung oder Lexikon – wenn er es denn je erfährt. Vielleicht also wimmelt es auf der Welt nur so von Lautpoesie – und niemand weiß das, weil im Zusammenhang mit diesem oder jenem Stück einfach der Begriff nicht fällt, weil etwas ohne diesen Begriff (Lautposie, sound poetry, poésie sonore, poesia sonora) läuft. Steht das Stück dann außerhalb dieser Tradition? Sind also nur die Lautpoeten, die bewusst an diese Tradition – auch begrifflich – anknüpfen? Begriffskunde versus Phänomenologie? Jörg Piringer (geb. 1974) treibt in Österreich die digitale Lautpoesie in das Gehege des Elektrosongs. Und schon fangen die Begrifflichkeiten wieder an zu mäandern. Frei flottierende Eingemeindung, ganz Lautpoesie eben.

Wenigstens zwei internationale Förderinstanzen für Lautpoesie seien noch genannt: Christian Ide Hintze fungiert mit der *schule für dichtung* in Wien als österreichisches Vermittlungszentrum aller Spielarten von Lautpoesie. Der Komponist und Lautpoet Josef Anton Riedl ist stets auf der Suche nach den international Jüngsten dieses Genres. In den von ihm in München programmatisch veranstalteten bzw. betreuten Reihen *Klang-Aktionen. Neue Musik München* und *musica viva* hat Lautpoesie seit vielen Jahren einen festen Platz.

Was ist los auf Island? Wo sind die Schweizer? Was macht Liechtenstein und was Luxemburg? Wo sind die jungen deutschen Lautpoeten? Was sagt Peru? Und Brasilien? *Vaduz* (1974) heißt ein Stück des großen französischen poète sonore Bernard Heidsieck. »Autour de Vaduz« findet sich, das macht dieses Lautpoem für Tonband und Live-Stimme unmissverständlich deutlich, die ganze Welt:

autour de Vaduz    il y a des Suisses
autour de Vaduz    il y a des Autrichiens

[...]

il y a autour de Vaduz des Tziganes
tout autour de Vaduz des Ukrainiens
tout autour de Vaduz des Monténégriens
tout autour de Vaduz des Roumains
tout autour de Vaduz des Serbes

[...]

des Chitamachas
il y a    des Totonaques

[…]

| | |
|---|---|
| tout autour de | des Minahassans |
| Vaduz | |
| | |
| | des Coréens du Nord |
| tout autor de | des Oubliés |
| Vaduz | |
| il y a | des Apatrides |

[…]

| | |
|---|---|
| il y a … | et bien d'autres |

»ich was not yet / in brasilien / nach brasilien / wulld ich laik du go«, heißt es in *calypso* von Ernst Jandl. In diesem Sinne: Auf nach Vaduz!

# Werkbesichtigungen

# Claustrophonie

## I. Einmünden. Aushorchen: Stimme

Was sagt dir Carlfriedrich Claus?, fragte 1989 Josef Anton Riedl. Ein westdeutsches Gedächtnis blättert sein Namensarchiv durch. Keine Einträge. Der sollte dir aber was sagen. Warum? Weil der ganz anders ist. Als wer? Als alle anderen hier. Wo? Im Westen. Kannst du das genauer beschreiben? Wenn du ihn hörst, weißt du, was ich meine. Carlfriedrich Claus. Drei Vornamen? Ich bin dem Hinweis nicht weiter nachgegangen. Vier Jahre später schenkt mir Valeri Scherstjanoi eine Audiokassette. So was hast du noch nicht gehört: Velimir Chlebnikov, gelesen von Carlfriedrich Claus[1], und *Bewußtseinstätigkeit im Schlaf*[2].

So etwas hatte ich in der Tat noch nicht gehört. Das stellte alles Bisherige gewaltig in den Schatten. Wer machte so etwas mit seiner Stimme? Bis auf Jean-Louis Braus *Instrumentation verbale* (ab ca. 1962) und Gil J. Wolmans *Mégapneumes* (ab ca. 1951) sind solche artikulatorischen Entfesselungen noch nicht vernommen worden. Braus' Schreiinstallationen konnte man noch als Punk vor dem Punk verkaufen, trotz zum Beispiel der Jazzmusik oder des Rock 'n' Roll in *Turn back Nightingale*

1 Gelesen während der Veranstaltung *Segel der Zeit. Salut Chlebnikov*, Staatliches Lindenau-Museum, Altenburg, 1985.

2 Uraufgeführt am 24. 5. 1982 während des von Rudolf Mayer geleiteten *Sa-um-Podium* im Rahmen der Internationalen Buchkunst-Ausstellung Leipzig *(figura 3)*.

(1972). Dass Carlfriedrich Claus hierbei einem selbstexperimentell-philosophischen Konzept folgte und die beiden Franzosen eher nicht, mag dahingestellt sein. Wie hört man denn ein solches – zumal die Lautprozesse von Claus nicht gleichzeitig ihre Selbstbeschreibung liefern? Wie kann man Absicht hören, wie Zufall? Wie können wir überprüfen, ob etwas so intendiert war oder nicht, ob etwas unterläuft und dann vom Autor gelten gelassen wird? Sind das nicht uralte hermeneutische Fragen nach dem Urtext? Claus vermittelte jedenfalls den Eindruck, der Sache ganz nahe gekommen zu sein. Welcher Sache? Das war doch mit Abbildung von Realität wirklich nicht mehr zu verwechseln, oder? Das war doch kein Naturalismus der Atemorgane und Artikulationswerkzeuge. Zu hören war das akustische Protokoll momentaner psychischer Emanationen, ein psychogrammatisches Tagebuch. Eine Art écriture automatique mit der Stimme.

Die Stimme dient Carlfriedrich Claus als Trägerin momentan erfahrbar gemachter »psychoenergetische[r] Ströme«[3] und ihrer unterschiedlichen Grade des Aufgeregtseins, des emotionalen Ausagierens gegenwärtiger – auch willentlich hervorgerufener oder stilisierter – psychophysischer Befindlichkeit. Claus hat es mit den Jahren sicherlich gelernt, sich in einen Zustand der Lautprozesshaftigkeit hineinzumanövrieren, diesen Zustand durch Autosuggestion wieder hervorzuholen. So mag dann sein gesamtes akustisches Werk mit der Zeit zum Selbstzitat geworden sein – aber nicht zur Kopie seiner selbst.

Das auf Tonband aufgenommene artikulatorische Ausagie-

3 Carlfriedrich Claus: Klangtexte Schriftbilder (1959), in: Carlfriedrich Claus. Erwachen am Augenblick. Sprachblätter. Hrsg. von den Städtischen Museen Karl-Marx-Stadt und dem Westfälischen Landesmuseum für Kunst und Kulturgeschichte Münster – Landschaftsverband Westfalen-Lippe 1990, S. 86.

ren psychischer Spannungsverläufe wird als Material kompositorisch geschichtet, gegeneinandergesetzt, formatiert. Es mag der Urwald sein, aber es ist ein abgegrenzter, eingezäunter. Und auch das ist die Freiheit der Kunst, das permanente Sichten und Verwerfen, die Freiheit, mehrere Anläufe zu unternehmen, einen Ausschnitt für das Ganze stehen, etwas als Ganzes ohne weiteren Eingriff gelten zu lassen. Die alte Frage nach Form und Inhalt stellt sich gegenüber dem akustischen Werk von Carlfriedrich Claus in besonderer Weise neu. Das Nachlassen der Aufmerksamkeit des Sich-selbst-Hörens und somit -Kontrollierens während der Aufnahme eines Lautprozesses mag selbst wieder formatierend gewirkt und das Stück abreißen lassen haben: Und plötzlich ist am Ende Schluss. Die sich selbst schreibenden Artikulationsorgane. Das folgt tatsächlich keinem Strukturplan, das treibt aus und erschöpft sich. In diesem Sinne oszillieren Claus' akustische Arbeiten beständig zwischen Determination und Unbestimmtheit. Und schließlich die Freiheit, vor dem Hintergrund einer dezidierten Tradition, natürlich auch in Abgrenzung gegen sie, entstanden zu sein, ohne diese vordergründig auszustellen oder überhaupt erkennbar werden zu lassen. Über Einflüsse auf das Werk von Carlfriedrich Claus ist viel spekuliert worden, und auch er selbst hat sich dazu eindeutig geäußert.[4]

4 Klaus Ramm nennt in diesem Zusammenhang Claus' frühe Auseinandersetzung mit Kabbala, Mystik, Ethnologie und Kriminalistik. Rituelle Ekstatik und »die schamanistischen, totemistischen Vermittlungsexperimente zwischen Mensch und Naturkräften« bilden für Claus die spezifischen Bezugsfelder. Claus selbst führt hierzu Folgendes aus: »[...] die ›Korroborri‹ der Australier, jene ekstatischen Massen-Gesänge und Tänze bei Totem-Zeremonien, die primär ›Lautdichtungen‹ sind und gerade deshalb wie Feuer von Stamm zu Stamm laufen können, das alle, die es berührt, sprech-, sing-, schrei-gestikulierend hochlodern läßt. Da sind Sprachgrenzen keine Grenzen. Dann die ›unartikulierten‹ Schreie, durch die Ekstase anspringt, bei den Schamanen Sibiriens, der

Dada ist es zumindest nicht, was er macht. Aber dieses Dada kriegt man einfach nicht los. Man tritt irgendwo auf, sitzt nicht am Nierentisch mit Wasserglas und Vergissmeinnicht, redet anders, redet überhaupt nicht, sondern bleibt unverständlich und verweigert auch Vollständigkeit, weil die Stimme Hauptdarstellerin ist, die sich ihre eigenen Spuren bahnt, die nachbohrt und viel zu unmissverständlich ist – schon ist man Dada. Das Traurige dabei ist, selbst über Dada wissen die Dadadaherquatscher nichts.

Da kann man mit Johannes Baader nur sagen: »Was Dada ist, weiß nur der Oberdada, aber der sagt es niemand.«

Schön und gut. Aber mal ehrlich, was Claus machte, da drehte man doch lieber gleich den Lautstärkeregler runter, wenn jemand den Raum betrat – bevor man der peinlichen Versuchung nicht widerstehen konnte, durch einen kleinen Witz von der Schieflage des Gehörten abzulenken. War was? Machst du Stimmübungen? Genau! Bist du kindisch? Sollte man immer sein. Wie soll man das auch jemandem begreiflich machen. Ich erklärte mir das zunächst so, dass die DDR daran schuld ist – bzw. war. Wieso gab es das ›bei uns‹ nicht? Das ist doch eine brauchbare Form von Widerstand. Oder habe ich da was ganz falsch verstanden? Staatsdruck erhöht Artikulationsdruck. Claus' internationale Kontakte und seine staatsfremde Kunst riefen folgerichtig die Stasi auf den Plan, die Geheimbotschaften an den Westen, akustische Verschlüsselung von ›eigentlichen‹ Mitteilungen witterte. Das Lautwerk von Carlfriedrich Claus – eine einzige auditive Metapher?! Für was

Mongolei; die sinn-losen Lautaneinanderreihungen, Meditations-, Murmel-Formeln in der lamaistischen (besonders Rotmützen-)Welt.« Carlfriedrich Claus, in: Klaus Ramm: Die Stimme ist ganz Ohr. Ein Radioessay zu den Lautprozessen von Carlfriedrich Claus. Sendemanuskript, BR, 17. 09. 1993, S. 13 – 16.

denn? Was sich hier die akustische Spur bahnt, ist selbst ein akustisches Universum, ein eigener Kosmos im Staat jenseits (diesseits?) der Mauer. Es ist nicht bekannt, dass Claus zum Umsturz aufgerufen hätte. Seine Lautprozesse *waren* Umsturz. Hat man das im Westen auch so gesehen? Zunächst wohl nicht. In beiden Deutschlands waren mit seinem Werk nur wenige Spezialisten vertraut. Ich hatte von Anfang an einen dialektisch-emotionalen Zugang zum Reich der Lautpoesie und Lautmusik. Es musste etwas Abweichendes, etwas in der Abweichung auch Peinliches gefunden werden, eine Gegenwelt zur Versklavung der Poesie durch das immerfort zusammenfassende und in eigenen(!?) Worten wiedergebende Lehrertum. Keine Wahrheitskeule, kein Schönreden, keine Moralvernutzung. Wenn ich das schon hörte, »eigentlich will er / sie sagen, dass …«, »er / sie sagt genau das aber nicht, weil …«, »und deswegen ist das Poesie«, aha. Metaphernknebel. Und dann Claus. Was sagen Sie denn zu Carlfriedrich Claus, meine Damen und Herren! Nichts, stand ja nicht auf dem Speiseplan. Steht er das heute? Das ist eben nichts für schöngeistige Gourmets, die sich nach jedem Happen Kultur den Mund abputzen. Schnäuzerchen. Kötzerchen. Wie aber hört man Claus? Man soll ihn laut hören, das hat er mehrfach selbst angemerkt. Der 1981 entstandene, am 24. 5. 1982 uraufgeführte und in einer anderen Version 1987 auf Schallplatte veröffentlichte[5] drei-

5 Carlfriedrich Claus: Bewußtseinstätigkeit im Schlaf (1986), auf: Lautpoesie. Eine Anthologie. Hrsg. v. Christian Scholz. Obermichelbach 1987. LP. Zu der auf Scholz veröffentlichten Version merkt Claus in einer *Notiz zu ›Bewußtseinstätigkeit im Schlaf‹* an: »Im Februar 1986 übertrug Klaus Mücke (Tonmeister an der Hochschule für Musik Dresden) in Zusammenarbeit mit mir eine andere Kombination [als 1982, M. L.] der 4 Bänder auf ein Zwei-Spur-Spulenband, stereo. Dieses Band wurde anlässlich der Ehrung für Alexej Krutschonych (veranstaltet von Valeri Scherstjanoi, Rudolf Mayer und mir) am 21. 2. 1986 in Dresden aufgeführt.« Booklet zur LP, S. 5.

zehnminütige Lautprozess *Bewußtseinstätigkeit im Schlaf* besteht aus vier einzelnen Bändern, die, werden sie öffentlich realisiert, nach einem genauen Strukturplan von vier verschiedenen Raumpositionen einzuspielen sind »mit sehr hoher Lautstärke [...] an der Grenze des Schmerzes. Also sozusagen mit Disco-Lautstärke.«[6]

In dem Hörstück[7] will Claus keine (unter-)bewussten Schlaf- und Wachheitszustände naturalistisch illustrieren, sondern den – von neurobiologischen Erkenntnissen abgestützten – Versuch unternehmen, »die Zeichenwelten, die so völlig unterschiedlich sind, von Bewußtseinstätigkeit im Wachen und Bewußtseinstätigkeit im Schlaf, [...] in Kontakt miteinander treten«[8] zu lassen. Als analoge Entsprechungen versteht der Autor die Korrespondenz von Bandgeschwindigkeitskontrasten und variierendem Zeitempfinden in den Bewusstseinszuständen von Schlafen und Wachen.

Zurück. Meine Auseinandersetzung mit Lautpoesie/-musik beginnt ca. 1980 mit der von Franz Mon herausgegebenen Schallplatte *Phonetische Poesie*[9]. Wenn mir jemand etwas über Poesie erzählen wollte, ohne die auf dieser Platte veröffentlichten Autoren anzuführen, hatte er nicht begriffen, worum es ging: Alexej Krutschonych, Raoul Hausmann, Kurt Schwitters,

6 Carlfriedrich Claus, in: ? bist Jandl – Lautpoesie der DDR. Hörspiel von Bernhard Jugel und Christian Scholz (2 Sendungen). BR 1990, Teil 2, Sendemanuskript, S. 18–19.

7 Dem Lautprozess vorhergehend oder zeitparallel sind eine Reihe von Sprachblättern gleichen oder abgewandelten Titels entstanden: *Sprachtätigkeit im Schlaf* (1980/81), *Bewußtseinstätigkeit im Schlaf I-III* (1978–83/84), in: Carlfriedrich Claus: Sprachblätter. Spenge: Verlag Klaus Ramm 1987, S. 99, 100–105.

8 Claus, in: Jugel/Scholz, ? bist Jandl.

9 Phonetische Poesie. Hrsg. v. Franz Mon. Neuwied, Berlin: Luchterhand 1971 (Schallplatte).

François Dufrêne, Henri Chopin, Bob Cobbing, Paul de Vree, Arrigo Lora-Totino, Ladislav Novák, Gerhard Rühm und unter anderem Ernst Jandl setzten neue Maßstäbe. Die Platte war ein einziger Hit. Außerdem schaffte sie Abgrenzung: Wer sie nicht kannte, gehörte nicht dazu. In Kiel erzählte mir vor zwei Jahren jemand, es sei in seiner international besetzten studentischen Wohngemeinschaft eine nach außen hin identitätsstiftende Maßnahme gewesen, Stücke dieser Schallplatte, so weit das möglich war, auswendig zu lernen. Begegnete man sich in der Wohnung, versuchte man den anderen durch tiefgreifende Detailkenntnis oder das Original ›verbessernde‹ Versionen zu übertrumpfen. Selbst ein des Deutschen nicht mächtiger Grieche wurde so zum besten Gesprächspartner. Um die Scheibe allen in gleicher Weise zugänglich zu machen, wurde der Plattenspieler an einem prominenten Ort aufgestellt, dem WG-Klo. Die Sitzung konnte länger dauern. Kurt Schwitters, Maurice Lemaître und Peter bzw. Lily Greenham seien die Renner gewesen. Eine studentische Schlagerparade der anderen Art. Carlfriedrich Claus war nicht auf *Phonetische Poesie.* Wie hätte man Claus auswendig lernen können? Als ich *Bewußtseinstätigkeit im Schlaf* das erste Mal hörte, ließ das die Stimmen auf Mon wie liebreizendes Vorgeplänkel erscheinen. Allein Cobbing und Dufrêne schienen in die von Claus eingeschlagene Richtung zu gehen, ansatzweise. Ich dachte, danach kann nichts mehr kommen, das war's. Claus hat die unsichtbare Tür aufgemacht, ist durch sie hindurch, und danach war die Tür einfach nicht mehr da. Diese Art der elementar-vegetativen Lautpoesie – Letzterer ein Begriff, den Carlfriedrich Claus gar nicht ausstehen konnte – war ganz an sein gesellschaftsutopisch-ästhetisches System gebunden, an seinen Körper, seine Stimme, seine unabdingbare, ohne Bloch nicht zu denkende Philosophie. Als stets prozessuale urkommunistische Vision hat diese Philosophie in seinen ›Sprachblättern‹ ihre manifesten Spuren hinterlassen. Die Entzifferung dieser visuellen

›Denklandschaften‹ und das heißt die Rückführung der feinziselierten oder mit wuchtiger Geste auf die Trägerfläche gebrachten skripturalen Handschrift von Claus in die lineare Ordnung des Alphabets steht immer noch aus. Auf ihre Entzifferung sind diese visuellen, auch jenseits der Alphabetschrift lesbaren Arbeiten angelegt. Ihre Lesbarkeit bzw. Entzifferung steigert geradezu ihre Komplexität, im Gelesenwerden realisieren sich die ›Sprachblätter‹, ohne dass sie in der Entzifferung ganz aufgehen. Wäre es ganz abwegig zu behaupten, Claus' visuelle und akustische Arbeiten *sind* Philosophie?

Die ›Lautprozesse‹ laut hören. Schlingpflanzen, akustische Sumpflandschaften, massive Lautheit, die Zartes deutlich hörbar macht. Was sollte noch kommen können? Eine neue Blickrichtung? Ein neuer Hörwinkel? Die Experimente der Schwedischen Text-Sound-Komponisten, die mit ihren Radioarbeiten eine neue intermediale Kunstform zwischen Literatur und Musik lancierten, lernte ich erst gegen 1990 kennen. Schwedische Schriftsteller und Komponisten konnten während ihrer ab 1965 wöchentlich stattfindenden Treffen in dem im selben Jahr eröffneten Stockholmer Studio für Elektronische Musik mit Hilfe der Unterstützung des Schwedischen Rundfunks und der Fylkingen-Gesellschaft auf ein ihnen bereitgestelltes, avanciertes elektroakustisches bzw. elektronisches Instrumentarium zurückgreifen.[10] So verwendeten sie zum Beispiel sehr früh schon

10 Lars-Gunnar Bodin und Bengt Emil Johnson bildeten in der Folge zusammen mit Sten Hanson, Åke Hodell und Ilmar Laaban den ›Nukleus‹ der von 1967 bis 1971 bestehenden Fylkinger *Language Group*, der Gruppe für ›Linguistic Arts for the Swedish Radio‹, die zusammen mit dem Schwedischen Radio – und für die ersten drei Jahre auch mit dem Museum für Moderne Kunst, Stockholm – ein *text-ljud-komposition*-Festival (Text-Sound-Festival) ins Leben rief, das jeweils einmal im Jahr von 1968 bis 1974 in Stockholm, dann 1975 und 1976 als *Text-Sound Composition (Sound Poetry) Festival* in London und

einen Synthesizer[11]. Charakteristisch für schwedische Text-Sound-Kompositionen ist, dass durch die substitutive oder supplementäre Zuordnung von Sprachklängen und Klängen elektronischer oder konkreter Herkunft und durch technische Klangmodulation und -transformation zumeist verbalsemantisches Sprachmaterial in seinem stimmlichen Artikulationsverlauf unter Umständen bis zu seiner herkunftsmäßig nicht mehr identifizierbaren bzw. rekonstruierbaren Modulation oder Zersetzung verändert wird. Der Medienverbund aus Technik und Stimme ermöglichte Text-Sound-Kompositionen, die sich unter anderem aus Spektralanalysen von vokalen Klangfarben konstituierten. Die schwedische Variante des Neuen Hörspiels als akustischer Kunst.

Und genau diese beiden Pole, der ›frei‹gelassene oder komponierte stimmliche Exzess, der sich mittels Tonband oder anderer Speichermedien und mittels Studiotechnik verschriftet, der sich trotz technischer Reproduktionsmittel etwas von seiner Einmaligkeit und Aura bewahrt hat, und die komplexe elektronische Verarbeitung von stimmlichem Material – diese beiden Pole sind mir auch für meine eigenen Arbeiten im Bereich von Lautpoesie und Hörspiel zentral wichtig.

Hat sich Carlfriedrich Claus viel mehr zugetraut als andere? Untergräbt uns im Sinne des Peinlichen und Schamhaften sein akustischer Exzess stärker als seine handschriftlichen graphischen Arbeiten? Und woran liegt das? Begründet die Rückkopplung zwischen Stimme und Ohr eine intimere Identität

1977 als zehntes Festival wieder in Stockholm stattgefunden hat. Das elfte Festival wurde 1978 in Toronto (Kanada), das zwölfte und letzte 1979 in New York veranstaltet.

11 1964 baute R. A. Moog den ersten, nach ihm benannten Synthesizer. Vgl. hierzu Herbert Eimert, Hans Ulrich Humpert: Das Lexikon der elektronischen Musik. Regensburg: Bosse 1977, S. 336–340.

als die visuelle Wahrnehmung bzw. die Rückkopplung zwischen Handschrift und Auge?

Antonin Artaud hatte festgestellt, er hat vielmehr moniert, dass man in Europa nicht mehr zu schreien wisse. Aber dieser Claus, der schrie doch. Der nahm doch kein Blatt vor den Mund. Das hätte man sich selbst nicht getraut. Welche Tabugrenzen werden hier verletzt? Ist Peinlichkeit eine ästhetische Kategorie, der viel zu wenig Beachtung zukommt? War Claus irgendetwas peinlich von dem, was er tat? Nicht anzunehmen. Er war eher peinlich genau. Und der Zuhörer? Kann er peinlich genau zuhören? Schritt beiseite: Kann den Arbeiten von Carlfriedrich Claus nicht nur im ästhetischen Sinne sondern auch ideologiekritisch begegnet werden?

Spekulationen. Zurück zum Faktischen. Ein (nicht vollständiger) chronologischer Überblick über das poetisch-artikulatorische Werk von Carlfriedrich Claus zeigt die sich ablösenden und zum Teil ineinander übergehenden akustisch-visuellen Materialisationsphasen auf. Diese führen mit ästhetischer Stringenz von ersten experimentellen Poesiekonzeptionen zu den frühere Arbeiten integrierenden komplex(er)en radiophonen Lautstücken, ohne dass im Werk von Claus von bloßen Vorstufen gesprochen werden kann:

Klang-Gebilde,[12] Claus' Beginn der Arbeit an experimentellen Texten

1952–59 Lautgedichte[13]

12 Henry Schumann: Biographische Daten, in: Carlfriedrich Claus: Denklandschaften. Ausstellungskatalog. Berlin: Institut für Auslandsbeziehungen (ifa), 1993, S. 125: »1951 Freirhythmische natursymbolische Gedichte, erste Versuche zu experimenteller Poesie (Klang-Gebilde).«

13 Carlfriedrich Claus: Lautgedichte 1952–1959. Annaberg-Buchholz 1959, Kopie des Autors, Spulentonband, 18 cm. Frühe Gedichte

1956–58 Sprechversuche[14]

1958–60 spezifische Ausformung der Typewriter-Poesie: Letternfelder / Letternkonstellationen / Buchstabenkonstellationen (mit Schreibmaschine geschrieben); Lautkontaktfelder; Vokalkreisungen / Vibrierende Vokalfelder / (nonverbale) Vibrationstexte; als zyklisches Arrangement der Letternfelder: Phasenmodelle

Sprechexerzitien (auf Magnettonband): Claus' erstmalige Verwendung des Tonbandgerätes; mehrschichtige konstellativ-isolierende Artikulationen und dynamische Koartikulationen,[15] z. T. mit Trickschaltung, Lauttexte / Klangtexte, Sprechprozesse[16]

1982 5 einschichtige Lautprozesse[17]

1993 Lautexerzitien, kunstkopfstereophone Produktion von Lautaggregat,[18] Claus' erste längere Arbeit für

und Klanggebilde, gesprochen 1959 und 1990, in: Carlfriedrich Claus: Work-Box 1955–1990, IVa, Seite A. Hrsg. v. Klaus Werner im Auftrag einer Gemeinschaftsedition zwischen Carlfriedrich Claus, Karl Marx-Stadt: galerie oben, Leipzig: Trottelpresse Gohlis, Heidelberg: Edition Staeck 1990.

14 Schumann, Biographische Daten, S. 126: »1956 Sprechversuche, auch im Freien, in Wechselbeziehung mit Naturvorgängen (bis 1958), welche die Lautprozesse von 1959 vorbereiten.«

15 Carlfriedrich Claus: *tongtong*, 1954/56; *Turmdohlen*, 1955/56; *Konstellative Artikulation*, 1955/59; *Konstellative Artikulation*, 1955/59; *Dynamische Koartikulation*, 1959; *Dynamische Koartikulatio*, 1959, auf: Neue Zeitschrift für Musik 5, 1998: Musik Sprechen, CD-Beilage. Zusammenstellung Thementeil und CD: Michael Lentz.

16 Claus, Erwachen am Augenblick, S. 85.

17 Claus, Lautgedichte 1952–1959, Seite B.

18 Carlfriedrich Claus: Lautaggregat. Hörstück. Studio Akustische Kunst, WDR 3, 16. 3. 93. Lautaggregat. Mit einem Essay von Klaus Ramm, Interview Claus und Ramm. BR 2, 17. 09. 93. Carlfriedrich Claus: Lautaggregat. Chemnitz 1995, CD.

das Radio,[19] erstmalige Integration von ›nicht-sprachlichen Signalen‹[20]

1996 Basale Sprech-Operationsräume,[21] Kennung[22]

Auskernung, Wegätzen von allem Überflüssigen – sowohl in seinen frühen, eher noch dem naturmagisch-mythopoetischen Sprachdenken verhafteten Gedichten, als auch in seinen Lautprozessen. Die frühen wie die späteren Arbeiten sind reduktionistisch, auch wenn sie wuchern; sie suggerieren Unmittelbarkeit, auch wenn sie eines Filtermediums wie Papier oder Tonträger bedürfen.

In *rinde der bäume* (S. 191) und *melos* (S. 192) als Beispiele früher Texte vor den artikulatorischen (Selbst-)Experimenten manifestiert sich die dem naturmagisch-mythopoetischen Sprachdenken immanente Vorstellung, mit der sprachlichen Bezeichnung bzw. einer analogisierend-wahrnehmungsorientierten, konkreten Sprache auch gleich das »Wesen und die energetische Wirksamkeit« der natürlichen und geschaffenen Dingwelt zu vermitteln,[23] womit zugleich die Erfahrung nichtzeichenhafter Unmittelbarkeit einer ›Sprache der Dinge‹ selbst suggeriert wird. Während *rinde der bäume*[24] ganz ins konkret-

19 Vgl. Klaus Schöning im Gespräch mit Carlfriedrich Claus, Booklet zur CD Lautaggregat, S. 23.

20 Z. B. Plätschern von Wasser. Knarren von Holz. Carlfriedrich Claus: »Das ist […] eine Art sprechende Natur.« Klaus Schöning im Gespräch mit Carlfriedrich Claus, S. 26.

21 Carlfriedrich Claus: Basale Sprech-Operationsräume. B2, 1996.

22 Mit K. Sobolewski und L. Colmar.

23 Vgl. Aage Hansen-Löve: Entfaltung, Realisierung, in: Glossarium der russischen Avantgarde. Hrsg. v. Aleksandar Flaker. Graz, Wien: Droschl 1989, S. 188–212, hier S. 198.

24 Eine Version ohne die Zeilen »auf durchfurchter borke […] am mondwolkenturm« liest Claus in Ramm: Die Stimme ist ganz Ohr, sowie in Heinz Wittig: Carlfriedrich Claus. Menschliche Existenz als

metaphorische Detail geht und symbolische Aufladung geradezu ausstellt, erscheint *melos* als Stillleben von Zeit(-erfahrung), als Epiphanie im Sinne von James Joyce: die plötzliche »Offenbarung der Washeit eines Dinges«, der Augenblick, in dem uns »die Seele des gewöhnlichsten Gegenstandes [...] zu erstrahlen scheint«.[25]

Konstellationen, Wahrnehmungen, Benennungen, Landschaften, Abstufungen, Überwiegendes. Das poetische Ich als Ordnungsmedium.

In der letternfeldartigen Gedichttextur *in der rinde* (S. 193) beginnen die Buchstaben/Elemente zu tanzen, die Verbalsemantik des Gedichts wird durch eine Semantik der Flächenposition ›aufgestockt‹. Das Gedicht als Simulator von Dreidimensionalität.

*lm* (S. 194) von 1958 ist ein Letternfeld punktierter Lautgestalten, das eine (eindeutige) Gestaltergänzung zu vollständigen Wörtern verweigert. So oszilliert dieses Gebilde in der Wahrnehmung beständig zwischen unwillkürlicher verbalsemantischer Komplettierung und atomisiertem Klang bzw. (Atem-)Geräusch.

Auch das ›Klang-Gebilde‹ bzw. Lautgedicht *Rschärk* (S. 195) von 1956, in das Claus handschriftlich prosodisch-intonatorische Akzentmarkierungen eingefügt hat, reintegriert den Hörer (bzw. Leser) möglicherweise wieder in naturmagische Zusammenhänge: als Artikulationsgestalt der *rinde der bäume? Rschärk* hatte für Claus Scharnierfunktion: »Da tauchte bei mir erstmalig das Bewußtsein dessen auf, was natürliche Sprache nicht kann, und das war auch das erste Aufdämmern dessen, was mir dann bei meiner Beschäftigung mit linguistischen

Experiment. Nürnberg: Verlag für moderne Kunst 1997 (Videofilm).
25 James Joyce, zit. nach: Richard Ellmann: James Joyce. Frankfurt/M.: Suhrkamp 1996, S. 142.

Dingen stärker und stärker bewußt wurde: daß wir mit Fertigteilen operieren. Die erlernte natürliche Sprache, unsere Muttersprache, das Verständigungsmittel ermöglicht zwar Verständigung, schaltet sich aber immer als etwas Fremdes zwischen dem, was ich mitteilen will, und dem Empfänger ein. Das war auch einer der Ausgangspunkte zum radikalen Verlassen.«[26]

Dass auch die Lautgedichte von Carlfriedrich Claus um sehr reduziertes Artikulationsmaterial kreisen, zeigt schließlich *Skizze* (S. 196) von 1956.

26 Claus, in: Ramm, Die Stimme ist ganz Ohr, S. 5. Vgl. auch Carlfriedrich Claus' Statement im Gespräch mit Klaus Ramm in: Wittig, Carlfriedrich Claus. Menschliche Existenz als Experiment.

rinde der bäume

erstarrt
als äusserste schicht
doch strömendes
fliessendes
spiegeln
von verborganen
fluten und ufern
rinde der bäume :
farbige kurlen
blättern
die träume
raumgewordener zeit :
kreisende
roworko-sonnen
und
flechten und pilze
die glimmen bei nacht
auf durchfurchter borke
spielen
sylphen
ihr
lautloses lied
von
stille und sturm
von
dunklem flattern
vom unhold
am mondwolkenturm

rinde der bäume :
runen
und worte
von gnomen gesäumt

1954
carlfriedrich claus

melos :

des
blattes
windriss

•

zweigzeit

1957
carlfriedrich claus

in der rinde : geschehen : noch

zögern ihn in
ziehen
ihm gleisskreise
wwüllsten
zu sich hooch
öffnen llichtgewwöllbe
in ihm ihn
ooben neben sich

je doch
je dunkelsein
doch
tat hooch
ihn in ihm
ihn
in ihm
ihn

1958
carlfriedrich claus

l

m

m

m d n

K t

a

e i

u o

d

t

ch z$^{s}_{sch}$ p

b w

v

f

Rschärk rskra
artkrískris
rschärk rskra rtkris

Aspanawā́kā

Aspànāwā́kā

(Aspanawā́

Aspanawā́kā )

Krschärtkrískra schrartk.
Schrartk.

(Aspànawā́ká ...)

Aspanawā́kā ă~~ch~~át

N.B.: Eingeklammerte Worte oder Sätze sind stets gedämpft zu sprechen.

~~ch~~ wie in „Rauch“

Skizze

Sprǐsprǎ

kā

sprǐsprǎsprǐs

sprǐsprǐs

kā

sprǐsprǎ

krǐs

Kernmoment des dramaturgischen Konzepts der Lautprozesse als ›Sprech-Schrei-Schichtungen‹ ist ein diskontinuierlich gesteigerter Spannungsaufbau, der sicherlich auch von der momentanen psychisch-selbstexperimentellen Disposition des Artikulierenden (= Claus) gesteuert wird. Bei erreichter Klimax reißt dieser Spannungsaufbau ab und findet gegebenenfalls über Passagen, die artikulatorisch ›durchexerzierte‹ Spannungsmomente ausagieren, zu einem Neuansatz. Als ganz ernstgemeinte vegetative (Selbst-)Überschreitungsutopien stehen Claus' akustische Arbeiten in einem existentiellen Bezugsfeld und gehen weit über bloße ästhetische Emanationen hinaus.

An Claus' phonetischen Stücken lassen sich grundsätzlich zwei Ausrichtungen artikulatorischer Prozesse beobachten: Zum einen gibt es die Tendenz zur Gestalterhaltung bzw. artikulationsmotorisch unwillkürlichen Erzeugung stabiler Gestalten durch allophonisch variierte Repetitionsreihen. Dieser Tendenz korrespondiert der Versuch, durch Grenzausloten von stimmlich-affektiven Ausdruckspotentialen eine Variabilität in Permanenz zu erreichen. Dies geschieht zum Beispiel durch den Versuch, mit tonhöhenvariierendem Schreien bis zum sprichwörtlichen ›Überschlagen‹ der Stimme, das heißt bis zu ihrem physisch bedingten Aussetzen, das je momentan erreichte Schreien und seine Ausdrucksgestik bereits wieder zu überwinden.[27]

Stimme, wie Claus sie funktionalisiert, ist der Handschrift analog. Eine solche Stimme ist stets auch Autobiographie. Hö-

27 Siehe hierzu Michael Lentz: Carlfriedrich Claus: Klanggebilde, Konstellative Artikulationen, Einschichtige Lautprozesse, Dynamische Koartikulationen, in: ders.: Lautpoesie/-musik nach 1945. Eine kritisch-dokumentarische Bestandsaufnahme. Bd. 2 Wien: edition selene 2000, S. 808–832.

re ich Carlfriedrich Claus, erscheint es mir immer merkwürdig, dass er nicht mehr lebt, dass ich aber seine Stimme höre. Die Präsenz, das Präsens dieser Stimme, in der man den Körper hört, dessen Stimme stets auch eine regionale Prägung mitschwingen lässt. Und man hört ein Kapitel Mediengeschichte: Mit Hilfe des Tricktastenverfahrens wurde aus dem KB 100-Tonbandgerät von 1956/57 eine radiophone Stimmenmaschine zur Herstellung von Schichtkompositionen, die auch im digitalen Zeitalter nichts von ihrem ästhetischen Reiz verloren haben – im Gegenteil, bedenkt man die digitale Simulation analoger Mittel und ihrer zum Teil aus einem technischen Defizit resultierenden Effekte zum Beispiel in der Musik, die ihrerseits die digitale ›Reinheit‹ aufwerten hilft.

Ein Experiment als ›Selbstexperiment‹, wie Carlfriedrich Claus es praktizierte und seine Arbeit auch verstanden wissen wollte,[28] versucht Eingriffe ins eigene psychophysische System rückzukoppeln mit begleitender Selbstwahrnehmung und Reaktionen darauf. Carlfriedrich Claus hat diesen Ansatz in visuellen und akustischen Arbeiten sowie in der Wechselwirkung beider und in der theoretischen Reflexion am radikalsten vorangetrieben.

Carlfriedrich Claus näherbringen, ist das denn viel schwieriger, als Rilke oder Novalis zu dolmetschen? Mit den Letztgenannten hat Claus augenscheinlich gar nichts zu tun. Tatsächlich? Wie könnte man vermitteln, dass Claus die Konsequenz aus geschriebener Poesie, die in ihrer Schrift zumindest Fermente oraler Traditionen aufweist – und Musik (aus Stimme) – ist?

Was war eigentlich 1995? 1995 kam bei den Donaueschinger Musiktagen von Carlfriedrich Claus das 43-minütige *Aggregat* zur Uraufführung, eine lauthalse Artikulationsplastik mit

28 Vgl. Claus, in: Ramm, Die Stimme ist ganz Ohr, S. 2.

Schwarzfilm. *Aggregat* war, vom Artikulierenden (Claus) aus gedacht, ein Selbstwahrnehmungs-Rückkopplungsexperiment, dem Zuhörer und Zuschauer sollte es als Anregung dienen, »mit seinen eigenen papillarlinigen Sprechorganen zu experimentieren, sich averbal zu hören, anders«, so Claus im Programmheft.[29] Die Leute flüchteten in Scharen. Warum? War es zu anders? Hatten sie eine orthodoxe Erwartungshaltung? Schickte sich das Gehörte/Gesehene nicht? War es zu existentiell? Zu laut? Zu ekelhaft? Klang das in den Donaueschinger Kunsthandwerksohren wie artikulatorisches Exkrement? Da hatte man also noch mal dieses Bah-, Igitt- und Buh-Gefühl, das der Kunstgenüssler hin und wieder doch braucht, oder? Beim Stuhl den Pelz an?

Theorie und Praxis. Die eine Seite hat bei Claus stets die andere im Blick – und treibt sie voran, gleichberechtigt. Lesen, was geschrieben steht. Schreiben, was niemand lesen kann. Hören, was nie geschrieben wird. Laute ohne Zeichen. Zeichen ohne Laute. Es ist ein wechselseitiges Zuhören und Herausfordern. Und dieses Herausfordern mag manchem zu viel sein. Es mag ihn daran erinnern, wo er herkommt – und wohin er zurückgeht. Der Fuhrmann bringt dem Fährmann neue Fracht. Der Fährmann lässt es dabei nicht bewenden.

## II. ›Denklandschaften‹: textlose Schrift

Zumindest die visuellen Arbeiten von Carlfriedrich Claus haben in den letzten Jahren einige Aufmerksamkeit erfahren,

29 Carlfriedrich Claus: Kommentartext zum *Aggregat*, in: Programmheft Donaueschinger Musiktage. Hrsg. v. Kulturamt der Stadt Donaueschingen 1995, S. 60.

von einer Kanonisierung innerhalb der Kunstgeschichte zu sprechen, wäre allerdings verfrüht und überdies auch nicht eben ein erstrebenswertes Ziel, wie bereits Friedrich Nietzsche in seinem Essay *Vom Nutzen und Nachteil der Historie* wusste, wenn er von der Waffe der »monumentalistischen Künstlerhistorie« schreibt, die »die unkünstlerischen und schwachkünstlerischen Naturen« gegen »ihre Erbfeinde, die starken Kunstgeister« richten: »Denn sie wollen nicht, daß das Große entstehe: ihr Mittel ist, zu sagen, ›seht, das Große ist schon da!‹«[30] Karl Heinz Bohrer spricht in Zusammenhang mit dem von Nietzsche entdeckten Historismus von dem Widerspruch »zwischen einer als ›Werte‹ klassifizierten und dadurch gezähmten Kunst von gestern und einer als Un-Wert klassifizierten, weil nicht zähmbaren Kunst von heute. Es geht um nichts anderes als um die aus dem Geist der Tradition verweigerte Gegenwart und um die um den Geist des Gegenwärtigen betrogene, von ihm abgeschnittene Tradition.«[31] Man mag hierin wiederum einen Romantizismus, eine Verklärung ›gegenwärtiger‹ Kunst sehen, die nicht in die Disziplin des Begriffs zu bringen und von allen geschichtsphilosophischen Indienstnahmen befreit ist, Bohrers Subgeschichte einer ›Ästhetik des Augenblicks‹ und der ›Plötzlichkeit‹[32] liefert allemal einen rezeptionsästhetischen Bezugsrahmen, die sich gegenseitig durchdringenden akustischen und visuellen Arbeiten von Carlfriedrich Claus in ihrem gerade nicht nur ästhetischen, sondern vor allem existentiellen Furor zu beschreiben,

30 Friedrich Nietzsche: Vom Nutzen und Nachteil der Historie für das Leben, in: ders.: Werke. Bd. 1. Frankfurt/M., Berlin, Wien: Ullstein 1980, S. 223–224.

31 Ebd.

32 Siehe Karl Heinz Bohrer: Ekstasen der Zeit. Augenblick, Gegenwart, Erinnerung. München, Wien: Hanser 2003; ders.: Plötzlichkeit. Zum Augenblick des ästhetischen Scheins. Frankfurt/M.: Suhrkamp 1981.

unter den auch der kommunistische Utopismus zu fassen wäre, an dem Claus bis zu seinem Lebensende festgehalten hat.

Formale Mittel begründen nicht per se ›das Neue‹. Das Œuvre von Carlfriedrich Claus allein unter material- und formalästhetischen Aspekten zu beschreiben hieße es positivistisch auf die mehr oder weniger eigensinnige Handhabung von künstlerischen Techniken und Verfahrensweisen zu reduzieren. Darin erschöpft sich aber Claus' Radikalismus nicht. Zwar ist ein gewisser Primitivismus der Mittel und Verfahren zum Teil auch Programm der historischen und der Nachkriegsavantgarden gewesen,[33] Claus drängte vergleichsweise die Gemachtheit zurück, stellte die Verfahrensweisen zugunsten von Emanationen des Augenblicks nicht aus. Die impulshafte Unbedingtheit momentaner Intensitäten macht die positive Dialektik der Rücksichtslosigkeit seiner Arbeiten und seines künstlerisch-existentiellen Denkens aus, die in ihrem utopischen Entwurf alte, zum Teil opake Quellen recycelten, nicht aber in einen programmatisch-ästhetischen Wettstreit mit vorgängigen oder zeitparallelen Strömungen traten, wie das insbesondere für die historischen Avantgarden von Dadaismus und Futurismus bis hin zum Lettrismus konstitutiv war: »Das Neue, das Unverständliche, das Unbekannte ist nicht einfach das stilistisch Avancierteste, sondern es ist das dem ›Augenblick‹ Adäquate.«[34] In diesem Sinne liefern Claus' visuelle und akustische Werke Signaturen nicht nur der (historischen) Zeit, sondern des subjektiven, irreversiblen Augenblicks, dessen Prozess des Vorübergehens insbesondere in den akustischen Arbeiten vergegenwärtigt wird, während die visuellen ›Denklandschaften‹[35]

33 Anzuführen wären hier Dadaismus, (ital.) Futurismus und Lettrismus. Siehe Lentz, Lautposie/-musik nach 1945.

34 Bohrer, Plötzlichkeit, S. 76.

35 Siehe Claus, Denklandschaften.

antizipatorisch auch immer an der Gegenwart einer Zukunft arbeiten.

An der bisherigen Nichtkanonisierung von Carlfriedrich Claus änderte auch die bislang umfangreichste Würdigung seines Werkes, die großangelegte Ausstellung *Schrift. Zeichen. Geste. Carlfriedrich Claus im Kontext von Klee bis Pollock* der Kunstsammlungen Chemnitz von 2005 nichts, die – der Titel zeigt es bereits an – im Sinne einer kunsthistorischen Vermessung den höchsten Maßstab anlegte und im Anspruch einer internationalen Kontextuierung keineswegs vermessen war. Hier wurde nicht mit Kanonen auf einen Spatz geschossen, fragte man sich doch zuweilen, wer hier die Kanone und wer der Spatz ist. Die solchermaßen praktizierte Adelung hat der Rezeption von Claus nicht geschadet, im Gegenteil, der Museumsbesucher wurde schnell gewahr, dass hier ein Werk zu entdecken ist, das zwar nicht zuletzt aufgrund der allen ausgestellten visuellen Arbeiten eignenden Intermedialität von Schrift und Bild vergleichende Studien im Kontext von Früher Moderne, historischer Avantgarde über Max Ernst, Dieter Roth, Kurt Schwitters und Wols und experimentellen Nachkriegsströmungen bis hin zu zahlreichen zeitgenössischen Künstlern (u. a. A. R. Penck, Sigmar Polke, Cy Twombly) zulässt, das aber durch gestische und skripturale Eigenständigkeit besticht und so gar nicht an künstlerische Stile und Strömungen anzuknüpfen oder diese zu verwerfen scheint: Gegenüber der Kunstgeschichte, das wäre näher zu untersuchen, scheinen sich Claus' zum Teil hochformatige ›Denklandschaften‹ als fensterlose Monaden zu erweisen, die keine Vergangenheit und keine Zukunft kennen – außer die Vergangenheit der Schrift mit ihrem reichen Hallraum, die sich im betrachtenden Entziffern aktualisiert: »Erwachen am Augenblick«[36] – auch der

36 Siehe Claus, Erwachen am Augenblick.

»Schrift von keinerlei Sprache« (Henri Michaux). Die Ausstellung *Schrift. Zeichen. Geste.* ließ individuelle Differenzqualitäten von (Hand-)Schrift(en), Zeichen (Piktogrammen, Icons), Arabesken, Kryptographien, Kritzeleien oder skriptoralen Gesten[37] offenbar werden und zeigte in der ästhetischen Kontextuierung selbst von abstrakteren, schematischen Schriftfigurationen eine je individuelle Handschrift, was hier nicht nur metaphorisch verstanden werden soll. Festzuhalten ist hier, dass trotz aller ästhetischen Korrespondenzen, in denen die Differenz bewahrt bleibt, der Betrachter sofort merkt, dass es sich bei Carlfriedrich Claus um einen so eigenen wie eigensinnigen Schrift-Kosmos handelt. Franz Mon hat darauf hingewiesen, dass in Claus' ›Denklandschaften‹ die Normvorgaben des Alphabets grundsätzlich in Geltung blieben und sich bei ihm die Linie immer im Zustand von Schrift befinde und beim Lesen auch wieder von sich weg weise: »vom manifesten Schreibzeichenfeld auf die unabschließbare Redearbeit des Menschen, wie sie abseits und unterhalb des Bewußtseins, nicht zuletzt in unseren Schlaf- und Traumzuständen in Gang ist; eine Redeverfassung, in der immer wieder Wörter und Wortzusammenhänge hervortreten, die aber auch – unmittelbar? – Imaginatives, Figuratives, prägnant Visuelles zeitigt.«[38] Die Linie, die sich bei Claus dergestalt »immer im Zustand von Schrift« befindet, ist seine Kennung. In diese Linie ist sein Name eingeschrieben, sie ist die je momentane, die unabschließbare Emanation des Lebens, das Claus als Experiment verstand.

37 Siehe diesbezügl.: Zeichen zwischen Klartext und Arabeske. Hrsg. v. Susi Kotzinger, Gabriele Rippl. Amsterdam: Editions Rodopi 1994; Annette Gilbert: Erkundungen des Skripturalen bei Carlfriedrich Claus, Elizaveta Mnatsakanjan, Valeri Scherstjanoi und Cy Twombly. Bielefeld: Aisthesis 2007.
38 Franz Mon: Zu den Sprachblättern von Carlfriedrich Claus, in: ders.: Essays. Gesammelte Texte 1. Berlin: Janus Press 1994, S. 147.

Die Feststellung: »Das ist ein Claus«, ist vielleicht ein erster Schritt zu seiner Kanonisierung.

Carlfriedrich Claus liefert bereits im Titel vieler seiner ›Denklandschaften‹ und in seinen visuellen Arbeiten beigegebenen, bei Ausstellungen an der Wand neben das ›Bild‹ angebrachten, zum Teil längeren Zitaten aus unterschiedlichen mystischen, philosophischen, sozialutopischen oder zum Beispiel historischen Kontexten ganz gezielt Paratexte, die der Betrachter in die ›Bilder‹ hineinliest und so auf die ›Bilder‹ anwendet. Claus ging es hierbei nicht nur um eine Text-Bild Relation oder gar um das bloße Anknüpfen an die lange – nicht nur abendländische – Tradition, eine intermediale Zone zwischen Text und Bild zu schaffen, er lädt den Blick des Betrachters gewissermaßen geistig-gedanklich auf, er liefert ihm den Grund, vor dem er die tanzenden Figuren seiner ›Denklandschaften‹ wahrnimmt. Allerdings könnte der Betrachter das Angebot eines ›erweiterten‹ Blickes auch ausschlagen und ohne Kenntnisnahme der komplementären Zitate die visuellen Arbeiten betrachten. Nimmt er dann nur die Hälfte wahr? Aus dem gelenkten, sich auf Spurensuche begebenden Blick, der angehalten ist, Text und Bild zu korrelieren, ist ein mäandernder Blick mit möglicherweise frei assoziierender Referenz geworden. Gewonnen hat der ›textlose‹ Betrachter unter Umständen sich selbst – indem der entziffernde, immer nur Ausschnitte wahrnehmende Blick sich selbstreferentiell auf den Betrachter wendet. Claus ging es weder um eine Gedanken-Illustrierung illustrer Denker (Ernst Bloch, Jacob Böhme, Novalis, Paracelsus, Spinoza, aber auch Lenin, Ho Chi Minh, Mao Tse-tung[39] u. a.),

39 Bei Mao Tse-tung mag Claus allein die utopisch-antibürgerlichen Aspekte der Großen Kulturrevolution zwischen 1966 und 1976 und in ihrem Gefolge die maoistischen Verklärungen ohne ihre realpolitisch-diktatorischen Exzesse im Blick gehabt haben.

noch um eine hermeneutische Hilfestellung mittels passfertiger Anwendung eines vorgefundenen Zitats auf ein ohne dieses nicht oder nur sehr schwer ›verständliches‹ Bild. Anstatt als Proömien ante rem zu fungieren, sind die solchermaßen angeeigneten Zitate/Texte integraler Bestandteil der Bilder, Text und Bild kennzeichnet eine Interdependenz, die das Bild lesbar macht, den Text im Akt der Lektüre zum Bild figuriert.

In seinen ›Sprachblättern‹ erprobte Claus selbstexperimentell (und selbstreferentiell) den Apparat ›Handschrift‹ mit seinen kompositorisch, das heißt formbildend und Schriftzeichen generierend eingesetzten psychographischen Merkmalen und psychophysischen Rückkopplungen. Die ausführende Hand wird hier selbst zu einem Medium, das in manchen ›Sprachblättern‹ scheinbar unter Ausblendung von steuernden Kontrollmechanismen irreversibel eine HAND-LUNG vollzieht, somit also eine »gewisse Selbstständigkeit errungen zu haben«[40] scheint. Diese psychophysisch-seismographischen Ausschläge als körperliche Spuren der schreibenden Hand oder beider simultan schreibenden Hände jenseits einer kalligraphischen Ausrichtung kontrastieren dann oft mit direkt in die ›Blätter‹ notierten mikrographischen Schreibspuren von Einzelwörtern und ganzen Sätzen unterschiedlichen Inhalts (Philosophisches, Poetologisches etc. betreffend), die oft zu inselartigen Texturen angeordnet sind: ›Denklandschaften‹, in denen Claus skriptural-palimpsestartig auf spezifische Themenhorizonte referiert. Schrift umstellt also Claus' ›Sprachblätter‹ und ›Denklandschaften‹ nicht nur, sie findet sich auch ganz konkret und in ihrer Konfiguration auch bildlich in den visuellen Arbeiten.

*Imaginatives Tätowieren der Atmung mit natürlicher Schrift*

40 Detlef Thiel: Über die Genese philosophischer Texte. Studien zu Jacques Derrida. Freiburg, München: Alber 1990, S. 269.

heißt eine zweiseitige Arbeit auf Transparentpapier, hergestellt mit Feder, Pinsel, Hand, Streichholz, Tusche und Deckweiß. Auf das Detail kommt es an, den Röntgenblick. Und das Detail steckt im Detail. Es verbirgt sich, will entziffert werden. Die Miniatur *Mitternacht* ist aus einiger Entfernung betrachtet ein gerahmtes Rechteck der Finsternis, das beim Näherkommen unten rechts ein sich spiegelndes Auge freigibt, und tritt man dicht vor das Bild, erkennt man das Auge im Auge, ein systemisches Verständnis von (sich) Wahrnehmen und Wahrgenommenwerden. Man entfernt sich wieder vom Bild, die hellen und dunklen Augen verschwinden in der *Mitternacht.* Unwillkürlich tasten die eigenen Augen die Bilder nach Wiedererkennbarem ab, und überall tauchen plötzlich andere Augen auf.

Lässt *Mitternacht* vom Titel her noch auf ein illustrierendes Selbstverständnis von Kunst schließen, um es tiefenwirksam dann doch zu unterlaufen, so sprechen die meisten Titel von Claus' ›Sprachblättern‹ in ihrer fast barocken Ausführlichkeit eine ganz andere Sprache. So heißt zum Beispiel ein Triptychon *Prozessuales Verwirklichen neuer Beziehungen zwischen Frau und Mann.* Der Untertitel von dessen erstem Bild besticht durch geradezu unmissverständliche Appelle: *Aktivieren der Negation des Sexualtriebs; Triebverwandlung; Synthese. Entstehen neuer Bewußtheit.* Traute Claus das der Kunst zu, dass sie genau das zu leisten vermag? Einer Reihe seiner Arbeiten fügte er Zitate für ihn wichtiger Bezugsgrößen bei. Im Falle von *Aktivieren der Negation …* zitiert er Lenin: »Die Revolution fordert Konzentration, Steigerung der Kräfte.« Und weiter: »Selbstbeherrschung, Selbstdisziplin ist nicht Sklaverei, auch nicht in der Liebe«. Solche philosophischen, gesellschaftskritischen oder ästhetischen Statements, die sich auch in Robert Walser'scher Mikroschrift in den ›Denklandschaften‹ selber finden, sind integraler Bestandteil der Schriftbilder, mit denen sie in prozessualer Wechselbeziehung stehen. Und abgeschlossen ist dieser Prozess nur im gestaltbildenden Stillstand der visuellen Arbeiten selbst, in ihrer Oberflächenfixierung. Begreift man sie allerdings als dem Titel gemäße lebenspragmatische Handlungsaufforderungen und Animationen, dann müssen die ›Denklandschaften‹ immer wieder durchquert werden, ihre Schrift und ihre Zeichen fungieren als meditative oder energetische Topographie.

## Rühmungen. Gerhard Rühm

*so lange wie möglich*[1] heißt ein Atemstück von Gerhard Rühm aus dem Jahr 1962. Der Autor hat es als »eine elementare demonstration des verbrauchs von ›schönheit‹ und ›frische‹ durch dauer, durch zeit« und eine »letzte sprachliche reduktionsstufe«[2] klassifiziert. Vom schönen Vokal ›a‹, an dessen Dehnung der Verbrauch von Schönheit statuiert wird, bleiben am Schluss nur geknarrte Knacklaut-Impulse übrig. In Rühms eigener Version dauert *so lange wie möglich* 27 Sekunden. Meine *Rühmungen* seien indes so kurz wie nötig.

Rühmungen machen Rühm nicht berühmter als er berühmt schon ist. Sie setzen auch dem nichts hinzu, was hinzugesetzt schon wurde – von Rühm.

Die Rühmmaschine im Rühm hat nun schon gerühmte sechzig Jahre ein unerrühmliches Rühmwerk ersonnen, das allemal rühmenswert ist und so leuchtet, dass ich mich gar nicht rühmbedeckt halten will, sondern ich rühme los. Das mag rühmlich sein, mehr aber nicht. Allein die Rühmesblätter sind so viele, dass ich nicht weiß, wohin blättern, wohin rühmen. Es sei am besten wohl dahin gerühmt, wohin geblättert. Geblättert und zugerühmt.

1 Gerhard Rühm: so lange wie möglich, in: ders.: botschaft an die zukunft. Reinbek bei Hamburg: Rowohlt 1975. Audiocassette, S. 1. In einer früheren, etwas kürzeren akustischen Realisation (ca. 0′25″) auch in: ders.: Zweite Folge kurzer Hörstücke. hr/WDR 1975.

2 Rühm, so lange wie möglich, S. 56.

Und Gerhard Rühm hat es ja bereits vorausgesehen, vorausberühmt, gewissermaßen anberühmt:

»Lieber Gott, lass mich einen berühmten Komponisten, Dichter und Maler werden.«[3]

Ob der Schüler Rühm, die Grammatik auf die Probe stellend, ohne die Verständlichkeit einzutrüben, sich der hypogrammatischen Anwesenheit seines Namens in einem Adjektiv bewusst war, das ihm dann tatsächlich einmal zustehen sollte, was auch immer es bedeuten mag?

Ein Komponist ist er geworden, mit allen Texten gewaschen, Rühm sei Dank und was für einer; ein Dichter ist er geworden, mit allen Ohren blickend und Händen findend, Rühm sei Dank auf viele Art; ein Bildender Künstler ist er geworden mit eigenen Klaviaturen, Rühm sei Dank ausgezeichnetermaßen.

Ein Filmemacher, ein Wiederentdecker, ein Diskurserfinder, ein Essayist, ein Wissenschaftler im Erforschen dessen, was er da eigentlich tut, ist Gerhard Rühm dennoch geworden; Gott darum gebeten hat er nicht, ob er ihn wohl nachträglich um Erlaubnis gefragt hat?

Und ein den Germanisten, Musikwissenschaftlern und Kunsthistorikern für ihre ästhetischen Kommentare die Begrifflichkeit Lieferer ist er obendrein geworden, unfreiwillig, vielleicht, aber einer muss die Arbeit ja machen.

Aber doch nicht nur! Aber doch nicht nur das ist Rühm!

Nein, ohne Gerhard Rühm wäre uns vieles erspart geblieben – mögen die Spießer denken. Wir hätten zum Beispiel keine *Blutblüte. Die gesammelten Gedichte* und keine *Geflügelte Granaten. Gedichte, Gedanken, Sportstrophen, Kriegsberichte, Feldtagebücher*, die so betitelte Werkausgabe Band 1 und 2 von

3 Gerhard Rühm im Gespräch mit Maria Fialik. Maria Fialik: Strohkoffer. Gespräche. H. C. Artmann und die Literatur aus dem Keller. Wien: Zsolnay 1998, S. 203.

Franz Richard Behrens, herausgegeben von Gerhard Rühm. Wir hätten keine *Sämtlichen Werke* von Konrad Bayer, herausgegeben von Gerhard Rühm. Wir hätten eine andere Rezeption des Barock, gab Gerhard Rühm doch 1964 mit *Die Pegnitz Schäfer* Gedichte der Nürnberger Mitglieder des Löblichen Hirten- und Blumenordens an der Pegnitz, Georg Philipp Harsdörffer, Johann Klaj und Sigmund von Birken, heraus. Im Sinne einer verborgenen Geschichte der Poetik konnte Gerhard Rühm an ihren auch lautsemantisch experimentierenden und innovativen Sprachspielen Affinitäten zur Konkreten Poesie aufzeigen, womit er selbstredend keine Fortsetzung bzw. Verlängerung der Tradition mit anderen Mitteln behauptete. Vielmehr leistete er einen wichtigen Beitrag zur historischen Entisolierung der Konkreten Poesie, die von der Kritik doch vorschnell auf das Abstellgleis des bloß Kuriosen oder Doktrinären manövriert worden war. Und sagte man ihr nicht eine kurze Blütezeit voraus?

Und nicht zuletzt: Ohne Gerhard Rühm gäbe es keinen Gerhard Rühm.

Hat er sich denn selbst erfunden? Gewissermaßen ja. Er hat so beharrlich an sich selbst festgehalten und im An-sich-selbst-Festhalten – denn an wem kann man sich festhalten, wenn man sich nicht zunächst an sich selbst festhält? – mittels »methodischem Inventionismus« (Marc Adrian) eine sich immer weiter ausdifferenzierende Kunst hervorgebracht, die, auf ein Ganzes zielend, in ihren Teilgebieten stets auf ihre anderen Teilgebiete verweist. So kann die eine künstlerische Hervorbringung, deren Dominante zum Beispiel ganz bestimmte visuelle Konfigurationen bildet, als Ableitung aus einer anderen verstanden werden, die ganz andere Parameter featured. Vermittelnd zwischen diesen Grenzpositionen wirken synästhetische Kopplungen der Teilbereiche, denen Rühms besonderes Interesse gilt. Die Ergebnisse heißen dann ›visuelle Musik‹ oder ›Tondichtungen‹ oder sind Poesie mit den Mitteln und Methoden der Musik. Auch die Frage, inwieweit sich die Grenzen zwischen dem Fiktiven und dem Faktualen/Dokumentarischen verschieben lassen, beschäftigt Rühm seit den fünfziger Jahren, so in seinen ›dokumentarischen sonetten‹ von 1969. Das Prokrustesbett des Sonetts ist nicht etwa eine Mördergrube der dichterischen Freiheit, vielmehr hat sich Rühm mit seinen ›dokumentarischen sonetten‹ alle Freiheit in der Aufbereitung von Zeitungsmeldungen zum Beispiel über die erste bemannte Mondlandung herausgenommen. Merkwürdig stotternde, hüpfende sprachliche Gebilde sind entstanden, in aller Form.

Dabei ist Rühm nie zum bloßen Konstruktivisten geworden; allen seinen Arbeiten sieht man das existentielle Movens ihrer Hervorbringung an – und selbst im Spiel ist Ernst und im Ernst ist Spiel, oszillierend zwischen Konstruktion und Groteske.

Arbeitet Gerhard Rühm also mit sehr reduktionistischen Gestaltungsmodellen und Strategien des wechselseitigen formalen und Medientransfers wie zum Beispiel der Transformation von Sprache und Bild in Musik und umgekehrt, so tut er dies nicht als methodischer Sachwalter, seine ästhetischen Modelle stellen keinen Hybrid dar zwischen Kunst und Statistik oder Kombinatorik. Was Rühm tut, können Sie nicht ausrechnen oder vorhersagen.

Der Begriff des ›methodischen inventionismus‹ stammt von Marc Adrian. Mit seiner 1957 in einer Flugschrift veröffentlichten *theorie des methodischen inventionismus* knüpfte Adrian an die Sprachexperimente der *Wiener Gruppe* (Achleitner, Artmann, Bayer, Rühm, Wiener) an, die sich wiederum explizit auf Adrian berief. Seine prägnante Theorie bezog sich auf die Hervorbringung ästhetischer Ereignisse mittels permutativer und serieller Methoden. Im Sinne Rühms kann die Formel des ›methodischen inventionismus‹ methodisch weiter gefasst werden.

Dass jemand mal in Würdigung einiger Arbeiten von Gerhard Rühm aus dem ›methodischen inventionismus‹ einen ›methodischen interventionismus‹ gemacht hat, sollte nicht zur Unterstellung verleiten, Rühms Wirken sei militärischen Übergriffen auf fremdes Terrain gleichzusetzen. Gleichwohl bewirken seine umcodierenden Störmanöver, sei es auf dem Gebiet des Chansons (*ich küsse heiss den warmen sitz*, 1970; *verlier nicht den kopf aus liebe*, 1999), der Romanze (*thusnelda-romanzen*, 1968), des Sonetts (*dokumentarische sonette*, 1969) oder des Dialektliedes *(wiener dialektgedichte)* oder zum Beispiel des Schüttelreims (*ein dutzend unanständige schüttelreime*, ca. 1975–2004), dass hier mit der kontaminierenden Funktionalisierung einer tradierten Form oder einer konventionell abrufbaren Rezeptionshaltung als Hüllform und Material Neuland betreten wird.

Seine *zwölf haiku* demonstrieren indes, dass Rühm auch sehr traditionsorientiert im Sinne einer Anknüpfung und strengen Befolgung präziser regulativer Vorgaben sein kann, wird doch der dreizeilige Aufbau des Haiku aus 5–7–5 Silben von ihm genau beachtet – was von einer Reihe von Haikudichtern des 20. Jahrhunderts eben nicht gesagt werden kann.

In seinen Hörspielen und Bühnenstücken erfahren vertraute musikalische Genres eine unvertraute Kontextuierung. Wären Schemata Scharniere, dann bewirkten Rühms so lustvolle Montagen und Neubesetzungen ein Knirschen der auf Konsens ausgerichteten Schemata – und das Knirschen wäre nicht selten der akustische Vorbote eines Wankens in den Grundfesten, kurz: eines dekonstruktiven Prozesses, bis der Bau ganz neu steht. Shakespeares *Hamlet* kann ich ohne Rühms Theaterstück und seine Hörspieladaption *ophelia und die wörter*[4]

4 Gerhard Rühm: ophelia und die wörter. Theaterstück, UA Frankfurt/M. 1969, Hörspiel WDR 1969, in: Gesammelte Theaterstücke 1954–1971. Neuwied, Darmstadt: Luchterhand 1972.

jedenfalls nicht mehr hören, ich höre da den Rühm immer mit, der sich dem *Hamlet* eingebrannt hat. Und beim *Erlkönig* klappert im Hintergrund immer die Schreibmaschine.

Festzustellen, dass es außer Gerhard Rühm keinen zeitgenössischen Künstler gibt, der auf so vielen verschiedenen Gebieten tätig ist und das so hochenergetisch, ist ein Gemeinplatz. Eine Binsenweisheit. Eine Selbstverständlichkeit. Eine Trivialität. Eine Phrase. Alles Tatbestände, aus denen das Sprachgenie Rühm Funken und Kapital schlägt. Was heißt hier Sprache? Rühms semiotische und kommunikative Experimente gehen aufs Ganze unterschiedlich codierter Zeichensysteme, da wird nicht nur an der Oberfläche gekratzt.

## Ein kleiner Spaziergang durch das Rühm'sche Werk

Gerhard Rühm ist ein umfassend, ein enzyklopädisch tätiger Künstler. Ein Gesamtkünstler. Geben Sie ihm einen Bleistift, und er macht Zeichnungen oder Bleistiftmusik. Geben Sie ihm eine Schreibmaschine, und er macht ›schreibmaschinenideogramme‹ (1954), Konkrete Poesie oder lässt Goethes Erlkönig auf Schreibmaschine erklingen, wobei »der zeilenhalter« ausdrücklich »so fixiert« sein muss, »dass bei der letzten type der längsten zeile das klingelzeichen ertönt«: *erlkönig nach johann wolfgang von goethe, für schreibmaschine.*[5]

Geben Sie ihm einen Rahmen, und er erfindet das Bild. Geben Sie ihm ein Bild, und er macht den Rahmen zum Thema. Und wenn Sie schon gar nicht mehr wissen, was Sie ihm noch geben könnten, geben Sie ihm gar nichts, stellen Sie

5 Gerhard Rühm: erlkönig nach johann wolfgang von goethe, für schreibmaschine, in: ders., botschaft an die zukunft, S. 103.

Rühm in einen leeren Raum ohne irgendwelche Gegenstände und Materialien, sie werden den Raum nach kurzer Zeit nicht wiedererkennen.

Gerhard Rühm ist ein Künstler, der wie wenige Vorbild ist: des erfinderischen und erfindenden Ausprobierens in allen denkbaren künstlerischen Bereichen.

Auch die Beständigkeit, mit der er seit Jahrzehnten multidisziplinär arbeitet, ist unnachahm- und deshalb vorbildlich. Gerhard Rühm hat einfach nicht nachgelassen. Und er hat nichts ausgelassen.

Während andere bereits mit dem ersten Rückblick auf vermeintlich abgeschlossene Kapitel ihrer künstlerischen Existenz einen Abgesang auf ihre Gegenwart und Zukunft anstimmen, scheint mir jede Bestandsaufnahme Rühms in eigener Sache ein Neuentwurf zu sein, eine Überprüfung, was noch fehlt, was noch gemacht werden muss. Was macht es da, wenn Gerhard Rühm die Geschichte und den Diskurs der *Wiener Gruppe* möglicherweise erfunden hat?

Rühm ist – mehr noch als Hans Carl Artmann, mehr noch als Ernst Jandl, mehr noch als Oskar Pastior – der denkbar metamorphotischste Dichter. Er reißt sich Fremdtexte unter den Nagel, die nach seiner intertextuellen Demontage/Neumontage/Persiflage ganz Rühm geworden sind, und macht auch vor Bedeutungsschwergewichtlern wie der Bundeshymne nicht halt: *österreichische bundeshymne, um einen schritt weiter*, 1986, in: *geschlechterdings.* Und wozu Wörterbücher gut sind, demonstriert der Autor in seinem Roman *textall* von 1993, einem komplexen Textgewebe heterogener Quellen zwischen Chaos und Zen.

Tradition wird durch Rühm zu Rühm. Auch Abzählverse, Sprichwörter oder Redewendungen klingen, kaum hat Rühm sie in den Mund genommen, als hätte er sie erfunden. Kein Glaubensbekenntnis mehr ohne Rühm! Keine österreichische Rede mehr ohne Rühm! Sein *glaubensbekenntnis* von 1973 schließt Dichten, Glauben und Essen kurz: den Anfang nicht in Adam und Eva, sondern in Kalb und Henne verortend, glaubt dieses Bekenntnis unbeirrt an die Wiener Speise »Hirn mit Ei«.[6]

Ihre Nähe zur Musik gewinnen Rühms Lautgedichte über die nicht mehr zum bloßen Informationsvehikel instrumentalisierte Stimme. Die ›expressionen‹ der frühen Lautgedichtfolgen *expressionen/reihungen/konstellationen* (1952–56) sind Renotate historisch einmaliger, in ihrer ›psychoenergetisch‹ spontanen Gestaltung nicht mehr zu reproduzierbarer Artikulationskonzentrate.

Als Konzentrate verstehen sich auch einige von Rühms Kompositionen. War August Stramm dem eigenen Bekunden nach für sein Verständnis und seine Konzeption von Poesie entscheidend, so sind in der Musik Arnold Schönberg, Anton Webern und Johann Matthias Hauer als wichtige Referenzgrößen zu nennen. Bei Hauer nahm Gerhard Rühm parallel zu seinem Kompositions- und Klavierstudium in Wien Privatunterricht. Hauers genuine Zwölftonmusik war von nachhaltigem, wenn auch nicht doktrinärem Einfluss auf ihn. Beispielhaft seien hier Rühms *zwölftonspiele* und *zwölftonjazz und meditative klaviermusik* angeführt.

Am Schluss seines manifestartigen Aufsatzes *grundlagen des neuen theaters* von 1962, wiederveröffentlicht unter anderem 2008 in *Aspekte einer erweiterten Poetik*, steht der bemerkenswerte Satz: »es ist immer gegenwart.« Diesen Satz müsste man einmal wirklich zu Ende denken und dann ihm gemäß leben. Was hieße das? Nicht auszudenken.

Lenken wir unsere Aufmerksamkeit lieber auf einen vor

6 Gerhard Rühm: glaubensbekenntnis, in: ders., botschaft an die zukunft, S. 101.

diesen Schlusssatz platzierten Passus, der die Verfahrensweise der Dekomposition und Rekomposition auch im Bereich des Theaters und eine basale Dramaturgie entwirft: »die verschiedenen starren kategorien des traditionellen theaters (sprechstück, melodram, oper, ballett) lösen sich (als mehr oder weniger komplexe) teilaspekte im gesamtbestand der elemente des theaters auf (neue zusammensetzungen werden differenzierter sein).«[7]

Aktualität des Theaters wird nach Rühms Konzeption nicht mehr primär inhaltlich-stofflich, sondern medial gefasst: »die aktualität des theaters kann nicht äußerlich durch die darstellung einer aktuellen fabel abgetan werden, sondern muss vielmehr eine substantielle sein, die sich in der anwendung der theatralischen mittel ausdrückt.«[8]

Dieser Entwurf des Elementaren findet seine Korrespondenz in Rühms Hörspielen. Und dies besonders eindrucksvoll, wie ich finde, in den beiden *Folge[n] kurzer Hörstücke* von 1973 und 1975. In ihnen wird mit basaler temporaler, räumlicher und personaler Deixis gearbeitet. Allein die Titel der kurzen Hörstücke sind in diesem Zusammenhang bereits programmatisch: *aus der stille in die stille; ich komme an; meine stimme; wann. zeitstudie* oder *zwölf stunden an einem tag*. In *meine stimme* werden von Rühm eine Woche lang jeweils vor dem Aufstehen und vor dem Zubettgehen die Sätze »so klingt sie heute morgen.«, »so klingt sie heute abend.« gesprochen und aufgenommen. Alle diese Sätze sind in der akustischen Realisation von historischer Einmaligkeit. So einmalig sind sie, dass sich aus der Einmaligkeit bereits wieder keine Differenz ableiten lässt: Das Einmalige ist nicht einmalig. Die Wörter

7 Gerhard Rühm: Aspekte einer erweiterten Poetik. Berlin: Matthes & Seitz 2008, S. 53.
8 Ebd., S. 54.

»bald«, »gleich«, »eben«, »vorhin«, »jetzt«, »dort« oder »du« spielen in den Hörstücken eine zentrale Rolle. Der Stimme kommt hier die Funktion eines indexikalischen Mediums zu. Die Stimme ist bereits narrativ, sie kann abgehört werden.

Wie schon seine literarischen Texte, wenn man diese Abgrenzung überhaupt aufrechterhalten mag, so rubriziert Rühm auch die Arbeiten im Bereich der Bildenden Kunst, zumeist Zeichnungen, Collagen und Fotografien, autonom oder in Kombination mit Text, oder auf dem Sprung zur Musik, in verschiedene Kategorien. Das hat neben der Signalisierung der Verfahrensweise direkt im Genretitel seinen guten Grund nicht zuletzt im ökonomischen Sinn des Indexikalisierens und Archivierens.

Allein die Chronologie, die er zu seinen ›bildnerischen arbeiten‹ für *TEXT–BILD–MUSIK. ein schau- und lesebuch* angefertigt hat, ist mit ihren Begriffstransfers ein Musterbeispiel einer genuin intermedialen Ästhetik.

Eine kleine Auswahl: ›spiral- und strahlenzeichnungen‹ (1952), ›seismografien‹ (1954), ›ejakulate‹ (1969), ›gestische zeichnungen‹ (1975), ›körperzeichnungen‹ (1975), ›morsebilder‹ (1978), ›melogramme‹ (1984).[9]

Überhaupt die Rühm'schen Konstellationen von Text, Bild, Musik und Eros: ein gesondertes großes Thema …

Eigenen Angaben zufolge arbeitet Gerhard Rühm seit 1956 an ›handschriftlichen bildern‹. Die Tätigkeit des Arbeitens versteht er stets im Geist, Körper, Psyche und Raum einbegreifenden Sinne. 1974 fasst er in einer Art Werkstatt-Stenogramm die erfindungsreiche Ausbeutung kreativer Rahmenbedingungen unter erschwerten Maßnahmen und die Einbeziehung materieller und psychischer Dispositionen folgendermaßen zu-

9 Gerhard Rühm: text–bild–musik. ein schau- und lesebuch. Wien: edition freibord 1984, S. 137 – 139.

sammen: »grafische fixierungen in verschiedenen psychischen gestimmtheiten (wie erregung, müdigkeit, gelöstheit, widerstand), / unter dem einfluss von rauschmitteln, / bei konkreten äußeren einwirkungen (gestossen, gerüttelt werden usw.), / in verschiedenen stellungen (liegend, sitzend, stehend, in bewegung), / mit verschiedenen körperteilen (linke hand, beide hände gleichzeitig, füsse, mund, am körper befestigte bleistifte); / differenzierungen durch verwendung verschiedener materialien (stift, feder, kugelschreiber, kohle, kreide, verschiedener papiersorten, holz, gips usw.), / manifestationen des unbewussten durch psychische automatismen (›mediale‹ produktionen), / einbeziehung von zufallsereignissen und fundstücken, / visuelle und semantische inbeziehungsetzung zu bestimmten bildmotiven (fotos, die emotionale und inhaltliche assoziationen auslösen), / arbeiten mit handschriften anderer und mehrerer personen (›briefbilder‹ u. a.)«.[10]

Wie sonst nur Carlfriedrich Claus hat sich Gerhard Rühm der Interdependenz von Schrift und Stimme, Schrift und Bild, dem Ausdrucksgestus der Schrift und der Zeichnung, der Rhythmik von Schrift und ihren Affekten gewidmet, und es ist nicht leicht, das zu Sehende der Schriftzeichnungen, der visuellen Poesie Rühms, ihre Akutheit und gestische Präsenz in Worte zu fassen. Die Sprache kontert mit metaphorologischen Verrenkungen, so:

Diese spiralisierenden Schriftaufwerfungen, gekrakelten Wolken »und … ich«, »NEIN – JA«, sich verdichtenden Anhäufungen, Auflösungen, diese ›automatischen schriftzeichnungen‹: Schreiben ohne abzusetzen, Ausschwünge, Figurationen, Zentrifugalen. Diese psychoenergetischen Niederschläge, Mut-

10 Gerhard Rühm: schriftzeichnungen, in: ders.: bücher bilder bilderbücher. Berlin: Galerie am Mehringdamm, Galerie Hartmut Beck 1976, zit. nach: ders.: Zeichnungen. Salzburg, Wien: Residenz 1987, S. 205.

willigkeiten, Schreibgesten, Unlesbarkeiten, rhythmischen Gestalten, Explosionen, skripturalen Meditationen, Wortzerdehnungen, Schreibprozesse als Prozesse des Markierens und Bedeutens, diese schrift- und zeichengestischen Entblößungen, diese kreisenden Bewegungen im Stillstand.

Experimentelle Schriftfilme sind ein kleines, aber markantes Kapitel der Filmgeschichte. Künstler wie unter anderem Marc Adrian, Isidore Isou, Maurice Lemaître, Len Lye, Dieter Roth, Gerhard Rühm, Paul Sharits oder zum Beispiel Gil J. Wolman haben hier mit unterschiedlichen Konzepten gearbeitet, Ton (Sprache, Musik, Sprache als Musik) und Bild, Schrift und Bild bzw. ›Schrift als Bild‹ in Beziehung zu setzen.

Ein sehr bewusst prozessual materialästhetischer und medienorientierter Ansatz realisiert sich in den *drei kinematographischen texten*, die Rühm 1955 konzipierte, 1964 als Partitur ausarbeitete und die 1969/70 in den Fernsehstudios des Senders Freies Berlin produziert wurden.

Solche intermedial konzipierten experimentellen Schriftfilme eignen sich besonders, die Kulturtechniken des Lesens und Betrachtens, zwischen denen beim Sehen der Filme von (bzw. mit) oszillierend »hin- und hergeschaltet werden kann und muß«,[11] zu vermitteln. Je nach Projektionsgeschwindigkeit und der damit einhergehenden Überforderung wahrnehmender Verrechnung des Gesehenen wandeln sich Lesen und Betrachten zum fixierten und fixierenden Starren.

Zu seinen *drei kinematographischen texten* führt Gerhard Rühm 1970 aus: »im film bietet sich – unter anderem – die reizvolle möglichkeit, das lesetempo zu bestimmen, es zu beschleunigen oder zu verlangsamen, abrupte oder kontinuier-

11 Friedrich W. Block: Beobachtung des ›Ich‹. Zum Zusammenhang von Subjektivität und Medien am Beispiel experimenteller Poesie. Bielefeld: Aisthesis 1999, S. 207.

liche übergänge zu schaffen. mit diesen möglichkeiten in verbindung mit denen der visuellen poesie habe ich in den drei kinematographischen texten gearbeitet und versucht, sie einer poetischen aussage dienstbar zu machen. die drei texte beschäftigen sich mit jeweils verschiedenen materialbereichen des sprachlichen ausdrucks. der erste film operiert mit buchstaben, der zweite mit wörtern – sie sind nur zum sehen, zum lesen bestimmt; im dritten film tritt als neue dimension der ton, das gesprochene wort hinzu, wobei die auditiven vorgänge die visuellen nicht einfach verdoppeln, sondern sie differenzieren, ergänzen, kontrastieren durch lautstärke, tonhöhe und dauer, stimmfärbung, überlagerung, raumdisposition.«[12]

Der *kinematographische text 2* kann in vier Sequenzen segmentiert werden mit jeweils sieben Bildwechseln in den ersten drei und vier Bildwechseln in der vierten Sequenz:

Der Betrachter switcht zwischen den konträren Angaben »ruhen« und »gehen«, die sowohl als Handlungsaufforderungen wie auch als Tätigkeiten begriffen werden können, wobei zwei Schwarzfilmsequenzen die Zustandsbeschreibung des aus den Kontrapositionen resultierenden »ruhen« optisch realisieren. Die metarmorphotischen ›Wortwechsel‹ – von ruhen / gehen über (b)eben, rufen, (h)eben, (n)eben, geben und eng / enge zu gehen – generieren insgesamt eine vieldeutig aufzufüllende narrative Struktur und münden linear in eine finale Pointe. »ende« am Ende des Films kann zugleich als mediales Zitat gelesen werden.

Und plötzlich ist am Ende Schluss.

Nicht zuletzt die vielbändige Werkausgabe von Gerhard Rühm, die nun nach und nach in Einzelbänden bei Matthes & Seitz

12 Gerhard Rühm: drei kinematographische texte. Wien: edition freibord 1996. o. P. (= S. 3.)

erscheint, nachdem die ersten vier Bände beim Parthas Verlag in Berlin von Michael Fisch in Zusammenarbeit mit Monika Lichtenfeld und dem Künstler herausgegeben worden sind – nicht zuletzt diese monumentale Werkausgabe ohne Vergleich wird es zeigen, dass hier ein Jahrhundertwerk vorliegt. Matthes & Seitz sei Dank, dass sie die gesammelten Werke stemmen.

Ein Riesenwerk – und eine einzige kleine Zeile. Dass eine einzige Zeile allein aufgrund ihrer mutwillig miteinander verklebten Komponenten, die eine Art metaphorische Zwangsehe miteinander führen, prominent in Erinnerung bleibt, ist eine Leistung. Metaphorische Missstände gibt es schließlich allerorten. Die Zeile hat die Funktion eines Refrains und stammt aus Gerhard Rühms Chanson *mein steckenpferd*. Sie geht mir nicht aus dem Kopf. Ich muss mich immer fragen, wie das gehen soll. Es geht ja auch nicht. Die Zeile lautet: »brüste sind mein steckenpferd«.

Deshalb: Rühmbegierig sollen wir alle sein, rühmsüchtig, dass keiner komme und sage »Rühm-mich-nicht-an«. Dass kein Tag mehr rühmlos sei. Rühmwürdig wollen wir sein, und rühmwürdig sei

**Das Rühmliche**

Rühmsam sei die Kunst,
Rühmreich und gut!
Denn das allein
Unterscheidet Rühm
Von allen Wesen,
Die wir kennen.

Denn unfühlend
Ist die Natur:
Es leuchtet die Kunst

Über diese und jene,
Und dem Unrühm
Glänzen wie dem Besten
Der Mond und die Sterne.

Nur allein der Rühm
Vermag das Unmögliche:
Er komponieret,
Malet und dichtet;
Er kann dem Augenblick
Dauer verleihen.

Die rühme Kunst
Sei rühmreich und gut!
Unerrühmlich rühm sie
Das Rühmreiche, Echte,
Sei uns ein Vorbild
Jener ungerühmten Wesen!

»so lange wie möglich« demonstriere er elementar die schönheit, frische, dauer und zeit, der
rüüüüüüüüüüüüüüüüüüüüüüüüüüüüüüüüüüüüüüüüüüüüü:hm

## Ohrenblicke. Josef Anton Riedl

›Optische Lautgedichte‹ – als habe sich Josef Anton Riedl mit dieser paradoxal anmutenden Genrebenennung nicht entscheiden können, um welches Medium es sich hier denn genau handelt – und welches produktions- bzw. rezeptionsästhetisch dominiert, das optische oder das lautliche. Es gibt eben nicht nur Grenzen der Wahrnehmung, der Beobachtung, sondern auch Grenzen der Benennbarkeit, insbesondere wenn es sich wie hier um intermediale bzw. synästhetische Grenzbereiche handelt – als hätte Josef Anton Riedl diesen Zusammenhang bereits in der begrifflichen Mixtur fixieren wollen.

Mit der ihm eigentümlichen formalen Strenge, die aber nichts von definitorischer Orthodoxie an sich hat, umreißt Riedl die Begriffe ›Laut‹, ›Vokalkomposition‹ und ›Gedicht‹ folgendermaßen: Ein Laut ist für ihn ein Tierlaut, ein Laut in der Natur, ein Industrielaut oder auch ein Sprachlaut. Klatschen, Händereiben, Stampfen, Gehen usf. sind für ihn zunächst direkt zum Sprechen gehörende Laute. Wenn Leute heftig ein Gespräch führen, so Riedl, kann es von Klatschen, Händereiben, Stampfen, Gehen begleitet sein. Den vom Begriff ›Lautpoesie‹ abzugrenzenden Begriff der ›Vokalkomposition‹ sieht Riedl durch den Gebrauch der Singstimme definiert, für die er nicht arbeite. ›Vokal‹ würde bedeuten, zum Beispiel im temperierten Tonsystem, etwas darzustellen. Und ›Gedicht‹ ist für ihn »eine knappe Form, eine Art Konzentrat, mich besonders intensiv ausdrücken zu können mit solchen Lauten, eine fast überschaubare, auf einem Blatt oder auf einigen Blättern Papier erfolgte Zusammenfassung von musikalischen Gedankengängen oder eines musikalischen Gedankenganges.«

Kurze Stücke für verschiedene Instrumente und Gegenstände nannte er ›Instrumentale Lautgedichte‹, so zum Beispiel die *Lautgedichtfolge e)* für Tumba, auf dessen Fell rhythmisch-dynamische Kreise mit umgedrehtem Trommelstock gezeichnet werden, für Maracas, die nach aufgezeichneten Hüllkurven gespielt werden, für Chinesisches Beckenpaar etc. Von den ›Akustischen Lautgedichten‹, zu denen ›Lautgedichte‹ (reine Sprachstücke) und ›Instrumentale Lautgedichte‹ gehören, unterscheidet er die ›Optischen Lautgedichte‹, die er auch als ›Sonographien‹ bezeichnete.[1]

Als Komponist im Bereich von musique concrète, elektronischer Musik, Film- und Bühnenmusik, Schlagzeugmusik oder zum Beispiel von Musik für selbstgebaute Instrumente war Josef Anton Riedl von Anfang an grenzüberschreitend interessiert. Ganz im Geist der historischen Avantgarden und doch zu autonomen künstlerischen Ergebnissen kommend, integriert Riedl in seine Musik, aber auch in die von ihm durchgeführten Veranstaltungen Bildende Kunst, Film, Literatur, Hörspiel und Szenisches. Dies kann im Sinne einer alle Sinne sukzessive oder simultan ansprechenden multimedialen Kombinatorik geschehen, zum Beispiel in einer mehr oder weniger additiven Zusammengruppierung von medienrepräsentativen Stücken. Oder dies geschieht im Sinne einer inhärent intermedialen Konfiguration von Medien in einer (Medien-)Komposition – bis hin zu dem Anspruch eines sich im Beobachter realisierenden synästhetischen Zusammenschlusses. Dieser Anspruch ist, nebenbei bemerkt, freilich in den frühromantischen Konzepten einer intermedial-synästheti-

1 Siehe Josef Anton Riedl, Kompilation aus Interviews. In: Michael Lentz: Lautpoesie/-musik nach 1945. Eine kritisch-dokumentarische Bestandsaufnahme. Wien: edition selene 2000, Anhang.

schen Kopplung von Auge und Ohr bereits präfiguriert – insofern schließen die historischen und Nachkriegsavantgarden hier an eine spezifische Traditionsbildung an. Und das tun Riedls ›Optische Lautgedichte‹ auf ihre Weise auch.

Visualität, wie sie in Riedls ›Optischen Lautgedichten‹ zum Ausdruck kommt, kann per se als ein intermediales Phänomen betrachtet werden. Seine ›Optischen Lautgedichte‹, schwarz auf weißem Grund, einfarbig oder mehrfarbig, streben eine intermediale Synästhesie an – und das nicht nur von ihrem programmatisch formulierten Anspruch als ›Musik zum Sehen‹ her, sondern aufgrund ihres nichtabbildenden, gewissermaßen ›offenen‹ Gestaltcharakters, der multisinnlich anschlussfähig ist. Betrachtend kommt hier etwas ins Schwingen, ins Klingen, transformiert sich, wechselt den medialen Bezugsrahmen, je nachdem, in welchen Kontext die lautoptische Gestalt integriert wird: So sind die ›Optischen Lautgedichte‹ mal Ausdrucks- und Erscheinungsvarianten der visuellen Poesie oder Bildenden Kunst, mal der Imagination des Betrachters und seiner ›inneren‹ Stimme projektiv freigegebene Klangkonfiguration – der Medienwechsel ist ihnen relaisartig inhärent und wird vom jeweiligen Paratext der präsentierenden Umgebung aktiviert.

Ist die Rede von einer Synästhesie bloß Autosuggestion, Selbstüberredung? Intersubjektiv zwar schwer kommunizier- und vermittelbar, scheint mir die Frage im Hinblick auf die nicht in Abrede zu stellende Persistenz synästhetischer Vorstellungen nicht nur irrelevant zu sein, sie ist geradezu ein Teil/Ausdruck dieses Kulturphänomens: Der Beobachter beobachtet sich selbst und fragt sich, was er beobachtet hat.

In dem wohl berühmtesten Gedicht, das synästhetisches Farbensehen thematisiert, *Voyelles* von Arthur Rimbaud, lauten die ersten Zeilen: »A schwarz, E weiß, I rot, U grün, O blau: Vokale / Einst spreche ich die Dinge aus, die in euch liegen: / A, schwarzes, samtenes Korsett schillernder Fliegen […]«. Farbe kann auch gehört werden bzw. Klang farbig sein, das sagt bereits der Titel *Der gelbe Klang*, eine ›Bühnenkomposition‹ von Wassily Kandinsky, in der Farben, Musik und Licht zu autonom assoziativen Figuren werden.

Josef Anton Riedl beschäftigt sich eigenem Bekunden nach seit 1960 mit ›Musik zum Sehen‹ – und bewegt sich damit in einem ästhetischen Kontext, der in der Neuen Musik der Zeit, in der Lautpoesie und unter anderem in Fluxus vielfache Ausgestaltung erfuhr, man denke etwa an die Arbeiten von Earle Brown, Bob Cobbing, John Cage, Dieter Roth oder Dieter Schnebel. An dieser Stelle mag ein Hinweis auf das immer noch grundlegende Buch von Erhard Karkoschka, *Das Schriftbild der Neuen Musik*[2], genügen. Karkoschka unterscheidet in seiner Typologie der neueren Notationsformen zwischen ›Aktionsschrift‹, ›Verbalpartitur‹ und ›musikalischer Grafik‹ – Notation versteht er als »visuelle Übersetzung auditiver und motorischer Phänomene«.[3]

Die ›Aktionsschrift‹ zeige »im Gegensatz zur konventionellen Tonhöhe- und Dauernnotation […] nicht das Klangresultat an, sondern die Aktion, die zum Resultat führt«[4] und sei dort unbedingt erforderlich, wo unsere Notenschrift keine Darstellungsmöglichkeiten hat. Die meisten Geräusche seien nur als Aktion notierbar. Dagegen sei eine Aktionsschrift dort überflüssig, wo das präzise oder ungefähre Resultat ausgeschrieben werden könne. Die Aktion, so Karkoschka, könne durch Zeichen verlangt werden, deren Bedeutung vorher festgelegt wird, oder durch verbale Anweisungen, die in die Partitur geschrieben werden.[5]

2 Erhard Karkoschka: Das Schriftbild der Neuen Musik. Bestandsaufnahme neuer Notationssymbole. Anleitung zu deren Deutung, Realisation und Kritik. Celle: Hermann Moeck Verlag 1966.

3 Ebd., S. 1.

4 Ebd., S. 3.

5 Vgl. ebd.

Riedls ›Optische Lautgedichte‹ sind demgegenüber nicht als Partituren zu verstehen und nicht als musikalische Graphik, sie geben keine Aktion vor, sie präfigurieren kein Resultat, sie sind selbst Resultat. Gestaltfixiert, setzen sie sich allerdings der betrachtenden Imagination aus und erfahren so eine in ihre Gestalt möglicherweise wieder einrastende Modifikation: darüber mag spekuliert werden. Als Stimulanz ist ihre Farbgebung eine nicht zu vernachlässigende wahrnehmungspsychologische Größe. Farbe (vorzugsweise Blau und Rot, aber auch Gelb, Grün und Braun) weicht die harte Kontur der schwarzen Linie auf, scheint gegenüber dem Kontrast von Schwarz und Weiß vom Blatt ›abzuheben‹, dieses flächig zu überlagern.

Sind die ›Optischen Lautgedichte‹ auch keine Partituren, so können sie doch in einen umfassenderen kompositorisch-musikalischen Kontext integriert werden – was zunächst von Riedl nicht vorgesehen war. Die berühmten Ausnahmen von der Regel.

So entstand 1979/81 die Multimedia-Komposition *Zeichnen – Klatschen/Zeichnen – Zeichnen* (für 2 Mitwirkende Zeichnen und mindestens 7 im Aufführungsraum [einschl. Auditorium] verteilte Mitwirkende Klatschen): Eine große kontaktmikrophonierte Schultafel wird von zwei Akteuren mit farbiger Kreide bearbeitet, während auf der Bühne und im Auditorium verteilte Mitwirkende auf Brust, Oberarme, Unterschenkel und in die Hände klatschen und ein Tonband mit konkreten Geräuschen zugespielt wird.

Die Handlung ›Zeichnen‹ im Sinne einer Kulturtechnik erfolgt hier keineswegs spontan, vielmehr liegt ihr in dieser dreiteiligen Komposition entgegen der ›ursprünglichen‹, strengen Konzeption der ›Optischen Lautgedichte‹ als innerlich zu rezipierende ein ›Optisches Lautgedicht‹ zugrunde, das die Akteure performativ ›abzeichnen‹. Der variierend-dynamischen Geste des Abzeichnens, die hier auch in dem Sinne zu verstehen ist, dass sich etwas präsentisch ›abzeichnet‹ und mit der

Zeit zu einer Gestalt komplettiert, ist die akustische Ebene auf dem Trägermaterial der kontaktmikrophonierten Tafel komplementär. Dass sich hier auch momentane psychische Emanationen des Ausführenden ›einschreiben‹, ist selbstredend – intendiert vom Komponisten sind sie wohl eher nicht, aber im Prozess selbst auch nicht mehr zu kontrollieren: die ›Optischen Lautgedichte‹ Josef Anton Riedls als emotive Affektskalen.

In der Geste des Zeichnens materialisiert sich die Linie als potentielle Schrift, die in ihrer Latenz immer gegenwärtig bleibt. Zeichnen als Lineatur wird exponiert und im livemusealen Sinne gleichsam ausgestellt.

Kontrapunktiert wird die Linie sprichwörtlich durch auf die Tafel gestoßene, geschlagene Kreidepunkte: rhythmische Einschläge, die denen auf dem zugespielten Tonband antworten.

Die Gestaltwerdung eines ›Optischen Lautgedichts‹ wird somit prozessual erfahrbar gemacht als ein ephemeres Ereignis, das neben skripturalen auch akustische Spuren hinterlässt, die sich – zum Teil recht schmerzhaft – ins Gehör einzeichnen.

Eine andere Ausnahme stellen Riedls legendär gewordene, spektakuläre Performances *Paper Music I, II, III* dar, die von den Mitwirkenden unter zum Teil halsbrecherischem Ganzkörper-Einsatz realisiert werden. In *Paper Music III* werden ›Optische Lautgedichte‹ mit einem minenlosen Holzgriffel und mit variierender Geschwindigkeit und Dynamik auf Wellpappe, Packpapier und Aluminiumfolie gezeichnet, auf diesem je anders schallenden Trägermaterial werden sie zur akustischen Plastik.

Kontrovers diskutiert wurde, ob zwischen der gestaltbildenden Verlaufsform der ›Optischen Lautgedichte‹ Riedls und Lautstärkekurven, wie sie zum Beispiel in der elektronischen Musik – und da besonders differenziert bei Riedl – Verwendung fanden, ein direkter generativer Zusammenhang zu sehen ist. Diese Position vertritt der Komponist Dieter Schnebel: »J[osef] A[nton] Riedl hatte schon früh bei der Arbeit an elektronischer Musik deren differenzierte Lautstärkenverläufe als Kurven innerhalb eines Koordinatensystems fixiert. Derlei musikalisches Innenleben, in seiner Feinheit wegen statistischen Hörens kaum wahrnehmbar, trieb ins Grafische, drückte sich da erst recht aus.«[6]

Diese Herleitung ist vielleicht tatsächlich zu naheliegend, als dass sie plausibel wäre. Zwar mag Riedl von der Tätigkeit des handschriftlichen Aufzeichnens von variablen Lautstärkekurven dazu animiert worden sein, das analoge Medium der Handschrift jenseits seiner Funktion als Informationsvehikel im Sinne einer Handlungsanweisung oder hermeneutischen Aufforderung einzusetzen, gerade im Fehlen einer determinierenden Matrix wie zum Beispiel Zeitverläufe oder Lautstärkegradationen zeigt sich jedoch bereits die Differenz zwischen pragmatischer Funktionalität und ästhetischer Selbstreferenz.

Cornelius Hirsch spricht in diesem Zusammenhang von der »komplex-organischen Natur« der ›Optischen Lautgedichte‹, die eben nicht auf »Wiederholbarkeit und Bestimmtheit« angelegt seien. Riedl gehe es nicht um eine »Musik-Schrift, sondern eher um geschriebene Musik«. Insofern seien sie auch nicht als graphische Notation anzusehen, vielmehr seien sie selbsterdachte, »denkbare Musik«.[7]

6 Dieter Schnebel: Denkbare Musik. Schriften 1952–1972. Köln: DuMont 1972, S. 330–331. Auf S. 331 ist ein Ausschnitt (Lautstärkeabwandlung) aus Riedls Partitur der ›Neuvertonung‹ mit elektronischer Musik (1966) zu dem Film *Thunder over Mexico* (1929/32/33) von Sergej Eisenstein abgebildet.

7 Cornelius Hirsch: Reduktion Konzentration Abstraktion. Josef Anton Riedls ›Optische Lautgedichte‹ zu Gerhard Stäblers ›Die Nacht sitzt am Tisch‹, in: Gerhard Stäbler. Angefügt, nahtlos, ans Heute. Zur Arbeit des Komponisten Gerhard Stäbler – Standpunkte, Analysen,

Seine ›Musik zum Sehen‹ sind Ausblühungen, die an organische Formationen, an Geologisches, auch an Kristallisationen erinnern. Sieht man in den ›Optischen Lautgedichten‹ Josef Anton Riedls Emanationen des Augenblicks und der Plötzlichkeit, so ist die impulshafte Unbedingtheit momentaner Intensitäten doch sichtlich gebremst durch ein bestimmtes Schönheitsideal, das latent ihre Gestaltwerdung reguliert, ohne dass Josef Anton Riedl dieses Ideal je poetologisch ausformuliert hätte. Hier wäre ein Vergleich zu den skripturalen ›Denklandschaften‹ und ›Sprachblättern‹ von Carlfriedrich Claus reizvoll. Claus erprobte selbstexperimentell den Apparat ›Handschrift‹ mit seinen formbildend und Schriftzeichen generierend eingesetzten psychographischen Merkmalen und psychophysischen Rückkopplungen. Die ausführende Hand wurde bei ihm selbst zu einem Medium, das scheinbar unter Ausblendung von steuernden Kontrollmechanismen irreversibel eine ›Handlung‹ vollzieht: psychophysisch-seismographische Ausschläge als körperliche Spuren. Das Experiment als Selbstexperiment, wie Claus es unternahm, versucht Eingriffe ins eigene psychophysische System rückzukoppeln mit begleitender Selbstwahrnehmung und Reaktionen darauf. Der selbstexperimentelle Aspekt ist bei Riedl vollständig ausgeblendet, in seine ›Optischen Lautgedichte‹ ist die Körperspur nicht eingeschrieben, die Linienführung seiner Filzstifte weiß zumindest nichts von körpereigenen Widerständen, Ausschlägen und Einschlägen. Finden sich kontrapunktisch solche, sind sie musikalisch-rhythmisch motiviert.

In Riedls räumlich eng umgrenzten ›Optischen Lautgedichten‹ herrscht eher die unbeirrte Linienführung und Flächenkonstellation vor, die auf ein vorher anvisiertes Ziel zuzusteu-

Perspektiven. Hrsg. v. Johannes Bultmann, Hanns-Werner Heister. Hofheim: Wolke Verlag 1994, S. 254–255.

ern scheint und mit Ein- und Ausgrenzungen von Raum innerhalb der Trägerfläche Papier operiert.

Die ›Optischen Lautgedichte‹ können betrachtet werden als meditative »Bewegung im Stillstand« – eine Bewegung, die es in sich hat und die, kaum zum Stillstand gekommen, bereits wieder zu kreisen, zu schwingen, zu pulsieren anfängt: wunderbare, farbtönende Ohrenblicke.

# Pastiorphonie

## I. Wer spricht denn da?

»Jetzt kann man schreiben was man will«, schreibt Oskar Pastior in *Gedichtgedichte.* Ein schöner Wunschtraum. Sagt der Satz, es sei egal, was man schreibe, es werde ohnehin nicht verstanden? Wie ist dieses ›kann‹ zu verstehen? Muss es nicht vielmehr ›könnte‹ heißen? Es ist halt immer etwas im Weg. Und wieso kann man erst jetzt schreiben, was man will? Weil niemand einem mehr verbieten kann zu schreiben, was man will? Weil jetzt jedwede Regel außer Kraft gesetzt ist? Oder alle Regeln dieselbe Relevanz besitzen, weil über sie gleichermaßen verfügt werden kann, weil man sie beachten kann oder auch nicht? Nun, dazu müsste man sie ja erst einmal kennen. Der Sprachbastler Oskar Pastior kannte sie – und entdeckte sie neu. Poetische Freiheit hieß für ihn, die Strenge einer Regel durch ihre Erweiterung noch zu toppen – und sie sich so zu eigen zu machen. Für Oskar Pastior war dieses spannungsreiche Paradox der größtmöglichen Freiheit mittels verschärfter Regelvorgabe vielleicht der grundlegende ästhetische Imperativ, der ihn zu immer neuen Unternehmungen anspornte. Und noch dem rigidesten Regelzwang, dem Pastior sich unterwarf, vermochte er seinen Stempel aufzudrücken. Anagramm, Palindrom, Sestine, Villanelle oder Vokalise sind ohne Pastior nicht mehr zu denken. Und wenn ihm eine Form oder Methode fehlte, erfand er sie: Listen, Schnüre und Häufungen, Wechselbälge, Gimpelstifte und Sonetburger.

Und doch: »Bei allem, was ich schreibe, ist – glaube ich – etwas wie Alchemie im Spiel«, bekannte er einmal. Seine Gedichte legen von seiner Umwandlungskunst ein beredtes, ein oftmals anrührendes Zeugnis ab. Der Leser ist am Prozess dieser Umwandlungen unmittelbar beteiligt. Er kann sich herausgefordert fühlen, der Konstruktion der Gedichte auf den Grund zu gehen. Er kann dem Gedicht eine ihm scheinbar querstehende Lesart entgegensetzen. Er kann es nicht fassen. Er kann alles begreifen. Der Leser muss »durch – und zurück«, wie es in Oskar Pastiors Frankfurter Vorlesungen *Das Unding an sich* heißt. Gedicht und Leser sind wechselweise Hase und Igel. Und immer sind die Fragen, die der Hase dem Igel, der Igel dem Hasen stellt, andere.

Es bleibt da nicht aus, dass der Leser nicht all das auf einmal empfängt, was die Gedichte senden. Aber muss er das überhaupt? »Text hat weniger Text als zusammen mit einem Leser.« Umgekehrt hat ein Text »auch mehr Texte als Leser«, so Pastior in einem schlicht und dingfest mit *Text* betitelten Text. Die Einfaltung des Textes faltet der Leser wieder aus – wie ein Geschenk. Pastior wusste wohl ganz genau, was er in die Zeilen eingepackt hat, und der Leser steht dann manchmal da wie ein Bock, wenn's blitzt. Ein Exotikum vor Augen, das er nicht knacken kann, ein Wort, das er nie zuvor gesehen hat, ein Gebirge von Wörtern, das zu erklimmen er sich frohgemut anschickt. Möglicherweise hat Oskar Pastior einfach nur eine kleine private Anekdote versteckt, die den Stein des ganzen Gedichts ins Rollen brachte. Der Dichter als Wortschatzmagier mit verdeckter Hebebühne. Einer, dem man nicht ganz auf die Schliche kommt. Und das ist schön so.

Denn etwas vermeintlich ganz und gar zu verstehen kann eine große Enttäuschung bereiten. Die Vorstellung, es sei etwas anderes ›dahinter‹, bringt uns nur allzu oft auf die falsche Spur, den lustfreien Holzweg. Es ist nichts dahinter als die Selbsttätigkeit der Sprache, strahlen die Gedichte Oskar Pastiors zuweilen aus, die selbst die Metapher an eine Spielregel rückbinden. Mit den Worten ist alles schon da. Und das ganz wörtlich auch schon mal von hinten wie von vorne gelesen. Nichts, das hätte geschrieben stehen müssen, fehlt. Giuseppe Ungaretti hat behauptet, die Aufgabe des Dichters sei es, eine schöne Autobiographie zu hinterlassen. Oskar Pastior hat das getan, in Form einer facettenreichen Sprachbiographie. Bei aller Verwandlungs- und Kombinationskunst, die durchaus die Funktion eines Selbstschutzes haben kann, hier spielt niemand Verstecken in der kindlichen Vorfreude, dass der suchende Leser die wörtlichen Ostereier findet – und dann ist die Rechnung aufgegangen. Es wird immer ein Überschuss bleiben, ein nicht zu verrechnender Rest. Vielmehr ist diese Poesie stets beides zugleich, Enthüllung und Latenz: »Aufschub und Schwebe, gebrochene Disposition mit Abwechseln und Gegenüber, zulaufend auf den Gesamtrhythmus«, wie es Stéphane Mallarmé, ein anderer großer Bahnbrecher der Poesie, formulierte. Die Kunst Oskar Pastiors ist es, »mehrere Vokabeln zu einem neuen, der Sprache fremden und gleichsam beschwörenden Gesamt-Wort« umzubilden, und so bereitet er dem Leser wie dem Zuhörer »die Überraschung, niemals ein ganz gewöhnliches Redefragment gehört zu haben, indes zugleich die Erinnerung an den benannten Gegenstand in einer neuen Atmosphäre badet« (Mallarmé).

Oskar Pastior war ein Existentialist der Poesie, sein Spiel war ernst, »wort für wort antenne«. Das zeigt sich in den frühen Gedichten, die noch in Bukarest entstanden sind und eine äußere wie innere Topographie vermessen, und auch in den späteren sprachbiographischen Texturen mit all ihren versteckt offenbaren Intarsien.

Seine Gedichte bilden eine Tateinheit von Wie und Was, von Sinn, Klang und Rhythmus. In ihnen verbinden sich Materien, Dinge, Sphären, von deren Verschmelzungen die real existierende Welt nur träumen kann. Diskurse kommen miteinander ins Gespräch, die noch nie voneinander gehört haben. Dieser kombinatorischen Poesie der ›Nämlichkeit‹ und ›Wörtlichkeit‹ geraten die Wörter zu Eigennamen. Was hier wie dort anzitiert wird, was sich da wie hier kreuzt und in die fruchtbare Quere kommt, welche Metamorphosen und Stoffwechsel da am Werke sind, Mixturen aus bestehenden Sprachen, Phantasiesprachen und kindersprachlichen Resten, verdichtete Anleihen aus der Biogenetik, der Chaostheorie, Experimentalphysik und Neurologie … Pastiors Webstuhl lässt oft gerade da System erkennen, wo gar keines ist und umgekehrt.

Wie heißt es in seinem Essay *Und Nimmt Und Gibt Sinn?*: »Daß Verstehen etwas wie Hervorbringen sei; daß alle ›Poesie im Verfahren‹ doch bitte subtile Naturwissenschaft sei, nur noch nicht erkannte; daß die Wirklichkeit ein virulentes Sprachproblem sei«. Und so lockt das »Risiko, naturwissenschaftliche und poetische Erkenntnis nicht mehr auseinanderhalten zu können«.

Auch die Poesie von Velimir Chlebnikov, Wilhelm Müller, Gertrude Stein oder Charles Baudelaire wurde ihm zur – zauberhaften – Fachsprache, zu einem babylonischen Dschungel, durch den seine Sprache einen neuen Weg bahnte. Poesie, das zeigt er, ist immer der Zusammenschluss vieler Sprachen. Methode? Klar, warum aber denn nur eine? Wenn's gutgeht, fallen Lesen, Hören, Verstehen, Deuten und Hervorbringen in eins.

Bei allem Kalkül, bei aller Konstruktion ist das freie Spiel der Nichtkontrolle, dass der Dichter einmal nicht weiß, was er da tut, ja nicht ausgeschlossen – und doch hat sich Oskar Pastior auf diese legitime Besinnungslosigkeit anscheinend nicht so recht verlassen wollen. Einem Lottogewinn im Reiche der Poesie, einem Glückstreffer vertraute er nicht. Er hätte ja auch das Lottospiel und den Lottoschein erfinden wollen.

Es findet sich eine Reihe von Texten bei Pastior, die Poesie und Poetik in eins sind. Sie liefern gleichsam ihre eigene Gebrauchsanweisung. Lexika, Etymologien und Wörterbücher durchforsten, Wörter unterschiedlicher Herkunft klonen – über sein Poesieverständnis und seine Arbeit mit Sprache hat Pastior in verschiedenen Werkstattberichten auch ganz direkt Auskunft gegeben:

> »Warum nicht einmal [...] die Schiene der Einsprachigkeit durchbrechen? Warum eigentlich nicht bedenkenlos und ohne Rücksicht auf die Philologen diese eingefahrene und, weil man doch mehr im Kopf hat, immer auch zensierende literarische Gewohnheit lyrisch beiseiteschieben und alle biographisch angeschwemmten Brocken und Kenntnisse anderer Sprachen, und seien es auch nur Spurenelemente, einmal quasi gleichzeitig herauslassen? Konkret, wie ich zu sagen pflege: die siebenbürgisch-sächsische Mundart der Großeltern; das leicht archaische Neuhochdeutsch der Eltern; das Rumänisch der Straße und der Behörden; ein bissel Ungarisch; primitives Lagerrussisch; Reste von Schullatein, Pharmagriechisch, Uni-Mittel- und Althochdeutsch; angelesenes Französisch, Englisch ... alles vor einem mittleren indoeuropäischen Ohr ... und, alles in allem, ein mich mitausmachendes Randphänomen.«

> »Zum Beispiel das Aufknacken von Wörtern und Wendungen in Bedeutungsklumpen von unbestimmter mittlerer Größe (sozusagen ein molekulares Cracking) und dann Zusammenfügen in irgendwo stupenden, aber exotisch einleuchtenden neuen semantischen Verbindungen hatte ja noch in Bukarest zaghaft begonnen, war *Vom Sichersten ins Tausendste* gelangt, hatte sich dann in der Arbeit an Chlebnikov – mit ganz anderen Parametern – orgiastisch ausgeweitet und ist auch seither, wenn ich etwa an die Sonetbur-

ger oder die Palindromgedichte denke, ein maßgebliches Movens gewesen« (beide Zitate aus *Das Unding an sich*).

Dieses Aufbrechen, das da passiert ist auch mit *Der krimgotische Fächer*, hat sich in allen weiteren Büchern von Oskar Pastior in irgendeiner Weise fortgesetzt. Postkrimgotisches gibt es z. B. in den »Wechselbälgen«, die Barriere der Einsprachigkeit verlassend. »Warum nicht etwas ganz Heterogenes hineinbringen, heißt die Frage«, sagt Pastior. »Wenn ich es hineinbringe, ist es ja *mir* passiert, also muss es einen Grund haben, auch wenn ich ihn nicht kenne« (aus einem Interview mit dem Verfasser).

Wer spricht denn da, wenn so vieles spricht? Es spricht »klipp und klar Pastior«, wie er selbst anscheinend überrascht feststellte.

»und nimmt sinn, und gibt sinn, und nimmt und gibt sinn; denn sinn gibt auch was sinn nimmt und sinn gibt was auch sinn nimmt«, heißt es in *Kopfnuß Januskopf*. Die Sache ist wörtlich zu nehmen. Man kann da ganz naiv rangehen. Ruhig mal hängenbleiben, auf der Stelle treten. Und dann mal in einem Rutsch. Und wieder von vorne. Katz und Maus. Gedicht und Leser. Immer noch eines der schönsten Spiele, die es gibt.

Der Spracheninstallateur und Magier Oskar Pastior, dem die Haut (der Laut) näher war als das Hemd (die Letter), vermaß den deutschsprachigen Raum neu. Außer ihn selbst lässt er nichts vermissen. Seinen Kosmos bringt er uns dicht vors Auge, ans Ohr.

Sie verstehen Ihre Welt ringsum nicht? Lesen Sie Oskar Pastior. Sie verstehen sich selbst nicht? Lesen Sie Oskar Pastior. Sie verstehen Oskar Pastior nicht? Lesen Sie Oskar Pastior.

Und ab geht: die Klangpost.
Durch – und zurück.

## II. Pastior spricht (über) Chlebnikov

Als Velimir der Erste beschied er am 30.1.1922 in Funktion einer ihrer Vorsitzenden: »Langweilig ist es auf der Erde« – da die Sonnen »ohne Widerspruch und Geschrei unsere Befehle ausführen«. Das allein vermag Poesie, nicht Physik. Mittels der als kosmische Weltsprache konzipierten Sternensprache nämlich, Velimir des Ersten spezifische Spielart der kubofuturistischen Zaum'-Sprache. Zaum', erstmalig belegt im April 1913 in Alexej Krutschonychs *Deklaracija slova kak takovogo (Deklaration des Wortes als solches)*, nannte man in der russischen Avantgarde auch ›willkürliche Wörter‹, ›selbsthafte Rede‹, ›Sprache eigener Erfindung‹, ›irrationale Sprache‹ oder ›freie Sprache‹. Krutschonych war es wohl auch, der Ende 1912 das erste russische Gedicht in Zaum'-Sprache geschrieben hat: »Dyr bul ščyl / ubeššcur / skum / vy so bu / r l ez«.

»Zum Korrekturlesen« war Velimir der Erste, der einmal einen Brief an seinen eigenen Schatten geschrieben hat, allerdings »unmöglich zuzulassen – er strich immer alles durch, alles, und schrieb dann einen neuen Text«, berichtet Wladimir Majakowski kurz nach dem Tod dieses »Kolumbus neuer poetischer Kontinente« (1885–1922). Ein solcher ist auch Oskar Pastior, der mit *Mein Chlebnikov*[1] diesen bedeutendsten Dichter der transrationalen Sprache neu erfunden hat.

Erschienen im Medienverbund mit einer CD, auf der Pastior seine Textversionen liest, versammelt der schön gestaltete

1 Oskar Pastior: Mein Chlebnikov. Russisch Deutsch. Mit Audio-CD. Basel, Weil am Rhein: Urs Engeler Editor 2003.

Band erstmals Pastiors gesamte ›Übersetzungen‹ und poetologische Kommentare zu Velimir Chlebnikov sowie dessen russische Originalgedichte in kyrillischer Schrift. ›Übersetzungen‹? »Chlebnikov spricht, während ich dolmetsche«, heißt es im liebeforschenden und die Bezeichnungskraft der Sprache bebildernden *Protokoll vom El.* Mit seiner ›Sternensprache‹ unternahm Chlebnikov den komplex-archaischen Versuch der Rekonstruktion des Universums aus dem Alphabet (des Geistes), in dem jeder Buchstabe als Laut oder Graphem die Funktion eines Ideogramms hat. Den im *Protokoll* poetisierten Buchstaben ›L‹ definiert er in seinem »dem gesamten von Menschen bevölkerten Stern gemeinsamen« *Wörterbuch der Sternensprache* so: »Übergang einer Quantität von Höhe, identisch mit der Achse der Bewegung, in eine Flächendimension quer zur Bewegungsrichtung«. Bei Pastior liest sich das endprotokollierend folgendermaßen: »El macht den El-Regen zum Liebenden, / die Lache zum Liebling. / Wird ein Punkt im Wall einer Fläche aufgehalten, / gib zu Protokoll: Der Prallverlust / im Wall einer Fläche, das ist, / Protokoll: / die Ver-El-lichung, / der El-Gewinn, oder / die El-Kraft im Lautleib des El.« Pastiors Verdolmetschungskunst bedurfte, da es sich nicht um eine schnöde Textverrechnung handelt, eines Chlebnikov in allen Aspekten wortkünstlerischen Denkens gleichgesinnten und gleichwertigen Sprach- und Formbewusstseins. Der Titel dieses auch für das ästhetische Sprachdenken Oskar Pastiors so zentralen Bandes ist hierbei Programm. Und gleichzeitig passiert hier mehr als Nachdichten. So ist etwas Drittes aus Chlebnikov und Pastior entstanden: *Mein* Chlebnikov.

Was auf der Oberfläche buchstabengeronnener Textur zuweilen wie eine Kettenreaktion selbstentfachter Laut- und Wortgebung aussehen mag, ist bei diesem Geschwisterpaar der Poesie die Pyramidenspitze kalkulierter Kombinatorik auf Laut-, Silben-, Wort- und Satzebene – wobei immer ein Rest bleibt, die sich selbst schreibende, die selbstlautende Sprache: Poesie, sinnstiftende Spürbarkeit.

Ein Prinzip von Chlebnikovs vielgestaltigem Sprachsystem ist es, dass er nur Teile des Textes in Zaum' verfasste. Nur als kontrastreiches Gewebe hat der Text Differenzqualität und kann das Bewusstsein erreichen. In Pastiors Versionen finden sich ganze Etymologien und Wortgeschichten in die oftmals kontaminierten, aus auch fremdsprachlich unterschiedlichen Quellen eingespeisten ›Wörter‹ eingefaltet.

Chlebnikov und die Lautdichter nicht nur des russischen Futurismus erfanden Neologismen und ›Logoide‹: formal korrekt gebildete ›Wörter‹ jenseits konventioneller Semantik oder Wörter, bei denen die phonologische und die morphologische Wortbildung gestört ist. Diese laut- und sinnverschobenen ›Logoiden‹ konstruierte Chlebnikov oft aus dem Wortschatz fremder Sprachen slawischen und nichtslawischen Ursprungs. Auch Pastior wendet in vielen Variationen diese Techniken an und lässt im Verschobenen, im genau danebengesetzten Sprichwörtlichen das Wohlbekannte erahnen, erhören: »*gschwäzität maulaffnis tamisch* / sturitum sodumstät damnis / nadelkissenkopferbünd. / wo hat wer sich weh verschwiegen? / wer hat wo sich schluchz verniegen / kapfensterdeklamisch?« Gute Fragen! Ein Abzählvers? Von was ist hier überwiegend vierhebig die Rede? Fensterreklame? Einen poetologischen Kommentar zu diesen kontaminierten Verschiebungen und Neukombinationen scheint eine Sequenz aus *liebidonis* zu liefern: »auf die zunge komm kühlfreue / daß vereinte sprichliebworte / durch das hüftschwertrasseln dringen / daß geküssel silbensilbern sich der rippen / annimmt die den eingriff hassen«. Ein Eingriff ins Lachen? Drohender Herzstillstand? Da sei Poesie vor, die bei Pastior immer auch Poetik ist.

Für *Allerleilach* und den *Lieb-Satz* sind, der russischen Vorlage entsprechend, Alliteration, Polyptoton und Neukombinationen aus der Wurzel ›-lach-‹ bzw. ›-lieb-‹ konstitutiv. Prinzipien, die auch einem anderen Bruder im Geiste geläufig waren, dem sprachmagischen Barockdichter Quirinus Kuhlmann.

Mit der autonomisierenden Abkoppelung von Prä- und Suffixen zur kombinatorischen Bildung neuer Wörter geht bei Chlebnikov die Semasiologisierung der Laute einher, bei der die Anfangskonsonanten eine spezifische semantische Valenz erlangen. So zum Beispiel in *Perun*, einer Hommage an den slawischen Donner- und Fruchtbarkeitsgott und an den Buchstaben ›P‹: »der pfiffige Perun / [...] / pichelt mit Pfeidlern, Pülchern, / Prachern, Pennbrüdern, ist / frech und faul auf den Pritschen im Pesel, er / prudelt mit Poggen im Pferch, / pudelt in Pfützen, / puhlt die Pülpe der Pfebe, / prahlt, pranzt in puffiger Pekesche, / prüft Punzen, Pinten, Pfründen, Puffs, / die Pulle, die Plempe, das Pud«. So Pastior. »Der erste Mitlaut eines einfachen Wortes regiert das ganze Wort – er befehligt die anderen«: »Wörter, die mit ein und demselben Mitlaut beginnen, vereinigen sich in ein und demselben Begriff und fliegen gleichsam von verschiedenen Seiten auf ein und denselben Punkt des Verstandes zu«, schrieb Chlebnikov 1920 in *Unsere Grundlage.*

Als akustisch-physiognomisches Porträt Velimir Chlebnikovs kann die Pastior'sche Metamorphose »*was ich bin* / (lächern gammelti mrötn)« gelesen und gehört werden, eine höchst private Aneignung von Chlebnikovs Vorlage: »abglitz nd marter künft / herkomm von ruhmertöt / auglsprang blühfärbel / nd zupfe rocken stirbs / nd schlupfe kreisen dralz / nd hupfe kommen wells / ein klingoling von harrnis / ein sperrozwinger starrnis / ein starre heiter künft«. Und scheint da nicht auf, wovon scheinbar die Rede ist? Zukünftiges, Aufblühendes, Klingendes, Bewegung – aber auch Erstarrung und Tod und dessen Überspringen, denn Zupfen, Springen, Hüpfen und Kreisen, das tut diese Pastior'sche Anverwandlung – eben ganz akustisch, eine Tateinheit von Wie und Was, von Sinn, Klang und Rhythmus.

In einem anderen Gedicht heißt es nicht einfach, was so immerhin möglich wäre: »Ich sterbe / erstarrt / Erstarrung« oder, zum Schluss, »Ich bin dein. Ich bin dein«, was das Gedicht ganz in einen Minnekontext stellen würde, der das Geschwisterpaar Eros und Tod koppelt. In *erfahrendse* gestaltet Pastior das Benannte phonematisch und liebesliedlich ichverlöschend: »ischuschterbs / ein schtirren / schtorb / ischuschtamblns schäm / ischugrollans schwieg / ischublindins schtümm / ischutauppns schtein / ischuscheuhasts schwieg / ischumühelens schrie – / ischudein / ischudeins«.

Das siebenteilige »*getoengedroehn um den verstand.* ein poem nach velimir chlebnikovs *blagovest umu*« bildet als zugleich längstes Unternehmen den Abschluss des Bandes. Hält sich die nur vierteilige Vorlage sprichwörtlich wortkarg – zumeist findet man nur ein einziges Wortgebilde in der Zeile, morphologisch-phonetische Variationen eines Wurzelwortes –, so holt Pastior hier aus zum die poetischen Verfahrensweisen bündelnden Finale. Die erste Sequenz von *3 – laminate im werchsten phoph* ist eine poetologische Arabeske der Zündfigur ›Saum‹ (Zaum') samt »kleb-nie-stoff« Chlebnikov: »sah ums mental-instrumentarium herum / sah um sein pfauch-gepümpel das mich pumpte / den ›kleb-nie-stoff‹ sich fädelnd pumpen / der vorgang nannte sich ›uhu‹ und lullte mir / das lexikon ein das war der schlaf nach / braunschweig und vor ›bleg‹ (war nur den / neaoschn poneatno) und ›chälberchälp‹ rann / mir sein ›jest wjest owjest‹ um ›sa‹ um / ›scha‹ um ›na‹ um ›pa‹ – ums initial am / sattelpaß am stereo ›a-um‹ zu umbras kan- / ten: ›laubs-ägeumus-teer-ums-kinn‹ … – / ja so gings zum blockhaus ürrr …«

Eine Art sich selbst erklärendes Märchen in vielen Kapiteln präsentieren die akustischen Realisationen. Die Stimme Pastiors ist ein Boot, das den Hörer sicher über die Textwellen setzt.

Eine solche Schulung des Laut-Gehörs fördert das Denken mit den Ohren: »Das Wort bedeutet seinen Laut« (I. Terent'ev, 1919) und »tropus ist ein pott für apokryphe multiplikatoren«. Eben. Das alles ist »schwarmant / tausand / in tausend« *(ei wie)*. »Machwörter, ach, Machwörter Machtwörter Wortmachten« heißt es im konkreten *M-Satz*, der »mögliche Machtfragen« verhandelt.

Wie kaum ein anderes Projekt dürfte *Mein Chlebnikov* Pastior die Aktivierung aller multilingualen Vorratskammern und Inventare abverlangt haben. So also ist dieser Chlebnikov eine Erfindung Oskar Pastiors – den Velimir Chlebnikov erfunden hat: Fessel und »Freiheitsrausch« (Pastior im Nachwort) zugleich, Animation und Amalgam. Korrektur lesen? »Rätsel, Nebel, Manie – nein, am Leben läßt er!« seinen Chlebnikov, mit diesem sich buchstäblich spiegelblickend ganz einig. Jedem hörenden Leser seinen Pastiorchlebnikov! Diesem Chlebnikovpastior alle lesenden Hörer!

## III. Herta Müllers *Atemschaukel*

»Der Nullpunkt ist das Unsagbare. Wir sind uns einig, der Nullpunkt und ich, dass man über ihn selbst nicht sprechen kann, höchstens drum herum. Das aufgesperrte Maul der Null kann essen, nicht reden.« Herta Müllers *Atemschaukel* ist die fiktionale Autobiographie des am 15. Januar 1945 im Alter von siebzehn Jahren von Hermannstadt ins ukrainische Lager Nowo-Gorlowka deportierten Leopold Auberg. Sie setzt knapp hinter dem existentiellen Nullpunkt an, und das mit einem so hochartifiziellen wie wirklichkeitssensiblen Sprachbewusstsein.

»Es war das große innere Fiasko, dass ich jetzt auf freiem Fuß unabänderlich allein und für mich selbst ein falscher

Zeuge bin.« Der gegen Ende des Romans aus der Perspektive des zweiundzwanzigjährigen Leopold formulierte Satz ist die Erfahrungssumme der Selbstentfremdung, Heimatlosigkeit und irreparablen Beschädigung nach fünf Jahren Lagerhaft. Für sich selbst ein falscher Zeuge sein – diese paradoxe Denkfigur zeigt den alles überdeckenden Hereinbruch der Vergangenheit in die Gegenwart, wie ihn dieser Roman intensiv und plausibel vor Augen führt.

Gegenwart ist hier zu einem bloßen Erinnern geworden, das sich selbst nicht begreift. Dass eine solchermaßen kontaminierte Vergangenheit auch den imaginären Raum der Schlaflosigkeit besetzen kann, darüber reflektiert der Ich-Erzähler Leo Auberg im zweiten der insgesamt vierundsechzig kurzen Kapitel: »Seit sechzig Jahren will ich mich in der Nacht an die Gegenstände aus dem Lager erinnern. Ich weiß nur seit sechzig Jahren nicht, ob ich nicht schlafen kann, weil ich mich an die Gegenstände erinnern will, oder ob es umgekehrt ist.«

Die historischen Hintergründe dieser Schlaflosigkeit werden nur so weit erzählt, wie es für Leos Geschichte unabdingbar ist. Das bis dahin mit Hitler verbündete Rumänien schlug sich im August 1944 auf die Seite der Sowjetunion und der Alliierten. Die Deportation blieb über viele Jahrzehnte in Rumänien ein Tabu, erinnerte sie doch an die faschistische Vergangenheit des Landes. Dass die Deportation der insgesamt fast 80 000 Rumäniendeutschen im Alter von 17 bis 45 Jahren in die Sowjetunion Stalins höchstpersönlicher Plan war und nicht auf Anweisung der rumänischen Regierung erfolgte, wie viele aufgrund der Tabuisierung glaubten, wird im Buch nicht direkt thematisiert, wohl aber die Identifizierung der Siebenbürger Sachsen mit der nationalsozialistischen Ideologie. Der historische Zusammenhang scheint dennoch subtil auf, etwa in der Metamorphose eines Bildes von Stalin, das am Schrank des Lagerkapos klebt. Für Leo hat der sowjetische Diktator auf dem Bild »hohe graue Backenknochen wie zwei Abraumhalden, die

Nase imposant wie eine Eisenbrücke, sein Schnauzbart wie eine Schwalbe« – Stalin als Personifikation des Lagers.

Ein Grammophonkistchen dient als Koffer, in den Leo sein Hab und Gut für das Lager verstaut: »den Faust in Leinen, den Zarathustra, den schmalen Weinheber und die Sammlung Lyrik aus acht Jahrhunderten«. Dass die Bücher im Koffer den Untergrund bilden für die wenigen anderen Utensilien, ist ein frühes Signal des Romans für die subversive Kraft der poetischen Sprache, der ein überragendes Denkmal gesetzt wird.

Der von den Frauen auf der strapaziösen mehrwöchigen Fahrt ins Lager gesungene »Viehwaggonblues« soll für Leo »das allerlängste Lied in meinem Leben« werden, »fünf Jahre lang haben die Frauen es gesungen«: »Im Walde blüht der Seidelbast, / im Graben liegt noch Schnee, / das du mir heut geschrieben hast, / das Brieflein tut mir weh.« Mit dem »Brieflein« dieser ersten Strophe eines Gedichts von Hermann Hesse wird es eine besondere Bewandtnis haben: Ein einziges Mal bekommt Leo Post ins Lager, eine »Rot-Kreuz-Postkarte«, an der »mit weißem Zwirn ein Foto angenäht« ist. Geschrieben von der Mutter, steht unter dem Foto ein einziger Satz: »Robert, geb. am 17. April 1947«. Ein Ersatzbruder. Für Leo wandelt sich der Satz zu: »Meinetwegen kannst du sterben, wo du bist, zu Hause würde es Platz sparen.«

Sehnsucht wie Heimweh werden von den Lagerinsassen abgedrängt in Kunstvolkslieder wie *Vor meinem Vaterhaus steht eine Linde* von Bruno Hardt-Warden oder Seemannslieder wie *La Paloma* von Hans Albers, gesungen von »der Loni Mich« bei den ab und an gegönnten Tanzabenden. Keiner der Verfasser wird genannt, die Gedichte und Lieder mit ihrer affektiven Poetik sind zum überlebenswichtigen Allgemeingut geworden.

Im Lager findet sich eine »interlope Gesellschaft«, wie es im Buch heißt, eine buntgemischte Zwangsgemeinschaft. Da ist der aufgrund seines Berufes privilegierte Rasierer Oswald Enyeter, der Akkordeonspieler Konrad Fonn, der Trommler Anton Kowatsch, David Lommer, genannt »der Zither-Lommer«, Irma Pfeifer, die in der Mörtelgrube umkommt, Trudi Pelikan, die wie Leo aus Hermannstadt stammt, die schwachsinnige Planton-Kati, die, von allen geachtet, fünf Jahre lang nicht weiß, wo sie ist, Peter Schiel, der am selbstgebrannten Steinkohleschnaps stirbt, Bea(trice) Zakel, die Geliebte des Lagerkapos. Der schweigsame Karli Halmen stiehlt Albert Gion, mit dem Leo im Schlackekeller arbeitet, das »gesparte Brot« und wird dafür von den Barackenmitbewohnern zusammengeschlagen. Der Advokat Paul Gast isst seiner Frau Heidrun die tägliche Suppenration weg und trägt ihren Mantel »mit dem Bubikragen«, nachdem sie gestorben ist: »Die Heidrun Gast hatte schon das Totenäffchengesicht, das Schlitzmaul von einem Ohr zum anderen, den weißen Hasen in den Dellen der Wangen und gequollene Augen.« Jeder ist sich letztlich selbst der Nächste und kennt sich selbst nicht mehr.

In der siebenbürgischen Sagenwelt ist ein Prikulitsch ein Mensch, der sich in ein werwolfartiges dämonisches Wesen verwandelt. Nicht umsonst heißt der mitinternierte karpatoukrainische Lagerkapo, der als einziger Repräsentant der Macht nicht anonymisiert bleibt, Artur (Tur) Prikulitsch. Die Vorgänge und Materialien der Zwangsarbeit wie zum Beispiel Kohle, Zement, Sand, Schlackoblocksteine oder die Kellerschlacke werden mit einer sprichwörtlich ungeheueren Präzision beschrieben, einer Mischung aus dokumentarischer Akribie, auch was die Auswirkungen auf den Körper betrifft, und hungerinduzierter Phantasmagorie. Die in der Analogisierung zum Tango, Fechten und Walzer gipfelnden Anleitungen zum Kohleschaufeln zeigen in ihrem todtraurigen Enthusiasmus die Notwendigkeit einer Ökonomisierung jedweder Bewegung, gilt doch die Energieformel: 1 Schaufelhub verbraucht 1 Gramm Brot.

»Wir sind das Gestell für den Hunger« – Den Terror des

Hungers fasst Herta Müller in Bilder extrem beanspruchter Physis, die dem Leser zu Leibe rücken. Eine der größten Illusionen im Lager ist der Brottausch: Jeder fühlt sich übervorteilt und versucht, mit dem anderen seine Ration zu tauschen. Nach dem Tausch fühlt er sich dann erst recht betrogen.

Wenn real gar nichts mehr vorhanden ist, was als Nahrung dienen könnte, nicht einmal Kartoffelschalen oder Meldekraut, setzt die Sprache ein. Ein Essen aus bloßen Wörtern muss dann genügen: »Kochrezepte erzählen ist eine größere Kunst als Witze erzählen. Die Pointe muss sitzen, obwohl sie nicht lustig ist. Hier im Lager beginnt der Witz schon mit: MAN NEHME. Dass man nichts hat, das ist die Pointe. Aber die spricht niemand aus, Kochrezepte sind die Witze des Hungerengels.« »Ich esse einen kurzen Schlaf«, sagt Leo einmal. Andere essen Sand oder Kot.

Der Hunger löst halluzinatorische Projektionen aus: »Jeder Gegenstand glich in Länge, Breite, Höhe und Farbe dem Ausmaß meines Hungers.« Zugleich nötigt der Hunger zu einer nüchternen, aller Illusionen beraubten Bestandsaufnahme: »Die Anteilnahme am Hunger der anderen ist null, mithungern kann man nicht.« Denn selbst der »eigene Hunger ist für jeden eine fremde Macht«.

Als Leo Auberg Anfang Januar 1950 nach Hermannstadt zurückkehrt, macht er die paradoxe Erfahrung, dass sich die »Heimwehlosigkeit«, die er sich im Lager regelrecht selbst anerzogen hatte, in ein bedrohliches Heimweh verkehrt hat: »Alles sah, dass mein herrenloses Heimweh nicht wegging.« Die Lagererfahrungen werden zur unkontrollierbaren Dominante jedweder Wahrnehmung, bis in die Träume und ihre Gestalten hinein. Das Ticken der Uhr im Wohnzimmer des Elternhauses wird zur »Atemschaukel«, in seiner Brust zur »Herzschaufel«. In den Kisten, die er ein Jahr lang in einer Fabrik zusammensetzt, erkennt er nur »kleine Särge aus frischem Fichtenholz«.

Unter dem Decknamen »das Klavier« sucht Leo wieder das

einst geliebte Neptunbad auf, ist unterwegs in ein altes Leben, von dem er weiß, dass er es nicht mehr wird fortsetzen können: Er ist »das Klavier, das nicht mehr spielt«. Die Besuche des Stadtbades und ihre Hintergründe bilden die Rahmenerzählung des Romans. Wirkte die Deportation auf ihn zunächst wie eine Erlösung von seiner stets präsenten Angst, bei den homosexuellen »Rendezvous« im Bad erwischt und mit Gefängnis bestraft zu werden, so hätte im Lager bereits das Eingeständnis der Homosexualität den Tod bedeutet. Leo wird zum innerlich unerreichbaren »Nichtrührer«.

Ursprünglich wollten Herta Müller und der Dichter Oskar Pastior gemeinsam einen Roman über die Deportationen schreiben. Pastior war ebenso wie Herta Müllers Mutter fünf Jahre lang Zwangsarbeiter in sowjetischen Lagern. Am 4. Oktober 2006 starb Oskar Pastior, Herta Müller schrieb den Roman alleine. *Atemschaukel* basiert auf Gesprächen mit ehemals Deportierten und vor allem auf mündlichen Erinnerungen des Büchnerpreisträgers, die Herta Müller in mehrere Hefte notierte.

In einem Kapitel gibt die Autorin Einblicke in diese von ihr im Nachwort erwähnten Hefte: Nach seiner Rückkehr schreibt Leopold Auberg, dessen Schicksal einige Parallelen zum Leben Pastiors aufweist, zunächst ein drei »Diktandohefte« langes Vorwort, das er nach seitenlangen Ausführungen über den rettend-quälenden »Hungerengel«, eine Wortschöpfung Pastiors, direkt in »Nachwort« abändert – für sich selbst ist er eben ein falscher Zeuge. *Atemschaukel*, das sind gewissermaßen die auserzählten Diktandohefte Leo Aubergs, und so gibt es eine reale und eine fiktionalisierte beziehungsweise synthetisierte Autorschaft. Dieses Kapitel ist eine poetische Poetologie des Romans, indem es über dessen Konstruktion und Sprache Auskunft gibt – ganz im Sinne Oskar Pastiors, dessen Texturen oftmals Poesie und Poetik in einem sind, gleichsam ihre eigene Gebrauchsanweisung.

Hier erfährt man etwas über das Weglassen von (historischen, biographischen) Details und das Hinzuerfinden von Begebenheiten ebenso wie über die auratische Verselbständigung einzelner Wörter und Sätze: »Schau, wie der heult, dem läuft was über.« Diesen Satz schreibt Leo auf eine leere Seite, streicht ihn anderntags durch, schreibt ihn wieder hin und so weiter, reißt das vollgeschriebene Blatt aus dem Heft heraus und kommentiert diese Schrift-Aktion mit den Worten: »Das ist Erinnerung.« Erinnerung ist ein Paradox, sie ist ein reales Konstrukt, Erinnerung an die Erinnerung und nachträgliche Deutung.

Die Metapher des Überlaufens ist charakteristisch für das sprachliche Verfahren des Romans. Er verdinglicht und verwandelt innere wie äußere Prozesse, die bedrohlich bis zur Vernichtung sind, und die selbstwahrnehmenden Reaktionen darauf. Neben dem »Hungerengel« und der titelgebenden »Atemschaukel« finden sich im Roman Wortverbindungen wie »Herzschaufel«, »Tageslichtvergiftung« oder »Hautundknochenzeit«, wobei »Herzschaufel« ein aus dem Gartenbau oder der Gärtnerei vertrauter Terminus technicus ist, manch einem auch bekannt als »Stalins-Herz-Schaufel«.

Diese Metaphern, die recht konkrete Vorstellungen heraufbeschwören, sind für Leo mehr als Wortschätze, die ihm keiner mehr rauben kann, sie haben sich so in seine Einbildungskraft gebrannt, dass sie bereits wieder Realität sind. Durch diese kreativen Konstruktionen ordnet er seine Umwelt und macht sie weniger bedrohlich. Wörter sind sein Ordnungssystem – das einzige, das ihm geblieben ist. Erinnerungen können mittels dieser Wörter versuchsweise gebannt werden.

So kann der ganze Roman als ein sprachwirkliches Sinnbild begriffen werden: die »Atemschaukel« als energetisches Erinnerungszeichen. Zugleich zeichnet Herta Müller die Initiation eines Schriftstellers nach und stiftet dazu an, die Sprachkunst Oskar Pastiors zu verstehen als das, was sie zunächst ist: existentielle Poesie und nicht Sprachspiel.

Dieses Buch kann und will keine Dokumentation, kein historischer Roman sein und ist schon gar nicht einem naiven Abbildrealismus verpflichtet. Mit seinem dichten Motivnetz schafft der Roman eine Intensität und Präsenz, die ihresgleichen in der zeitgenössischen deutschsprachigen Literatur nicht haben.

*Atemschaukel* ist mit Herzblut geschrieben. Es ist ein Manifest der Erinnerung und der Sprache, deren komplexes Verhältnis es auf ergreifende Weise bezeugt. Ein Meisterwerk.

## Die Sprache 1 Tumult. Friederike Mayröcker

Mayröcker lesen. Mayröcker sehen. Mayröcker hören. Anstiftung zur Poesie. Gedichte, Prosa (darunter auch Reaktionen auf Musik und Bildende Kunst), Briefe, Notizen, Fragmente, Theater (*Arie auf tönernen Füszen*, 1972), Zeichnungen, Hörspiele und – wunderbare Kinderbücher, wie zum Beispiel *ZITTERGAUL*: »ES GIBT EIN VÖGLEIN // es gibt ein Vöglein / in meiner Schallplatte / das fliegt immer im Kreis / hell und ohne Stimme: vielleicht ist es eine / Lerche.«

Ihre Zeichnungen und Bildgedichte seien »Spontangedichte mit Bleistift oder Filzstift, Kritzeleien ohne jeglichen Formenreichtum«, »unerhebliche Randbemerkungen« nach oder während der »Hauptarbeit«, »etwas wie Ausruhen, Atemholen«. Sie mag das so sehen. Zeichnungen wie *Empfindliche Träume* aus dem Jahr 1990 sind in ihrer Fragilität und Anrührung vor allem eins: ganz und gar bezaubernd.

Einprägungen: 1947, im Alter von 23 Jahren, schreibt Friederike Mayröcker ein Gedicht, das mich auch heute noch, fast zwanzig Jahre nach der ersten Lektüre (damals ohne ihre Stimme gehört zu haben), ganz für sie einnimmt und das ich zu meinen Lieblingsgedichten überhaupt zähle: *Wird welken wie Gras:* barockisierendes, durch refrainartige Wiederholungen betörendes memento mori, das, beim Lesen, beim Anschauen, sofort ebenbürtig war den Sonetten Hofmann von Hofmannswaldaus. Vergänglichkeit aller Schönheit: »Wird welken wie Gras / auch meine Hand und die Pupille / wird welken wie Gras · mein Fusz und mein Haar mein stillstes Wort / wird welken wie Gras · dein Mund dein Mund / wird welken wie

Gras · dein Schauen in mich / wird welken wie Gras · meine Wange meine Wange und die kleine Blume / die du dort weiszt wird welken wie Gras / wird welken wie Gras · dein Mund dein purpurfarbener Mund / wird welken wie Gras · aber die Nacht aber der Nebel aber die Fülle / wird welken wie Gras wird welken wie Gras.«

1986, *Winterglück*, zum Beispiel. Bekam den Gedichtband während eines Lyrikseminars von einem Kommilitonen in die Hand gedrückt: »Kannste behalten, ist sicher was für dich.« Ich las *Winterglück* von vorne bis hinten durch – und verließ das Seminar. Das ist Poesie, war mir sofort klar. – Das Titelgedicht *Winterglück* mit seiner Evokation des schalltoten, leeren Raums, den man ›Ich‹ nennt. Hier ist ›Ich‹ tatsächlich ein Anderer, immer, nämlich die Differenz zwischen Hypothese und Realität. *Winterglück* zeigt, dass es ein einheitliches, eineindeutiges Bewusstsein gar nicht gibt, und das scheint mir zentral für Mayröckers Poetologie: »eine Erlösung eine Offenbarung jetzt diese / Stimme wieder zu hören Vogelstimme jetzt dieses / Gezwitscher, etwas wie Paradiese blühten / Auf ich vergösse die Tränen // aber die Stimme kommt nicht Vogelstimme nein dieses / Winterglück / ist mir nicht zugedacht jemand / anderer an einem anderen Ort wird es wird dieses Gezwitscher / Vogelstimme Stimme empfangen an meinerstatt jetzt in dieser / Stunde Sekunde.«

Dann wieder wird in ihren (langen) Gedichten, aber auch in ihrer Prosa ein Sprachprozess in Gang gesetzt, der – in Analogie zum archaisch-mythischen ›Sprachdenken‹ – als ›Sprachrealismus‹ charakterisiert werden kann. Die im Akt der Lektüre evozierte Korrelativität von Wort (=Name) und Ding suggeriert die Erfahrung nicht-zeichenhafter Unmittelbarkeit einer Sprache der Dinge.

Lektüreerfahrungen: Mayröcker – ein Myzel. Ein selbsteigenes Geflecht aus Sprache, eine lange, über Buchgrenzen hinweg geführte Rede, eine selbstzentrierte, austreibende Zeichenwelt. »Wie alles, was man gerade denkt, einer Arbeit, an der man steht, [...] einverleibt werden muss. Sei es nun, dass darin ihre Intensität sich bekundet, sei es, dass die Gedanken von vornherein ein Telos auf diese Arbeit in sich tragen«: Walter Benjamins Anmerkung zu seinem *Passagen-Werk* könnte leitmotivisch über den Prosaarbeiten Mayröckers stehen. Intensitätsprosa und Intensitätspoesie. Eine täglich vorangetriebene Produktion.

Punkt 10 der kleinen poetologischen Notiz *Dada* (1975) lautet: »die Lust, die die Beschäftigung etwa mit Randomerlebnissen für den Autor bringt, ist für den Leser meist nicht nachvollziehbar.« Und das muss sie auch gar nicht. Eine Art sprachlicher Bewusstseinsstrom disparater Fragmente, ein unablässiger poetischer Versuch der Vermittlung unterschiedlicher Bewusstseinstätigkeiten, »alles vermengt sich mit allem«, und sie, Mayröcker, schreibt es auseinander. Man kann ihre Bücher kreuz und quer lesen, irgendwo einsteigen – und sofort mittendrin sein, Pars pro Toto – und irgendwo wieder aussteigen, mit Nachhaltigkeit.

Webstuhlartig schießen die Mayröcker'schen Sprachfäden zusammen; partiell frei flottierende Sprachschiffchen (»Denkflut«), höchste Klarheit und Selbstlauf der Bilder zugleich. Ihre Prosa ist eine beinahe vegetativ zu nennende Entäußerungsschleife, eine langsätzige »Melancholie« – auch der Wiederholung –, die sich nicht selbst beschreibt, die vielmehr Sprache ist und das Fluidum der so geordneten Dinge. Ihr auch poetologisch ausformuliertes Sprachdenken, »wie der Hase die Haken schlägt wenn er gejagt wird, so muss Literatur heute sein [...] Cut-up-Methode als Wimpernschläge«, bedingt das permanente Switchen zwischen metaphorischer bzw. allegorischer Lesart und dem lesenden Wiedererkennen konkret erfahrener Realität. Ein Bild evozieren, um es konkret werden zu lassen, das Konkrete dann wieder auflösen: »alles multipliziert sich plötzlich vor meinem inneren Auge.«

Hier hat jemand sein Bewusstsein ausgeschrieben und entdeckt während des immer wieder als solches thematisierten Schreibens unterschiedliche Materie, unterschiedliche Aggregatzustände, so will es scheinen. Eine so instand gesetzte Sprache als Poesie versucht, die vorgefundenen und Bewusstseinsreflexe auslösenden Dinge aufzuräumen – auch wenn Ordnung nie gelingen kann. Mit der Sprache nicht über die Sprache hinauskommen, mit den Dingen nicht über die Dinge hinauskommen. Mayröckers Poesie weiß das, und wie sie das weiß, das ist Poesie, die gleichzeitig die Möglichkeit mitbedenkt, dass diese monadischen Bereiche von Sprache/Bewusstsein und Dingwelt ein gegenseitiges Durchdringen, eine Osmose ausschließen. So generiert insbesondere ihre Prosa stets auch Bewusstseinsmodelle.

Mayröckers *brütt oder Die seufzenden Gärten* (1998) ist in diesem Sinne auch ein geradezu exemplarisches Bewusstseinsprotokoll des Begehrens – nach dem Anderen, dem Eigenen – und der Selbstversicherung. Schreiben liest sich in Mayröckers Übersetzung als Leben, und zwar mit allen psychophysischen Implikationen, Innenspannungen, Erregungszuständen, Abschlaffungen, traumverlorenen Gratwanderungen, Halluzinationen. »Die heissen Sprünge im Text«, und das macht ihr keiner nach. *brütt*, eine Poesie des Halbschlafes, des Aufwachens, der Unschärfe, die fortgeschrieben und unmerklich in eine geradezu manisch betriebene und ängstlich erwartete Trennschärfe der Wahrnehmung und des Reflektierens übergeht: Ablösungen von »Augenerfindungen«, Menschen- und Landschaftstopographien, von ausströmender, poetisierter und potenzierter Erinnerungsarbeit, SprachszenArien, Spracheröffnungen (»alles ist Sprachgeschichte«, in deren Gewand eingehakt wird) – aber »ohne ANSCHAUUNG geht gar nichts«, wie die bei Mayröcker schon zur Figur gewordene Schreibende in *brütt* und anderswo nicht müde wird zu betonen.

*brütt*, ein Summationsbuch, ein Lebens- und Sterbebrevier,

ein so filigranes, feinmotorisches wie weit ausgreifendes Abtasten der Innen- und Außenwelt, deren Dichotomie unablässig in Frage gestellt wird. Der Oberflächenwahrnehmung Entzogenes, »diese kleinen, unscheinbaren Erscheinungen«, steht gleichberechtigt neben dem alltäglichen, unumgänglichen Schutt (der Dinge, der Erinnerungen).

Die große Lebensaufgaben-Utopie, alles aufschreiben, alles eins zu eins protokollieren zu können, um dann, am Schluss des Buches, des Schreibens – das Buch als ausgelagertes Gedächtnis –, etwas schwarz auf weiß zu haben, in der (gleichwohl durchschauten) Illusion, erst jetzt gehöre es einem ganz; ein Grundriss, ein Lageplan. Mit dem Eigennamen geradezu ›verklebt‹ ihre poetischen Selbstzerwürfnisse: »1 Selbstbetrug, dieses zu Ende gehende Schreiben, sage ich, 1 vergeblicher Versuch, sich selber vorzumachen, es gehe immer alles so weiter, letales Experiment, usw.« »Antwortlosigkeiten«, wie es in *brütt* heißt, sind Programm.

Dieses myzelartige Ausfalten von Wahrnehmungen und Selbstwahrnehmungen, diese changierenden, schimmernden Ablösungen, dass man als Leser ganz verschwinden kann in einer Art meditativem Strom. Eine Kunst der Wortzusammenstellung, diese auch »verfluchte Poesie-Produktion«, ein »Loslassen der Sprache auf freier Strecke«, »1 schmerzliches Imaginationsvermögen« ist hier am Werk, das metamorphotisch auf einer Seite mehr verdichtet als so mancher in einem ganzen Buch, und dies »BESONDERS FAST WUNDERBAR«.

Ein an den biochemischen Stoffwechsel gekoppelter Stoffwechsel ist das Mayröcker'sche Schreiben (»Das Hirn sendet Funksprüche aus, ich schreibe sie pausenlos nieder«), ein bewusstseinsverankertes, prozessorientiertes Oszillieren der Wahrnehmungs- und Gedankenschübe: Dieses »ganze wahnwitzige Element der Verwandlung von Wirklichkeit in Poesie« ist ja im Grunde ein urromantisches Programm, ein »Potenzieren von Wirklichkeit«, wie Novalis es nannte.

Das Auf- und Abtauchen von (auch sehr konkreten, alltäglichen) Momentaufnahmen, von Bildern und Sinnzusammenhängen, »Schnappschüsse, von erschreckender Schärfe«; ›murmelnde‹, gesprächige, schreiende Literatur, die den Leser »in den Himmel der Sprache : in die Hölle der Sprache« entlassen will. Ein vagabundierendes, treibendes, umkreisendes Schreiben, das auch sein Scheitern schreibt: hymnisch, bedrängend.

»Ich habe ein Buch gelesen, sage ich, aber ich habe nichts behalten davon«, hebt *Stilleben* (1991) an, Friederike Mayröckers Bücherstillleben über den fortgesetzten Beginn, über das sofort verarbeitete Lesen und partikelweise Auflesen von Realität(en), mit seiner Anrufung des Großen Beckett. Mir hat es sich eingebrannt. Die Mayröcker-Lektüre »muss wieder von neuem beginnen oder fortgesetzt werden«. »Alles rätselhaft in der Grundierung«, heißt es in *brütt*, und wie Cage über Joyce sagte, er möchte dazu beitragen, dass dessen Werk »rätselhaft bleibt«, so ist mir das einzigartige Werk der Friederike Mayröcker konkrete und rätselhafte Nahrung zugleich.

## Zum Parnass. Bodo Hell

»nicht zu vergessen:«, schreibt Bodo Hell in seinem Buch *Tracht : Pflicht,* »was Lebensfreude spendet, stärkt auch die Abwehrkraft«. Bodo Hell lesen spendet Lebensfreude, stärkt folglich die Abwehrkraft – gegen was? Salopp formuliert, zumindest gegen die selbstverschuldete Erlahmung der Gehirntätigkeit, und das ist nicht wenig.

Hell lesen kann, Sie entschuldigen, erhellend wirken. Wer Hell liest, weiß mehr. Andersrum gesagt: Unwissen schützt vor Poesie nicht. Also Hell lesen!

Schön zu beobachten, was landauf flussunter immer wieder über alle möglichen Bücher nicht nur der Gegenwartsliteratur zu hören ist. Und einer hat das mal für uns und für ein und alle Mal auf den Vers zusammengefasst:

**Avant-propos**

Ich kann mein Buch doch nennen, wie ich will
Und orthographisch nach Belieben schreiben!
Wer mich nicht lesen mag, der laß es bleiben.
Ich darf den Sau, das Klops, das Krokodil
Und jeden andern Gegenstand bedichten,
Darf ich doch ungestört daheim
Auch mein Bedürfnis, wie mir's passt, verrichten.
Was könnte mich zu Geist und reinem Reim,
Was zu Geschmack und zu Humor verpflichten? –
Bescheidenheit? – captatio – oho!
Und wer mich haßt, – – sie mögen mich nur hassen!

Ich darf mich gründlich an den Hintern fassen
Sowie an den avant-propos.

Was Joachim Ringelnatz 1921 seiner Gedichtsammlung *Die gebatikte Schusterpastete* als Aufmacher voranstellte, war auch, so scheint es, im Jahre 1937 noch nicht von den Tentakeln der Normalität vereinnahmt, sah sich doch in Leningrad ein gewisser Daniil Charms zu folgendem Notizbucheintrag veranlasst: »Auf den Einwand: ›Sie haben sich verschrieben‹, antworte: ›So sieht es, wenn ich schreibe, immer aus.‹« Und auch heute scheint es immer noch Aufklärungs-, sagen wir es neutraler, Informationsbedarf zu geben, was die für die sogenannten Dichter längst schon selbstverständlichen, weil handgehabten Errungenschaften poetischen Schreibens anbelangt. Aber vielen ist halt schon ein schwungvollerer Wortschatz zu viel, nicht wahr, ein Denken über felsige Syntaxschleifen ist vielen schon zu viel, und was heißt da eigentlich ›Montage‹, Spracharbeit der Montage, welches Kind träumt denn linear? Liest man Bodo Hell, liest man »zur richtigen Zeit das richtige Wort am richtigen Ort, dort drüben«, wie es in *666 Erzählungen* heißt, punktum.

Text-Bild-kombinatorisch, Text als topographische Textur ausstellend, fotografische Ablichtungen als oberflächenrauen Text setzend, versammelt dieser Bergband neun Porträts über und in die Berge und die Wege dahin: *Vierbergelauf, Mont Ventoux, Zum Parnaß, Olymp, Ida, Weiße Berge, Bergell/Anleitung Felsnasen, Großer Hafner* heißen diese Erzählungen, und, vorangestellt, *666*, als Zahl ins Weiß der österreichischen Nationalfarben gepinselt, diese vielgestaltig auf Stein, Felssprung geschwungen, diesen zwischen die kleinen Textblöcke gesetzt, Wegmarkierung, Marksteine für den Textumschwung, ›hier kommt was anderes, hier geht es nicht nahtlos weiter‹. Das Bewusstsein aber, das Bewusstsein hierüber, das geht nahtlos weiter, macht keine Sprünge, die Natur.

Die Texte Bodo Hells sind Pfadfinder, luzide Gewebe, die eine eigentümliche Gleichursprünglichkeit der Existenztrias Landschaft, Ding, Mensch bzw. Gesellschaft und Sprache suggerieren, vermitteln. Sprache wird dabei immer als ein gesellschaftlich vermitteltes und den Menschen formierendes Medium erfahrbar gemacht.

Mitschriften, zuweilen, wie *Zum Parnaß*, ein Mitstenographieren, gefiltertes Protokoll, und man möchte als Leser dem Autor gerne zurufen, warum dies, warum nicht das?, und folgt ihm gerne und richtet sich dann in dem ein, was da ist, was zu lesen steht, zu sehen, aber den Filter, der dies passieren ließ, diese Beobachtung, jene, und eine andere, gleichzeitige nicht, diesen Filter, den blinden Fleck, den möchte man doch auch einmal mitgeteilt bekommen, nicht wahr, und zum Glück bekommt man das nicht, es gibt da nur diese innere Mutmaßung.

Eine Abtastungs-, eine Ablichtungstextur begegnet dem Leser, in die zweifellos auch Biographisches des Autors einfließt, Erlebnisbeglaubigung, aber was heißt hier Erlebnis, Spracherlebnis, eine Zeichenkunde, »durchs Gebirge der Zeichen«, wie es mit Hil de Gard in Bodo Hells *Tracht : Pflicht* so sinnstiftend heißt.

Und man hat da zuweilen wirklich das Gefühl, als löse Bodo Hell eine gar nicht so versteckte poetologische Rhetorik des Bandes ein: »würden Sie uns bitte die letzten hundert Meter bis zu Ihrer Eingangstür exakt beschreiben«, heißt es in der Titelwanderung *666*. Wir sind, was wir sehen; wir sehen, was wir hören, empfinden, denken; was uns, als sensuelles System, durchströmt, wir gehen durch die Gegend, wie man so sagt, und diese Gegend stürzt durch uns hindurch, und der Leser begleitet Bodo Hell durch dessen gefilterte Welt, in der auch Alltägliches nicht so selbstverständlich ist, dass es nicht zum Beispiel als »verdächtiges Kratzen im Rachen« erscheint, von dem aus sich ein ganzes Netz von Bezügen, Verweisen spannt, in welches das Kratzen im Rachen seinerseits bereits eingespannt ist. Eine Sicht der Dinge, also, ein fixiertes, gleichwohl eigentümlich schwebendes Verfahren, und man fragt sich, lesend, ob zuerst die Sicht der Dinge oder ob zuerst die Dinge da waren.

Heterogene Bezugs- und Zeichensysteme kollabieren in Bodo Hells Nichtsystem, das da Poesie heißt. Poesie als Interface zwischen Natur und Zivilisation, so will es scheinen, die Wissenschaft des Konkreten, naturmagisches und Volksglauben-Denken spielen da ebenso eine Rolle wie kognitions- oder wahrnehmungstheoretische Modelle, Semiotik, Etymologie, Geologie, Ökologie und Historie, Kulturwissenschaft und Naturheilkunde, Religionsgeschichtliches und Religionsregionales, Fremd- und Eigenbiographisches, oder zum Beispiel Musik.

Bodo Hell, ein Fachspracheninteressierter, wenn das nicht schon zu wenig ist, diese Feststellung, ein Benennungsfixierter, der die zum Teil entlegen klingende Nomenklatura aufbrechend hinterrücks anverwandelt, aber für wen entlegen klingend?, Zeichenarchäologie bis hinein in die elektronisch vermittelte Gesellschaftskunde. Poesie als Spur, Ablagerung.

Gesteinsprobenpoesie, Prüfung der Systeme, des dagegengehaltenen Nicht-Systems Poesie inbegriffen. Und manches, was da so als Gebrauchsanweisung daherkommt, als in seiner Funktionsweise bloß Rekapituliertes, Bodo Hell kehrt die benannte, genauestens beobachtete Sache gegen ihr Zeichen hin, perspektiviert die Sache so, lässt sie – als Zeichen – plötzlich klar und deutlich vor Augen stehen.

Ach ja, beim reinen Lesen bleibt es ja nicht, beim Auflesen, da ist ja auch noch die Tante Exegese. Und wo die ist, ist der Ringelnatz nicht weit:

Es redete die Exegese.
Ihr Hörer war ein Zopfchinese.

Der nickte nur von Zeit zu Zeit;
Die Exegese war erfreut.
Auf einmal fragte der Chinese;
Da ward die Exegese bese.

Aber lassen wir das. Schließlich hütet Bodo Hell ja auch nicht die blökenden Schafe des Literaturbetriebs, mindestens was Schafe anbelangt, kann man ihm überhaupt nichts vormachen, dem Bodo Hell. Es mag auch das unhintergehbare Dilemma dieser Art Literatur sein, über sich selbst entschieden mehr Bescheid zu wissen, als die Kritik wahrhaben zu wollen oder besser zu erkennen vermeint.

Ersetzen Sie in folgendem Kurt Tucholsky mal die Philosophen durch – Sie wissen schon:

Da jibt et 'n Waschkorb voll Philosophen.
Dat liest man. Und haste det hinta dir,
dreihundert Pfund bedrucktet Papier,
dann lechste die Weisen
bei't alte Eisen
un sachst dir, wie Kuhle, innalich:
Sie wissen et nich. Sie wissen et nicht.

Schreiben also für die Antike? Lassen wir das. Bodo Hell heißt Lesen. Durchqueren.

Hören Sie selbst, wie Bodo Hell das Lesestück *andere Natur/Wahrnehmung* in seinem Lese- und Sprechtext-Band *Tracht : Pflicht* eröffnet:

»Panorama/zur Lust am panoramatischen Schauen besteht allerorten und jederzeit Gelegenheit und Anlaß, wenn man sich nur veranschaulicht, was eine Kopfdrehung und der jeweils aufmerksam bestrichene UmgebungsAusschnitt wirklich bedeutet, diese Möglichkeit ist genauso gut auch nachts vorhanden und nicht nur aus der Position einer mitten im weiten Feld stehend fixierten Person ausführbar (mit ihrer DrehAchse durch Scheitel- und Fußpunkt), man könnte auch sagen: mit unserem unsichtbaren Sehpinsel streichen wir über die verschiedensten Oberflächen und Raumbegrenzungen hinweg, wobei manche Einzelheit nur schemenhaft, manch andere wieder wie übergroß herausgezoomt erscheinen kann, und wenn wir das horizontale Sehband randlos nach oben und unten hin erweitern, ließe sich gar von einem Pantorama sprechen, doch was auf der Abseite unseres Gesichtsfeldes, also vornehmlich hinter unserm Rücken existiert und geschieht, bleibt einer konstruktiven Imagination oder der organischen Ahnung, wenn nicht gar einem ahnenden Organ (dem sogenannten Zenkerschen) vorbehalten, animalisch allemal, wobei etwa die Ziege dank ihrer seitlich sitzenden Schlitzpupillenaugen nahezu keinen toten Winkel im Nacken zu haben scheint, probieren Sie nur einmal, sich von hinten an so eine Capride heranzuschleichen, sie wird Sie immer schon wahrgenommen haben, lang bevor Sie in Griffnähe herangerückt sind, sehr wohl: wir können in bekanntem Gelände ganz gut in die Tiefe sich erweiternde schalenhafte Vorstellungskreise ziehen, quasi als verräumlichendes MemorierExperiment, zur Verortung im Raum, wobei ja die Vorstellungskraft bekanntlich den Gang durch alle Wände schafft, während im Gegensatz zu diesem bewußten Ausdehnungsbestreben jene im Weltenrund alleingelassene Figur stehen würde, die sich mitten im Hochgebirge vor gestaffelten GipfelReihen und BergKetten wiederfände, bitte keine Schi anlehnen, Sie schützen dadurch das Panorama, müßig wäre es für so einen Bewußtseinspunkt, mit der Vergegenwärtigung der Streichrichtungen und Talverläufe zu beginnen, eher würde mich in solch einer Situation das Bewußtsein des eigenen Selbst für Momente verlassen und das apperzeptive Zentrum implodieren, so: jetzt hat uns das Panorama überflüssig gemacht, also Kehrtwendung ins Konkrete«.

Was für ein Anfang. Der nie beginnende Beginn. Ein Riesen-, ein einziger Satz. Der es – fast – schafft, über seinen eigenen Schatten zu springen. Und wenn die Bergsonne nur hoch genug ist, dann schafft er das auch, der Satz. Die im Leser anzutreffende Sonne.

Die Selbstthematisierung der poetischen Einbildungskraft. Die Poetisierung der Selbstthematisierung. Das Hinzuwahrnehmen als nicht zu verrechnender Rest. Was hinter unserem Rücken passiert, solchermaßen, ist, hinzuwahrgenommen, Poesie, sozusagen.

»bitte keine Schi anlehnen, Sie schützen dadurch das Panorama«, hieß es doch eben.

»Nur sinnvollen Unsinn über einen Autor sprechen, Sie schaden, Sie schützen dadurch sich selbst«, könnte es in Anlehnung an diesen erhellenden Satz heißen.

Ein Spazier-, ein Seh- und Denkgang ist *Tracht : Pflicht*, eine Strukturanalogien-Vernetzung, ein unablässiger Systematisierungsversuch, der – paradox genug – das Systematisieren verflüssigen, auflösen möchte. Und so »flugs notiert«, wie eine Unterabteilung des Kapitels »Tageszeichnung/Diarrhoe« in *Tracht : Pflicht* heißt, ist es dann doch nicht, was vor Augen steht zu lesen, aber vorbeifliegen tut es, und es haftet an. Zitat:

> »so vom Blatt kann ich das nicht spielen, jetzt zum ersten Mal das eingestrichene Rollenbuch in Händen, gibt der Schauspieler zu bedenken, so stehe ich mit einemmal textfrei da, sagt der Herr Minister (Zukunftsfragen), da brauche ich gar nicht in meine Vorlage hineinzuschauen, wo Sie doch, liebe Laudatorin, meinen Einstieg schon vorweggenommen haben, reichen Sie ihre Unterlagen ein, empfiehlt der zuständige Beamte und schnürt das nächste eingede-

ckelte Papierbündel (mit eigener Faszikelnummer) zu, das verstehen wir sofort: Geld-, Fahr-, Tauf-, Toten-, Führer-, Waffen-, Lokalaugen-, Kranken- etc., was früher treffend -schein hieß, nennt sich jetzt zur Aufwertung bisweilen -scheck, das Papiermacherehepaar Toni und Edith Innerhofer aus Meran (jetzt Castel del Piano) schickt ein dünnes Holzplättchen (verwitterte Naturschindel) mit eingeritztem Gruß von einer Alm am Ritten zu einer Alm am Dachstein, so ein Stück müsse persönlich am Postamt aufgegeben werden, sagt der Expediteur, damit es auch wirklich befördert und nicht als Unterzündholz verwendet werde, auf papierlosen Gebirgshöhen wird das Feuer im Herd üblicherweise mit papierdünnen Spänen (Fichte/Zirbe) entfacht, die mit einem eigenen Spanmesser auf Vorrat angefertigt worden sind (etwa von der Möslehn Sigrid) und gespreizt übers Streichholz gehalten werden, bevor man sie vorsichtig in den Ofen (auf den Sommerrost) legt, sollte ausnahmsweise Zeitungspapier zum Anzünden verwendet werden, muß das Feuer warten, bis das Blatt gelesen respektive überflogen worden ist, die Milchwatte genannten Filterscheiben (Millpur) legt man dergestalt zwischen die Alusiebe, daß die eingeprägten Noppennäppchen nach unten, d.h. in die Abtropfrichtung der zu erwartenden Milchschüttung schauen, da ist ein von weit her gedrifteter Luftballon als eingekringelter Gummirest (zerplatzt) niedergegangen und hat an seiner Schnur eine verwaschene Adreßkarte baumeln, mit der Kinderschrift einer Volksschülerin, die im Falle des Zurücksendens ein Geschenk verspricht, das dann nach Wochen etwa in Form einer Buntstiftkollektion auch wirklich eintrifft, Hardenbergs Sophie von Kühn alias Ofterdingens Mathilde kann Novalis' Locke anderntags in dem Einwickelpapier, in dem das Haar am Vorabend gewiß noch am Tisch gelegen ist (wer hat mein Unterpfand verschwinden lassen), nicht mehr finden und bittet den Geliebten nochmals, sich scheren zu lassen, nämlich den Kopf (1796), die Tätowierungen am Rücken der Mumie könnten möglicherweise auf eine steinzeitliche Therapieform hinweisen, die Verkäuferin im volkseigenen Großkaufhaus wickelt noch weit ins Frühjahr hinein die Einkäufe des Publikums in das hübsch altmodisch mit Weihnachtsmotiven bedruckte Verpackungspapier (von dem wohl eine zu große Charge hergestellt worden ist) […].«

Andererseits: Beim allmählichen Verfertigen von Texten kommt einem ja immer die Wahrnehmung ins Panorama, das soeben Wahrgenommene, und was soll man dann damit machen, eine Zeitreise ist das ja auch, eine Zeitreisenklitterung, und wer sagt denn, dass vergangene Jahrhunderte tatsächlich schon vergangen sind, wer sagt das denn, erlebte Lesezeit ist ja auch Lebenszeit, »mit der Begehung beginnen / fortfahren heißt bereits mit dem inneren Lesen und Schreiben begonnen zu haben / fortgefahren zu sein«, sagt es der Autor in *Tracht : Pflicht* ja selbst.

Ein Lesen ist denkbar, erfahrbar, das selbst eine Gebirgs- und Tal-Topographie ist, ein Hinaufkraxeln, Stolpern, Hängen, Hinabsteigen, Schründe, Ansammlungen von etwas, von etwas noch nicht genau zu Erkennendem, plötzlich aber unmissverständlich Vor-Augen-Stehendem.

Lesen Sie *Tracht : Pflicht* von Bodo Hell, betrachten Sie es als Ihre Pflicht, *Tracht : Pflicht* von Bodo Hell zu lesen, dessen erste Abteilung, und mindestens diese, Sie zu der Annahme versteigen lassen könnte, lesend einen Berg bereits zu erklimmen, eine Pflanze bereits zu riechen, einen Horizont bereits zu erblicken.

Alles nicht wahr, alles so nicht möglich, »die wirklichen Möglichkeiten« sind anderswo.

»Durchs Dickicht der Verweise« müssen Sie schon selber steigen, »so dürfte doch keiner der Beteiligten tags darauf sicher sein, ob er die Einzelheiten des stundenlangen Wegs übers Schneeplateau wirklich und leibhaftig wahrgenommen oder als blendenden Reflex aus einem anderen Leben nur geträumt hat«, du sagst es, Bodo Hell, du sagst es.

Da dauert eine »Wegbeschreibung« also auch mal so lange wie der Weg selbst.

Eine Bruchstückwahrnehmung. Dauernd nehmen wir uns nur in Bruchstücken wahr, wie wir auch Poesie nur ganz und gar bruchstückhaft wahrnehmen, spekulativ aufs Ganze zielend, aufs Ganze schließend. »wir wissen ja nur bis zu einem gewissen Grad, was wir tun«, sagt es Bodo Hell in seinem autorenpoetologischen Aufsatz zum Erich-Fried-Preis 1991, *die wirklichen Möglichkeiten*, selbst.

Kaum ist man dem Prosaschriftsteller, Radio-, Film- und Theatererzeuger, dem Fotomacher, Musikmenschen und Almwirtschaftler Bodo Hell einmal begegnet, das heißt, vor ca. fünf oder sechs Jahren begegnete ich Bodo Hell das erste Mal, und zwar in Linz, in Linz bei Christian Steinbacher in jener Galerie Maerz, in der Christian Steinbacher seine Reihe *Linzer Notate* veranstaltete, kaum ist man Bodo Hell einmal begegnet, nämlich vor dieser gemeinsamen Veranstaltung in einem in der Nähe der Galerie befindlichen Café, da hat man auch schon ein Bild davon, ein Foto, ein Polaroid, das einen verdutzt Dreinschauenden zeigt, dich selbst, eine plötzliche Momentaufnahme, und um die Ecke ist auch Bodo Hell zu sehen, der Momentaufnehmer, und ein Baby ist auch drauf, dessen Belichtung vorher bei der Mutter höflich angefragt wurde, schließlich lag das Baby ja im Panorama oder machte es erst eigentlich aus. Der Fotoinszenierung parallel lief ein akustischer Film, das heißt, Bodo Hell sprach, Bodo Hell kam im Sprechen von Stöckchen auf Hölzchen, den verdutzt Dreinschauenden betrachtend, mich selbst, Bildbannung, fragte sich ich mich, was spricht dieser da eigentlich die ganze Zeit, die ganze Zeit spricht er ja nicht, es könnte sein, er spricht zu dir, und ob es eigentlich egal ist, ob du anwesend bist oder nicht, deine Anwesenheit ist das Sprechen Bodo Hells, denkt der gerade jetzt und wie zufällig Anwesende, und abends ging das dann munter weiter, da setzte Bodo Hell dann eine Grubenlampe auf, eine auf einen Bergarbeiterschutzhelm montierte Gruben- als Leselampe, und las von seinem strahlenden Blatt ins Dunkle. Und dieses Lesen, war das nicht die Fortsetzung des Gesprächs mit anderen Mitteln, mit anders gerichteten Sprachmitteln, und hatte man da nicht das eigentümliche Gefühl, es spricht aus Bodo Hell heraus, es spricht ihm, und du bist sein anwesendes Ohr. Das wäre einmal ein schönes Ding, dass der Bodo Hell dann aufsteht, die anwesenden Ohren befragt, was ihnen gesagt wurde, und dann schreibt er das auf, das gleich lang Wiederzusagende, und die Differenz zwischen dem Gesagten und dem Wiedergesagten ist das Widersprochene. Vielleicht die ›eigentliche‹ Poesie?

Bodo Hell, »Offensichtlich Stummes«, wirft er in seiner *Rede über so etwas: Literatur* zum Erich-Fried-Preis 1991 in den Raum – und was sich damit machen lässt.

## Infragestellungen – und Literatur als Antwort

»oder sitze ich einfach den gewählten Wörtern und rhetorischen Formeln auf, in einer Art von textlicher Nervenberuhigung«, fragt er rhetorisch in derselben Rede.

»Versprachlichung des Vorsprachlichen«, auch darum geht es, »die poetische Rede als eine andere Form von Erkenntnis«, stellt Bodo Hell in Aussicht.

Was steht denn da? »im besten Fall jener Prozeß einer wortwörtlichen Lektüre«, heißt es dortselbst – und »dieses notwendige Fehlen von Klartext«, »die ›wirklichen Möglichkeiten der Wörter und ihrer Kombinationen‹«. Nicht auszudenken.

»Regen fällt: wir lassen ihn fallen«. Wirklich?!

Ich halte die Formulierung ›sprachbezogene Literatur‹ für einen blanken Unsinn. Was soll Literatur denn sonst sein? Wovor haben die Damen und Herren denn Angst, die wie ein Abwehrzauber von ›sprachbezogener Literatur‹ palavern? Alles Dada oder was? Am schlimmsten noch die Feuilletonvermählung von ›sprachbezogene Literatur‹ und – Achtung! – ›experimentell‹. Da kommt dann die Galle hoch.

Als experimentell gilt ja landläufig schon ein veritabler Druckfehler. Das nennt sich dann ›sprachbezogene Literatur‹. Sehr viele Kritiken lassen sich folgendermaßen zusammenfassen: »Böser Autor, das ist keine Literatur, das ist ›experimentell‹«. Oder: »«. Das Wissen solcherlei Kritiker ist oft nur ein Bescheidwissen; als solches lappt es juckreizartig ins Hörensagen, selten ins Profunde. Und insgesamt ist das alles ja sowieso Dada oder Jandl, nicht wahr. Da hilft manchmal nur eins: Kostprobenlektüren aus der bröckelnden Konventionalität des vom Kritiker selbst verfassten Lyrikbändchens. Die Sehnsucht nach poetischer Horizonterweiterung mag da ja groß sein, allein der Mut, das ›Wie‹, und außerdem, das gehört sich nicht, das ist doch obszön, was sollen die Eltern denken, und so weiter.

»ich bin absorbierbar von hervorragenden Texten der modernen Unterhaltungsliteratur«, bekannte Ernst Jandl in seiner *Laudatio auf Bodo Hell anläßlich der Verleihung des Erich Fried Preises 1991*. Ich auch. Wer nicht? Wir alle.

Der Rest ist *nicht* Unterhaltungsliteratur? Und was heißt das? Dass Lesen auch geistige Arbeit sein kann? Das heißt doch auch, dass der Autor, die Autorin dem Nichtwissen seines, ihres Lesers und Befinders bedrohlich nahe kommen kann.

Bodo Hell hütet seinen Sprachschatz nicht, wie man Schafe hütet, er treibt ihn nicht vor sich her, er umzingelt ihn nicht, führt ihn keinem sich immer wieder einstellenden Ziel zu, er verausgabt seinen Sprachschatz.

»alle Buchstaben, Worte und Sätze sind Eintragungen ins Nichts«, heißt es in *Tracht : Pflicht.* Das Nichts ist nicht zu denken. An selber Stelle heißt es auch: »wir setzen auf das, was nicht erwartet wird«. Was nicht erwartet wird. Ich meine, es ist ja alles da in der Welt, es kommt ja nur auf die je momentane Anordnung an, nicht wahr, nennen wir es Selektion und Kombination, und hat es nicht mal in nicht allzu ferner Vergangenheit eine kulturgeschichtlich bedeutsame Strömung gegeben, die postulierte, alles mit allem zu verbinden und die Welt hierdurch zu poetisieren? Noch Walter Benjamin scheint das, aus eigener Schreibpraxis heraus, zu reflektieren, wenn er im *Passagen-Werk* feststellt: »Über das Methodische der Abfassung selbst einiges sagen: wie alles, was man gerade denkt, einer Arbeit, an der man steht, um jeden Preis einverleibt werden muß. Sei es nun, dass darin ihre Intensität sich bekundet, sei es, dass die Gedanken von vornherein ein Telos auf diese Arbeit in sich tragen.«

Ein Telos. Die Kohärenz des scheinbar Inkohärenten. Das Bewusstsein.

Alles mit allem zu verbinden, in einem solchermaßen verschrifteten Kontext als Ganzes zu poetisieren, dass wir zwar Einzelnes herauslösen können, dieses Einzelne aber als gleichwertig mit dem Vorangegangenen und dem Folgenden erkennen, wie zum Beispiel in den Erzählungen *Seltsam* und *Aufklären* aus dem Band *mittendrin.* Ein Erzählungsband mit sechzehn ineinanderführenden, ineinandergleitenden Prosatexten; sollte man nicht Kapitel sagen? Eine Art Roman? Ein Zivilisationskompendium, meine Damen und Herren, auch ein Österreichbuch, da wo nicht nur der Freud drin abgebildet erscheint und der Mozart.

Der verschriftete Kontext als Ganzes, die in der vorfindlichen Welt der Zeichen eingefaltete Narratio, die im poetischen Konnex explizit gemacht wird, ausgefaltet, verkettet, und dieser Kontext fungiert bei Bodo Hell noch bis ins Detail als poetologisch reflektierter, auch ideologiekritischer Rekurs auf die Diversifikation von Schrift in all ihren verführenden, gezielt unterwandernden Manifestationen, medialen Blendungen, Botschaften, kurz: Unterwerfungen. Die Lektüre Bodo Hells lässt den Leser ›Schrift‹ nicht nur als System graphischer Zeichen auf einem materiellen Träger oder als Handschrift oder Schriftstück, sondern auch und insbesondere als Inbegriff aller Festlegung begreifen. Was folgt hieraus, sagen wir unmittelbar. Bodo Hell lesen heißt ganz wachen Auges sein. Hier dreht jemand an Ihren inneren Dioptrien.

Die Kohärenz der Hell'schen Texte ist das lesende Bewusstsein, das poetische Bewusstsein des Autors hat das zu Lesende als Bewusstseinsinhalt vorgeordnet. Was wir gewohnt sind, dass sprichwörtlich vorgeschriebene Narration Kohärenz bedingt, wird hier zu einer kognitiven Leistung.

»Der Parnaß mit seinen Wolkenhauben und Schneezungen ist vorne schon erschienen«, erfährt der Leser in Bodo Hells eingangs erwähnter Erzählung *Zum Parnaß*. Parnass, da ist alles »PARNASSUS ART«, und man kann schon gar nicht mehr dahin fahren, wäre man doch enttäuscht, alles nicht so vorzufinden, zu sehen, wie Bodo Hell es vorgesehen, vorhergesehen hat, das ist ja eine erstaunliche Fähigkeit von Literatur, von Poesie, dass sie den Leser gründlich imprägniert, und so würde es mich nicht wundernehmen, wenn sich eines Tages der Panoramabetrachter, ich, mit der Frage konfrontiert sähe: »Durch welche Lektüre sehen Sie denn dieses Land, diesen Landstrich«, ein Strich wie ein Buch, da wundert sich der Kölner und fragt: »Nä, wat häs du ne Panorama an dir vorbeeloofe …«.

Diesen Parnassspielball mit folgendem Gedicht wiederaufnehmend, das ich aus gegebenem Anlass dem Bodo Hell hiermit gerne widmen möchte, wenn er nichts dagegen hat, möchte ich schließlich schließen, schließt das wohl auf einer wahren Begebenheit beruhende Gedicht doch mit einer Aufforderung, der nachzukommen wir später nichts dagegen haben sollten, wenn wir möchten, ein Gedicht also, für Bodo Hell, wenn er nichts dagegen hat, das auf einer wahren Begebenheit beruht, wenn Bodo Hell nichts dagegen hat, damit wir nicht aus der »Dichterquelle« einen »Andachtsschluck« nehmen, wie es in Bodo Hells Wegbeschreibung *Zum Parnaß* heißt, denkt also daran, Bodo Hell zu lesen, dessen Parnass übrigens einen einzigen Satz nur lang ist, sechs Druckseiten entfachend, zwei Fotografien enthaltend, »wird dem Wanderer mit jedem neuen / halbbekannten Blick (der tote Vogel vom Aufstieg, zwei lebende hüpfen pickend auf dem Schnee nach Mücken) bewußt, wieweit ihn das Verlangen der letzten Tage in Wahrheit hinaufgetrieben hat«, und wenn man da durch ist, steht man auf dem Parnass, jetzt also das Gedicht:

Parnass,
Gipfel,
ganz klar.
George Cram Cook's
Lebenstraum.
Geht dahin, der Cook,
kriecht hinauf,
himmelragender
Gipfel Parnass,
steht oben,
schaut sich um,
nimmt
Witterung auf,
empfängt,
:
Ein Traum

ist
absolviert.
George Cram Cook
spricht nun
zu seiner Frau:
»Also komm,
lass uns irgendwohin
gehen und einen trinken.«

# Donnerwetter. Uwe Dick

»Ich / Dichter des Himmels und der Erde / ging aus meinem Munde hervor«, heißt es bei Uwe Dick. In der Tat, hier ist ein Dichter, der sich selbst erfunden hat. Und das bei genauer Kenntnis unterschiedlicher Dichtung aus vielen Jahrhunderten und Ländern. Der Selbsterfindung geradezu förderlich war und ist diesem Dichter die Verehrung, die er einer Reihe seiner Kollegen entgegenbringt und die in allen seinen Büchern zum Ausdruck kommt. Stellvertretend genannt seien an dieser Stelle nur Bella Achmadulina, Robinson Jeffers, Ossip Mandelstam, Ezra Pound und Arno Schmidt. Da ist es nur folgerichtig, wenn der Dichter Uwe Dick nun mit einem wichtigen Preis ausgezeichnet wird, der ihm wie keinem anderen zusteht.

Uwe Dick ist ein Dichter, der wie kein zweiter im deutschen Sprachraum ein Leser Jean Pauls ist – ein Leser, der diesen Titan anverwandelt und sprachschöpferisch ausdeutet. Man lese nur den vorläufigen Schluss der *Sauwaldprosa*, Uwe Dicks Opus summum vieler Jahrzehnte, eine prosaisch-lyrisch-dramatische Botanisiertrommel, eine welthaltige Form- und Sprachfindung, die ihresgleichen in der zeitgenössischen deutschsprachigen Literatur nicht hat. Da taucht plötzlich, »aus dem Geäst der Sprache«, »Schoppe« auf, begleitet von seinem Hund Mordian, beide den Lesern Jean Pauls bekannt aus dessen *Titan*. Der Sauwalderzähler erweist sich als Schoppes Wieder- und Doppelgänger. Wer ist aber dieser Schoppe?, fragt der Erzähler und antwortet: »Man sieht das am besten auf Reisen, wenn man seine Beine anschaut und sie schreiten sieht und dann fragt: wer marschiert doch da unten so mit?« Mit dieser Frage endet die *Sauwaldprosa*, Stand 2001. Der eigene Schatten marschiert da unten so mit, der allgegenwärtige Tod, ein Dick'sches Generalthema mit vielen Variantionen. Und Schoppe taucht nicht zufällig auf, man lese nur dessen Geschichte im *Titan* und wie er dort zu Tode kommt:

»Schoppe schaute sich endlich um. Der schreitende Abguss seiner Gestalt bewegte sich her – das Feuerauge in der Hand stieg in das Gesicht – die Ichs-Larve war grün gekleidet – ›Böser Geist, ich bin doch in der Ohrenbeichte, du kannst nicht her, ich bin heilig‹, rief der Spanier und fasste Schoppen. Ihn fasste der Hund«, heißt es da bei Jean Paul, und gemeint ist der Hund Mordian. »Schoppe«, so geht der Roman weiter, »Schoppe starrte die grüne Gestalt an – der Degen entfiel ihm. ›Mein Schoppe‹, rief sie, ›ich suche dich, kennst du mich nicht?‹

›Lange genug! Du bist der alte Ich – nur her mit deinem Gesicht an meins und mache das dumme Sein kalt‹, rief Schoppe mit letzter Manneskraft. ›Ich bin Siebenkäs‹, sagte das Ebenbild zärtlich und trat ganz nahe. – ›Ich auch, Ich gleich Ich‹, sagt' er noch leise, aber dann brach der überwältigte Mensch zusammen, und dieser reinigende Sturm wurde ein seufzendes, stilles Lüftchen. Mit weiß werdendem Gesicht, krampfhaft sich selber die starren Augen zuziehend, stürzte er um, die spielenden Finger schienen den Hund noch anzulocken, und die Lippen wollten sich zu einem Spottwort spitzen, das sie nicht sagten – Sein Freund Siebenkäs, der nichts erraten konnte, hob weinend die kalte, festgeschlossene Hand an sein Herz, an seinen Mund und rief: ›Bruder, blick auf, dein alter Freund aus Vaduz steht ja neben dir und sieht dich in der Todesnot, er sagt dir tausend Lebewohl, Lebewohl!‹«

»Und lächelnd blieb der Verstorbne auf der Erde zurück«, heißt es dann schließlich. »Ich gleich Ich«: natürlich ist das auch eine spöttische Paraphrase von Fichtes Ich-Philosophie, und auch der Leser mag hier so manches nicht erraten, was

Jean Paul ihm da präsentiert. Ein Vexierspiel ist es allemal, und wandlungsfähige Ich-Larven, multiple Egos findet man auch bei Uwe Dick allerorten, ebenso wie treffende Spottworte – und eben viele offenkundige oder versteckte Spuren Jean Pauls.

Im Gedicht *Feldstörung* von 1995 zum Beispiel: »Bürger in Dummiform, / hörig statt mündig; organisierte Ignoranz. ›Die Augen geradeee-aus!‹ / Und seis am Bildschirm. Ein Volk, zu / witzlos für Jean Paul: ›Wir wollens / gehen lassen!‹«

Oder in seinem jüngsten Buch, den *Marslanzen*: »Ich habe nicht nur einen anderen Standpunkt – auch ein anderes Stand-Land. Jean Paul.« Ja, Uwe Dick ist ein politischer Dichter, ein streitbarer. Das war er von Anfang an. Der Rezeption der *Marslanzen* möchte ich an dieser Stelle nicht vorgreifen.

Literatur entsteht (auch) aus Literatur, das zeigt Uwe Dick immer wieder auf. Lesen heißt einverleiben. Die Zeichen der Zeit zu erkennen, dazu bedarf es eines wachen Auges, eines tätigen Bewusstseins, das sich nicht nur aus den vorbefindlichen, den offenkundigen Quellen speist. Uwe Dick ist unter den Dichtern der genaueste Leser, den ich kenne, ein Leser, dem das europäische Blickfeld schon schnell zu eng geworden ist. Ihm ist eine Horizonterweiterung der deutschsprachigen Literatur zu verdanken. Wir verdanken ihm einige der schönsten und gedanklich tiefsten Gedichte, die in den letzten Jahrzehnten in deutscher Sprache geschrieben worden sind. Wir verdanken ihm eine Prosa, die sinnlich und erkenntnisstiftend ist. Hier ist einer, der aus seinem Munde hervorging, der den Mund immer vollgenommen hat, voll Sprache, und das ganz zu Recht, und zum Glück auch immer kompromisslos, ohne etwas anderes erheischen zu wollen als das treffende Wort – und da muss man eben der Sprache ausdauernd zuhören können. Die Sprache ist Heimat – und die Heimat kann sich glücklich schätzen, dass der Dichter Uwe Dick am Werk ist.

Im Zentrum seiner Dichtung steht das Programm der ›Deckung von Sprache und Leben‹: »Bin ich eins: Wort und Wesen? Dann wäre ich meiner Weltformel nahe und lebte, indem ich schreibe, was ich lebe«, heißt es in der *Sauwaldprosa.* Die Frage nach dem Ich lässt sich für Uwe Dick nur im gesamtgesellschaftlichen und historischen Zusammenhang stellen. Historisches Bewusstsein heißt für ihn, die eurozentrische Perspektive hin zur mythischen oder auch asiatischen Vorstellungswelt, zum Beispiel der Ostjaken, Chorezem-Turkmenen, Mongolen oder Khazaren, zu öffnen.

Als Autor ist Uwe Dick, geboren 1942 in Schongau am Lech, auch Sprachanalytiker, für den Sprachkritik immer auch Gesellschaftskritik ist: »Wir sind, wie wir sprechen«, heißt es in der *Sauwaldprosa.* Aphoristik und epigrammatische Kürze sind für seine Spracharbeiten ebenso charakteristisch wie lyrische Groß- und prosaische Mischformen. Überhaupt folgt seine Dichtung keinem Gattungsreinheitsgebot; ist die Ausdrucksgrenze einer Form erreicht, wechselt er das Fach und zieht andere Register, das satirische zum Beispiel oder das monodramatische.

Uwe Dick, habe ich gesagt, ist der genaueste Leser.

›Genau‹ lesen heißt auch ›eigenwillig‹ lesen. Neben Arno Schmidt oder zum Beispiel Ezra Pound favorisiert Uwe Dick mit Jean Paul einen Schriftsteller, dessen sprach- und weltschöpferische Eigensinnigkeit er nicht müde wird hervorzuheben, auch im persönlichen Gespräch. An Eigensinnigkeit fehlt es. Manchen gilt Jean Paul als unlesbar. Dabei hat er doch auf Deutsch geschrieben. Jean Paul hat die deutschsprachige Literatur um etwas bereichert, das ihr doch eigentümlich sein müsste: Er hat sie um die deutsche Sprache bereichert, deren Haut (der Laut) und deren Hemd (die Letter) mit ihm andere Gestalten angenommen hat. Und er tat dies – insbesondere in seinem *Titan* – stets auch als Zeitdiagnostik. Bei aller Sprachartistik war Jean Paul – und darin folgt Uwe Dick ihm nach –

ein scharfzüngiger und auch spöttelnder Diagnostiker gesellschaftlicher Zustände. Jean Pauls 1804 erschienene *Vorschule der Aesthetik* zeigt einen Autor, der poetologisch sein eigenes Programm des Romantisierens entfaltete. »Romantisieren«, so Novalis, »ist nichts als eine qualitative Potenzierung. [...] Indem ich dem Gemeinen einen hohen Sinn, dem Gewöhnlichen ein geheimnisvolles Ansehen, dem Bekannten die Würde des Unbekannten, dem Endlichen einen unendlichen Schein gebe so romantisiere ich es – Umgekehrt ist die Operation für das Höhere, Unbekannte, Mystische, Unendliche [...]. Es bekommt einen geläufigen Ausdruck.«

Jean Pauls Konzept des Romantisierens enthält auch eine Humortheorie. ›Humoristische Poesie‹ nennt er sein Dichten, was aber ganz und gar nicht mit Blödeln oder verlachender Tändelei zu verwechseln ist. Das Lachen befreit und lässt erkennen.

In der romantisierenden Verbindung des Profanen mit der »überirdischen Welt« scheint die Conditio humana auf, die Jean Paul folgendermaßen beschreibt: »Wenn der Mensch, wie die alte Theologie, aus der überirdischen Welt auf die irdische herunterschaut: so zieht diese klein und eitel dahin; wenn er mit der kleinen, wie der Humor es tut, die unendliche ausmisset und verknüpft; so entsteht jenes Lachen, worin noch ein Schmerz und eine Größe ist.« Uwe Dicks Poesie ist ein beständiges Abgleichen des Alltäglichen mit dem Höheren, des Selbstanspruchs, der Selbstanmaßung des Menschen mit ihren Folgen – für eine umfassend zu denkende Natur, für den zivilisatorischen Status quo. Größe bleibt da vielleicht nicht mehr, Schmerz schon, wenn auch kein Mitleid. Poetologische Reflexionen, die über sein Welt- als Sprachverständnis Auskunft geben, sind bei Uwe Dick eingewoben in seine Texturen oder explizit ausformuliert wie in seiner Brief-Poetologie *Im Namen des Baumes und seines eingeborenen Sohnes des Buntspechts* aus dem Jahr 1984.

Form ist nicht bloße Verpackung von Inhalt, Form generiert Bedeutung – und wirkt auf die Gestalt und folglich auf den Sinn des Gelesenen ein. Jean Paul, der Autor des *Titan* und des *Siebenkäs*, des *Hesperus* und der *Flegeljahre*, hat sich die Freiheit genommen, formbildend zu sein – mancher Leser will aber nur das lesen, was er schon gelesen hat, nur das also, was er sofort wiedererkennt. Und dieses Wiedererkennen macht einen Teil der Identität dieses Lesers aus. Er müsste sich dafür zu schade sein. »Keine Experimente«, hieß es mal. »Nur Schema F« hieße die entsprechende Leserparole. Jean Paul: Das sind mäandernde Satzkonstruktionen, Fülle der Phantasie, »überfließende Darstellung, sowohl durch die Bilder und Kontraste des Witzes als der Phantasie«, wie es in der *Vorschule der Aesthetik* heißt, kompromissloses Fabulieren, Kunst der Abschweifung und der reflektierenden Einschübe. Bei Jean Paul brechen alle Staudämme der bürgerlichen Zurückhaltung und des selbstverleugnenden Kleinmuts, um in frappante Aphoristik und hellsichtige Prägnanz zu münden. »Ein Schriftsteller wie Jean Paul ist mir noch nicht vorgekommen, unter allem was ich seit jeher gelesen habe«, bekennt Georg Christoph Lichtenberg. »Eine solche Verbindung von Witz, Phantasie und Empfindung«, greift er sprichwörtlich hoch hinaus, »möchte auch wohl ungefähr das in der Schriftsteller-Welt sein, was die große Konjunktion dort oben am Planeten-Himmel ist.«

Wer Jean Paul gelesen hat, weiß, wozu die deutsche Sprache imstande ist, wenn sie nicht von vornherein in die Schranken des kleinkarierten Formats und prästabilierter Harmonie gewiesen wird. »Kleinmut der nichts wagte«, wie es bei Ezra Pound in den *Cantos* heißt, kann man Jean Paul und Uwe Dick nicht vorwerfen. Auch die Form braucht den Selbstdenker und eben nicht die Gebrauchsanweisung, sie muss gebändigt werden und soll nicht nur bändigen. Uwe Dicks Werk zeichnet ein dem Ausdruckswillen komplementärer Formwillen aus, der Jean Paul sicherlich viel verdankt.

So geht Literatur in Literatur auf. Und mit diesem Aufgehen einer poetischen Saat – die Literatur der Altvorderen als Dünger verstanden – wird gleichzeitig geistige Haltung auf den Prüfstand gestellt. Uwe Dicks Werk ist ein weiterer Beleg für das Wort eines Dichters, der hellsichtig auf die Aktualität Jean Pauls hingewiesen hat. 1896 schrieb Stefan George, Jean Pauls »Lebenswerk« sei »von überraschender neuheit unveränderlicher pracht und auffallender verwandtschaft mit euch von heute«. Kontinuitäten aufzuzeigen ist eben nicht nur ein Fall für die Geschichtsschreibung. Das hat viele Konsequenzen. Eine wichtige ist, dass es eine Literatur des bloß Privaten, eine Selbstentblößungsliteratur als Medium der Selbstbespiegelung für Uwe Dick nicht gibt. Das hat für ihn ästhetische und sprachgeschichtliche, aber auch identitätsphilosophische Gründe, die wiederum Fragen nach der – auch politischen – Haltung aufwerfen. Und selbstredend tritt hier Uwe Dick auch das Erbe der Frühen Moderne an, die sprachästhetisch und identitätskonzeptionell so einiges ins Rutschen brachte, um es mal gelinde auszudrücken. Die Frage, wer ist der Autor, ist dementsprechend nicht so einfach zu beantworten. Viele sind der Autor: Persona, Larve, Maske.

Ein Selbstporträt in nuce findet sich in *Pochwasser*, erstveröffentlicht 1992; 2001 in die *Sauwaldprosa* integriert: »Verwandlungen! Ihnen lebt er: Holzhacker, Archaischer Surrealist, Seelsorger, Kleinbauer, Arroganzheitsdenker, Staatsfeind …« In dieser *Biographie ohne Ich*, wie das Buch im Untertitel heißt, ist auch eine lebenspragmatische und literarische Programmatik formuliert: »Auf der Suche nach einer Moderne des Unversöhnlichen. Auf der Suche nach einer *unmöglichen* Literatur.« Das Buch versammelt Uwe Dicks Generalthemen: Wider die »benennende Macht des Geistes, der die Welt erobert, aber die Natur zerstört«; die Fortsetzung des Totalitarismus mit anderen (wirtschaftlichen) Mitteln; den »Primat der Idee über den – Rest, über die (noch) lebende Realität«, Einspruch gegen die Zernadelung des »Brudertiers« in den »Wissenschafts-KZ's« des Menschen.

Auf Initiative der Großmutter veröffentlichten Tageszeitungen 1958 gegen Honorar erste Gedichte, die seit dem zehnten Lebensjahr entstanden sind.

Von 1953 bis 55 lebte er als Straßenkind in Karlsruhe und Mannheim zum Teil in konservierten Kellern von Hausruinen.

Nach unregelmäßigem Schulbesuch 1955–61 wuchs Uwe Dick in verschiedenen Internaten auf (u. a. im Schloss Beuggen und im Pallottinerheim in Freising). In den Kontext gesellschaftlicher Nachkriegserfahrungen gestellt, finden sich Erinnerungen an die Internatszeit in *Pochwasser.*

1961 arbeitete Uwe Dick in einer Kupferschmiede und einer Zahnfabrik und, wie er es selber nennt, als »Tabulettkrämer und Zungen-Äquilibrist« in einem Chiemgauer Berggasthof. Nach einem Volontariat in Rosenheim war er von Herbst 1961 bis Winter 1968 Redakteur bei Tageszeitungen in Rosenheim und München und schrieb unkonventionelle Reportagen, denen ungewöhnliche Recherchearbeit zugrunde lag wie etwa ein Auftritt als Pantomimeclown im Circus Krone. Von 1970 bis 1977 war Uwe Dick Mitinitiator und Lehrer der »Ersten Kindersprechschule Deutschlands« (ARD).

Seit 1969 ist er als ›Überlebenskünstler‹, so die Selbstbezeichnung, und Rezitator (nicht nur der eigenen Werke) im In- und Ausland unterwegs. Bekannt wurde er vor allem mit seinem 1980 in Buchform und 1999 als Hörbuch veröffentlichten Einmanntheater *Der Öd.* Der Untertitel des Stückes spricht Bände: *Bio-Drama eines Amok denkenden Monsters oder: Wechselfiebrige Anfälle von Weisheit, Torheit und Faschismus.* Das ›Biertischwelttheater‹, vom Autor über zweihundert Mal in Szene gesetzt, erweist sich als volkskundliche Studie, denn viele Typen sind auch im »Öd« vereint, dieser Kunstfigur, changierend zwischen Vorurteil und selbstironischer Einsicht, zwischen Redensarten, Mundart, verballhorntem (Kirchen-)Latein und sporadisch, gezielt eingesetztem Hochdeutsch. Der 1985 veröffentlichte *Monolog eines Radfahrers, Überlebensprosa* ist auf der Bühne nicht minder erfolgreich.

In vielen Bühnenprogrammen tritt Uwe Dick gemeinsam mit Musikern auf und manifestiert auf diese Weise seine Liebe zur Musik, ohne die auch seine Dichtung nicht zu denken ist.

Jährliche Reisen (zu Fuß oder mit dem Fahrrad) führten ihn durch den Balkan, nach Sizilien, Dänemark, Wales, Schottland, über die Hebriden, die Shetland- und Faröer-Inseln. 1972, während einer seiner regelmäßigen Aufenthalte in Istrien und Venedig, besuchte er Ezra Pound. *Ein Canto für Ezra Pound* von 1985, veröffentlicht in dem Gedichtband *Das niemals vertagte Leben*, ist ästhetisches Bekenntnis und zugleich eine eindrucksvolle Hommage an den amerikanischen Dichter, auf dessen Cantos er antwortet, indem er Pounds Aktualität in mentalitäts- und gesellschaftskritischen Fragen aufzeigt.

Uwe Dicks Werk zeichnet sich durch eine Vielsprachigkeit aus, die er ›IndoEuroBairisch‹ nennt, eine Sprachensynthese, deren sinnenhafte Lautlichkeit von einer normierten Hochsprache nicht zu leisten ist. In ihr sind halbvergessene Worte verschiedener Mundarten und sprachgeschichtlicher Zeiträume vereint: Alemannisch, Bairisch, Baltische Rede, Berlinerisch, Ober- und Mittelfränkisch, Hennebergisch, Mittel- und Spätmittelhochdeutsch, Niederdeutsch und Schwäbisch sowie Englisch, Griechisch, Lateinisch, Sanskrit und Serbisch. Onomatopoetische Wortneuschöpfungen schließen mit ihrer Lautsemantik die Lücke, wenn ein Wort für einen bestimmten Zusammenhang nicht existiert, und machen seine Dichtungen als Klangkörper erfahrbar.

Die Gedichte seiner beiden wichtigsten Bände, *Theriak. 13 Fügungen* von 1986 und *Das niemals vertagte Leben* von

1991, weisen Uwe Dick als einen der bedeutendsten Dichter im deutschen Sprachraum aus. Für mein eigenes Schreiben hat das Werk von Uwe Dick die größte Bedeutung.

Mit der *ersten Sauwaldiana* von 1976 beginnt das Lebensprojekt von Uwe Dick, die *Sauwaldprosa*, die von ihm mehrfach erweitert worden ist. So zum Beispiel 1978 um ein *Fußnotenmurki* zur Huldigung Jean Pauls und 2001 um *Pochwasser.*

»Drobm überm unterm Inn, südlich der Nibelungenstraße also, nördlich der Sonnentore, dort ist mein Arkadien, der *Sauwald*«, zeichnet der Ich-Erzähler den topographischen Grundriss einer Gegend zwischen Passau, Kopfing und Schärding im bayerisch-österreichischen Grenzgebiet. Deren sprichwörtliche Er-Fahrung steigert sich »kraft innerer Gesichte« alsbald zu einer »Sauwald-Odyssee«, die in der »großen Passauer Sauwaldkadenz« eines »Solisten« am Biergarten-Nebentisch gipfelt. Dessen »Sauwald«-Vision weist deutliche Affinitäten zu den Prophezeiungen des Mühlhiasl, dem Propheten aus dem (niederbayerischen) Wald und dem Weltengericht im *Muspilli* auf: Der »Sauwald« weitet und verwandelt sich zu »Seelen-Landschaften«, das »seltsam traumhafte Spiel der sogenannten Wirklichkeit« vermischt sich mit den Realitäten des Vorgestellten, Erinnerten. Die Maxime des Ich-Erzählers ist es, ganz dem Augenblick zu leben, denn so kulminiert »das ganze Werden [...] in mir«, »einem Kollektiv von Personen verschiedenster Jahrhunderte«. Landschaftsskizzierungen sind eng verbunden mit einer Genealogie verwandter Seelen, deren Porträts zugleich eine Hommage an ihre Lebenshaltung ist. Von zentraler Bedeutung für die andere Seite, die innere Dimension des »Sauwalds«, ist der Bericht des Erzählers von seinem Besuch im Kubin-Haus. Ausgelöst von der »Dramatik des Verborgenen« der Bilder Kubins, des »Magiers von Zwickledt« und »Visionär der Traumstadt Perle«, folgt der Leser dem Abtauchen in den »Traumsee«, Bilderstürze bedrohen das Erzählen:

Dieses »Sauwald«-Arkadien, das Kubin'sche (Schatten-)Reich der Phantasie, zeigt sich schließlich als (er-)lebbare Gegenwelt zum »bilderlosen Dasein«.

Und der Dichter? Er lebt im Sauwald. Aber auch – nach Stationen in Rosenheim, Brannenburg, Wasserburg am Inn, Altenburg – in Niederperlesreut bei Passau.

Lesen, Auflesen, Umwandeln. Wer liest, schreibt mit. Und denkt mit. Sollte man jedenfalls meinen. So mancher jahrhundertealte Satz, manches vergessene Wort, aufgelesen an entlegener Stelle, findet zurück in die Bücher von Uwe Dick; der Dichter als Archäologe und Bewahrer.

Eine Textpassage aus dem Zyklus *Janusaugen* erzählt von der Differenz zwischen der entsinnlichten, in der Konventionalisierung erstarrten, »ahnungslosen« Sprache der Gegenwart und der poetischen »Sprache der Alten«, die voller Bilder ist. Das Einverleiben geschieht hier sprichwörtlich, es steht für das Werk von Uwe Dick zentral:

Dann, als ich abzweig durch den Perchtenwald,
indes ein Fuchs ins Grauen schnürt und lacht,
kollern, ich höre es, bei mir zuhaus'
die Mäuse mit Nüssen unter der Diele.
»Im Fehlboden tanzen die Kinderkaiser!« hätten die Alten gesagt,
deren Sprache vergilbt
in staubigen Schinken,
derweil wir verhungern,
Hülsen im Mund.

Gleich werd ich den Schlüssel der Alten benützen.
Er hat einen Bart.
Einen Kleeblattbart.
Ich nehm ihn zur Hand und begreife
DAS DING ALS GESCHEHEN.

Die umgangssprachliche Bezeichnung ›Schinken‹ für ein dickes, ursprünglich in Schweinsleder gebundenes Buch wird in diesem Kontext (Schinken, verhungert, Mund) wörtlich genommen, sie wird wieder verdinglicht.

So wird die Vorstellung akut, die Sprache der »Alten« könnte tatsächlich ernähren, wohingegen »wir« »verhungern«, weil unsere Sprache zur inhalts- und fruchtlosen Formelhaftigkeit erstarrt ist: Hülsen eben. Und der »Schlüssel der Alten«? Das Aufschließen und – auch fremde, nie gesehene, nie gefühlte – Räume Betreten: Uwe Dick macht es in seinem Werk vor, ein Werk voller Schlüsselwörter, voller Initiative, ein anschlussfähiges Werk, der Leser kann es einlösen.

Und schließlich?

Der Tod als das Nicht-mehr-Sagbare ist – paradox genug – eine, wenn nicht *die* Initiation von Dichtung. Dichtung ist weniger aktive Lebenshilfe als Angstbannung. Als solche kann sie Sterbehilfe sein. Sie kann die Angst vor dem Tod nicht nehmen, ihr aber einen Ort geben wie ein Gebet. Der Tod ist vielgestaltig. Auch im Werk von Uwe Dick. Man lese nur *Theriak*.

Mit dem Gedicht *wer weiß denn …* ist Uwe Dick eins der schönsten und anrührendsten Gedichte deutscher Sprache gelungen.

**wer weiß denn …**

wer weiß denn ihr gräserzungen
fabelschatten ob im innern
des denkens – unergründlich
wie das nachtaug der kröte
oder die wege des quarzes
durch den granit – statt eines
letzten wortes nicht doch
ein lächeln beschlossen ist …

jenes o kerkerherz das du
deiner liebe – wie oft? – versagtest
(geröllnächte lawinentage und
dergleichen ausreden) obwohl
es einzig ihr bestimmt ist
echo: »dir fliegt mein herz
wie ein törichter vogel zu« und:
»in die sterne baun wir unser nest« …

mehr glück als verstand
im reißenden flug der jahre
ein wenig halt zu finden
»und jemands stunde ist schon nah«
bitt' ich nun – dem fliehen
der tage ausgesetzt wie du
meine schwarze zikade –
um die gunst des augenblicks …

daß ich es nicht schuldig bleib'
jenes lächeln – nachts beschworen
tags verraten? – ohne das mein wort
nur ein mundvoll leere ist
ölig wie ein tischgebet
bis ins requiem der mörder
die nicht leben und
nicht sterben können …

ein tag ohne lächeln – schwärzer
als eine nacht ohne stern

Ein Gedicht zwischen Liebeserklärung und Todesahnung. Von einer voreiligen Versöhnung kann nicht die Rede sein. Ausgelöst durch eine Epiphanie des Augenblicks, des schauenden und erkennenden Auges, erbittet das Gedicht ein wenigstens symbolisches Zeichen gegen das Verschwinden. In variierenden Bildfeldern bringt es die lebenslange Sorge um die Beglaubigung des Gesagten, die Deckungsgleichheit von Wort und Handlung zum Ausdruck, stellvertretend vermittelt durch eine Geste. Aber selbst die Abschiedsgeste des Lächelns droht dem Bittenden versagt zu bleiben, so fürchtet er – als Erlösung der/des Geliebten; ein Lächeln, »ohne das mein wort / nur ein mundvoll leere ist«. Und hier greift der Fragende weit aus: »bis ins requiem der mörder / die nicht leben und / nicht sterben können«. Die Nichterlösung heißt Erinnerung.

Mit der eröffnenden Formel des »innern des denkens«, in der ›Erinnern‹ bereits anklingt, stellt sich die von der Romantik so dringend gestellte, von Novalis potenzierte Frage nach dem Ursprungs- und Zielort der Selbstreflexion – dem Ort, von dem aus Welterfahrung erst möglich ist. Rhetorisch geschickt antwortet das Gedicht mit der Frage selbst. Wen aber fragt das Gedicht? Die angesprochenen »gräserzungen« und »fabelschatten« und mit ihnen das ganze folgende Szenarium scheinen zunächst ins Reich der Fabel zu gehören, als spräche der dort fragt mit sich selbst und erinnerte sich – schlendernd? – an Kindheit und Märchenwelt. In die Betrachtung der chimärenhaften Natur vertieft, scheint ihn etwas herauszufordern, den Schatten dergestalt nachzugehen.

Ein Lächeln sagt mehr als tausend Worte, will der Volksmund wissen – für den dann niemand verantwortlich ist, wenn man nach ihm fragt. Echo: »Du bist Volksmund.« »mehr glück als verstand«, sagt der Volksmund auch – überrascht, noch am Leben zu sein. Poetisch anverwandelte, in Verse gesetzte Redewendungen, die keinen Verfasser haben, keinen Ursprung (mehr). Vers heißt Wendung. Als Manifestation einer Lebenswende, die Inneres nach außen kehrt und Äußeres als Inneres erkennt, entwickelt das Gedicht auch eine Schutzfunktion. Wie der den Quarz einschließende Granit lagert es ein, bildet Einschlüsse. Es ist selber ein Kokon, der zugleich offenbart und verdeckt.

Dem mitgedachten »Augenblick, verweile doch« springt die »schwarze zikade« bei – der Tod und das Zitat. »Ein Zitat«, schreibt Ossip Mandelstam, »ist keine Abschrift. Ein Zitat ist eine Zikade. Es lässt sich nicht zum Schweigen bringen. Hat es sich erst eingestimmt, hört es nicht mehr auf.« Im Gedicht ist die »schwarze zikade« die ihren Kontext wechselnde Letter, sie ist das Gedicht selbst, das sich aus vielen Quellen speist. Wie das Zitat hat auch das Gedicht die Funktion der Wiederholung und Erinnerung. *wer weiß denn …* entwickelt seine Echopoetik aus literarischen und sprichwörtlichen Versatzstücken, wobei auch Letztere ganz konkret zu verstehen sind. Zitate, wie Intarsien eingelagert, Lese- als Lebenserfahrungen: Stammt »und jemands stunde ist schon nah« nicht von Puschkin? Genau.

Die Wege des Herrn sind unergründlich. Und das Gedicht?

Die nichtmetaphysische Frage nach dem Ursprungsort bzw. der Sinnstiftung des Denkens mündet in die selbstbezichtigende Metapher vom »kerkerherz« der zweiten Strophe. Wieder die Vorstellung des Eingeschlossen- und Verborgenseins, korrespondierend zu den Bildern »das nachtaug der kröte« und »die wege des quarzes durch den granit«. Zum Eros gesellt sich in der dritten Strophe Thanatos als Korrektiv, angekündigt durch die »fabelschatten«, die Schatten des Todes, von denen die »gräserzungen« kündeten. Die vierte Strophe probt den Schulterschluss von carpe diem und memento mori und bereitet so die Quintessenz vor. Selten hat ein Gedicht gefühlte Besinnungslosigkeit so hellsichtig und zugleich tieftraurig vor Augen gestellt – eine Traurigkeit, deren bewahrter Optimismus weise ist und wegweisend: Was heißt hier ›Kosmos‹, wenn es in mir doch schon dunkel ist – »schwärzer / als eine nacht ohne stern«?

*wer weiß denn …* ist eine poetische und Lebens-Inventur

eines Dichters, der als Meister der Anspielung und vielspurigen Assoziation einen poetischen, unvernützten Klartext redet – und damit ein Musterbeispiel liefert, wie Sprache auch selbsttätig sich zum Gedicht fügt. Wir sind nun mal in der Sprache, und so leicht fallen wir nicht aus ihr heraus – für Uwe Dick und seine Leser ein großes Glück. Ist die Deckungsgleichheit von Wort und Handlung für ihn auch poetologisches Programm, so ist das Gedicht selbst das Lächeln, ein strahlendes Sinnbild.

Poesie ist eine Disziplin der Selbstbeherrschung, die immer wieder alles auf eine Karte setzt. So einer wie Uwe Dick setzt in tiefster Überzeugung alles auf eine Karte. ›So einer‹ ist falsch formuliert, weil es eine Vergleichsmöglichkeit voraussetzt. Denke ich an Uwe Dick, gibt es aber keinen Vergleich.

Die Poesie Uwe Dicks ist ein Donnerwetter. Sie hat reinigende Kraft. Uwe Dick hat mir das Lesen beigebracht. Ich habe nichts so intensiv gelesen wie die Gedichte in *Theriak*. Dichtung ist, wenn immer noch ein Rest bleibt, der sich dem Verstehen verweigert. Und dieser Rest lässt den Leser zurückkehren, ihn die Dichtung zum wiederholten Male durchqueren.

# Der letzte Futurist. Valeri Scherstjanoi

»es ist immer gegenwart«, heißt es am Schluss von Gerhard Rühms manifestartigem Aufsatz *grundlagen des neuen theaters.*[1] In Bezug auf das ästhetische Denken und Handeln Valeri Scherstjanois müsste der Satz abgewandelt werden zu: »Es ist immer Gegenwart und Vergangenheit zugleich.« Die Vergangenheit ist ein Steinbruch, in den sich Valeri Scherstjanoi zur täglichen Arbeit schickt. Sie ist der Prüfstein für die Gegenwart. Paradoxerweise passiert bei Scherstjanoi die Gegenwart den Filter der Vergangenheit, während er selbstredend nicht in die Vergangenheit zurücklebt.

Vergangenheit entblößt. Und relativiert. Und spielt herunter. Und scheint überlegen zu sein. Das Bewusstsein der Vergangenheit aber heißt Gegenwart. So ist Vergangenheit stets Vor- und Entwurf.

Die Vergangenheit hat Begriffe und Namen: russischer Futurismus, Zaum'-Sprache; David Burljuk, Velimir Chlebnikow, Alexej Krutschonych, Wladimir Majakowski und – für die jüngste Vergangenheit – Carlfriedrich Claus, den Scherstjanoi 1982 kennenlernte. Ohne die Freundschaft mit Scherstjanoi wäre Claus' künstlerische Rezeption des russischen (Kubo-) Futurismus auf der (fremd-)sprachlichen Ebene sicher nicht so komplex verlaufen. Auch an Übersetzungsprojekten haben die beiden Künstler zusammengearbeitet. So hat Scherstjanoi im Auftrag von Rudolf Mayer für den Verlag der Kunst (Dres-

1 Wiederveröffentlicht in: Gerhard Rühm: Aspekte einer erweiterten Poetik. Berlin: Matthes & Seitz 2008.

den) Rohübersetzungen der *Deklaration der saumnischen Sprache* von Alexej Krutschonych angefertigt, die Carlfriedrich Claus seiner Nachdichtung zugrunde legte. Die erstmalig ins Deutsche übersetzte *Deklaration* wurde 1982 im Katalog *figura 3* auf der IBA Leipzig veröffentlicht.

Das sind – und eine Reihe von anderen könnten hinzutreten – die Programmatiken und künstlerischen Fixsterne, um die Scherstjanois eigenes System beständig kreist. Auf diese Weise befindet er sich permanent in der Situation, im Spannungsfeld zwischen matrixbildender Vergangenheit und vergangenheitsbezogener Gegenwart als vermittelndes und dennoch originären Mehrwert erzeugendes Subjekt zu bestehen. Täglich vor die Zerreißprobe dieses selbstauferlegten Programms gestellt, gelingt Scherstjanoi wie kaum einem anderen Künstler der Gegenwart eine genuine Osmose zwischen Altem und Neuem, ohne dass er Altes bloß aufwärmen oder recyceln würde.

Valeri Scherstjanoi ist Scribentist und Lautpoet. Er ist Hörspielautor und Prosaist. Er schreibt Gedichte und macht Poesiefilme. Er ist ein großer Leser. Zu seinem lesenden Einzugsgebiet gehören nicht nur die historischen Avantgarden, die er auf den Prüfstand ihrer Aktualität stellt, sondern auch Gedichte, Erzählungen und Romane vom 19. Jahrhundert bis in die Gegenwart. Seine kritische Begeisterung, die zeitintensive Hingabe an die Lektüre schlagen produktiv um in ästhetische Grundsatzfragen, die regulativ sein eigenes Produzieren begleiten. Hier ist also kein Orthodoxer am Werk, dessen kompromisslos experimentelle Haltung mit dem Gestus des Erhabenen alles vom Tisch fegt, was nicht aus dem avantgardistischen Stall kommt. Überhaupt stellt Scherstjanoi mit guten Gründen die Abgrenzungstauglichkeit der Begriffe ›experimentell‹ und ›avantgardistisch‹ in Frage. Nichts ist ihm ein größeres Gräuel als die Politik avantgardistischer Sachwalter mit ihrem ästhetischen Reinheitsgebot auch in der poetischen Deklamation, das zum versteinernden Stillstand, zur Fossilisation von Kunst und Poesie und ihrer Geschichte führt. Und so konstituieren sich die Arbeiten von Valeri Scherstjanoi durch Anreicherungen divergenter Einflüsse, Stile, Ästhetiken und Poetologien; Prosa dringt in seine Lautgedichte ein, poetische Inseln durchziehen wie Intarsien seine prosaisch-narrativen Texte wie zum Beispiel *Nüchterne Nächte*[2]. In diesem Text erzählt Valeri Scherstjanoi von seinem Geburtsort, dem von Wachposten und Stacheldraht umstellten, von Salzseen umgebenen GULag Sagis (»Teer«). An die Erdölraffinerie, die Barackenhäuser und die Verwaltung, das Badehaus, die Schule und Scheunen, den Kindergarten, die Lagerhalle, die Kantine und den Sportsaal, den Radiolautsprecher auf dem Mastbaum, den kleinen Park und den Tanzplatz, die Ambulanz und die Müllgrube, die Geburtsklinik und die Kinderkrippe, den Brotladen und den Kasachenfriedhof von Sagis hat Scherstjanoi keine aktive Erinnerung mehr. Sein älterer Bruder, der Maler Lev Scherstjanoi, zeichnete einen Plan des Lagers, der seitdem als visueller Gedächtnisspeicher dient. Allein anhand dieser so anschauungsreichen wie detaillierten Skizze könnte man den kasachischen Ort, der bis auf einige Ruinen mittlerweile von der Landkarte verschwunden ist, wieder aufbauen.

Die konkrete Erinnerung an Ortschaften und Umgebungen setzte mit dem Tod Stalins ein. Die Familie zog von Sagis in die Arbeitersiedlung Achtyrskij am Rande des Kosakendorfes Achtyrskaja in der Region Krasnodar. Die ortskundigen Beschreibungen von Achtyrskij in *Nüchterne Nächte* machen den Eindruck einer Kamerafahrt, so plastisch und präsent ersteht die Siedlung und das Leben in ihr vor dem inneren Auge des Lesers. Mit dem autobiographischen Bericht liefert Scherstjanoi zugleich eine mentale Signatur der Region und ihrer da-

2 Valeri Scherstjanoi: Nüchterne Nächte, in: Akzente 6, 2006.

maligen Bewohner. Seine in dem Band *Mein Futurismus* abgedruckte Bestandsaufnahme *30 Jahre Deutschland*, mit der Scherstjanoi diskret seine autobiographischen Prosastudien fortsetzt, ist ein über den eigenen, aber auch den gesellschaftspolitischen Entwicklungsgang verwunderter Rückblick von großer Informationsdichte. Mit ihm schreibt Valeri Scherstjanoi, der die DDR als Sowjetsoldat kennengelernt hatte (1969–1971 in der Nähe von Güstrow stationiert), ein Stück Mentalitätsgeschichte von Ost- und Westberlin aus der Sicht des Dolmetschers und Übersetzers (1985–1990) und ›freien‹ Künstlers. *30 Jahre Deutschland*, das ist eine individuelle Chronik, eine Kuriositätenschau, und nicht zuletzt eine Sammlung schöner Aphorismen samt Verkehrung von Figur (oberhalb des Bodens) und Grund (auf dem Boden). Die Geschichte der DDR wird in einem Satz gebündelt, der aus einem Roman von Kafka stammen könnte: »Ich ertrage keine Regierungsgebäude, da man nie weiß, was sich in ihnen ereignet.« Die eigenen Wirrungen geraten zur eben nicht systemkonformen Selbstbehauptung: »Das Leben ist mein privates Chaos.« Der Traum ist für die Poesie da, die, geträumt, nur noch notiert werden muss: »Heute träumte ich von unbekannten Worten, sie hießen ›krimpelig‹ oder ›keimplich‹ und ›bürsig‹.« Sag mir, wo die Kakerlaken sind; dass sie in der DDR, obschon nicht vorhanden, wie Scherstjanoi diagnostizierte, vom Grund auf zur Figur der Abwesenheit werden konnten, erstaunt ihn auch lange nach der Wende noch: »Kakerlaken. Dieses Ungeziefer begleitete mich bis zum 29. Lebensjahr, das dreißigste Lebensjahr begann in der DDR. Ab dann das kakerlakenlose Leben. Und jetzt sind schon wieder 30 Jahre vergangen. Kakerlakenlos. Die kakerlakenlosen Lebensjahre. Ich wunderte mich im Schlaf und dachte an die vielen Freunde, die in diesen 30 Jahren verstorben sind.« Ganz nüchtern, dabei voller Zuversicht stellt sich der Autor in dem Rückblick *Erlebnisse privater Art* dem factum brutum des Todes: »Meine toten Freunde sind nicht tot. Sie werden so lange leben, solange ich noch leben werde. Sie sind tief in mir. Je älter man wird, desto weniger Freunde trifft man.« Und so leben der Maler Guillermo Deisler (1940–1995), der Maler Joachim Völkner (1949–1986) und der Lehrerfreund Carlfriedrich Claus (1930–1998) in der Erinnerung fort, die metamorphotischer Teil der Poesie ist. Carlfriedrich Claus ist der seismographische Kronzeuge der Zeitgeschichte, der um gesellschaftliche Utopien nie verlegen gewesen zu sein schien: »Carlfriedrich Claus war und bleibt für mich der erste Sturmvogel des baldigen politischen Tauwetters.« – »Nach der Diktatur des Proletariats kommt die Diktatur des Sex, erklärte mir Carlfriedrich.« Und die Wende? »Ich muss gestehen: Ich jubelte, als die DDR zugrunde ging. Aber ich habe mir ihr Zugrundegehen anders vorgestellt.« Manche Erinnerung gestaltet sich, mit Zeitdokumenten konfrontiert, auf enttäuschende Art blasser, als man sie im Gedächtnis verbucht hatte. Briefe, so Scherstjanois Hoffnung, sollten doch als biographische Dokumente des dreißigjährigen Deutschlandjubiläums fungieren, jedoch: »Ich wollte mich in die Inhalte meiner dreißig Jahre alten Briefe vertiefen, aber da gab es keine besonderen Tiefen.«

Zweisprachigkeit wird zur konstitutiven Erfahrung, die Verbesserung der Deutschkenntnisse mit Hilfe deutschsprachiger Literatur zu einem Lebensmotor. Das bewusstseinsbildende Vademecum des Spracharbeiters heißt: »Ist mein Deutsch heute gut?«

Als Dokument einer durch Erinnerung nicht zu lindernden Ort- und Heimatlosigkeit, die sich infolge biographischer oder zeitgeschichtlicher Umstände zu einer unruhestiftenden Topographie des Verschwindens auswächst, ist *Mein Futurismus* auch eine Liebeserklärung an die deutsche Sprache, deren Erwerb für Valeri Scherstjanoi wesentlich zur Identitätsbildung beigetragen hat – so sehr, dass der Autor in seine alte, verlorengegangene Heimat – *Wo die Worte mich steinigen* –

nur noch reisen kann, wenn ihn jemand begleitet, der des Deutschen mächtig ist.

Anrührend ist *In der kleinen Heimat*, ein liebendes Porträt der alten Mutter und ehrendes Andenken an den verstorbenen Vater. Dieses Gedicht zeigt, wie man mit wenigen Strichen ganze Biographien mitsamt grundierenden Landschaften erzählen kann – und wie diese Biographien bei allen Ortswechseln das eigene Leben flankieren. Hier zählen nicht materialästhetische Dispositionen und Entscheidungen, der Akt des Schreibens wird hier nicht selbstreflexiv begriffen als mehr oder weniger autodynamische Entfaltung performativer Prozesse, die es gegen alle selbsteingeübten Muster und Erfindungen der Wiederholung durchzusetzen gilt. Vielmehr schließen die Gedichte und Prosastücke von Valeri Scherstjanoi auf der einen Seite an eine schriftkonforme Tradition des Erzählens an, die die codierende Tradition des Übertragungsmediums Schrift nicht in Frage stellt, auf der anderen Seite befreit ihn gerade diese Konformität von dem komplexen Problem einer ›geeigneten‹ Notation, indem eine Entscheidung mit dem potentiell jedem zugänglichen (bzw. übersetzbaren) lateinischen Alphabet von vornherein abgenommen ist.

So spontan und ›improvisiert‹, wie es zunächst den Anschein haben mag, ist denn auch das Lautstolpern, das Drauflosartikulieren nicht, das seine eigene – nicht codierte – Grammatik entwickeln kann, indem es sich in der Wiederholung als erprobt und variiert abrufbar erweist. Genau das lässt sich bei Valeri Scherstjanoi an seinen Artikulations- und Schreibgesten wunderbar beobachten.

In *Nüchterne Nächte* liefert er die Initiationsgeschichte seiner scribentischen Lautpartituren als Schreiben im Dunkeln: »Ich erinnere mich an mich, das Kind, das seine Worte im Dunkeln schreiben musste, weil Mutter das Licht ausmachte, und ich sah das Geschriebene nicht mehr, schrieb aber weiter.

Dann schlief ich ein. Morgens betrachtete ich das Geschriebene und konnte es kaum entziffern. Aber es sah interessant aus. Die Zeilen trafen sich, gingen ineinander und auseinander.« Jahre später, in Deutschland, wiederholt sich diese Urszene, der Schreibende imaginiert sich eine leuchtende Raumschrift, eine Ätherschrift, die den Grund, das Trägermedium, verfehlen mag, die ihren Grund in sich selbst hat: »Ich sitze am Küchentisch und schreibe im Dunkeln, ich habe das Licht ausgemacht. Ich sehe das Blatt nicht. Ich sehe meine Handschrift leuchtend und schwebend im Raum. Mutter kommt nicht, ich mache das Licht dennoch nicht an. Die leuchtende Handschrift. Die ersten Gedichte entstanden im Dunkeln.«

Selbstbeobachtung ist mit den Jahren zu einem wichtigen Teil der Schreib- und Schriftperformance geworden, ihr gewinnt der Künstler Systematisierungsqualitäten ab, die zum Beispiel in einer eigenen Begrifflichkeit zum Ausdruck kommen. So referiert die Selbstbezeichnung ›Scribentist‹ bzw. Scribentismus in ihrer begrifflichen Distinktion auf die Tätigkeit des Schrift-Schreibens bzw. die Kunst des Schrift-Schreibens als solche jenseits der Frage, *was* geschrieben wird. Seine scribentischen Blätter können als autonome ästhetische Zeichenkonfigurationen und -konstellationen betrachtet werden.

In jedem Strich sind die scribentischen Zeichen Differenz und bilden ein einzigartiges relationales System zwischen Lesbarkeit und stummer, das heißt rein visueller Autonomie, zwischen Determiniertheit und Indeterminiertheit.

Als höchst individuelle Manifestationen der visuellen Poesie und hermetischen Schrift-Kunst geht der künstlerische Impuls zu ihrer unausgesetzten, fast wütenden Hervorbringung jedoch nicht aus dieser visuellen Autonomie hervor, vielmehr gehört Scherstjanoi zu den Lautdichtern, für deren Arbeit die gelingende integrative Kopplung von Schrift und Stimme zur Poetologie und zum Grundbestand des ästhetischen Selbstverständnisses gehört. Die Aufeinanderbezogenheit von Schrift und Stimme, die Notierbarkeit stimmlicher Aktionen mittels Schrift und die Reproduzierbarkeit stimmlicher Aktionen durch ihre schriftliche Fixierung ermöglichen seiner Überzeugung nach einen beide Medien absichernden Transfer. Dieser Medientransfer bildet einen Loop des gegenseitig aufeinander Einwirkens und Modifizierens, indem die artikulatorische Nuancierung eines scribentischen Zeichens zum Beispiel während einer mitgeschnittenen Live-Performance zu einer graduellen Variation der Zeichengestalt führen kann. Den Allophonen entsprechen somit vom Autor zum Teil erfundene Allographen, deren ablesende Identifizierung die Merkfähigkeit gerade ihres Erfinders herausfordert – der Rezipient hält sich mit Freude, aber ohne topographische Kenntnisse im scribentischen Dschungel auf. Bei Live-Performances kann man Scherstjanois Stimme hören, wie sie das Aufzeichnen der Zeichen begleitet, seine Stimme sucht selbstwahrnehmend über das Gehör den Anschluss ans Auge, das wiederum das allmähliche Aufzeichnen der Zeichen beobachtet. So schließen sich die Sinnesorgane kurz, mit der Feder, dem Stift als haptischer Antenne.

Seine diachronen Tiefenbohrungen durch die Sprachschichten multilingualer Alphabete (kyrillische und lateinische Buchstaben) in Auseinandersetzung mit den Künstlern der historischen und Nachkriegsavantgarden und ihren kreativen Settings fördern neben Verschüttetem auch Spurenelemente zutage, die unter Scherstjanois Hand zu ganz neuen Zeichenkonfigurationen werden.

Sein erfindungsreicher Schrift-Synkretismus kontaminiert nicht nur russisch-deutsche Sprachlautung in einem graphemischen Kurzschluss, sondern auch Schriftzeichen systemisch anderer Alphabete wie dem für das Altkirchenslawisch entwickelten Glagolitisch. Mittlerweile enthält Scherstjanois scribentisches Inventar mehr als 1000 distinkte Zeichen, zum Teil frei erfundene, zum Teil bestehende Buchstaben und ihre allophonen Varianten repräsentierend, zum Teil aber auch mit visueller ideogrammatischer oder symbolischer Funktion, der keine artikulatorische Gestalt korrespondiert. So entsteht im Entwerfen immer neuer scribentischer Zeichen ein rhizomatisch wachsendes Zeichenarchiv, dessen unerschöpfliche konstellative Kombinatorik ein enzyklopädisches Ausmaß angenommen hat, das weltweit ohne Vergleich ist.

Valeri Scherstjanoi ist der letzte Futurist. Er ist vom Stamme der Lautpoeten mittlerweile einer der Dienstältesten und sicherlich einer der ganz Großen. Er ist kein Stimmartist im Sinne eines stimmlichen Exorzismus, wie ihn Carlfriedrich Claus, Bob Cobbing, François Dufrêne oder Gil Joseph Wolman betrieben haben oder Jaap Blonk betreibt. Seine ›extended vocal techniques‹ schlagen keine Wurzeln in der Neuen Musik. Valeri Scherstjanoi würde nie behaupten, singen zu können wie Diamanda Galas, Meredith Monk oder David Moss. Die Singstimme wäre mit dem Granulat, der Rauheit der lautpoetischen Stimme geradezu unvereinbar. Was Scherstjanois Mund- und Atemwerk fabriziert, besitzt geistigen Tiefgang. Das in die Schrift Eingefaltete, das Überkommene und von ihm erfindungsreich Angereicherte faltet Scherstjanois Stimme wieder aus. In seinem Atem ist die Schrift gegenwärtig – eine Schrift, deren Strich quer durch die Jahrhunderte geht.

Dem Vergangenheit erinnernden, Gegenwart überprüfenden und Zukunft anvisierenden Insulaner Scherstjanoi scheinen seine scribentischen Zeichen leicht von der Hand zu gehen und zum vegetativen Reflex geworden zu sein. Der Künstler als Schreibmaschine. Mit der ersten Spur auf dem Blatt ist die Richtung gesetzt, der die Hand folgt. Scribentische Texturen entstehen, in ihrem Inventar anscheinend abrufbar als eine innere ›memorable speech‹, von der Wystan Hugh Auden sagt, ein Gedicht soll »unvergessliche, der Erinnerung sich einprägende Rede« sein: »die Dichtung muss unsere Empfindungen bewegen oder unseren Intellekt anzünden; denn nur was bewegt oder entfacht, prägt sich der Erinnerung ein.«[3] Scherstjanois Poesie zündet unsere Empfindungen an und bewegt unseren Intellekt.

Mal ist die Struktur transparent, die Konfiguration der Zeichen wohlgeordnet und streng gruppiert, mal herrscht ein unüberschaubares, vegetativ zu nennendes Durcheinander amorpher Strukturen vor mit ihren Verknäuelungen, Ausfransungen und in den Raum zielenden Vorstößen, zum Teil gerahmt von weichen geometrischen Figurationen wie Kreis, Quader oder Raute. Ordnung und Chaos schließen sich nicht aus, sie bedingen sich gegenseitig wie die distinkte Kodifizierung des Lautes und die stimmliche Improvisation. Immer wieder lässt sich an Valeri Scherstjanois scribentischen Blättern und an seiner Lautpoesie beobachten, wie seinem schrift- und lautgestischen Heraufbeschwören und Herbeirufen auch prozessuale Momente des Zerstörens, Revozierens und Löschens eigen sind, die wiederum in der fixierten Gestalt seiner Seh- und Hörstücke konserviert und somit selbst wieder gelöscht werden: ein gestalterhaltendes Paradox des Ephemeren.

Ein anderer Fall wäre hier die zerschneidende Zerstörung von scribentischen Blättern und das Neuarrangement ihrer Teile zu Collagen.

Bei aller Leichtigkeit der Schriftausübung durch die aufzeichnende Hand ist Schrift, wie Valeri Scherstjanoi sie begreift, jedoch keine selbstverständliche Materie, über die sich um-

3 W. H. Auden: Sprache für das Gedächtnis. Einleitung zu: The Poet's Tongue. An Anthology, chosen by W. H. Auden and John Garret. London: G. Bell 1935, S. V f.

standslos verfügen ließe. Schrift ist für Scherstjanoi so etwas wie die Essenz des Lebens. In sie ist intarsienhaft seine Biographie eingelagert, und nicht nur seine künstlerische. In all ihrer Veränderung bewahrt sie Identität und bezeugt als Körperspur und geistige Emanation ein Leben. Gleichwohl ist diese Biographie nicht gesichert ablesbar aus Scherstjanois Zeichenkosmos; seine Zeichen verraten ihn nicht, lassen nicht eins zu eins auf seelische Dispositionen schließen. Dazu ist die Schrift dieses Kosmos als ein graphemisch-graphisches Palimpsest der Gleichzeitigkeit des Ungleichzeitigen und zuweilen auch des Ungleichen viel zu sehr verschlüsselt.

Zur Absonderung von Schriftzeichen läuft die Autobiographie der Handschrift mit ihren willentlichen Stilisierungen und unwillkürlichen, auch materialabhängigen Modifikationen parallel. Für den Autor kann sie signaletischen Wert besitzen bis hin zu einer Mnemotechnik der Erinnerung, des Heraufbeschwörens von Situationen, Stimmungen oder geistigen Prozessen. Wenn Erinnerung bedeutet, dass man sich nicht an *etwas*, sondern an *sich* erinnert, vermögen willentlich hervorgerufene Stilisierungen der Handschrift bis hin zu einer künstlerisch-künstlichen Handschrift eine fiktionale Autobiographie zu generieren. Man erinnert sich dann an seine Erinnerungen, die selbst schon mit keiner Realität zu verrechnen sind.

In Form von getrockneter Tusche ist auch ganz materialiter Vergangenes in Scherstjanois scribentische Blätter eingeschrieben. Dienen die scribentischen Zeichen als visuelle Marker, die in ihrer Differenz zumindest zum Teil notationstechnisch auf akustische Realisation hin angelegt und somit viel weniger intuitionistisch entstanden sind, als es der erste Eindruck noch erscheinen lassen mag, so stehen diese Zeichen auf einer zweiten Ebene privater Kodifizierung oftmals in einem narrativen Zusammenhang. Datierungen am unteren Ende des Blattes weisen dann nicht nur den Zeitpunkt der Entstehung aus, sondern grundieren das optische Tagebuch in loser Blattsammlung historisch, wenn auch vielleicht nur für den Autor. Die unterschiedlichen Gradationen der Lesbarkeit verführen den Rezipienten seinerseits wahrscheinlich schnell dazu, das einzelne Blatt nach symbolhaften Icons abzusuchen, an denen sich seine Augen sprichwörtlich festhalten können. Er rekonstruiert sich dann eine eigene Geschichte.

Als Notationsschriften und -graphiken fungieren die scribentischen Blätter nur in einem eingeschränkten bzw. einschränkenden Sinne – zumindest für Außenstehende. Ein einzelnes Zeichen mag den Artikulationsort und die Artikulationsaktion visualisieren, Parameter wie Lautstärke, Dauer oder zum Beispiel Stimmtonhöhe sind, insbesondere wenn supplementäre diakritische Zeichen fehlen, nicht determiniert/fixiert – zumal Scherstjanois Scribentismus nicht mit Buchstaben- bzw. Zeichengradationen als dynamische oder temporale Markierungen arbeitet.

Die Parallelführung von schreibender Hand und artikulierendem Mund bei Live-Performances mit Diaskriptor und Mikrophon lässt immerhin erkennen, dass ein Zeichen so lange artikuliert wird, wie es zu seiner Aufzeichnung braucht, und dass der Punktierung des Blattes bzw. der Folie Laut- bzw. Geräuschimpulse korrespondieren. Hand und Mund gehen Hand in Hand.

Insofern wäre die Bezeichnung ›Partitur‹ irreführend, sind die scribentischen Blätter doch nur sehr bedingt auf Reproduzierbarkeit hin angelegt und könnten von anderen Interpreten als dem Autor, selbst bei vorhergehender Einübung, wohl kaum als Lautgedicht gelesen werden. Die fast unüberschaubare Vielzahl divergenter Zeichen, die eine Memorierbarkeit schon auf niedrigem Niveau scheitern lassen würde, oder zum Beispiel die grundsätzliche Offenheit der Leserichtung, sobald die Zeichen auf dem Blatt die lineare Zeilenabfolge (von links nach rechts und oben nach unten oder umgekehrt) verlassen, tun hier ihr Übriges. Gleichwohl könnten die Scribentismen als Animationsnotation für eigenwillige akustische Interpretationen verwendet werden.

Künstler sein heißt auch fixiert sein. Fixiert sein auf die immer gleiche Bewegung. Wie ein Sportler. Es geht darum, Technik und Kondition zu verbessern, zumindest auf einem möglichst hohen Niveau zu halten. Abgesehen von Fragen des Wettbewerbs, die beide Bereiche gleichermaßen betreffen, den Sport gewiss unabdingbarer und stets akut, sind es in der Kunst wie im Sport vielleicht nur die Bewegung, die in Gang gehalten werden muss, der Prozess, die Motorik, warum sich jemand getrieben fühlt, die Produktion fortzusetzen, anstatt es bei einer einmaligen Ausführung zu belassen. Sport und Kunst variieren das Immergleiche: »Das Gleiche nochmal anders«[4]. Die Produktion von Valeri Scherstjanoi kennt kein Ende. Würde er ewig leben, nähme auch seine Produktion kein Ende, da seine Zeichen kein Ende nehmen, das Immergleiche sich immer gleich variieren ließe. Valeri Scherstjanoi ist fixiert auf die Zeichenimprägnierung eines Blatt Papiers. Kunst ist weniger Selbstbehauptung, als dies gemeinhin angenommen wird. Es ist ein Verschwinden für die Sache. Wem das als bloßer Romantizismus, als Verklärung der sowieso schon notorisch nebulösen Instanz ›Künstler‹ erscheint, dem sei entgegnet, es kommt noch schlimmer, der Künstler führt auch noch ein Leben. In und mit diesem Leben versucht er sich schadlos zu halten – für sein Verschwinden in der Kunst. Und in dieses Schadloshalten dringt (wieder) die Kunst. Der Künstler sucht einen Kompro-

4 Samuel Beckett: Das Gleiche nochmal anders. Texte zur Bildenden Kunst. Hrsg. v. Michael Glasmeier und Gaby Hartel. Frankfurt/M.: Suhrkamp 2000.

miss. Das ist weniger dramatisch als es klingt. Der Kompromiss heißt »in der Kunst leben«. Das totale Verschwinden. Ein durchaus praktikabler und nicht zum ersten Mal praktizierter Kompromiss. Eventuell das Leben verkürzend. Die Kunst dafür nicht unbedingt und auf jeden Fall steigernd. Und so lebte er dahin, der Künstler. Der Rest ist Legendenbildung. – Oder ein Brief post mortem an Daniil Charms und Carlfriedrich Claus. Wenn das möglich wäre, dem toten Freund den Stand der – in die Irre gegangenen – Rezeptionsgeschichte mitzuteilen, die man verspricht, im angenommenen Sinne des Freundes zu korrigieren, oder ihm zu erklären, warum man nicht zur Beerdigung kommen konnte. In welchem Medium Carlfriedrich Claus wohl antworten würde? Daniil Charms wäre wahrscheinlich überrascht, mit Valeri Scherstjanoi im Jahre 2009 einen Nachkommen zu haben, der dem verehrten Oberoberiuten mitteilt, dass der Philosoph Jakow Semjonowitsch Druskin seine zu Lebzeiten größtenteils unveröffentlichten Manuskripte gerettet habe, deren Publikation in verschiedenen Sprachen ihn, Charms, weltberühmt gemacht hätten. Im wie auch immer gearteten Jenseits lässt Scherstjanoi den älteren Kollegen wissen, dass die alte mechanische Schreibmaschine ausgedient habe und dass die Welt einem heutzutage virtuell auf dem Schreibtisch stehe. Ob das analoge Medium Brief den Prof. Schusterling, wie Charms sich unter anderem nannte, wohl erreicht hat?

Der Zeichenkundler Valeri Scherstjanoi hat sich ein Staunen bewahrt über die täglich wiederholte Kunst der Zeichen und Buchstaben, die ihm die Welt sind. Lineare, kreisende, ineinandergehende, auseinanderexplodierende Zeichen, im Dunkeln geschrieben, im Raum schwebend, verklingend, leuchtend, momentan festgehalten, wieder losgelassen, zu Erinnerungen fixiert, zu Filiationskommentaren und analytischen Rechenschaftsberichten, die Lineatur des buchstäblichen Schreibens auflösend zum scribentischen Zeichnen, das im Schreibprozess die Gebärde des typisierten Schreibens aufnimmt und individuelle Schwellensignaturen kreiert, dabei »in jedem Blatt die Zeit« lassend.

Wiederholung. Und dass man nichts anderes hat. Weil die Wiederholung nie dieselbe ist. Dasselbe, aber anders. Die Begeisterungsfähigkeit des Künstlers Valeri Scherstjanoi. Für die Sache. Für nichts anderes. Und das Leben will an dieser Begeisterungsfähigkeit teilhaben. Hat es aber nicht, und wird es auch nicht haben. Kunst ist schon ein Leben in Saus und Braus. Ein imaginäres. Was man da entdeckt zu haben glaubt, auf welche Reise man da geht. Und tatsächlich sind Scherstjanois scribentische Konstellationen auch imaginäre Reiseprotokolle. Nach LautLand. Es bleibt dem zuweilen starrenden Betrachter überlassen, von wo aus er seine Reise beginnt; gilt ihm alles gleichermaßen als unlesbar, hat er die große Freiheit, den Antritt seiner Erkundungen überall anzusetzen und in alle Himmelsrichtungen sprunghaft zu mäandern. Das Leben bietet eine solche Freiheit nicht. Diskontinuitäten und Brüche des Lebens werden in den seltensten Fällen als Freiheit verbucht, zuweilen immerhin als Befreiung. Die Aussicht, wieder auf null gehen zu können, verheißt weder (Er-)Lösung noch Trost. In der Kunst auf null gehen zu können hält jung. Valeri Scherstjanoi ist jung geblieben. Er ist ein Künstler mit stark empfindenden Tentakeln. Seine Kunst sind im Schiller'schen Sinn zutiefst sentimentalische Akte humorvoller Melancholie und melancholischen Humors.

# Andere: Reverenzen

## Prosakrone. Robert Walser

»Ich lobte meinerseits seinen grünen Schreibtisch.« Oder war es ein roter? War es vielleicht gar kein Schreibtisch, sondern ein Sessel? Der Lobende jedenfalls heißt Robert Walser, der Belobigte Frank Wedekind. Zumindest schreibt das Robert Walser, dessen Literatur kurz zuvor von Wedekind wohl über Gebühr gelobt worden ist. Der Leser erfährt, dass Walser durch den Englischen Garten in München spaziert ist. Und von einer Münchner Abendgesellschaft ist die Rede, deren pomadige Gespreiztheit in Literaturangelegenheiten dem Schweizer allerdings so gar nicht gefallen zu haben scheint. Wollte Walser mit seinem Schreibtischlob andeuten, Wedekind sei ein Grüner Heinrich, dem es lange Zeit nicht gelingt, sich richtig mit Menschen zu beschäftigen, kann er doch nicht mal eine Gipsfigur nachzeichnen? Kann doch nicht sein! Die Geschichte ist wohl schräg in Erinnerung. Einen Begriff aber vom Menschen haben, darauf kommt es an. Und welchen Begriff hat der Dichter Walser? Einen souverän unsicheren, einen standfest wankenden, einen, der tieftraurig lachen macht.

Und wo fand sich diese falsch beschworene Szene? In einem Buch, das in einem Bücherregal stand. Und das Bücherregal? Stand in einer Buchhandlung. In Düren. Vor fünfundzwanzig Jahren. Der Buchhändler war das Gegenteil des Buchhändlers, der sich in dem benachbarten Buch fand. Mein Buchhändler hatte »das weitestverbreitete Buch des Jahres« erst gar nicht im Bücherregal stehen. Er selbst war eigentlich der Spaziergänger, der in Walsers Geschichte *Der Spaziergang* das »erfolgreichste Buch« dann lieber doch nicht möchte. Vom Spaziergang und der Poesie allein lebt bekanntlich kein Geschäft, und so musste es endlich schließen.

Es gibt Anfangssätze, die zur sofortigen Weiterlektüre zwingen: »Mein Vater war Kaufmann.« (Adalbert Stifter, *Der Nachsommer*). Das geht direkt zur Sache. Bei folgendem Erstsatz war ich fassungslos: »Ich bin ohne elektrisches Licht aufgewachsen.« (Herbert Achternbusch, *Die Stunde des Todes*). Der kürzeste und knackigste Anfang ist aber folgender: »Edith liebt ihn.« (Robert Walser, *Der Räuber*). Zwar wird der Leser im nachfolgenden Satz bereits vertröstet: »Hievon nachher mehr«, aber er wird sich gedulden müssen, erst mal wird vieles ins Rollen kommen. So viel, dass es nicht lange dauert, und dem Herrn Erzähler fallen »eine Menge Damenhüte« ein. Und als sich dann der Räuber wie »eine Art Fabrice del Dongo« vorkommt, reicht es dem Erzähler. Eine erste Besinnung tut not, ein kurzes Innehalten: »Ist das nicht Blödsinn? Warten Sie bitte mal. Lassen Sie mich nachdenken.« Ja, bitteschön, dann denke nach, werter Erzähler, aber hättest du das nicht vorher tun sollen, was hat das denn im Buch zu suchen? Der Erzähler hat jetzt zu Ende nachgedacht und befindet: »So, es geht, es geht.« Tatsächlich? Und dann? »Auch auf das Buch, das da abgegeben wurde, würden wir eventuell nachträglich noch zu sprechen kommen können.« Welches Buch? Und wieso »auch«? Warten wir es ab. Lesen wir weiter. *Der Räuber* ist ein unaufhörliches Reden, und ein unaufhörliches Reden über das Reden, ohne allerdings Gerede zu sein, Gerede ist genau das Gegenteil der Walser'schen Literatur, die das Gerede so pointiert wie gezielt zu entlarven und subtil bloßzustellen weiß. Und was macht der Räuber derweil? *Der Räuber* greift einen Gedanken auf, spinnt ihn weiter, wendet ihn um, zerfranst das Gesponnene, spinnt die Fransen fort, lässt die gesponnenen Fransen sich gegenseitig durchdringen, lässt sie nach oben und hinten, nach vorne und unten schießen, wirft den Faden aus, der doch vielleicht der Hauptfaden sein könnte, und seitenlang ist dieser Faden nicht mehr gesehen, schon will man alle Hoffnung fahren lassen, da taucht er unvermutet wieder auf in der Gestalt eines Vorhangs, dahinter steht – der Räuber. Und welcher Rat gibt ihm der dicht neben ihm stehende Erzähler? »Bleibe kalt und womöglich künstlerisch.« Der Räuber belauscht gerade ein Gespräch zwischen Wanda und Edith. Auch er ist verliebt. Er ist womöglich der Erzähler oder der Erzähler ist er, jedenfalls kennen sich beide gut, und ich habe jetzt den Faden verloren. Es ist aber sehr beruhigend zu erfahren, dass der Herr Erzähler ihn stets gegen alle Unken- und Klinikherbeirufungen nie aus der Hand gegeben hat, wirklich nicht und auch nicht wörtlich. Was zu unterscheiden nicht in der Macht eines guten Gewissens liegt, so dass wir guten Gewissens mit dem Räuber sagen wollen: »Aber wir wollen uns doch nicht allzu tief in all diese Details stürzen. Wir kämen sonst gar nicht mehr draus heraus.« Danke. Sagen wir also, dass seine Texte eine gütige, eine zart zu nennende Renitenz gegen die erdrückende Beweislage ausüben, auf der Welt sei es schlecht bestellt, sie beharren auf einer – wenn auch nie ganz einzusehenden – Zufriedenheit und lassen sich dabei auch gar nicht reinreden, sie sind völlig unbeirrt. Oft wirken sie so, als befänden sie sich noch im Erprobungszustand, wobei sie immer ankündigen, gleich und endlich auf den Punkt zu kommen. Und das kommen sie zum Glück nicht. Trotzdem erzählt hier einer munter weiter, ohne Rücksicht auf vermeintliche Wichtigkeiten, die doch jetzt bitte mal endlich erzählt werden müssten, und zwar auf der Stelle. Aber nein, erst einmal wird der Spaziergang fortgesetzt, denn da gibt es unterwegs noch eine Menge zu erzählen, was genau so wichtig ist, und der Leser gerät in eine Art Trance, er driftet ab, und dieses Abdriften ist so wohltuend, dass lesend keine Wünsche offenbleiben, nur der Text sollte nicht enden, und dann endet der Text, sofort setzt eine Traurigkeit darüber ein, die über den Text hinausgeht, die etwas mit Sterben zu tun hat. Und? »[...] und Sie werden ja verstehen, wie schwierig es ist, sich hinsichtlich von schier Unerklärlichem zu erklären«, entschuldigt sich der Räuber. Aber entschuldigt er sich? Demonstriert er nicht geradezu seine unangreifbare Souveränität? Und liefert er nicht obendrein einen Generalschlüssel für die Liebe des Lesers zu Walser – das zumindest wünscht sich der Leser, dass es tatsächlich ein Selbstbildnis, eine autobiographische Standortbestimmung des Autors sei, was der Räuber nur wenige Sätze später dem Arzt bekundet: »[...] vielleicht besteht meine Krankheit, wenn ich meinen Zustand so nennen kann, in einem zu vielen Liebhaben. Ich habe einen ganz entsetzlich großen Fonds an Liebeskraft in mir, und jedesmal, wenn ich auf die Straße trete, fange ich an, irgend etwas, irgend jemand lieb zu gewinnen.« Gleich darauf schränkt er dieses Bekenntnis wieder ein. Hat man ihn gerade noch naiv gelesen, entpuppt er sich geschickt inszeniert als Maskenspieler, als Für und Wider, als viele in einem, und was den Erzähler anbelangt, dieser unsichere Kantonist, dieser unzuverlässige Marionettenspieler, kann der dann mit Fug und Recht behaupten: »Und so behalte ich denn jedenfalls über diese Räubergeschichte hier die Direktion. Ich glaube an mich.« Na immerhin, antwortet der Leser, der aber sofort diesen Selbstglauben als eine weitere Ankündigung nimmt.

Gemessen an der gebirgshohen Kunst dieses Robert Walser, ist das soeben Gehörte alles nichts als Niedlichkeitenauseinanderbreiterei. Ein »Niedlichkeitenauseinanderbreiter« ist dieser Dichter wahrlich nicht, als welchen er in der Skizze *Vortragsabend* einen Kollegen tituliert. Schon gut, schon gut. Ich sehe die Baronin das Zimmer 27 betreten, das »räuberliche Krankenzimmer«, in dem nun aber, hineingesteigert, nicht der Räuber liegt, sondern der Leser, und also muss sich der Leser anhören, was die Baronin sagt: »Das, was wir sprechen wollen, kann uns sehr leicht entfliegen, indem uns etwas ganz anderes in den Sinn kommt, aber wir müssen unser Gedächtnis immer wieder im Dienst der Unzweideutigkeit und Wahrheitsliebe anstrengen.« Einverstanden. Sagen wir darum klipp und klar, Robert Walser gebührt die Prosakrone. Und die setzen wir ihm jetzt auf, und dann lesen wir seine Texte noch einmal ganz von vorne, entschuldigen Sie also bitte vielleicht meine vielen Worte, »und damit basta!«

## Kondensieren, Ausstaffieren. Thomas Mann

Thomas Mann, ein von der Geschichte verabschiedeter Schriftstellertypus? Ja und? Thomas Mann, der größte deutsche Romancier des 20. Jahrhunderts? Mag sein. Der Begründer der (deutschen) Neoklassik? Wahrscheinlich. Verkörperte Thomas Mann einen – wiederum klassisch zu nennenden, ja eine eigene Tradition bildenden – Nord-Süd-Konflikt (vom Norden kommend gen Süden wandernd, hierin auf Goethes Spuren)? Ganz klar. Was wäre Thomas Mann ohne Schopenhauer und Nietzsche? Kein Thomas Mann.

Robert Walser, Franz Kafka oder Arno Schmidt sind mir immer näher gestanden.

*Lotte in Weimar* allerdings führte zu einer intensiven Beschäftigung mit Goethe. Goethe führte zu einer intensiveren Beschäftigung mit Nicht-Goethes usw.

*Der Zauberberg, Tod in Venedig, Tonio Kröger, Bekenntnisse des Hochstaplers Felix Krull* und insbesondere *Doktor Faustus*, jenes vielfach grenzüberschreitende Zeitmontage-Modell, das auch als Deutschland-Abgesang gelesen werden kann, sind immer wieder neu zu durchquerende, nie auszulesende Gebäude. Nicht zuletzt für seine von einigen bis heute nicht überwundene, dann doch unerbittliche und kompromisslose Nazigegnerschaft schätze ich ihn – seine Überzeugung von der deutschen Kollektivschuld mal dahingestellt.

Und auch das hat Tradition: In dem in den USA geschriebenen Essay *Bruder Hitler* (1939) entdeckt und erkundet Thomas Mann zwei diametral entgegengesetzte Aggregatzustände ›Deutschland‹: einen, der tendenziell für die Barbarei anfällig ist, dessen »Primitivierungsprozeß« »in seiner frechen Selbstverherrlichung gegen Zeit und Gesittungsstufe« bereits als »Weltanschauung« durchgeht, dem ein geistiges, musisches Deutschland bzw. »Künstlertum« entgegenzusetzen ist, für deren Tradition er – insbesondere eben im Exil – eintritt, nachdem er aus ästhetizistischen Taumeln erwacht ist. Gegen »Verhunzung« und »Heruntergekommenheit« (»wagnerisch, auf der Stufe der Verhunzung, ist das Ganze«) führt Thomas Mann den prospektiven Gedanken des (reinen) Künstlertums als ein »beflügelt-hermetisch-mondverwandtes Mittlertum zwischen Geist und Leben« ins Feld – aber eben nicht die Politisierung des Ästhetischen, wie Benjamin dies drei Jahre zuvor forderte. In *Bruder Hitler* äußert Mann beinahe beiläufig den »stillen«, in seinen Konsequenzen aber sprichwörtlich tiefgreifenden »Verdacht«, Hitlers Einmarsch in Wien habe »im Grunde dem alten Analytiker« gegolten, »der dort seinen Sitz hatte, seinem wahren und eigentlichen Feinde, – dem Philosophen und Entlarver der Neurose, dem großen Ernüchterer«. Thomas Mann, in seinen erzählerischen Konsequenzen, »der große Ernüchterer«?

*Der Erwählte* mit seiner blöden, stets auf der Oberfläche schwimmenden ›Der Geist des Erzählers‹-Konstruktion fand und finde ich total daneben, das geht mir ziemlich auf die Nerven: »Nein, indem der Geist der Erzählung sich zu meiner mönchischen Person, genannt Clemens der Ire, zusammenzog, hat er sich viel von jener Abstraktheit bewahrt, die ihn befähigt, von allen Titular-Basiliken der Stadt zugleich zu läuten, und ich werde dafür sogleich zwei Merkmale anführen.« Nein, lieber nicht! Außerdem will ich lieber Eier als eine zusammengezogene Geistperson oder eine Abstraktheit, die von allen Titular-Basiliken der Stadt »zugleich« ihr Liedchen pfeift. Da hätte ich also besser die *Buddenbrooks* lesen sollen, was ich bis heute nicht ganz getan habe. Warum eigentlich nicht? Das Riesenopus *Joseph und seine Brüder* (wirklich eine

»enzyklopädie des bildungsspießers«, wie Brecht polemisierte?), war mir immer unlesbar. Kann sich ja noch ändern. Vorurteilen sollte man vielleicht mal Mann werden, nicht Herr.

Hat Thomas Mann Humor? Aber sicher. Er hat sogar – manchmal – Schnauze. Und wie man die fruchtbringend einsetzt, davon könnte so mancher hiesig altgewordene Weiße Zwerg, manches schwarze Loch nur träumen, wird doch auch hier jemand, nämlich ein gewisser Mynheer Peeperkorn, sprichwörtlich »aufs Korn genommen«, wie es im Buch tatsächlich auch heißt, ohne darüber den anvisierten Gerhart Hauptmann dämlich bloßzustellen: »Meine Herrschaften. – Gut. Alles gut. Erledigt«, sagt dieser Peeperkorn alias Hauptmann im *Zauberberg*, um dann geistreich und sprachmächtig, höchstens zwei Meter von der Lautpoesie entfernt, der versammelten Anwesenheit Folgendes zu unterbreiten: »Wollen Sie jedoch ins Auge fassen und nicht – keinen Augenblick – außer acht lassen, daß – doch über diesen Punkt nichts weiter.« Was danach kommt, ist fast schon, als wäre Peeperkorn eine Erfindung Karl Valentins, wohlbekannt aus dessen gesteigerten Unsinnsvorträgen: »Was auszusprechen mir obliegt, ist weniger jenes, als vor allem und einzig dies, daß wir verpflichtet sind, daß der unverbrüchliche – ich wiederhole und lege alle Betonung auf diesen Ausdruck –, der *unverbrüchliche* Anspruch an uns gestellt ist – *Nein!* Nein, meine Herrschaften, nicht so!« Wie denn dann? »Nicht so«, setzt Peeperkorn wieder an, »daß ich etwa – Wie weit gefehlt wäre es, zu denken, daß ich – – Er-*ledigt*, meine Herrschaften! Vollkommen erledigt. Ich weiß uns einig in alldem und so denn: zur Sache!« So macht man das, ein allzu bekanntes Gesicht rekonstruieren, Herr Behauptmann. Das ist beileibe Ausdruckskunst, die selbst ein junger Chinese »am anderen Tischende, der des Deutschen noch wenig mächtig war und nicht verstanden, aber gehört und gesehen hatte«, goutierte, bekundete er doch

»seine erfreute Befriedigung durch den Ruf: ›Very well!‹ – und applaudierte sogar.«

Andererseits: Was könnte ich dem »Goethe in Hollywood«, wie *The New Yorker* am 13. Dezember 1941 Thomas Mann betitelte, zu verdanken haben? Vielleicht zumindest nicht ganz Unwesentliches: Lektüre als Stimulanz eigener Produktion, eine gewisse Vorbildhaftigkeit in Sachen (Arbeits-)Disziplin (der Gute pflegte zwei oder drei Stunden am Morgen mit der Hand zu schreiben oder zu Tippendes zu diktieren, den Rest des Tages wohl nachzudenken), eine nicht unpräzise Vorliebe für die deutsche Sprache mitsamt den von Mann in ihr dargestellten Außenseitern, Sonderlingen und Ambivalenznaturen (der junge Buddenbrook, Hans Castorp, Tonio Kröger [par excellence!], Adrian Leverkühn, Felix Krull), hierin Robert Walser verwandt, der seine Figuren allerdings unauffälliger platzierte. Nicht zuletzt war ein solcher Außenseiter Thomas Mann mutmaßlich auch selber, als selbstbewusster Kunstmachender *und* um Stabilität bemühter – ringender? – Bürger, als Ausschließlichkeits-Ästhetizist *und* (späterer) Moralist. Klischees. Immerhin: Stilbildend war Thomas Mann nicht. So schreibt man heute nicht mehr, hört man. So schrieb man aber auch ›damals‹ nicht, denke ich. Völlig undenkbar, der Vorwurf: Der/die schreibt wie Thomas Mann. Das geht ja gar nicht. Aber: Die Syntax des *Doktor Faustus* ist Granit. Nur unsere lesenden Augen sind aus der Übung gekommen, abgegriffen, schlapp. Einen Steinbruch knackt man nicht mit Gummi.

Der Dauerbegriff ›Ironie‹, appliziert auf die Spracharbeiten Thomas Manns, war mir immer nichtssagend. Ist der geniale Sprachpontifex Helge Schneider unironischer? (Sicher, die Mann'sche ›Ironie‹ ist die ›Mann'sche Ironie‹, ich hör's schon …) Vielmehr habe ich Manns Bücher als die Arbeiten eines Sprachabklopfers und Satzdenglers wahrgenommen, der einem im mehrfachen Sinne etwas vormacht. (Macht Helge Schneider aber auch!)

Demgegenüber: »Das Wunderkind kommt herein – im Saale wird's still«, beginnt die kleine Erzählung bzw. Novelle *Das Wunderkind* (1903). Auch um Thomas Mann wird es hin und wieder still. Ihn deshalb ein ›Wunderkind‹ nennen? Aber so ist das ja immer: Ein Jubiläum frisst das Schweigen wieder auf. Ganz still ist es um Thomas Mann ja nie geworden. Und es wird berichtet, er werde sogar noch gelesen. Lesen ist ja mehr als ein Buch lesen. Ein Buch von vorne nach hinten aufgelesen haben, heißt ja noch nicht, das Buch ganz gelesen zu haben; das ist ja immer so. Immer ist nie ein Buch ganz zu lesen. Ist ein Buch dennoch mit dem Ende ausgelesen, nennt man es Konfekt. Indes ist Thomas Manns Prosa von einer Beschaffenheit, die ein Verharren auf Schauplätzen und Momentaufnahmen, ein Starren auf Abschnitte, ein wiederholtes Durchqueren ein und derselben Passage, ein Wieder- und Wiederbedenken eines vereinzelten, hervorstechenden Wortes erlaubt, ohne von Verlust- oder Verschwendungsängsten traktiert zu werden – da hätte ich doch besser den Abwasch gemacht, das Bücherregal abgestaubt, das Klo geputzt –, kurz, die Spracharbeit Thomas Manns gehört zu den Spracharbeiten, die auch als fragmentiert wahrgenommene hohen Ernährungswert besitzt, nahrreicher oft, als den Inhalt dieses oder jenes vermeintlich ganz gelesenen Buches notdürftig oder gelehrt paraphrasieren zu können, ›nacherzählen‹, wie dieses mitblödeste Wort schon in der Schulzeit hieß. ›Nacherzählen‹ heißt ja kaputtmachen, auflösen, in die Irre führen, zerschlagen, besser wissen auf beschämende Art. Eine Alternativaufforderung lautet dann ja oft: Können Sie den Inhalt dieses Buches ›wiedergeben‹. Widergeben? Wieder geben? Wem denn? Das gibt sich. Und was das ganze Aktualitätsgerede angeht: Haben Sie schon den neuesten Thomas Mann gelesen? Eben.

Was das Lesen einiger Prosastücke anbelangt, dieser ruhig fließenden Flüsse, die vielleicht ›Erzählen‹ heißen: Aus Anlass eines ersten, (selbst-)enttäuschten Liebeserlebnisses, das in der Tat keines war, empfindet »der kleine Herr Friedemann« in der gleichnamigen Erzählung »eine seltsame Beklommenheit« in der Nähe eines gleichaltrigen, sechzehnjährigen Mädchens (bevor er sich dann aufgrund der demütigenden Herablassung der Frau Oberstleutnant Gerda von Rinnlingen vierzehn Jahre später im Fluss ertränkt), »und die befangene und künstlich freundliche Art, mit der auch sie ihn behandelt, erfüllte ihn mit tiefer Traurigkeit«. Dies lässt ihn zu dem wackeren Entschluss kommen, »gut«, »das ist das Ende. Ich will mich niemals wieder um dies alles bekümmern. [...] Ich bin fertig damit. Es ist für mich abgetan. Nie wieder. –«. – Das ist es, eine seltsame Beklommenheit beim Lesen von Thomas Mann. Und das Gelesene ist oft von befangener und künstlich freundlicher Art. Und zugleich ist da beim Lesen eine gewisse Sehnsucht, sich einmal die Zeit (wieder) zu nehmen, hart an der Sprache zu arbeiten, den Fokus enger zu fassen, klarer zu stellen, Vermeintlichkeiten aus dem Weg zu gehen, »plumpes Mit-der-Tür-ins-Haus-Fallen« *(Doktor Faustus)* in aller Bescheidenheit seinzulassen. Gerade das so anders Geschriebene, stofflich scheinbar entgegengesetzt Realisierte wirkt anziebend auf mich, lässt mich noch mal nachgucken, nachlesen, überprüfen. Welchen Auftritt verschafft Thomas Mann dem Geschwisterpaar Eros und Tod? Wie stark chiffriert er autobiographische Bezüge und Bestandsaufnahmen? Wie viel Geduld hat er mit einer in Angriff genommenen Arbeit, die planmäßig oder an der stofflichen Eigendynamik orientiert auszuführen ist? Welche erzähltechnischen Strategien entwickelt er, »um nicht dem Fehler des Vorgreifens zu verfallen« *(Doktor Faustus)*. Welche Konstruktion liegt zugrunde, wie verhält es sich mit dem »Entwerfen chronologischer Schemata«, dem »Sammeln psychologischer Pointen und gegenständlichen

Materials« *(Lübeck als geistige Lebensform)*? Wie begründet er, der richtige Zeitpunkt für die Durchführung eines neuen, vielleicht abgebrochenen, nun wiederaufgenommenen Projekts sei unmissverständlich gekommen *(Die Entstehung des Doktor Faustus. Roman eines Romans)*. Fertig ist man mit Thomas Mann jedenfalls nicht. Was auch immer man sagen will.

Und: Kann man bei Mann nicht von exemplarischen Lebenssituationen im Übergang der zeitgeschichtlichen Zustände sprechen, eingeschlossen die in dieser Akkumulation nie wieder erreichte Exilsituation in der Umgebung von Los Angeles (Santa Monica, Pacific Palisades, Malibu), wo unter anderem die Adornos, Brechts, Einsteins, Eislers, Feuchtwangers, Schönbergs, Tochs und eben die Manns lebten, die einen für Jahre, die anderen bis an ihr Lebensende. Das hätte der deutschsprachigen Literatur doch einen weitreichenderen internationalen Zugang eröffnen müssen.

Demgegenüber: Die Klage um schwindende Popularität der deutsch(sprachig)en Literatur im Ausland gehört ja seit Jahren zum guten Ton ihres Selbstverständnisses. Tröstlich fast, sogar in der Auslage eines Buchladens im Flughafen von Los Angeles zumindest zwei (übersetzte) Thomas-Mann-Titel zu finden. Thomas Mann, ein deutscher Schriftsteller; rührend. Und ohne diese nationale, tatsächlich sogar regionale (Sprach-)Identität – auch wenn er von der Auflösung der Nationen spricht (»Alles Nationale ist längst Provinz geworden«) und bittet, ihm sein »Weltdeutschtum« zu gönnen (na bitte!) – ist Thomas Mann für mich nicht zu denken.

In seinem Essay *Lübeck als geistige Lebensform* (1926) gilt ihm dieses in *Doktor Faustus* »Kaisersaschern« genannte Lübeck als Inbegriff deutscher Kultur, als Vorbild des Bürgertums, der (Welt-)Bürgerlichkeit, das »als Stadt, als Stadtbild und Stadtcharakter, als Landschaft, Sprache, Architektur« »von Anfang bis zu Ende« in seiner »ganzen Schriftstellerei zu finden« sei, sie »entscheidend« bestimme und beherrsche. Ein solchermaßen gefasstes Lübeck war Thomas Mann auch Initiation zur (deutschen, von Wagner verkörperten) Musik. Als bürgerlicher Erzähler habe er – Stichwort »Lübeck als Lebensform« – »eigentlich sein Leben lang nur *eine* Geschichte erzählt: die Geschichte der Entbürgerlichung – aber nicht zum Bourgeois oder zum Marxisten, sondern zum Künstler«.

Mit den Übersetzungen seiner Bücher war der Meister ja nie zufrieden, wie Konrad Kellen am 13. Dezember 2001 versicherte. Kellen lebte nach seiner Emigration 1933 in Pacific Palisades, wo er 2007 im Alter von dreiundneunzig Jahren starb. Von 1941–43 war er der Sekretär von Thomas Mann, der von 1942–52 in Pacific Palisades im Exil war. »Lowe-Porter widmete ihr Leben der Übersetzung Thomas Manns. ›Aber Deutsch kann sie nicht‹, meinte Thomas Mann einmal.« Mann, so Kellen, war von der generellen Unübersetzbarkeit seines Werkes überzeugt. Dass die Sprache sich auf Englisch nicht so benimmt, wie er will, das habe Thomas Mann immer gegrämt. In einem in Arbeit befindlichen, *Neues vom Tod, Umschreibungen* betitelten Prosastück habe ich mir darauf folgenden Reim gemacht: »Immer ist es ja ein kleiner Riss, der alles ans Tageslicht bringt, der alles durchsickern lässt. Wenn wir ja in einer Sprache so hineingearbeitet sind, wenn eine Sprache uns dermaßen übermannt hat, wenn diese eine Sprache uns also umhüllt, einfriert, sagen wir erkennbar macht, dann sind wir ja ohne Exit, dann lesen wir dauernd Exil, jede noch so gut gemeinte, jede Übersetzungstätigkeit ist da ja völlig vergoren, wenn wir so in dieser einen umfassenden, und umfassend umklammernden Sprache wohnen, dann ist da ja kein Hinübersetzen, dann hausen wir in diesem Loch ohne fremdes Licht, wir können dann eine sogenannte Fremdsprache nur erahnen, aus unserem Sprachloch heraus schauen wir eine Fremdsprache an wie ein schimmerndes Gebilde, wie einen Schwamm, ein Gespinst, wir sitzen ja so in unserer Heimatsprache fest, dass wir zwar an eine Fremdsprache *denken*, uns aber nicht in diese hineindenken, oder gar aus ihr heraus denken können, das Einzige, was wir mit Sicherheit sagen können, ist, das Erklingende, das zu Hörende ist nicht unsere Heimatsprache, es ist, wenn und überhaupt, eine andere Sprache, die wir, in die manchmal verzweifelte Lage gekommen, mit nichts anderem als dieser Nichtheimatsprache kommunizieren zu müssen, höchstens imitieren können, und das auch nur nach jahrelangem nicht Auskönnen, nach jahrelanger akustischer Impfung sozusagen, bis die Ohren wie Trichter über die Zunge direkt aus dem Mund herauskommen, das sind ja wir, stellen wir dann verwundert fest, während wir gleichzeitig diese Fremdsprache imitieren, wie gehört so gesagt. Und immer ist es ja ein kleiner Riss, ein kleiner, durch Reibung entstandener Riss ist es ja immer, ein Riss in der Sprachvene, durch den die Fremdsprache in das vegetative System sickert und dieses außer Funktion setzt. Hatte Thomas Mann also am elften August neunzehnhundertfünfundfünfzig gegen Abend zunächst einen Schwächeanfall, so überkommt ihn am Morgen des zwölften August neunzehnhundertfünfundfünfzig ein schwerer Kollaps, in dessen Folge Bluttransfusionen verabreicht werden, die aber genauso wie stimulierende Injektionen und darüber hinaus alle möglichen Infusionen erfolglos bleiben, wenn das nicht anderswo genau so oder besser beschrieben worden ist, bereits. Der Riss also, der das vegetative System schließlich außer Funktion setzt. Der das Blut in das vegetative System hineinsickern lässt und dieses somit außer Funktion setzt. So ist es mit der Sprache. So ist es vor dem Einschlafen. So ist es mit der Sprache.«

Thomas Mann hatte eine materielle, durchaus diesseitige Sicht auf die Dinge, Unsterblichkeitsfabulierschleifen kannte er wohl nicht. Und er war ein Schnellvergesser ohne Nachbrenner, wie Katia Mann bezeugt: »Wenn er ein Buch schrieb, so vertiefte er sich ungeheuerlich in seinen jeweiligen Gegenstand und studierte viel und stets noch, während er daran saß. Er verschaffte sich alles Wissenswerte, beschaffte sich eine Menge Material, doch sowie daß das Buch fertig war, hatte er alles bald wieder vergessen. Er interessierte sich nicht mehr dafür.« Thomas Mann als Durchlauferhitzer, der recht unterschiedliche geistige Aggregatzustände annehmen konnte, auf diese Weise geistigen Mehrwert schaffend: »Zur Zeit des *Doktor Faustus* war er, neben anderem, ein großer Musiktheoretiker, zur Zeit des *Joseph* ein großer Ägyptologe, Orientalist und Religionswissenschaftler, ein Mediziner für den *Zauberberg*«. Manns Erkenntnisinteresse war ein medial zu nennendes Verwertungsinteresse, ein Interesse im Pound'schen Sinne des Kondensierens, das zuweilen schwartenartige Ausmaße annehmen konnte, auch ein Interesse des Ausstaffierens, Anreicherns, Legitimierens. »Wissenschaftler-Qualitäten« jedenfalls »hatte er nicht«, wie Katia Mann weiß: »Er nahm, was er brauchte, und mehr wollte er nicht. Er hat auch in scherzender Weise gesagt, mehr über eine Sache, als in seinem Werk vorkomme, wisse er nicht, mehr fragen und examinieren dürfe man ihn nicht.«[1]

Bezeichnet ›Tradition‹ kulturwissenschaftlich bzw. -geschichtlich einen Prozess der Überlieferung durch mehr als zwei Generationen,[2] so ist Thomas Mann Tradition. Eine Tradition, zu der man sich ja nicht bekennen muss. Es wäre ja auch allzu merkwürdig, sich zu dieser Tradition zu bekennen, oder? Allerdings ist im Falle von Thomas Mann insbesondere von einer

1 Katia Mann: Meine ungeschriebenen Memoiren. Berlin: Buchverlag Der Morgen 1975, S. 167–168.

2 Siehe Edward Shils: Tradition. Chicago: University Press 1981.

Tradition der Haltung zu sprechen, einer gestischen Tradition, die ihrerseits stets kritisch wahrgenommen wurde. Thomas Mann als der ›gute Deutsche‹, als die Stimme des ›anderen‹, des guten Deutschlands. Thomas Mann als verlängerter Arm Goethes. Thomas Mann als ideengeschichtlicher Epiker, als Programmromanschreiber. An Tradition kann man ja bekanntlich nur ein wenig kratzen. Tradition ist, wenn man trotzdem weitermacht. Trotz Kafka, Schmidt und Robert Walser mache ich weiter. Thomas Mann hindert mich am Weitermachen nicht. »Das ist das eine, oder es ist bereits das eine und andere.« *(Doktor Faustus).*

Und Tradition, das ist ja schließlich gleichsam ein Verlauf mit Maßnahme und Tat oder sagen wir ungefähr eine Weitergabe mit Brauch und Erbe, demnach eine Aktivität des Früheren und Gewesenen, ein Überfall, Angriff, Anschlag, eine Attacke, Offensive, Überrumpelung, ein Raubzug, Einfall und Vorstoß quasi, beziehungsweise ein Beutezug und Gegenangriff, ein Handstreich, wie gesagt. Tradition. Das ist es. Schließlich: An Thomas Mann ist kein Vorbeikommen, mag er auch noch so als (selbsternannter) letzter Repräsentant einer untergegangenen Epoche, dem bürgerlichen Zeitalter, gesehen werden. Cool war er, der Stratege des kalkulierten künstlerischen Subjekts, allemal.

»Ich muß mich auslüften, ich mache mich fort, ich suche das Weite.« *(Tonio Kröger).* »›Das ist es‹, bestätigte Probus. ›Aber mehr auf Scheu als auf böse Artung läßt sein Benehmen schließen. Wir haben nichts von ihm zu fürchten, – wie, wenn wir etwas von ihm zu hoffen hätten?‹« *(Der Erwählte).* Von wem?

# Antipointismus. Joachim Ringelnatz

»Lebensl. viel z. bunt, u. hier ausgef. z. werd.«, ist dem *Wer ist's* des Jahres 1928 zu entnehmen. Deshalb, »in aller Eile, da ich verreisen muss, das Folgende: Ich bin geboren am 7. August 1883 in Wurzen in Sachsen. Ich bin von der Schule aus zur See gegangen, habe nach meiner Seemannszeit ca. 35 andere Berufe gehabt und lebe seit einigen Jahren als Schriftsteller, Maler und Kabarettist. Ich wohne in München (leider!)«, schrieb er 1929 als Postkartengruß. Das mit München sei ihm verziehen, schließlich wurde dort die politische Situation immer unerträglicher. Außerdem liegt München nicht am Meer. Und rumgekommen ist er wie kein Zweiter seiner Zunft. In *Hans Böttichers Autobiographie* (1911) gibt er Auskunft, als »Schiffsjunge, Leichtmatrose und Matrose auf Seglern und Dampfschiffen einige Jahre lang, nach Süd-, Zentral- und Nordamerika« gefahren zu sein, auch nach »Afrika, Spanien, Russland – nach etwa 22 außerdeutschen Ländern«. Einige davon habe er näher kennengelernt, indem er mehrmals desertiert sei und sich dann, »meist mittellos«, herumgetrieben habe, bis er irgendwelche Beschäftigung fand.

Als Matrose Daddeldu mit den Insignien Schlaghose und Matrosentroyer gehört er ab 1909 für knapp zwei Jahre zum Hausbestand von Kathi Kobus Schwabinger Künstlerkneipe und legendärem Kabarett *Simplicissimus (Simpl).* München … Die Stadt wimmelte von Literatur, die sofort Geschichte wurde. Und München, die »Hauptstadt für Scherz« mit ihrer »Frotzeltradition« (Werner Ross), ließ Hans Bötticher zu Joachim Ringelnatz werden. Dieser Name schütze ihn wie eine

Tarnkappe, merkte er einmal an, er steht wohl für die Eigenschaften von Seepferdchen, Blindschleiche und Ringelnatter. Ringelnatz? Kuttel Daddeldu? Oder, wenn's ganz dicke kommt, »Daddeldu Duddel Kuttelmuttel Katteldu«? Den kennt doch jedes Kind! Auch hier wartet auf *Bumerang* jedes Kind: »War einmal ein Bumerang; / War ein weniges zu lang. / Bumerang flog ein Stück, / Aber kam nicht mehr zurück. / Publikum – noch stundenlang – / Wartete auf Bumerang.« Und für Kinder sind Ameisen schlichtweg Ringelnatz'sche Geschöpfe: »In Hamburg lebten zwei Ameisen, / Die wollten nach Australien reisen. / Bei Altona auf der Chaussee / Da taten ihnen die Beine weh, / Und da verzichteten sie weise / Denn auf den letzten Teil der Reise. // So will man oft und kann doch nicht / Und leistet dann recht gern Verzicht.« Auch dass er einen gepflegt pointierten Antipointismus beherrschte, ist den Kindern nicht unbekannt: »Im dunklen Erdteil Afrika / Starb eine Ziehharmonika. / Sie wurde mit Musik begraben. / Am Grabe saßen zwanzig Raben. / Der Rabe Num'ro einundzwanzig / Fuhr mit dem Segelschiff nach Danzig / Und gründete dort etwas später / Ein Heim für kinderlose Väter. / Und die Moral von der Geschicht? – / Die weiß ich leider selber nicht.« Da springt alles hin und her. Wie viele Kinder aber wissen, dass Ringelnatz unter anderem auch Erzählungen und mit *liner Roma* (1924) einen Berlin-Roman geschrieben hat, und das vor Döblin! Berlin zur Zeit der Inflation, da musste dann auch der Romantitel abspecken. Mit *Als Mariner im Krieg* (1928) und *Mein Leben bis zum Kriege* (1931) hat er zwei unbedingt zu lesende autobiographische Bücher veröffentlicht, die so gar nicht dem Klischee des Immerlustigen und Spaßdichters entsprechen. Oder dass Ringelnatz auch – und für ihn selbst vor allem – ein Maler war? 1930 hat er einen, allerdings erfolglosen, Film gemacht: *Seemann kommt aus Pariser Kino.* Kurzschluss: Bis auf den heutigen Tag steht die Entdeckung des multiplen Ringelnatz aus.

Zurück nach München. Dortselbst, in der Schellingstraße 23, eröffnete Ringelnatz im März 1909 das *Tabakhaus Zum Hausdichter*, dem er sich aber nur neun Monate als Geschäftsmann widmete, dann verlor er das Interesse. Viel eingebracht hat der Laden sowieso nicht. Zumindest pekuniär. Seinen Ruf als ›einziger wahrer Bohème‹ Münchens, wie ihm Zeitungskritiken huldigten, hat er allemal vermehrt. Als Reklamedichter für unterschiedliche Produkte und Kunden tätig, verfertigte Ringelnatz auch den Werbekartentext für sein Geschäft, mit dem er zugleich umfangreiche Serviceleistungen anbot: »*Tabakhaus Zum Hausdichter.* Vorzügliche Cigarren und Cigaretten. (Bisher noch kein Todesfall). Prompte Lieferung nach Auswärts. Sehensw. Kunstschätze u. Merkwürdigkeiten. Treffpunkt der gebildeten Raucherwelt. Damen und Herren werden auf Wunsch gegen Bezahlung angedichtet. Jedermann wird gebeten, recht zahlreich zu erscheinen. Es grüßt der Hausdichter!« Ringelvalentinnatz! Das mitten im Schaufenster zwischen Zigarrenkisten und Zigarettenschachteln herumwühlende menschliche Gerippe, das er sich von einem Medizinstudenten ausgeliehen hatte, mag die erhoffte Werbewirksamkeit liegend geradezu unterlaufen haben.

Als entlassener Leutnant der Kaiserlichen Marine kehrt er im November 1918 dann zurück ins München des Aufruhrs und der Anarchie. Dort heißt ihn niemand willkommen. Aus seinem »Leider!« zogen er und seine von ihm ›Muschelkalk‹ genannte Frau Leonharda Pieper 1930 die Konsequenzen und vertauschten die Isar mit der Spree.

Durchquert man das von Walter Pape mit viel Liebe edierte *Gesamtwerk in sieben Bänden* (Diogenes, Zürich; Erstausgabe 1982–85 im Berliner Henssel Verlag), so fällt insbesondere der ganz andere Ringelnatz auf, der in keinem Schullesebuch steht und von keinem Gedichteauswendigkenner memoriert wird. Neben Morgenstern, Valentin und später dann Heinz Erhardt ist Ringelnatz ein Großmeister dessen, was man gemeinhin und unreflektiert ›Nonsens-‹ oder ›Unsinnspoesie‹ zu nennen pflegt. Dabei wird leicht übersehen, dass vor allem Ringelnatz ein poetischer Melancholiker war, der zum Beispiel seinem Pariser Malerfreund Jules Pascin dieses elegische Epitaph gewidmet hat: »Leid um Pascin (Juni 1930) // Ach, ist das Leben schwer. / Pascin nahm sich das Leben. // Nun steht ein Haus der Freundschaft leer, / Wo sich so viel begeben. // Wie lang ist's her, / Daß ich ihn dort verließ. / Mir tat der Abschied heimlich weh. // Ich meine, daß ich nun Paris / Nie wiederseh. // Das Herz auf dem Montmartre brach. // Adieu Pascin. – Es blieben / Zwei Bilder treu an meiner Wand. // Die Menschen, die ihm nach / Noch leben und so lieben –: Ihr wenigen, laßt Hand in Hand.« Und selbst seine bilateral-komische Poesie atmet diese Melancholie: »Goodbye, I go, / Anybody to irgendwo. / Lebe wohl, du Land, das ich verehre! // On the pier winks no girl, no man. / Oh, the Channel is larger than / Many many Meere. // Only altogether was to me / The only English friend. / And it seems to be / Und muß wohl so sein: / Unser Kontinent hat einen wärmeren Sonnenschein. // Dennoch komme ich aus guter Zeit. / England was light and was polite. // England is a happy land, / Und es braucht uns nicht, / And it doesn't understand, / Was aus foreign Herzen sucht und spricht. // Wenn es wüsste! / Das Schiff rollt. Es entschwindet die Küste. / Ich fühle mich frei. / England, goodbye!«

Anfangs sind es immer wenige, dann sind die wenigen bald so viele, dass sie glauben, über Leben und ›lebensunwert‹ entscheiden zu können. Mit Berufung auf die *Verordnung zum Schutz von Volk und Staat* zur »Abwehr kommunistischer staatsgefährdender Gewaltakte« belegten die Nazis ihn mit Auftritts- und Publikationsverboten, ließen seine Bücher beschlagnahmen und aus den Bibliotheken entfernen, nachdem der Name Joachim Ringelnatz in der sogenannten ›Schwarzen Liste‹ aufgeführt worden war, einem offiziell *Prinzipielles zur*

*Säuberung der öffentlichen Büchereien* genannten Index zu zensierender Publikationen. Eine Gedenktafel auf dem Berliner Bebelplatz, auf der sein Name zwischen denen von Ludwig Renn und Joseph Roth zu lesen steht, erinnert an den 10. Mai 1933 als den Tag des braunen Autodafés, als auch die Dichtungen von Joachim Ringelnatz, dem großen melancholisch-komischen Poeten, als »Schmutz und Schund« auf den Scheiterhaufen verbrannt wurden.

»Ich kann mein Buch doch nennen, wie ich will / Und orthographisch nach Belieben schreiben! / Wer mich nicht lesen mag, der laß es bleiben«, beschied Joachim Ringelnatz 1921 in seiner Gedichtsammlung *Die gebatikte Schusterpastete* auch seinen zukünftigen Nichtlesern. »So will man oft und kann doch nicht / Und leistet dann recht gern Verzicht«, anstatt den Kerl zu lesen? Vorwärts, und nicht vergessen, worin Ringelnatz' Stärke besteht, damit es nicht am Ende mit *Kuttel Daddeldu im Binnenland* heißt: »The whole life is vive la merde!« Der Ringelnatz, der braucht uns nicht, wir aber ihn, das soll er sich mal merken!

Auf die Frage im Gästebuch eines Hamburger Freundes, »Haben Sie eine Weltanschauung?«, antwortete er: »Eine ganz kleine.« Und welches Temperament bei ihm vorherrschend sei? »Das linke.« Das »Hamburger Adreßbuch« sei das Buch, das er vor allem liebe. »17. Frage: Haben Sie ein Ziel?« »Nicht bei mir.« »Der Tod«, gab er zur Antwort auf die letzte Frage: »Was erregt Ihre absolute Abneigung?« »Ich bin ein uralt Kind«, steht in einem seiner Gedichte, und das ist er bis zu seinem Tod am 17. November 1934 geblieben.

## Herkunft Heimat. Helga M. Novak

Das poetische Werk von Helga M. Novak ist ein herausragender Monolith. Es ist unbeugsam. Es ist erschütternd. Es ist ohne Vergleich. Es ist von großer Strenge. Es strahlt von schöner Sprache. Es ist so ernst, so kindlich und präzise, es hat den permanenten, den umfassenden Tod vor Augen. Es gibt für diese Gedichte keinen Ersatz. Sie sind realistisch, autobiographisch, politisch, mythisch. Sie sind rau wie die Landschaften, die sie einfassen, lakonisch wie ein im Amtsblatt mitgeteilter Konkurs, sie machen kein Aufhebens von sich, sind gegen den Strich gesetzt, spröde und zärtlich. Die Gedichte von Helga M. Novak halten sich zuweilen gerade noch so im Wort, sind gewaltig, bewahren vor Schlimmerem.

Ob auf Island oder in Polen, im imaginierten Sibirien oder in Utopia, im Heimatgehege Köpenick mitsamt brandenburgischer Seenlandschaft, ob als Liebes- oder Verzweiflungsgedichte (wo genau ist der Unterschied?), als archäologisch, botanisch, klimatologisch oder historiographisch animierte und angereicherte Poesie, diese Texturen umkreisen immer Heimat, die wohl verlorengegangen ist, die nicht (mehr) genau zu lokalisieren ist, der sie sich mit Leib und Fauna verschrieben haben. Heimat, die auch der eigene Körper ist.

Deutsche Geschichte vor und nach der Mauer scheint durch das Dickicht dieser Sprache, leuchtet auf, taucht unter, kehrt als Anekdote wieder *(Polizeistunde)*, als Anrede an den staatlichen Mitarbeiter im Gewande eines harmlos-verschämten Liebesgedichts *(Pate VII)*, das die pseudosymbiotischen Abhängigkeitsrelationen einer operativen Personenkontrolle so tiefenpsychologisch wie zynisch seziert, wobei bereits das erste Wort falsch ist: »natürlich«; deutsche Geschichte kehrt wieder als sagenhaft traurige *Ballade vom Heinrich*, dem »Karussellheini«, der plötzlich in den Krieg muss und »der weiß nicht watetis Krieg«, da wird er auch schon gehängt und von den Eltern mit einem »Handkarrn« heimgeholt. Kontrastiert werden diese poetischen Reflexe auf deutsche Geschichte mit martialischen Stillleben aus einer vermeintlich ganz anderen Welt *(Generalstränen)*, die – als neutral formulierte Nachricht getarnt – die selbstverständliche Teilnahmslosigkeit an Untergangsszenarien bloßstellen und das scheinbar Exotische, das ganz Ferne ganz nah heranholen, an den eigenen Tisch. Mit der *Ballade von einem nach dem kein Hahn kräht* ist man dann über Spanien und Polen wieder näher dran an der deutschen Geschichte. »Nach dem kein Hahn kräht / Heinz Chez hieß er und war Pole« – kein Hahn kräht danach, eine stehende Redewendung, die ein Eigenname ist, der aufgehoben ist in dieser Ballade, aber welcher Trost kann das schon sein, namentlich in einem Gedicht: Francos »Henker schraubt das Würgeeisen zu / bis ein Dorn die Wirbelsäule auseinanderreißt«. Eine Ballade im Griff der Realität; eine Realität, als Ballade begriffen. Und da fackelt Helga M. Novak nicht lange, da werden keine erlesenen Metaphern gesucht und ausgestellt.

Es ist eine Melancholie in diesen Gedichten, die zuweilen an Tollwut gemahnt, und es ist auch das poetische Recht des Melancholikers, wahr zu träumen, das sich in diesen Gedichten verbrieft.

Diese Gedichte durchqueren heißt eine Reise tun, deren Stationen mitgelesen werden können. Der Leser erfährt, wo jemand bleibt, wenn er unterwegs ist.

*gehe nie wieder weg* ist bei aller offensichtlich biographischen Bezüglichkeit auch poetologisch zu verstehen, indem es jenseits der benannten Haltlosigkeiten die (poetische) Ich-Identität als konsistenten Trost und unwandelbare Gestalt in

Aussicht stellt: »beherrscht von der eigenen Sprache geredet in tau- / send Zungen allerorten Lager aufgeschlagen mich eingerichtet / gepflanzt gesät und dauerndes Verharren angekündigt um als- / bald und ohne großen Abschied mich zu verziehen egal in / welche Richtung bloß weg und woanders dasselbe lächerlich / daß ich mich mitnehme weiß ich / bleibe ich und weiche nur noch äußerer Gewalt«. Die Gedichte leisten hier kartographische Ordnungsarbeit, konservieren Spuren nicht nur der eigenen Biographie, machen nacherfahrbar, was mitunter längst schon vergessen zu sein droht. Wider das »schwankende Niveau« und »grobschlächtige Reverenzen« *(ich bin der Menschenartige)* wissen sie sehr genau, wo sie sich aufhalten, wem sie ihre Referenz erweisen, aus welchen Quellen sich ihr Anspielungsreichtum speist – ohne dass dieses Wissen dazu auffordern würde, die Gedichte als chiffrierte Kreuzworträtsel zu lesen.

*wo ich jetzt bin* ist also nicht zuletzt eine geographische Poesie, deren Topographie zur Ich-Vermessung wird, zur Bestandsaufnahme des Selbst, und bei einem solchen Unternehmen gibt es auch Sicherheiten: »kein Engel / kein Sänger / schreit Halleluja« *(kleines katalonisches Lied)*, und wenn man das weiß, kann man getrost ausgeträumt träumen, und die Gedichte von Helga M. Novak träumen ausgeträumt, sie haben etwas Halluzinatorisches, etwas Aufgestemmtes, darunter der Boden fault, sie ringen der Natur ihre Beschreibung ab, den »Geisterheeren« mit ihrer »Wilden Jagd«, verwandeln den heiligen Rebellen Eustachos, den Nothelfer und Schutzpatron der Jäger, in eine eigene Bilderwelt, setzen die Schamanenreise gegen die »Neue Zeit« *(Schamane)*, sie rücken den Zumutungen der Zivilisation zu Leibe, deren unleugbare Tatbestände sich auch in der seismographisch schreibenden Hand manifestieren, die so windrissig ist, die es wegreißt, die immer tiefer fährt, »allgemeiner Gefügezusammenbruch« notiert diese Hand im Titelgedicht *wo ich jetzt bin*, permanenter Aufbruch, permanente Rückkehr treibt diese Gedichte an, Zirkelschlüsse und fragende Verwunderung: »wo ich jetzt bin ist meine Kindheit gewesen«. Kreisungen, Wiederaufnahmen, Ableitungen – das schafft auch über Jahrzehnte den Konnex der Gedichte, die so konsistent sind wie bei sehr wenigen Dichtern und Dichterinnen. Was den Furor, den weltlichen und geistigen Erfahrungsraum, das mythopoetische Sprachdenken und zum Beispiel die aus unterschiedlichen kulturellen und lebenspraktischen Kontexten stammende Motivik anbelangt, sei an dieser Stelle der Hinweis auf einen inneren Verwandten von Helga M. Novak gestattet, dessen Sprache und dessen dichterisches Werk bloßer Zeitgenossenschaft, auch der von toupierten Gedichtvertretern, haushoch überlegen ist – die Rede ist von Uwe Dick.

Schon Helga M. Novaks frühen Gedichten ist eine zentrale Frage Impulsgeber, die gerade in dem nicht zu Ende zu lesenden Medium Poesie immer wieder sinnstiftend gestellt werden kann: Heimat, was ist das? Es ist das Gedicht selbst, der Fahrtenschreiber einer ›Seelen‹-Reise, die sich zeilenweise eins weiß mit der Reise über Länder und äußere Grenzen: »ich fliehe mein Land und die Weide / und ich komme zurück // ich bin den Bäumen treu wie ein Hund«, heißt es in *Hundstreue.* Wo auch immer das Ich der Gedichte von Helga M. Novak anzutreffen ist, es wird von einer kompromisslosen Sehnsucht getrieben: »und wünsch mich in mein Land / wo ich so lang als Mädchen war« *(von sehr großer Not).* Und dann, wenn man zurückkommt, läuft man ohne Unterlass die alten Schauplätze wieder ab, verrechnet das vor Augen Stehende, das Wiedergefundene, mit den Gedächtnischimären und der poetischen Einbildungskraft: »Wie mir die Fußsohlen brennen / alles taucht wieder auf« *(alles taucht wieder auf).*

Mittels einer staatliche wie menschliche Kommunikations- und Ordnungssysteme inventarisierenden Vanitas-Litanei fängt bereits *vergänglich am falschen Platz* programmatisch ein, was in späteren Gedichten vielfache Variationen erfährt: »vergänglich / vergänglich / vergänglich / sind die Brockhausbilder und ich / und der falsche Platz an dem ich bin«. Eine beschwörende Anstiftung zur Auflösung und Enthebung eines staatspolitischen Systems, das sich in waffenstarrender Überwachung und der Auslöschung von Privatsphären materialisiert. Vergänglich ist die Oberfläche – auch wenn sie die Tiefe der Dinge bereits ist. Heimat ist Sterben, und da gehen wir hin.

Doch auch die momentane Selbstaufhebung mitsamt aller identitätsstiftenden Eigenschaften und Merkmale wird flehentlich erbeten: »verschont möchte ich eigentlich sein / von meinen Erlebnissen meinem Lebenslauf / meinen Vorfahren Niederlagen und Ekstasen« *(einmal nicht sein)* – eine schöne Utopie, deren reales Gegenteil gerade den poetischen Motor zündet, der die Gedichte vorantreibt, der sie hervortreibt, als könne mit der präzise gezirkelten Benennung der innere Furor gebannt werden.

Dann, in *freischwebend*, dem bislang unveröffentlichten jüngsten Resümee aller Novak'schen Bestandsaufnahmen: Freiheit, die man nicht meinte, eine amtlich inszenierte Inventur: »mein Status nun verbrieft und besiegelt / als ›erwerbslose Ausländerin‹ verwirkt / mein Aufenthalt im heimatlichen Distrikt / ich bin frei«.

Da ist alles hellwach, in diesen Zeilen, auch sprichwörtlich steht es vor Augen, das lässt einen nicht einfach wieder gehen, und los schon gar nicht. Diese dringenden Anreden und beschwörenden Wiederholungsreihen, Aufzählungen, Benennungen, die für sich selber stehen, die selbstverständlichsten deutschen Wörter werden zum hinweisenden Schwergewicht. In dem tranceartigen Stillleben *der Pilzfreund* zum Beispiel wird die vergleichende Konjunktion ›wie‹ autonom gesetzt, eine Abhängigkeitsrelation, einen dominant übergeordneten Standpunkt der Betrachtung, auf den die Szenerie zuläuft, gibt es nicht. Gleichwohl und entgegen der litaneihaften Abfolge der jeweils ein bis drei Zeilen umfassenden Sequenzen wird hier gleichsam schwebend eine atmosphärisch aufgeladene Begegnung im Zeitraum zwischen Morgenröte und »heißer« Mittagssonne erzählt. Diese Begegnung lässt hinter all den evozierten Bildern einen Beobachter durchscheinen, der sich geschickt versteckt inmitten all der Beobachtungsdetails ein einziges Mal als ›ich‹ zu erkennen gibt.

Allein dieses Gedicht zeigt, dass Helga M. Novak bei aller virtuosen Handhabung formaler Strategien keine Formalistin ist. Sie ist andererseits auch keine passive Inhaltistin. Ihre Gedichte sind eine Lebensnotwendigkeit. Sie bewahren sich gleichzeitig einen von der Sprache selbst, ihren Inventaren, Nomenklaturen, Vieldeutigkeiten, Redewendungen und Klangräumen bereitgestellten Spieltrieb, ohne dass dieser dominieren würde. Sie segelt dabei immer hart am Wind – der bis zur drohenden Selbstentblößung aufbranden kann. Helga M. Novak aber nutzt diesen Wind, um mit vollen Sprachsegeln das Individuelle immer auch als das Fremdbiographische und regional Hervorgebrachte zu zeigen und den Leser an diesen Maßnahmen der Identitätsstiftung teilhaben zu lassen. Die Gefahr des privatistischen Absturzes ist dabei immer hoch, das Risiko, das diese Gedichte eingehen, ist kein alltägliches.

Die Empfindlichkeit, der Unwille, die »Schwermuth des Dichters« sind Schiller zufolge seine schlechtesten Ratgeber: eine solche »sehr undichterische Seelenlage« gebäre nur Unpoesie. Sein Rat: »Ein Dichter nehme sich ja in Acht, mitten im Schmerz den Schmerz zu besingen.« Stattdessen solle er »aus der sanftern und fernenden Erinnerung« dichten »und dann desto besser für ihn, je mehr er an sich erfahren hat, was er besingt, aber ja niemals unter der gegenwärtigen Herrschaft des Affekts, den er unschön versinnlichen soll«. Ein naher »Antheil, den das eigene Selbst des Dichters« an Gedichten habe, erinnere nur »übertrieben oft an ihn selbst, den Verfasser«.

Kampf mit äußeren Lagen und Hypochondrie dürfen am allerwenigsten »das Gemüth des Dichters belasten«. Merke: »Wenn es auch noch so sehr in seinem Busen stürmt, so müsse Sonnenklarheit seine Stirne umfließen.« Starker Tobak? Ist das Gedicht tatsächlich ein so indifferentes und hehres Medium? Schiller entwickelt hier in nuce seine klassische Poetologie, der zufolge nur die »heitere, die ruhige Seele« »das Vollkommene« zuwege bringe, und dafür müsse man sich »von der Gegenwart loswickeln«, wenn man »frei und kühn in die Welt der Ideale emporschweben soll« – das mag uns nichts mehr angehen; gleichwohl bezeugt Helga M. Novaks Poesie die Aktualität von Schillers Kriterienkatalog, den dieser an den Gedichten von Gottfried August Bürger entwickelt hat. Gedichte sind Filter, die Arbeit an ihnen ist Selbstbehauptung und Schutz. Was hält uns am Leben – (wenn nicht) das Gedicht?, fragen die Gedichte in *wo ich jetzt bin* untergründig. Und das kann auch mit schockartigen Selbstbegegnungen der anderen Art einhergehen:

Ausgelöst vom identifizierenden und zugleich befremdenden Blick auf die eigene(?) (Hand-)Schrift der »ersten Schuljahre« (»Wörter die ich kaum lesen kann«), stellt das Gedicht *dunkle Seite Hölderlins* eine innere Korrespondenz zwischen der Physiognomie von »Hölderlins Schrift« und dem eigenen skripturalen Wildwuchs der Abschrift her. Dieser sofort die innere Verwandtschaft erkennende Blick ist zugleich diagnostisch: Die »heftig gespreizte Feder / jeder Ansatz ein Druck wider Druck«. Gesellschaftlich deformierte Schrift als gemeinsame Biographie. Sezierend wird der Fixierungsprozess des Schreibens versinnlicht. Diese Versinnlichung schafft zugleich ein so plastisches wie selbsterfahrbares Bild für die sprichwörtlich schleppende Sisyphos-Arbeit des Schreibens als Lebenskampf: »die Feder verdoppelt ihre Schlingen und zieht / Haare Fasern kleine Hölzer / hinter sich her«. Handschrift als selbstbezügliches und subjektaffizierendes Medium, als Körpersprache und Differenz zur normierten Typographie ist bereits Autobiographie. Ihr materialisierter Ausdruck, ihre psychogrammatischen Bewegungen gewähren einen Einblick, der tiefer gehen kann als das expressis verbis Gesagte. Unleserlich – das referiert ja nur auf den außer Kraft gesetzten Automatismus, Schrift immer als bloßes Informationsvehikel verrechnen zu wollen: Schrift als »autonom Optisches«, als »Zeichen-Verschlingung, -auflösung, -schichtung«, sendet als Vehikel selbst »Signale aus, strukturelle Informationen« (Carlfriedrich Claus).

Was hat Novaks poetisierendes Ich in der Schrift seiner ersten Schuljahre dann doch noch entziffern können? »– Abhang Menschen Wilder Hügel / Wunderbar Allda bin ich –«. In der Reihenfolge neu positionierte Bruchstücke aus dem Hölderlin-Gedicht *Vom Abgrund nemlich*, dem zitierend auch alle übrigen in Parenthese gesetzten Zeilen entnommen sind.

Inmitten dieses von Hölderlins bzw. der eigenen Handschrift entfachten Tanzes der buchstäblichen Elemente über die Fläche des Papiers hinweg eine herausragende Epiphanie in Form von sechs kurzen Zeilen, »fein und lesbar«: »– Vom Abgrund nemlich haben / Wir angefangen und gegangen / Dem Leuen gleich / Der lieget / In dem Brand / Der Wüste –«. Der »Leue«, der steinerne Reuchlinlöwe, der an den Humanisten und Kabbalisten Reuchlin (1455 – 1522) erinnert, findet sich in der Bursagasse in Tübingen, wo er einhundert Jahre nach dem Tode Reuchlins an der Wand eines Eckhauses angebracht wurde. In Hölderlins unvollendeter Hymne *Vom Abgrund nemlich* heißt der zitierte Passus in einer kanonisierten Fassung: »Vom Abgrund nemlich haben / Wir angefangen und gegangen / Dem Leuen gleich, in Zweifel und Ärgerniß, / Denn sinnlicher sind Menschen / In dem Brand / Der Wüste«. Das reißt die Träume auf, wirft ein Licht auf den Schatten, der unten immer so mitläuft als wäre er ein zweites Ich, das bald schon übermächtig werden könnte.

Mit *dunkle Seite Hölderlins* fördert Helga M. Novak ein anderes »Denk ich an Deutschland in der Nacht …« zutage und schreibt, indem sie ihr Antwort gibt, die fragmentarische Hymne Hölderlins zu Ende: »ach Hölderlin / Vaterland haben wir keins / nur die üblichen hinter Orden / und gezogenen Läufen sich verbergenden Landesväter / immer noch / die Nacht auf deiner Seite war nicht die letzte«. Die Papierseite, die dunkle Seite des Lebens. Das auch metaphorische Geschwisterpaar Licht und Dunkel. Der kryptische Verweis zu Anfang von *dunkle Seite Hölderlins* auf »die Apriorität des Individuellen / Seite fünfundsiebzig« wird also durch den Schluss des Gedichts, der prognostisch noch einmal den eigenen und den fremdbiographischen Lebenslauf kontaminiert, ins Gegenteil überführt. Und, bitte schön, könnten wir diese Seite fünfundsiebzig denn einmal sehen? Das Leben als Buch, das sich selbst zitiert. So kann ein Gedicht zu einem Denkmal werden.

Und wie verhält es sich mit dem überkommenen Erbe tradierter poetischer Formen? Bei Helga M. Novak finden sich Balladen, Elegien, Epigramme, Idyllen und Sonette ebenso wie das politische und das Liebesgedicht, Prosagedichte und glossenartige Kurzgedichte neben Trinkliedern, transformierten Märchen und dialogisch angelegten Wechselbädern, Anekdoten werden fabulierend fortgesponnen, Historisches und Mythisches wird parabolisiert. Die Indienstnahme dieser Formen, auch die rhythmisierte Fügung der Zeilen, ihre zum Teil wie stenographierte Metrik fördern zuallererst die Differenzqualität des Novak'schen Werks zutage, fungieren als Mäeutik.

*Maßliebchen*, das »Trinklied für Asta Sigurdardottir«, ist eine Parabel über Verantwortungslosigkeit und Einsamkeit. Gerade mittels der formalen Strenge der jeweils syntaktisch parallel laufenden drei ersten Zeilen, in denen die außerordentliche(?) Begebenheit des Kindermordes rapportiert wird, und der variierten Wiederholungen der drei jeweils anschließenden Refrainzeilen kann ein Lebenslauf vom momentanen Glück bis zur Gegenwart des scheinbar ungerührten Weiterlebens nach der Verzweiflungstat so auf den Punkt gebracht werden, dass sich einem das vor Augen Gestellte erst jetzt deutlich zu erkennen zu geben scheint. Da wird nichts kommentiert, nichts moralisiert, alles Überflüssige ist wie weggeätzt, das Geschehende kommt geradewegs auf einen zu. Und Maßliebchen trinkt weiter Wein, trinkt weiter Sprit, trinkt weiter »Odekolonje«. Die Schönheit des Namens, die Hässlichkeit der Welt.

Das Tripelsonett *von sehr großer Not* ist Poesie als Überlebenskörper. Was hier auf der Oberfläche zunächst unvollständig erscheint, die beiden fehlenden Terzette des zweiten Sonetts, kann als Sinnbild für die beiden verschenkten Kinder gedeutet werden, über die es heißt: »für die hatte ich kein warm Essen / und anderer Fürsorge anvertraut / klagen die beiden oft laut / ich hätte ihre Namen vergessen«. Jesse Thoor, dessen ganz und gar notwendigen und seinesgleichen suchenden Sonette Helga M. Novaks Sonettenkunst ebenbürtig ist, kennzeichnete Stille bzw. Schweigen als integrale Bestandteile seiner Gedichte mit einer gestrichelten Linie. Bei Novak bleibt ein kunstvoll gesetzter Sonettentorso.

Die Lakonie der Gedichttitel hat mehrere Funktionen: Als Poetologie in nuce lassen sie erst gar keinen Verdacht aufkommen, hier werde kostbar poetisiert. Es bedarf keines angestrengten Titels, der mangelndes Vertrauen in den eigenen Sprachleib kaschieren helfen soll; hier obwaltet nicht ein Mangel an poetischer Vorstellungskraft, im Gegenteil, der Titel fundiert das Gedicht sofort, zentriert eine von der Autorin gewünschte Lesart, schneidet eine Lesart zurecht, kommt direkt zur Sache, auch wenn der Leser sich dann von solcherlei Engführungen emanzipieren mag. Insgesamt scheinen diese Gedichte Titel sogar entbehren zu können. Oft dient die erste Zeile als Titel, dann wieder findet sich dieser in der ersten Zeile des Gedichts wortwörtlich wiederholt. Vertraute Verfahrensweisen wie diese und zum Beispiel der Zeilensprung, der eine Zweiwertigkeit der syntaktischen Anbindung eines Wortes (an die vorangegangene *und* die ›aktuelle‹ Zeile) bewirkt, gewinnen hier eine bestechende Plausibilität.

Und die Metaphorik dieser Gedichte? Ossip Mandelstam polemisiert in *On the Nature of the Word* (1922): »Schreiben Sie mal bilderlose Verse, wenn Sie das können.« In manchen ihrer Gedichte scheint Helga M. Novak das geschafft zu haben, Mandelstams Diktum außer Kraft zu setzen, dass dies nämlich ganz und gar unmöglich sei. Vielleicht gewinnt man diesen Eindruck aufgrund der narrativen Grundstruktur von *wo ich jetzt bin* – Gedichte, die man als kleine Erzählungen liest. Dass auch die Alltagssprache sich von Metaphern ernährt (›Datenbank‹) und die Poesie auf kein nur für sie reserviertes Sprachdepot zurückgreifen kann, macht es außerordentlich schwierig, Klartext zu reden. Ist das ein Nachteil? Die Metapher ›ist‹ Klartext. Sie ist eigentlich.

Sich »von der Gegenwart loswickeln«, hieß es bei Schiller. Bei Helga M. Novak findet sich ein programmatisches Pendant: »Sich der Gegenwart entledigen«. Sich zu entziehen und im Hinzeigen auf Kindheit und Dauerexil dennoch identifizierbar zu bleiben, um sich somit wenigstens erinnernd Zeitgenossenschaft zu bewahren – janusköpfig oszillieren ihre Gedichte zwischen diesen beiden Polen; eine Zerreißprobe mit ungewissem Ausgang.

Vielleicht ist Poesie doch das nachhaltigste Mittel, Autobiographie auch als Fiktionalisierung glaubhaft zu machen. »Keiner weiß wo das liegt Grünheide ist näher« *(Eislaufen)*, »nur so viel es war in Grünheide / und war mir zu Fuß doch zu weit« *(Friedhelm)*. Es gibt Gedichte, für die ich alles stehen- und liegenlasse. Und da gehe ich hin. Durch das Papier. Für die Gedichte von Helga M. Novak wechsle ich das Lager. »Wer nach der Uhr fragt hat Angst vor zu Hause«, bescheidet *Eis-*

*laufen.* Wer über deutschsprachige Poesie verhandelt und den Namen Helga M. Novak Außer acht lässt, hat Stromausfall.

Es sind mitunter die härtesten Zeilen, die in der gegenwärtigen deutschsprachigen Literatur zu finden sind. »geh los und such meine Freunde / sag ihnen – ich lebe ich sterbe ich lebe / schreibt mir einen Brief von zu Hause«, insistiert die *Bittschrift an Sarah.* Diese Gedichte gehen los und sind eine plötzlich aufgesetzte Brille, mit der man schärfer sieht, sie sind ein Palimpsest vielschichtiger Spuren, das Fährten legt und Irrwege weist, eine poetische Kartographie, mit der man lernt, den realen von dem erfahrenen, erlittenen Ort zu unterscheiden. *wo ich jetzt bin* ist ein Brief von zu Hause, diese Gedichte sagen »ich lebe ich sterbe ich lebe«.

## Flugdaten. Thomas Kling

Über welches Leben spricht man, wenn man über Poesie spricht? Welche Poesie schreibt man, wenn man über den Tod schreibt? Und welche Worte soll man schließlich finden, wenn man weiß, dass man stirbt? Will man wenigstens die Kontrolle über die Worte bewahren, wenn man schon die Kontrolle über sein Leben verliert? Und welche Worte findet man genau für diesen Zusammenhang? Auf was wird man sich noch verlassen können? Auf das unverkennbare eigene Idiom? Was könnte dieses Etwas sein, das man auf der Haben-Seite glaubt? ›Frantic‹ – rasend, wütend, außer sich sein. Und da muss sich die Poesie erproben, ob sie haltbar machen kann, ins Bild setzt, was schwindet. Wenn nicht mehr viel Zeit ist, droht das Außer-sich-Sein überhandzunehmen. Ist auch die eigene Sprache vom Tod bedroht? Was ist die eigene Sprache? Ist sie nicht immer das, was andere einem übrig lassen? Und so geht die eigene Poesie immer durch die Kläranlage anderer Stimmen, anderer Texte. Dass man noch einen Funken Poesie herausschlägt. Einen Prozess fixieren, der unaufhaltsam ist. Ihn vom Ende her denken. Poesie als Diagnose. Die Bilanz zieht. Und immer janusköpfig ist: Die in den Archiven blättert und parallel dazu die laufenden Ereignisse filtert. Diese final gedachten Ereignisse stehen nicht für sich, sie werden rückgekoppelt mit analogen Sinnbildern.

Auch in seinem letzten Buch, *Auswertung der Flugdaten* (2005), oszilliert Thomas Kling zwischen (Fremd-)Sprachen, Dialekten, Idiomen, zwischen Stimme und Schrift, neuem und altem Text (als Referenzgröße), neuer und alter Sprache (als Beglaubigung qua Tradition), um am Sprachrand etwas Nichtsprachliches zu fassen, ins Bild zu setzen: den Tod. Was Gilles Deleuze in *Kritik und Klinik* über die stotternde Verfahrensweise Alfred Jarrys schreibt, kann auch von der Poesie Thomas Klings gesagt werden. »Von einem Element zum anderen, zwischen der alten Sprache und der gegenwärtigen, die von ihr affiziert wird [...], reißen Klüfte und Lücken auf, die allerdings mit unermesslichen Visionen angefüllt sind.« In diesem Sinne (er-)schrieb (sich) Thomas Kling eine eigene Minderheitensprache, die sich Deleuze zufolge durch die Art und Weise definiert, wie sie die dominierende Sprache behandelt. Und diese spezifische Behandlungsweise einer sprechabrichtenden Normsprache macht die Größe der Poesie von Thomas Kling aus.

Wer ein solches zugleich beharrendes und vorantreibendes Verständnis von Poesie lebt, könnte leicht selbst zum »Oberbescheidwisser« werden, als welchen Kling in der *Flugdaten*-Abteilung »Projekt ›Vorzeitbelebung‹« Rudolf Borchardt, den »außergewöhnlichen Sprachmacher« der »Bakchischen Epiphanien«, porträtiert. Nicht bloß ein Gedichtband ist also *Auswertung der Flugdaten*, sondern hier werden Fundstücke unterschiedlicher Quellen abgelegt – als das Eigene. Thomas Kling erweist sich selbst als – resümierender – »Spracharchäologe«, als »Wortschatzgräber« mit ausgesprochener »Fundlust« und als Abgrenzungsstratege – Adelungen, mit denen er in seinem Düsseldorfer Vortrag *Zum Gemäldegedicht* seinen Bingener Kollegen Stefan George würdigte. Die Aufnahme dieses Textes in den Band ist allein schon durch seine schriftarchäologischen, wortkundlichen und poetik-historischen Entdeckungs- und Korrekturqualitäten gerechtfertigt. Überhaupt bilden Poesie und Poetologie bei Thomas Kling immer eine programmatische Einheit.

Bei all diesem Rekurs-Nehmen, Beharren und Aufklären – dieser Dichter trug keinen Bart. Und schon gar keinen »Lichtbart der Patriarchen«. Seine Poesie lallt nicht, sie stottert. Das Stottern ist eins ihrer ästhetischen Prinzipien, wie Deleuze es beschrieben hat. Sie verbietet sich das Lallen, sie ist hochpräzise: »Das präzise Wahrnehmungsinstrument Gedicht, das kleinste subkutane Bewegungen der Sprache sichtbar und hörbar zu machen versteht, dieses steinalte Präzisionswerkzeug«, schreibt Kling in *Zum Gemäldegedicht.* Ein Stottern (in) der Sprache selbst praktiziert Thomas Kling, um konventionalisierte grammatikalische und syntaktische Codes zu unterminieren, indem auf diese so allererst aufmerksam gemacht wird. Gerade weil auch Klings Poesie die »Mehrfachbelichtung« vorzieht.

Die Gedichte in *Auswertung der Flugdaten* zeugen von ihrer Scharnierfunktion, das Janusköpfige der Poesie gleichzeitig zu denken, das Entgegengesetzte zu versöhnen. Thomas Kling gehörte zu den ganz wenigen, die eine kämpferische Versöhnung von Tradition, Moderne und Experiment geleistet haben, ohne voreilig gewesen zu sein, aber mit kompromissloser innerer Überzeugung und einer hellhörigen Scharfsinnigkeit. Scharfsinniger Stil zeichnete Kling wie kaum einen anderen Dichter der Gegenwart aus. So ist es nur folgerichtig, dass er in seine Minderheitensprache die Poesie (und Poetik) des Barock implantierte, den Gerhard Rühm mit der Herausgabe der Gedichtsammlung *Die Pegnitz Schäfer* (1964) für den deutschen Sprachraum folgenreich wiederentdeckte. Verwunderung, Verblüffung erzeugen: der italienische Rhetoriker und Schriftsteller Emanuele Tesauro (1592–1675), der erste wichtige Metaphern- und Figuren-Theoretiker, bezeichnete ›argutezza‹ als »geistreiches Enthymen«, eine Form des Syllogismus, die durch Verkürzung und Verdichtung frappierende Effekte erzielt. Die Scharfsinnigkeit hat die »Kraft des ingeniösen Arguments«.

Die Poesie von Thomas Kling ist ingeniöse Sprachausstellung. Sie zeigt, dass Poesie ein eigentliches Reden ist. Dass man dem Tod wenigstens das abgerungen hat. Dass der Tod die Poesie auf den Punkt kommen lässt: »jetzt ist es«. Dabei ist die Rede von »selbsttätigen bildern« (aus dem Zyklus *Mahlbezirk*) das genaue Kontrastmittel zur Bergbau-Metaphorik in *Gesang von der Bronchoskopie.* Diese Metaphorik dient ihm dazu, die krankheitsaffizierte Selbstwahrnehmung, Veränderungsprozesse der Innen- und Außenwelt sowie die poetisch protokollierende und ins Bild setzende Spracharbeit selbst zu sezieren. Die poetologische Anverwandlung von geologischem bzw. Bergbau-Fachvokabular ist eine romantische Technik. 1798 fragte der Bergbauingenieur Novalis in einem Fragment: »Kann es auch einen schönen Bergbau geben?« Mit seinem *Heinrich von Ofterdingen* gab er die – positive – Antwort, indem er die »große Chiffernschrift« *(Die Lehrlinge zu Sais)* der Natur bzw. des Bergbaus philosophisch-ästhetisch einsetzte und eine naturkundliche Metaphorologie inszenierte, die er symboltheoretisch abstützte. Poesie manifestiert und entziffert die hierdurch evozierte Synthese von Innen und Außen, Natur und Mensch. Eine solche Synthese und Entzifferung leistet auch die Poesie von Thomas Kling. Wahrnehmung, das macht sie deutlich, wird gesteuert von diesen überlagernden Bildern: Sehbildern, Sprachbildern. Und plötzlich hat man einen ganz alten Blick auf die Dinge, dessen Zeitgenossenschaft sich erst durch das Mitgesehene erweisen muss, das sich in der Sprache der Gedichte zeigt. »aber die sprache, / aber die sprache, / aber die sprache: // dies ständige, ständige, / vollständige fragment«, heißt es in dem Gedicht *Über das Bildfinden II.* Eine Poetik der Romantik in nuce?

Oft genug ist bei Thomas Kling das Vergessene, Abgedrängte, Unbekannte dominant, das sich durch die poetische Textur wieder an die Oberfläche bahnt. An dieser Oberfläche kann es der Leser abholen. Die Gefahr bei einer solchen die Tiefenstrukturen auslotenden Lektüre ist, die Zentralchiffre ›Tod‹ als Generalschlüssel der Dechiffrierung absolut zu setzen –

auch rückwirkend: »währenddessen durchs ausguckfenster / schattenwanderung sich anbahnt, // und draußen / das wasser sich eindunkelt bereits« (*Mahlbezirk*, erstveröffentlicht 2003).

Das ist Poesie: die Anverwandlung vorgefundener Metasprachen, die eigentümliche Umcodierung von in spezifischen Sprachkontexten definierten Denotationen. In *Vitriolwasser* benutzt der behandelnde Arzt ein »gezähe«, das Werkzeug des Bergmannes zur Erzgewinnung (Schlägel, Eisen, Meißel), und füllt vorher den »muthzettel« aus, ein bergbaurechtliches Formular mit der Anmeldung eines Fundes und dem Antrag auf Erteilung der Schürfrechte. Mit dem »gezähe« »teuft« der »eintäufer« ein, gräbt einen Schacht, ist Teufel und Täufer zugleich. »›mein handwerkszeug kann mir brot und tod geben!‹ spricht« dabei nicht nur »der doctor [...] unser.« Das spricht auch der Dichter. Auch das Handwerkszeug der Poesie gräbt aus und nimmt Biopsien vor. Die lateinische Schreibweise und das Bergbauvokabular machen aus dem Arzt eine Gestalt zwischen religiöser Anrufungsinstanz und Scharlatan, Ergebenheit und Albtraum: »jetzt ist es. jetzt werd ich: / zum schacht, zum *lungen- / schacht* wird ich. // ›schacht arnika‹: die / firstenzimmerung droht in / arnikabläue aufzugehn! // wohinein ins / unvermutete das / liecht sich verliert.« Mit »liecht« (leicht, Licht) wird eine Schreibung aufgegriffen, wie man sie in der Lutherbibel (1545) findet. Das sind prompte Kurzschlüsse, »Vorzeitbelebungen« morphologischer und etymologischer Art, die – auch Distanz schaffend – das Generalthema Tod ausweisen als das ganz Alte, als das Thema der Poesie schlechthin. Kurzschlüsse bis zur Deckungsgleichheit von Frage und Antwort: »wie soll man sich fühlen, wenn man am rande der grube steht? fragt / *der poundbärtige von wien* in den hörer, als poundbärtig er am rande der grube stand. nun! die grube bin ich. genau.« »der poundbärtige von wien«? Wohl kein anderer als der am 5. Dezember 2000 verstorbene Dichter Hans Carl Artmann, dem Kling stark verbunden war und dem er unter anderem in seinem poetologischen Essayband *Botenstoffe* (2001) seine Reverenz erwies. Das Gedicht endet mit einer ›Hölderlin-AnMuthung‹. Hyperions »So kam ich unter die Deutschen. Ich forderte nicht viel und war gefaßt, noch weniger zu finden« wird bei Kling zu »so kam ich – / kam ich unter. / so kam ich zum erliegen« transformiert. Erliegen wiederum nimmt den Titel des Gedichts wieder auf. In einer unter anderem von E. T. A. Hoffmann bearbeiteten Sage wurde in einem Erzbergwerk im schwedischen Falun ein halbes Jahrhundert nach seinem Tod ein Bergarbeiter gefunden, körperlich unversehrt in Vitriolwasser.

Das 21-strophige Gedicht zu je fünf Zeilen *Neues vom Wespenbanner* setzt Thomas Klings Lebensprojekt der poetisierten Stimmenverschriftung fort als kontaminierte Stimmenmaskerade samt eingehörtem Selbstporträt – ich bin, was ich höre: »so / steht er und schweigt wie er spricht, die gottes-drossel. verschriebene / druckstele. wie gedrosselt der hals und die kehle noch warm, / warum, / und der leer bleibende schlund – ein erstbesteiger wieder.« Mit der identitätsstiftenden Zusammensicht verschiedener Personen aus unterschiedlichen Zeiten und Kontexten nimmt das Gedicht eine Technik wieder auf, die Ezra Pound in seinen *Cantos* anwendete. Und mit Pound bzw. Homer steigt Kling auch in sein(en) »Wespenbanner« ein, eröffnet das im Titel angekündigte »Neue« also mit dem Alten: »The old men's voices«. Die Stelle bei Pound im Wortlaut: »And / poor old Homer blind, / blind as a bat, / Ear, ear for the sea--surge; / Rattle of old men's voices« *(Canto VII)*. Die folgende Wendung »the old voice lifts itself« entnimmt Kling einer Huldigung von Pound an Henry James aus demselben Canto. Es folgt ein anderer »Erstbesteiger«, einer, den es in sprichwörtlich luftige Höhen trieb: Josef Pichler alias das »Pseirer-Josele«, ein Passeirer Gamsen-Jäger, der 1804 als Erster Südtirols höchsten Gipfel bestieg, den Ortler. Allesamt »eintreffende menschenstimmen«, auf Ohrenhöhe erinnert, vor Augen gestellt. Auch Beckett fällt ein mit seinem letzten Band. Oder ist es bloß die sich selbst vernehmende Stimme? Zeitzeuge Sprachaufzeichnung, die Zeichnung kann abgekratzt werden, die eigene Stimme als blätternde Antike: »eintreffende menschenstimmen, als ein abkratzbares, / als scheppernde aufnahme. und zwar nahaufnahme: als band, / das sich klebrig in sich selbst auflöst, nachdem es dreißig jahre / nicht abgehört worden ist. räuspern, dann: ›hier / spricht der wespenbanner!‹, worauf das BASF-tape den // geist aufgibt.« Abkratzen, auflösen, abhören; das Sterben, Kritik und Klinik, »jetzt ist es«. »mein bruder macht beim tonfilm die ge- / räusche doch hör ich näher hin: bin ich / das selbst, was aus der ferne dringt« – der Bruder Tod zum Tonfilm Ich, ein Schlager.

Erinnert wird in diesem Gedicht auch an den syrischen Asketen und Einsiedler Symeon Stylites den Älteren (390–459), den ersten Säulenheiligen der Kirchengeschichte. Im Alter von zweiunddreißig Jahren setzte er sich auf eine drei, später zwanzig Meter hohe Säule, wo er den Rest seines Lebens mit Beten verbringen sollte. Er galt schnell als heiliger ›Friedensstifter der Wüste‹ und hielt täglich politisch einflussreiche Ansprachen an massenweise ratsuchende Pilger. Als ›Simon del desierto‹ begegnet er uns im gleichnamigen Film von Luis Buñuel und in Klings Gedicht, und als Säulensteher inszeniert sich der Dichter auf dem Cover seiner *Flugdaten.*

Auch in Klings eigene »Antikenverwaltung« schreibt sich das bei ihm zumindest untergründig immer mitlaufende Geschwisterpaar Stimme und Schrift mitsamt seiner medialen Transformationen ein, so zum Beispiel im Zyklus *Vergil. Aeneis – Triggerpunkte.* Selbstwahrgenommene Antike, autobiographisch: »Sibylle Hellespontica // Alter magnetbänder schweres mahlen. / prophezeiungen aus hingestückter stimme, / verzerrt. fast eine ältre frauenstimme kaum, bei un- // mißverständlichem inhalt – / band schleift; stimmband in auflösung begriffen. / der ihr pelzbesatz; das rote, theure cape. // von den schläfn wehend: tüllschleier – durch tüllschleier / sprache; / und der pokal steht feste über einem buch.«

Thomas Kling war ein starker Dichter, wie ihn Harald Bloom in *Eine Topographie des Fehllesens* beschrieben hat. Einfluss-Angst, dass Fremdlektüre die eigene Spur aufreißt oder gar vom Wege abkommen lässt, hatte Thomas Kling wohl nicht. Dafür war seine Poesie von Anfang an viel zu sehr auf das Überprüfen der Recycelfähigkeit von Fremdtexten quer durch die Jahrhunderte als »Botenstoffe« und »Sprachspeicher« und das Kontaminieren von genus humile und genus grande, von Slang, Rotwelsch, Gosse und Pathos, Schlager- und Märchenton angelegt. Was Paul Celan betrifft, so hat Kling auch dessen poetische Flugdaten ausgewertet, ihn aber nicht kopiert. Trotz aller »Vorzeitbelebung« und Fremdtext-Abtastungen ist Thomas Kling mit seiner Poesie »ein erstbesteiger« gewesen, den es nun gilt, nicht zum Säulenheiligen hochzustilisieren.

»Das ist es. Das ist das sehr alte Schreiben. Das ist sie: die alte Schrift«, heißt es im *Projekt ›Vorzeitbelebung‹*: »Die sehr alte Schrift – geschrieben unterm Machandelboom. An dem, schweigst du nun und schreibst du nun, vernehmbar die Juliwespe sägt.« *Von dem Machandelboom*, ein plattdeutsches Märchen, Baum der Erkenntnis. Selbstabschiede. Absondern als selbstrettende Tätigkeit der Poesie. Abgerungen. Das Stottern, das stolpernde Voranrücken der Wörter, »das / endet in einzelbildschaltung, // endet in keinem / aufwachraum«, heißt es im Zyklus *Die Himmelsscheibe von Nebra* – metamorphotische Lesarten der 1999 in der Nähe von Nebra (Sachsen-Anhalt) gefundenen Metallplatte aus der Bronzezeit, die als die weltweit älteste konkrete Himmelsdarstellung gilt und deren Goldapplikationen vielfache astronomische und kulturhistorische Interpretationen erfahren haben.

Nachlese? Nach der Lese? Von den Gedichten Thomas Klings geht eine höchst produktive Beunruhigung aus. Eine sternenklare Nacht hat viel zu verbergen. Eine genaue Lektüre der Gedichte von Thomas Kling steht aus. Vorlese, Wort für Wort.

## Tintenfluss. Lieber Hartmut Geerken

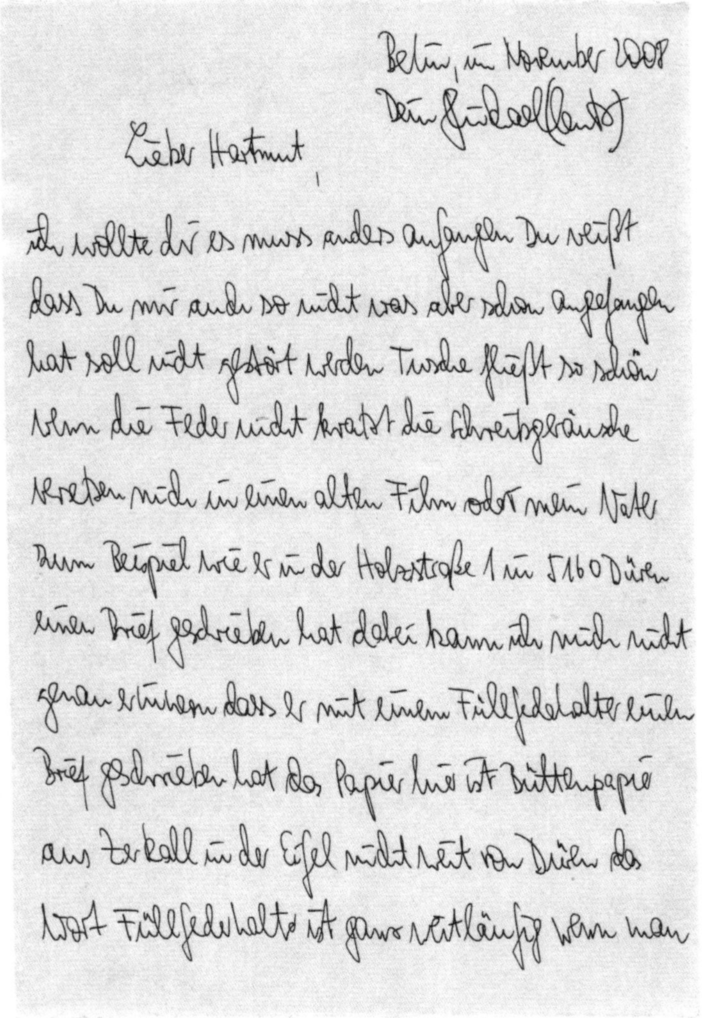

Berlin, im November 2008
[illegible]

Lieber Hartmut,

ich wollte dir es muss anders anfangen Du weißt
dass Du mir auch so nicht was aber schon angefangen
hat soll nicht gestört werden Tinte fließt so schön
wenn die Feder nicht kratzt die Schreibgeräusche
versetzen mich in einen alten Film oder mein Vater
zum Beispiel wie er in der Holzstraße 1 in 5160 Düren
einen Brief geschrieben hat dabei kann ich mich nicht
genau erinnern dass er mit einem Füllfederhalter einen
Brief geschrieben hat das Papier hier ist Büttenpapier
aus Zerkall in der Eifel nicht weit von Düren das
Wort Füllfederhalter ist ganz weitläufig wenn man

es lässt es ist sicher ganz unzeitgemäß und ich
habe dagegen anzukämpfen nicht die alten Mühlen
wieder anzuwerfen die Mitspieler wären daran ganz
sicher nicht interessiert und die alten Mühlen sind
stillgelegt jedenfalls kann ich so nicht anfangen,
lieber Hartmut, der Anfang ist mitunter das
Schwierigste, mit dem Anfang ist die Spur schon der
deren Bahn es zu folgen gilt ich wollte dir Stimmt
nicht ganz ich will trifft es schon eher ich will dir
zu Deinem Geburtstag alles aber auch so geht es noch
nicht es steht wenig mehr mir als das Alphabet zur
Verfügung was schon beschränkt wenig genug ist fast
nichts das weißt Du am besten und deine Brüder

wissen das auch erstaunlich ist das falsche Wort
es ist aber ~~trotzdem~~ immerhin offen genug und schön
genug es ist nicht so ungeduldig wie ich es bin
indem ich immer fast auf den Punkt kommen möchte
die Schreibmaschine hinterlässt auf dem Papier weniger
Ungeduld als die Handschrift es sei denn die Lettern
schlagen durch und punktieren das Papier oder der
Punkthebel schlägt ein aufs Papier und durchlöchert
es das Wort punktieren ist reserviert für den Punkt
die Lettern reliefen in schöner Regelmäßigkeit
das Papier die Handschrift aber ist wunderbarerweise
ein Seismograph der viele Fehler zulässt die nicht
wieder zurückgenommen werden können kann man
nicht so sagen dass die Fläche Papier ein Schlacht-

Feld ist darüber hin die Buchstaben flitzen und
die Buchstaben zetteln Kämpfe des Geistes an im
Moment aber habe ich mit der Schreibhand zu kämpfen
das alte Problem mit den Buchstaben „m" und „n"
dass die so ausfließen oder zerschießen und über die
Ober- und Unterlängen der Buchstaben muss ich Dir
ja nichts erzählen siehe und lese KANT da findet
sich doch EINIGES und auch darüber aber der Anfang
ist noch nicht begonnen worden ich habe den Anfang
noch nicht begründen können auch das „h" macht
zuweilen Probleme, lieber Hartmut, draußen wird es
am hellichten Tag dunkel und Gewitterwolken nein
Regenwolken massieren sich wie soll das gehen
werden massiv in diesem Sinne vielleicht sie bilden
ein Wolkenmassiv sie stehen für das Undurchdringliche

Wolken der Metaphysik sprachliche Genauigkeit ist ein Verfolgungswahn denn selbstverständlich hängen die Wolken aber wo nur, lieber Hartmut, wo hängen die Wolken denn, hängen sie am Himmel, hängen sie in der Luft, schwammartige Wolken, ziehende Kugel, Trennwände aus Wolken, um mich in Fahrt zu bekommen, lese ich wahllos in Deinen Büchern wahllos ist es eigentlich nie, es folgt immer, das lesen folgt inneren gewissen Erregungen, die schon da sind, und sie intuitiv, treffsicher, gezielt greife ich nach einem Buch von dir, nach Poststempel, PHOS, Motte oder KANT oder Nappa oder Obduktionsprotokoll oder Sprünge um mich anregen zu lassen aufzuregen um selber Sprünge zu machen Freiheiten zu ertasten die im Alltagskorsett so völlig unmöglich geworden

zu sein scheinen, ist das nicht traurig, lieber Hart-
mut, dass man sich Unfreiheiten eingestehen muss
die doch durch einen kleinen Sprung beseitigt werden
könnten und Sprünge machst Du mir immer vor
in deinen Büchern im Leben, vielleicht könnte dieser
Brief also mit einem Sprung anfangen und ein hand-
geschriebener Brief ist als solcher bereits ein Sprung für mich,
im Anfang ist das Ende und im Ende der Anfang heisst
es doch so ähnlich bei einem Barocken ich verbiete mir
das jetzt zu überprüfen und was bei diesem Barockdichter
noch so ganz unfrei von religiösen Implikationen
gedacht und geschrieben war, Anfang Ende, dieser Chiasmus,

Anfang Ende

Deine Bücher folgen demselben Prinzip das lesend erfahrbar

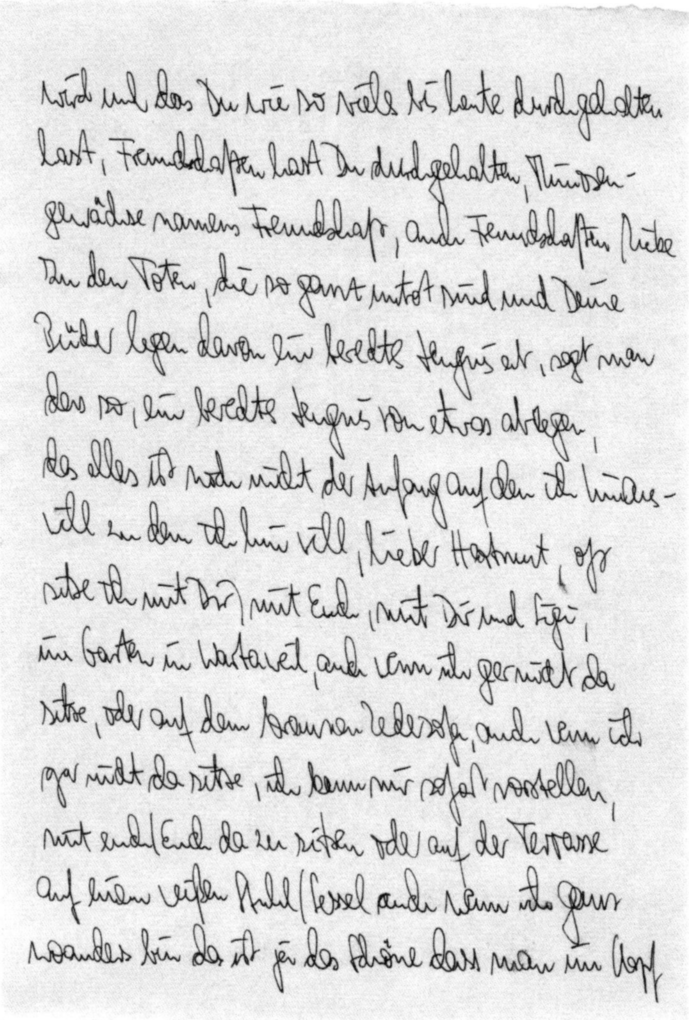
wird und das Du wie so viele bis heute durchgehalten
hast, Freundschaften hast Du durchgehalten, Zwischen-
gewächse namens Freundschaft, auch Freundschaften liebe
Du den Toten, die so ganz untot sind und Deine
Bilder legen davon ein beredtes Zeugnis ab, sagt man
das so, ein beredtes Zeugnis von etwas ablegen,
das alles ist noch nicht der Anfang auf den ich hinaus-
will zu dem ich hin will, lieber Hartmut, oft
sitze ich mit Dir/mit Euch, mit Dir und Sigi,
im Garten in Wartaweil, auch wenn ich gar nicht da
sitze, oder auf dem braunen Ledersofa, auch wenn ich
gar nicht da sitze, ich kann mir sofort vorstellen,
mit euch/Euch da zu sitzen oder auf der Terrasse
auf einem weißen Stuhl/Sessel auch wenn ich ganz
woanders bin das ist ja das Schöne dass man im Kopf

unterwegs sein kann seitenlang ein ganz besonderer Film
ist das das Hören geschieht nicht so vielfältig das Wiederhören
meine ich da sind wir doch beschränkter aber das Wiedersehen
im Kopf das fliegt und fährt heran und steht still und
ist eindringlich wie die Rede von der guten und der
schlechten Seite des Papiers, ich hoffe ich schreibe dir auf der
guten Seite des Papiers, gibt es dann auch die gute und die
schlechte Seite der Erinnerung? oder ist das ein notwendiges
aber lästiges Konstrukt unseres Denkens dass wir immer
2 Seiten haben müssen, es mündet immer in eine Seite
und die andere haben wir darüber verloren ganz am Anfang
wollte ich Dir etwas ganz anderes mitteilen natürlich wollte
und will ich Dir auch zu Deinem siebzigsten Geburtstag
gratulieren ein Werk von großer Unbeugsamkeit ein Archiv
voller Lebensfreunde Lebensläufe Beobachtungen Denkarbeiten
kommt man zum Wesentlichen stockt die Feder Deine

Bücher sind das Rauschgift deine Denkbewegungen deine
Ordnung der Welt und die ~~tot~~ hat einen starken einen
offenen einen unsichtbaren einen sichtbaren einen [illegible]
einen abendländischen einen morgenländischen Horizont
eine Biografie die tausend und eine andere Biografie enthält
eine gleitende abtastende ruhelose und in der Ruhelosigkeit
auf den Punkt kommende Sprache auf den Punkt der fehlt wie
das Komma nur deinen Büchern nicht ein Kellersche
Realismus aber das sind nur das ist nur so ~~war~~ ein weiter
unscharfer Begriff man kommt aus einer Richtung und wird
diese Richtung nicht mehr verleugnen nicht mehr wieder gut
machen können jeder Richtungswechsel zeigt nur umso
deutlicher aus welcher Richtung man gekommen ist das
heftet uns an wie ein Fluch und vielleicht kommt
Fluch ja doch von Fliegen und wir fliegen, wohl wie die
getriebenen Hummeln die so bildschön taumeln und

Du schreibst Deinen Dank für die Blüte die Dolde den Stempel, und wie Reste des Sommers der noch in der Luft ist manchmal denke ich den Herbst von vor dreißig Jahren zu riechen man schreitet sich an eine Gegenwart heran um sofort abgestoßen abgeworfen zu werden wir stürzen wir landen wir reden auf ein Archiv und das große Thema Musik das Moos auf dem Dach der Gang die Pilze Goethes Haar und Brinkmanns Knattern und Donnern Deine Wetterwelt ein Tanzboden der Analogie und das Staunen darüber was es nicht alles gibt in der Welt nur eben keine Ordnung die Du dann selber herstellst in der geordneten Unordnung Deiner Bücher die mir manchmal so romantisch vorkommen qualitative Potenzierung wie's bei Novalis heißt dem Gemeinen einen hohen Sinn dem Gewöhnlichen ein geheimnisvolles Ansehn dem Bekannten die Würde des Unbekannten geben das Unbekannte bekommt einen geläufigen Ausdruck so in etwa (bei) Novalis ich gehe jetzt nicht zum Bücherschrank ich nehme jetzt keine Deiner Bücher heraus ich lese jetzt nichts weil man gerät dann ja immer leicht in einen Dschungel der einen durchs Gehölz treibt der einen immer tiefer in sich hineinzieht der einen vom Stöckchen aufs Hölzchen kommen und wundersame Tiere entdecken lässt liebe Hartmut nachdem ich den Füllfederhalter bis zum Anschlag voll Tusche gefüllt hatte beschloss ich Dir so lange zu schreiben bis die Feder keine Tusche mehr absondert und das lässt nicht mehr lange auf sich warten fürchte ich freue ich mich die Hand hat deutliche Probleme mit dem Füllfederhalter zu schreiben bedeutet für mich die Welt mit anderen Augen zu sehen aber das Spiel geht noch etwas weiter solchen Nachtiefe ich nur noch das zu schreiben was ich für unbedingt notwendig halte Dir zu schreiben im Angesicht versiegender Schwärze und das lässt die Feder wieder stocken was nicht notwendig gewesen wäre aufzuschreiben und auch

das nicht lieber Hartmut Du hast immer hart gearbeitet
und großen Mut gehabt das zu schreiben was Du geschrieben
hast möglicherweise das fände ich nicht weil man Deinen
Büchern die Härte gar nicht anliest sondern das Frechhafte
der Freude die Lust die Letter zu schwingen auch wenn
sie auffällt siehe KANT und dann trotzdem weiter in
Friedenland und KANT belohnte diesen Mut zur Lücke
wie hast Du das alles geschafft lieber Hartmut diese Ausdauer
diese Kraft diese Syntax Du kommst aus Friedenland zurück
und erzählst Du habest ein neues Buch geschrieben Du ließest
es bald drucken und mir zusenden ich frage Dich warum
um Himmels willen unter griechischer Sonne Du das Ding
gedruckt haben willst in diesen Wochen eben sagst Du
und habest auch schon ein neues Buch im Kopf Du
setzt Dich also vor die Schreibmaschine und schreibst
aus Deinem Kopf bloß ab und das musst Du mir einmal

erklären lieber Hartmut es ist ja immer schon auch
eine Autobiografie und was da alles und wer da alles
mitschwimmt und -schwingt Das Leben erzählt von
Hartmut Geerken und Kabul und Kabul und Kabul
und die Sprachen und die Vögel und Herrsching am Ammersee
die streunende Katze wir sitzen in Deinem Tereck und
Albert Ayler tönt aus tönt im Tereck oder war's
Archie Shepp oder war's Ornette Coleman und das in Herrsching
am Ammersee Du bist schon dein eigenes Alleinstellungs-
merkmal lieber Hartmut liest Du Deine Bücher eigentlich
selbst schaust Du da ab und zu nochmal rein oder lang-
weilt Dich das eher willst Du keine Zeit verlieren und machst
einfach mit etwas Neuem etwas anderem weiter es ist nun
ja so dass Du Dir einen eigenen Kosmos geschaffen hast
und wir umschwirren ihn wie Motten das Licht wir haben
aber gelernt dass Motten verbrennen am Licht vielleicht
sagt man auch nur so und sie kommen auf andere

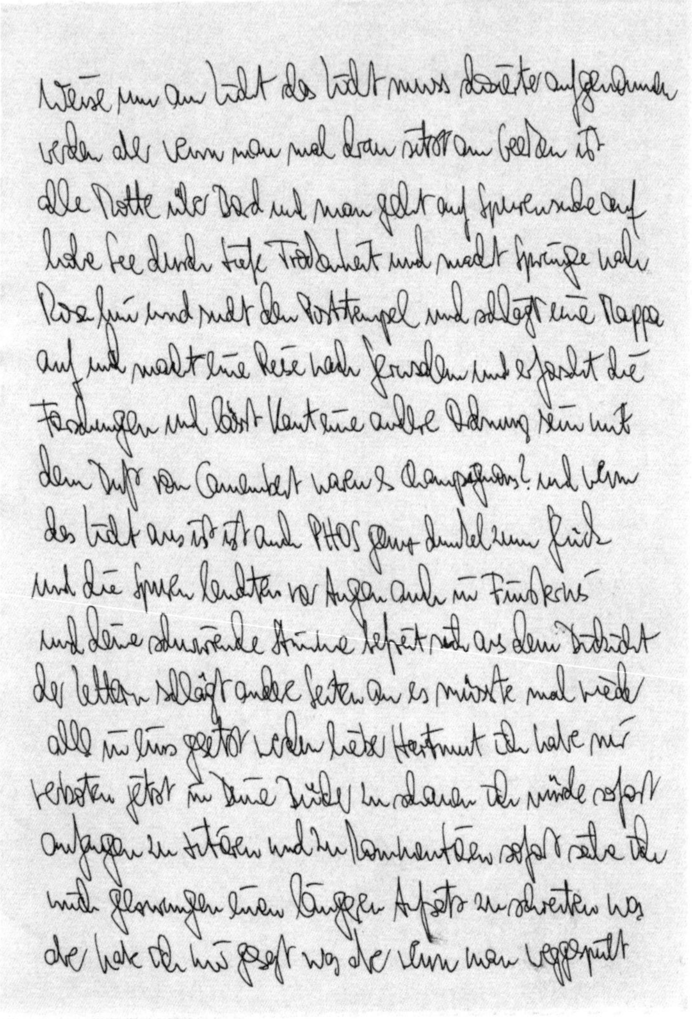
Weise nun am Licht das Licht muss [illegible] aufgenommen
werden aber wenn man mal dran stößt am Gelben ist
alle Notte über Bord und man geht auf Spurensuche auf
liebe Fee durch tiefe Trockenheit und macht Sprünge nach
Rosa fein und sucht den Poststempel und schlägt eine Mappe
auf und macht eine Reise nach Jerusalem und erforscht die
Forschungen und lässt Kant eine andere Ordnung sein mit
dem Duft von Camembert waren's Champignons? und wenn
das Licht aus ist ist auch PHOS ganz dunkel zum Glück
und die Spuren leuchten vor Augen auch im Finsteren
und deine schwirrende Stimme befreit sich aus dem Dickicht
der Letter schlägt andere Seiten an es müsste mal wieder
alle im Lins gestört werden lieber Hartmut ich habe mir
verboten jetzt in deine Bücher zu schauen ich würde sofort
anfangen zu zitieren und zu kommentieren sofort sehe ich
mich gezwungen einen längeren Aufsatz zu schreiben was
aber habe ich nie gesagt was aber wenn man weggespült

wird und nichts bleibt zurück wenn alle Hefe fort ist
und man hat wenn es hochkommt höchstens noch sich
selbst dann kann man auch nur noch in seinem Kopf
nachblättern da schwirren so viele Eindrücke herum
wie Fledermäuse die ein steifer Blick nicht zu fassen
vermag natürlich ist das auch ein Anfang und sofort
werde ich nach diesem Brief an Dich an den Bücherschrank
um Dich wieder ganz anders zu entdecken als ich
Deine Bücher in Erinnerung hatte das Leben ist eine
merkwürdige Ungeduld ein Fluss ohne Ufer die Insel
Geerten aber verschafft Ausblicke alle Namen die in Deinen
Büchern auftauchen bist Du selbst Pygmalion bist Du selbst
ein Ra bist Du selbst Geerten bist Du selbst und Du bist
mehr Geerten als andere denken sie selbst zu sein und
mehr Geerten als andere die denken zu wissen wer Geerten
ist und ist es nicht wunderbar lieber Hartmut einen

Gesten zu begegnen ein Füllhorn ein Medium
~~und~~ ein Spiegel eine Widerlegung eine Fanfare eine Blume
ein geschmeidiger Schal ein Hördiedasmalen ein
Verstehenden ein Schlagzeug ein Kalbfell ein Bombus
Verstecks keine Rote Fee ein Freund ein Liebender
ein offenes Ohr, eine Gestalt eine Wunderbarkeit eine
Sammlung eine Bekanntmachung ein Verreisen ein Zwischenton
ein Wahnsinniger ein Vogel ein Nein ein Stuttgarter
ein Weltenreiter ein Nimmermüder ein Spaßmacher ein
Ernstmacher ein Radler ein Ruhepol ein Südpol ein
Afghane ein Türke ein Waldbauer ein Zigeuner eine
Mystik ein Achtender ein Spaziergänger ein Moos ein Peter
ein Stern ein Schuh ein Hals ein Dorf ein Seel ein Tier
und was nicht und was alles habe ich Dir sagen und schreiben
wollen mehr als eine Geste ist es nicht und mit dem Anfang
der anhält es müsse noch getan ist bin ich natürlich nicht
zufrieden liebe Hartmut Du bist Gesten von Bestand

dies Bütten aus Düren geht zur Neige die Tusche nicht
aber ich weiß plötzlich reißt meine Ader ab und am
Ende ist alles kannst Du eigentlich zeichnen was ist
Dein Lieblingssport und Dein Lieblingsessen ist Verwandlung
deine Heimat wo warst Du am liebsten der Zeiten welches
Jahrhunderts war Dir der liebste frage ich Dich mit umarmendem
Gruß vom Müggelsee an den Ammersee zu dem man nur
über einen Garten gelangt eine schwere Kugel, in einem
Garten ins Rollen gebracht das Türchen geöffnet rollt munter
in den See und geht unter Du liebe Hartmut aber nicht
da Du nicht willst Du springst und hüpfst und singst und
trinkst aber Du willst nicht Du gehst nicht Du scheiterst
nein Du scheiterst nicht Du scheiterst Du scheiterst alle
zusammen jedes Mal scheiterst Du deinen Kopf leer darum
füllst Du ihn immer wieder neu an und bleibst jung
Kon…

## Alte: Größe

# Nicht auszulesen. Rainer Maria Rilke

Schon zu Lebzeiten wurde für Rilke geschwärmt, und es gibt gute Gründe, auch heute noch nachhaltig für diesen großen Dichter der Moderne zu schwärmen.[1] Kein anderer Autor allerdings fordert Intellekt und Emotion so paritätisch heraus wie er. Rilkes Texte selbst sind weniger das Resultat eines schwärmerischen Naturells als vielmehr das Produkt eines früh ausgeprägten intellektuellen Sendungsbewusstseins, das ohne seine konzeptionelle Seite gar nicht zu denken ist.

Richard Exners Befund von 1975 hat bis heute nichts von seiner Gültigkeit verloren: Rilke wird »auch fernerhin angehimmelt und heruntergemacht werden«. An den »Rezeptions-Exzessen« seiner Leser sei er freilich nicht ganz unschuldig gewesen, habe er doch nur selten Einspruch erhoben, »wenn man sein Werk als Lebensphilosophie und als Apologie für eigene Schwächen mißbrauchte«.[2] Es wäre an der Zeit, Rilkes Werk nicht als eine Art von Steinbruch anzusehen, »aus dem

1 Oskar Maria Graf hat mit *Rainer Maria Rilke und die Frauen* eine Meistererzählung über den fast kultischen Status der (Münchner) Rilke-Schwärmerei zwischen 1917 und 1920 geliefert. Oskar Maria Graf: Rainer Maria Rilke und die Frauen. Rede zu seinem 25. Todestag. New York 1951, in: ders.: An manchen Tagen. Reden, Gedanken und Zeitbetrachtungen. Werkausgabe Bd. 12. München: List 1994, S. 156–189.

2 Richard Exner: Ach, armer Rilke: Leser und Narziß – Kühnheit und Furcht – Zeitgenossenschaft – Sprache der Fische, in: Rilke heute. Beziehungen und Wirkungen. Bd. 2. Hrsg. v. Beda Allemann, Ulrich Fülleborn, Joachim W. Storck. Frankfurt/M.: Suhrkamp 1976, S. 59–94, hier S. 93.

man sich beliebig das Beweismaterial für diese oder jene philosophische Deutung bricht«.[3]

Ein Ende solcher Exzesse ist nicht in Sicht. Es gibt ohnehin keine ideale Rezeption, die ganz frei von Indienstnahme und Fremdbestimmung wäre, was eben die steinbruchartige Fragmentarisierbarkeit seiner Dichtung selbst mitbedingt. Rilke wird weiter biographistisch gelesen werden, auch wenn er sich ausdrücklich gegen eine biographistische Auslegung verwahrte, und der Leser wird sich weiterhin in ›seinem‹ Rilke erkennen wollen.

Es spricht für das Werk dieses Dichters, dass ihm die Verwendung als Deutungssteinbruch nichts anhaben kann, vermag doch eine erneute Lektüre jede Interpretation wieder in Frage zu stellen. Rilkes Literatur ist ein hermeneutischer Generator, der nicht zum Stillstand kommt. Die Forschung zu Rilke macht immer wieder auf neue Aspekte und Konstellationen aufmerksam, ihre Entdeckungen können produktiv umschlagen in eine sprichwörtlich vertiefte Lektüre. Es ist ein Glück, dass Rilke es seinen Lesern nicht leichtmacht. Der Leser ist substantiell herausgefordert, beim Lesen nicht nur über Sinnvermittlungen und Bedeutungen oder mögliche autobiographische Bezüge zu reflektieren, sondern ebenso über das Vermögen und Unvermögen von Sprache.

Und so wird Rilke weiterhin »ein Dichter der Zukunft« bleiben, der sich einfach nicht ›verbrauchen‹ lässt. Beinahe alles, »was er dachte und schrieb«, so fasst es Ulrich Fülleborn, einer der großen Rilke-Forscher, zusammen, war »in einem nichtfestgelegten, nicht einengenden Sinn zur Dimension der Zukunft hin offen«.[4]

3 Exner, Ach, armer Rilke, S. 64.

4 Ulrich Fülleborn: Rilke – ein Dichter der Zukunft, in: Rilke heute. Der Ort des Dichters in der Moderne. Hrsg. v. Vera Hauschild. Frankfurt/M.: Suhrkamp 1997, S. 8.

Man muss diesen Dichter nicht verherrlichen – aber auch nicht schmähen. Beides geschieht oftmals in Unkenntnis des Werkes, der Eigenname scheint hier metonymisch im Sinne einer unausgesprochenen Vereinbarung für Rilkes Texte zu stehen und dafür zu bürgen, dass man ja wisse, worüber man spreche, trifft man nur das Zauberwort. Aber auch hier »schläft ein Lied in allen Dingen«, Rilkes Dichtungen.

Es gehört unter anderem zum guten Ton – der nicht immer der beste sein muss –, Rilkes Texten Kitsch vorzuwerfen. Aber abgesehen davon, dass der Ruf, ›kitschig‹ zu sein, nicht der schlechteste sein muss und manche Autoren im Unterschied zu Rilke so enttäuschend hohle Nüsse sind, dass sie keinerlei Vorwürfe provozieren, kontert Rilke den Vorwurf selbst: indem er gelesen wird. Lesend lernt man einen Dichter kennen, der wie kein anderer unterschiedliche stilistische und rhetorische Register zu ziehen wusste, dabei mit seiner Dichtung immer erst unterwegs war zu einer ›anderen‹ Sprache, zu einer utopischen Aufhebung der Differenz von Ding und Wort. So wie auf der anderen Seite der Leser unterwegs ist in Rilkes Dichtungen und sein eigenes Lesen dabei immer mitreflektiert, sich wieder auf den Text konzentriert, den er ganz genau lesen möchte, Satz für Satz, Wort für Wort, Buchstabe für Buchstabe: Verstehen baut sich auf – und verliert sich. Dieses Sich-Verlieren bedeutet aber keinen Verlust, es verweist auf eine Unabschließbarkeit der sich immer neu aufbauenden Lektüre.

Was Wolfram Groddeck für Rilkes berühmtes Gedicht *Archaïscher Torso Apollos* konstatiert, gilt für Rilkes Texte allgemein: Der »Fülle von Sinnproduktionen«, welche Rilkes Texte auszeichnet, korrespondiert eine »Überfülle von Deutungen und Deutbarkeit«.[5] Die Überfülle der Sekundärliteratur be-

5 Wolfram Groddeck: Archaïscher Torso Apollos, in: Gedichte von Rainer Maria Rilke. Hrsg. v. Wolfram Groddeck. Stuttgart: Reclam 2008, S. 89.

zeugt dies. Insbesondere der *Malte* und die *Duineser Elegien*[6] haben eine eigene, multiperspektivische und theoretisch sehr unterschiedliche Interpretationsgeschichte erfahren.

Rilkes Texte erweisen sich als vielfach anschlussfähig, zumal es sehr viele intertextuelle und die Kunstsparten übergreifende Querverbindungen zur Musik und insbesondere zur Bildenden Kunst gibt (Rodin, Cézanne u. a.), nicht zu vergessen die interkulturellen Bezüge zu Frankreich, Italien, Dänemark, Schweden, Russland, Spanien, Ägypten oder zur Schweiz.[7]

In der Rilke-Forschung haben sich einige zentrale Topoi und Chiffren herausgebildet, die zum methodisch unterschiedlich reflektierten und kontextualisierten Grundbestand der Rezeptionsgeschichte geworden sind. Im Reflex auf die paradoxalen Denkfiguren Rilkes sind sie zum Teil direkt von Rilke übernommen worden, ihre ästhetische, mentale und existentielle Funktion entwickelte sich somit zu einer metaphorischen Begrifflichkeit.

Zu diesen Topoi gehören neben ›Weltinnenraum‹ unter anderem Rilkes Konzept einer intransitiven Liebe[8], Narzissmus[9], Heimatlosigkeit, Ding-Poetik (Transformation einer Ding-

6 Zur vertieften Lektüre empfohlen seien wenigstens Ulrich Fülleborn, Manfred Engel: Rilkes Duineser Elegien. Bd. 1–3 (Selbstzeugnisse, Forschungsgeschichte, Rezeptionsgeschichte). Frankfurt/M.: Suhrkamp 1988; Peter Krumme: Eines Augenblicks Zeichnung. Zur Temporalität des Bewußtseins in Rilkes Duineser Elegien. Würzburg: Königshausen & Neumann 1988; Wolfgang Janke: Archaischer Gesang. Pindar – Hölderlin – Rilke. Werke und Wahrheit. Würzburg: Königshausen & Neumann 2005.

7 Siehe hierzu: Rilke-Handbuch. Leben – Werk – Wirkung. Hrsg. v. Manfred Engel. Stuttgart, Weimar: Metzler 2004, S. 27–130.

8 Siehe z. B. Günther Schiwy: Rilke und die Religion. Frankfurt/M., Leipzig: Insel 2006, S. 112–114.

9 Siehe Exner, Ach, armer Rilke, S. 67 f.

Epiphanie in ein Gedicht; das Ding-Gedicht als Denkfigur)[10], Vorwand, Verwandlung, Poetik der Figur[11], ›Figur der Reflexion‹[12], Abwesenheit[13], Engel[14] – und die Trias Kindheit, Gott, Tod.

Im Folgenden soll entlang einiger dieser Topoi – ohne Anspruch auf Vollständigkeit – Rilkes Gesamtwerk abgeschritten werden. Dabei wird zunächst vor allem die Lyrik im Vordergrund stehen; es wird aber auch von anderen Gattungen, Rilkes dramatischen Texten, seinen Erzählungen und seinem Briefwerk, die Rede sein.

10 Siehe hierzu Roger W. Müller Farguell: Der wendende Punkt, in: Gedichte von Rainer Maria Rilke, S. 122 – 132. Der Aufsatz reflektiert die wissenschaftliche Rezeptionsgeschichte von Rilkes ›Dinggedicht‹ *Der Ball* und hinterfragt sehr differenziert die paradoxe Poetik des ›Dinggedichts‹ zwischen Bewegungsfigur, Sinnbild, Symbol, Metapherngefüge, Chiasmus und Denkfigur. Die »ballistische Denkfigur von Aufstieg, Wendung und Fall« zählt Müller Farguell zufolge »zu den zentralen Tropen in Rilkes Werk«.

11 Siehe hierzu Manfred Engel: Rilke als Autor der literarischen Moderne, in: Rilke-Handbuch, S. 507 – 529, insbes. S. 521 – 524.

12 Siehe Winfried Eckel: Die Figur der Reflexion im Werk Rilkes. Eine Skizze, in: Rilke heute. Der Ort des Dichters in der Moderne, S. 263 – 274, und ders.: Wendung. Zum Prozeß der poetischen Reflexion im Werk Rilkes. Würzburg: Königshausen & Neumann 1994. Eckel weist auf die prozessual selbstreflexive Struktur als »Grundstruktur des sprachlichen Vollzugs« in Rilkes Texten hin.

13 Siehe Eckel, Die Figur der Reflexion, S. 268 – 273. Eckel führt u. a. folgendes Beispiel an: »Sieh, ich bin nicht, aber wenn ich wäre / wäre ich die Mitte im Gedicht« (Rainer Maria Rilke: Gedichte für Lulu Albert-Lazard, in: ders.: Sämtliche Werke [= SW], Bd. 3. Frankfurt/M.: Insel, S. 224; Oktober 1914).

14 Siehe hierzu Perdita Rösch: Die Hermeneutik des Boten. Der Engel als Denkfigur bei Paul Klee und Rainer Maria Rilke. München: Fink 2008.

Rainer Maria Rilke hat mit strenger Konsequenz ein Werk hervorgebracht, dem die Bezeichnung ›Werk‹ nicht ganz gerecht wird und das bloß als ›Dichtung‹ zu bezeichnen seine anthropologischen, existentiellen und religiösen Implikationen außer Acht lassen würde. Von seinem Frühwerk an (1897 bis etwa 1906), das die ersten Dichtungen der Kindheit und Jugend (1884–1897) ablöste,[15] stellte sich Rilke programmatisch der Aufgabe, die Grenzen zwischen Leben[16] und Literatur einzureißen – im Sinne eines ›höheren Daseins‹, das in gestaltender Dichtung aufgehoben ist.

Bis dahin aber mussten seine Literatur und er selbst einen Prozess der – stets gefährdeten – Selbstbestimmung durchlaufen. Im November 1897 attestierte sich Rilke noch eine Lebens- und Gegenwartsferne, die seine bisherige Dichtung unglaubwürdig machte: »Ich steh noch immer tastend an dem Tor / und warte im Gewande der Epheben. / Weil ich noch nie gefunden in das Leben, / so prahlte ich, daß ich es längst verlor. / [...] Ich war noch nie in einer Gegenwart«.

Seine Literatur, die er fortan lebte, sollte nicht mehr »im Gewande der Epheben« knaben- und schülerhaft sein, sie sollte sich fragend einer Gegenwart stellen, in der (die) Vergangenheit als Sinnbild oder Allegorie figurierte und in der Wahrnehmung bzw. Imagination gegenwärtig blieb, wie er dies prominent im *Malte* und zum Beispiel in der zehnten *Duineser Elegie* darstellte.

15 Zu den Datierungen der Werkphasen siehe Sascha Löwenstein: Poetik und dichterisches Selbstverständnis. Eine Einführung in Rainer Maria Rilkes frühe Dichtungen (1884–1906). Würzburg: Königshausen & Neumann 2004.

16 Siehe Ingeborg Schnack: Rainer Maria Rilke – Chronik seines Lebens und seines Werkes. 1875–1926. Erweiterte Neuausgabe. Frankfurt/M.: Insel 2009.

Metamorphotische Zeiterfahrung und ihre Versprachlichung im Sinne einer Vergegenwärtigung spielen in seinem mental-ästhetischen Projekt des Sehenlernens, das im *Malte* eine prägnante Ausformulierung erfährt[17] und auch in seinen Gedichten von großer Bedeutung ist, eine wichtige Rolle.

Unter Gegenwart ist bei Rilke weniger eine (politisch orientierte) Zeitgenossenschaft zu verstehen als vielmehr eine autarke Identität narzisstischer Prägung, die mit der Formel einer geistig-spirituellen Ganzheit nur ungenügend umschrieben ist. Gleichwohl war Rilke kein unpolitischer Autor, wie seine Briefe bezeugen. Mit Richard Exner ist aber festzuhalten, dass Rilke sich als »politische Figur der Rechten oder Linken« nicht eignet: »Dieser Mensch, der einer dauernden erfüllenden Beziehung zu einem anderen Menschen nicht fähig war, war keines Landes Patriot!«[18]

Die große Differenz von Rilkes Selbstverständnis als Dichter zu anderen Autoren der Frühen Moderne ist sicher sein gelebter und nicht nur ästhetisierter Narzissmus – ein paradigmatischer Narzissmus von allgemeinem Interesse, wie sich an den sympathetischen bzw. ideosynkratischen Reaktionen auf das Werk zeigt, das nur zu oft mit der Person Rilkes gleichgesetzt wird und umgekehrt.

Narzisstische Grundbedingung ist die Einsamkeit. Rilke verstand sie als programmatische Notwendigkeit, die er allen zähen Selbstzweifeln und -revisionen zum Trotz aufrechtzuhalten versuchte, wie dies vor allem in seinen Briefen zum Ausdruck kommt und sich aus seinen Gedichten herauslesen lässt:

17 Siehe Priska Pytlik: Rainer Maria Rilke: Die Aufzeichnungen des Malte Laurids Brigge, in: dies.: Okkultismus und Literatur. Ein kulturhistorisches Phänomen und seine Bedeutung für die Literatur um 1900. Paderborn: Schöningh 2005, S. 167–194.

18 Exner: Ach, armer Rilke, S. 64 f.

Mein Leben ist nicht diese steile Stunde,
darin Du mich so eilen siehst.
Ich bin ein Baum vor meinem Hintergrunde,
ich bin nur einer meiner vielen Munde
und jener, welcher sich am frühsten schließt.

Ich bin die Ruhe zwischen zweien Tönen,
die sich nur schlecht an einander gewöhnen,
denn der Ton Tod will sich erhöhn …
Aber im dunklen Intervall versöhnen
sich beide zitternd …
und das Lied bleibt schön.

Das sprechende Ich ist hier Figur (Baum) und Hintergrund (Umgebung) zugleich, Leben und Tod, das Eigene und das Andere, seine eigene Differenz – als Einheit. Aus ihm sprechen viele Stimmen (»Munde«), aber nur eine ist sprichwörtlich eigentlich.

Der »Baum« kann als »Zunge« und »Sprache« gedeutet werden (lingua: Sprache, Zunge), die Zunge als (sprechender, tönender/schweigender) »Baum des Wissens«, »Baum der Erkenntnis« und/oder »Baum des Lebens«.

Dass Rilke hier die (irreguläre) Pluralform »Munde« anstatt »Münder« gewählt hat, ist vielleicht nicht nur aufgrund der Reimbildung zu »Stunde« motiviert, sondern auch durch die verschwiegenen, dennoch aber mitklingenden Reimwörter »Wunde« und »Kunde«: Der Mund als sich in Intervallen schließende und wieder öffnende Wunde, die kundtut. Dieses musikalisch-existentielle Intervall ist dunkel wie der ›Weltinnenraum‹ des geschlossenen Mundes. Komplementär zum akustischen ›Weltinnenraum‹ evoziert das Gedicht den ›Weltinnenraum‹ des Sehens: Die Chiffre des »dunklen Intervalls« ist gleichzeitig ein Begriff aus der mit optischen Reizen experimentierenden Nachbildforschung und bezeichnet dort eine nichtbildliche (dunkle) Phase zwischen zwei positiven Nachbilderscheinungen. Rilke wird der optische Begriff des »dunklen Intervalls« möglicherweise aus den frühen Forschungen zum Nachbild (um 1825, verstärkt um 1890) bekannt gewesen sein. In der audiovisuellen Ruhephase des synästhetischen »dunklen Intervalls«, in der Latenzzeit des Nichthörens und Nichtsehens, »versöhnen« sich beide Töne, indem keiner von beiden »sich erhöhn« kann. Dass sie das überdies »zitternd« tun im Sinne eines tönenden Nachhalls und Verblassens des Nachbildes, wobei mit »Zittern« zugleich Furcht und Schrecken aufgerufen werden, weist dem »Lied« die Qualität des Schönen zu. Dass das Lied schön bleibt, muss es erst durchsetzen.

Die Feststellungen, dass sich die beiden Töne nur »schlecht an einander« gewöhnen und der »Ton Tod [...] sich erhöhn«, also dominieren will, werden gestisch als prosodischer Konflikt zwischen Metrum und Sprachrhythmus realisiert: Während die Zeilen 1 bis 6 als alternierende Verse mit Auftakt skandiert werden können, geraten die Zeilen 7 und 8 irritierend ins Stocken. Zwischen »schlecht« und »an« sowie zwischen »Ton« und »Tod« entsteht eine sprachrhythmische Zäsur, da alle vier Wörter betont werden. Am Schluss allerdings etabliert sich dann wieder der fünfhebige, alternierende Vers mit Auftakt. Das Lied bleibt schön, weil diese Art Herzrhythmusstörung ausgeglichen werden kann. Nimmt man die Rede vom Herzrhythmus und seiner Störung wörtlich, erhält »Intervall« eine organische Konnotation, die Ruhe markiert dann den zeitlichen Abstand zwischen zwei Herzschlägen.

Als konstante »Ruhe zwischen zweien Tönen«, die in ihrer Beständigkeit mit dem Baum der ersten Strophe korrespondiert, ist das sprechende Ich selbst die ausgleichende Latenzzeit, es steht metonymisch für das schöne Lied selbst, das insgesamt als Nachbild des im Schweigen und Gestaltlosen Zum-Ausgleich-Kommen von Leben und dominieren wollendem

Tod verstanden werden kann. Dieser Zirkel, dass das Gedicht prozessual das durchführt, was es imaginiert, indem es auf das »Ich« als imaginäre Mitte verweist, macht seine parabolisch-paradoxe Struktur aus, die prototypisch für viele Gedichte Rilkes und seine Poetik des Concetto, des scharfsinnigen Einfalls, steht.

Rilkes an Paracelsus anschließende Vision eines ›Weltinnenraums‹ diente ihm als geistiges und mentales Regulativ der Alltagserfahrungen, über die dieser esoterisch-imaginäre Raum weit hinausging. Der ›Weltinnenraum‹ steht für die Permeabilität von Innen und Außen, Transzendenz und Immanenz sind hier versöhnt, was ihn konzeptionell mit dem esoterischen ›mundus imaginalis‹ verwandt erscheinen lässt.[19] In dem Gedicht *Es winkt zu Fühlung fast aus allen Dingen* ist er zum ersten Mal belegt: »Durch alle Wesen reicht der *eine* Raum: / Weltinnenraum. Die Vögel fliegen still / durch uns hindurch. O, der ich wachsen will, / ich seh hinaus, und *in* mir wächst der Baum.«

Nella Bielski bezeichnet Rilkes ›Weltinnenraum‹ als »eine Wirklichkeit höchsten Grades [...]. Gleichzeitigkeit der Anwesenheit, ein Raum in uns, wo wir mit der Welt eins sind, und zugleich eine Art Zufluchtsort in uns für die Toten und die Zukünftigen. Ein Raum, der bis zu den Sternen reicht und sie umgreift. Im Weltinnenraum ist alles zu einem einzigen grenzenlosen Raum geworden.«[20] Diese »Gegenwärtigkeit letzten Grades« (Rilke) umfasst Vergangenes und Zukünftiges.

19 Vgl. Gísli Magnússon: Imagination und *mundus imaginalis* – Rilkes *Weltinnenraum*, in: ders.: Dichtung als Erfahrungsmetaphysik. Esoterische und okkultistische Modernität bei R. M. Rilke. Würzburg: Königshausen & Neumann 2009, S. 183 – 187, hier S. 183.

20 Nella Bielski: »Wer, wenn ich schriee, hörte mich denn ...«. Ein Versuch über Rilke. München: Hanser 1990, S. 28 – 29. Siehe auch Walter H. Sokel: Zwischen Existenz und Weltinnenraum. Zum Prozeß der Ent-Ichung im *Malte Laurids Brigge*, in: Rilke heute. Beziehungen

Unmittelbar verbunden mit dem raumzeitlichen und spirituellen Zusammendenken von Vergangenheit (nicht nur der eigenen Kindheit), Gegenwart und Zukunft ist Rilkes Todesverständnis. Das Wort »Tod« als solches oder als Kompositum (»Todes-Erfahrung«, »Todesstimmung«) ist mit um die hundertfünfzig Nennungen allein im Auswahlband *Rainer Maria Rilke. Das große Lesebuch* (Fischer Taschenbuch Verlag 2011) eine der zentralen poetischen Chiffren. Ihr Ursprung ist kein ästhetischer.

In *Gedicht II* der *Elften Antwort* vom Oktober 1925 aus dem lyrischen Briefwechsel mit Erika Mitterer heißt es, auf Rilkes wohl geahnte tödliche Krankheit anspielend und seine Dichtungen bilanzierend: »Wir sind ja auch in das, was schreckt und stört, / von Anfang an so grenzenlos verpflichtet. / Das Tötliche hat immer mitgedichtet: / nur darum war der Sang so unerhört.«[21]

Das Schreckliche und Störende bildet den Untergrund des Lebens und lässt im Menschen ein permeables Parallelbewusstsein entstehen. Der Dichter ist ein Medium des Todes, dem Tod bzw. dem »Tötlichen« kommt im Selbstverständnis Rilkes die Rolle des Koautors zu, was den »Sang« so »unerhört« im mehrfachen Sinne von nicht gehört/erhört und neu, unglaublich, außerordentlich macht.

»Der Tod ist groß«, beteuert das Gedicht *Schlußstück* in einer Mischung aus selbstbewusster Rühmung und klagender Furcht, die auch in der Konstellation der sechs Zeilen als ge-

und Wirkungen. Bd. 1. Hrsg. v. Ingeborg H. Solbrig, Joachim W. Storck. Frankfurt/M.: Suhrkamp 1975, S. 105–129.

21 Zum Briefwechsel siehe auch: Nach Duino. Studien zu Rainer Maria Rilkes späten Gedichten. Hrsg. v. Karen Leeder, Robert Vilain. Göttingen: Wallstein 2010.

danklicher Chiasmus mit gegenläufigen Bewegungen wie zum Beispiel äußeres Lachen / inneres Weinen zum Ausdruck kommen: »Der Tod ist groß. / Wir sind die Seinen / lachenden Munds. / Wenn wir uns mitten im Leben meinen, / wagt er zu weinen / mitten in uns.« Der Tod, hier als Personifikation als solche, ist nicht die Contradictio des Lebens, er ist mitten *im* Leben, offenbar und verborgen zugleich. Findet hier eine gewissermaßen überkompensierende Zurücknahme der von Rilke für die moderne Gesellschaft beklagten Exterritorialisierung des Todes statt, so wird der Tod im Gedicht *Der Tod* (1915) als Essenz eingenommen, er wird substantialisiert.

**Der Tod**

Da steht der Tod, ein bläulicher Absud
in einer Tasse ohne Untersatz.
Ein wunderlicher Platz für eine Tasse:
steht auf dem Rücken einer Hand. Ganz gut
erkennt man noch an dem glasierten Schwung
den Bruch des Henkels. Staubig. Und: *›Hoff-nung‹*
an ihrem Bug in aufgebrauchter Schrift.

Das hat der Trinker, den der Trank betrifft,
bei einem fernen Frühstück ab-gelesen.

Was sind denn das für Wesen,
die man zuletzt wegschrecken muß mit Gift?

Blieben sie sonst? Sind sie denn hier vernarrt
in dieses Essen voller Hindernis?
Man muß ihnen die harte Gegenwart
ausnehmen, wie ein künstliches Gebiß.
Dann lallen sie. Gelall, Gelall ....
..........................................

O Sternenfall,
von einer Brücke einmal eingesehn –:
Dich nicht vergessen. Stehn!

Metonymisch erscheint hier der Tod als »ein bläulicher Absud / in einer Tasse ohne Untersatz«, ohne metaphysischen Überbau. Der Henkel der Tasse ist zudem abgebrochen, und symbolisch gebrochen ist auch das Wort »Hoffnung«, das am »Bug« der Tasse »in aufgebrauchter Schrift« als »*Hoff-nung*« erscheint. Mit der Einführung der Metapher »Bug« knüpft das Gedicht an die literarische Allegorie des Lebens als Schifffahrt an, mit der Tasse als Schiff und dem »Rücken einer Hand« als Meer. Das Ensemble aus dem Torso der Tasse und dem Handrücken, auf dem diese steht, könnte zugleich eine Plastik oder Skulptur sein, das Schrift-Bild-Gedicht *Der Tod* wäre demnach lesbar als Emblem, dem Strategien seiner Auslegbarkeit als vorgegebene und antizipierende Allegorien des Lesens eingeschrieben sind.

Ganz anders war da noch Rilkes triumphale Darstellung des Todes in *Die Weise von Liebe und Tod des Cornets Christoph Rilke* (1899) als ein sprachrhythmisch galoppierendes »Fest« des Blutes und »lachende Wasserkunst«: »Wein? Oder Blut? – Wer kanns unterscheiden?«

## »Lieben ist dauern«

Ein weiterer zentraler Rilke-Topos ist die Idee einer ›intransitiven Liebe‹. Idealtypisch soll die ›intransitive Liebe‹ eine narzisstische Selbstvollendung jenseits der Abhängigkeiten und Beeinflussungen einer ›transitiven‹, objektgerichteten Liebe ermöglichen, deren Ent-Täuschung vorprogrammiert ist. Rilkes Liebes-Konzept einer Liebe an sich wird im *Malte* thematisiert: »Geliebtwerden ist vergehen, Lieben ist dauern«.[22]

22 SW, Bd. 11, S. 937.

»Askese freilich«, so Rilke in *Das Testament*, »ist kein Ausweg; sie ist Sinnlichkeit mit negativem Vorzeichen.« Über das sich abzeichnende Dilemma zwischen der Unmöglichkeit gelebter Liebe und ihrer sinnlichen Notwendigkeit hat Rilke sich immer wieder Rechenschaft abgelegt. Dem Heiligen mag Askese »wie eine Hilfskonstruktion« zustattenkommen; »in dem Durchschnittspunkt seiner Entsagungen gewahrt er jenen Gott des Gegensatzes, den Gott des Unsichtbaren, der noch nicht geschaffen hat.« Ist Rilke also ein Heiliger? In seinen Briefen erweckt er zuweilen den Eindruck; seine Liebesverhältnisse lassen nicht darauf schließen. Braucht Rilke die Liebe schließlich nur für das zu ›leistende‹ Werk, das ohne sie unsinnlich wäre? Im *Testament* gibt er die Antwort: »Wer aber in die Sinne verpflichtet ist, Erscheinung für rein und Gestalt für wahr zu halten hat auf Erden, wie dürfte der mit der Absage beginnen! Und selbst wenn sie sich ihm erst hülfreich und nützlich erwiese, bei ihm bliebe sie Betrug, List, Erschleichung –, und zum Schlusse rächte sie sich irgendwo im Kontur seines Werks, als Härte, als Dürre, als Unzugiebigkeit, als Feigheit der Frucht.«[23]

An anderer Stelle schreibt Rilke dann sehr offen über eine ihn bedrängende Urangst. Das angesprochene »Geheimnis« ist das zu bewahrende Geheimnis seiner Dichtung, das er durch eine konstante Beziehung zu einer Frau einzubüßen fürchtete: »Es ist gegen das Geheimnis meines Lebens. Indem die Geliebte alles Ereignis gegen sich zu abzieht, werd ich unwahr in mir; denn nun scheint ihr, in der fortwährenden Strömung, auch *das* zuzutreiben, worüber ich nicht verfügen darf. Theils hat ihr Wille schuld, theils geschieht diese Bemächtigung durch ihr bloßes Dasein. Sie hat die Landschaft im Ge-

23 Rainer Maria Rilke: Das Testament. Frankfurt/M.: Suhrkamp 1976, S. 26.

müthe des Liebenden umgewandelt und bewohnt eine tiefste Stelle darin –: das Thal, zu dem alles abfließt.«[24]

Es ist letztlich eine ins Extrem gesteigerte und von ihm verklärte Angst des Selbstverlustes – an der nach kurzer Zeit von seiner Seite aus wohl auch die Ehe mit Clara Westhoff scheiterte, zumindest was das familiäre Zusammenleben anbelangt. Dieselbe unüberwindliche Angst, die unverfügbare poetische Potenz zu verlieren, hinderte ihn daran, sich einer Psychoanalyse zu unterziehen, zu der ihm Lou Andreas-Salomé geraten hatte, mit der Rilke einen langjährigen intensiven Briefwechsel führte und die wohl seine wichtigste Bezugsperson war, sein »Lebensmensch« (Thomas Bernhard).

## Gottsuche

Neben den Fragen nach der Interdependenz von Leben und Tod und einer dauernden Form der Liebe ist die Frage nach Gott bzw. dem Göttlichen von herausgehobener Bedeutung in Rilkes Texten.[25]

Rilke war ein Gottsucher, ein Gott-Umkreiser und Umdeuter der Geschichte Jesu, was seine Dichtungen und Briefe bezeugen.[26] Bernhard Blume weist darauf hin, dass das *Stunden-*

24 Ebd., S. 29.

25 Siehe Magnússon, Dichtung als Erfahrungsmetaphysik, insbesondere Kap. 4: Die Forschung zur alternativen Religiosität und spirituellen Modernität bei Rilke, S. 47 – 69. Magnússon zufolge ist es »ein Missverständnis, Rilke als Mystiker zu interpretieren«. Die Formel der »konfessionslosen Religiosität« bei Rilke erfährt hier eine rezeptionsgeschichtlich und werkorientiert breite Differenzierung.

26 Siehe hierzu Schiwy, Rilke und die Religion. Zu Rilkes Auseinandersetzung mit dem traditionellen Christusbild siehe S. 61 – 69. Seine radikale Entmythologisierung der Christusgestalt gipfelt in der achten *Christus*-Version vom Sommer 1897, in der er Jesus folgende Gott ne-

*buch* keine christlich-religiöse Dichtung sei, als welche sie »mißverstanden und von unzähligen Menschen mit tiefer Ergriffenheit gelesen« worden sei. Vielmehr habe Rilke vor der Niederschrift dieses Rollengedichts »den christlichen Glauben seiner Kindheit bereits verloren«. Die Gedichte aus dem *Stundenbuch* seien demzufolge keine Gebete, sondern »virtuose sprachliche Etüden«. Der Topos der Unaussprechlichkeit Gottes ist ein Axiom der deutschen Mystik, namentlich von Meister Eckhart, an dem Rilke sein differenziertes sprachliches Instrumentarium entwickelt hat.[27] Dem Alten Testament näher als dem Neuen Testament, entwickelte Rilke eine religiöse Diesseitigkeit jenseits eschatologischer Vertröstungen, wie sie vor allem Christus verkörpert, der als immer nur Verheißender am besten außen vor bleiben sollte. Rilke warf dem Christentum vor, »die ursprüngliche Einheit von Leben und Tod auseinanderzureißen und dem Diesseits ein Jenseits gegenüberzustellen«[28] und setzte stattdessen »auf seine Weise die negative mystische Theologie der Fragen fort, wie sie sich seit der Antike im Abendland gegen die positive dogmatische Theologie der Antworten behauptet hat.«[29] Dies implizierte auch die geistig-dichterische Auseinandersetzung mit einem dunklen, schrecklichen Gott: »Herr, sei nicht gut: sei herrlich; widerleg / das Hörensagen, das sie an dir rühmen: / zerbrich das Haus, zerstör den Steg / und wälz ein Nest von Ungetümen / dem Flüchtling an den Nebenweg.« Rilkes Dichtung ist eine Poetik

gierende Worte in den Mund legt: »Und dann von tausend Erdensorgen schwer / stieg meine Seele in den hohen Himmel, / und meine Seele fror; denn er war *leer.*«

27 Vgl. Bernhard Blume: Rainer Maria Rilke. Existenz und Dichtung, in: Rilke heute. Beziehungen und Wirkungen, Bd. 2, S. 168–184, hier S. 177.

28 Gerhard Ammelburger: Bejahungen. Zur Rhetorik des Rühmens bei Rainer Maria Rilke. Würzburg: Königshausen & Neumann 1995, S. 79.

29 Schiwy, Rilke und die Religion, S. 49.

der Fragen immanent, die man immer wieder durchqueren muss – und schließlich sind die Fragen selbst schon Antwort: Das mag ein Grund für die große identifikatorische Wirkung sein, die der Dichter auf seine Leser ungebrochen ausübt.

Die identifikationswilligen Leser scheinen von der »Anatomie des Entsetzens«[30], die Rilkes Dichtung auszeichnet, nicht abgeschreckt zu werden. Dass das Gegenteil der Fall ist, lässt sich vielleicht durch Rilkes Rhetorik des Rühmens[31] und des Erhabenen erklären. Mit dem ›Rühmen‹ und seiner Paradoxie angesichts der eigenen Alltagserfahrung und der weltpolitischen Lage ist ein anderes wesentliches Paradigma von Rilkes Poetik ins Spiel gebracht, das für sein ästhetisches und spirituelles Verständnis ebenso konstitutiv ist wie die ästhetisch verhandelten Fragen nach Lebensbejahung und Tod, nach Religiosität und Spiritualität.

## Performanz des Rühmens

In seinem am 20. Dezember 1921 in Muzot geschriebenen Widmungsgedicht für Leonie Zacharias dient ein rhetorisches Frage- und Antwort-Ritual zur prozessualen Durchführung dieses modernen Hymnus. Die Antwort kontert die Variationen der Frage durch die konstante Benennung der Tätigkeit des Rühmens. Auf die rhetorische Frage, die im Akt des Fragens die Antwort bereits kennt, folgt die Performanz des Rühmens. Die Paradoxie des Gedichtes besteht darin, dass die Antwort die Frage stellt bzw. dass die Rollenverteilung von Frage(n) und Antwort(en) bereits mit der ersten Anrufung des »Dichters« eine bloß rhetorische ist: »Oh sage Dichter, was du tust? / – Ich rühme. / Aber das Tödliche und Ungetüme, / wie

30 Exner, Ach, armer Rilke, S. 70.
31 Zu dieser Thematik siehe Ammelburger, Bejahungen.

hältst du's aus, wie nimmst du's hin? / – Ich rühme. / Aber das Namenlose, Anonyme, / wie rufst du's, Dichter, dennoch an? / – Ich rühme. / Woher dein Recht, in jeglichem Kostüme, / in jeder Maske wahr zu sein? / – Ich rühme. / Und daß das Stille und das Ungestüme / wie Stern und Sturm dich kennen? / : – weil ich rühme.« Gebetsmühlenhaft könnte dieses Gedicht nach der Setzung der letzten Zeile, »weil ich rühme«, wieder von vorn beginnen. So hat das Rühmen keinen Anfang und kein Ende.

Dieses Rühmen sollte jedoch nicht als ein affirmatives Rühmen des Bestehenden missverstanden werden, sondern ist als ein Rühmen des Antizipierten und Ungesagten zu begreifen. Mit Wolfgang Janke ist zu betonen, dass der »neuarchaische Hymnus« Rilkes nicht so rühmt, »daß er begütigend über das Elend von Dasein und Welt, Geschichte und Gesellschaft hinwegsieht, sondern so, daß er durch das Tödliche und Beengende, das auf uns einstürmt, hindurchgeht.«[32] Was genau aber rühmt der Dichter? Er rühmt das Dichten, dessen Tätigkeit er im Akt des Rühmens vollzieht, paradoxerweise als wertvoller Ertrag des Schweigens: »Rühmen, das ists! Ein zum Rühmen Bestellter, / ging er hervor wie das Erz aus des Steins / Schweigen.« *(Die Sonette an Orpheus)*

Mit seiner Poetik der Angst und der (rühmenden) Ekstase weist Rilke auf den französischen Existentialismus voraus und schließt unter anderem an mythische und ekstatische Traditionen der Literatur des 16. und 17. Jahrhunderts[33] sowie die Philosophie Søren Kierkegaards (1813–1855) an.[34]

32 Wolfgang Janke, Archaischer Gesang, S. 244.

33 Zur Poetik der Ekstase siehe Christiane Augner: Gedichte der Ekstase in der Literatur des 16. und 17. Jahrhunderts. Tübingen: Gunter Narr 2001.

34 Über esoterische und okkultistische Einflüsse siehe Magnússon, Dichtung als Erfahrungsmetaphysik.

Um »manches von Kierkegaard unmittelbar lesen zu können«, wie er in einem Brief an Lou Andreas-Salomé vom 12. Mai 1904 schreibt, hat Rilke seine Dänischkenntnisse verbessert.[35] Sein Fremdsprachenrepertoire war immens. Neben Deutsch und Tschechisch sprach, las und schrieb/übersetzte er Französisch, Italienisch, Spanisch, Russisch und Dänisch. Während Französisch seine zweite Literatursprache geworden ist, die er mündlich und schriftlich beherrschte, hatte er sich in den anderen Sprachen eine Kompetenz erworben, die über rudimentäre Kenntnisse zum Teil weit hinausging.

Rilkes Beschäftigung mit dem dänischen Philosophen setzt Anfang 1904 ein, er übersetzt das *Tagebuch des Verführers* aus Kierkegaards programmatischem Hauptwerk *Entweder/Oder* (1843), mit dem er sich in der Folgezeit auseinandersetzt. Nach dem krisenreichen Abschluss des *Malte* schreibt er am 30. August 1910 an Marie von Thurn und Taxis: »er hat mich noch nie so ergriffen«. Zu dieser Zeit hat Rilke unter anderem *Furcht und Zittern* und *Die Wiederholung* (beide 1843) gelesen.[36]

Von großer Bedeutung für Rilke waren über Kierkegaard hinaus insbesondere seine so intensive wie komplexe Beziehung zu Lou Andreas-Salomé[37], die Lektüre Friedrich Nietzsches sowie seine ihn theoretisch und praktisch beschäftigenden Begegnungen mit Auguste Rodin (1840–1917) und Paul Valéry (1871–1945). Produktionsästhetisch wichtig war nicht zuletzt die Auseinandersetzung mit Friedrich Hölderlin (1770–1843), die eine poetische Summe in der huldigenden Elegie *An Hölderlin* findet, deren Huldigung sich neben motivischen und

35 Zit. nach Theodore Fiedler: Skandinavien, in: Rilke-Handbuch, S. 116–124, hier S. 118.

36 Vgl. Fiedler, Skandinavien, S. 121–122.

37 Sehr lesenswert ist Lou Andreas-Salomés eindringliches Porträt: Rainer Maria Rilke. Hamburg: Severus 2010.

thematischen Bezügen in metrischen, stilistischen und strukturellen Korrespondenzen manifestiert.

### An Hölderlin

Verweilung, auch am Vertrautesten nicht,
ist uns gegeben; aus den erfüllten
Bildern stürzt der Geist zu plötzlich zu füllenden; Seen
sind erst im Ewigen. Hier ist Fallen
das Tüchtigste. Aus dem gekonnten Gefühl
überfallen hinab ins geahndete, weiter.

Dir, du Herrlicher, war, dir war, du Beschwörer, ein ganzes
Leben das dringende Bild, wenn du es aussprachst,
die Zeile schloß sich wie Schicksal, ein Tod war
selbst in der lindesten, und du betratest ihn; aber
der vorgehende Gott führte dich drüben hervor.

O du wandelnder Geist, du wandelndster! Wie sie doch alle
wohnen im warmen Gedicht, häuslich, und lang
bleiben im schmalen Vergleich. Teilnehmende. Du nur
ziehst wie der Mond. Und unten hellt und verdunkelt
deine nächtliche sich, die heilig erschrockene Landschaft,
die du in Abschieden fühlst. Keiner
gab sie erhabener hin, gab sie ans Ganze
heiler zurück, unbedürftiger. So auch
spieltest du heilig durch nicht mehr gerechnete Jahre
mit dem unendlichen Glück, als wäre es nicht innen, läge
keinem gehörend im sanften
Rasen der Erde umher, von göttlichen Kindern verlassen.
Ach, was die Höchsten begehren, du legtest es wunschlos
Baustein auf Baustein: es stand. Doch selber sein Umsturz
irrte dich nicht.

Was, da ein solcher, Ewiger, war, mißtraun wir
immer dem Irdischen noch? Statt am Vorläufigen ernst
die Gefühle zu lernen für welche
Neigung, künftig im Raum?

## Bildende Kunst

Starke Korrespondenzen finden sich bei Rilke auch zur Bildenden Kunst.

Rilke schrieb seine Monographie *Worpswede* über die Worpsweder Künstlerkolonie zwischen dem 1. und 28. Mai 1902. Ausgewählten Künstlern der Worpsweder Kolonie, Fritz Mackensen, Otto Modersohn, Fritz Overbeck, Hans am Ende, Heinrich Vogeler, widmete er jeweils ein eigenständiges Porträt, exemplarisch mag hier dasjenige über den impressionistischen Maler und Mitbegründer der Künstlerkolonie Hans am Ende (1864–1918) stehen. In den Porträts versuchte Rilke, das je Spezifische der Bildkunst des Künstlers zu fassen und ihn aus seinem zeitgeschichtlichen Kontext und dem seiner Herkunft und künstlerischen Entwicklung heraus zu begreifen.

In der ersten größeren Arbeit Rilkes zur Bildenden Kunst finden sich »zentrale Gedanken seiner Kunstauffassung und Dichtungstheorie«, was Antje Büssgen zufolge »die weitgehende Vernachlässigung des Textes in der Forschung verwunderlich erscheinen lässt«.[38] In *Worpswede* reflektiert Rilke, auf antike Mythologie und Urzeiten zurückgreifend, das Verhältnis von Mensch, Natur und Kunst. Der Kunst kommt hierbei die Funktion des synthetisierenden Mediums zu, »in welchem Mensch und Landschaft, Gestalt und Welt sich begegnen und

38 Antje Büssgen: Bildende Kunst, in: Rilke-Handbuch, S. 130–150, hier S. 137.

finden«. Von hier aus unternimmt Rilke es, die Bedingungen des modernen Künstlertums zu bestimmen, was der eigentliche Kern der Arbeit ist, und eine an Schillers Schrift *Über naive und sentimentalische Dichtung* erinnernde Kulturtheorie zu entwerfen, die mit der Denkfigur des Umschlagens von hoher Intelligibilität und Selbstreflexion in wiedergewonnene Naivität und Reflexionsferne operiert, worin sich »eine erste Umschreibung des Sachlichkeitsideals« ankündigt, »das er in dieser Zeit zu erarbeiten begann«.[39]

Es ist interessant zu beobachten, wie er den programmatischen ersten Satz der Einleitung zu seiner Worpsweder Porträtsammlung über Malerei und insbesondere die Landschaftsmalerei ganz wörtlich nimmt: »Die Geschichte der Landschaftsmalerei ist noch nicht geschrieben worden und doch gehört sie zu den Büchern, die man seit Jahren erwartet.« In der Folge schreibt Rilke diese Geschichte selbst, indem er das Schreiben wörtlich nimmt als ein Schreiben der Landschaftsmalerei. Dieses Schreiben vollzieht sich in der Transformation imaginierter Landschaft, wie sie für die Malerei stoffliche Anregung sein könnte, in das Medium verbaler Evokation.

Rilkes anhaltendes Interesse an semiotischen und wahrnehmungsästhetischen Wechselbeziehungen zwischen Literatur und Bildender Kunst hat die wohl prägnanteste und sprachfigürlich kompakteste Manifestation im Sonett *Archaïscher Torso Apollos* gefunden, dem Eröffnungsgedicht des dem Bildhauer Auguste Rodin gewidmeten »Anderen Teils« der *Neuen Gedichte.* Mit Rodin, den er in seinem Atelier in Paris am 1. September 1902 zum ersten Mal besuchte und für den er mit Unterbrechungen bis zum 10. Mai 1906 arbeitete, hat sich Rilke grundlegend und wiederholt auseinandergesetzt. Diese nicht immer konfliktfreie Beziehung, die 1912 zu einem end-

39 Ebd., S. 139.

gültigen Zerwürfnis führte, fand ihren Nachhall in unterschiedlichen Gattungen: im Gedicht *Rodin*, in den *Aufzeichnungen* vom 17. November 1900 und in einer Reihe von Briefen sowie insbesondere in der Schrift *Auguste Rodin*. Später sprach Rilke davon, er sei Schüler Rodins gewesen, nicht etwa sein Sekretär, was eine »hartnäckige Legende« sei (in einem Brief an A. Schaer vom 26. 2. 1924).

**Rodin**
⟨*Entwurf*⟩

Er hat nicht Kindheit, nicht Alter.
Einsam steht der Gestalter
unter Gestalteten.
Seine entfalteten Hände
tragen als Flügel die Dinge.

Er ist allein mit seinen schweren
kreisenden Händen,
die Steine gebären.

Und er ist mit den Steinen allein
wie ein noch nicht gestorbener Stein

⟨*Zweite Fassung*⟩

Er hat nicht Kindheit, nicht Alter.
Seine Kindheit war die Jugend der Steine
und sein Alter ist nicht das seine.
Einsam steht der Gestalter
unter Gestalteten;
in seinen entfalteten Händen
liegen die Länder.

Seine Dinge kreisen um ihn wie Sterne,
und stehn wie Sternbilder um ihn her.
Seine Nähe erbaute er,
und dann warf er sich eine Ferne.

Rodin war für Rilke geradezu ein Sinnbild gelingender künstlerischer und existentieller Selbstverwirklichung in Fragen der Lebensführung und des unbeirrten Arbeitsethos und wirkte durch seine Sachlichkeit handwerklichen Könnens kompensatorisch auf seine eigenen spiralisierenden Selbstreflexionen und Produktionskrisen. Sachlichkeit ist für Rilke darüber hinaus ein poetologisch zentraler Begriff. Er steht für eine selbstvergessen-ausführende Medialität des Künstlers (Bildhauers, Dichters), der die als Vorwand dienende stoffliche Vorlage allmählich vergisst und künstlerisch transformiert. Sachlichkeit bedeutet darüber hinaus »die Suspension konventionalisierter Bedeutungszuschreibungen, eine aus geduldiger, hingebungsvoller Naturbeobachtung resultierende Verwandlung des Sujets in die ›Namenlosigkeit‹ (Rilke) und daher neu erworbene Bedeutungsoffenheit des Kunstwerks«.[40] Damit einher geht eine Absage an Ideenkunst. Einfaches Schauen, aber genaues Beobachten ist ein in dieser Zeit der intensiven Beschäftigung mit Rodin grundgelegtes ästhetisches Credo Rilkes.

Rilkes wohl wichtigste Schrift zur Bildenden Kunst ist *Auguste Rodin* (Erster Teil [1902]; Zweiter Teil: Ein Vortrag [1907]).[41] In den wesentlich kürzeren *Aufzeichnungen* setzt sich der Dichter mit der Frage auseinander, was Rodins »Plastik so isoliert, so sehr zum Kunstwerk« mache, »welches wie eine Festung ist: sich selbst beschützend, wehrhaft, unzugänglich«. Ein Umstand, so Rilke, sei für eine Plastik »ungemein wichtig: daß das Kunstwerk in sich zu Ende gehe.« Die Plastik,

40 Ebd., S. 140.
41 SW, Bd. 9, S. 135–246.

»die mit dem Beschauer dieselbe Atmosphäre teilt«, müsse »das ›Wegschauen‹ besser können. Das heißt: Sie muß mit sich ganz beschäftigt sein.« Es wäre reizvoll, die sich hier anschließenden wahrnehmungsästhetischen Fragen auf das Sonett *Archaïscher Torso Apollos* zu beziehen, von dem es heißt: »denn da ist keine Stelle, / die dich nicht sieht« – und das ohne Augen, fehlt dem Torso doch nicht nur jene »Mitte, die die Zeugung trug« und zu der dennoch »ein Lächeln« geht, sondern auch das »unerhörte« Haupt.

## Dramatisches Werk

Weitgehend unerhört und ungesehen sind auch Rilkes dramatische Dichtungen, die es neu oder überhaupt erst zu entdecken gilt, werden sie doch kaum mehr wahrgenommen oder als Nebenprodukte eingestuft, die mit seinen Gedichten und dem *Malte*-Roman nicht mithalten können. »Eine systematische Erschließung der Dramen oder der Dramenpoetik liegt noch nicht vor.« Zu diesem Ergebnis kommt Monika Ritzer in ihrer Darstellung von Rilkes dramatischen Dichtungen.[42] Dabei zeigt sich in Rilkes Dramatisierung von Denkfiguren ein ausgeprägter Wille zum inszenatorischen und formalen Experiment – vor dem von ihm adaptierten zeitgenössischen Hintergrund von Naturalismus inklusive sozialer Milieuschilderung, Jugendstil, Symbolismus und ›Psychodrama‹.

*Waisenkinder*, entstanden wahrscheinlich im Frühjahr 1901, veröffentlicht im Mai 1901, ist ein Übergangsstück zwischen Naturalismus und Psychodrama.

Die chorische Konstellation der Figuren und die auf das expressionistische Drama vorausweisenden Beschreibungen

42 Monika Ritzer: Dramatische Dichtungen, in: Rilke-Handbuch, S. 264–282, hier S. 282.

des Bühnenbilds – »im Garten eines Waisenhauses. Herbst. Die breite Lindenallee tastet mit hundert welken Händen, wie weit es zur Erde ist. [...] Der Park ist schwarz, und die Stämme stehen wie viele Männer« – lassen eine rituell-geisterhafte Atmosphäre entstehen, die das Stück grundiert. Diese dem Zuschauer wie dem Leser aus anderen Kontexten vertraute Atmosphäre schafft die dramaturgische Voraussetzung für die zwischen dem »älteren Knaben« Paul und Jerôme, dem Jüngsten, verhandelte Frage nach der Signifikanz und der Erscheinungsform des Todes. Auslöser des dramatischen Konfliktes ist der Tod der »kleinen Betty«, die in einer Kapelle aufgebahrt liegt, zu der die Waisenhausgruppe von einer »blonden Nonne« geführt wurde. Die sieben Waisenknaben und sechs Waisenmädchen diskutieren in einer Mischung aus Furcht und Altklugheit über den Zusammenhang von Tod, Seele und Namen. Bettys Seele heiße nun Betty, sie selber aber »Kadaver«, weiß Paul. Nachdem er Betty in der Kapelle unbemerkt berühren konnte, meint Jerôme, Betty sei gar nicht tot. Sterben sei nämlich »ein furchtbar hohes, gelbes, häßliches Haus. Und die Mama hat müssen hinunter ... von ganz, ganz oben – in den Hof ... auf die Steine.« Dann erst sei man tot. Der aufgrund des Bekenntnisses des mütterlichen Selbstmords von den anderen verstoßene Jerôme folgt dem Gärtner und dem von diesem auf den Schultern getragenen Sarg Bettys in den »schwarzen Park« hinein. Offen bleibt, ob er nun ebenfalls den Tod sucht oder sich sympathetisch vergewissern will, dass Betty tatsächlich noch lebt – im Tod. Kennzeichnend für das Stück sind insgesamt seine artifizielle Anlage, die im verrätselten Schluss kulminiert, und die Stilisierung der Charaktere zu Kunstfiguren mit solistischen und chorischen Stimmen. Die Solostimmen instrumentierte Rilke mit einer flexiblen Diktion zwischen lyrischer Sprachrhythmik (insbesondere Jerôme) und prosanaher, stilisierter Alltagssprache. *Waisenkinder* ist als mysterienhafte

Parabel ausdeutbar. In der schematischen Konstellation der Figuren, ihrer chorischen Gruppierung und schlichten Sprachgebung, die sicher auch dem Alter der Waisen geschuldet ist, manifestiert sich der Einfluss des belgischen Autors Maurice Maeterlinck (1862–1949), dessen Stücke Rilke stark rezipiert hat und den er essayistisch porträtierte *(Maurice Maeterlinck)*.

## Erzählungen

Fast synchron zu seinen dramatischen Dichtungen (entstanden zwischen 1894 und 1904) schrieb Rilke seine rund achtzig Erzählungen (1893–1903), sie gehören somit allesamt zum Frühwerk. Mit dem 1910 veröffentlichten *Malte* hat Rilke sein letztes erzählerisches Werk verfasst. Thematisch und stilistisch sind seine Erzählungen, von ihm als Novelle, Geschichte oder ›Skizze‹ bezeichnet, zwischen Naturalismus, Impressionismus und Symbolismus angesiedelt.

Sind die Erzählungen schon Rilke? Das ist eine Frage, die nur auf den ersten Blick unsinnig erscheint. Rilke war keinem -ismus verpflichtet, als intensiver Leser von Romanen (siehe *Thomas Mann's* Buddenbrooks; *Zwei nordische Frauenbücher*) fühlte er sich keiner Einflussangst ausgesetzt, was seine zahlreichen Aufsätze zur Literatur und seine Bewunderung zum Beispiel für die schwedische Schriftstellerin Ellen Key (1842–1926) oder geradezu seine Verehrung des dänischen Autors Jens Peter Jacobsen (1847–1885) belegen. Vor allem der *Malte* und die späteren Gedichte gelten der Rilke-Forschung als echter Rilke. Vielleicht kann man sich über diesen Rilke ausführlicher und tiefgreifender den Kopf zerbrechen. Vielleicht sind in Rilkes Prosa konventionelle Muster eher erkennbar. Dass er sich einer stringent erzählten Handlung versperrte und eher das Seelenleben seiner Protagonisten erforschte, ist keine Besonderheit, sondern war vielen Autoren der Frühen Moderne gemein. Aber *wie* Rilke erzählt, das macht die Geschichten zu einem prägnanten, zuweilen spannenden Leseerlebnis.

Wie sich Annuschka in *Frau Blaha's Magd* vor lauter Heimweh verzehrt, »vollkommen unerwartet« ein Kind bekommt, dieses erstickt und »zu unterst in ihren Koffer« legt, was nur ganz beiläufig geschildert wird; wie sie sich »für das Alleinsein« ein Puppentheater kauft, darin die Puppen »immer dasselbe« sprechen; wie die Kinder der Umgebung sich bei Blahas in der Küche einfinden, dem Schauspiel zu folgen, und die Annuschka ihnen sagt, sie habe noch eine »ganz große Puppe«, die sie dann auch holen muss; wie die Kinder aber alle flüchten, weil sie Angst bekommen vor dem Harlekin, der vorher gar nicht dabei war; wie Annuschka schließlich die ganz große Puppe holt, das Theater zerstört und alle Puppen köpft, die ganz große ebenfalls – wie Rilke das in aller Kargheit erzählt, kommentarlos, mit dem Anfang der Erzählung bereits auf ihr Ende zusteuernd, das ist radikal und bei aller Radikalität rührend, ein Tribut an die Kindheit und die schmerzliche Welt der Erinnerungen.

Prager Lokalkolorit und eine politische Dimensionierung enthält *König Bohusch*, eine der *Zwei Prager Geschichten*, die 1899 erschienen sind. In ihr verarbeitete Rilke die antiösterreichischen Prager Unruhen von 1891 anlässlich einer Jubiläums-Landesausstellung, bekannt geworden als ›Omladina-Affäre‹. ›Omladina‹ war eine von 1891 bis 1894 bestehende tschechisch-nationalistische Geheimorganisation und radikale Jugend- bzw. Studentenbewegung, die mit den einen Ausnahmezustand auslösenden Unruhen in politische Verbindung gebracht wurde. In *König Bohusch* verkörpert Rezek den nationalistischen Studenten, sein Konterpart, der bucklige, poetisierende Bohusch, von den Schauspielern als König und Majestät tituliert, repräsentiert den träumerischen Außenseiter. Schauplatz sind bekannte Orte in Prag, so zum Beispiel verschiedene Friedhöfe, Straßen oder das Nationalcafé, in dem aktuelle tagespolitische und kulturelle Themen verhandelt werden. Die historische Topographie und die Wiedererkennbarkeit realer Persönlichkeiten Prags geben *König Bohusch* die Aura einer Schlüsselgeschichte. Aber auch hier ist Rilke mehr an dem zum Teil traumatischen Innenleben seiner Figuren interessiert als an politischen Hintergründen wie dem aufflammenden tschechischen Nationalismus. So flüchten Bohuschs Gedanken seit seinem fünften Lebensjahr bei so gut wie jeder sich bietenden Gelegenheit in ein Traumreich aus Bergen, Burgen und Palästen und schließlich zu seinem vor drei Jahren gestorbenen Vater, der eine dem Vater in Kafkas *Urteil* nicht ganz unähnliche Dimensionierung erfährt. Was der Kindsmord in *Frau Blaha's Magd*, ist in *König Bohusch* eine ödipale Phantasie, die Bohusch gezwungen ist, sich immer wieder zu vergegenwärtigen: Mit bloßen Händen gräbt er sich zum Sarg seines Vaters vor und »holt sich mit heißer Hand aus dem dumpfen Dunkel die Brust des Vaters und schnallt sich dieselbe wie einen Harnisch um die schüchternen Schultern«. Nie kann er begreifen, dass er »mit beiden wunden Händen die Stimme des Vaters nicht finden kann«. Eine unglaubliche Szene! Sein Vater, ein ehemaliger fürstlicher Portier, wird der unerreichbare »Riese« bleiben, als welchen der Sohn in Kafkas *Urteil* seinen Vater bezeichnet, die imponierende Erscheinung des Vaters mit seiner so mächtigen Stimme wird ihm, dem ewig nur »Kleinen«, immer überlegen sein, selbst wenn sie ohne Leben und verstummt ist.

Eine eingebildete Liebe wird Bohusch schließlich zum Verhängnis, Frantischka, von der es heißt, sie sei »die Liebste von dem Seligen« gewesen, und die ihn bei der Beerdigung des Vaters »auf die Stirne« küsst. Auch in Liebesdingen wird er an den Vater nie heranreichen. Eher durch Zufall wird Bohusch zum Mitwisser der Verschwörung. Anstatt einfach nur darüber zu schweigen, wie Rezek ihm dringend anrät, phantasiert er sich in einem Brief an die »unwürdige Geliebte« ein

»großes Geheimnis« und eine »unbeschreibliche Wichtigkeit« seiner verschwörerischen »Aufgaben« herbei. Die Imagination überblendet langsam die Realität. Eine große Rede der Selbstoffenbarung will er halten vor Frantischka, und die große Rede ist nur Weinen. Die unerreichbare Frantischka wird zum verräterischen »Frauenzimmer«, das den Kreis der Verschwörer und ihren geheimen Treffpunkt »in den Kellerräumlichkeiten eines Hauses der Hieronymusgasse« bei der Polizei denunziert, was zu Bohumils Ermordung durch Rezek führt. *König Bohusch* ist ein trauriges Märchen über Macht, Verrat, Phantasie und eingebildete Liebe. Die Phantasie aber ist es, die den beim Anblick seines Mörders lächelnden Bohusch immerhin auch seinen Tod ohne erkennenden Sinn für die Realität erleben lässt.

## Briefe

Rilke war ein immens produktiver Korrespondent in eigener Sache. Das Briefeschreiben gewährleistete ihm den Kontakt zur Außenwelt bei gleichzeitig aufrechterhaltener Einsamkeit. Diese Einsamkeit mit all ihren Grundbedingungen und Folgen wie Melancholie oder Depression verhinderte jedoch nicht die ratschlagende Einfühlung in die Lebenssituation des anderen.

In seinen Briefen,[43] die in zahlreichen Einzeleditionen vorliegen, zeigt Rilke sich rhetorisch sehr wandlungsfähig. Für jeden Briefpartner schien er ein eigenes Register zu besitzen, das eine individuelle Stimmung der Anrede und der Mitteilung erzeugte. Die Briefe sind – neben seinen kunstästheti-

43 Eine ausführliche Darstellung der intensiven Briefwechsel Rilkes insbesondere im Hinblick auf seine Selbstsakralisierungen findet sich in: Martina King: Pilger und Prophet. Heilige Autorschaft bei Rainer Maria Rilke. Göttingen: Vandenhoeck & Ruprecht 2009.

schen Essays und den poetologischen Selbstthematisierungen seiner Gedichte – Rilkes wichtigstes Medium der Selbstverständigung und, was vielleicht entscheidender ist, der Selbstvergewisserung in existentiellen, ästhetischen und zum Beispiel religiösen Fragen. Bücher sind nur dickere Briefe an Freunde, schrieb Jean Paul einmal. Rilkes Briefe haben zuweilen den Gehalt von ganzen Büchern. Was den Briefpartnern ab und an als Zumutung der Selbstoffenbarung Rilkes erschienen sein mag, war ihm selbst eine existentielle Notwendigkeit der Selbstreflexion in der Hoffnung, sich im Gesprächspartner erwidert und gespiegelt zu finden. Der Brief fungiert hier als narzisstisches Medium, offen für und, wie im Falle von Lou Andreas-Salomé, angewiesen auf ein Echo. Wurde das Echo in irritierender Modulation versendet, stimmte Rilke seine rhetorischen und emotionalen Instrumente neu, um sich und dem anderen Klarheit zu verschaffen. Ist es abwegig, wenn man die Briefe als ein Hauptwerk des Dichters ansieht? Als Anrufungen und Zeugnisse von Krisensituationen kann man sie partiell seinen Dichtungen zuschlagen, deren Gedankenarbeit sie oftmals voranlaufen, sie fortsetzen und selbst wieder poetisierend reflektieren.

Was Rilke im Brief an Lotte Hepner vom 8. November 1915 über die geistige Intentionalität des *Malte* sagt, gilt paradigmatisch für sein dichterisches Gesamtwerk: »Was in Malte Laurids Brigge [...] ausgesprochen, nein, gelitten steht – das ist ja eigentlich nur *dies* mit allen Mitteln und immer wieder von vorn und an allen Beweisen dies: *dies:* Wie ist es möglich zu leben, wenn doch die Elemente dieses Lebens uns völlig unfaßlich sind? Wenn wir immerfort im Lieben unzulänglich, im Entschließen unsicher und dem Tode gegenüber unfähig sind, wie ist es möglich, da zu sein? Ich bin nicht durchgekommen, in diesem unter der tiefsten inneren Verpflichtung geleisteten Buch, mein ganzes Staunen auszuschreiben, darüber, daß die Menschen seit Jahrtausenden mit Leben und Tod umgehen (von Gott gar nicht zu reden) und dabei diesen ersten unmittelbarsten, ja genau genommen, einzigen Aufgaben: (denn was haben wir anderes zu tun) noch heute (und wie lange noch?) so neulinghaft ratlos, so zwischen Schrecken und Ausrede, so armselig gegenüberstehen. Ist das nicht unbegreiflich?«

Ein weiterer Aspekt von Rilkes so extensiver wie intensiver Briefkultur sollte nicht übersehen werden: Mit Briefen scheint er sich seine Briefgemeinde bisweilen buchstäblich vom Leib gehalten zu haben. Es war in ihnen alles gesagt, warum hätte man sich also persönlich begegnen sollen, was doch nur zu sinnlosen Konflikten und Missverständnissen geführt hätte. Da war das Interface Brief kontrollierbarer.

Die Briefe an die Mutter zeugen von einer komplizierten wie komplexen Beziehung und bilden ein eigenes, mehr als 1000 Briefe umfassendes Kapitel, das weniger in Auswahl als im vollständigen Überblick rezipiert werden sollte.[44] Auch der Briefwechsel, den die russische Dichterin Marina Zwetajewa (1892–1941) und Rilke 1926 kurz vor dessen Tod führten, sollte in seiner Gesamtheit und chronologischen Reihenfolge gelesen werden.[45] Für Zwetajewa war Rilke nichts weniger als »die Dichtung selbst«, er sei die »rein-menschliche (göttliche) Erscheinung«, seine Bücher erwartete sie »wie ein Gewitter«.[46]

## *Das Testament*

Die Textsammlung *Das Testament* ist ein Konvolut von Aufzeichnungen, Briefentwürfen und Tagebucheintragungen, das

44 Rainer Maria Rilke: Briefe an die Mutter. 2 Bde. Frankfurt/M.: Insel 2009.

45 Rainer Maria Rilke und Marina Zwetajewa: Ein Gespräch in Briefen. Frankfurt/M.: Suhrkamp 1998.

46 Zum Briefwechsel siehe Schiwy, Rilke und die Religion, S. 161–166.

Rilke Ende April 1921 auf Schloss Berg am Irchel verfasst hat und das erst 1974 als Faksimile der Handschrift aus dem Nachlass veröffentlicht wurde. Den zum Teil aperçuhaften Fragmenten hatte Rilke im Sinne einer Herausgeberfiktion eine Einführung vorangestellt, die dem Leser die biographischen Umstände des »Schreibers« näherbringen sollte, hinter dem sich niemand anderes als Rilke selbst verbarg, der mit dem *Testament* das Scheitern seiner damaligen Bemühungen, die *Duineser Elegien* zu vollenden, ergründen wollte. Rilke fürchtete, dieses Lebensprojekt endgültig nicht mehr fertigstellen zu können.

Im *Testament* findet sich ein zweipoliges poetologisches Statement. Zum einen knüpft Rilke hier an seine Poetik des ›Dinggedichtes‹ an, zum anderen begreift er sich als schöpferisches Medium, als bloß ausführendes Organ: »Das Prinzip meiner Arbeit ist eine leidenschaftliche Unterwerfung unter den Gegenstand, der mich beschäftigt, dem, mit anderen Worten, meine Liebe gehört. / Die Umkehr dieser Unterwerfung geschieht schließlich, mir selber unerwartet, in dem plötzlich in mir aufkommenden schöpferischen Akt, in dem ich ebenso schuldlos handelnd und überwindend bin, wie ich in jener vorhergehenden Phase rein und unschuldig unterworfen war.«

Die »Unterwerfung unter den Gegenstand«, die produktionsästhetisch sicherlich durch die tiefgreifende Begegnung in Paris mit Auguste Rodin und seiner skulpturellen Arbeitsweise mitinitiiert wurde, hat selbst etwas Mediumistisches. In der Korrelation von Ding und Erinnerung manifestiert sich das erinnerte Ding poetisch als Metamorphose und Gestalt, Geste und Gebärde, wobei die Trennung von (erinnerndem) Subjekt und (wahrgenommenem oder imaginiertem) Objekt aufgehoben ist: »Und es genügt auch noch nicht, daß man Erinnerungen hat. Man muß sie vergessen können, wenn es viele sind, und man muß die große Geduld haben, zu warten, daß sie wiederkommen. Denn die Erinnerungen selbst *sind* es noch nicht. Erst wenn sie Blut werden in uns, Blick und Gebärde, namenlos und nicht mehr zu unterscheiden von uns selbst, erst dann kann es geschehen, daß in einer sehr seltenen Stunde das erste Wort eines Verses aufsteht in ihrer Mitte und aus ihnen ausgeht.«[47]

An anderer Stelle erklärt Rilke, der sich teilnehmend, wenn auch kritisch mit Okkultismus und Spiritismus auseinandergesetzt hatte,[48] ihm sei die Niederschrift der Eingangszeilen der ersten *Duineser Elegie*, »Wer, wenn ich schriee, hörte mich denn aus der Engel / Ordnungen?«, während eines Spaziergangs ›diktiert‹ worden.[49] Der Dichter als Schnittstelle von inneren und äußeren Stimmen, als sein eigenes ›Weltinnenraum‹-Projekt.

Was sich hier als eine Außerkraftsetzung steuerbarer Autorenintentionalität andeutet, an deren Stelle die Vorstellung des Dichters als empfangendes ›Diktiergerät‹ tritt, steigert sich in einer Selbstaussage zur Entstehung der Gedichte *Aus dem Nachlaß des Grafen C. W.* zu einem das Ich ausschaltenden automatischen Schreiben: »Ich bins nicht, es war so völlig Auftrag.«[50]

Hier tut sich ein für Rilke entscheidender Konflikt auf, der zwischen Autonomieästhetik und Inspirationspoetik, zwischen einem das Werk fast herbeizwingenden »Leisten«, wie Rilke es immer wieder als seine – eine ›transitive Liebe‹ aus-

47 Rainer Maria Rilke: Die Aufzeichnungen des Malte Laurids Brigge. SW, Bd. 11, S. 724–725.

48 Siehe Magnússon, Dichtung als Erfahrungsmetaphysik.

49 Vgl. Bernard Dieterle: Italien, in: Rilke-Handbuch, S. 88–98, hier S. 96.

50 SW, Bd. 3, S. 112–188. Vgl. Pytlik, Okkultismus und Literatur, S. 187. Siehe diesbezügl. auch Magnússon, Dichtung als Erfahrungsmetaphysik. Magnússon behandelt sehr eingehend den Unterschied zwischen künstlerischer und spiritistischer Medialität bzw. zwischen künstlerischer Gnosis und spiritistischer Gnosis.

schließende – Lebensaufgabe betonte, und einer epiphanen Augenblickspoetik, die von diesem Zwang entbindet. Dieser Konflikt stürzte ihn insbesondere während der langjährigen Entstehungszeit der *Duineser Elegien* in nachhaltige (un-)produktive Krisen.[51] Zum Vergleich: Die Mehrzahl der 110 Gedichte des Weihnachten 1899 erschienenen Gedichtbandes *Mir zur Feier*, 1909 in zweiter Auflage unter dem Titel *Die Frühen Gedichte* veröffentlicht, entstanden zwischen November 1897 und Mai 1898. Die Abfassung der *Duineser Elegien* nahm zehn Jahre in Anspruch (1912–1922).

Im *Testament* finden sich Auszüge aus einem »kleine[n] Taschenbuch in blauem Leder«, das der Verfasser sich entschließt zu verbrennen, um keinerlei Zeugnis »jener schweren ›fremden‹ Heimsuchung« zu hinterlassen, über deren Wesen er sich des Weiteren jedoch ausschweigt. Der Umstand, dass in dem zu verbrennenden Taschenbuch »kaum drei Seiten« beschrieben sind, mache ihm »die vielen vielen leeren Blätter so unheimlich«. Aus dem »zerstörten Taschenbuche« für erhaltenswert erachtet er aber eine agrammatische Reihung von für sich stehend »sinnlosen« Einzelwörtern, darunter Eigennamen (Loos, Hartung, Liebknecht, Agnese, Terwin, Iffland, Larde, Feilitzsch, Naumann ...). Ansatzweise kann der Leser im freien kombinatorischen Spiel selbst dieser kontextlosen Liste narrative Qualitäten abgewinnen, wenn man zum Beispiel das »oben am Rande« des Taschenbuchblattes positionierte Wort »Nachtmahr« als thematischen Referenzrahmen liest. Dann ist die Liste das Produkt eines Albtraums, ein radikaler Sonderfall innerhalb von Rilkes kompromissloser und darum stets vom Scheitern bedrohter Sprachästhe-

51 Zu Rilkes Konzeption von sakral gesteigerter Autorschaft siehe King, Pilger und Prophet. Den poetologischen Konflikt untersucht Sandra Kluwe in: Krisis und Kairos. Eine Analyse der Werkgeschichte Rainer Maria Rilkes. Berlin: Duncker & Humblot 2003.

tik. Wörter, ohne den Boden der Syntax, in der Auswahl und ihrer Anordnung zum Teil gesteuert über klangliche Mittel (Alliteration, Assonanz, Reim), müssen für sich sprechen und evozieren doch so etwas wie Abläufe, Vorstellungen, Geschehnisse. Erst am Schluss dieses stotternden »Reigens« baut sich wieder eine syntagmatische Ordnung auf, die allerdings sofort wieder negierend torpediert wird: »Spule / spielt langsam aber keine Musik reicht / an den Reigen«. Vor »Spule« steht die Wörterfolge »Regulus Galgen Wehrkraft Karde«. Wer oder was ist »Regulus«? Ein Stern? Ein Goldhähnchen? Ein römischer Feldherr? Oder ein chemischer Begriff, der metaphorisch für das poetische Verfahren steht und auch als alchemistisches Symbol dient: erstarrte Schmelze. Galgen und Wehrkraft eröffnen einen militärischen Kontext. Die Karde findet in der Naturmedizin Verwendung und hat in der Pflanzenalchemie ihre Bedeutung. Was ist hier passiert? Hat es Rilke die ›normale‹ Sprache verschlagen, war er unterwegs zu einer alchemistischen Sprachschmelze, um mit Worten ganz andere Dinge zu tun? Ist ihm die Sprache zerfallen wie Lord Chandos »die abstrakten Worte […] im Munde wie modrige Pilze« (Hugo von Hofmannsthal)? Zweifellos kann die Sprachzersetzung im *Testament* als Sprach- und Bewusstseinskrise gedeutet werden. Der Rest ist Schweigen. Dem Leser aber kann der listige Reigen kombinatorische Freude bereiten.

Sprache hält Rilke oft in paradoxer Bewegung zwischen »Unsäglichkeit und Sagnis«. Dem Schachspiel vergleichbar, kann ein Gedicht als eine Konstellation von (Sinn-)Figuren begriffen werden, die sich je nach Lesart verschieben. Das *Gedicht I* aus der in den Briefwechsel mit Erika Mitterer integrierten Gedichtfolge *Elfte Antwort* schließt figürlich eine planetare Konstellation mit dem taktischen Manöver eines Schachspiels (»starke Stellung«) und seiner Übertragung auf die Kommunikation bzw. Kunst der Briefpartnerin kurz: »Auf meiner Sternenkarte such ich wieder / Dich und den graden weltischen Bezug, / der aus der starken Stellung Deiner Lieder / selbst in mein Schweigen Räume niederschlug.«

Gleitende Sprache schafft hier gleitende Kontexte. Die Opposition schwarz / weiß der Felder des Schachbretts als regulativer Hintergrund, darauf die Figuren zu setzen sind, ist gleichzeitig zu lesen als Opposition zwischen geschriebenem Wort und leerer Papierfläche bzw. gesprochenem Wort und Stille. Das »Schweigen« als subjektgebundenes Verhalten erscheint hier stark emphatisiert und erhält einen fast religiösen, zumindest aber subjektmetaphysischen Status. Die Wendung vom »graden weltischen Bezug«, der »in mein Schweigen Räume niederschlug«, enthält ihre eigene Opposition in der gestischen Ambivalenz des Wortes »niederschlagen«: im Sinne von »manifestieren« und »Gestalt annehmen« – und »Gewalt ausüben«. Und in der Tat (der Worte): das Schachspiel ist ein Kriegsspiel – ist ein Gedicht?

*

Ist Rilke die Summe der Einzelinterpretationen seiner Texte? Gibt es gemeinsame Vielfache seiner Dichtung? Das mag der Leser entscheiden.

Rilkes Literatur ist eine Aktie mit garantiertem Wertzuwachs. Rilke lädt dazu ein, »gut« zu lesen, worunter Friedrich Nietzsche verstand, »langsam, tief, rück- und vorsichtig, mit Hintergedanken, mit offen gelassenen Thüren, mit zarten Fingern und Augen« zu lesen.[52] Rilke ist nicht auszulesen. Denkt man, ein Gedicht lesend zu haben, bleibt ein Rest, der sich

52 Friedrich Nietzsche: Sämtliche Werke. Kritische Studienausgabe in 15 Bänden. München: Deutscher Taschenbuch Verlag, Berlin/New York: de Gruyter 2005, Bd. 3, S. 17.

nicht einfügt. Und ist das nicht wunderbar, dass man noch etwas für später zu tun hat?

*Archaïscher Torso Apollos*, eins der berühmtesten Gedichte der Weltliteratur, endet mit der vielzitierten, ganz wörtlich zu nehmenden Zeile »Du mußt dein Leben ändern.« Rilke kann ganz wörtlich gelesen werden. Rilke zu lesen kann das Leben verändern.

# Schweige und habe gelitten. Gottfried Benn

Als *Trunkene Flut* 1949 erschien, erlebte Gottfried Benn eine Art Comeback.

Benn galt zu dieser Zeit weithin als Außenseiter und aufgrund seines anfänglichen Engagements in Wort (Essays) und Ton (Rundfunk) für den nationalsozialistischen Staat als politisch Diskreditierter.[1] Seine gesellschaftliche und literarische Abseitsstellung pflegte er allerdings elitär in vorauseilender, zum Teil brieflich bekundeter Abgrenzung etwa gegen die literarischen Nachkriegsströmungen und hielt sich kompensatorisch auf sein Einzelgängertum etwas zugute. Nach dem Ende des Zweiten Weltkriegs zunächst ohne Aussicht auf Veröffentlichung, fühlte Benn sich an die Zeit ab März 1938 erinnert, als sich seine Gegner (insbesondere Wolfgang Willrich)[2] unter den Nazis durchgesetzt hatten und er mit der Folge des Schreibverbots aus der Reichsschrifttumskammer ausgeschlossen worden war. Benn war im Nachkriegsdeutschland also zunächst unerwünscht und sah sich mit Stellungnahmen zurückkehrender Emigranten konfrontiert, die gegen ihn polemisierten. Die unter der Aufsicht des Berliner Magistrats angefertigte Berliner Liste, die »den Bestand der Volksbibliotheken einstufte und

1 Siehe hierzu Joachim Dyck: Der Zeitzeuge: Gottfried Benn 1929–1949. Göttingen: Wallstein 2006; ders.: Benn in Berlin. Berlin: Transit 2010. Jürgen Schröder: Gottfried Benn: Poesie und Sozialisation. Stuttgart: Kohlhammer 1978; ders.: Gottfried Benn und die Deutschen. Studien zu Werk, Person und Zeitgeschichte. Tübingen: Stauffenberg 1986.

2 Siehe hierzu Dyck, Der Zeitzeuge, S. 223–247, 345.

politisch-weltanschaulich rigorose Maßstäbe anlegte«, beschied, dass sein Gesamtwerk auszuschließen sei.[3] Benn wurde in dieser Zeit kaum persönlich kontaktiert und schon gar nicht im öffentlichen literarischen Leben als Autor berücksichtigt: Vom 4. bis 8. Oktober 1947 fand in Berlin der 1. Deutsche Schriftstellerkongress mit mehr als 250 Teilnehmern statt; Benn wurde nicht eingeladen. Andererseits basierte der Widerstand gegen ihn auch auf bloßen Vermutungen, Benn witterte überall Feinde, alles, was er »sage, andeute, in Frage stelle«, werde »sofort und essentiell als rebellisch u. anarchisch empfunden«.[4] Gegen die Veröffentlichung eines eigenen Buches hatte er deshalb starke Bedenken. Er schien sich mit dieser Situation bereits abgefunden zu haben, als durch die Initiative von Carl Werckshagen und durch die Vermittlung des Bremer Großkaufmanns Friedrich Wilhelm Oelze (1891–1978)[5] dann am 21. Februar 1946 in der *Zeit* ein Ausschnitt aus seinem Essay *Kunst und Drittes Reich* erschien, dessen »lebhaftes Echo« ihn »aus der Berliner Umklammerung«[6] befreite. Mit großem polemischem Aplomb stänkerte Benn in diesem Aufsatz gegen die Deutschen, wie es nur einer tun kann, der nichts mehr zu verlieren hat. Im Vergleich zur »moralischen und ästhetischen Verfeinerung benachbarter Kulturländer« wie Frankreich seien die Deutschen ein Volk der Praxis ohne Geist, »philosophisch von konfuser idealistischer Begrifflichkeit, prosaistisch dumpf und unpointiert«. Kleinbausiedlungen mit subventioniertem, »durch Steuergesetze vergünstigtem Geschlechtsverkehr« seien

3 Vgl. ebd., S. 331.

4 Gottfried Benn: Briefe an F. W. Oelze 1945–1949. Frankfurt/M.: Fischer Taschenbuch Verlag 1982, S. 14 (Brief vom 25. 12. 1945).

5 Zu Oelze siehe Hans Dieter Schäfer: Herr Oelze aus Bremen. Gottfried Benn und Friedrich Wilhelm Oelze. Göttinger Sudelblätter. Göttingen: Wallstein 2001.

6 Dyck, Der Zeitzeuge, S. 346.

ihr Ein und Alles. Das deutsche Volk erkenne sich an seinen Vorlieben: »in der Küche selbstgezogenes Rapsöl, selbstbebrüteten Eierkuchen, Eigengraupen, am Leibe Heimatkurkeln, Grauflanell und als Kunst und Innenleben funkisch gegrölte Sturmbannlieder«. Was die Kunst betrifft: »Wer Stil sagt, wird verwarnt«.[7]

Der »Schriftsteller, Dramaturg, Opernhausdirector« Wercks-hagen hatte zu seinem 60. Geburtstag am 2. Mai 1946 auch eine am 27. April 1946 in der *Schleswig-Holsteinischen Volkszeitung* erschienene Würdigung verfasst, Benn schätzte ihn als alten »Kenner u. Bücherbesprecher von mir«.[8] Der hochgebildete Oelze war in ästhetischen und Lebensfragen fast fünfundzwanzig Jahre lang Gottfried Benns wichtigster, zeitweilig einziger Vertrauter. Seine »blauen Briefe« seien die einzige »Kontinuität menschlicher Art« in seinem Dasein gewesen, wird Benn später bekennen.[9] Persönlich getroffen haben sich die beiden Briefpartner, die stets beim förmlichen ›Sie‹ geblieben sind, bis auf Benns Zeit in Hannover 1935–37 allerdings selten. Das Distanz-Medium Brief erlaubte es Benn, in gedanklich formulierender Vorarbeit auf Essays und Prosawerke private, künstlerische und (sozio-)politische Ansichten und Zweifel zum Ausdruck zu bringen, bei gleichzeitiger persönlicher Abstandswahrung, die er auf die Formel brachte, »wir führen ein völlig isoliertes Leben mit einander«.[10] So wurde Oelze unmittelbarer Zeuge der allmählichen Restituierung Benns, der sich vom ver-

7 Gottfried Benn: Kunst und Drittes Reich, in: ders.: Sämtliche Werke. Stuttgarter Ausgabe. Bd. IV, Prosa 2. Stuttgart: Klett Cotta 1989, S. 877–882

8 Benn, Briefe an F. W. Oelze 1945–1949, S. 14 (Brief vom 25. 12. 1945).

9 Zit. nach Schäfer, Herr Oelze aus Bremen, S. 5.

10 Zit. nach Schäfer, ebd., S. 33.

meintlichen literarischen »Staats- und Gesellschaftsfeind Nr. 1«,[11] als welcher er sich wahrgenommen fühlte, zu einem der repräsentativen Dichter der jungen Bundesrepublik wandelte. Diese Entwicklung gipfelte 1951 in der Verleihung des Georg-Büchner-Preises, der erstmalig von der Deutschen Akademie für Sprache und Dichtung in Darmstadt vergeben wurde. Die Begründung der Jury nimmt auf die krisenhaften Phasen Benns, sein artistisch-politisches ›Doppelleben‹, deutlichen Bezug: Die Akademie »ehrt damit den Vertreter, der, streng und wahrhaftig gegen sich selbst, in kühnem Aufbruch seine Form gegen die wandelbare Zeit setzte und in unablässigem Bemühen, durch Irren und Leiden reifend, dem dichterischen Wort in Vers und Prosa eine neue Welt des Ausdrucks erschloß.« In *Doppelleben. Zwei Selbstdarstellungen*, 1950 erschienen bei Limes in Wiesbaden, setzte Benn sich verteidigend und rechtfertigend mit seinem Eintreten für den Nationalsozialismus auseinander, von dem er sich die Überwindung des Nihilismus und die Adelung der Kunst als Ordnungsmacht auch des Politischen bei gleichzeitiger Aufrechterhaltung der Kunstautonomie erhoffte, von dem er sich jedoch spätestens seit dem von Hitler und Teilen der SS blutig inszenierten ›Röhm-Putsch‹ Ende Juni, Anfang Juli 1934 distanzierte. Diese Abkehr war jedoch nicht aus kritischer Einsicht in die politischen Vorgänge erwachsen, sondern resultierte aus einer tiefen Enttäuschung. Für Benn waren damit die Träume von der Vereinigung von Macht und Geist vorbei. Von nun an lebte er eine »Zwei-Reiche-Theorie«,[12] er lebte ein Doppelleben für eine monologische »Ausdruckswelt« (Benn), ein äußerliches und innerliches »Doppelleben« als (Militär-)Arzt und Künstler. In *Doppelleben* beharrt Benn auf der strikten

11 Benn, Briefe an F. W. Oelze 1945–1949, S. 18 (Brief vom 14. 01. 1946).

12 Vgl. Schröder, Gottfried Benn und die Deutschen, S. 37.

Trennung von Person und Werk und dem Rückzug der »inneren Emigration« auf das »Unangreifbarste«, Geist und Kunst.

Über grundsätzliche poetologische wie gesellschaftliche Problemstellungen und die in rascher Folge bis 1951 zum Teil in Neuauflage erschienenen Bücher haben Benn und Oelze ausführlich korrespondiert. Der Dichter hat seinen streitbaren Verbündeten im Geiste immer wieder um seine Meinung in ästhetischen Fragen und die ›Komposition‹ seiner Bücher betreffend gebeten, vielleicht auch deshalb, weil der Freund eben nicht immer derselben Meinung war.

Nachdem der Züricher Arche Verlag 1948 mit *Statische Gedichte* Benns ersten Einzelband nach dem Zweiten Weltkrieg veröffentlicht hatte und sein Aufsatz *Goethe und die Naturwissenschaften*, zuerst erschienen 1932 in der Zeitschrift *Die Neue Rundschau*, 1949 in der Reihe *Die kleinen Bücher der Arche* wiederveröffentlicht worden war, fand Benn nicht nur in der Schweiz, sondern auch in den westlichen Besatzungszonen wieder vermehrt Beachtung. Max Niedermayer, den Verleger des Wiesbadener Limes Verlages, der 1947 durch einen Artikel in der Züricher *Weltwoche* auf den Berliner Dichter aufmerksam geworden war, schien die zum Teil aggressiv betriebene Isolierung Benns geradezu anzuspornen, dessen dichterisches Werk gegen alle Vorbehalte und vehementen Ablehnungen durchzusetzen.[13] 1949 wurden, um zwei Gedichte erweitert, die *Statischen Gedichte* bei Limes wieder aufgelegt, im selben Jahr brachte Niedermayer noch drei weitere Bücher von Gottfried Benn heraus: die Szene *Drei alte Männer*; die ›Berliner Novellen‹ unter dem Titel *Der Ptolomäer*, darin der zwischen dem 20. März und dem 20. Juni 1944 entstandene Montage-*Roman des Phänotyp*; den Band *Ausdruckswelt. Essays und Aphorismen* und schließlich *Trunkene Flut. Ausgewählte Gedichte.* Niedermayers Leistung war keine geringere, als mit

13 Siehe hierzu Dyck, Der Zeitzeuge, S. 383 – 392.

dieser Edition Benns Weltruhm zu begründen. 1949 wurde so zum »Benn-Jahr« (Joachim Dyck), an dem der Dichter den »großartigen Briefschreiber« Oelze, den er auch schon mal in den Rang des »Mitproduzierenden«[14] erhob, seismographisch teilhaben ließ.

## Poetische Summe

Im Kontext dieser Bücher stellt *Trunkene Flut* eine poetische Summe vor allem von Benns Gedichten der zwanziger und dreißiger Jahre dar: 14 Gedichte sind in den zehner Jahren entstanden und veröffentlicht, 32 in den Zwanzigern, 19 in den Dreißigern und 2 Gedichte stammen von 1949, dem Jahr der Veröffentlichung von *Trunkene Flut.* Augenscheinlich wollte Benn eine Auswahl zusammenstellen, die das gesamte Panorama seiner verschiedenen poetologischen Phasen repräsentierte, ohne sich auf eine dieser Phasen festzulegen. Denn allzu oft hat man ihn seiner Meinung nach einseitig und historisch falsch rezipiert und kritisiert und seine Gedichte und Texte allein auf der Folie seiner Einlassungen mit dem Nationalsozialismus gelesen – was möglicherweise auch als eine Replik zu verstehen war und ist auf Benns Artistik- und Kunstautonomie-Programmatik sowie, komplementär dazu, auf seine mit dem Dritten Reich verbundene Hoffnung, ästhetische Maßstäbe wie Form und Stil würden nun auch an die Politik angelegt – eine Hoffnung, die bald schon enttäuscht wurde. Tatsächlich sind *Dennoch die Schwerter halten, Mann* – und *Wo keine Träne fällt* drei Gedichte aus den dreißiger und vierziger Jahren, die als affin zur faschistischen Ideologie gelesen werden können – lässt man einmal Fragen nach der Virulenz eines mentalen faschistischen Bodensatzes unberücksichtigt, der Benns Gedichte nicht

14 Vgl. Schäfer, Herr Oelze aus Bremen, S. 25–26.

nur an der Textoberfläche affiziert hat. Für Jürgen Schröder ist es »kein Zufall«, dass *Dennoch die Schwerter halten* »gerade im Jahr 1933 entstand. Das Ausharren auf verlorenem Posten war Gottfried Benn längst vertraut.«[15] Benn war sich dessen sicher bewusst – und hat diese Gedichte dennoch in *Trunkene Flut* aufgenommen. Möglicherweise spielen hierfür frühe märtyrerhafte Resignationssignale eine Rolle, die dem Gedicht parallel zur heroischen Kampfmetaphorik eingeschrieben sind, und der nietzscheanischen Wiederkehr des Immergleichen die »Furie des Verschwindens« aufpfropften.

**Dennoch die Schwerter halten**

Der soziologische Nenner,
der hinter Jahrtausenden schlief,
heißt: ein paar große Männer
und die litten tief.

Heißt: ein paar schweigende Stunden
in Sils-Maria-Wind,
Erfüllung ist schwer von Wunden,
wenn es Erfüllungen sind.

Heißt: ein paar sterbende Krieger
gequält und schattenblaß,
sie heute und morgen der Sieger –:
warum erschufst du das?

Heißt: Schlangen schlagen die Hauer,
das Gift, den Biß, den Zahn,
die Ecce-homo-Schauer
dem Mann in Blut und Bahn –

15 Schröder, Poesie und Sozialisation, S. 143.

heißt: so viel Trümmer winken:
die Rassen wollen Ruh,
lasse dich doch versinken
dem nie Endenden zu –

und heißt dann: schweigen und walten,
wissend, daß sie zerfällt,
dennoch die Schwerter halten
vor die Stunde der Welt.

*Dennoch die Schwerter halten* setzt mit der prominent in der letzten Zeile annoncierten »Stunde der Welt« dem weltgeschichtlich prototypischen »soziologischen Nenner« die Vision seines Durchbrechens entgegen. Diese epiphane »Stunde der Welt« kann als die Stunde des ›großen Mannes‹ Hitler verstanden werden. Der dem wechselhaften, dabei gerade in der Wechselhaftigkeit immergleichen Weltgeschehen übergeordnete Standpunkt scheint aber der des geistig regelrecht militanten Schweigens bzw. Schreibens zu sein, der sich in der metonymisch angerufenen Leidensfigur Friedrich Nietzsches (»Sils-Maria-Wind«, »Ecce-homo-Schauer«) verkörpert, mit der sich das ichlose, den »soziologischen Nenner« definierende Rapportgedicht strategisch identifiziert. Die »paar schweigende[n] Stunden« in Sils-Maria spielen auf Nietzsches arbeitsintensive Sommeraufenthalte 1881 und von 1883 bis 1888 in Sils an, während der er unter anderem den 2. Teil von *Also sprach Zarathustra* mit seinem Zentralmotiv der »Ewigen Wiederkunft des Gleichen« ausarbeitete. Die Engführung von Schweigen und Schreiben kehrt dann modifiziert in der letzten Strophe wieder mit der vorerst finalen Formel des »soziologischen Nenners«: »schweigen und walten«. Das ist der Anspruch des Monologisierenden (»du«), im Ausharren schweigend zu herrschen und zu wirken – auch wenn dem eigenen Reich nur ein Einziger angehört: der Wissende selbst, der um das »Zerfallen«

auch *dieser* »Stunde der Welt« a priori weiß, und das ist seine (zumindest imaginäre) Macht.

Benn hat sich durch diese implizite Deutungsmöglichkeit gewissermaßen eine moralische Hintertür offengehalten, dem Irrglauben an ein Tausendjähriges Reich eben nicht verfallen zu sein, sondern von Anfang an den Geist bzw. die Kunst als das übergeordnete Prinzip gesetzt zu haben, das von keinem ideologischen System infiziert werden kann.

*Dennoch die Schwerter halten* muss also nicht ausschließlich als Manifestation eines soldatischen »heroisch-germanische[n] Untergangsbewusstseins« gelesen werden. Schröder zufolge bedeutet Benns »elitärer soziologischer Nenner [...] den Versuch, durch eine tragische Männerwelt am Ende der sinkenden femininen Geschichte noch einmal eine Welt des Mythos zu restituieren«. In dem Bild des »Mannes«, das die vierte Strophe entwerfe, würden sich »die Figuren Laokoons, Christus' und des germanischen Thor« überlagern, »der beim furchtbaren Endkampf der Götter gegen die feindlichen Mächte die Midgardschlange erschlägt und von ihrem giftigen Hauch getötet wird«. Mit Hilfe der ›Ragnarök-Mythe‹ greife Benns »typische Ambivalenz-Erfahrung von Sieg und Niederlage, Selbstbehauptung und Untergang noch einmal in kosmisch-mythologische Dimensionen aus«.[16] Ist aber nicht die mythische Dimension dieses Gedichts, in die Benn ausgreift, der Mythos vom Dichter, der hier restituiert wird und der sich sinnbildliche Anleihen macht bei den anderen Leidensfiguren dieses Gedichts, Laokoon, Christus und Thor?

»Dennoch die Schwerter halten« – aber welche und zu welchem Zweck? Benns hier zum Ausdruck kommender Geschichtspessimismus zielte auf eine leere Transzendenz, wäre da nicht die (Dicht-)Kunst und ihre – Benn'sche – Leidensgenealogie. Das Paradox des trotzenden »Dennoch«, das als

16 Ebd., S. 118.

Kampfruf fungiert, ist Benns militante Hoffnung auf das in Erfüllung gehende Wort als Waffe, das Prophetenwort des Dichters lässt somit allein die Kunst als Transzendenz erscheinen.

Komplementär zu *Dennoch die Schwerter halten* können zwei weitere Gedichte aus dem Jahr 1933 gelesen werden: die erwähnten *Mann –* und *Wo keine Träne fällt.*

**Mann –**

Mann – du Alles auf Erden,
fielen die Masken der Welt,
fielen die Helden, die Herden –:
weites trojanisches Feld –

immer Gewölke der Feuer,
immer die Flammen der Nacht
um dich, Tiefer und Treuer,
der das Letzte bewacht,

keine Götter mehr zum Bitten
keine Mütter mehr als Schoß –
schweige und habe gelitten,
sammle dich und sei groß!

*Mann –* erhebt den Trojanischen Krieg bzw. den Mythos vom ›Trojanischen Pferd‹ zur Generalchiffre für den trügerischen Gang der Weltgeschichte. Der durch Paris' Raub der Helena ausgelöste Trojanische Krieg wurde entschieden durch eine spezielle kriegerische List, nachdem selbst eine zehnjährige Belagerung den Griechen nicht ermöglicht hatte, die Stadt einzunehmen. Die Täuschung der Griechen, die den Anschein erweckten, mit ihren Schiffen von Trojas Küste abzuziehen, und als Göttergabe der Stadt ein riesiges hölzernes Pferd schenkten, wurde vom Priester Laokoon durchschaut, der das Pferd mit einem Speer zu durchstoßen versuchte, was jedoch misslang. Athene habe daraufhin, so eine Version des Mythos, Schlangen geschickt, die Laokoon zusammen mit seinen beiden Söhnen töteten. Das später so benannte, von den Trojanern durch ein Tor in das Stadtinnere gezogene ›Trojanische Pferd‹ beherbergte griechische Krieger, die Troja von innen einnahmen, indem sie das griechische Heer einließen, dem von außen einzudringen nicht gelungen war.

Das Fallen der »Masken der Welt« kann direkt auf das ›Trojanische Pferd‹ bezogen werden als kriegerischer Prototyp der Tarnung bei zu spät erfolgender Enttarnung: Weltgeschichte ist ein einziges Täuschungsmanöver. Dem gegenübergestellt wird ein namenloser »Tiefer und Treuer, / der das Letzte bewacht« in einer transzendenz- und mythenlosen Welt (»keine Götter mehr zum Bitten / keine Mütter mehr als Schoß –«). Das Gedicht entbehrt – wie auch *Dennoch die Schwerter halten* und *Wo keine Träne fällt* – eindeutiger nationalsozialistischer Kampfrhetorik. Es ist, wie diese, im Sinne einer mythopoetischen Selbststilisierung des Dichters märtyrerhaft unterhöhlt – insofern man das angerufene Du und die beiden letzten emphatischen Zeilen, »schweige und habe gelitten, / sammle dich und sei groß!«, selbstreferentiell allein auf die dem Weltgeschehen gegenüber passive Figur des Dichters bezieht. Seine kontextlose Unbestimmtheit und Generalisierung lassen den verabsolutierend beschworenen »Mann«, den »Tiefen« und »Treuen«, allerdings als Ambivalenzfigur erscheinen, die dem Gedicht insgesamt eine emblematische Struktur eröffnet: Dem Lemma »Mann –« bzw. »Mann – du Alles auf Erden« folgen zweieinhalb Strophen in der Funktion einer allegorischen Pictura, die in die epigrammatische Conclusio der letzten beiden Zeilen mündet. »schweige und habe gelitten, / sammle dich und sei groß!« erteilt dem (einen) Mann, dem hier gehuldigt wird (Hitler?), die Lizenz zu historischer Tat, durch die das getäuschte »trojanische Feld« der Weltgeschichte (Deutschland infolge des Versailler Friedensvertrages von 1919?) kompensiert wird.

Als kompensatorisch ist auch die Benn'sche Melancholie zu begreifen. Sie ist metamorphotische Denkfigur und so energetisches wie produktives Transformationsvehikel von nihilistischer Denkungsart, Einsamkeit und Depression in die (Sprach-)Form der Kunst. Als aristokratische Geisteshaltung mit den Insignien stoischer Kontemplativität und ausharrenden Schweigens begegnet sie in vielen Gedichten Benns quer durch die Jahrzehnte.

**Wo keine Träne fällt**

Untröstlichkeiten – in Sagen,
frühmenschlich strophischer Schau
hört man von Geistern, die tragen
den Mond, die Matte, den Tau,
in Felsen legen sie Teiche,
auf Schlünde Palmen und Wein,
und hüllen in Zauberreiche
die trauernden Völker ein.

Untröstlichkeiten – beschwören
mit Tanz und Maskenschar,
Trommeln und Rindenröhren
und die Fichte im Haar –
beschwören die Stämme, die Rassen
Dauer des süßen Scheins
und erhoffen Erlassen
der Gesetze des Seins.

Doch da an einer Warte
von Zucht und Ahnen alt
lehnt eine flügelharte
unsägliche Gestalt,
ihr Blick, der Licht und Sterne
und Buch und Zirkel hält,
der sieht in eine Ferne,
wo keine Träne fällt.

Das ist die letzte Sphäre,
ein Hoch- und Hafenland,
da wächst die schwerste Ähre
von jeder Glut gebrannt,
sie wächst nicht, um zu leben,
so singt der Ährenwind,
sie wächst sich zu ergeben,
wenn es der Genius sinnt:

Unsterblichkeit.

Das Gedicht *Wo keine Träne fällt* reverbalisiert in der dritten Strophe die zentrale Figur aus Dürers Allegorie *Melencolia I* mitsamt ihren wichtigsten ikonographischen Insignien Buch und Zirkel sowie weiteren Elementen (Licht, Sterne, Blick). Der perspektivisch aus dem Bild herauszielende, dabei in seinem Anvisieren offene Blick der personifizierten Melancholie des Kupferstichs wird von Benn semantisiert. Das unentscheidbare Starren des Blicks zwischen Fokussierung und Selbstversunkenheit wird im Gedicht chiliastisch besetzt als Heilsvision einer symbolisch ausdeutbaren »letzte[n] Sphäre«. *Wo keine Träne fällt* ist selbst ein allegorisches Bildgedicht, das sich strophisch in Einzelbilder gliedert, deren synoptischer Zusammenschluss zu einer Allegorese auffordert.

Die vier Strophen des Gedichts durchmessen vier menschheitsgeschichtliche Stationen von den »Sagen / frühmenschlich strophischer Schau« und ihren »Zauberreiche[n]« der Mythen-, Sagen- und alchemistischen Welt (1. Strophe) über archaische Beschwörungsrituale (2. Strophe) zum allegorischen Mittelalter von Dürers Meisterstich *Melencolia I* (1514) (3. Strophe) und zu der visionären Symbolwelt der vierten und letzten Strophe. In dieser »letzte[n] Sphäre« scheinen im Hegel'schen Sinne die drei anderen aufgehoben zu sein.

Die Dürer'sche »flügelharte / unsägliche Gestalt« der dritten Strophe mit ihrem »Blick, der Licht und Sterne / und Buch und Zirkel hält«, hat bei Benn Vermittlerfunktion und sieht schon visionär in die »Ferne« voraus, die in der letzten Strophe als Apotheose eines »Genius« die »Untröstlichkeiten« der Vorzeit in die vom »Genius« zu ersinnende »Unsterblichkeit« (»wenn es der Genius sinnt«) wandelt. Der Weg, den die vier Strophen durchmessen, ist der Weg von der Katabasis (Hinabsteigen; »Schlünde«) zur Anabasis (Hinaufsteigen; »Hoch- und Hafenland«). Nicht von einem evolutionären oder geschichtsphilosophischen Fortschritt kann hier also die Rede sein, sondern von einer dezisionistischen Perspektive: Die »unsägliche Gestalt«, die da »an einer Warte« lehnt »von Zucht und Ahnen alt«, erwartet und wartet auf den zur Tat entschlossenen Genius, der Ahnengeist und spirituell-säkularer Erlöser zugleich ist. Seine Entscheidung heißt »Unsterblichkeit«. In diesem »Genius« Hitler zu sehen ist eine Identifikation, die in Anbetracht der von Benn anverwandelten ›Zeitgeist‹-Rhetorik und in Kenntnis des Entstehungsjahres des Gedichts nicht so leicht von der Hand zu weisen ist. Den »Genius« bloß als Platzhalter für variable historische Gestalten zu setzen, ist die andere Seite der durchgängigen Ambivalenzstruktur nicht nur dieses Gedichts.

Der Genius bleibt unbenannt, die »Gestalt« ist »unsäglich«. Das meint nicht, sie sei unbeschreiblich im negativen Sinne des Peinlichen und jeder Beschreibung Spottenden. Im Gegenteil zielt dieses Epitheton auf zweierlei: erstens auf die Unbeschreibbarkeit bzw. Unbenennbarkeit im Sinne des Ungesagt-Unsagbaren, des Akatonomastons der antiken Rhetorik und zweitens auf den Unsagbarkeitstopos der antiken und mittelalterlichen Rhetorik. ›Gibt‹ es im ersten Fall keine Worte, etwas zu benennen, so ›fehlen‹ sie im zweiten jemandem, etwas oder jemanden angemessen zu benennen, um der Sache oder der Person zum Beispiel preisend gerecht zu werden. Die Formulierung der »unsäglichen Gestalt« hat darüber hinaus auch eine gewisse Affinität zum Rilke'schen Sprachgebrauch des »Unsäglichen«, das bei Rilke für das Transzendente jenseits der (nennbaren) Dinge steht und als ein zentraler poetologischer Begriff des Erhabenen figuriert.

Neben der Figur des »Genius« ist auch der Symbolgehalt der »Ähre«, die Benn in der letzten Strophe emblematisch fasst, ambivalent: Einerseits war die Ähre ein signifikantes agrarisches Symbol der nationalsozialistischen Blut-und-Boden-Ideologie, das zum Beispiel neben dem Schwert auf dem Hakenkreuz abgebildet wurde und für die Bewahrung des deutschen ›Bauerntums‹ und der Landwirtschaft stand. Als »schwerste Ähre / von jeder Glut gebrannt« kann sie im Anschluss an die Romantik als durch ihre Frucht geneigte Ähre in der Haltung des Gebets mit Ergebenheitsgeste gelesen werden; im soldatischen Sinne begriffen ist das Ährenfeld ein Sinnbild für das Schlachtfeld. Die Wendung »von jeder Glut gebrannt« lässt neben der Sonnenglut auch die Deutung zum Beispiel einer Bronzeherstellung eines Abzeichens oder Ähnlichem im Ofen zu. Andererseits kann die »Ähre der Unsterblichkeit«, die sich dann ergibt im Sinne von ›entstehen‹, gedeutet werden als Symbol der vollendeten künstlerischen Schöpfung im parnasshaften »Hoch- und Hafenland« der Kunst. Die »schwerste Ähre« als Kunst ist dann die am schwierigsten zu bewerkstelligende; ein Alleinstellungsmerkmal autonomer Kunst. Der Genius loci der »letzten Sphäre«, des »Hoch- und Hafenland[es]«, erscheint so ununterscheidbar und unentscheidbar als Hitler und Künstler zugleich, möglicherweise sogar in Personalunion, zumindest im gegenseitigen Transfer von positiv besetzten Eigenschaften.

War Benn also feige, dass er sein Bekenntnis zum Nationalsozialismus in seinen Gedichten nicht direkt zum Ausdruck brachte? Oder ahnte er, dass dies nur zu ästhetisch peinlichen Ergebnissen führen würde?

Die Jahre 1933/34 wurden Schröder zufolge für Benn »niemals zum Anlaß einer *direkten* kritischen Selbstauseinandersetzung oder gar einer moralischen Selbsterforschung« oder »Gewissensfrage«.[17] Den »tiefste[n] Grund« für diese »befremdliche Tatsache« sieht Schröder in dem Umstand, dass die Lyrik im Gegensatz zu seinen Essays Benns stilles Reservat des Ichs war, »in das seine anhaltenden Irritationen, seine Vorbehalte und Zweifel, seine alten Trauer- und Untergangsstimmungen« eingehen konnten. Die Gedichte sind zweifellos Benns aufschlussreichster Spiegel, wie er »mit der Krise seit 1934« fertig wurde. Dem »Weg nach Innen« (Benn an Paul Hindemith) und dem lyrischen Rückzug auf das »Unangreifbarste« (Benn) korrespondierte ein permanenter »Rückbezug auf christliche Vorbildfiguren, Lebensformen und Erfahrungen«, was im Jahre 1936 »zu unverhüllter Imitatio Christi, genauer, zu der Usurpation und Überwindung des leidenden, gekreuzigten Christus und seiner Heils- und Erlösungstat durch die Gestalt des Künstlers und die Kunst« geführt habe. Der Pfarrerssohn Benn habe mit diesem typologischen Modell »seine traumatischen Erfahrungen der Jahre 1933/34« verarbeitet – traumatisch deshalb, »weil sie die Verstoßungs- und Rückzugserlebnisse seiner Kindheit und Jugend erneut virulent machen mußten«. Seine »dezisionistische[n] Anschlußbemühungen an Staat und Gesellschaft in den Jahren 1933/34« besä-

17 Schröder, Gottfried Benn und die Deutschen, S. 41.

ßen auch den »Charakter eines Revisionsversuches jener frühen Verstoßungs- und Einsamkeitserfahrungen«.[18]

Kaum waren 1949 *Drei alte Männer; Der Ptolomäer; Ausdruckswelt. Essays und Aphorismen* und *Trunkene Flut. Ausgewählte Gedichte* im Limes Verlag erschienen, schrieb Benn überaus selbstkritisch, dabei gewiss nicht ganz ohne eine Gegenreaktion herausforderndes Understatement an Oelze: »Wenn ich mir diese 4 Bücher ansehe, die nun vorliegen, bin ich nachdenklich über mich u meine Fähigkeiten. Sehr zerrissen, nicht ganz bewältigt u reichlich hybrid kommt mir Alles zusammen vor.«[19] Benn vermisste offensichtlich eine formale oder inhaltliche Einheit seines Werkes. Ist es dies, was hätte bewältigt werden müssen, was aber nun den Eindruck des Zerrissenen hinterließ? Benn liefert das Stichwort selbst: »hybrid«. Damit meinte er wohl nicht »größenwahnsinnig« im Sinne der – falschen – Ableitung von »hybrid« aus Hybris (Anmaßung), sondern er spielte mit diesem Begriff auf das Ungleichartige seiner Literatur, ihre Ambivalenzen und systemischen Differenzen an. Als Ausdruck der unterschiedlichen Phasen seiner Werkbiographie und seines Lebens sowie überhaupt der Zeitgeschichte stellen seine Bücher in der Tat etwas Gemischtes dar, was aber keinesfalls als defizitär gewertet werden müsste, wie Benn das zumindest vordergründig tat. *Trunkene Flut* ist selbst ein Hybrid. Der Auswahlband steht paradigmatisch für Benns Befund, seine ästhetische Programmatik und die Krisen seiner vor und nach 1945 so heftig verteidigten ›inneren Emigration‹.

18 Vgl. ebda., S. 40–41. Siehe auch Schröder, Poesie und Sozialisation, S. 15–78.

19 Benn, Briefe an F. W. Oelze 1945–1949, S. 221 (Brief vom 20. 06. 1949).

## Ekstatischer Taumel

*Trunkene Flut*, das kündet bereits im Titel von einer nicht zu bändigenden Überfülle, einem alles mitreißenden, ekstatischen Taumel. Dieser Taumel ist, liest man die Gedichte des Bandes, melancholisch-sentimental gefärbt, ein Vexierspiel zwischen schwarzer Welt- und Lebensbilanz und selbstreferentieller Sinngebung der Kunst.

Der Titel *Trunkene Flut* findet sich – leicht abgewandelt als »trunkne Flut« – in dem im Oktober 1844 entstandenen Gedicht *Im Grase* von Annette von Droste-Hülshoff (1797–1848). Benn hat dieses taumelnd ekstatische Gedicht mit großer Wahrscheinlichkeit gekannt.[20] *Im Grase* ist eines der schönsten Gedichte deutscher Sprache:

**Im Grase**

Süße Ruh', süßer Taumel im Gras,
Von des Krautes Arome umhaucht,
Tiefe Flut, tief tief trunkne Flut,
Wenn die Wolk' am Azure verraucht,
Wenn aufs müde, schwimmende Haupt
Süßes Lachen gaukelt herab,
Liebe Stimme säuselt und träuft
Wie die Lindenblüt' auf ein Grab

Wenn im Busen die Toten dann,
Jede Leiche sich streckt und regt,
Leise, leise den Odem zieht,
Die geschloßne Wimper bewegt,
Tote Lieb', tote Lust, tote Zeit,

20 Vgl. Hans Otto Horch, in: Interpretationen. Gedichte von Gottfried Benn. Stuttgart: Reclam 2007, S. 107–108.

All die Schätze, im Schutt verwühlt,
Sich berühren mit schüchternem Klang
Gleich den Glöckchen, vom Winde umspielt.

Stunden, flüchtger ihr als der Kuß
Eines Strahls auf den trauernden See,
Als des ziehenden Vogels Lied,
Das mir nieder perlt aus der Höh,
Als des schillernden Käfers Blitz,
Wenn den Sonnenpfad er durcheilt,
Als der heiße Druck einer Hand,
Die zum letzten Male verweilt.

Dennoch, Himmel, immer mir nur
Dieses Eine mir: für das Lied
Jedes freien Vogels im Blau
Eine Seele, die mit ihm zieht,
Nur für jeden kärglichen Strahl
Meinen farbig schillernden Saum,
Jeder warmen Hand meinen Druck,
Und für jedes Glück meinen Traum.

Mit der selbstreflexiven Formel der trunkenen, an sich selbst berauschten Flut nimmt Benn auch den paradoxalen Furor der Droste-Hülshoff auf, ihren Himmel und Erde vereinenden Abschiedsgestus. Eros und Thanatos sind in diesem Einsamkeits-, Liebes- und Trauergedicht unzertrennlich aufeinander bezogen. Überhaupt kann Benns Gedicht *Trunkene Flut* als moderne, gegenüber dem Prätext gleichwohl in den Mythos (»Demeter«) ausgreifende Variation der Droste gelesen werden. Auch formal gibt es zwischen *Im Grase* und den Gedichten in *Trunkene Flut* Parallelen: Allein 27 Gedichte des Auswahlbandes bestehen aus achtzeiligen Strophen, die auch in Drostes Gedicht Verwendung finden. Während in *Im Grase* die Achtzeiler durch vierhebige, daktylisch ›aufgelockerte‹ Trochäen metrisiert sind, bevorzugte Benn meistens ein dreihebiges Metrum, in *Trunkene Flut* allerdings Zwei- und Dreiheber. Horst J. Frank zufolge hat kein Dichter die achtzeilige Strophe häufiger verwendet als Benn.[21]

Die Eröffnung des Auswahlbandes durch das titelgebende Gedicht *Trunkene Flut* setzt ein deutliches Zeichen. Es ist die Lizenz für die Aufnahme auch elegisch-melancholischer Gedichte im Volksliedton.

**Trunkene Flut**

Trunkene Flut,
trance- und traumgefleckt,
o Absolut,
das meine Stirne deckt,
um das ich ringe,
aus dem der Preis
der tiefen Dinge,
die die Seele weiß.

In Sternenfieber,
das nie ein Auge maß,
Nächte, Lieber,
daß man des Tods vergaß
im Zeiten-Einen,
im Schöpfungsschrei
kommt das Vereinen,
nimmt hin – vorbei.

21 Vgl. Horst J. Frank: Handbuch der deutschen Strophenformen. Tübingen, Basel: A. Francke 1993, S. 564.

Dann du alleine
nach großer Nacht,
Korn und Weine
dargebracht,
die Wälder nieder,
die Hörner leer,
zu Gräbern wieder
steigt Demeter,

dir noch im Rücken,
im Knochenbau,
dann ein Entzücken,
ein Golf aus Blau,
von Tränen alt,
aus Not und Gebrest
eine Schöpfergestalt,
die uns leben läßt,

die viel gelitten,
die vieles sah,
immer in Schritten
dem Ufer nah
der trunkenen Flut,
die die Seele deckt
groß wie der Fingerhut
sommers die Berge fleckt.

Bereits beim flüchtigen Lesen des 1949 von Gottfried Benn selbst zusammengestellten Auswahlbandes mit 67 Gedichten von 1912 *(Mann und Frau gehen durch die Krebsbaracke; D-Zug)* bis 1949 *(Acheron, Epilog 1949)* fällt ihre unterschiedliche Komplexität auf. Gedichte mit so programmatischen Titeln wie *Das späte Ich, Kretische Vase, Der Sänger, Schutt, Betäubung* oder *Selbsterreger* sind zunächst eher über ihre Lautlichkeit und Sprachrhythmik zugänglich und schaffen auf der Wort- und Bedeutungsebene eine größere Distanz zum Leser, der eine gewisse hermeneutische Energie investieren muss, sie jenseits des bloßen Befundes einer mitunter rätselhaften oder exotischen Wortkombinatorik zu entschlüsseln. Gleichwohl steht es dem Leser frei, es bei einer solchen offenen und nicht vertieften Lektüre zu belassen. Dann könnte er einstimmen in das Urteil Alfred Döblins, der beim schließlich erfolgreichen Versuch, Benn für die Preußische Akademie der Künste in Berlin vorzuschlagen, feststellen musste: »[...] es wurde ungeheuer schwierig, ihn durchzusetzen, weil er urologisch dichtete, zugleich kosmisch und prähistorisch, jedenfalls hochgebildet und weithin unverständlich.«[22] Andere Gedichte sind dagegen formal wie inhaltlich von schlichterer Machart, was insbesondere den allein auf artistischen Montagewirbel und Installation von Fachvokabular eingeschworenen Kenner verblüffen mag, der eine solche Schlichtheit und liedhafte Anmutung ›seinem‹ Benn vielleicht nicht zugetraut hätte. Der melancholisch-elegische Benn, der sich auch Sentimentalitäten leistete und diesen mittels eingängiger Verssprache Ausdruck verlieh, ist jedoch genauso Benn und sollte nicht gegen den Verfasser intellektualistischer Sprachgebilde ausgespielt werden. Es gibt eben nicht den ›einen‹ Benn, sondern den Benn verschiedener, zum Teil konträrer stilistischer und mentaler ›Phasen‹, wie er es 1949/50 selbst benannte. So bezeichnete er als »Phase II des expressionistischen Stils«[23] die Kunst der Montage, zu der er, auf die Konkrete Poesie zum Beispiel Franz Mons vorausweisend, ausführt: »Der Mensch muß neu

22 Alfred Döblin: Journal 1952/53, in: Alfred Döblin. Schriften zu Leben und Werk. Hrsg. v. Erich Kleinschmidt. Olten/Freiburg i. Br.: Walter 1986, S. 369.

23 Gottfried Benn: Doppelleben, in: ders., Sämtliche Werke, Bd. V, Prosa 3, S. 83–177, hier S. 170.

zusammengesetzt werden aus Redensarten, Sprichwörtern, sinnlosen Bezügen, aus Spitzfindigkeiten, breit basiert –: *Ein Mensch in Anführungszeichen.*«[24] Auch eine neukontextuierende Kunst des Recycelns heterogener Sprachfunde ist anvisiert: »Aber wenn der Mann danach ist, dann kann der erste Vers aus dem Kursbuch sein und der zweite eine Gesangsbuchstrophe und der dritte ein Mikoschwitz und das Ganze ist doch ein Gedicht.«[25]

In der Neusachlichkeit seines späten Werks erkennt Simon Karcher mit guten Gründen sogar eine »Annäherung an die späte Lyrik Bertolt Brechts«.[26]

1927 formulierte Benn in der autobiographischen Schrift *Epilog und lyrisches Ich* das Credo seiner vorsachlichen, artistischen Wortästhetik, in der seine heterogene Nomenklaturen verwebende Chiffrenkunst begründet ist: »Substantive! Sie brauchen nur die Schwingen zu öffnen und Jahrtausende entfallen ihrem Flug. [...] Botanisches und Geographisches, Völker und Länder, alle die historisch und systematisch so verlorenen Welten hier ihre Blüte, hier ihr Traum – aller Leichtsinn, alle Wehmut, alle Hoffnungslosigkeit des Geistes werden fühlbar aus den Schichten eines Querschnitts von Begriff.«[27]

Das Wort, einzeln oder zu einem Kompositum zusammengesetzt, liefert einem solchen Verständnis nach einen Aufriss, einen Querschnitt, als wären in das Wort Sedimente auch prähistorischer Zeit eingelagert, die dem Bewusstsein längst entschwunden sind und die es deshalb poetisch zu befreien gilt.

24 Ebd., S. 169.

25 Ebd.

26 Vgl. Simon Karcher: Sachlichkeit und elegischer Ton. Die späte Lyrik von Gottfried Benn und Bertolt Brecht – ein Vergleich. Würzburg: Königshausen & Neumann 2006, S. 125.

27 Gottfried Benn: Epilog und lyrisches Ich, in: ders., Sämtliche Werke, Bd. III, Prosa 1, S. 127–134, hier S. 133.

Das archaisierte Wort zertrümmert Wirklichkeit, kann aber rauschhafte, ekstatische Energien freisetzen. Benn zielt hier auf eine Poetik des regressiven Taumels, des assoziativen Rausches und der Trance ab, eine Schwellenpoetik der Restitution des Wortpotentials jenseits seiner informationellen Alltagspragmatik: »Nur der Lyriker, der wahrhaft große lyrische Dichter weiß, was das Wort wirklich ist«,[28] so Benns eigener Anspruch. Das ›Substantiv‹, als Name gefasst, ist nicht zweideutig, es ist – für Benn – unumgänglich eindeutig, wesentlich.

Die substantialistische Auffassung des Wortes hat zur Folge, dass entlegenes Vokabular in Benns Gedichte Eingang gefunden hat, das nach einem Kommentar verlangt – und so würde es nicht verwundern, hätte Benn seine Gedichte mit einem ausschweifenden Fußnotenapparat versehen.

Was aber wäre hierdurch gewonnen? Sind Benns Gedichte denn in der trunkenen Flut untergegangen? Können sie ausgeschlachtet werden als Lieferanten von Kreuzworträtseln? Oder ist unser Wortschatz schon so geschrumpft, dass er gerade noch zur Alltagskommunikation tauglich ist?

## Seelenleben

Ob Gottfried Benn seine Gedichte selbst verstanden hat? Wenn man mit ›verstehen‹ umgangssprachlich ›erklären‹ meint, dann hätte Benn sicherlich die Herkunft seiner zum Teil monströsen ›Substantive‹ nachweisen können. Mit Wilhelm Dilthey macht die Hermeneutik zwischen einem naturwissenschaftlichen, ursächlichen Erklären und einem subjektbezogenen Verstehen einen grundsätzlichen Unterschied, was

28 Gottfried Benn: Inquiry on the Malady of Language, in: ders., Sämtliche Werke, Bd. IV, Prosa 2, S. 213–214, hier S. 214 (»Only *the lyric poet, the major lyric poet, knows ehat the world really is.*« Hervorhebung ebd.).

freilich bis heute nicht ganz unumstritten ist und einen tiefen Graben zwischen Natur- und Geisteswissenschaften gezogen hat. Dilthey exemplifiziert diesen Unterschied an der Natur und am »Seelenleben«: »Die Natur erklären wir, das Seelenleben verstehen wir.« »Verstehen« zielt nach subjektiven Maßgaben auf »das Ganze«, auch wenn dieses ein nicht einholbares Ideal darstellt.[29]

Das Ganze ist jedoch nicht auf die Summe des Verständnisses (der Erklärungen) einzelner Wörter oder Zeilen zu reduzieren. Dann könnte man den Gedichten einen textkritischen Apparat anfügen mit Angaben zur Entstehungsgeschichte, soweit überliefert, und einem Kommentar mit Erläuterungen zu einigen Wörtern bzw. Begriffen. Bei Benn wäre der Kommentar sicherlich besonders lang. Man hätte den Gedichten eine Anhäufung von Daten zur Seite gestellt, ohne etwas über ihre poetische Funktion zu vermitteln.

Andererseits würde eine Quellenkunde das synthetisierende Verfahren Benns offenlegen, das seine Gedichte als Montagegedichte und ›wortgewebte‹ Texturen ausweist. Dann zeigte sich die Herkunft seines Wortmaterials aus disparaten Fachsprachen – ein Umstand, der Brecht zu der hämevollen Kritik veranlasste, Benn hätte durch »die umsichtige und geschmackvolle Kunst dieser Sprache [...] Wörter zusammengeführt, die sich sonst niemals kennengelernt hätten«.[30] Was Brecht hier aus seiner eigenen Poetologie und gesellschaftspolitischen Überzeugung heraus abqualifiziert, ist das ideologisch mitunter zweifelhafte Elitäre, das seiner eigenen Auffas-

29 Siehe diesbezüglich Jürgen Bolten: Die Hermeneutische Spirale. Überlegungen zu einer integrativen Literaturtheorie, in: Poetica 17, H. 3/4, 1985, S. 355–371.

30 Bertolt Brecht: Notizen zu Gottfried Benn, in: ders.: Werke. Große kommentierte Berliner und Frankfurter Ausgabe (= GA). 30 Bände. Bd. 22/1. Frankfurt/M.: Suhrkamp 1988, S. 8.

sung des sachlichen Sagens und der Lyrik als Gebrauchslyrik zuwidersprach.

Brecht unterstellt Benn indirekt, einem Kunsthandwerk der Zusammenstellung disparater Wörter zu frönen, die allein aufgrund von Oberflächenmerkmalen wie Exotik ihrer Herkunft, Wohlklang oder Disparatheit ihrer Quellen ausgewählt und kombiniert wurden. Damit unterstellt Brecht gleichzeitig, dass Benn keine gedankliche Intentionalität bei der Montage seiner Gedichte verfolgte und jenseits terminologischer Gebrauchsregeln, insbesondere aber ohne poetologischen Mehrwert arbeitete.

Regine Anacker hat auf den nicht ausschließlich metaphorischen Zusammenhang zwischen »naturwissenschaftlich-medizinischem und literarischem Diskurs«[31] im Werk Gottfried Benns hingewiesen und als »unbestreitbar« herausgestellt, dass »sich ein physiologischer Subtext durch das gesamte Benn'sche Werk zieht, dessen Evolution von der [...] Entwicklung seines Werkes [...] weitgehend unabhängig bleibt, dagegen von zeitgenössischer, im weiten Sinne naturwissenschaftlicher Literatur gesteuert, mindestens aber beeinflußt wird«. Benn betreibe keine beliebige Ausbeutung von Metaphernquellen, vielmehr ziele er insgesamt auf nichts weniger als eine physiologische und anthropologische Neuorientierung der Kunst.

Auffallend sei, dass Benn gerade immer dort, wo er sich theoretisch-essayistisch mit Fragen der Poetik auseinandersetzte, »eine provozierende Fülle physiologischer Begriffe« verwende und »oft sogar mit unbestreitbarer Deutlichkeit auf wissenschaftliche Literatur« verweise. In Zusammenhang mit der Marburger Rede *Probleme der Lyrik* (1951) stellt Anacker provokant fest, es sei »mehr als fragwürdig, ob er mit der

31 Regine Anacker: Aspekte einer Anthropologie der Kunst in Gottfried Benns Werk. Würzburg: Königshausen & Neumann 2004, S. 9.

Poetik Valérys vertrauter war als mit der Theorie der ›kolchizininduzierte[n] Heteroploide beim Schwein‹«.[32]

Benn adaptierte in seiner Poetik bzw. seinen poetologischen Essays Terminologien unterschiedlicher Wissenschaften, deren Strukturschemata er in seine Texte einspeiste:[33] »Gerade die gehirnanatomische Unterscheidung von Stammhirn und Hirnrinde [...] offeriert in ihrer engen Verknüpfung mit der Opposition von ›Rausch‹ und ›Form‹, Formierung, ›konstruktivem Geist‹ [...] disziplinäre Referenzen und stellt ein Schema zur Verfügung, das Benns ›physiologische Ästhetik‹ strukturiert und in der Spannung von ›Leben und Geist‹, ›Körper und Bewußtsein‹, Horizontale und Vertikale immer wieder neu semantisiert, in der Gegenläufigkeit von ›Regression und Progression‹, Entdifferenzierung und Differenzierung dynamisiert wird.«[34]

»Das Weben ohne Masche, / das Säumen ohne Sinn«, wie es in dem Gedicht *Noch einmal* heißt, war also Benns Sache nicht. Die textuale Webmetapher, das Einspeisen heterogener Quellen, findet sich öfters in den Gedichten von *Trunkene Flut*, zum Teil auch programmatisch in *Der Sänger* (1925): »stündlich webt er im Ganzen / drängend zum Traum des Gedichts / seine schweren Substanzen / selten und langsam ins Nichts«. Selber in recht morbider, medizinisch genau benennbarer Verfassung (»Neurogene Leier, / fahle Hyperämien, Blutdruckschleier / mittels Coffein«), zielt der »Sänger« heute, alles verhandelnd, aufs Ganze. Dabei »treibt« er es nicht mehr »dualistisch« wie einst mit dem Ziel, die »Spal-

32 Ebd., S. 12.

33 Ein Autor der jüngeren Vergangenheit, der naturwissenschaftliche Begrifflichkeiten adaptierte und sie verfahrenstechnisch in seine Poesie transferierte, ist Oskar Pastior. Bei Pastior sind dies Begriffe aus der Chaostheorie, der Neurologie oder z. B. der Experimentalphysik.

34 Anacker, Aspekte einer Anthropologie der Kunst in Gottfried Benns Werk, S. 12–16.

tung / zwischen ich und du« zu vergessen, sondern monologisch als »Zersprenger / mittels Gehirnprinzip«. Der Zersprenger ist ein analytischer Spalter. In seinem Essay *Nach dem Nihilismus* (1932) greift Benn den Begriff der »progressiven Zerebration« auf, der komplementär zum »Gehirnprinzip« zu verstehen ist. Er stamme »aus der kombinierten Wissenschaft von Anthropologie und Hirnforschung, von Economo in Wien hat ihn aufgestellt. Er soll sagen, dass die Menschheit im Verlauf ihrer Geschichte einen deutlich erkennbaren, unaufhaltsamen Zuwachs an Intellektualisierung, an Verhirnung aufweist.«[35] Benn vollzieht hier eine ›Umwertung aller Werte‹ ist bei Economo der Begriff doch positiv besetzt und dient »geradezu als Bastion im nihilistischen Werteverfall«,[36] unter den ihn Benn in seinem Aufsatz subsumiert.

Bei Übernahmen aus den medizinisch-physiologischen Terminologien hat Benn es aber nicht bewenden lassen. Der Begriffsarchäologe wilderte auch in anderen Gefilden.

In seinem 1930 in der Neuen Rundschau erstveröffentlichten Essay *Der Aufbau der Persönlichkeit* mit dem Untertitel *Grundriß einer Geologie des Ich* hat Benn seinem eigenen Bekunden nach theoretische Ansätze aus Typenlehre, Ausdruckslehre und Gestalttheorie, aber auch aus Ethnologie, Psychoanalyse, Erbbiologie, Prähistorie und Paläontologie verarbeitet. Seine Gedichte sind evokative Hallräume ihrer poetologisch adaptierten Begrifflichkeit und der durch sie operationabel gemachten Denkgebäude. »Wir tragen die frühen Völker in unserer Seele«, schreibt Benn, »und wenn die

35 Gottfried Benn: Nach dem Nihilismus, in: ders., Sämtliche Werke, Bd. III, Prosa 1, S. 394–404, hier S. 395.
36 Regine Anacker: Unaufhörliche Verwandlungen, in: Gottfried Benn. Wechselspiele zwischen Biographie und Werk. Hrsg. v. Matías Martínez. Göttingen: Wallstein 2007, S. 11–34, hier S. 19.

späte Ratio sich lockert, in Traum und Rausch, steigen sie empor mit ihren Riten, ihrer prälogischen Geistesart und vergeben eine Stunde der mystischen Partizipation.«[37]

Das »Parietalorgan« bzw. »Scheitelauge«[38] mit seinen Qualitäten der »Natursichtigkeit«, des magischen Gefühls, der Telepathie und Telekinese setzt Benn gegen die »Hemisphärenwoge« der Verhirnung, die er ihrerseits als einen Abstieg begreift. Hat die Zerebration ihren Scheitelpunkt erreicht, muss der (menschliche, tierische) Körper »vielleicht alle Rudimente noch einmal reaktivieren [...] zum letzten Kampf, wenn der große biologische Abbau alles Lebendigen beginnt«. Das von Benn so bezeichnete »geologische« und »erdgeschichtliche Prinzip« soll eine Reprimitivierung bewirken, vor die »Großhirnstunde« und die »Hemisphärenwoge« zurück.[39]

Jürgen Schröder zufolge unternimmt Benn den kühnen Versuch »einer radikalen Entsozialisierung des Ich und der menschlichen Persönlichkeit«, der sich »unverkennbar gegen die Geschichte, gegen die moderne Gesellschaft und ihr Selbstverständnis« richte. Mit der »destruktive[n] und aggressive[n]« Entsozialisierung ist die Entzerebralisierung der menschlichen Persönlichkeit verbunden, gleichzeitig aber auch der konstruktive und defensive »Versuch ihrer biologischen, erd- und naturgeschichtlichen Resozialisierung«.[40] Benn betreibt das Projekt einer durch unterschiedliche Wissenschaften spekulativ abgesicherten, remythisierenden Anthropologie, dem das Programm der Regression bei gleichzeitigem Wissen um die Vergeblichkeit der Regression eingeschrieben ist. Vor dem Horizont des Regressiven erscheint Benns Süden-Komplex als eine vitalistische

37 Gottfried Benn: Der Aufbau der Persönlichkeit, in: ders., Sämtliche Werke, Bd. III, Prosa 1, S. 263–278, hier S. 271.

38 Beides Begriffe aus der Evolutionsbiologie.

39 Vgl. Benn, Der Aufbau der Persönlichkeit, S. 271.

40 Schröder, Poesie und Sozialisation, S. 90.

Sehnsucht nach dem Rauschhaften, Unbewussten, Vorbewussten, nach radikaler Entsubjektivierung und »Verallung« wie in *Gesänge, Reise, Osterinsel, Die Dänin* oder *Schleierkaut* und den melancholischen Abgesängen *Regressiv* oder *Epilog 1949*, dessen fünf Stationen deutlich autobiographisch gefärbt sind. Diese und eine Reihe andere Gedichte können als variantenreiche Entfaltungen von Weltmetaphern verstanden werden, die ihren Untergrund und Totalhorizont bilden. Wortneuschöpfungen und neu gebildete Komposita sind das textgenerische Ergebnis der von Benn essayistisch und poetisch synthetisierten Vorstellungskomplexe: »das Gliederlos« *(Palau)*, »Levkoienwelle«, »Eigen-Immortelle«, »mänadisch analys«, »Ost-Gerölle«, »Marmara-Fähre«, »Propheturen«, »Bambusquoll«, »Mondchâteau«, »kausalgenetisch« *(Das späte Ich)*, »Un-geräte«, »Tränke-Sehnsucht« *(Kretische Vase)*, ich »nackte«, »Ich-begriff«, »Sonnendiadochen« *(Synthese)*.

## »Größe – wo?«

In den künstlerischen (Selbst-)Porträts zeigt Benn, dass die eigene Identität vielleicht nur Einbildung ist, eine Synthese aus Fremdidentitäten, geliehenen Wörtern und vielleicht gar nicht mal intendierten ästhetischen Resultaten. Regressive Motive der rauschhaften Ich-Auflösung scheinen auch hier durch.

**– Gewisse Lebensabende**

I

Du brauchst nicht immer die Kacheln zu scheuern,
Hendrickje,
mein Auge trinkt sich selbst,
trinkt sich zu Ende –

aber an anderen Getränken mangelt es –
dort die Buddhastatue,
chinesischen Haingott,
gegen eine Kelle Hulstkamp,
bitte!

Nie etwas gemalt
in Frostweiß oder Schlittschuhläuferblau
oder dem irischen Grün,
aus dem der Purpur schimmert –
immer nur meine Eintönigkeit,
mein Schattenzwang –
nicht angenehm,
diesen Weg so deutlich zu verfolgen.

Größe – wo?
Ich nehme den Griffel
und gewisse Dinge stehn dann da
auf Papier, Leinwand
oder ähnlichem Zunder –
Resultat: Buddhabronze gegen Sprit –
aber Huldigungen unter Blattpflanzen,
Bankett der Pinselgilde –:
was fürs Genre –!

… Knarren,
Schäfchen, die quietschen,
Abziehbilder
flämisch, rubenisch
für die Enkelchen –!
(ebensolche Idioten –!)

Ah – Hulstkamp –
Wärmezentrum,

Farbenmittelpunkt,
mein Schattenbraun –
Bartstoppelfluidum um Herz und Auge –

II

Der Kamin raucht
– schnäuzt sich der Schwan vom Avon –,
die Stubben sind naß,
klamme Nacht, Leere vermählt mit Zugluft –
Schluß mit den Gestalten,
übervölkert die Erde
reichlicher Pfirsichfall, vier Rosenblüten
pro anno –
ausgestreut,
auf die Bretter geschoben
von dieser Hand,
faltig geworden
und mit erschlafften Adern!

Alle die Ophelias, Julias,
bekränzt, silbern, auch mörderisch –
alle die weichen Münder, die Seufzer,
die ich aus ihnen herausmanipulierte –
die ersten Aktricen längst Qualm,
Rost, ausgelaugt, Rattenpudding –
auch Herzens-Ariel bei den Elementen.

Die Epoche zieht sich den Bratenrock aus.
Diese Lord- und Lauseschädel,
ihre Gedankengänge,
die ich ins Extrem trieb –
meine Herren Geschichtsproduzenten
alles Kronen- und Szepteranalphabeten,

Großmächte des Weltraums
wie Fledermaus oder Papierdrachen!

Sir Goon schrieb neulich an mich:
»der Rest ist Schweigen«: –
ich glaube, das ist von mir,
kann nur von mir sein,
Dante tot – eine große Leere
zwischen den Jahrhunderten
bis zu meinen Wortschatzzitaten –

aber wenn sie fehlten,
der Plunder nie aufgeschlagen,
die Buden, die Schafotte, die Schellen
nie geklungen hätten –:
Lücken –?? Vielleicht Zahnlücken,
aber das große Affengebiß
mahlte weiter
seine Leere, vermählt mit Zugluft –
die Stubben sind naß
und der Butler schnarcht in Porterträumen.

Das zweiteilige, mehrgesichtige Autoporträt *Gewisse Lebensabende*, 1946 entstanden, blendet (werk-)biographische Momentaufnahmen von Rembrandt *(I)*, Shakespeare *(II)* und Benn selbst übereinander. Benn nimmt gewissermaßen Farben der Fremdbiographien an und zieht auf der Folie seines solchermaßen ›gemischten‹ Selbstbildnisses Bilanz: *Größe – wo?* Eine Frage als Antwort, die kürzer nicht ausfallen könnte; ein Wort aus zwei Buchstaben, die morphologische Mindestanforderung.

Die in der ersten Zeile angesprochene »Hendrickje« ist sicherlich eine Anspielung auf die dreiundzwanzigjährige Hendrickje Stoffels aus Ransdorp bei Amsterdam, die Rembrandt als seinen Haushalt führende Magd bei sich angestellt hatte und mit der er bald schon eine Liaison einging. (Benn selbst hatte auch ein Dienstmädchen.) Mit dem Erwerb eines Hauses in Amsterdam hatte Rembrandt sich finanziell übernommen. 1656 musste er einen Offenbarungseid leisten und das Haus samt seiner Kunstsammlung versteigern lassen. Auf diesen biographischen Umstand spielt Benn an, wenn er Rembrandt sagen lässt: »dort die Buddhastatue, / chinesischen Haingott, / gegen eine Kelle Hulstkamp, / bitte!« Die Nennung »Hulstkamp« ist ein Anachronismus und als solcher, ebenso wie die Bezeichnung des (Maler-)Pinsels als »Griffel«, das Signal der biographischen Überblendung der Biographien von Rembrandt und Benn: Der holländische Maler Rembrandt Harmenszoon van Rijn lebte von 1606 bis 1669, die Rotterdamer Destille »Hulstkamp« wurde 1775 gegründet, was bis heute stolz auf den Flaschenetiketten vermerkt wird.

Das »Frostweiß«, »Schlittschuhläuferblau«, »irische Grün«, den »Purpur« und das »Schattenbraun« der (unterschiedlichen) Wacholderbranntwein-Flaschen und ihres Inhalts (Genever) setzt Benns Rembrandt als »Farbenmittelpunkt« in Kontrast zu den Farben des Malers. Die Farben der Kunst sind die Farben des Lebens: »Eintönigkeit« und »Schattenzwang«. Kunst und Leben sind nichts als »Abziehbilder«.

Was bleibt, stiften bei Benn nicht die Dichter (oder Maler), sondern die Destillen: »Ah – Hulstkamp – / Wärmezentrum, / Farbenmittelpunkt, / mein Schattenbraun – / Bartstoppelfluidum um Herz und Auge –«.

Auch Shakespeare wird nicht namentlich genannt, sondern mittels Attribution als »Schwan vom Avon«. Benn übernimmt damit die hymnische Apposition des Dramatikers Ben Jonson, der in der als *First Folio* berühmt gewordenen Shakespeare-Ausgabe von 1623 den Dichter als »Süßer Schwan von Avon« bezeichnete. Der Fluss Avon fließt als Upper-Avon durch Stratford, wo Shakespeare geboren wurde und bis zu seinem Tod lebte. Metonymisch stehen auch andere Namen für Shakespeare. »Alle die Ophelias, Julias« spielt auf *The Tragedy of Hamlet, Prince of Denmark* und die Tragödie *Romeo and Juliet* an. Aber was ist aus ihnen bzw. den sie darstellenden ›Aktricen‹ geworden? »Qualm, / Rost, ausgelaugt, Rattenpudding«. »Dante tot – eine große Leere / zwischen den Jahrhunderten / bis zu meinen Wortschatzzitaten –«: Das bezieht sich sowohl auf Shakespeare als auch auf Benn, liegen doch zwischen dem Todesjahr von Dante und Shakespeare und dem Todestag von Shakespeare und dem Entstehungsjahr von – *Gewisse Lebensabende* jeweils rund 300 Jahre.[41] Das andere Gemeinsame ist die Benn'sche Prägung »Wortschatzzitat«, die sich im Gedicht auf die Worte des sterbenden Hamlet bezieht: »Der Rest ist Schweigen« (»The Rest is silence«, 5. Akt, 2. Szene): »Sir Goon schrieb neulich an mich: / der Rest ist Schweigen: –«, lässt Benn den englischen Dichter sagen, der dann verblüfft, aber ganz selbstbewusst feststellt: »ich glaube, das ist von mir, / kann nur von mir sein« – und von Benn. Die Mächtigen, zunächst bürokratisch, aber glimpflich als »Geschichtsproduzenten« bezeichnet, tituliert Benns Shakespeare als »Kronen- und Szepteranalphabeten, / Großmächte des Weltraums / wie Fledermaus oder Papierdrachen!« Das hat Wucht und sorgt für die entsprechende Atmosphäre, mit der Shakespeare dann Rembrandts rhetorische Frage nach der Größe kontern kann als Antwort auf das Gedankenspiel, was denn fehlte, wenn es die historischen Vorbilder, die Jahrhunderte dazwischen nie gegeben hätte: »Lücken –?? Vielleicht Zahnlücken«. Selbst das eigene Werk würde diesem Shakespeare nicht fehlen.

Aus der Magd bzw. Liebhaberin Rembrandts wird der »Butler« Shakespeares, der es vorzieht, nach dem Genuss von dunklem Starkbier schnarchend zu träumen (»Porterträu-

41 Dante 1265–1321; Shakespeare getauft am 26. April 1564, gestorben 1616.

me«). Weltgeschichte ist ein »Affengebiß«, das auch »Leere« weiter mahlte, sinniert der Dramatiker noch.

## *Das Unaufhörliche*

Einen besonderen Stellenwert im Gesamtwerk Benns nimmt der Zyklus *Das Unaufhörliche* ein: Benn, der auf monologische Artistik pochende Solitär, lässt es, über alle notorisch sich einstellenden Krisen hinweg, zu einer Gemeinschaftsarbeit mit einem anderen Künstler kommen, dem er sogar noch Direktiven formaler Gestaltung einräumt und ihm in Aussicht stellt, inhaltlich eingreifen zu können.[42]

Wie aus einem Brief an Paul Hindemith vom 8. Juli 1930 hervorgeht, ging die Initiative zu dem Zyklus vom Komponisten aus, der Benn aufgefordert habe, »einen Text zu machen«, der für Hindemith »in Betracht käme«. Hindemith hatte mit diesem Angebot zur künstlerischen Zusammenarbeit gleichsam eine ästhetische, aber auch gesellschaftspolitische Kehrtwende vollzogen. Von 1928 bis 1930 hatte er mit Brecht zusammengearbeitet: Am 27. Juli 1929 wurde während des Baden-Badener Kammermusikfestes *(Deutsche Kammermusik*

42 So z. B. in einem Brief vom 18. 12. 1930: »Zagend, zitternd, zaudernd sende ich Ihnen den anliegenden Text. Corrigieren Sie weiter, geben Sie bitte präcise an, wo was geändert, wo was hinzugefügt werden soll. Scheußlich, daß ich so unerfahren, so unmusikalisch bin und nicht wittere, was Sie haben wollen.« Am 6. März 1931 schreibt er: »Es täte mir schrecklich leid, wenn ich Ihnen durch meine Texte innere Schwierigkeiten, musikalischer oder weltanschaulicher Art, machte. Bitte, äußern Sie sich doch ganz offen. Ich will gerne alles ändern, statt Ihnen hartnäckig und dickköpfig zu erscheinen.« Zit. nach Gottfried Benn: Briefwechsel mit Paul Hindemith. Frankfurt/M.: Fischer Taschenbuch Verlag 1986, S. 22, 24.

*Baden-Baden)* als ›Rundfunkkantate‹ der *Lindberghflug*[43] und am 28. Juli 1929 das *Lehrstück*[44] uraufgeführt. Nach der Uraufführung insbesondere des *Lehrstücks* kam es zu Kontroversen über die gesellschaftspolitische Ausrichtung der Gemeinschaftsarbeit. Die Auseinandersetzungen um die Vergabe des Auftragswerks *Die Maßnahme* an Brecht (Text) und Hanns Eisler (Musik) für das Fest *Neue Musik Berlin 1930*, das Hindemith (neben Heinrich Burkhard und Georg Schünemann) künstlerisch leitete, veranlasste Hindemith, sich von Brecht ab- und Benn zuzuwenden. Er hatte zunächst versucht, die Aufführung der *Maßnahme* zu verhindern, als offenbar wurde, dass Brecht und Eisler mit dem Lehrstück intendierten, das Musikfest in ein Forum marxistischer Gesellschaftskritik umzuwandeln, schließlich kam es aber am 13. Dezember 1930 unter Otto Klemperer in der Berliner Philharmonie zur Uraufführung.

In seiner Antwort auf Hindemiths Einladung zur künstlerischen Kooperation reagierte Benn zunächst ausweichend und gab zu bedenken, dass er »im Augenblick körperlich u. geistig so ermüdet u. ohne Spannung« sei, so dass er an keine Arbeit denken könne.[45] Hindemiths Anfrage muss Benn jedoch zumindest aus strategischen Gründen sehr interessiert haben, drei Wochen später hatte er es sich bereits anders überlegt: »Dieser Text, genannt: *Das Unaufhörliche* ist kein Lehrstück, sondern mehr eine Dichtung«, schrieb er am 29. Juli 1930 an Hindemith. Er hatte auch bereits einen Titel für die Kopro-

43 Auch: *Der Ozeanflug, Der Flug der Lindberghs.* Text: Bertolt Brecht; Musik: Paul Hindemith, Kurt Weill; Dirigent: Hermann Scherchen; Ton-Regie: Ernst Hardt. Radiophone Ursendung am 29. Juli 1929, Frankfurter Station, Frankfurt/M.

44 Später auch als *Das Badener Lehrstück vom Einverständnis* bekannt geworden. Text: Bertolt Brecht; Musik: Paul Hindemith; Regie: Bertolt Brecht; Dirigat: Alfons Dressel, Ernst Wolff.

45 Vgl. Benn, Briefwechsel mit Paul Hindemith, S. 15–16.

duktion: *Das Unaufhörliche.* »Der Name soll das unaufhörlich Sinnlose, das Auf und Ab der Geschichte, die Vergänglichkeit der Größe und des Ruhmes, das unaufhörlich Zufällige und Wechselvolle der Existenz schildern, vielmehr lyrisch auferstehen lassen.«[46]

Eine Art Programmmusik schwebte Benn also vor, aber ausdrücklich kein ›Lehrstück‹. Dieser kunstdidaktische Begriff war ja von Bertolt Brecht besetzt, von dessen Zusammenarbeit mit Hindemith Benn natürlich wusste, so wie dieser Egon Erwin Kischs und Johannes R. Bechers Polemik gegen Benn kannte, auf die Benn mit dem Artikel *Über die Rolle des Schriftstellers in dieser Zeit* (1929) und, grundsätzlicher, zum Beispiel mit dem Rundfunkdialog *Können Dichter die Welt ändern* (1930) gekontert hatte.[47]

Nachdem der Textkorpus von *Das Unaufhörliche* nach mehreren Anläufen und Korrekturgängen komplementär zur Komposition am 28. Juni 1931 fertiggestellt war,[48] versah Benn ihn für die erste (und bislang einzige) Veröffentlichung

46 Benn an Hindemith am 29. Juli 1930, in: Benn, Briefwechsel mit Paul Hindemith, S. 16, auch in: Gottfried Benn: Der Dichter über sein Werk. München: Deutscher Taschenbuch Verlag 1976, S. 35.

47 Benn und Brecht werden oft gegeneinander ausgespielt und gelten mit ihrer artifiziell-autarken bzw. dokumenthaften Gebrauchslyrik typologisch wie ideologisch als die großen Antipoden der Lyrik des 20. Jahrhunderts. Simon Karcher ist diesem Gemeinplatz mit seiner profunden Arbeit auf den Grund gegangen: Karcher, Sachlichkeit und elegischer Ton. Seit 1922 kannten sich die beiden Dichter persönlich, zu Gegnern wurden sie ab 1933, als Benn sich mit seinen Rundfunkreden *Der neue Staat und die Intellektuellen* und *Antwort auf die literarischen Emigranten* sowie den Texten *Kunst und Macht* und *Züchtung* zum Fürsprecher des Dritten Reiches machte und politisch wie ästhetisch gegen die Emigranten stellte.

48 Siehe Brief an Hindemith vom 28. Juni 1931, in: Benn, Briefwechsel mit Paul Hindemith, S. 40.

des ganzen Oratoriums[49] mit einer selbstexegetischen Einleitung.

Ist *Das Unaufhörliche* also doch ein Lehrstück? Ja, aber ein Benn'sches. Es übt ein in stoische Haltung und Ergebenheit in das Unabänderliche. *Das Unaufhörliche* steht programmatisch für Benns rationalismuskritisches, mythisch-zyklisches Geschichtsdenken mit seinen zyklischen Auf- und Abwärtsbewegungen ohne teleologischen Fortschritt.

An den Gedichten aus dem Zyklus lässt sich eine Säkularisierung religiöser Motivik und Metaphorik aufzeigen, die in Abwandlungen auch in den Gedichten von 1933 und später wiederkehrt. So ist der Schluss des ›Einleitungschors‹ eine liturgische Paraphrase von Paul Gerhardts Kirchenlied *O Haupt voll Blut und Wunden*: »O Haupt, / von Gold und Doppelflügeln umarmt, / es beugt auch dich.«[50]

In *Trunkene Flut* hat Benn nur eine Auswahl aus *Das Unaufhörliche* aufgenommen: *Einleitungschor, Sopransolo, Terzett und Tenorsolo, Lied, Knabenchor, Schlusschor* sowie die ›nicht komponierten‹ *Studien zu dem Oratorium* (1. Choral, 2. Lebewohl).

Uraufgeführt wurde *Das Unaufhörliche. Oratorium in drei Teilen nach einem Text von Gottfried Benn für Soli, gemischten Chor, Knabenchor und Orchester* am 21. November 1931 in der Berliner Philharmonie unter der Leitung von Otto Klemperer, ein knappes Jahr nach der Uraufführung von Brechts und Eislers *Maßnahme* am selben Ort unter demselben Dirigenten. Für Benn sicherlich ein Triumph.

49 Mainz: B. Schott's Söhne 1931.

50 Es ließe sich noch eine Vielzahl an intertextuellen Variationen in *Trunkene Flut* aufzeigen: Aus Goethes *Kennst Du das Land, wo die Zitronen blühn?* (aus: *Mignon*) wird bei Benn »das Land der Untergänge: / kennst du es nicht?« (aus: *Ein Land –*), Edgar Allan Poes *The Raven* findet einen wörtlichen Nachhall in Benns *Lebenwohl*: »farewell, / and nevermore«.

## »Die Rosen, ja die Rosen!«

In *Trunkene Flut* finden sich auch sprachlich schlichtere Gebilde, die in Anlage und Tonfall eher liturgisch oder (volks-)liedhaft orientiert sind. Mit Gedichten wie *Mutter* aus dem frühen Zyklus *Söhne* (1913) oder den späten *Rosen* (1949) hatte sich Benn von seinen Wort-Paroxysmen ›erlöst‹.

**Mutter**

Ich trage dich wie eine Wunde
auf meiner Stirn, die sich nicht schließt.
Sie schmerzt nicht immer. Und es fließt
das Herz sich nicht draus tot.
Nur manchmal plötzlich bin ich blind und spüre
Blut im Munde.

Die drei ersten Zeilen des sechszeiligen Gedichts *Mutter* bestehen aus jeweils vierhebigen Trochäen mit einer Silbe als Auftakt und weiblichem (»Wunde«) oder männlichem Versschluss (»schließt«, »fließt«), die vierte Zeile ist dreihebig, die fünfte fünfhebig und die letzte zweihebig. Der Trochäus wird ebenso durchgehalten wie der Versauftakt, mit einer signifikanten Ausnahme, der letzten Zeile. Die sich »plötzlich« einstellende Erkenntnis, dass das im Mund zu Spürende als »Blut« zu benennen ist, wird durch die auftaktlose Verskürze gestisch emphatisiert (»Blut im Munde«). Bis auf die 4. und 5. Zeile enden alle Zeilen mit einem Reimwort.

Über die Frage des Endreims hinaus, der auch disparate Wörter im Klang miteinander amalgamieren kann, korrespondieren »nicht schließt« (2. Zeile) und »nicht […] tot« (4. Zeile) inhaltlich miteinander. Es wird die paradoxe Vorstellung evoziert, dass das Herz erst dann tot ist, wenn die Wunde sich geschlossen hat. Steht die »Wunde« metonymisch für

»Mutter«, bedeutet die Bewältigung der seelisch-körperlichen Wunde den Tod, was einige Rückschlüsse auf Benns Mutterbild zulässt. »Wunde« und »Munde« der 1. und 6. Zeile bilden einen umarmenden Reim, der das Gedicht ›abschließt‹ und somit auf der formalen Ebene eine Geschlossenheit bewirkt, die von der Zentralchiffre der sich nicht schließenden Wunde gerade in Abrede gestellt wird. Diese Gegenläufigkeit kann dahingehend interpretiert werden, dass es die Aufgabe der Poesie ist, immer wieder bannend zu benennen, die Wiederkehr des Immergleichen, für das es keine Heilung gibt, sprachrituell zu kontern und zu sühnen.

Benns Mutter ist im April 1912 gestorben. Das sicherlich unter dem Eindruck ihres Todes entstandene Gedicht *Mutter* ist ein kleines Requiem mit recht signifikanten Motiven.

Setzt man ein männliches »Ich« voraus, dann trägt der Sohn die Mutter wie eine Wunde – auf seiner Stirn. Hier findet eine doppelte Umkehrung statt: Nicht die Mutter trägt den Sohn, sondern dieser die Mutter. Diese Umkehrung lässt sich als Chiasmus beschreiben, als die Vorstellung vom Tod im Leben (Geburt) und vom Leben im Tod (Auferstehung). Er trägt sie aber nicht wie Maria, die als Mater Dolorosa den Leichnam Jesu auf ihren Händen trägt, sondern auf seiner Stirn. Die weibliche Pietà ist bei Benn zu einer männlichen Pietà geworden, der das Weibliche wie ein Kainsmal als Stirnwunde eingeschrieben ist. Unter der Voraussetzung, man deutet die »Wunde«, die sich nicht schließt, als weibliches Geschlechtsteil und das (heraus-)fließende Blut dementsprechend als Menstruationsblut, besteht die zweite Umkehrung in der Verkehrung der körperlichen Orte.

Die mit Schuld oder einem schlechten Gewissen beladene Stigmatisierung der nicht schließenden Wunde lässt sich auch ganz figürlich lesen: Stigma, das griechische Zahlzeichen für 6, bestehend aus einer Ligatur aus Sigma und Tau, schließt sich auch nicht.

Durch den grammatikalisch doppelten Bezug von »schließen« – die Wunde und die Stirn, die sich nicht schließen – können Wunde und Stirn aber auch als Synonyme gelesen werden. Liest man Stirn metonymisch für Denken und Andenken, so stellt die Wunde eine Grenze dar, gegen die das Ich andenkt, die es aber nicht überwinden kann. Allerdings gilt es hier die Aufmerksamkeit auf eine kleine Satzpartikel zu lenken, die vergleichende Konjunktion »wie«. Das Gedicht entfaltet also einen Vergleich, indem der Wunde Eigenschaften zugeschrieben werden. Der Identität eben nicht behauptende Vergleich schränkt eine konkretistische Lesart in seiner hier vollzogenen Explizitheit wieder ein und konturiert das Adjektiv »blind« in seiner Ambiguität als organisch und seelisch bedingte, momentane Blindheit.

Die prosaische Wendung, »Nur manchmal plötzlich bin ich blind und spüre / Blut im Munde«, die zugleich eine Wende des Gedichts darstellt, lässt auf eine selten, dann aber stark blutende Wunde schließen, das Blut fließt in Augen und Mund, es lässt sich durch eine Synchronizität der Sinneswahrnehmungen fühlen und schmecken, während es gleichzeitig »blind« macht. Das »Ich« ist ein stigmatisiertes, an dem ein Transfer vollzogen wurde, der in einer Paraphrasierung eines Satzes aus dem Brief des Apostels Paulus an die Galater zum Ausdruck kommt: Anstelle von »Ich trage die Zeichen Jesu an meinem Leib« (Gal 6, 17) heißt es bei Benn: »Ich trage dich wie eine Wunde auf meiner Stirn«. Die Mutter ist an die Stelle Jesu getreten, das mystische Wundmal »Mutter« an die Stelle der Wundmale Christi. *Mutter* – das ist eine private Passionsgeschichte Benns.

»Die Rosen, ja die Rosen! Meine Frau hat mir verboten, noch in einem Gedicht das Wort Rosen zu verwenden –, schade, es ist ein so schönes Wort«, schrieb ein ungewohnt sentimentaler Benn am 4. Juli 1950 in einem Brief an Oelze. Das hat ihn nicht gehindert, der Rose weiterhin zu huldigen, so 1952 in dem Gedicht »Keiner Weine –«: »Rosen, gottweißwoher so schön, / in grünen Himmeln die Stadt / abends / in der Vergänglichkeit der Jahre!« Das im Ton eines Volksliedes gehaltene Gedicht *Rosen*, im Mai 1946 entstanden, ist das erste Gedicht, das Benn seit Januar 1945 geschrieben hat. Als erstes Gedicht nach dem Ende des Zweiten Weltkriegs ist es resümierendes Stillleben und »elegische Klage«[51] bar jeder metaphysischen Hoffnung zugleich.

**Rosen**

Wenn erst die Rosen verrinnen
aus Vasen oder vom Strauch
und ihr Entblättern beginnen,
fallen die Tränen auch.

Traum von der Stunden Dauer,
Wechsel und Wiederbeginn,
Traum – vor der Tiefe der Trauer:
blättern die Rosen hin.

Wahn von der Stunden Steigen
aller ins Auferstehn,
Wahn – vor dem Fallen, dem Schweigen:
wenn die Rosen vergehn.

Auffallend ist hier die Symmetrie der drei vierzeiligen, kreuzgereimten Strophen, deren Zeilen jeweils drei betonte Silben aufweisen: ein Valse triste. Die leitmotivische erste Zeile (»Wenn erst die Rosen verrinnen«) läuft bei der Lektüre des

51 Karcher, Sachlichkeit und elegischer Ton, S. 251.

Gedichts immer mit. Die letzte Zeile (»wenn die Rosen vergehn«) als Variation der ersten kennzeichnet das Gedicht als ein Rondeau. Das Vergangensein der Rosen schließt jedoch – zumindest auf der gedanklich-intentionalen Ebene – eine Wiederaufnahme der ersten Zeile und somit ein nochmaliges Durchspielen der Strophen aus: Das Leben ist kein Refrain. Ein Denkspiel, das ernst wird.

Am 1. Juni 1946 schickte Benn das Gedicht mit folgender Widmung an seinen Brieffreund Oelze: »Für Frau Charlotte Stephanie Oelze und den Garten in Oberneuland. 30. V 1946«. Das Brief- und Widmungsgedicht zeigt, dass Benn auch anders konnte, als mit poetisch einverleibtem Fachvokabular aus der Paläontologie, der Medizin oder anderen Naturwissenschaften und kontaminierenden Wortneubildungen den Leser artistisch und intellektuell zu umwerben oder auf Distanz zu halten: »Schon schwindet der Verknüpfungsdrang, / schon löst sich das Bezugssystem«, wie es in dem Gedicht *Reise* (1916) heißt – um ein anderes, geschlossenes Bezugssystem aufzubauen. »Zu Flachem, das sich selbst benennt!«, wie es ebenfalls in *Reise* heißt, ist Benn hierbei aber keineswegs aufgebrochen, vielmehr knüpft er mit *Rosen* und einer ganzen Reihe anderer Gedichte seines Spätwerks an literarische Traditionen des Barock oder der Romantik an, Traditionen also, auf die sich die Frühe Moderne oder die historische Avantgarde, denen Benn verpflichtet war, eher nicht bezogen. Bei allem weitausgreifenden und das scheinbare Abweichen vom eigenen poetischen Kurs absichernden Traditionsbezug war er sich der Gefahr der gefühligen Verkitschung durchaus bewusst, die durch die nachdrückliche Verwendung eines so prominenten Symbols wie der Rose drohte. Möglicherweise ist das komplexe artistische Vokabular, das zum Benn'schen Erkennungsmerkmal, zu seinem Alleinstellungsmerkmal avancierte, umgekehrt durch die seinerseits nicht zu bändigende Vorliebe für derartige lyrische Petitessen mitinitiiert – als Kompensation.

Wie aus einem Brief Benns an Friedrich Wilhelm Oelze vom 14. Juni 1949 hervorgeht, lehnte Oelze das Gedicht ab und wollte es nicht in den Auswahlband *Trunkene Flut* aufgenommen wissen. Es war ihm schlicht zu kitschig. Tatsächlich steht es in einem starken Kontrast zu den poetologischen Maximen von Benns Montage-Ästhetik. Jürgen Schröder sieht Benns Gedichte und »seine eigene Lyriktheorie keineswegs in einem Bestätigungs- und Kongruenzverhältnis stehen«, was heute noch gängige Meinung ist. Sie führten ebenfalls »ein ›Doppelleben‹ innerhalb einer echt ambivalenten Gesamtbeziehung«. Auch in diesem Bereich trete Benn als »Dualist« und »Anti-Synthetiker« auf.[52]

Der Dichter selbst fand in *Rosen* Trauer als seine spezifische biographische Zeiterfahrung eingeschrieben und plädierte für die Aufnahme des Gedichts in *Trunkene Flut*: »Ich hänge an diesem kleinen melancholischen Gedicht«, schreibt er an Oelze, »ich weiß nicht warum, vielleicht in Erinnerung an die Zeit seines Entstehens, des Moments seiner Konzeption, der Trauer, in der ich mich damals befand.«[53]

Motivgeschichtlich ist die Rose ein Symbol der Liebe, der Vergänglichkeit und des Todes, aber auch der Vollkommenheit und der sich selbst bespiegelnden Schönheit. Benn ruft alle diese Konnotationen auf und verschränkt die Rose als Naturmotiv (»vom Strauch«) mit ihrem künstlerischen Arrangement (»aus Vasen«). Liest man »Vase« synonymisch für

52 Vgl. Schröder, Gottfried Benn und die Deutschen, S. 65. Schröder hat den skizzierten Kontrast in einer Selbstanwendung des essayistischen auf den sentimentalistischen Benn des *Rosen*-Gedichts mittels eines Katalogs »von fünf wichtigen Thesen und Kriterien« durchgespielt, »mit denen Benn, vor allem in der programmatischen Rede *Probleme der Lyrik*, Phänomene und Verfahren der modernen Lyrik und des modernen lyrischen Ichs beschreibt«. Siehe Schröder, Gottfried Benn und die Deutschen, S. 60–64.

53 Benn, Briefe an F. W. Oelze 1945–1949, S. 217.

»Strophe« oder Gedicht, steht die Rose als poetologisches Symbol auch für die Dichtkunst.

Der Topos der Vergänglichkeit und die sie begleitende Denkfigur der Melancholie des Verschwindens – auch der Liebe bzw. der erotischen Anziehungskraft – gewinnen in *Rosen* prozessuale Gestalt über die Stufen »verrinnen«, »entblättern« und »fallen« und münden in »Schweigen« und »vergehen«. Im »Schweigen« konvergieren Naturvergänglichkeit und die Conditio humana des Sterbenmüssens, die synekdochisch durch die stabreimende Reihe »Tränen«, »Traum«, »Tiefe der Trauer« repräsentiert wird. Die zyklischen Gegenbewegungen von »Steigen« und »Auferstehen« werden in pathetischer Wiederholung als »Wahn« abqualifiziert, womit dem Fortschrittsdenken einer teleologischen Geschichtsphilosophie und der theologischen Perspektive eines Lebens nach dem Tod eine Abfuhr (sprichwörtlich eine Absage) erteilt werden.

Benns *Rosen* sind ein Gegengedicht zu Goethes *Selige Sehnsucht*, ein Einspruch gegen das Trotzdem von dessen berühmter Formel des »Stirb und Werde!« Goethes Loblied der alles riskierenden Sehnsucht nach dem leiblichen und geistigen »Flammentod« findet sein Sinnbild im Schmetterling, der im Licht – im Liebes- bzw. Zeugungsakt – verbrennt. Während der Schmetterling, das emblematische Sinnbild echter Liebe, aber stirbt, wiederholen sich beim Menschen »seine Zustände«, so Goethe am 24. 5. 1811 gegenüber seinem Sekretär, dem Philologen Friedrich Wilhelm Riemer. Benns Rosentod ist final.

»Es ist in aller Trauer der tiefste Hang zur Sprachlosigkeit [...]. Benannt zu sein [...] bleibt vielleicht immer eine Ahnung von Trauer. Wieviel mehr aber benannt zu sein, nicht aus der einen seligen Paradiesessprache der Namen, sondern aus den hunderten Menschensprachen, in denen der Namen schon welkte, und die dennoch nach Gottes Spruch die Dinge erkennen«, schreibt Walter Benjamin in seinem Aufsatz *Über die Sprache überhaupt und die Sprache des Menschen.*[54] Die Wahl des Rosen-Motivs war für Benn über alle privaten Assoziationen hinaus sicher auch durch die starke Differenz dieses »Namens« motiviert, dass die welkenden Rosen vielleicht mehr geben als bloß eine »Ahnung« von Trauer.

## Benn können

Gottfried Benns poetologische Verfahren der Montage und der assoziativ weitschweifenden Wortkombinatorik haben bis heute ihren Reiz nicht verloren. Vielleicht ist er kein poetischer Übervater mehr, wie Peter Rühmkorf dies noch empfunden hat, aber auch die jüngste Dichtergeneration arbeitet sich an ihm ab.

An Spöttern hat es nie gefehlt. Der Antibennspott muss aber gehöriges Niveau haben, da muss man seinen Benn erst einmal gelernt haben. Und hat man ihn gelernt, wird man nicht umhinkommen, Benn Achtung zu zollen; man muss ihn ja nicht gleich lieben.

Der größte Parodist deutscher Sprache, Robert Neumann, nahm sich 1927 des Benn'schen Poesiegebarens an und schrieb, unter strenger Beibehaltung von Benns Lieblingsform des Achtzeilers, eine Persiflage auf *Der Sänger* mit dem Titel *Schleim.* Benns elaboriertem Stil, seiner Vorliebe für prägnante – und entstellende – Worte und seiner gestischen Interpunktion wird mehr als Genüge getan. Sehr schön offen bleibt, ob der kritische Rekurs auf die Dichter(!) als »impotente Zersprenger / mittels Gehirnprinzip« eine selbstreflexive Kritik der Parodie an sich selbst darstellt als »bluffende Mimi-

54 Walter Benjamin: Über die Sprache überhaupt und die Sprache des Menschen, in: ders.: Gesammelte Schriften, II-1. Frankfurt/M.: Suhrkamp 1991, S. 155.

kry«, die jeden »sein Gestänke / heute schon für ein Gedicht« halten lässt, oder ob das hier zur Schau gestellte Wort- und Begriffsgeklimper direkt auf Benn und seine Artistik zielt. Die erste Lesart käme einer Selbstunterwerfung der Persiflage unter das Original und dessen Verabsolutierung gleich; die zweite, subtilere, lässt Benns Gedichte als Parodie ihrer selbst erscheinen:

**Schleim. Nach Gottfried Benn**

Hausse in chaotisch Verschwitzten,
bluffende Mimikry,
großer Run der Gewitzten
auf die Popoesie.
Ruchlos vom Kopf zu den Zehen,
lachhaft und sodomit –
aber bei Lichte besehen
bleibt es das alte Lied.

Denn gonorrhoische Kränke
macht noch kein Weltgericht.
Jeder hält seine Gestänke
heute schon für ein Gedicht.
Fraß, Suff, Gifte und Gase –
ihrer Bemühungen Ziel
*paßt* vor den Ausgang der Blase! –
Aber erectil –?!

Impotente Zersprenger
mittels Gehirnprinzip –
Heimlich bleiben sie Sänger
über die Lerchen lieb.
Sentimental oder witzig,
öffentlich oder geheim,

heiß er Teut oder Itzig –
Schleim bleibt Schleim![55]

Der »Schleim« hatte es auch Brecht angetan. Benn sei »sehr geachtet, teils weil seine Verse nur von wenigen gelesen werden konnten, was man ihm als Reinheit anrechnete, denn man schloß aus der Unverkäuflichkeit seiner Bücher auf eine Unverkäuflichkeit seiner Seele«.[56] Die Sache mit der Unverkäuflichkeit hat sich ja schon 1949 erledigt. Ob Benn gelesen wird, über ein, zwei Klassiker hinaus? Fraglich.

Seinen Nihilismus geißelnd, identifizierte Brecht den ›Schleim‹ gleich mit Benn, über dessen Ambitionen er Folgendes zu berichten wusste: »Dieser Schleim legt Wert darauf, mindestens eine halbe Million Jahre alt zu sein. [...] Die Völker sind nicht dazu da, Glück zu genießen. [...] Alles ist sinnlos, darauf besteht der Pfaffe mit umgekehrten Vorzeichen.« Technischer Fortschritt sei für Benn irrelevant, am Ende sei es doch wieder nur »nichts, man ist nur nicht fertig. Wäre man fertig, so stellte es sich als sinnlos heraus, man hat eben irgendeiner Regung Ausdruck gegeben.«[57]

Tatsächlich, man wird mit dem Benn einfach nicht fertig. Was bleibt, wenn man die *Trunkene Flut* gelesen hat? Nicht eben wenig. Ein irdisches Vergnügen in B.

55 Robert Neumann: Mit fremden Federn. Parodien. Stuttgart: J. Engelhorn 1927. Nachdruck zum 125. Geburtstag des Engelhorn Verlages 1985, S. 67.

56 Brecht, GA, Bd. 22/1, S. 8.

57 Ebd., S. 10.

# Intermedialitäten

# The Steps of Music.
## Samuel Becketts Fernsehspiele

Becketts Fernsehspiele können als intermediale Ritualisierungen und Prozessualisierungen von Sprechen/Schweigen, Bewegungen, Gesten/Mimik, Musik und Geräuschen verstanden werden. In ihnen ist nichts dem Zufall überlassen, alles scheint präzise berechnet zu sein, noch die kleinste Geste gehorcht der dramaturgischen Kontrolle.

Die formale Strenge ihrer Gemachtheit, die zum Teil mathematisierbare Organisation der Inbeziehungsetzung der ›Materialien‹ Raum, Zeit, Körper, Sprache/Stimme, Gesten und Musik ist die Conditio sine qua non der erzeugten Paradoxien und Unentscheidbarkeiten der Filme, die solchermaßen auch als (synästhetische) Experimente[1] der Wahrnehmung und Beobachtung fungieren.[2] Gerade die formalisierbare Offensichtlichkeit der gezeigten und hörbar gemachten Oberfläche ver-

1 Das Experiment als Selbstexperiment, wie z. B. Carlfriedrich Claus es in radikaler Weise unternahm, versucht demgegenüber Eingriffe ins eigene psychophysische System rückzukoppeln mit begleitender Selbstwahrnehmung und Reaktionen darauf.

2 Dies allerdings immer nur im Sinne des Als-ob einer dem Medium Film/Fernsehen geschuldeten Zeitschleife, die Präsens und Präsenz jederzeit simuliert: »Im Präsens, als wären wir noch«. Samuel Beckett: Was Wo, zit. nach der Transkription des Fernsehmanuskripts, in: Jana Ziganke: Mr. Endon und die Apostrophe. Der blinde Rückblick in Becketts Fernsehinszenierung Was Wo, in: Poetica 33, 2001, S. 549–578, hier S. 574. Das »kühle, entkörperlichte und zugleich intime Massenmedium« Fernsehen, wie Beckett es funktionalisiert, hält dem Zuschauer den Spiegel vor, indem dieser sich, durch den »kleinformatigen Bildschirm« gezwungen, ganz nah an diesen heranzurücken, um

weist auf das Ausgeschlossene, das Außerhalbbefindliche, das dann auch unweigerlich ins Zentrum hermeneutischer Fragestellungen rückt: Das zu Hörende, das zu Sehende wird vor dem Hintergrund des Abwesenden gehört und gesehen – als dessen Hinweise gebende Manifestation.

Mit anderen Worten: Die quasimathematische ›Vermessung‹ der Räume und zeitlichen Abfolgen von Vorgängen und Ereignissen in Becketts Filmen verstärkt, ja gewährleistet den Eindruck des Änigmatischen. Kann er die Lösung des Rätsels nicht in formalen Prozessen finden, die sich auf der Wahrnehmungsoberfläche realisieren, sieht sich der Zuschauer/Zuhörer veranlasst, selbst komplexere Gestaltzusammenschlüsse zu erzeugen, als das Wahrgenommene ihm bietet – und wenn er nur bemüht ist, ›das Ganze‹ allegorisch zu deuten als existentielle Modell- und Grenzfälle.[3]

Details voneinander unterscheiden zu können, »durch den dunklen Hintergrund des Bildschirms reflektiert« (S. 561) und sich so – als live-projizierter Teil des Fernsehspiels – selbst ins Antlitz schaut. An dieses Phänomen der »doppelten Blickspiegelung« knüpft Ziganke die rhetorische Figur der Apostrophe und Theorien des Sehens von der Antike bis in die Gegenwart an: Die »verschwommene ›Totenmaske‹ von S/Bam in der linken Hälfte des Bildschirms wird zum Doppelgänger« des Zuschauers, »der sich mit ihm zusammen im Zimmer zu befinden und in der Mattscheibe zu spiegeln scheint« (S. 564). Hier zeigt sich, dass Medientheorie nicht abzukoppeln ist von Mediengeschichte: Die heute verfügbaren großen HD-Bildschirme lassen den Zuschauer auch die kleinen Köpfe von Bem, Bim und Bom in *Was Wo* in gemütlicher Distanz vom Sofa aus betrachten.

3 Jana Ziganke zufolge besteht ein »generelles Problem in der Beckett-Forschung [...] in dem Anspruch, Becketts Texte mit den theoretischen Konzepten anderer Autoren erklären zu können. Die Abstraktheit seiner Texte eröffnet einen scheinbar unbegrenzten Raum für die unterschiedlichsten Anbindungsmöglichkeiten an philosophische und literarische Traditionen oder psychoanalytische Konzepte.« Ziganke, Mr. Endon und die Apostrophe, S. 552.

Und dennoch: Becketts Arbeiten sind nicht kalt – und lassen nicht kalt. Sie leben von einkalkulierten fehlerpoetischen Raffinessen, von Rückungen und Aufrauungen, die eine kalte Perfektion und gegenseitig verrechenbare Synchronizität von Bild und Ton ganz bewusst unterlaufen. Mag Beckett auch als Pionier der Videokunst gelten[4] und hat er auch, zum Teil in Zusammenarbeit mit dem Produktionsteam des Süddeutschen Rundfunks, avancierte Verfremdungstechniken eingesetzt,[5] gerade in der nicht bloß selbstreferentiellen Selbstthematisierung der Medien Fernsehen und Film und der wechselseitigen Aufeinanderbezogenheit dieser Medien und der doch immer noch menschlichen Gestalten, die hier in den Blick (und ins Ohr) geraten, erweisen sich seine Fernsehspiele als widerständig und nicht nur theoretisch, sondern auch existentiell als anschlussfähig.

4 Siehe etwa Werner Spies: Der Betrachter macht das Bild. Die Wirklichkeit der Dinge und die Phantome der Kunst: Cervantes und alle die anderen von Duchamp bis Beckett, in: Samuel Beckett/Bruce Naumann. Hrsg. v. Michael Glasmeier, Sabine Folie, Gaby Hartel, Christine Hoffmann, Ausstellungskatalog, Kunsthalle Wien, Wien 2000, S. 138–148; 40jahrevideokunst.de. Digitales Erbe: Videokunst in Deutschland von 1963 bis heute. Hrsg. v. Rudolf Frieling, Wulf Herzogenrath. Ostfildern: Hatje Cantz 2006, S 123.

5 Zu den technischen Raffinessen in *Was Wo* siehe Martha Fehsenfeld: Everything out but the Faces: Beckett's Reshaping of What Where for Television, in: Modern Drama 29, 1986, S. 229–240; Walter Asmus: All Gimmicks Gone?, in: Theater Heute 4, 1986, S. 28–30. In dem Film *Comédie* wurde »die Tonspur […] unter Ausnutzung neuester Technik aus den Studios für elektronische Musik mit einer Maschine namens ›Phonogène‹ bearbeitet, um der Sprache das menschlich Atmende zu nehmen, sie quasi nur als Phonetik und nicht als Stimme, die spricht, zu artifizieren.« Michael Glasmeier: Das Hören in Becketts Filmen und Prosa, in: Das Raubauge in der Stadt. Beckett liest Hamburg. Hrsg. v. Michaela Giesing, Gaby Hartel, Carola Veit. Göttingen: Wallstein 2007, S. 144–156, hier. S. 152.

So reduziert Becketts Texte/Stücke/Hörspiele/Filme in ihrem Wahrnehmungsangebot auch erscheinen mögen, es gibt beim Betrachten und Hören mit den Jahren immer wieder etwas Neues zu entdecken. Wie kann das sein? Entdeckt man vielleicht einfach nur die Veränderung der eigenen Wahrnehmung, die Verschiebung der Aufmerksamkeitszuwendung bei gleichzeitiger Erinnerung an vorgängige Rezeptionsakte? Filme wie *Geistertrio* (1977; inklusive Abspann 31:31), *Nacht und Träume* (1983; 9:40) oder *He, Joe* (1966, 1979; mit Abspann 21:00)[6] bieten solche mentalen Deutungsmuster an, arbeiten sie doch selber mit der Selbstthematisierung von Gedächtnis, Erinnerung, Identität. Vielleicht lassen manche Figuren trotz ihrer Synekdochisierung als bloßes Auge oder Ohr doch Identifikationen zu, die sich in die Rezeption einspeisen – und Becketts Arbeiten erweisen sich als lebensnäher als gemeinhin angenommen.

Sekundiert von der strukturimmanenten Musikalisierung seiner Filme schränkt Becketts ästhetische Funktionalisierung des Mediums Film im Sinne einer vorordnenden Wahrnehmungslenkung den assoziativen Freiraum und damit verbunden die Möglichkeiten des Abschweifens des Rezipienten im Vergleich zu seiner Prosa auch in ihren reduziertesten Formen ein. Dies mag durch eine in den Medien Sprache und Film wirksam werdende Differenz von Beschreiben und Darstellen/Zeigen mitbegründet sein. Dem Beschreiben eignet eine unhintergehbare, aber auch unabdingbare ästhetische Unschärfe, die der Leser als Koautor kreativ deutet. Das gerichtete Wahrnehmen, die Zentrierung des Blicks innerhalb geschlossener und dann auch nur ausschnitthaft wahrnehmbarer Räume ordnet die Bildwelt vor, wenn sie diese nicht gar diktiert. So zeigen

6 Regie der drei Filme (alle für den Süddeutschen Rundfunk [SDR; heute SWR]): Samuel Beckett.

Becketts Filme zumeist monadisch abgeschlossene Räume[7] – einen Innenraum, eine Zelle der Konzentration und immer wieder überprüften (Selbst-)Wahrnehmung, die zugleich als mentaler Raum konfiguriert erscheint, als Exterritorisierung von Gedächtnis und Erinnerung. Die Abgeschlossenheit des (Innen-)Raumes bei Beckett, der an einen imaginären Außenraum grenzt, ohne dass je eine Osmose zwischen diesen Räumen stattfinden würde, korrespondiert mit der von Becketts Figuren durchquerten Zeit- als Wiederholungsschleife.

Freiräume eröffnet demgegenüber die von Beckett in seinen Filmen durchaus auratisch eingesetzte Musik, die sich so gar nicht domestizieren lässt. Im Gegenteil, sie ist nicht nur ästhetisch autonomer und emanzipierter Mitspieler, der gewissermaßen mit am Tisch sitzt, sondern auch Struktur vorgebendes Trägermaterial, dessen Bahnung die anderen Mitspieler (Stimme/Sprache, Mimik/Gesten, Raum, Zeit und Körper) folgen: Sie ist mitunter die Initiatorin oder sogar Erfinderin des Spiels.

Hierin erweist sich Becketts Sicht auf die Musik (aber nicht nur diese) und die Rolle, die er ihr in seinen Fernsehspielen zuweist, als durchaus romantisch, und da mag es dann nicht mehr verwundern, wenn Franz Schuberts/Wilhelm Müllers *Winterreise* und Ludwig van Beethovens *Klaviertrio in D-Dur*, op. 70, Nr. 1 *(Geistertrio)*[8] in seinen Filmen eine bedeutende

7 Vgl. Claudia Benthien: Die vanitas der Stimme. Verstummen und Schweigen in Bildender Kunst, Literatur, Theater und Ritual, in: Stimme. Hrsg. v. Doris Kolesch, Sybille Krämer. Frankfurt/M.: Suhrkamp 2006, S. 237–268, hier S. 244. Gesondert zu betrachten wäre der Einfluss, den die Bildende Kunst auch auf die Filme Becketts ausgeübt hat. Siehe diesbezügl. Glasmeier, Das Hören in Becketts Filmen und Prosa.

8 In seiner Rezension *Beethoven – Zwei Klaviertrios op. 70* schreibt E. T. A. Hoffmann, Beethoven sei »ein rein romantischer Komponist, mehr als je einer« und seine beiden Klaviertrios bewiesen »aufs neue, wie B. den romantischen Geist der Musik tief im Gemüte trägt«.

Rolle spielen und nicht etwa zeitgenössische Komponisten/ Kompositionen.[9] Andererseits ist Becketts Musikalisierung des Films auf eine Musik angewiesen, die thematisch orientiert ist und über die thematische Variation und Durchführung/Entfaltung eigengesetzliche Wiederholungsstrukturen aufweist.

Die Parameter Zeit und Rhythmus bilden innerhalb des dramaturgischen Konzepts der Fernsehspiele die strukturbildenden Dominanten. Rhythmus ist hier als rhythmische Gliederung, als Substrukturierung von Zeit zu verstehen, womit schon angedeutet ist, dass Zeit und Rhythmus keine getrennt voneinander verrechenbaren Parameter sind. Becketts die Aufmerksamkeit des Zuschauers herausfordernde Proportionalisierung der Dauer von Aktion und äußerer Bewegungslosigkeit, von akustischen Ereignissen und ihrem Ausbleiben, Schweigen/Stille, ist durchaus als eine musikalische zu begreifen. Auch die Sprechpausen erfahren eine Stilisierung. Sie dienen nicht primär der Segmentierung von Äußerungseinheiten oder sind der physiologischen Notwendigkeit geschuldet, vielmehr haben sie die Funktion, das Sprechen zu interpunktieren.

Die rhythmisch-gestischen, dynamischen, intonatorischen etc. Stilisierungen, denen Beckett das Sprechen unterwirft, machen dieses zu einer Art Musiksprechen, das den Zuhörer immer auch auf die Erscheinungsweise von Stimme, ihre Qualität und Grundfrequenz oder zum Beispiel auf die Atmung und die Periodisierung der Sätze achten lässt. Damit ist

E. T. A. Hoffmann, in: ders. Sämtliche Werke in sechs Bänden. Bd. 1. Frankfurt/M.: Deutscher Klassiker Verlag 2003, S. 656–694, hier S. 656 (Hervorhebung dort).

9 James Knowlson erwähnt »mindestens sechs verschiedene Vertonungen oder Opern« von bzw. mit Becketts Texten, die zwischen 1976 und 1977 von Beckett »abgesegnet« worden waren. Ausdrücklich erwähnt werden in diesem Zusammenhang Wolfgang Fortner, Morton Feldman und Heinz Holliger. Vgl. James Knowlson: Samuel Beckett. Eine Biographie. Frankfurt/M.: Suhrkamp 2001, S. 818–819.

eine ästhetisierte Grundtönung der Stimme bei Beckett, ihre Musikalisierung und Interdepedenz mit der Sprache angesprochen. In Becketts Filmen fungiert die Stimme als Medium der Anrufung, der Herbeirufung. Ertönend ist sie bereits vergangen, selber Erinnerung, die sich stets in Erinnerung rufen muss. Die Antagonismen des Ephemeren, das die Stimme ist, und des Wiederholungszwanges des In-Erinnerung-Rufens generieren so einen unabschließbaren Prozess, der filmisch nur als unendlich zu denkendes – und also nicht (aus-)zu denkendes – Ritual, als zu perpetuierende Echolalie und sich medial in sich selbst spiegelnde (Selbst-)Wahrnehmungs- als Gedächtnisschleife zu begreifen ist.

Innerhalb von Becketts Fernsehspielen zu unterscheiden sind solche, in denen dem Film vorgängige und auch unabhängig vom Film bestehende Musik hörbare Verwendung findet, und andere, in denen Musik (aber auch Gedichte) als Text- und (Fernseh-)Bild generierendes Animations- und Assoziationsmaterial fungierte. In *Geistertrio* erklingen ganz bestimmte Fragmente aus Beethovens *Klaviertrio Nr. 1 op. 70*, in *Nacht und Träume* summt der Träumer die letzten sieben Takte des Liedes *Nacht und Träume* von Franz Schubert, und in *Quadrat I* wird den vier nach festgeschriebenen choreographischen Mustern Gehenden jeweils ein bestimmtes Perkussionsinstrument zugeordnet; *Was Wo* (1986) nimmt direkten Bezug auf Schuberts *Winterreise* – der Liederzyklus grundiert den Film in mehrerlei Hinsicht –, auf das Gedicht *Off, in the Silly Night* von Thomas Moore und das Sonett *Voyelles* von Arthur Rimbaud; *… nur noch Gewölk … (… but the clouds …)* (1977; 14:01) verwendet Fragmente der letzten Strophe des dreiteiligen Langgedichts *The Tower* von William Butler Yeats.[10] Ein solches Fragment bildet bereits den Titel des Bühnenstücks bzw. Films.

10 »Now shall I make my soul, / Compelling it to study / In a learned school / Till the wreck of body, / Slow decay of blood, / Testy

Durch die Interdependenz von Dauer und rhythmischer Gliederung erfahren die Filme eine Musikalisierung, die nicht aus der Adaption bzw. Analogisierung mehr oder weniger invarianter musikalischer Formprinzipien, wie sie für musikalische Gattungen konstitutiv sind, resultiert. Invarianz der Sprechtonhöhe (allenfalls Satzenden werden intonatorisch als solche markiert), Periodisierung von Artikulationsverläufen und Bewegungsmustern, Sprechen in einer konstant verlangsamt *(Geistertrio)* oder beschleunigt *(Nicht Ich)* gehaltenen Geschwindigkeit, Gegenüberstellung von Bild und Ton als Dialogpartner (eine Stimme ist zu hören, ohne dass der oder die Sprechende zu sehen wäre; eine Figur ist zu sehen, die zuhört und schweigt, so in *Geistertrio* und *He, Joe*), Sprechen mit kombinatorischer (z. B. permutativer oder palindromischer) Abfolge der Sprechenden (oder Gehenden wie in *Quadrat I* und *II*), Kontrastierung von Stille und Nicht-Stille (Stimmen, Geräusche) – alle diese für Becketts Filmarbeiten konstitutiven Verfahren sollen hier verstanden werden als eine Musikalisierung durch ästhetische Stilisierung in Abgrenzung zu alltagspragmatischen und auch auf Verständlichkeit zielende, dem Plot subordinierte filmisch-dramaturgische Verwendungsweisen.

Die Maske der Stimmen in Becketts Filmen ist ihre zum Teil betont inexpressive Maskenlosigkeit. Stille, die wir alltagspragmatisch als ein ephemeres hintergründiges Rauschen sprichwörtlich überhören und aus dem Informationsfluss ausfiltern, wird bei Beckett zu dem existentiell Anderen, das

delirium / Or dull decrepitude, / Or what worse evil come – / The death of friends, or death / Of every brilliant eye / That made a catch in the breath – / Seem but the clouds of the sky / When the horizon fades; / Or a bird's sleepy cry / Among the deepening shades.« William Butler Yeats: The Tower, in: ders.: The Poems. London: J. M. Dent & Sons 1992, S. 240–245.

einen unergründlichen Raum eröffnet – einen Raum, in den Becketts grau schattierte Räume mitsamt den in sie implementierten Figuren und ihren Gedächtnisräumen stufenlos übergehen. Das Schweigen der Figuren, die ausdrücklich nichts zu sagen haben, ist eben nicht nur ein Nicht-Sagen, es ist auch die Internalisierung der Stille, die es rein nie gibt, ihre Verinnerlichung, die das Rauschen der unaufhörlich erinnerten Stimmen hörbar macht, in die sich die augenblicklich immer nur nicht-identische Figur diversifiziert. Insofern redet es unaufhörlich; der »ich« denkt, ist schon zu zweit: eine monadische Rückkopplungsschleife. Diesem Selbst-zu-zweit-Sein, dem Auf-sich-selbst-Zurückgeworfen-Sein durch den erblickten Blick des anderen, versucht in *Film* das »*O*« genannte »Objekt« (Buster Keaton) manisch zu entgehen: Selbsterkenntnis kann das Schlimmste sein.

Der reduktionistischen Zurückführung auf fundamentale Schemata und Konfigurationen wie zum Beispiel gestaltbildende Geometrisierungen ist in Becketts Filmen nicht nur der innere wie äußere Raum samt der in ihm konstellativ gruppierten Gegenstände unterworfen, auch die in diesen Räumen sich bewegenden Figuren und die Stimmen innerhalb und außerhalb der (sichtbaren) Räume sind gemessen an ihren alltagspragmatischen Handlungsmustern, Verhaltensweisen und stimmlichen wie körperlichen Ausdruckspotentialen in ihren körperlichen Erscheinungsweisen und Spektren restringiert: Es ist nur das Gesicht *(Was Wo)* oder nur der Mund *(Nicht Ich)* zu sehen; die Figuren sind eingehüllt und auf das Ausführen von Schrittfolgen reduziert *(Quadrat I* und *II)* oder fast bewegungslos *(Nacht und Träume)*, sie sind stumm *(Geistertrio)* oder hören Stimmen, ohne ihnen letztlich entgehen zu können, auch wenn in *He, Joe* Joe schließlich doch noch Kontrolle über die – halluzinierte – weibliche Stimme, die er hört, zu gewinnen scheint, indem zum Schluss die Stimme ausgeblendet werden kann. Die weibliche Stimme spricht in diesem Zusammenhang von einem ›Mentalmord‹, den Joe an seinen Auditoren begeht. Mit dem Verstummen der Stimme wird auch das Bild (Joe) abgeblendet, ein signifikanter Moment der Interdependenz von Hören (auch innerer Stimmen) und Sehen (auch imaginierter Bilder), wobei dieses koinzidierende Finale nur als ein momentanes begriffen werden kann, bevor die peinliche Befragung von vorne beginnt.

Auch die Schlusssequenz von *Geistertrio* mit der nach dem Verklingen der Musik erwartungsvoll-zufrieden in die Kamera schauenden männlichen Gestalt signalisiert ein durch die Musik bewirktes harmonisierendes ›Happy End‹ – und doch kann auch hier nicht ausgeschlossen werden, dass mit der nächsten Einstellung der Protagonist wie der Zuschauer denselben Prozess noch einmal durchlaufen muss.

Auf der anderen Seite versteht es Beckett, in der Resurrektion von vermeintlich technisch defizitären Anachronismen wie dem Medium Stummfilm, dessen – bloß kompensatorische? – Intensivierung und semiotische Aufladung mimischer und gestischer (Kon-)Figurationen des Bedroht- und Verfolgtseins er bzw. Buster Keaton in *Film* bedrängend zu inszenieren weiß, die nicht analogisierbaren und auf andere Medien übertragbaren Qualitäten dieses Mediums als die einzig möglichen zu extrapolieren und aus ihnen Kapital zu schlagen – nicht umsonst wird der Film bereits im Titel selbstreferentiell auf sich selbst gewendet: Film bedeutet Beobachten.

In *Film* manifestiert sich die Anwesenheit von Stimme bzw. Ton bei ihrer fast permanenten Abwesenheit: Der zum Voyeur werdende Zuschauer lauscht dem Versuch des mittels Kamera (E[ye]) verfolgten, in den Blick genommenen Protagonisten O(bject) (Buster Keaton), der visuellen Selbstwahrnehmung und somit dem Doppelgänger unter allen Umständen zu entgehen – so wird selbst der Blick von Tieren wie Goldfisch, Katze oder Vogel zum Blick des Anderen, der ›Ich‹ bedeutet. Gelänge dieser Versuch, würde *Film* sich selber abschaffen. Mit

Ausnahme der berühmten Interjektion »sssh!« (»Psst!«), mit der die Frau die Empörung ihres Mannes nach dem Zusammenstoß mit dem verstört die Straße bzw. eine Mauer entlanghastenden O kontert,[11] sind in *Film* kein Laut und kein Geräusch zu hören[12] – und doch läuft Sprache/Stimme immer mit: »Würde er doch jetzt etwas sagen«, hofft der Zuschauer vielleicht, »dann …« – würde alles besser? Der Stimme wird die Macht zugestanden, eine Situation nicht ausweglos erscheinen zu lassen; und zum Glück verbietet eine geheime Macht der Stimme, sich in *Film* zu erheben. Die Stimme ist ganz eingesogen in den Blick, der – sich entziehend – alles sagt und so zum eigentlichen Soundtrack wird. Als O sich schließlich in der frontalen Blick-Konfrontation mit der Kamera (E = O) doch selbst wahrnimmt – der Zuschauer mag dies bedauern und Mitleid empfinden, wenn er sich mit O und seinen manischen Ausweichmanövern identifiziert hat –, verbirgt er sein Gesicht in den Händen, um sich dem (eigenen) Blick zu entziehen, eine der akustischen Geste des »sssh!« analoge visuelle Geste des Unterbrechens und der Rückführung von Stimme/Sprechen bzw. Sehen/Erkennen in die schützende Latenz. Über die »sprachlich nur annäherungsweise« wiederzugebende »Mehrfachkodierung des Blicks« und die technische Realisie-

11 Zuvor spielt das ältere Paar eine gegenläufige Kombinatorik durch, wie sie für Becketts Protagonisten typisch ist: Die Frau hebt ein Lorgnon an die Augen, der Mann lässt seinen Zwicker sinken; beide sehen sich an; die Frau lässt das Lorgnon sinken, der Mann setzt den Zwicker wieder auf etc. O ist währenddessen ›blindlings‹ weitergehastet, E ist O gefolgt und beobachtet, für den Zuschauer unsichtbar, das ältere Paar, das E daraufhin auch wahrnimmt. Der Zuschauer nimmt für eine kurze Sequenz den getrübten Blick des Mannes ein, der auch für den getrübten hermeneutischen Blick stehen kann. Wer beobachtet hier wen?

12 Allein dieses Geräusch machte eine eigene kostspielige Tonspur nötig. Vgl. Glasmeier, Das Hören in Becketts Filmen und Prosa, S. 151.

rung der finalen Selbstwahrnehmung Os, die bei ihm eine Epiphanie des Schreckens und damit einhergehend den Rückzug des Blicks nach innen auslöst, merkt Michael Lommel an: »Der Zuschauerblick entspricht zunächst dem Kamerablick, also E's Sicht, fällt aber zeitweise auch mit O's Wahrnehmung zusammen und löst sich am Ende von E, wenn E für O als O selbst sichtbar wird (filmtechnisch im Schuss-Gegenschuss-Verfahren). Ein genialer Kunstgriff Becketts besteht darin, dass O auf einem Auge blind ist und eine Augenklappe trägt (die übrigens dem monokularen Kameraauge entspricht), während E als O, als ihm gegenüberstehendes double, die Klappe auf derselben Seite trägt (also *nicht* spiegelverkehrt [...]). Auf diese Weise führt *Film* nicht nur ›die Schranken des Blicks‹ vor, sondern lässt uns auch ›das Sehen sehend erleben‹.«[13]

Auch in *Geistertrio* ist der allein sichtbare Protagonist, die männliche Gestalt, stumm. Zu hören ist eine weibliche Stimme – und Musik. Ob die männliche Gestalt die weibliche Stimme hört, ist höchst ungewiss. Ob er die Musik hört, ist zumindest nicht ganz sicher, auch wenn er, diesen aus- und anschaltend, den Kassettenrecorder bedient, aus dem augenscheinlich die Musik (Beethoven) erschallt. Vielleicht aber ertönt die Musik nur in seinem Kopf, als Erinnerung, was dann allerdings ein phänomenales musikalisches Gedächtnis und eine eines Dirigenten würdige mnemotechnische Erinnerungsstrategie voraussetzen und den ›Kopf‹ selbst zum Kassettenrecorder machen würde.

Bewegungen spielen in Becketts Filmen (und Theaterstücken) eine besondere Rolle, sie bilden eine Art musikalisierte Choreographie.

13 Michael Lommel: Samuel Beckett. Synästhesie als Medienspiel. München: Fink 2006, S. 38.

Ob in *Nacht und Träume*, in ... *nur noch Gewölk* ... oder *Quadrat I* und *II*: die der rhythmischen Untergliederung einzelner Sequenzen dienenden Bewegungsmuster des zum Teil deutlich hörbaren Sichdahinschleppens, des eiligen/überhasteten (und dennoch präzisen) Gehens, des Sichfortbewegens mit unterschiedlichen Intensitätsgraden sind berechnet und kalkuliert, kein Schritt darf zu viel oder zu wenig gemacht werden. Ein statischer geometrischer Raum bildet jeweils den topographischen Hintergrund der Bewegungsabläufe. *Film* weicht hiervon insofern ab, als der Protagonist erst über ein Außen (Straße, Mauer) in die klaustrophobe Abgeschlossenheit eines Innenraumes gelangt.

Die Bewegungsabläufe werden bei Beckett oftmals absolut gesetzt, ritualisiert: Das Regulative des Rituals – selbst Ekstase stellt keine Regelverletzung dar, vielmehr ist sie oftmals gerade intendiert –, seine invarianten (überlieferten) Abläufe zielen auf Wiederholbarkeit, die eine Veränderung, einen Wandel ausschließt.

Es ist nur konsequent, dass Beckett mit *Quadrat I* und *II* körpermotorische Korrelate zum lippentanzenden Sprechautomaten von *Nicht Ich*[14] erfunden hat. In dem ursprünglich als Theatermonolog geschriebenen Verhör- und Sprechfoltervideo *Nicht Ich* (1977; 12:22) ist der Mund sein eigenes Gesicht. Sein kataraktartiges, ich-dissoziiertes Sprechen[15] hat Affinitäten zur

14 Über die Entstehung von *Not I* und den Einfluss u. a. von Michelangelo Caravaggios Gemälde *Die Enthauptung Johannes des Täufers* siehe Knowlson, Samuel Beckett, S. 737–742.

15 Knowlson zufolge ist der Monolog »in die Atmosphäre Alt-Irlands getaucht, indem er das Leben einer irischen Landstörzerin heraufbeschwört, die dem Anschein nach in einem protestantischen Waisenhaus heranwuchs, dann allein lebte, völlig in sich selbst absorbiert, mit keinem redend – bis plötzlich etwas passiert, was einen Strom von Lauten entfesselt.« Knowlson, Samuel Beckett, S. 739. Beckett selbst gibt an, »diese Frau in Irland gekannt« zu haben. Vgl. ebd.

etwa zur selben Zeit sich poetologisch ausformulierenden performance poetry[16] bzw. spoken word poetry mit ihrem zuweilen entfesselten Parforceritt der Artikulationsorgane. Auch das passagenweise sprechgesangsartige Artikulieren in *Nicht Ich* ist musikalisch rhythmisiert. Die lautliche Oberfläche des Redestroms wird aufgrund der Artikulationsgeschwindigkeit und der fragmentierten Portionierung der Redeeinheiten gegenüber der referenzsemantisch ungesicherten und instabilen Aussage als stabile Figur wahrgenommen. Elmar Tophoven zufolge bleibt mit der durchschnittlichen Silbenlänge von 4,52 pro Redeeinheit der englischen Originalfassung »die wahrnehmungspsychologisch ideale Textportion von der Länge eines halben Alexandriners [...] fast immer unterschritten«, und damit kann der »Redestrom [...] weder klar anfangen noch eindeutig enden«[17] – was den Zuhörer, wenn er nicht ›aussteigt‹, dem driftenden Redeanfall aussetzt und ihm – in der Hoffnung auf ein aufklärendes Finale – atemlos folgen lässt.

Abgesehen von fein austarierten, den ansonsten monotonen Redeschwall agogisch auflockernden Schwankungen und Rückungen in der Sprechgeschwindigkeit wird die Sprechinkontinenz bei den vom Mund selbst gestellten und beantworteten Rückfragen »What? ... Who? ... No! ... She!« abrupt abgestoppt und gelegentlich von exaltiert-stilisiertem Auflachen und expressiven Schreien unterbrochen. Dieses Schreien und Lachen ist dann – selbst in der Stilisierung – doch »Ich«. »Ich« ist eine Zumutung, die der Mund partout an »sie«, die dritte Person Singular delegieren will. Gegenüber den anderen

16 Siehe zum Beispiel Ellen Marcia Zweig: Performance Poetry: Critical Approaches to Contemporary Intermedia (Doctorate Dissertation for English Language and Literature. Ann Arbor, Michigan: The University of Michigan 1980).

17 Elmar Tophoven: Anmerkungen, in: Samuel Beckett. Werke I.2, Dramatische Werke. Werkausgabe. Frankfurt/M.: Suhrkamp 1976, S. 390–391.

Fernsehspielen ist *Nicht Ich* von bemerkenswerter Expressivität, wobei die phatische und emotive Sprachfunktion dominiert. Das mag seinen Grund darin haben, dass hier der zu sehende Mund tatsächlich auch spricht, während der im Stück noch auf der Bühne zu sehende »Vernehmer«[18] in der Filmfassung nicht mehr zu sehen ist. Die kommunikative Situation ist also genau reziprok zu der in *Geistertrio* oder *He, Joe*: Der zu Sehende ist nicht mehr passiver Zuhörer; der Zuhörer aber ist (in der Filmfassung) nicht zu sehen. Die Expresseme und die rhythmisch-pulsierende Intensität der Stimme unterlaufen den propositionalen Akt der behaupteten Nicht-Selbstreferentialität, die mit viel Aufwand betriebene Abrede der Identität zwischen sprechendem und besprochenem, erzählendem und erzähltem Ich (= sie): Indem der Mund den Mund aufmacht, ist die Behauptung »Nicht Ich« bereits widerlegt.

Auch *Was Wo* ist ein Verhörspiel. Unklar bleibt auch hier, was genau Anlass und Gegenstand des Verhörs sind. *Was Wo* (15:28 mit Abspann), 1983 auf Französisch unter dem Titel *Quoi où* ursprünglich als Bühnenstück für die Herbstfestspiele in Graz geschrieben, wurde von Beckett 1986 für den Süddeutschen Rundfunk als Fernsehspiel adaptiert/realisiert.[19] In *Was Wo* werden Bam, Bim, Bem und Bom vom Spielleiter Bam ein- und ausgeschaltet: »Ich mache an.« – »Ich mache aus.« Ziganke nennt den großen Bam »Schalter« und bezeichnet ihn zur besseren Unterscheidung vom kleinen Bam als »S/Bam«, was hier beibehalten werden soll.[20] Eine medienanaloge Kom-

18 »VERNEHMER, im Vordergrund links, große, stehende Gestalt unbestimmten Geschlechts, von Kopf bis Fuß in eine weite, schwarze Djelaba mit Kapuze gehüllt, in voller Größe schwach beleuchtet, […]«. Samuel Beckett: Werke I.1, Dramatische Werke, Theaterstücke. Werkausgabe. Frankfurt/M.: Suhrkamp 1976, S. 239.

19 Vgl. Knowlson, Samuel Beckett, S. 855.

20 Vgl. Ziganke, Mr. Endon und die Apostrophe, S. 557.

plementärstelle findet sich in Becketts Dezember 1961 auf Französisch geschriebenem, zum ersten Mal am 13. Oktober 1963 von France Culture (mit Roger Blin als »Öffner« und Jean Martin als »Stimme«) gesendeten Hörspiel *Cascando. Invention radiophonique pour musique et voix* (Musik: Marcel Mihalovici): »Öffner: [...] Ich öffne. [...] Und ich schließe. [...] Ich öffne das andere. [...] Ich öffne beide.«[21] Von den Protagonisten ist in *Was Wo* nur das Gesicht zu sehen: S/Bams Gesicht, links oben im ersten Drittel des Bildes, ist ungefähr viermal so groß wie das Gesicht der von ihm herbeigerufenen Bam, Bom, Bim und Bem, die in einer ganz bestimmten Kombinatorik allein oder sukzessive als Duo oder Trio zugeschaltet und wieder ins Dunkel abgeblendet werden, wobei Bem und Bom immer an identischer Stelle erscheinen (in der Mitte der drei kleinen Köpfe) und deshalb nie zusammen. Einer spezifischen Kombinatorik folgend sind die Augen (und der Mund) der Gesichter geschlossen oder geöffnet. Bam, mit emotional engagierter Verhörstimme, ist das »alter ego«[22] von S/Bam, dessen Stimme inexpressiv und technisch verfremdet auf fast gleichbleibender Stimmtonhöhe die ›Rahmenerzählung‹ bildet, während die Dialoge der vier kleinen Köpfe metadiegetische Einschübe bilden. »Er hat nicht gesagt was?« und »Er hat nicht gesagt wo?«, lauten die insistierend vorgebrachten Fragen des jeweiligen Verhörs.[23] Dem Stück/Film liegt die zum Teil in Graz entstandene *Winterreise* von Franz Schubert, 24 Lieder nach Gedichten von Wilhelm Müller, als Assoziationsmaterial zugrunde. Einen direkten Hinweis auf diese musikalische Folie gibt Spielleiter Bam in Form eines

21 Samuel Beckett: Cascando, in: ders.: Werke I.2, Dramatische Werke, S. 321–322.

22 Ziganke, Mr. Endon und die Apostrophe, S. 557.

23 Zur Analyse von *Was Wo* siehe den ausgezeichneten Text von Ziganke, Mr. Endon und die Apostrophe.

Kalauers: »Es ist Winter. Ohne Reise« (12:25–12:30). Analog zu den vier Jahreszeiten ist der Film in vier variierende Sequenzen gegliedert.

Bei aller Reduktion bis hin zu Einzelwörtern oder onomatopoetischen Lautgestalten,[24] auf das Wort zugunsten des bloß Lautlichen im Sinne der Lautpoesie/-musik verzichten Becketts Prosa und seine Arbeiten für Theater und Film nicht – im Gegenteil, das Wort erfährt bei Beckett eine geradezu auratische Aufladung –, zugunsten des Schweigens (und partiell der Stille) verzichten sie auf das Wort aber sehr wohl. Vielleicht hat Beckett die lautpoetische Dekomposition von Sprache bzw. Sprechen/Stimme als Sprachregression ins Feld des ästhetisch Obsoleten, da historisch bereits Durchgespielten verwiesen, vielleicht hat er befürchtet, Lautpoetisches wäre im Kontext seiner Arbeiten als bloßes Ironiesignal oder gar als Karikatur wahrgenommen worden. Was aber hätte er zu den so selbstexperimentellen wie existentiellen ›Lautaggregaten‹ von Carlfriedrich Claus gesagt? Bestimmte, vordringlich an Schriftzeichen und zunächst weniger an der Stimme orientierte Ausformungen der Lautpoesie entwickelten ein Formenrepertoire, das sich aus der kunstvollen Kombinatorik unterschiedlicher Techniken speiste wie Akrostichon, Anagramm, Alphabetreihung, ABCdarius, Diaphora,[25] Kaimata,[26] Palindrom, Paranomasie[27] oder Permutation – Techniken, die kal-

24 Siehe diesbezügl. Lommel, Samuel Beckett. Synästhesie als Medienspiel, S. 137–154.
25 Wiederholung desselben Wortes oder Satzteiles mit (emphatischer) Verschiebung der Bedeutung.
26 Kaimata ist ein Schwundschema: Ein Wort oder Buchstabengebilde wird mehrmals hintereinander wiederholt, mit jeder Wiederholung wird ein Buchstabe am Anfang weggelassen.
27 Wortumbildung.

kulierbar sind und in mathematische Formeln ›übersetzt‹ werden können. Wenn auch ironisch gebrochen, so doch durchaus an der logischen Durchspielbarkeit von kombinatorischen Paradoxien interessiert, wie sie sich vielfach in seinen Arbeiten finden lassen, hätte sich Beckett hier auf einem bereits gut durchgearbeiteten Feld bewegt, auf dem Feld der lautpoetischen Internationalen, das ihm vielleicht zu vorgeordnet und gruppendynamisch gewesen wäre. Gewichtiger scheint mir aber der Einwand, Beckett könnte die Lautpoesie in ihrer akustischen Realisierung der Musik zugeordnet haben. Somit träte sie also in Konkurrenz zum Beispiel zur Musik von Beethoven oder Schubert, die bei Beckett das musikalische Feld bereits besetzten – und Poesie als Musik, hätte Beckett in dieser Richtung grenzüberschreitend gedacht und gearbeitet, er hätte auf das auratisch aufgeladene Wort und seinen erinnerungsstiftenden Hallraum verzichten müssen. In der Gegenüberstellung von Wort – Schweigen – Musik aber konnte er wechselnd besetzte Schnittmengen herausarbeiten, die das ästhetische Spannungsgefüge auch seiner Filme ausmachen.

In den Mund- bzw. Gesichtfilmen *Nicht Ich* und *Was Wo* werden immer noch Wörter verwendet, die eine, wenn auch fragmentierte, gestotterte[28] Geschichte erzählen. Hat Beckett in seinen Theaterstücken und Filmen den Schritt hin zu einem lautpoetischen Artikulieren also nicht vollzogen, wäre es dennoch interessant, der Frage nachzugehen, ob er die auditiven Irritationsexperimente im intermedialen Grenzbereich von Poesie und Musik gekannt hat, wie sie zum Beispiel die Pariser (Ultra-)Lettristen (Isidore Isou, Gabriel Pomerand, Mau-

28 Über die Poetik des Stotterns bei Beckett u. a. siehe Gilles Deleuze: Stotterte er …, in: ders.: Kritik und Klinik. Frankfurt/M.: Suhrkamp 2000, S. 145–155.

rice Lemaître, François Dufrêne, Gil J. Wolman u. a.) ab 1946 unternahmen.[29]

## Gehen macht die Musik: *Quadrat I* und *II*

Wie schon die beiden existentiellen Pantomimen *Akt ohne Worte I* (1956) und *Akt ohne Worte II* (1959), die an die Ästhetik von Stummfilmgrotesken anknüpfen, verzichten die beiden Variationen *Quadrat I* (1981) und *Quadrat II* (1981) ganz auf das Wort bzw. die (menschliche) Stimme. Als geometrische Tänze sind die beiden stummen Variationen kinetische Ausstellungen ritualisierter Bewegungsabläufe, deren generierender Quellcode der Wahrnehmung verborgen bleibt, indem er sich realisiert: Auch hier scheint es einen »unbewegten Beweger«[30] im Hintergrund zu geben, der dieses Mal die Prot-

29 Auch im Bereich der Videokunst finden sich intermediale Grenzüberschreitungen von Film und Lautpoesie/-musik. Der japanische Musiker und Lautpoet Nobuo Kubota zum Beispiel verarbeitet in seinem Videokunststück Nobuo Kubota at the Western Front Part II aus dem Jahr 1990 verschiedene stimmliche Aktionen und ›extended vocal technics‹ jenseits bestehender Sprachen. Das lautmimische Meisterwerk zeigt ebenfalls nur (s)ein Gesicht, harte Schnitte verursachen abrupte Rückungen des Bildes bei partiell forcierter Asynchronizität zwischen Bild und Ton. Das führt zum Beispiel zu der Paradoxie, dass Kubotas Stimme (auch in Überlagerung mit sich selbst) zu hören ist, obwohl Kubota den Mund geschlossen hält. Nobuo Kubota: *Nobuo Kubota at the Western Front Part II*, produced at the Western Front Video, Vancouver, B. C. in the spring of 1990. Zu weiteren Videomündern wie z. B. Bruce Naumans *Lip Sync* (1968), Danica Dakićs *Autoporträt* (1999) und Tony Ourslers *(ohne Titel)* siehe Michael Lommel: Becketts und Bacons Münder, in: Samuel Beckett und die Medien. Neue Perspektiven auf einen Medienkünstler des 20. Jahrhunderts. Hrsg. v. Peter Seibert. Bielefeld: transkript 2008, S. 137 – 156.
30 Xenophanes: Fragment 21; Aristoteles: Metaphysik, 1012 b 30.

agonisten nicht zum (sich selbst) Wahrnehmen und Zuhören antreibt, sondern zum ununterbrochenen Abgehen geometrischer Muster. Verstärkt durch Schlaginstrumente, ist das perkussive Gehen der vier ›Schauspieler‹ selber Musik, was insbesondere im schwarzweiß gedrehten *Quadrat II* zur Geltung kommt, das zudem noch ohne Rhythmusinstrumente auskommt.

Mit einer metronomischen Zählzeit von ungefähr 138 Schlägen pro Minute als Schritttempo und einer identischen, invarianten Schrittfolge gehen in *Quadrat I* (8:58) vier in Djellabas gehüllte Figuren in vornübergebeugter Haltung sukzessive von vier verschiedenen Seiten aus mit jeweils nackten Füßen ein schwach ausgeleuchtetes Quadrat ab, dessen raue Oberfläche das Schlurfen der Schritte deutlich hörbar werden lässt. Die Djellabas sind in Weiß, Gelb, Blau und Rot, die über den Kopf gezogenen Kapuzen verdecken die Gesichter vollständig.

Knowlson zufolge trugen die Gehenden während der Produktion dieses »Tanzquartetts ohne Worte«[31] unter ihren Kapuzen Kopfhörer, »um die Trommelschläge besser zu hören; denn jeder rhythmische Fehltritt ruinierte das Zeitmaß und führte zur nochmaligen Aufnahme«.[32] Die letztere Feststellung bezieht sich auf faktische Probleme während der Aufnahme, allerdings wäre es praktikabler gewesen, wenn nicht die Figuren nach einem »streng rhythmisierten Trommelschlag« ihre »schlurfenden Schritte«[33] gerichtet hätten, sondern umgekehrt die vier unterschiedliche Perkussionsinstrumente spielenden Musiker ihr Spiel nach den invarianten, taktmäßig schwer zu fassenden Schritten der ›Tänzer‹ ausgerichtet hätten – oder die ›Tänzer‹ einen Click im Ohr gehabt hätten,

31 Knowlson, Samuel Beckett, S. 839.
32 Ebd., S. 841.
33 Ebd., S. 840.

über den sie eine metronomische Zählzeit hörten, der dann allerdings auch die Perkussionisten exakt hätten folgen müssen. Die polyrhythmischen Strukturen der vier Schlagzeuger lassen jedenfalls einen Takt bzw. eine metronomische Zählzeit nicht erkennen, ein streng rhythmisierter Trommelschlag ist nicht zu hören. Die ›Tänzer‹ hinwiederum gehen die Längsseiten des Quadrats jeweils mit sechs Schritten ab, wobei der jeweils sechste Schritt der Körperdrehung bzw. übersetzenden Fußstellung in Richtung auf die sich der Längsseite stets anschließende Diagonale dient.

Das Quadrat mit den Eckpunkten A B C D ist durch die Diagonalen A D und B C in vier Dreiecke unterteilt: A B C, B C D; A B D, A C D. Figur 1 (Weiß) geht die beiden ersten Dreiecke folgendermaßen ab: A → C, C → B, B → A. Da A nicht zum Dreieck B C D gehört, quert 1 von A nach D diagonal das Quadrat und geht nun folgendermaßen das Dreieck B C D ab: D → B, B → C, C → D. Um nun zum Ausgangspunkt A zurückzukehren, quert 1 das Quadrat von D zurück zu A. Dieses Schema behält 1 bis zum Schluss von *Quadrat I* bei:

| | |
|---|---|
| Figur 1 (Weiß) | AC, CB, BA, AD, DB, BC, CD, DA. |
| Figur 2 (Gelb) | schreitet komplementär zu 1 die beiden Dreiecke B A D (= A B D) und C D A (= A C D) ab und quert das Quadrat von C nach B und von B nach C: BA, AD, DB, BC, CD, DA, AC, CB. |
| Figur 3 (Blau) | geht die Dreiecke C D A und B A D ab: CD, DA, AC, CB, BA, AD, DB, BC. |
| Figur 4 (Rot) | geht die komplementären Dreiecke D B C und A C B ab: DB, BC, CD, DA, AC, CB, BA, AD.[34] |

34 Siehe Samuel Beckett: Quadrat. Stücke für das Fernsehen. Frankfurt/M.: Suhrkamp 1996, S. 9.

Die acht einsinnigen Laufrichtungen: AC, AD, BA, BC, CB, CD, DA, DB markieren insgesamt die vier verschiedenen Dreiecke. Die gegenläufigen Richtungen (AB, BD, CA, DC) werden von Beckett ausgeschlossen, um Zusammenstöße zu vermeiden und um ein symmetrisch-konzentrisches Drehmoment der Viererformation im Uhrzeigersinn zu gewährleisten.

Jede Figur macht insgesamt 16 gleichmäßige und im Tempo identische Schritte, bis sie jeweils eine Längsseite (6 Schritte) und eine Diagonale (10 Schritte) durchmessen hat. Die 16 Schritte ließen sich zu vier 4/4-Takten gruppieren. Denkbar wäre auch folgende Taktkombination: 4/4 + 2/2 + 4/4 + 2/4 + 2/4. Das ebenfalls als Geviert gekennzeichnete Zentrum E bleibt jeweils ausgespart, indem die Figuren, über die Diagonale auf das Geviert zuschreitend, es mit einer Ellipse nach links umgehen – ein Zusammenstoß wäre sonst unvermeidlich. Die 10 Schritte auf der Diagonalen sind aufgeteilt in je 4 Schritte zur Durchmessung der Diagonalenhälfte und 2 Schritte zur Umgehung des Zentrums.

Um eine ununterbrochene Bewegung zu gewährleisten, besteht *Quadrat I* aus vier Folgen von kombinatorischen Auf- und Abtritten:

1. Folge: 1, 13, 134, 1342, 342, 42
2. Folge: 2, 21, 214, 2143, 143, 43
3. Folge: 3, 32, 321, 3214, 214, 14
4. Folge: 4, 43, 432, 4321, 321, 21[35]

In der 1. Folge tritt Figur 1 (Weiß) zuerst auf (gestartet von A = oben links), 3 (Blau) schließt sich an (von C = unten links), wenn 1 ihren ersten Gang durchgeführt hat.

Hat Figur 1 ihren zweiten und gleichzeitig Figur 3 ihren ersten Gang beendet, tritt Figur 4 (Rot) auf (von D = unten

35 Ebd., S. 10.

rechts) und geht ihren Gang, während gleichzeitig Figur 1 ihren dritten und Figur 3 ihren zweiten Gang geht. Haben 1, 3 und 4 ihren Gang beendet, tritt Figur 2 (Gelb) auf und geht ihren Gang (gestartet von B = oben rechts), wobei 1 3 4 2 jeweils vier Mal im Uhrzeigersinn die vier Längsseiten des Quadrats abgehen und dann ebenfalls vier Mal von den Eckpunkten (A B C D) aus alle auf das tabuisierte Zentrum (E) zugehen (bis 2:00).

Figur 1 (Weiß) tritt als Erste ab: Dieselben Schrittfolgen des viermaligen Abgehens der Längsseiten im Uhrzeigersinn und des Zulaufens auf das Zentrum wiederholen sich zu dritt (Blau, Rot und Gelb), Figur 3 (Blau) tritt ab: die Schrittfolgen wiederholen sich zu zweit (Rot und Gelb), dann tritt 4 (Rot) ab: 2 (Gelb) eröffnet die 2. Folge, bei A (oben links) schließt sich Weiß wieder an, und die Sequenz baut sich mit dem Hinzukommen von Rot (3:35) und Blau (4:00; unten links) wieder auf. Die 3. Folge wird von Blau eröffnet, bei der dann schließlich 4 (Rot) übrig bleibt und die 4. Folge eröffnet. Mit Figur 1 (Weiß), die schließlich übrig bleibt, könnte dieser Durchlauf wiederholt werden.

In der 2. Folge des viermaligen Abgehens der Längsseiten und Diagonalen (auf das Zentrum zulaufen, vom Zentrum wegdriften) tritt Gelb als Erste ab (oben rechts; 4:24), dann Weiß (über A; 4:48), dann Rot (5:12; unten rechts). Nachdem Blau den Gang alleine gegangen ist, tritt oben rechts Gelb wieder auf (5:36), oben links tritt dann Grün wieder hinzu (6:00), bis Rot das Quartett wieder komplettiert (6:24). In der 3. Folge tritt als erste Figur Blau ab (6:48; über unten links), dann Gelb (7:12; über oben rechts), es folgt Weiß (7:36; über A), in der 4. Folge geht Rot den Gang alleine, Blau tritt wieder hinzu (8:00; über unten links), dann Gelb (8:24; über oben rechts), zuletzt Weiß (8:48; über A). Der Film bricht ab, kurz bevor das Quartett die zweite Diagonale abgegangen ist (8:59). Dass *Quadrat I* bereits vor dem 1. (Solo-)Gang von Weiß

(Figur 1) für 2 Sekunden mit Weiß und Gelb einsetzt und am Schluss in der beschriebenen Weise einen ›Überhang‹ aufweist, markiert deutlich das Nonfinite des Gehrituals.

*Quadrat II* (1981) dauert mit 4:05 deutlich weniger als die Hälfte der Zeit von *Quadrat I*, ist aber mit einer metronomischen Zählzeit von ungefähr 104 Schlägen (Schritten) pro Minute wesentlich langsamer in den Bewegungsabläufen. Neben der Geschwindigkeit hat *Quadrat II* die Farben und die Perkussionisten ›eingebüßt‹, die infolge der Schwarzweißfassung nicht mehr voneinander zu unterscheidenden Figuren erhalten ihren Schrittimpuls über ein auch für den Zuschauer hörbares elektronisches Metronom. Becketts eigener Aussage nach findet *Quadrat II* »zehntausend Jahre später!«[36] statt – nimmt man diese Zuweisung wörtlich, so bieten sich mindestens zwei Deutungen an: *Quadrat I* dauert ununterbrochen zehntausend Jahre, *Quadrat II* ist also ein proleptisches Stadium von *Quadrat I*, ähnlich wie bei Karl Valentin der *Zithervirtuose* (1934) können die ›Tänzer‹ in ihrer close-circuit-Situation nicht aufhören zu gehen, da es sprichwörtlich kein Entkommen aus dem sich selbst reproduzierenden System der Schrittfolgen gibt – der Zithervirtuose (Karl Valentin) hat einen zerknüllten (»zerwuselten«) Haufen fragmentarischen Notenpapiers vor sich liegen und kann nicht aufhören, den Refrain seines Vortragsstückes *Liebesperlen* zu spielen, da ihn die Noten nicht von dessen Wiederholungszeichen erlösen, und so sieht man Valentin in der letzten Einstellung, nachdem sich der Vorhang wieder öffnet und Jahre vergangen sind, mit einem langen Bart auf der Bühne sitzen. Tänzer und Zithervirtuose sind gleichermaßen erschöpft.

Deutet man *Quadrat II* gemäß Becketts Selbstaussage nicht als prospektives Kontinuum von *Quadrat I*, schließt sich ein

36 Knowlson, Samuel Beckett, S. 841.

medialer Kreis zu den Anfängen des Fernsehens, indem *Quadrat II* hinter die technischen Errungenschaften des Farbfilms zurückgeht.

Für *Quadrat II* ergibt sich folgender Ablauf (1 [=Weiß aus Quadrat I]; 3 [=Blau]; 4 [=Rot]; 2 [=Gelb]):

1. Folge: 1 (0:04–0:42), 13 (0:42–1:20), 134 (1:20–1:58), 1342 (1:58–2:37), 342 (2:37–3:16), 42 (3:16–3:54)
2. Folge: 2 (Abblendung nach BA, AD, DB bei 4:05)

Die 1. Folge wird also mit identischen Auf- und Abtritten wie in *Quadrat I* durchgeführt, in der 2. Folge wird abgeblendet. Die Schrittfolgen im Detail:

Figur 1: AC, CB, BA, AD, DB, BC, CD, DA
(identisch mit Schrittfolgen der weißen Figur aus *Quadrat I*)
Figur 3: CD, DA, AC, CB, BA, AD, DB, BC
(identisch mit Schrittfolgen der blauen Figur aus *Quadrat I*)
Figur 4: DB, BC, CD, DA, AC, CB, BA, AD
(identisch mit Schrittfolgen der roten Figur aus *Quadrat I*)
Figur 2: BA, AD, DB, BC, CD, DA, AC, CB
(identisch mit Schrittfolgen der gelben Figur aus *Quadrat I*)

Figur 1 tritt ab über A (2:37)
Figur 3 tritt ab über C (3:16)
Figur 4 tritt ab über D (3:54)
Figur 2: von B: (3:16–3:54): BA, AD, DB (Abblendung bei 4:05)

Die Fernsehspielfassungen von *Quadrat I* und *II* zeigen nur Ausschnitte ohne Anfang und ohne Ende. Das Prinzip der Wiederholung wird hier mit musikalischer Präzision auf einen gestaltprägnanten Gipfel getrieben. Das Medium Fernsehen erlaubt die Vorstellung des Andauerns. Die vier Tänzer gehen immer noch.

## Stimmenerkundung: Die rhythmisch-perkussive Vermessung des Raumes in *He, Joe*

In den beiden Versionen von *Quadrat* bilden perkussiv wahrnehmbar gemachte Schrittfolgen die musikalisch grundierte ästhetische Dominante. Bereits in einem früheren Film hat Beckett das Abschreiten des Raumes präzise choreographiert.

*He, Joe* ist das Stimmenporträt eines Gesichtes (Joe), ein stimmlich-akustisches Purgatorium. In der Regieanweisung zur Stimme in *He, Joe* heißt es: »Leise, deutlich, fern, beinahe farblos, ganz gleichmäßiger Rhythmus, etwas langsamer als normal. Zwischen den Sätzen ein Intervall von mindestens einer Sekunde, zwischen den Abschnitten von ungefähr sieben Sekunden, und zwar drei, bevor die Kamera vorwärts fährt, und vier während der Vorwärtsfahrt, bis diese durch die wieder anhebende Stimme gestoppt wird.«[37] In der Realisation von 1979 (Regie: Samuel Beckett) flüstert die weibliche Stimme durchgängig und schwingt sich nach der zweimaligen Anrufung Joes auf eine möglicherweise technisch verfremdete Stimmtonhöhe ein, die deutlich höher als die der Normalstimme (Alltagsstimme) ist. Joes Gesicht wird von der augenscheinlich unmittelbar einwirkenden Stimme moduliert, die Einflüsterungen verleihen seiner Mimik und seiner gesamten Körperhaltung einen variierenden emotiven Ausdruck zwischen Gequältsein, gebanntem Horchen oder zum Beispiel panischer Erwartung.

Aber nicht nur die Stimme wird in ihrer Dynamik, Prägnanz, Klang- und Entfernungscharakteristik sowie ihrer Rhythmisierung möglichst genau bestimmt, auch die sprichwörtlich schrittweise Vermessung des Raumes in *He, Joe*, die in der bloßen Funktionalität als Element der Narration nicht auf-

37 Samuel Beckett: He, Joe, in: ders.: Werke I.2, Dramatische Werke. Frankfurt/M.: Suhrkamp 1976, S. 370.

geht, und das Öffnen und Schließen der Vorhänge, der Tür und beider Fenster ist rhythmisch-perkussiv strukturiert. Das erste Geräusch, das in *He, Joe* zu hören ist, ist das des rechten Pantoffels, den Joe vom Bett aus auf den Boden wirft (2:42). Den linken Pantoffel wird er anbehalten, rechts geht er fortan barfuß. Tendenziell geht er zügig zum 1. Fenster hin – da er anscheinend nicht sicher ist, ob er allein im Raum ist, überprüft er, ob etwas außerhalb des Raumes zu lokalisieren ist –, mit abnehmender Geschwindigkeit zur Tür und zum 2. Fenster und langsam schlurfend zum Bett zurück. Zum 1. Fenster macht er vom Bett aus 10 Schritte, zur Tür benötigt er vom 1. Fenster aus 8 Schritte, von dort zum 2. Fenster 6 Schritte, vom 2. Fenster zurück zum Bett wieder 10 Schritte. An der Tür und den Fenstern angelangt, zieht er den jeweils zum Boden reichenden Vorhang ruckartig nach links auf, öffnet nach kurzem Verharren impulsiv das 1. Fenster und lehnt sich in angespannter Körperhaltung weit hinaus, wobei er in dieser Position ca. 5 Sekunden verharrt. Dieses standbildhafte Verharren macht die Szene zu einem Tableau vivant. Hat er das Fenster wieder geschlossen, zieht er mit der linken Hand den Vorhang genauso ruckartig wieder zu und geht zur Tür, die er lautlos öffnet, um sich vorzubeugen und hinauszuschauen. Nach einem Verweilen von weniger als 3 Sekunden schließt er die Tür mit einem punktierenden Geräusch wieder und zieht mit links den Vorhang vor. Joe wendet sich anschließend dem 2. Fenster zu, die Abläufe wiederholen sich noch langsamer als zuvor. Auch das 2. Fenster gewährt nur einen Ausblick in die schwarze Nacht. Den Erkundungsausflug beendet Joe, indem er sich auf den Boden kniet und unter dem Bett nachschaut, ob nicht vielleicht dort etwas (die Stimme?) zu finden ist. Über die halluzinierte (?) Hörsensation der bei 4:53 zum ersten Mal erklingenden weiblichen Stimme, die ihn beim Namen anruft, ist Joe sichtlich erschrocken, wovon unter anderem seine weit aufgerissenen Augen ein beredtes Zeugnis ablegen. Gleichwohl wird er die Stimme bereits ängstlich erwartet haben: Die vorangegangene Suchaktion kann als Vorwegnahme des Stimmenhörens gesehen werden – sie stellt Joe und dem Zuschauer unter Beweis, dass Joe alleine im Raum ist. Die auch in diesem Fernsehspiel nicht zu sehende vierte Wand, aus deren Richtung die Stimme zu kommen scheint, bleibt allerdings das Unzugängliche, von der Beobachtung Ausgeschlossene.

Der gesamte kreislaufartige Bewegungsablauf mit seinen fünf Stationen (Bett, Fenster, Tür, Fenster, Bett) beschreibt, vom Aufprall des rechten Pantoffels an bis Joe wieder regungslos auf dem Bett sitzt, ein exakt einstudiertes Ritardando (2:42–4:37). Das durch den von Joe nachgezogenen linken Pantoffel verursachte schlurfende Geräusch, das Öffnen und Schließen der Vorhänge, Fenster und Tür generiert ein dieses Ritardando punktierendes perkussives Hörbild. Dieses Hörbild erlangt eine besondere Prägnanz, wenn man sich nur auf die Tonspur konzentriert, ohne den Film zu betrachten.

## Erklingen, Schweigen, Verhüllen. Das Innen und Außen von Stimme, Bewegung und Musik

Rhythmische Pattern bzw. Cluster bilden in Becketts Bühnenstücken und insbesondere in seinen Filmen eine ästhetische Dominante. Die hohe Geschwindigkeit des Artikulierens *(Not I)* bzw. Sichfortbewegens *(Quadrat I)* sind dabei die Ausnahme: Wie die Stimme bei Beckett nicht ohne das Schweigen zu denken ist, so die Bewegung nicht ohne Ruhe und Stillstand. Becketts Gestalten, so könnte man überspitzt formulieren, repräsentieren die aristotelische Denkfigur, der zufolge die Bewegungslosigkeit des Körpers die ursprüngliche Form der Bewegung ist. Die Haltung des (erschöpften, starrenden) Hockens und Verharrens mit ihrem meditativen Charakter ist dementsprechend bei Beckett auch von großer Intensität und Wichtigkeit. Ob in *Geistertrio* oder *Nacht und Träume*, Musik wird nur sitzend rezipiert, ihr wird versunken gelauscht. Die relative Bewegungslosigkeit des Films manifestiert sich im extremen Fall als invariantes Standbild/Einzelbild und führt den Film auf das gleitende Einrasten von Einzelbildern, die Fotografie zurück.

Der Akt des bewussten Musikhörens, wie er in *Geistertrio* ritualisiert wird, reserviert der Musik in diesem Film eine ›andere‹ Zeit, wie auch die Musik den Einbruch, das Eindringen einer ›anderen‹ Welt in die hermetische Welt des geometrisierten Raumes bedeutet. Bewegung und Musik sind hier also einander bedingende Bezugsgrößen, die aufeinander einwirken. Musik macht Becketts Figuren zu Tableaux vivants, der mit dem Vorgang des auch unwillkürlichen Erinnerns (mémoire involontaire) gekoppelte Akt des Zuhörens bzw. Aufhorchens ist ein jedesmaliger Disziplinierungsprozess.

Konsequent war es da, individuelle Eigenschaften des Aussehens, des Antlitzes der Protagonisten nur insoweit erkennbar werden zu lassen, als es die geometrisierten Raumschemata aufmerksamkeitsbindend nicht dominiert. Durch Maßnahmen des Verhüllens und Ausblendens körperlicher ›Bestandteile‹ konnten die Ritualisierungen als solche erfahrbar gemacht werden. Dem betrachtenden Blick sollte die Wahrnehmung genügen, dass es sich um menschliche Gestalten handelt, auch wenn dies, wie in *Geistertrio*, erst mit dem Heranzoomen der Kamera gewährleistet wird (ab 05:19) und die männliche Gestalt bis dahin zum Inventar der Kammer gehört. Das Heranzoomen koinzidiert mit der Feststellung der weiblichen Stimme: »Einzige Spur von Leben eine sitzende Gestalt«.

In diesem Zusammenhang stellt die ›Verwendung‹ des Gesichts von Buster Keaton in *Film* geradezu einen Widerspruch dar, fungiert es doch in der Filmgeschichte und über diese hinaus als unverwechselbares Ikon.

Aus dem Vorherigen geht hervor, dass der Begriff der Musik bei Beckett strukturell weiter gefasst werden muss im Sinne einer Musikalisierung des Mediums Film. Das ist hier nicht metaphorisch zu verstehen. Die Dramaturgie seiner Filme ist wesentlich organisiert durch musikalische Parameter wie rhythmische Gliederung und eine nicht an alltagspragmatischer Funktionalisierung oder theatralen Stilisierungen orientierte Führung der Stimme, durch Kontrastierung von Bild und Ton, Ausschnitthaftigkeit bzw. Beschränkung des Sichtfeldes oder zum Beispiel variierte Wiederholung von Sprechsequenzen und Bewegungsabläufen und weniger oder gar nicht durch plotgesteuerte Handlung oder psychologische Zeichnung der Figuren. Becketts Figuren oszillieren intensiv zwischen den Grenzpolen Schweigen / Stille und Sprechen / Stimme sowie zwischen Bewegung und Stillstand bzw. Nicht-Bewegung. Der ruhende (menschliche) Körper, der sich in sich selbst stabilisiert, ist bei Beckett gegenüber der Aktion nicht automatisch negativ konnotiert. Dies zeigt sich zum Beispiel an der kontemplativen Wahrnehmung von Musik seitens der männlichen Gestalt im Fernsehspiel *Geistertrio.* Im Hören *(Geistertrio)* und Nachsummen *(Nacht und Träume)* von Musik und der damit einhergehenden verharrenden Körperhaltung scheinen die Protagonisten vielmehr zu sich selbst zu kommen, indem sie – paradoxerweise – die so quälen könnende Selbstwahrnehmung ausblenden. Parallel zu dieser kontemplativen Befriedung der männlichen Gestalt hat sich die Musik schließlich *als sie selbst* durchgesetzt – auch gegenüber der Stimme, die im dritten Teil (»Reaktion«) von *Geistertrio* verstummt ist.

Stimme, (auch rhythmisierte) Bewegung und Musik (als autonomer Raum im Raum), jeweils eingebettet in Passagen längerer Stille und Bewegungslosigkeit, punktieren die Zeit, wobei Artikulationen und Bewegungen auch als Unterbrechungen von Stille und Stillstand aufgefasst werden können.

Schweigen erscheint hier als der Konterpart zur Stimme. Die Frage, inwieweit für Beckett bei der weiblichen Besetzung der Stimme und der männlichen Besetzung der Gestalt genderspezifische oder eher Fragen nach der Materialität der Stimme wie Klanglichkeit, Lautlichkeit oder Körperlichkeit ausschlaggebend war, soll an dieser Stelle nicht vertieft werden. So augenscheinlich wie akustisch wahrnehmbar ist die Kontraposition der körperlich absenten weiblichen Stimme zur stimmlichen Absenz der körperlich anwesenden männlichen Gestalt allemal für verschiedene Diskurse anschlussfähig. Wenn die männliche Gestalt möglicherweise jeden Abend auf eine, auf DIE Frau wartet – und jedes Mal signalisiert ihm der Botenjunge durch Kopfschütteln, dass die Frau auch diesen Abend nicht kommen wird –, und gesetzt den Fall, es ist die Stimme genau dieser Frau zu hören, jedoch nicht von der männlichen Gestalt, dann wird der Zuschauer/Zuhörer Zeuge eines paradoxalen Dilemmas, einer grundsätzlichen Unüberwindlichkeit.

Zu fragen bliebe auch, ob die Stimme eine Projektion des Körpers oder der Körper eine Projektion der Stimme ist. Die forcierte Ausdruckslosigkeit der weiblichen Stimme in *Geistertrio*, von dieser selbstreferentiell thematisiert, wirft die Frage auf, ob mit der Löschung körpereigener individueller Merkmale, wie sie sich in der Stimme materialisieren, nicht zugleich der Körper ausgeblendet werden soll und die Stimme hierdurch einer Maschinen- bzw. Cyborgästhetik angenähert wird: Es spricht. Bereits die ersten drei Sätze – »Guten Abend. Meine Stimme ist eine leise Stimme. Gefälligst entsprechend einstellen« –, wie zum Beweis des Gesagten nach einer kurzen Pause mit unveränderter Stimmlage und fast identischer Sprechdauer wiederholt, haben etwas seriell Maschinenhaftes.

Die performative Aktualitätsgeste, die in dieser akustischen Selbstanzeige zum Ausdruck kommt, gemahnt mit ihrer Begrüßungsformel (»Guten Abend«) an Nachrichtensendungen und thematisiert selbstreferentiell das empfangende/ausstrahlende/übermittelnde Medium Fernseher (»Gefälligst entsprechend einstellen.«). Dass die Stimme »weder leiser noch lauter werden« wird, »was auch immer geschehen mag«, revoziert den präsentischen Aktualitätsgestus in der starren Verabsolutierung des kalten Mediums, das sich jenseits aktueller Geschehnisse außerhalb seiner selbst in seiner invarianten Verfasstheit durchsetzen wird, was auch immer da kommen möge. In diesem Sinne ist das Medium tatsächlich die Botschaft. Es ist immer jetzt, und es ist immer Abend: insofern wird die Begrüßungsformel in ihrem propositionalen Gehalt (»Abend«) durch die im letzten Drittel des Fernsehspiels durch das geöffnete Fenster in den geschlossenen Raum eindringende Dunkelheit, die den Raum kurzzeitig zu einem bildhaften Interieur werden lässt, verifiziert. Was Anselm Haverkamp an Beispielen aus der Bildenden Kunst, den bildlichen Interieurs unter anderem von Diego Velázquez und Johannes Vermeer exemplifiziert, kann auf die selber (Stand-) Bild werdenden Interieurs von Becketts Filmen übertragen werden:

»In Türen öffnet sich das Interieur auf die Unbestimmtheit der Außenräume oder in die Flucht der Innenräume. Was man durch sie hindurch sieht, sind kontingente Ausschnitte von ungekannter Nähe und ungeahnter Weite. Nicht daß Straßen und Landschaften durch sie hereinschauten, wie sie es aus der gesicherten Distanz von Fenstern tun. In Türen öffnet das Interieur Tür und Tor zu sich selbst, in ein Inneres, das innen im Raum eines Außen liegt, ohne in ihm je aufzugehen [...].

Als das Innere eines ›Hohlkörpers‹ hat das Interieur den quasi perspektivischen Blickwinkel eines Betrachters zur Sichtbarkeitsbedingung, die der Maler dadurch erfüllt, daß er in dieses Innere hineinsieht oder eintritt und so den Bildausschnitt herstellt.«[38]

Tür und Fenster markieren in *Geistertrio* eine Schwelle, eine Schnittstelle zwischen Innen und Außen, über die außen zu lokalisierende Vorgänge innen wahrnehmbar werden, ohne in die solipsistische Autarkie einzudringen oder diese zu bedrohen.

Das Schweigen scheint für die männliche Gestalt von basaler Bedeutung zu sein. Spekuliert werden kann über die Frage, wer sie möglicherweise zum Schweigen zwingt oder ob die Musik eine Art Surrogatform der Stimme darstellt. Die Dissoziation von Stimme (weiblich) und Körper (männlich), die ihre Aufeinanderbezogenheit nie ganz verlieren, kommt in *Geistertrio* und auch in *He, Joe* als eine Art Zwei-Welten-Spiel zum Ausdruck.

Ist die weibliche Stimme nicht lokalisierbar, ist sie paradoxerweise überall; die Grenze zwischen Innen und Außen ist ihr keine Grenze. Die Frage, warum die Stimme spricht und von wo aus sie spricht, muss genauso offen bleiben wie die komplementäre Frage nach der imaginären oder realen Quelle des Gesagten bzw. Gehörten. Mit den narratologischen Fragen »Wer spricht?« und »Wer sieht« verbunden ist die Frage nach dem Beobachter, der bei Beckett eine besondere Bedeutung zukommt. Koinzidiert der Standpunkt des Sehens mit dem der Stimme? Gerade seine Filme beleuchten die Frage, wer der Beobachter sein könnte, der einen Beobachter beobachtet. Wo steckt der Selbstbeobachter im Beckett'schen System? Was beobachten die Beobachter in Becketts Filmen? Beobachten sie nur ihre (Selbst-)Wahrnehmungen? Sind sie gezwungen,

38 Anselm Haverkamp: Figura cryptica. Theorie der literarischen Latenz. Frankfurt/M.: Suhrkamp 2002, S. 202.

die Eingebungen der Stimmen stets mit ihren sonstigen Wahrnehmungen abzugleichen? Der Zuschauer als Beobachter von Beobachtungen und auch des blinden Flecks der Becketts Fernsehspiele bevölkernden Gestalten sieht sich mit einem paradoxalen Vexierspiel konfrontiert, das ihn schließlich sich selbst beobachten lässt.

Als Betrachter des Films beobachten wir zum Beispiel in *Geistertrio* die männliche Gestalt (»G«), in *Film* den mit »O« für »Objekt« bezeichneten und von Buster Keaton verkörperten älteren Mann und in *He, Joe* die Titelfigur, wie sie auf etwas ganz Bestimmtes zu warten scheinen und dabei ihre eigene Wahrnehmung von Zeit zu Zeit überprüfen *(Geistertrio* und *He, Joe)* oder wie sie der eigenen Beobachtung beinahe manisch auszuweichen versuchen *(He, Joe).*

## Das Hören beobachten: Stimme und Musik in *Geistertrio*

Der Betrachter von Becketts Filmen beobachtet oft aber auch den filmimpliziten Beobachter bzw. das Beobachten. In *Geistertrio* beobachtet der Zuschauer die männliche Gestalt, die, so legt es der Sprechakt der weiblichen Stimme nahe, bereits von einem anderen Beobachter beobachtet wird (Beobachter 1., 2. und 3. Ordnung). Nicht ausgeschlossen werden kann, dass dieser vorgängige Beobachter, die weibliche Stimme, sich in demselben Raum aufhält wie die männliche Gestalt. Die im Drehbuch mit A, B und C gekennzeichneten drei Kamerapositionen erlauben aber, da die Blickrichtung der Kamera sich nicht umkehrt und – theaterterminologisch gesprochen – die Vierte Wand dem Blick permeabel macht, keinerlei Rückschlüsse auf die Situiertheit der weiblichen Stimme bzw. Gestalt. Die Verborgenheit der zwar zu hörenden, nicht aber zu sehenden weiblichen Gestalt als blinder Fleck des synthetisierenden Beobachtens durch den Zuschauer/Zuhörer eröffnet der Einbildungskraft einen spekulativen Raum, der mit der strengen Geometrisierung des dem Blick freigegebenen, wenn auch nicht in allen Winkeln ausgeleuchteten Raumes kontrastiert, indem er unzugänglich bleibt. Der weiblichen Stimme eignet kein sichtbarer Körper, die unter Dauerbeobachtung stehende männliche Gestalt ist stumm – ein Chiasmus als Denkfigur wechselseitiger Latenz.

Der filmdramaturgische Komplex ist als ganzer triadisch angelegt. Die weibliche Stimme (S), die männliche Gestalt (G) und die Musik (Beethoven) bilden Becketts Geistertrio, so dass der Film durch die Inkorporierung der Musik ein Doppel-Geistertrio darstellt.

Das Rechteck fungiert als matrixbildende geometrische Grundform: In einem 6 mal 5 Meter großen Raum finden sich Tisch, Hocker, Fenster (grifflos), Tür (grifflos), Pritsche, Kissen, Spiegel und Kassettenrecorder, die ebenfalls rechteckig sind, selbst die männliche Gestalt erscheint zu Anfang als rechteckige Figur, als »bloßes Zeichen«[39]. Vom Fußboden wird ein Ausschnitt gezeigt, der mit 0,70 m × 1,50 m gleich groß ist wie das undurchsichtige Glas des Fensters.[40] Spiegel und Kassettenrecorder, beide ebenfalls gleich groß, symbolisieren das Visuelle und das Akustische ([Ab-]Bild und Ton) – mit einer Besonderheit: Beide ›funktionieren‹ nicht: Der Spiegel spiegelt nichts wider,[41] der Kassettenrecorder stellt nur eine Attrappe dar.[42]

39 Michael Maier: Geistertrio. Beethovens Musik in Samuel Becketts zweitem Fernsehspiel, in: Archiv für Musikwissenschaft 57, 2000, S. 172–194, hier S. 190.

40 Vgl. Beckett, Geistertrio, I.3. und I.15., S. 19–20.

41 Vgl. ebd., III.24., S. 27.

42 Spätestens mit dem Einsatz der 7. Beethoven-Musik (25:34–27:30/31 bei Beethoven) sind zwar die lautsprecherspezifischen Abdeckrillen zu erkennen, es ist aber zum Beispiel anhand der fehlenden Bedienelemente deutlich zu sehen, dass es sich nicht um ein funk-

Beckett markiert drei (vier) Kamerapositionen:

A = Gesamtansicht (allerdings nur in Richtung Innenraum, nicht in Richtung Vierte Wand): (Tür, Fenster, Pritsche, G [= männliche Gestalt] auf einem Hocker an der Tür sitzend, G am Fenster; G am Kopfende der Pritsche; G vor Spiegel).
B = mittlere Entfernung (G an der Tür sitzend); B fungiert als Relais zwischen A und C.
C = Nahaufnahme von G (und Botenjunge) (Zoom auf Kopf, Hände, Kassettenrecorder; G vor Spiegel, Tür, Fenster und Pritsche; Nahaufnahme des Botenjungen auf dem Flur).
Als vierte Kameraposition könnten die Großaufnahmen von Fußboden, Tür, Fenster, Wand und Pritsche gelten.

Innerhalb der drei ›Akte‹, die Beckett als »Präaktion« (I), »Aktion« (II) und »Reaktion« (III) bezeichnet, werden die Kamerapositionen folgendermaßen durchgespielt (die Zahlen stehen im Filmskript für die einzeln angeführten Aktionen):

I. A (1.-31.) – B (31.-32.) – C (32.-34.; 33.: Zoom auf Kopf, Hände, Kassettenrecorder) – B (34.: von C über B nach A) – A (34.-35.)
II. A (1.-25.) – B (26.-27.) – C (27.-29.; 28.: Zoom auf Kopf, Hände, Kassettenrecorder) – B (29.: von C über B nach A) – A (30.-38.)
III. C (1., 2.: Zoom auf Kopf, Hände, Kassettenrecorder; 3.-34.) – A (35.-36.) – C (37.-39.) – A (39.-41.)

tionstüchtiges Kassettenabspielgerät handelt. Dies wäre im Rahmen der geometrisch-schematischen Raum-Konfiguration in Geistertrio auch ein zu ›realistisches‹ Moment. Die Musik spielt gleichsam in einem imaginären Raum.

Die Positionswechsel der Kamera können als Palindrom/Krebs und ausfilternde Wiederholung beschrieben werden:

I. A – B – C – B – A (Palindrom/Krebs)
II. A – B – C – B – A (Palindrom/Krebs)
III. C – A – C – A (Wiederholung)

Mit ihrer Stimme scheint die Frau das Geschehen – auch das zukünftige, das vielleicht immer nur eine Wiederholung ist – für die Beobachtung vorordnen zu wollen. Sie modifiziert/beeinflusst intentional den Blick des Zuschauers/Zuhörers auf die männliche Gestalt, die mutmaßlich die Stimme der Frau nicht hört. Ob die weibliche Stimme eine Projektion der verbal halluzinierenden männlichen Gestalt ist und ihre Exterritorisierung dies nur verschleiert, muss jeder Zuschauer für sich entscheiden. Gegen diese Annahme spräche, dass die männliche Gestalt nicht in Panik gerät und auch sonst reaktiv keinen Versuch unternimmt, mit dieser Stimme zu kommunizieren. Jedenfalls adressiert die Frau ihrerseits ihre Stimme im Sprechakt an einen Hörer, auch wenn nicht sichergestellt werden kann, dass ein Hörer überhaupt anwesend ist. Wir, die Zuschauer/Zuhörer, vernehmen die weibliche Stimme in einem Raum außerhalb des ganz und gar imaginären und undurchdringlichen Hör-Raums des Films. Das ist die Differenz zum zeiträumlichen Hier-und-Jetzt einer theatralen Aufführung oder Live-Performance. Wahrscheinlich sind von ihrer medialen Konzeption her auch die stimmlichen Verlautbarungen rein akusmatisch intendiert und nicht von der spezifisch filmischen Raumakustik moduliert. Das heißt, die Stimme wurde mutmaßlich in einem separaten Studio aufgenommen und dann als eine autonome Tonspur eingespielt. *Geistertrio* wäre somit ein ästhetischer Hybrid aus Film und Hörspiel. Der solchermaßen ›imprägnierte‹ Zuschauer wird unwillkürlich zum Kumpanen des Mithörens.

Vom Sprechakt her können einzelne Sätze der Frau durchaus als Befehle aufgefasst werden, denen die Kamera und der Mann gehorchen. Aber ganz so einfach verhält es sich mit den Sprechakten der Frauenstimme nicht. James Knowlson hat darauf hingewiesen, dass die Frauenstimme die Kamera scheinbar anweise, welche Position sie anzunehmen habe, dass die Kamera aber auch unabhängig von ihren Kommentaren geführt werde.[43] Treten die ›(voraus-)sehende‹ Stimme und der das zu Beobachtende vorordnende Blick der Kamera dergestalt auseinander, ist also noch jemand anders mit im Spiel (im Raum). Auch zwischen den Bewegungsabläufen der wartenden Gestalt und den diesbezüglichen Voraussagen und Einsagungen der Stimme herrscht zuweilen eine Diskrepanz, wenn nämlich die Stimme falsche Voraussagungen und Einsagungen macht.[44]

Vom Standpunkt der weiblichen Stimme aus scheint das Geschehen jedenfalls kausal determiniert und somit vorhersehbar zu sein. Vom Standpunkt der männlichen Gestalt aus, so wie sie sich unserer Wahrnehmung vermittelt, ist das Geschehen nicht zu jedem Zeitpunkt vorhersehbar oder erwartbar, vielmehr potentiell emergent: G befindet sich zu jedem Zeitpunkt im Prozess des Wartens als eines Erwartens; die Erfahrung der Enttäuschung entbindet ihn nicht von dem Umstand, diesen Prozess stets erneut durchqueren zu müssen. Gerade die Enttäuschung als stabile Erfahrung, die ihn umso konzentrierter der Musik lauschen lässt, macht das schon Nicht-mehr-Erwartete, wenn es dann doch eintrifft, zu einem emergenten Phänomen. Durchaus ungewiss ist, ob G sich in einem Zustand der Löschung des Vorhergegangenen befindet, ohne zugleich auf Zukünftiges kausal vorgreifen zu können: Die sich solchermaßen etablierende Prädominanz des Kurz-

43 Vgl. Knowlson, Samuel Beckett, S. 778–779.
44 Vgl. ebd., S. 779.

zeitgedächtnisses gegenüber dem chronologiebasierten Langzeitgedächtnis ist auch eine Form von Gnade.

Komplementär dazu ist folgende Frage, die sich der Zuschauer stellen muss: Vollzieht G seine Handlungen (aufstehen, die Tür oder das Fenster öffnen ...), indem er die Sätze der weiblichen Stimme (»Jetzt zur Tür«, »Jetzt zum Fenster«) als illokutionäre Akte (hier: Anordnungen) begreift, die »unbedingte Autorität beanspruchen«[45], oder versteht der Zuschauer diese Sätze als Kommentare, und G handelt aus eigenem Antrieb heraus. Im ersten Fall hört G (im Film) tatsächlich die Stimme, im zweiten sind die Sätze Äußerungsakte, die aus der kommentierenden Beobachtung sich wiederholender Handlungen bzw. Prozesse hervorgehen.

Eine mögliche Erklärung für die Divergenz zwischen den konstatierenden bzw. illokutionären Sprechakten (Direktiva) und dem Geschehen im Film findet sich in der Annahme, dass die Rede der weiblichen Stimme post festum als erinnernde Nacherzählung aufgefasst werden kann. Dreht man die Schraube der Spekulation noch weiter, so wäre zu schlussfolgern, dass das von der weiblichen Stimme repräsentierte Gedächtnis in seiner Erinnerungsleistung limitiert ist, scheint es doch trotz ritualisierter Wiederholung des nur prozessual erfahrbaren Zustands des Wartens sich nicht exakt zu erinnern.

Die weibliche Stimme sagt den Satz »Er wird nun meinen, er höre sie« (II.1., [08:06]) bzw. »Er wird nun wieder meinen, er höre sie« (II.31., [14:18]). Die Referenz »sie« ist uneindeu-

45 Von dieser spricht Thomas Macho im Zusammenhang mit der stimmlichen Berufung der Propheten und Apostel – »von Moses bis Mani«. Vgl. Thomas Macho: Stimmen ohne Körper. Anmerkungen zur Technikgeschichte der Stimme, in: Stimme. Hrsg. v. Dorisch Kolesch, Sybille Krämer. Frankfurt/M.: Suhrkamp 2006, S. 130–146, hier S. 131.

tig: Bezieht sich das Personalpronomen auf eine Frau, die G erwartet, oder auf die sprechende Stimme? ›Meinen‹ im Sinne von ›annehmen‹ oder ›vermuten‹ lässt auf eine mit dem Satz vorweggenommene, da zu diesem Zeitpunkt regelmäßig eintreffende Sinnestäuschung schließen.

Nacheinander geht G zur Tür (weibl. Stimme: »Jetzt zur Tür!« [8:29]), die er öffnet (»Öffnen!« [9:01]), um noch einmal nachzuhorchen (II.7.-12.), zum Fenster (»Jetzt zum Fenster!« [9:44/45]), das er öffnet (»Öffnen!« [10:01/02; II.13.-18.]), zur Pritsche (»Jetzt zur Pritsche!« [10:38; II.19.-20.]) und – für die weibliche Stimme wohl unvorhergesehen – zum Spiegel (II.21.-23.), was sie verwundert mit einem »Ah!« quittiert (11:10; II.22.), schließlich wieder zur Tür (»Jetzt zur Tür!« [11:22; II.24.]). Unentscheidbar ist, ob die Interjektion »Ah!« bloß ein Zitat ist. Wenn man davon ausgeht, dass die weibliche Stimme nicht bloß im Kopf der männlichen Gestalt gehört und nach außen projiziert wird, könnte dieser Ausdruck der Verwunderung ein Indiz dafür sein, dass eine weibliche Figur die männliche Gestalt ›tatsächlich‹ beobachtet. Dennoch ist nicht auszuschließen, dass diese weibliche Figur blind (geworden) ist und allein aufgrund der sich ritualisiert wiederholenden Abläufe und ihrer internalisierten Zeiteinheiten die Interjektion äußert.

## Stimme und Musik, Zeigen und Hören

In *Geistertrio* setzt Beckett die Kommunikationsmedien Sprache/Sprechen/Schweigen und Mimik/Gestik sowie Musik und Bewegung in ein das Fernsehspiel ästhetisch tragendes Spannungsverhältnis. Hört man allein die Tonspur, ohne den Film zu sehen, kann man die kontrastiven Spannungen zwischen Sprechen, Schweigen, Musik und Geräuschen als besonders intensiv erfahren. Zwar werden die nunmehr von ihrem visuellen Kontext, ihrer Einbettung in die für *Geistertrio* so charakteristischen räumlichen Dispositionen befreiten musikalischen Anteile auf diese Weise dominant wahrnehmbar, gleichwohl ist es gerade der im dritten Teil des Films beobachtbare Rezeptionsmodus der männlichen Gestalt, sein sprichwörtlich vor Augen gestelltes versunkenes Zuhören, das der Musik ein solches Gewicht verleiht. Sowohl das verbale als auch das averbale Medium passieren in *Geistertrio* einen oder mehrere ihr Spektrum reduzierende Filter, artikulieren bzw. zeigen sich um einige ihrer Anteile reduziert: Die Frauenstimme erklingt mit schwacher Stimmdynamik ohne größere Sprechtonhöhen-Variationen bei gleichbleibend langsamer Sprechgeschwindigkeit, was sie die einzelnen fast durchgängig überartikulierten Wörter ›ausstellen‹ lässt. Dadurch dass sie sich zwischen Sprechen und Flüstern, zwischen Litanei/Psalmodieren und anrufendem Sprechgesang bewegt, bildet sie einen musikalischen Konterpart zur romantisch-expressiven Musik Beethovens.

Die forcierte, nicht auf technischer Verfremdung basierende Ausdruckslosigkeit der Stimme erscheint paradoxerweise als besonders ausdrucksstark und lädt das außerhalb der Stimme Befindliche, auf das sie zeigt, pathetisch auf. Das liegt zum einen daran, dass sie kontrastiv zur Alltagswahrnehmung von Stimme(n)/Sprechen wahrgenommen wird, die untergründig immer mitläuft und unwillkürlich als Korrektiv wirkt, und zum anderen daran, dass ein Dahinter hinter der Stimme suggeriert wird, eine imaginäre Quelle, welche die Stimme speist. Ihre ausdrucksarme Gleichförmigkeit ist hermeneutisch anschlussfähig in divergente Richtungen; jedenfalls wird sie vom Hörer unwillkürlich als zynisch, kalt, ritualisierend, besserwissend oder auch ›an der Sache vorbeiredend‹ gewertet.

Bevor die Musik – mit Takt 18 einsetzend (wahrnehmbar erst ab Takt 19) und endend mit Takt 35 des Klaviertrios – erstmalig zu hören ist (ab I.13.), ruft die weibliche Stimme im »Präaktion« genannten 1. Teil die einzelnen Gegenstände und räumlichen Bestandteile auf – und zwar in einer sequentiell permutativ und palindromisch angeordneten Reihenfolge: Fenster – Tür – Wand – Pritsche – Fußboden // (von der Kamera in Großaufnahme gezeigt): Fußboden – Wand – Fußboden/Tür – Fenster – Pritsche – Fenster – Tür/Wand – Fußboden.[46] Die Musik wird erst in dem Moment hörbar, als die Kamera »im Verlauf« des »langsamen Heranzoomens, an Position B« eine Grenze überschreitet. Fortan ist »der Auftritt des Protagonisten mit dem Auftritt der Musik verbunden«.[47]

Benennen und Zeigen (das »gesagte Bild«, Gaby Hartel: »... the eyes take over ...«) haben im ersten Teil die Funktion einer Exposition: Die Aufzählung der Einzelteile suggeriert, dass die Oberfläche bereits die Tiefe ist. Das, was ist, kann möglicherweise gezeigt werden; was gezeigt werden kann, ist zwar noch nicht das Ganze, aber: »Wer dieses Stück Fußboden gesehen hat, hat ihn ganz gesehen.«[48] Verschwiegen wird das im Akt des Benennens Ausgeschlossene, das Nicht-Sichtbare, Nicht-Sagbare, das Latente und Verborgene – zumindest wird im Benennen und Zeigen etwas Nicht-Sichtbares als Teleologisches suggeriert.

Der 2. Teil, die »Aktion«, könnte gewissermaßen als Durchführung bezeichnet werden, kommen die gezeigten Gegenstände doch hier – mit prominenter Ausnahme der Pritsche – zur Anwendung, indem sich mit ihnen ein Geschehen vollzieht. Der 3. Teil, die »Reaktion«, bildet eine Art (allerdings variierender) Reprise mit Coda. Derlei Transfer musikologischer Begriffe (hier insbesondere aus der Formenlehre des Sonatenhauptsatzes) ist selbstredend metaphorischer Natur.

46 Vgl. Beckett, Quadrat, S. 19–21.
47 Maier, Geistertrio, S. 178.
48 Beckett, Quadrat, S. 19.

Der Ausblick auf die im Film zwar zu sehende, von der männlichen Gestalt aber unberührt gelassene Pritsche stellt den humanitären Gnadenakt der Durchbrechung bzw. Aufhebung des rituellen Loops durch Schlaf oder Tod in Aussicht. Der Film *ist* dieser Loop, er beginnt und endet mit einer Gesamtansicht des Raumes von Position A aus, die analog zur erzähltheoretischen Markierung einer Nullfokalisierung fungiert und signalisiert, dass der Erzähler (die weibliche Stimme) über einen größeren Weltausschnitt als die männliche Gestalt verfügt.

In seiner hervorragenden struktur- und mikroanalytischen Studie *Geistertrio. Beethovens Musik in Samuel Becketts zweitem Fernsehspiel* hat Michael Maier aufgezeigt, dass die Frage nach der Rolle der Beethoven'schen Musik in *Geistertrio* zwei Antworten zulässt: Knowlson berichte, er habe auf dem »ersten Typoskript von ›Tryst‹« (so der erste Titel von *Geistertrio*) »die handschriftliche Notiz ›Macbeth‹ gelesen«. Der langsame Satz aus Beethovens *Geistertrio*, der im Film in sehr bewusst gewählten Fragmenten eingespielt wird, ist demnach als Macbeth-Musik eine Programmmusik, die Becketts Film im Verständnis von Knowlson atmosphärisch auflade.

Maiers Ansatz geht von einer »Antwort durch das Stück selbst« aus, indem er die thematische Durchführung bei Beethoven untersucht und in Beziehung zum Film setzt. Beckett habe sich darum bemüht, die »steigernde Gesamtlage« von Beethovens langsamem Satz, der sich in zwei Teile und eine den abschließenden Höhepunkt bildende Coda gliedert, in seinem dreiteiligen *Geistertrio* »wirksam werden zu lassen«. Er versuche dies jedoch nicht »in der Art jener ›Musikalisierung der Form‹, wie sie aus Romanen in Sonatenform und aus Gedichten in Fugenform[!] bekannt ist«.[49] Als prominentestes Beispiel

49 Maier, Geistertrio, S. 193.

der Adaption musikalischer Formen ist hier die *Sonate in Urlauten* von Kurt Schwitters anzuführen. Mit seiner *Ursonate* unternahm Schwitters den komplexen Versuch, eine in ihrer Architektonik vorgegebene strenge musikalische Form (die Sonatenhauptsatzform) mit phonetischen Mitteln zu realisieren. Ihr Kommentartext ist demgemäß ganz in musikalischer Terminologie abgefasst: »die sonate besteht aus vier sätzen, einer einleitung, einem schluß, und einer kadenz im vierten satz. der erste satz ist ein rondo mit vier hauptthemen.«[50] Als Fehlversuch und Rückschritt hinter die ästhetischen Errungenschaften der Lautpoesie befehdet, ist die »Sona(a)te in U(u)rlauten« zu einem Welthit avanciert und bis heute die konkurrenzlose Referenzgröße der internationalen Lautpoesie.

Beethovens Form trete vielmehr, so Maier, über die »wiederkehrende Aufmerksamkeit des Protagonisten in Becketts Stück ein: der Protagonist wendet sich der Musik je und je zu«.

Mit der Geste »Jetzt spiele ich«[51] setzt sich in der ansonsten stummen filmischen Coda die Musik endlich durch, die bis dahin immer unterbrochen und aufgeschoben wurde.

Ein Grund für die oben beschriebene Charakteristik der weiblichen Stimme, die mit den schemenhaften Graustufen der »Kammer« korrespondiert, findet sich genau hierin: Beethovens Musik bündelt synästhetisch variierenden Ausdruck und differenzierte Klang-Farbe, sie erobert über gewissermaßen Anlauf nehmende Gradationen der Intensivierung das ästhetische Feld und subordiniert das Körperliche bzw. das visuelle Medium.

Anhand der bei Faber und Faber erschienenen Druckfassung des Skripts von *Ghost Trio*, der beiden Inszenierungen des

50 Ebd. Kurt Schmitters: Ursonate (1922–1932). Mainz: Wergo Schallplatten 1993. CD, Booklet.

51 Vgl. Maier, Geistertrio, S. 194.

Fernsehspiels 1976 in London und 1977 in Stuttgart (eine 10 Minuten längere Fassung) und der im Archiv der *Beckett International Foundation* in Reading aufbewahrten Quellen hat Maier die komplexe Entstehungsgeschichte und vielschichtige Umarbeitung von Konzept und Drehbuch aufgearbeitet, in deren Verlauf der Musik eine immer dominantere Rolle zugeschrieben wurde.[52] Er gelangt hierbei zu folgendem Fazit: Die Musik bekommt in sechs einzelnen Schritten, die bis zu den endgültigen Fassungen den Filmen zugrunde liegen, immer größeres Gewicht: »(1) Zunächst einzelne Musiksplitter, (2) dann ein kontinuierlicher Verlauf, (3) dann eine durchgehende Steigerung, (4) dann eine zeitliche Verbreiterung des letzten Auftritts der Musik, (5) dann Differenzierung des letzten Auftritts durch das Cantabile-Thema, (6) endlich eine Antizipation dieses Schlusses.«[53] Die größere Gewichtung der Musik zeigt sich deutlich, wenn man das der ältesten dokumentierten Schicht zugrunde gelegte »Fünf-Sekunden-Raster« (1), dem zufolge sich die Musik der Fünf-Sekunden-Taktung von *Geistertrio* fügen sollte,[54] den Veränderungen der Stuttgarter Inszenierung gegenüberstellt, die der Beethoven'schen Musik nicht nur insgesamt mehr Gewicht durch längere Einspielungen verleiht, sondern ihr das ununterbrochene und ausgespielte Finale zuweist und sie zudem »in die Reihe jener Gegenüberstellungen« einbindet, »die das Stück durchziehen«.[55] Musik ist es auch, welcher die kombinatorischen Spiele in *Geistertrio* ablösende, somit erlösende Funktion zukommt: Boden, Wand, Tür, Fenster und Pritsche bilden die unterschiedlichen Gestalten von fünf hellgrauen Rechtecken, die jeweils fünf Sekunden lang in unterschiedlicher Reihenfol-

52 Vgl. ebd., S. 182 – 188.
53 Ebd., S. 187 – 188.
54 Vgl. ebd., S. 183
55 Vgl. ebd., S. 187.

ge präsentiert werden. Maier weist nun nach, dass die Musik aus dieser Repräsentationsordnung des Zeigens und Verweisens und ihrer kombinatorischen Reihung heraustritt, indem »die Bewegung der Melodie«, »eine musikalische Anordnung von fünf Formen eines Themas« (die harmonische Folge d-Moll, G-Dur, G→C-Dur, C→F-Dur, D→G-Dur), als ein mit sich eigener Bogen« erscheint, dessen Folgerichtigkeit als »abgeschlossener Verlauf« gegenüber der kombinatorischen Beliebigkeit »die größere ästhetische Tragweite eingeräumt wird«.

Zweierlei ist hier bemerkenswert: Beckett übernimmt eine vorgefundene und nicht eigens für den Film komponierte Musik, der er auch noch größtes Gewicht beimisst und sie ästhetisch dominieren lässt, er ›verklebt‹ diese Musik in *Geistertrio* auch mit der männlichen Gestalt und entzieht sie somit der weiblichen Stimme, die allein mittels der Formel »Halt. Nochmal«[56] eine gewisse Macht über die Musik zu haben scheint. Das »Nochmal« löst optisch einen harten Schnitt zur Naheinstellung aus, akustisch springt die Musik von Takt 84 zurück zu Takt 26, der optische Schnitt ist zugleich ein zeitlicher.[57] Anstatt dass aber nun die Stimme eine regieähnliche Verfügungsgewalt demonstrieren würde, setzt sich die Gestaltprägnanz der Musik durch, mit dem nochmaligen, innerhalb der eigenen Chronologie analeptischen Einsetzen der Musik verstummt die Stimme bis zum Schluss ganz.

Den Einsatz, das Unterbrechen und Verklingen der Musik hat Beckett auf die Sekunde und taktgenau bemessen. Auch die Wahl der Musik hat er, wie Maier nachweist, nicht dem Zufall überlassen.[58] Entgegen der Druckfassung der Stuttgarter In-

56 Vgl. Beckett, Quadrat, S. 25.
57 Vgl. Maier, Geistertrio, S. 191.
58 Vgl. ebd., S. 181–189.

szenierung[59] sind die beiden ersten Einsätze der Musik bei I.13. (Takt 47) und I.23. (Takt 49) in der Stuttgarter Realisation des Fernsehspiels weggefallen. Insgesamt gibt es in *Geistertrio* sechs Musik-Einsätze mit Ausschnitten aus Beethovens Klaviertrio in D-Dur, op. 70, Nr. 1 *(Geistertrio)*:

| | |
|---|---|
| Einsatz 1. Musik | (5:55–7:52), Takt 18–35.1 (»hörbar werden die Takte 19 bis 35, Schlag 1«[60]) |
| Einsatz 2. Musik | (12:11–14:06), Takt 64–80.1 (das zweite Thema bei Beethoven, das »Cantabile-Thema«)[61] |
| Einsatz 3. Musik | (16:10–16:23), Takt 83–84.6[62]. Weibliche Stimme, »in das Klingen des 3. Achtels hinein«: »Halt!« (16:23). Stimme scheint Gewalt über Musik/Gestalt zu haben: »Noch mal!« (16:26) |
| Einsatz 4. Musik | (16:29–16:44), Takt 26–28.4[63] (Musik reißt ab: harter Schnitt: Gestalt hat wohl auch Verfügungsgewalt über die Musik: Gesten: Handzeichen; simuliertes Ausschalten des Kassettenrecorders mit dem Zeigefinger der rechten Hand); 16:56 (simuliertes Einschalten des Kassettenrecorders mit dem Zeigefinder der rechten Hand) – 17:12 (Ausschalten ...) Takt 28.4–30.7[64] |

59 Vgl. Beckett: Quadrat, S. 30.
60 Maier, Geistertrio, S. 178.
61 Vgl. ebd., S. 178–179.
62 Vgl. ebd., S. 180.
63 Vgl. ebd., S. 186.
64 Vgl. ebd.

| | |
|---|---|
| Einsatz 5. Musik | (22:26 [simuliertes Einschalten des Kassettenrecorders mit dem Zeigefinder der rechten Hand] – 22:43), Takt 64–66.1[65] |
| Einsatz 6. Musik | (25:34–27:30/31), Takt 83–96.8[66]<br>Mit dem Einsatz der 6. Musik hat sich das realistische Musikhören durchgesetzt. Der Zuschauer/Zuhörer sieht und hört der männlichen Gestalt beim Musikhören zu. Die hingebungsvolle Gestik und Mimik der ›grauen Gestalt‹ als Merkmale eines intensivierten rezeptiven Wahrnehmungsmodus signalisiert, dass dem Hören der Musik eine besondere Bedeutung zukommt bzw. dass die Musik selbst – zumindest für den Hörenden im Film – von signifikanter Bedeutung ist. |

Neben den Einspielungen aus Beethovens Klaviertrio gibt es in *Geistertrio* eine Reihe von geräuschhaften Zuspielungen aus nonvokalen Quellen, deren musikalisierter Einsatz ebenso präzise erfolgt und dynamisch-rhythmisch substrukturiert ist:

| | |
|---|---|
| 18:08–18:16 | knarrende Geräusche der von der Gestalt geöffneten Tür: Geräusche sind zugespielt, stammen nicht von der sich öffnenden (bzw. schließenden) Tür |
| 18:29–18:42 | knarrende Geräusche der sich von selbst schließenden Tür |
| 19:10–19:18 | knarrende Geräusche des von der Gestalt geöffneten Fensters (kein Glas) (Zuspielung) und plätschernder Regen draußen (auch Vögel?) |

65 Vgl. ebd.
66 Vgl. ebd.

| | |
|---|---|
| 19:19–19:25 | Blick in die Nacht; Regengeräusche (auch Vögel?) |
| 19:25–19:31 | Schnitt zurück auf den Innenraum mit Blick auf die männliche Gestalt; Regengeräusche |
| 19:31–19:43 | knarrende Geräusche des sich von selbst schließenden Fensters (Regen diminuendo) |
| 22:46–22:56 | 10 crescendierende gleichmäßige Schritte wie auf Schmirgelpapier/Sand auf dem Boden, bei einer metronomischen Zählzeit von ungefähr 56 Schlägen pro Minute |
| 23:00 | einmaliges Klopfen an die Tür |
| 23:25–23:32 | knarrende Geräusche der von der Gestalt geöffneten Tür: Geräusche sind zugespielt, stammen nicht von der geöffneten/sich öffnenden Tür |
| 23:52–24:17 | 25 decrescendierende gleichmäßige Schritte mit einer metronomischen Zählzeit von ungefähr 56 Schlägen pro Minute: der (weinende?) Botenjunge geht im schmalen Korridor rückwärts und hinterlässt hierbei Fußabdrücke auf dem Boden (Sand?). Er verschwindet im Dunkel (eine Korrespondenzstelle zu den Schritten in *He, Joe* und *Quadrat I* und *II.*) |
| 24:40–24:52 | knarrende Geräusche der sich von selbst schließenden Tür. |

Synchronisierungen von Intensitäten (»Verlaufsbogen einer Steigerung«)[67] werden in *Geistertrio* zunehmend zu Autonomisierungen der Musik. Strukturelle Analogisierungen werden in den verschiedenen Bearbeitungen zurückgeschnitten und auf eine progrediente Freistellung der Musik konzentriert: Am Schluss von *Geistertrio* steht die Musik ›frei‹ und erscheint nicht mehr eingebunden in wahrnehmungsphysio-

67 Ebd., S. 184.

logische und -psychologische Kontexte, die eine Parallelisierung von Heranzoomen der Kamera an die männliche Gestalt = Crescendo der Musik, Zurückfahren der Kamera = Decrescendo der Musik bewirken. Vielmehr wird das Hören von etwas Imaginärem, dem möglicherweise Sinnestäuschungen zugrunde liegen (»Er wird nun meinen, er höre sie.« [II.1.]), zu einem Hören von realer Musik, deren Einsatz die männliche Gestalt über den Kassettenrecorder steuert. Diesem realen Hören – und zwar von der Kameraposition A aus, wodurch das Heranzoomen an die männliche Gestalt als bis dahin gültige Grundbedingung des Hörbarwerdens der Musik aufgehoben und somit Musik und männliche Gestalt entkoppelt werden – korrespondieren in *Geistertrio* das Knarren der Tür, das Niedergehen des Regens und die schlurfenden Schritte des Botenjungen.

Musik erscheint somit zwar nicht als heilige, unantastbare Materie – schließlich muss sie es ja erdulden, nur ausschnittsweise zu Gehör gebracht zu werden –, aber sie wird zur dominanten Projektionsfläche, zur nichtillustrativen utopischen Parallelwelt, die ihre eigene Zeit hat, und diese Zeit, die sie in *Geistertrio* bei Beckett gewinnt, ist identisch mit der Zeitstruktur in Beethovens Trio. Die von Maier zitierten Passagen aus Becketts verschiedenen Skriptfassungen zeigen eindrücklich, dass dessen besonderes Augenmerk der Zeitstruktur und ihrer rhythmischen Punktierung durch den Einsatz von Stimme, Stille und Musik galt. Hieraus resultierten die von Beckett vorgenommenen Kürzungen, Intensivierungen, Ein- und Aussätze der Musik.[68]

Die ritualisierten Abläufe in *Geistertrio* lassen darauf schließen, dass auch dieses ›Endspiel‹ in eine Wiederholungsschleife mündet. Integriert in den Referenzrahmen des Fiktionalen ist die Musik in *Geistertrio* das ganz Andere, sie ist das nicht

68 Vgl. Maier, Geistertrio, S. 185, 187.

Verhüllte, das nicht Reduzierte (außer in ihrer zeitlichen Dimension), gleichwohl Fragmentierte. Die Musik in *Geistertrio* ist das Reale.

»Zwischen mir selbst als Sprechendem und mir selbst als Hörendem klafft ein Spalt«[69] – das führt *Geistertrio* nachhaltig vor Augen und Ohren. Wie die weibliche Stimme und die männliche Gestalt rondoartig ihr Ritual der minimal variierten Wiederholung absolvieren, überbrücken wir sprechend und hörend den Spalt nur, indem wir weitersprechen und uns hörend als der immer noch Andere dieses Spalts gewärtig sind. *Geistertrio* ist in uns.

## Um abermals zu enden

Beim Betrachten von Becketts Filmen wird schon nach wenigen Augenblicken deutlich: Im Unterschied zum konventionellen Verständnis und der herkömmlichen Praxis von Filmmusik als einem auch wahrnehmungspsychologisch gesteuerten Teil des Soundtracks hat die von ihm eingesetzte Musik keine Lückenbüßer-Funktion der Überbrückung oder Füllung wortloser Passagen, ihre potentiell emotiven Qualitäten werden wie zum Beispiel in *Geistertrio* eher zitiert als instrumentalisiert, und als Zitat eignet ihnen auch eine gestische Funktion. Der Musik ist also keine Aufgabe zugewiesen im Sinne ihrer Subordination unter die Narration, sie ist gleichwertiger integraler Bestandteil der Ästhetik des Films und fungiert nicht als ikonische, kommunikative oder Aufmerksamkeit zerstreuende Vermittlungsinstanz, als Missing Link zwischen der medial zu vermittelnden visuellen und auditiven Ebene, die eben nie

69 Bernhard Waldenfels: Das Lautwerden der Stimme, in: Stimme. Hrsg. v. Dorisch Kolesch, Sybille Krämer. Frankfurt/M.: Suhrkamp 2006, S. 191–210, hier S. 199.

deckungsgleich zu vermitteln sind. Musik wird hier also nicht mimetisch eingesetzt mit dem Ziel etwa einer Intensivierung des emotionalen Filmerlebens, sondern als Gestalt der Selbstrepräsentanz.

Sieht man die Fernsehspiele als einen unausgesprochenen Wettstreit zwischen Sprache/Stimme und Musik, so muss Letzterer das Primat zugesprochen werden, was insbesondere in *Geistertrio* sinnfällig zum Ausdruck kommt: Der den Kopf schüttelnde (dabei weinende?) Botenjunge verneint gleichzeitig die Möglichkeit, Sinn und Erlösung könne von draußen importiert werden. Einzig die Musik erweist sich als stets abrufbar und somit verlässlich – zumindest solange der Kassettenrecorder bzw. der Kopf funktionieren. In *Geistertrio* bekommt sprichwörtlich alles seine Zeit. Mit dem Furor der Begeisterung konstatiert Maier: »Deutlicher als durch das [...] Zurückkehren des Protagonisten zur Musik kann man den Gegensatz zwischen Innen und Außen nicht beleuchten. Durch die Eindrücklichkeit ihres Auftretens nimmt die Musik gefangen, durch die Sicherheit ihrer Gesten verwandelt sie eine Kamerabewegung in *ihre* Steigerung, verwandelt sie ein Dasitzen in ein In-*Sie*-Versunken-Sein. Sie schafft das Bild.«[70]

Die Musik deutet – gerade auch in ihrer gestaltprägnanten Fragmentierung – Auswege aus der Wiederkehr des Immergleichen an, zumal sie dem Zwang der Repräsentation nicht unterworfen ist wie Stimme und Sprache, deren Öffnung ins Lautpoetische Beckett nicht vollzogen hat. Viele Fragen bleiben offen. Was gewinnt der Zuschauer/Zuhörer, wenn er die Musik nicht kennt? Kennt die männliche Gestalt die Musik in *Geistertrio*? Ist es ein Paradox, dass die Musik unabhängig vom Film existiert, diesem in ihrer Entstehung zeitlich vorausgeht?

So selbstähnlich sie in sich und untereinander dem Be-

70 Maier, Geistertrio, S. 192.

trachter erscheinen mögen, generiert aus einer austarierten ars combinatoria, die Kontrolle über jedweden Parameter gewinnen möchte, sosehr sind Becketts Filme ein ästhetisch-philosophisches Residuum, dessen opake Überschüssigkeit bei aller evidenten Ökonomie und Ludizität der medialen Teilsysteme, mit hermeneutischen, semiotischen oder konstruktivistischen Kategorien nicht restlos verrechenbar ist. Die eingangs konstatierten fehlerpoetischen Raffinessen, die Beckett bei aller Determination und parametrischen Kontrolle des Geschehens bewusst mit einkalkuliert hat, fungieren in diesem Zusammenhang als Ironiesignale, die zurückverweisen auf das spielerische Moment und seine menschliche Quelle.

## Anschlussfähig. Experimentelle Schriftfilme

### Experiment, Schrift, Schriftfilm, Intermedialität

Das Experiment[1] ist eine Kunstkonzeption und -praxis, die ihre Gestaltungsregeln im Material selbst findet und auf diese Weise konventionalisierte Rezeptionsmuster und -handlungen unterläuft und verändert.[2]

Experimente greifen reduktiv in Parameter ein, welche den Kunstprozess zwischen Produktion und Rezeption bestimmen.

Ist Schreiben »die konkrete, in der abendländischen Kultur meist gewohnheitsmäßig und wie unbewusst vollzogene Handbewegung, die Schriftzeichen und Schriftstücke hervorbringt, aber auch in einem weiteren Sinn das berufsmäßige Verfassen von Texten«, so kann unter ›Schrift‹ als materiales Substrat von ›Schreiben‹ ein einzelnes Schriftstück, die individuelle Handschrift einer bestimmten Person oder auch ein Notationssystem, eine »Gesamtheit von Regeln zur Produkti-

1 Es sei hier eingeräumt, dass ›experimentell‹ ein stets umstrittener, heute praktisch nicht mehr analytisch verwendbarer Begriff ist.

2 Wer sich den vermeintlichen Eigengesetzlichkeiten des Materials aussetzt, macht eine paradoxe Erfahrung. Auch eine rationale Wahl von Gestaltungsmitteln und -verfahren vermag die historische Determiniertheit weder des Materials noch des Subjekts zu hintergehen. In manchen experimentellen Konzepten sollen Zufallsverfahren die Intentionalität des Künstlers neutralisieren (z. B. bei John Cage). Jede Rezeption erzeugt aber Bedeutungsstrukturen, die den Zufallscharakter schnell der Wahrnehmung entziehen.

on graphischer bzw. sichtbarer Zeichen«,[3] verstanden werden. Meint Schreiben den Fixierungsprozess, so meint ›Schrift‹ zuerst ein Fixiertsein – auch im nichtmetaphorischen Sinne eines Schriftbildes. Bis zur Einführung des Buchdrucks durchlief die Schrift verschiedene Träger wie zum Beispiel Höhlenmalereien, Obelisken, Tafeln, Inschriften und handgeschriebene Bücher. Die Regeln, nach denen Schrift auf dem Bildschirm des Computers als maschinisierter Oberflächeneffekt läuft, sind die eines mathematische Funktionen kodierenden Zeichensatzes. Der Online-Chat des Internets fungiert als performativ-interakives Schreiben eines Gesprächs.

Ein Schriftfilm ist zunächst ein Film, dessen zentraler Bestandteil das hochgradig selbstreferentielle Medium[4] Schrift (bzw. Schreiben) in all ihren (seinen) formal und medial unterschiedlichen Materialisierungen und Präsentationsformen ist.

Schriftfilme stellen die Medialität von Schrift aus und ›spielen‹ mit den rezeptiven Wahrnehmungsmodi von Lesen, Schauen, Starren, Entziffern etc., von Verstehen und Dekonstruktion von Verstehen und können somit als Modelle der ästhetischen Affizierung kognitiver Aktivität gelten. Als Wahrnehmungsmodelle affizieren Schriftfilme die (irritierte) Selbstbeobachtung des Betrachters.

Es gibt Schriftfilme, die planmäßig nur einen oder wenige

3 Detlef Thiel: Über die Genese philosophischer Texte. Studien zu Jacques Derrida. Freiburg, München: Alber 1990, S. 13.

4 Nach Friedrich W. Block heißt im Bezug »auf die Struktur experimenteller Texte […] Selbstreferenz, daß diese jeweils als Modelle für bestimmte mediale Ordnungsaspekte reflektiert werden können«. Friedrich W. Block: Beobachtung des ›Ich‹. Zum Zusammenhang von Subjektivität und Medien am Beispiel experimenteller Poesie. Bielefeld: Aisthesis 1999, S. 180. Dieses Verständnis von Selbstreferenzialität kann auch auf den hier behandelten Gegenstand übertragen werden.

der Faktoren, die den Produktionsvorgang bestimmen, zum Beispiel Art und Intensität des Wahrnehmungsangebots, verändern. Dieser Typ stellt gleichsam die auch in naturwissenschaftlichen Experimenten denkbare Frage nach den Konsequenzen: »Was passiert dann?« Dann gibt es zum Beispiel solche, die in die Produktions- wie Rezeptionsebene eingreifen und in der Produktion einen oder mehrere Parameter wiederum (regelhaft) manipulieren.

»Intermedialität in experimentellen Schriftfilmen« meint intermediale Vermittlungsstrategien von Schrift bzw. Schrift als Bild im experimentellen Schriftfilm, (inner-)semiotische Transaktionen zwischen Medien/Formen und Kontexten. Genaugenommen handelt es sich hierbei um wahrnehmungspsychologische und wahrnehmungstheoretische Fragestellungen, so dass von (experimentellen) Schriftfilmen als von visuellen bzw. audiovisuellen Irritationsexperimenten zu sprechen wäre.

Der Begriff des ›Intermedialen‹ ist in dem Sinne seiner Eingrenzung auf das künstlerische Konzept innovativer Medientransformation und Medienintegration romantischen Ursprungs. Anfang der sechziger Jahre findet ihn der amerikanische Fluxuskünstler und Schriftsteller Dick Higgins in den Schriften Samuel Taylor Coleridges auf und führt ihn 1965 einer breiteren Öffentlichkeit zu. Auch für Higgins ist der Gedanke methodischer Fusion und Innovation eingeführter Medien entscheidend, der sich prononciert dann bei Jürgen E. Müller wiederfindet. Müller, der mit einem explizit technischen Medienbegriff arbeitet, berücksichtigt drei Ebenen der Intermedialität: erstens die Einbettung von Medien in inter- und multimediale Handlungszusammenhänge, zweitens die intermedialen technischen Gegebenheiten der Apparate, die Müller im Anschluss an Foucault ›Dispositive‹ nennt, und drittens – was auch für die hier vorzustellenden experimentellen Schriftfilme von besonderer Relevanz ist – die Integration und Transformation eines oder mehrerer Medien im Kontext eines anderen Mediums.[5]

Müller zufolge wird ein mediales Produkt »dann *inter*medial, wenn es das multi-mediale Nebeneinander medialer Zitate und Elemente in ein konzeptionelles Miteinander überführt, dessen (ästhetische) Brechungen und Verwerfungen neue Dimensionen des Erlebens und Erfahrens eröffnen.«[6]

Dieses »konzeptionelle Miteinander« demonstrieren die hier thematisierten Schriftfilme.

Systemtheoretisch wäre nach Block allerdings ein abstrakteres und dynamischeres Modell von ›Intermedialität‹ fruchtbar zu machen als das technizistische von Müller. Demnach ergibt sich Intermedialität »im Markieren medialer Differenzen, als Beobachtung von Formen der Medialität«. Intermediale Beobachtung führt nach Block »die Unterscheidung von Medium und Form auf der Medienseite wieder ein, sie bezeichnet [...] ein jeweiliges ›mediales Differential‹, das auf vielfältige Weise in allen Dimensionen symbolischer Medialität figuriert.«[7]

Im Folgenden wird kein Abriss von Filmtheorien oder filmsemiotischen Fragestellungen unternommen. Es sollen aber einige Aspekte im Zusammenhang mit der supponierten Intermedialität von Film und Schrift im Schriftfilm thematisiert werden. Kein noch so differenzierter Diskurs vermag die (audiovisuelle) unvermittelte Wahrnehmung der Filme zu ersetzen. Ein Film realisiert sich erst dann, wenn er gesehen/gehört wird – umso mehr, wenn er an aktive Rezeption rückgekoppelt ist. Das Reden *über* den Film macht diesen also nicht verfügbar, der Medientransfer von Film zu Diskurs kann kein analoger sein, der ohne Differenz aufginge.

5 Vgl. Block, Beobachtung des ›Ich‹, S. 183–184.

6 Zit. nach ebd., S. 183.

7 Ebd., S. 186. Zur Unterscheidung von (symbolischen) Medien und Formen siehe insb. S. 42–46.

Schrift in experimentellen Schriftfilmen ist Schrift in all ihren Erscheinungsformen: (individuelle) Handschrift, (typisierte) Schreibmaschinen- und Computerschrift, Alphabetschrift, graphistische Zeichen, Graphismen ohne referenzsemantische Verweisfunktion. Schrift wird in experimentellen Schriftfilmen mit einem Trägermedium gekoppelt, das wie die Buchseite oder die Leinwand – ganz im Sinne der Konkreten Poesie (Franz Mon: »Poesie der Fläche«) – eine (Ausstellungs-)Fläche zur typographischen und (simuliert) räumlichen Gestaltung bietet. Zugleich vermittelt das Animationsmedium Film aber auch mittels Kinetik bzw. deren Teilelement Projektionsgeschwindigkeit, mit der als autonomer Größe (Quantifizierung von Zeit jenseits der Echtzeit) experimentiert wird, spezifische Bewegungseffekte und somit Zeiterfahrungen, die gerade den Einsatz des Trägers Film als medienadäquat erscheinen lassen.

Werden verschiedene Zeichensysteme wie das hochintegrative Medium Film und die in ihrer Geschichte verschiedene Trägermaterialien und Codierungsformen durchlaufende Schrift bzw. Schreiben »spannungsreich zueinander in Beziehung gesetzt«[8], können gegenüber üblichen filmnarratologischen Zusammenhängen, das heißt auf Narration fokussierten Wahrnehmungsprozessen, audiovisuelle Wahrnehmungsexperimente entstehen, die filmisch-konventionelle Seh-(und Hör-)erfahrung durchbrechen und so den Ausweg in übliche Rezeptionsformen versperren. Vermutlich kann sich eine derartige Dekonstruktion oder gar Umkehrung gängiger Figur-Grund-Erwartungen erst dann allgemein, das heißt jenseits bereits zielgruppenvorgeordneter Adressaten etablieren, wenn unsere ebenso konventionalisierten und kognitiv nicht nur ›angeborenen‹ Beobachter- und Wahrnehmungsmechanismen

8 Ebd., S. 181.

und -schemata zum Beispiel die beschriebenen ästhetischen Prozesse als nicht mehr destabilisierende und ›bedrohliche‹ verarbeiten und somit ihrerseits konventionalisieren – eine Vermutung, die in seiner Vorläufigkeit selbstredend spekulativ ist.[9]

## Schrift und Text – vom Film zum Computer. Ein historischer Medienwechsel

An (kurzen)[10] Experimentalfilmen können Vermittlungsstrategien von ›Ton‹ (Sprache, Musik, Sprache als Musik) und ›Bild‹, ›Schrift‹ und ›Bild‹ bzw. ›Schrift als Bild‹ (›Schriftfilme‹, ›handmade films‹), die Einführung geometrischer Figurationen und ›Abstraktionen‹ (z. B. bei Walter Ruttmann: *Opus I-IV*[11], Peter Kubelka: *Arnulf Rainer*[12]) – hier im Sinne eines erweiterten Schriftbegriffs gedacht – sowie unter anderem Innovationsstrategien des kreativen Missbrauchs von einzelnen Materialbereichen wie zum Beispiel Ton- oder Film-

9 Manche Werbetrailer arbeiten strategisch an dieser Konventionalisierung, um Aufmerksamkeit durch Irritation auf den Wahrnehmungsprozess selbst zu fokussieren und so gerade durch die verdeckt gehaltene ›Botschaft‹ Erinnerung auch nachhaltig zu affizieren.

10 Der wohl kürzeste Beitrag im Bereich Text- bzw. Schriftfilm stammt von Timm Ulrichs: *ikon/kino* (1969/79) ist gerade mal drei Sekunden lang. In diesem 35-mm-Permutationsfilm werden insgesamt 75 Permutationen/Anagramme durchgespielt, bis sich die Ausgangsgestalt »ikon« zu »kino« eingestellt hat. Dokumentiert ist der kinematographisch selbstreferentielle Film in: Timm Ulrichs: Totalkunst. Katalog. Hrsg. v. Städtische Galerie Lüdenscheid 1980, S. 55.

11 *Opus I* (Lichtspiel-Opera I, stumm, 1919/21, 10′ 28″), *Opus II* (Lichtspiel-Opera II, stumm, entstanden vermutlich zwischen 1921 und 1923, fragmentarisch erhalten, 2″), *Opus III* (Opus 1924, stumm, 1923–24, 4′), *Opus IV* (Lichtspiel-Opera IV, stumm, 1925, 3′).

12 1958–60. 35 mm, sw, Ton, 6′30″.

spur exemplifiziert werden. In diesem Zusammenhang ist vielleicht von einer ›konkreten‹ Filmkunst (›Materialfilme‹) zu sprechen, wenn zum Beispiel die unbelichtete Filmspur, der ›Blankfilm‹ direkt vom Filmprojektor abgestrahlt wird, so dass zum Beispiel ›nur‹ die Struktur des Zelluloids, Staubpartikel oder sonstige Verschmutzungen als Konturen zu sehen sind.

Die Brüder Arnaldo Ginna und Bruno Corra sollen die Ersten gewesen sein, die ›handmade films‹ herstellten. Ihre Versuche zwischen 1910 und 1912, musikalische Themen und Poesie durch direktes Auftragen von Farbe auf das Zelluloid filmisch zu übertragen, sind nicht erhalten. Der Neuseeländer Len Lye[13] wendete als Nächster diese Technik wieder an, indem er 1921 in Australien in die Emulsionsschicht bereits exponierter Filme Formen einkratzte. Das Zerkratzen des belichteten oder des Blankfilms oder die (colorierte) Übermalung desselben mit ›hypergraphischer‹ Schrift[14] ist unter anderem auch für viele lettristische Filme konstitutiv und gelangte hier zu exzessiver Anwendung.

Auch andere (zeichensubstituierend in den Film neu eingeführte) Materialbereiche, denen in spezifischen Kontexten signaletische Funktion zukommt und die zu einer Aufwertung von Formaspekten führen, wurden ästhetisch valorisiert. Peter Weibel zum Beispiel produzierte 1968 unter dem Titel *Fingerprint* einen Film, der seine Fingerabdrücke auf dem Blankfilm zeigt. Die (kriminalistische) Beweisfunktion des Fingerabdrucks als historisch einmaliger Index wurde circa dreißig Jahre später ›signifikanterweise‹ durch die Entzifferung des (individuellen) genetischen Codes substituiert.

Daneben stellen verschiedene Schriftfilme auch Versuche

13 *Free Radicals* (1957, 5′) ist ein handgezeichneter ›abstrakter‹ Film.

14 Zur lettristischen ›Hypergraphie‹ siehe Michael Lentz: Lautpoesie/-musik nach 1945. Eine kritisch-dokumentarische Bestandsaufnahme. Wien: edition selene 2000, S. 438–454.

dar, (konventionelle) ›synästhetische‹ Konzepte des ansonsten fokussierten, gerichteten Wahrnehmens absichtlich zu unterlaufen, etwa durch eine forcierte Asychronizität von ›Ton‹ und ›Bild‹ ([ultra-]lettristischer Film, [Isou, Lemaître, Wolman]).

Jüngere und jüngste Entwicklungen bedienen sich anstelle des Trägermediums ›Film‹ des hochintegrativen Mediums des Computers[15], der – als mediale Differenzqualität zum Film – je nach Konzept optative Interaktionen vonseiten des Users/Betrachters ermöglicht. Über Diskette oder CD-ROM werden auf den die Leinwand ersetzenden Bildschirm des Computers Programme eingespielt, mit denen (allgemein gesprochen) Text (Buchstaben, Wörter, Sätze) animiert werden kann.[16]

Produzierte zum Beispiel Melo e Castro 1969 Filmpoeme, so arbeitet er heute im Bereich digital erzeugter Videopoesie. Die französische Gruppe L. A. I. R. E (Philippe Bootz, Tibor Papp, Claude Maillard, Frédéric Develay und Jean-Marie Dutey) arbeitet mit elektronisch animierten Texten.[17] Bootz knüpft mit *A bribes abattues* (1990) an das Reizüberflutungs-Konzept von Paul Sharits und seinen Konsequenzen für die Differenzierung von Lesen, Betrachten und Starren an, aller-

15 Das neue Medium Computer als »Integrator aller vorherigen Medien« (W. Coy) und semiotische Universalmaschine, die alle technisch vermittelten Kommunikationsmedien wie z. B. Schreibmaschine, Radio, CD-Player, Fernsehen, Telefon oder Faxgerät tragen kann und neuartige Kommunikationsformen wie E-Mail, Hypertext und Internet zur Verfügung stellt, bewirkt die Integration vormals getrennter Zeichen- und Kommunikationssysteme.

16 Peter Sungil Cho unterscheidet im Zusammenhang mit computeranimierten typographischen Experimenten zwischen drei Kategorien: »intra-letter shape manipulations; inter-letter transitions; and three-dimensional spatial explorations«. Peter Sungil Cho: Computational models for expressive dimensional typography. Thesis proposal for the degree of Master of Science at the Massachusetts Institute of Technology, October 1998.

17 Vgl. Block, Beobachtung des ›Ich‹, S. 265–266.

dings mit einem komplexeren Animationsmodell, variablen Geschwindigkeiten und Überlagerungen einzelner Sequenzen.

Zu nennen ist insbesondere auch der Designer und Informatiker John Maeda.[18] In Maedas *Flying Letters*[19] aus seiner schon im Titel programmatisch-intermedialen Reihe *Reactive Books* kann der User Buchstaben durch die Bewegung seiner die ›Maus‹ führenden Hand animieren. In *Tap, Type, Write*[20] aus derselben Reihe fordert er den Benutzer auf: »Let your fingertips dance across the keyboard in a tribute to the original word processor.«

## ›Schrift‹ im Schriftfilm

Sicherlich kann der Film – wie auch die Literatur – als Zeichen- und Repräsentationssystem, als ästhetischer Gegenstand, Medium, Institution und kulturelles Subsystem beschrieben werden. Man kann mit Joachim Paech auch sagen: »Der Film ist keine Sprache (langage), sondern eine Schrift, die sich aus anderen Schriften transformiert, vom Symbolischen zum Ikonischen zum Beispiel.«[21]

Im Derrida'schen Sinne versteht Paech hier unter ›Schrift‹ Einschreibung und Spur: Paech zufolge gibt es »im wesentlichen zwei Zugänge zur Definition des Films als Schrift, eine Ontologische und eine Grammatologische, die sich keineswegs ausschließen, sondern Aspekte der Bestimmung der Schrift als Spur sind.«

18 Geboren 1966 in Seattle. Direktor des Media Labs am MIT/Massachussetts Institute of Technology in Cambridge/Boston.
19 Tokyo: Digitalogue, 1996. Buch mit 3.5″ Floppy Disk.
20 Tokyo: Digitalogue, 1998. Buch mit CD-ROM.
21 Joachim Paech: Vor-Schriften – In-Schriften – Nach-Schriften, in: Sprache im Film. Hrsg. v. Gustav Ernst. Wien: Wespennest 1994, S. 23–40, hier S. 32.

Der Film sei demnach »als weiterentwickelte Fotografie […] die Aufzeichnung der Spur des Realen im fotografisch/filmischen Abbild«. Auf der Leinwand, »dem Kino-Kopf«, wiederhole sich »der Vorgang der Einschreibung der Spur als Licht-Schrift«. Paech weist darauf hin, dass »das Einschreiben des Lichts auf der Leinwand […] mit dem Modell des ›Wunderblocks‹ beschrieben« wurde, »das Freud zur Erklärung der Einprägung der Erinnerungsspur in den psychischen Apparat gebraucht hatte«. Der wahrgenommene Eindruck verblasse und mache immer wieder neuen Eindrücken Platz, die aber ihre Spuren im »Wachs« des diegetischen Gedächtnisses (der Bewegungsbilder auf der Leinwand) hinterlassen, wo sie sich als Erinnerungsspur aufzeichnen – wie eine Schrift. Paechs Schlussfolgerung: »Eine grammatologische Auffassung vom Film als Schrift würde die gesamte Szene der Einschreibung berücksichtigen und in der aktuellen Lichtspur immer auch die verbliebenen Eindrücke anderer Spuren mitlesen (das Unbewusste des Films).«[22]

Warum sollte ein sogenannter Schriftfilm ›intermedial‹ sein? Eine grundsätzliche Differenz zum Schriftbegriff bei Paech besteht eben darin, dass der Materialbegriff ›Schrift‹ im sogenannten Schriftfilm nicht als metaphorischer, das heißt, nicht als Suprametapher aufzufassen ist.

Nicht zuletzt führen Überlegungen zum Umgang mit intermedialen Werken, als welche hier experimentelle Schriftfilme verstanden werden, zu Vermittlungen der Kulturtechniken des Lesens und Betrachtens, zwischen denen beim Sehen der Filme von (bzw. mit) Marc Adrian, Carlfriedrich Claus, Maurice Lemaître, Dieter Roth, Gerhard Rühm, Paul Sharits oder zum Beispiel Gil J. Wolman oszillierend »hin- und hergeschaltet werden kann und muß«.[23] Dass gerade die medialen Diffe-

22 Paech, Vor-Schriften – In-Schriften – Nach-Schriften, S. 32–33.
23 Block, Beobachtung des ›Ich‹, S. 207.

renzqualitäten von Lesen und Betrachten integrative, nämlich programmatische Spielmomente der Aufmerksamkeitsfokussierung bei experimentellen Schriftfilmen sind, zeigen gerade diese Schriftfilme, die sozusagen als mediale Rückkopplungseffekte den Betrachter beim Versuch der Decodierung immer wieder auf sich selbst verweisen. Eine Reihe von Schriftfilmen fordert den Betrachter auf, das Medium immer wieder zu durchqueren, ohne dass der mediale Überschuss an ästhetischer Information wahrnehmungstechnisch abgearbeitet werden könnte.

Der stets an einen Beobachter gekoppelte ›Intermedialitäts‹-Begriff beschreibt eine intendierte, in einem Artefakt nachweisliche Verwendung oder Einbeziehung wenigstens zweier konventionell als distinkt angesehener Ausdrucks- oder Kommunikationsmedien. Im Falle experimenteller Schriftfilme also der Medien Film und Schrift bzw. Film und Skriptur/Graphismus. Dabei bedient sich der Schriftfilm vordergründig *und* hintergründig der medialen Grundeigenschaft des Films, der Bewegung, bzw. der Simulation von Bewegung. Dass selbst diese Mediendifferenz des Films (zur Fotografie) dekonstruiert werden kann, zeigen im Übrigen zum Beispiel eine Reihe von lettristischen Filmen, wie *Inachevés, à-peu-près, et refus, avec portrait de dame (Unfertiges, beinahe, und Verweigerung, mit Frauenbildnis)* von Roland Sabatier aus dem Jahr 1987, der – selbst wieder eine kinematographische Bilderausstellung – die Genese des Films aus der Fotografie rekonstruiert, da er über längere Sequenzen aus Standbildern besteht, die nach ganz bestimmten Zeiteinheiten wie Dias wechseln. Der zeitgenössische Film, so erklärt bzw. fordert ein Sprecher (der Autor selbst) aus dem Off ganz materialästhetisch, bestehe aus einer Zurschaustellung seiner Mechanismen und der Aufzählung seiner Bestandteile: Der Film in der Umkehrung, als Stillstand, also nicht Schrift und Bild im Film in Bewegung.

Die These, »der experimentelle Ansatz sei irreversibel und eine auf Ausdruck und Realität gerichtete Literatur obsolet«,[24] lässt sich nach Groys zum neuzeitlichen Theorem verallgemeinern und auch auf den Film übertragen. Groys Feststellung, das »Besondere an der in der Neuzeit verbreiteten Auffassung des Neuen besteht in der Erwartung, es werde schließlich etwas so endgültig Neues in Erscheinung treten, dass es nach ihm nichts noch Neueres mehr geben könne, sondern nur noch die uneingeschränkte Herrschaft dieses allerletzten Neuen über die Zukunft«,[25] lässt sich exemplarisch am Lettrismus aufzeigen, der mit der Einführung ›neuer‹ Materialbereiche in tradierte Kunstformen – wie zum Beispiel der Hypergraphie oder des Cartoons/Comics (›bande dessinée‹) in den Roman – diese zum Intermedium und zu seiner Erfindung erklärt. Für den Kontext ›Schriftfilme‹ steht der lettristische (Experimental-)Film, der in der deutschsprachigen Forschung bislang außer bei Ohrt[26] keine Erwähnung findet – von Aufführungen der Filme ganz zu schweigen.[27]

Wenn Siegfried J. Schmidt als einen Faktor des »Innovationspotential[s] konkreter Dichtung – zumindest bezogen auf den zeitgenössischen Kontext des Literatursystems nach 1945«

24 Harald Hartung: Experimentelle Literatur und Konkrete Poesie. Göttingen: Vandenhoeck & Ruprecht 1975, S. 99.

25 Boris Groys: Über das Neue. Versuch einer Kulturökonomie. München, Wien: Hanser 1992, S. 10.

26 Roberto Ohrt: Phantom Avantgarde. Eine Geschichte der Situationistischen Internationale und der modernen Kunst. Hamburg: Edition Nautilus/Galerie van de Loo 1990, S. 26–50.

27 Sogar in Hans Scheugl, Ernst Schmidt: Eine Subgeschichte des Films. Lexikon des Avantgarde-, Experimental- und Undergroundfilms. Frankfurt/M.: Suhrkamp 1974 (2 Bände, zus. 1315 S.) findet der lettristische Film keine Erwähnung.

die »Gleichberechtigung von Theorie und Praxis im Literatursystem« benennt,[28] so lässt sich dieser Befund über das Bezugsfeld ›Literatur‹ hinaus erweitern auf Entwicklungen des Experimentalfilms, insbesondere wenn wie zum Beispiel im (ultra-)lettristischen Film die Tonspur oftmals als ›Propagandamittel‹ theoretischer Deklarationen instrumentalisiert wird.

Im frühen lettristischen Film (Isou[29], Lemaître) ›erlebt‹ eine Reihe von Techniken eine Renaissance, die für die Fotografie und den Stummfilm konstitutiv sind, wie zum Beispiel im Falle des Letzteren die durch Kurzmontage entstehenden ›Flickereffekte‹ oder die medial bedingte verzögerte Lauf- bzw. Projektionsgeschwindigkeit der Kamera (des Projektors), die eine verzögerte Wiedergabe der filmischen Bewegungsvorgänge (16 Bilder/Sekunde) verursachte. Hierzu Maurice Lemaître:

»Das ›cinéma discrépant‹ setzt die Theorien über die Fotografie und die Montage der Stumm- und Tonfilmklassiker fort und bricht sie.«[30]

Der lettristische (Schrift-)Film zitiert auch die Zwischentitel-Ästhetik des Stummfilms und reflektiert ihre Ausdruckstypik. Innovation in diesem Zusammenhang könnte die ästhetische Funktionalisierung vormals medial bedingter Grenzen oder gar ›Fehler‹ bedeuten, die nunmehr eine kulturelle Aufwertung erfahren.

28 Siegfried J. Schmidt: Notizen zur experimentellen Dichtung in Frankreich und Deutschland nach 1945, in: Interferenzen. Deutschland und Frankreich. Literatur – Wissenschaft – Sprache. Hrsg. von Lothar Jordan u. a. Düsseldorf: Droste 1983, S. 120–137, hier S. 132.
29 *Traité de Bave et d'Eternité*. Paris 1951.
30 Maurice Lemaître: Qu'est-ce que le lettrisme? Paris: Fischbacher 1954, S. 89–90: »Le cinéma discrépant prolonge et rompt avec les théories sur la photographie et le montage des ›classiques‹ du muet et du parlant.«

Gleichzeitig unternimmt der (frühe) lettristische Film als ›Performancefilm‹ eine intermediale Rückbindung an ältere Darstellungsformen wie der theatralen Aufführung.

In der Vorführung probiert der (ultra-)lettristische (handmade und Schrift-)Film dann auch die Substitution von Elementen des Projektionsvorganges (F. Dufrêne, I. Isou, M. Lemaître, R. Sabatier, Gil J. Wolman). Ein radikales Beispiel lieferte François Dufrêne: *Tambours du jugement premier*[31] (1952) ist ein »Film imaginaire sans écran ni pellicule«. Ohrt zufolge wurde der Film »ohne Leinwand und ohne Film« bei der Uraufführung (in Cannes) von vier Sprechern realisiert, die Dufrêne in jeder Ecke des Kinosaals postierte. Jeder Sprecher verbalisierte ein Filmelement: Ton, Bild, Musik oder Text.[32] Der Zuschauer/Zuhörer musste diese vier Elemente also selbst zum individuellen ›imaginären Film‹ synthetisieren. Dufrênes ›imaginärer Film‹ ist zugleich ein frühes Beispiel des ›expanded cinema‹. Während der etwa einstündigen Vorführung wurde das Licht im Saal ständig an- und ausgeschaltet, der Vorhang vor der Leinwand öffnete und schloss sich.

Zur Legitimation des Lettrismus apostrophiert Isidore Isou 1947 die »Valorisierung des Profanen« (B. Groys): »Denn die Kunst ist eine unendliche Mikroskopierung und eine Erhebung dessen, was bis dahin weniger wichtig schien, auf eine kulturelle Ebene.«[33]

31 Veröffentlicht in ION. Centre de Création, No. spécial sur le cinéma. No. 1 (seul paru). Directeur M. G. Guillaumin. Paris: avril 1952, S. 193–214 (enthält die meisten lettristischen Gedichte Dufrênes).
32 Vgl. Ohrt, Phantom Avantgarde, S. 39. Der Textabdruck in ION unterteilt nur in »son« und »image«.
33 Isidore Isou: Was ist Lettrismus? (Qu'est-ce que le lettrisme?), gekürzt in: Gaëtan Picon: Panorama der modernen Literatur Frankreichs. Gütersloh: Mohn 1960, S. 474–476. Zuerst veröffentlicht in: La Revue Fontaine (numéro special) Paris 1947, S. 529–550.

Mit dem Versuch einer intermedialen Grenzüberschreitung geht ein Recycling von valorisierten Abfallprodukten einher – zeitparallel zu Josef Anton Riedls Musique-concrète-Studien.[34] So experimentierte Isou mit bereits belichteten Filmen, die er sich zum Beispiel 1950 aus den kinematographischen Abteilungen des Armeeministeriums beschaffte. Das Filmnegativ bearbeitete er mit Nagel, Schere und anderen Werkzeugen, so dass auf der Emulsionsschicht skripturale Ziselierungen entstanden.

Die ›kompositorische‹ Integration von akustischen ›objets trouvés‹ in das lettristische Klang- und Geräuschinventar wurde im lettristischen Film hingegen erst spät verwirklicht, und zwar zum Beispiel in Lemaîtres 8-minütigem Zeichentrickfilm *Une Histoire d'Amour* (16 mm coul. 8′, 1978), dem asynchron eine akustische Collage als Tonspur unterlegt ist. Lemaître erhebt in einem Kommentar zu seinem Film folgenden innovativen Anspruch, der nicht auf die Collagetechnik rekurriert: »Ich wollte, zum ersten Mal, so scheint es, einen integralen Film verwirklichen, der Musik, bedeutungstragende sowie bedeutungslose Geräusche und Worte auf gezeichnete Bilder legen sollte, und dies ohne jegliche Synchronizität

34 Josef Anton Riedl: Musique concrète – Studie Ib, Studie Ia (1951), auf: Zeitgenössische Musik in der Bundesrepublik Deutschland 3, 1950–1960. Hrsg. v. Deutscher Musikrat. Köln: deutsche harmonia mundi, Emi Electrola 1982, DMR 1007–9. In einem Interview mit dem Verfasser, 5.-6. 07. 1995, merkt Riedl über seine ›Studien‹ an: »In Musique concrète – Studie II wurde ein nur einige Sekunden langes Mini-Lautgedicht einbezogen. Tonbandschnipsel, auf den Boden eines Studios gefallen, las ich auf und hörte sie durch. Die entdeckte Sprachaufnahme reizte mich zur Verarbeitung. Ich vereinzelte Laute und verkürzte sie so sehr, dass fast nur noch besonders gefärbte Geräusche wahrgenommen werden können, umgeben von unterschiedlich dauernden Stillen.«

mit besagten Bildern, auf keiner Ebene (Rhythmus, Stimmung etc.).«[35]

Neu war eine solche Art von akustischer Collage, die auf wenig elaborierte Schnitt- und Montagetechniken der Zusammenfügung heterogener akustischer Materialien zurückgriff, allerdings nicht, waren solche Verfahren doch längst schon erprobt worden, zuerst wohl von Walter Ruttmann in *Weekend.* Dieses Hörstück, auch unter anderem als ›akustischer Film‹, ›Hörfilm‹ oder ›Filmsymphonie‹ bezeichnet, wurde am 13. 6. 1930 zum ersten Mal gesendet.

Die Aneignung von bislang als außermusikalisch qualifizierten Klang- und Geräuschquellen als kompositorisches ›Material‹ vollzog sich in der Geschichte der Musik bereits viel früher. Sieht man von Beispielen wie Leopold Mozart (Peitschenknall) einmal ab, seien hier Luigi Russolo, Pierre Schaeffer, John Cage und Henri Pousseur genannt.

In Zusammenhängen des künstlerischen und Selbst-Experiments kommt der materialen Eigenwertigkeit von Schreiben bzw. Schrift insbesondere im Sinne einer Resurrektion der Handschrift mit ihren individuellen Konzeptualisierungen als selbstbezügliches und subjektaffizierendes Medium, als ›Körpersprache‹ und Differenz zur normierten Typographie eine besondere Bedeutung zu. Mit unterschiedlich zu typologisierendem Ausdrucksgestus funktionalisierten Bildende Künstler wie Paul Klee, Jackson Pollock, Willem de Kooning, Arthur Køpcke, Lothar Schreyer oder Di(e)ter Rot(h) in ihren Schrift-Bild-Konfigurationen Schreiben bzw. (Hand-)Schrift als Inter-

35 »J'ai voulu, pour la première fois, ce me semble, réaliser un film intégral qui placerait de la musique, des bruits signifiants et non-signifiants et des paroles sur des images dessinées, et cela sans synchronisme aucun avec ces images, à aucun niveau (rythme, atmosphère etc.).« Zit. nach einem Informationsblatt des Wiener Filmverleihs *Sixpack Film.*

medium zwischen skripturaler und pikturaler Spur. Die lettristische ›Hypergraphie‹ (auch ›Métagraphie‹, ›post-écriture‹ oder ›superécriture‹) intendiert mit ihren multiplen (Hand-) Schriftkonfigurationen und graphästhetischen Gestaltungen eine auf Decodierung hin angelegte »Verschleierung von Schrift durch Nebeneinandersetzen von Schriften« (M. Lemaître, 1967). Der lettristisch-›hypergraphische‹ Materialbegriff ›Schrift‹ umfasst neben Piktogrammen, Kreuzworträtseln, zahlencodierten Texten, Arrangements aus erfundenen und zitierten Bildzeichen, eigenen Alphabeten, der Zeichensprache der Gehörlosen, der Blindenschrift nach Braille und dem Morsealphabet auch ideographische, lexikalische, phonetische, numerische, stenographische und zum Beispiel musikalische Zeichensysteme sowie Versuche der plastischen Gestaltung phonetischer Zeichen, rebusartige Codierungen und Graphismen ohne semantische Verweisfunktion. Dem Verständnis der Lettristen (I. Isou, M. Lemaître, G. Pomerand, R. Sabatier u. a.) nach ist die intermediale ›Hypergraphologie‹ zugleich Prosa, Malerei, Skulptur, Fotografie und Schrift. Hypergraphie, wie sie auch in lettristischen Filmen Verwendung findet, kann als eine auf Supplementen oder/und Substitutionen von zum Teil heterogenen Zeichensystemen beruhende Schriftkonfiguration mit isographischen Bedeutungsrelationen verstanden werden.

Die Polyfunktionalisierung von Zeichen und Figurationen aus unterschiedlichen Materialbereichen und Inventaren als »Doppeltextualität« oder »Mehrfachkodierung«[36] (formale und z. B. bildliche Indizes) erzeugt in intermedialen Kontexten Text-Bild-Kombinationen, die hinsichtlich ihrer Zeichenfunktion als Kryptographie, Kalligraphie, Bild-Schrift-Relationen,

36 Zeichen zwischen Klartext und Arabeske. Hrsg. v. Susi Kotzinger, Gabriele Rippl. Konstanz: Rodopi 1994. (Text auf Buchrücken).

»Arabeskisierung des Textes im strukturellen und semantischen Bereich« oder/und »Rematerialisierung und Energetisierung von Zeichen«[37] beschrieben werden können. So zum Beispiel beim lettristischen Experimentalfilm mit seinen palimpsestartigen Überlagerungen des belichteten Films durch handschriftlich auf den Film aufgezeichnete Figurationen wie in Maurice Lemaîtres Film mit dem bezeichnenden Titel *Le film est déjà commencé?*[38]. Geradezu ein ›rezeptioneller Überschuss‹ an ›Information‹ auf der formalen, akustischen und visuellen Ebene entsteht, wenn zum Beispiel im lettristischen Experimentalfilm die auf den beispielsweise mit ›realistischen‹ Motiven belichteten Film aufgezeichneten und diese überlagernden Figurationen zusätzlich in der Funktion einer chiffrierten Partitur akustisch lautpoetisch als eine Art Filmmusik realisiert werden. In diesem Falle entstehen gerade infolge der Mehrfachcodierung des visuellen und akustischen Angebots komplexe Wahrnehmungsirritationen und Verweigerungen rezeptiver Fokussierung: Gegenüber eher traditionellen filmästhetischen Verfahren im Sinne narrativer Kohärenz wäre hier von intendierten Dekonstruktionsversuchen von ganzheitlichen Wahrnehmungsprozessen zu sprechen, indem die einzelnen Materialebenen nicht mehr im Sinne einer filmischen ›Erzählung‹ oder Handlung in einen gemeinsamen Fokus münden und diesem also untergeordnet sind (Teil-Ganzes-Problematik), sondern vom Hörer bzw. Zuschauer spontan in den – zumeist assoziativ erschlossenen – Gesamtzusammenhang reintegiert werden müssen.

37 Ebd.

38 Paris 1951. 35-mm, n/b colorié directement à la main, 59'. Interprétation: Marcelle Dumont-Billaudot, Christiane Guymer, Isidore Isou, Maurice Lemaître, Gil J. Wolman.

Ein in eine nichtmetrische, das heißt diskontinuierlich-variable Rhythmisierung gebrachtes Aufscheinen einer weißen Kreisfläche auf schwarzem Grund. Das Aufscheinen des Kreises von jeweils unterschiedlicher Dauer. Oder ein schwarzer Grund, ein Schwarzfilm, dessen Projektionspermanenz in – beim einmaligen Betrachten – nicht berechenbaren, unerwarteten Zeitabständen von einer (identischen) Kreisfläche unterbrochen wird. Licht und Dunkel. optische Morsezeichen. Kontrast- und eben nicht symbolhafte Formbildung wirken als (leere) Encodierung, als eine Art Signalschrift.

Ist der Kreis eine Schrift? Rhythmisiertes Aufblitzen oder standbildartiges Verharren einer – in der Ausdehnung identischen – Kreisfläche als immerhin sinnlich wahrnehmbar gemachte mediale Selbstreferenz des Films im alternierenden Wechsel seiner Basiskonstituenten – Licht und Dunkel. Nicht umsonst nannte Gil Joseph Wolman seinen Film *L'Anticoncept*[39] im Untertitel *Argument cinématochrone pour une phase physique des arts.* Das physische ›Antikonzept‹, so verlautbart er selbst im Film *L'Anticoncept*, markiert als ›Atochrone‹ die Differenz zur (herkömmlichen) Filmkunst, zum Mainstream. Forcierte Asynchronizität von Film- und Tonspur. Dominanz der Rhythmizität vor allen alltäglichen und ästhetisch konventionalisierten optischen Reizen/Bildern, die Wolman auf die Form des Lichtkreises vor schwarzem Grund reduziert: Mo-

39 Fertiggestellt September 1951; erstmals gezeigt am 11. Februar 1952 im *Cinéclub du Musée de l'Homme*, Paris. Die Kreisflächen wurden auf einen großen runden Ballon (›ballon-sonde‹) projiziert, wie er in der Metereologie Verwendung findet. Die Erstaufführung wurde abgebrochen. Der Film wurde am 2. April 1952 von der *Commission de controle des films cinématographiques* ohne weitergehende Begründung verboten.

nochrome Invarianz des visuellen Wahrnehmungsangebots, visuelle Antinarratologie. Die Projektion als visuell-rhythmisierte Perkussion. Demgegenüber Dominanz der Tonspur, die sprichwörtlich lautstark ist und zum Schluss hin immer dominanter, aber nicht nur lauter, sondern ›andersartig‹ wird, weil nicht die Stimme des Artikulierenden (Wolman) versagt, wohl aber unser konditioniertes Wahrnehmen des akustischen Angebots. Die Stimme, die graphophon auf die Tonspur schreibt. Zunächst eine manifestöse Vorrede, Programmatisches im Sinne einer als neu zu denkenden Kunst,[40] dann, durchaus narrativ, als längerer Monolog eine (verquere) Liebesgeschichte zugleich als Hommage an Paris, schließlich eine den Buchstaben verlassende, röchelnde und um Atem ringende ›Mégapneumie‹[41] Wolmans als *Post scriptum*[42]: Die akustische Schrift der Lautpoesie, die Wolman mit seiner Stimme direkt auf Tonband bzw. die Tonspur des Films notiert.

40 So z. B.: »THEOREME. Il n'est pas de négation qui s'affirme ailleurs. La négation est le terme transitoire à une période nouvelle. La négation du concept, intrinsèque, immuable, a priori, projette ce concept en dehors de la matière, le révèle a posteriori à une réaction extrinsèque devient muable par autant de réactions.« Gil Joseph Wolman: L'Anticoncept, in: ION, S. 167–186, hier S. 170. Wiederveröffentlicht 1994, Paris: Éditions Allia (Buch und Video).
41 Siehe hierzu Lentz, Lautpoesie/-musik nach 1945, S. 208–211, 513–517, 528–533.
42 Fünf Auszüge aus dem Soundtrack von *L'Anticoncept*, darunter auch die *Avant'œuvre* betitelte Vorrede und die Mégapneumie *Post scriptum*, finden sich auch auf der LP Gil J. Wolman: L'Anticoncept. Alga Marghen, plana-W 11VocSon032, 1999.

## (Hand-)Schrift als Selbstexperiment. Zu den ›Sprachblättern‹ von Carlfriedrich Claus

In seinen ›Sprachblättern‹ erprobt Carlfriedrich Claus[43] selbstexperimentell (und selbstreferentiell) den Apparat ›Handschrift‹ mit seinen kompositorisch, das heißt formbildend und Schiftzeichen generierend eingesetzten ›psychographischen‹ Merkmalen und psychophysischen Rückkopplungen. Die ausführende Hand wird hier selbst zu einem Medium, das in manchen ›Sprachblättern‹ scheinbar unter Ausblendung von steuernden Kontrollmechanismen irreversibel eine HANDLUNG vollzieht, somit also eine »gewisse Selbständigkeit errungen zu haben«[44] scheint. Diese psychophysisch-seismographischen Ausschläge als körperliche Spuren der schreibenden Hand oder beider simultan schreibenden Hände jenseits einer kalligraphischen Ausrichtung kontrastieren dann oft mit mikrographischen Notaten, Schreibspuren von Einzelwörtern und ganzen Sätzen unterschiedlichen Inhalts (Philosophisches, Poetologisches etc. betreffend), die oft zu inselartigen Texturen angeordnet sind: ›Denklandschaften‹,[45] in denen Claus skriptural-palimpsestartig auf spezifische Themenhorizonte referiert.

Der viel zu wenig beachtete (Dokumentar-)Film von Heinz Wittig: *Carlfriedrich Claus. Menschliche Existenz als Experiment*[46] enthält zwei Sequenzen, die Claus bei der zum Teil beidhändigen Herstellung eines ›Sprachblattes‹ auf eine großflächige, hängende Glasplatte zeigt. Diese beschriftet er zeit-

43 1930 geboren in Annaberg-Buchholz, 1998 gestorben in Chemnitz.

44 Thiel, Über die Genese philosophischer Texte, S. 269.

45 Carlfriedrich Claus: Denklandschaften. Berlin Institut für Auslandsbeziehungen (ifa) 1993. Katalog zur Ausstellung.

46 Heinz Wittig: Carlfriedrich Claus. Menschliche Existenz als Experiment. Nürnberg: Verlag für moderne Kunst 1997. (68′) (Videofilm).

weise simultan beidseitig, während er gleichzeitig die Ästhetik seiner ›Sprachblätter‹ kommentiert. Deren Titel,[47] so Claus, seien »genauestmögliche Benennung des Themas«.

Die (Nachlass-)Erforschung, das heißt Entzifferung der von Claus in die skripturalen ›Sprachblätter‹ zum Teil mikrohandschriftlich einziselierten (philosophischen u. a.) Schriften und »universale[n] Bezüge, weit ausgreifende[n] Nennungen«[48], steht noch aus. Ad-hoc-Interpretationen würden die ›Sprachblätter‹ und die ihnen implantierte Mikrographie, die ein wesentlicher Bestandteil von ihnen ist, also eher verdunkeln.

## Dieter Roth: *letter*

Ein Handmade-Film ist Dieter Roths[49] *letter.*[50] Ein Schriftfilm, in dem die Handschrift nicht wie in den visuellen Arbeiten von Carlfriedrich Claus als psychographischer Apparat funktionalisiert, sondern jenseits normierter Typographie als eine Art Expressem, als auch narratives Medium eingesetzt wird. Filmisch transportierte Auto(bio)graphie in der analogen Funktion des Eigennamens als »körperliche Spur (von Bewegungen und Rhythmen) eines abwesenden Individuums«[51], das sich durch die handschriftliche Versaliensignatur »DITER ROT« in-

47 Als Beispiele seien genannt: *Antikontemplative Meditation* und *Prozessuales Verwirklichen neuer Beziehungen zwischen Frau und Mann. I: Aktivieren der Negation des Sexualtriebes; Triebverwandlung; Synthese. Entstehung neuer Bewußtheit.* Abbildungen finden sich in: Carlfriedrich Claus: Sprachblätter. Spenge: Verlag Klaus Ramm 1987, S. 59, 33.
48 Franz Mon, Zu den Sprachblättern von Carlfriedrich Claus, in: ders.: Essays. Gesammelte Texte 1. Berlin: Janus Press 1994, S. 149.
49 1930 – (Juni) 1998. 1957 Übersiedlung nach Island (Reykjavík). Lebte dort und in Basel bis zu seinem Tod.
50 1962, sw, 3′.
51 Block, Beobachtung des ›Ich‹, S. 150.

klusive der Preisgabe biographischer Details als dessen (eigenhändiger) Produzent immer wieder in Erinnerung ruft.

Unterbrochen von die (Satz-)Einheiten segmentierendem Schwarzfilm ist bei Abspielen des Films mittels Zeitlupe nachfolgend wiedergegebener Text zu lesen, der – in variierender Typographie der Handschrift – Buchstabe für Buchstabe (Ausnahmen: »412«, »ey«; »sch«) mit minimalen Rückungen[52] im Bild mittig platziert ist. Durch die titelgebende, seine lineare Oberflächenordnung und Kohärenz/Konnexion auflösende Inszenierung des Textes als vom Auge bei ›normaler‹ Abspielgeschwindigkeit nicht mehr zu verrechnende Einzelbilder werden Überlagerungseffekte evoziert, die ein Entziffern des Textes in Echtzeit verhindern. Gleichwohl bleiben die in raschem Wechsel an derselben Stelle im Wahrnehmungsraum aufeinanderfolgenden Zeichen stets als dem Alphabet zuzuordnende ›Lettern‹ bzw. als Symbole (Herz) zu identifizieren:

FLIP DIESER FILM HEISST = FLIP
DIESSEER FILM HEEIISSTT FLLIPP
DITER ROT
REYKJAVIK
DIETER ROT FLIP
DIESER FILM HEISST = FLIP[53]
(Repetitionen des Vorherigen, wobei alle Buchstaben zunächst dupliziert, dann verdreifacht werden)
BOX
412
REYKJAVIK
ISLAND
WHEN YOU ARE GOING ELEFANT

52 Resultierend aus dem Medium Handschrift, das nie Bildidentisches (re-)produzieren kann.
53 Schnippen, Knipsen, Klaps, Ruck, Spritztour, Spaß, Clou.

MY HEART IS GOING IN MY HAND
VON ALLEN ALTEN TRÄUMEN
WAR DER SCHÖNSTE DOCH DAS KOSCHEMAHR
DIES SAGT WAS
DAS ICH DIETER ROT DENKE
SOLL ES SAGEN
ES SAGT DIE FREUNDLICHEN TATEN DER TAGE IM SONNENSCHEIN
DA MANCHES WOHLGERATEN ZU ZWEIEN ODER ZU DREIEN NOCH KEINE
MASSEN DIE SICH HASSEN
UND KEINE PROPHETEN DIE MICH
DITER ROT TTRREETTEENN
DIE SONNE DER MOND UND DIE STERNE
(*langer Abspann:*)
Schwarzfilm, drei nicht ›formvollendet‹ handgezeichnete Herzen, jeweils platziert zwischen lange Sequenzen Schwarzfilm; flackernde Aufeinanderfolge von Herzen, alternierend mit Schwarzfilm
FINIS (12 × F, I, N; 14 x S; jeder Buchstabe in seiner typographischen Gestalt anders)

*letter*, als Negativfilm mit weißer Schrift auf schwarzem Grund, ist ein Handmade-Liebesfilm, der seine ›Botschaft‹ durch Zeichenatomisierung und vorgeordnete Wahrnehmungsgeschwindigkeit[54] jenseits der dem menschlichen Auge bzw. dem Gehirn eignenden Lesegeschwindigkeits- und Verarbeitungsgrenze quasi encodiert, in Anbetracht des filmisch transportierten textlichen ›Inhalts‹ von Roth aber gerade auf seine Dechiffrierung hin angelegt sein könnte. In diesem Sinne ist *letter* auch ein Kommunikationsmodell.

54 (Deutlich) unter 24 Bildern/Sek. pro Buchstabe.

## Der konkrete Schriftfilm bei Marc Adrian, Gerhard Rühm und Paul Sharits

Marc Adrian, Gerhard Rühm und Paul Sharits konzipieren die in den frühen fünfziger Jahren sich entwickelnde ›konkrete‹ Poesie, der ja selbst bereits kinetische Elemente eignen, für den Film als ein Spiel mit der semiotischen (semantischen, syntaktischen, graphematischen, phonetischen) Konnexion von Buchstaben bzw. Wörtern, den materialen Einheiten der Sprache.

### Marc Adrian: *text 1, text 2*

Mit seiner 1957 in einer Flugschrift veröffentlichten *theorie des methodischen inventionismus* knüpfte Marc Adrian[55] an die Sprachexperimente der *Wiener Gruppe* (Rühm, Bayer, Wiener u. a.) an, die sich wiederum explizit auf Adrian berief.

1964 produzierte Adrian zwei Textfilme. *text 1* gruppiert in drei Phasen im Negativ weiß vor schwarzem Grund erscheinende Wörter: (I) »hammer« und »wind«, (II) »butter« und »hammer«, (III) »butter« und »wind«; »wind« wird am Schluss des 2′30″ langen Films zu »winter«. »hammer«, »wind« und »butter« werden also in allen Kombinationen durchgespielt und variieren, wie Wortduelle flächenkonstellativ in Schreibmaschinentypographie auf dem Film angeordnet, analog zu der auf dem Papier verschrifteten »Poesie der Fläche« ihre Positionierung und Größe. *text 1* ist insgesamt auch ein Spiel mit Vorder- und Hintergrund bzw. Figur und Grund, das sich einfacher technischer Mittel bedient wie unterschiedlicher Gradationsstufen der Buchstaben/Wörter, Überblendung, Doppelung, Überlagerung. So baut sich zum Beispiel »butter« in der

55 Geb. 1930 in Wien.

2. Phase von links nach rechts in einer die Wortgestalt »butter« repetierenden Reihe angeordnet immer größer werdend auf, wodurch Dreidimensionalität simuliert wird. Nicht zuletzt die kontrastreichen Aggregatzustände auf der Ebene der Signifikate lässt spannungsreiche semantische Konnexionen der Wörter entstehen, Kontiguitätsassoziationen werden rezeptiv zu Analogieassoziationen, während die Materialität auf der Ebene der Signifikanden identisch ist: Buchstaben, Wörter.

*text 2* (3′40″) simuliert Bewegung von jeweils paarweise gruppierten Buchstaben (a, e, i, o, u; b, d, j, n, r, s, z) wie das Umblättern der Ziffern auf einem analogen Radiowecker oder das nach einem bestimmten System funktionierende Suchen von Neueinstellungen auf analogen Anzeigentafeln. An diese erinnert vor allem auch das nicht kontinuierliche ›Durchblättern‹ von Einstellungen, die im Einzelnen nur partiell entziffert/gelesen werden können. Die einzelnen Buchstabenpaare haben eine unterschiedlich lange Verweildauer, was neben der forcierten Beschleunigung einzelner Sequenzen die spezifische, den Effekt des Einjustierens einer Apparatur erzielende rhythmische Struktur von *text 2* bedingt. 50 verschiedene Einheiten[56] werden so lange durchgespielt, bis insgesamt 681 Einstellungen durchlaufen sind. Die einzelnen Paare kommen unterschiedlich häufig vor. Auffallend ist hierbei insbesondere die hohe Rekurrenz von »du« und »ja«, auf denen – mit einer gewissen emphatischen Geste – gegenüber den anderen Buchstabenpaaren durchschnittlich länger verweilt wird. Der Film endet mit »ja«, das schließlich von oben nach unten abgebaut, weggeblendet wird.

56 Und zwar, nach der Reihenfolge ihres Auftretens: an, do, er, is, ju, ou, su, zu, aa, db, en, io, jo, oo, so, zr, ar, dr, jr, sb, zn, oa, ob, sn, zo, ds, du, eb, eo, as, in, jn, ia, sa, za, ss, eu, ib, jb, au, iu, dn, on, ab, js, zs, or, zb, es, sr.

Die Buchstabenpaare in alphabetische Reihenfolge gebracht:

aa, ab, an, ar, as, au / db, dn, do, dr, ds, du / eb, en, eo, er, es, eu / ia, ib, in, io, is, iu / jb, jn, jo, jr, js, ju / oa, ob, on, oo, or, ou / sa, sb, sn, so, sr, ss, su / za, zb, zn, zo, zr, zs, zu.

## Gerhard Rühm: 3 kinematographische texte

Gerhard Rühm arbeitet mit sehr reduktionistischen Gestaltungsmodellen und Strategien des wechselseitigen formalen und Medientransfers wie zum Beispiel der Transformation von Sprache und Bild in Musik und umgekehrt.

Zu seinen *drei kinematographischen texten*[57] führt Rühm 1970 aus:

»im film bietet sich – unter anderem – die reizvolle möglichkeit, das lesetempo zu bestimmen, es zu beschleunigen oder zu verlangsamen, abrupte oder kontinuierliche übergänge zu schaffen. mit diesen möglichkeiten in verbindung mit denen der visuellen poesie habe ich in den drei kinematographischen texten gearbeitet und versucht, sie einer poetischen aussage dienstbar zu machen. die drei texte beschäftigen sich mit jeweils verschiedenen materialbereichen des sprachlichen ausdrucks. der erste film operiert mit buchstaben, der zweite mit wörtern – sie sind nur zum sehen, zum lesen bestimmt; im dritten film tritt als neue dimension der ton, das gesprochene wort hinzu, wobei die auditiven vorgänge die visuellen nicht einfach verdoppeln, sondern sie differenzieren, ergänzen, kontrastieren durch lautstärke, ton-

57 1955 konzipiert, 1964 als Partitur ausgearbeitet, 1969/70 Realisation des Fernsehstudios des Senders Freies Berlin.

höhe und dauer, stimmfärbung, überlagerung, raumdisposition.«[58]

*kinematographischer text 2* kann in vier Sequenzen segmentiert werden mit jeweils sieben Bildwechseln in den ersten drei und vier Bildwechseln in der vierten Sequenz:

| | | | | | | |
|---|---|---|---|---|---|---|
| ruhen<br><br>gehen | ruhen | ruhen<br><br>gehen | ruhen | ruhen<br><br>gehen | ruhen | (Schwarzfilm) |

| | | | | | | |
|---|---|---|---|---|---|---|
| ruhen | (Schwarzfilm) | ruhen<br><br>eben | (b)eben | beben | (b)eben | eben |

| | | | | | | |
|---|---|---|---|---|---|---|
| r u f e n<br><br>(h)eben | r u f e n<br><br>heben | r u f e n<br><br>(h)eben | eben | (n)eben | neben | (n)eben |

| | | | |
|---|---|---|---|
| gehen<br><br>geben | gehen<br><br>e n g | gehen<br><br>enge | gehen<br><br>ende |

Die eingeklammerten Buchstaben markieren Ein- und Ausblendungen. Der Betrachter switcht zwischen den konträren Angaben »ruhen« und »gehen«, die sowohl als Handlungsauf-

58 Gerhard Rühm: drei kinematographische texte. Wien: edition freibord 1996, o. P. (= S. 3.)

forderungen wie auch als Tätigkeiten begriffen werden können, wobei die beiden Schwarzfilmsequenzen die Zustandsbeschreibung des aus den Kontrapositionen resultierenden »ruhen« optisch realisieren. Die metamorphotischen ›Wortwechsel‹ – von ruhen / gehen über (b)eben, rufen, (h)eben, (n)eben, geben und eng / enge zu gehen – generieren insgesamt eine vieldeutig aufzufüllende narrative Struktur und münden linear in eine finale Pointe. »ende« am Ende des Films kann zugleich als mediales Zitat gelesen werden.

## Paul Sharits: *Word Movie*

Die Filme des Bildenden Künstlers, Experimentalfilmers und Fluxusteilnehmers Paul Sharits[59] sind nach einem spezifischen System montierte Einzelkader (teils monochrome Farbkader, jeder Kader anders), die in einer Abfolge von einer vierundzwanzigstel Sekunde pro Kader auf die Leinwand projiziert und so in Bewegung gesetzt, das heißt animiert werden. Bewegung wird also simuliert durch Projektionsgeschwindigkeit.

Die (psychedelischen) Flickerfilme *T,O,U,C,H,I,N,G* (12′) und *N:O:T:H:I:N:G* (36′) (beide 1968) machen den Flickereffekt zur dominanten Figur innerhalb eines reduzierten Wahrnehmungsangebotes. *T,O,U,C,H,I,N,G* zeigt neben den animierten, flickernden Farbkadern unter anderem einen Stuhl, einen Mann in schnell alternierenden farbigen Positiv- und Negativbildern, der seine weit herausgestreckte Zunge mit einer Schere abzuschneiden droht, ein nacktes Paar. *N:O:T:H:I:N:G* ist ein visuell zum Teil aggressiver Vibrationsfilm, dessen lange Sequenzen flickernder Farbkader ein trancehaftes Starren auslösen können.

In *Word Movie* (1966) rasen Wörter, jedes nur einen Kader

59 Geb. 1943 in Denver, Colorado, USA, gest. 1993.

(1/24 Sekunde) lang, vor permanent die Farbe wechselndem, flickerndem Hintergrund, 225 Sekunden lang über die Leinwand. Die sich sequenzhaft wiederholenden Wörter[60] sind so ausgewählt, dass durch eine Reihe von ihnen ein oder zwei Buchstaben an der gleichen Stelle verharren, während um sie herum die übrigen Buchstaben wie rasend zu wechseln scheinen. Da das menschliche Auge den ›rasenden‹ Wortwechsel (1/24 Sekunde pro Wort) nicht auch nur annähernd verrechnen kann, entsteht der visuelle Eindruck eines Letternwechsels. Die ein- oder zweisilbigen Wörter selbst, die zum Teil gestaltfragmentierend vom linken und rechten Bildrand ›abgeschnitten‹ werden, stammen unter anderem aus den Bereichen Biologie, Medizin und Film (Kinematographie) und können als medial selbstreferentielle Metaphern gelesen werden: Sie referieren metaphorisch auf den Wahrnehmungsprozess und die audiovisuelle Irritation des Zuschauers/Zuhörers. Sharits' Methodik ließe sich mit dem gestalttheoretischen, hier scheinbar aleatorisch gesteuerten Gestaltungsmodell von Variabilität und Konstanz beschreiben, dem Sharits geradezu einen Modellfall liefert.

Bei Sharits' Kontrastfunktionalisierung von Konstanz und Varianz ist das menschliche Auge bestrebt, auf den invarianten Angeboten ›haften‹ zu bleiben, diese also zur Figur zu machen. Infolgedessen lässt sich der Effekt der Wahrnehmungsfokussierung hier als ein Starren beschreiben: Lesen und Betrachten markieren hier wahrnehmungspsychologische

60 Eine Analyse mittels Standbild macht u. a. folgende, alle in Versalien typographierte Wörter lesbar: close, screen, turn, remove, edge, break, essel, fade, manual, move, robe, burn, hurt, skin, tight, ell, lose, srew, razor, stop, hole, worm, lung, flash, open, slit, flush, hair, pace, slug, spasm, insert, membrane, end, wet, lobe, nail, organ, bank, tight, fit, flesh, slug, cow, invert, mole, tongue, splice, cancel, suck, pig, drop, snail, feed, project, egg, microbe, hormone, meat, vessel, cut, tumor, duck, turn, cell.

Kippmomente, die vom medialen Angebot her bewusst affiziert werden. Dieses Starren stuft das Teil, den einzelnen invarianten Buchstaben, in der Wahrnehmungshierarchie vor dem Ganzen hinauf. Das Ganze aber ist der Wechsel, die permanente Neuformierung von Einzelwörtern.

Die unterschiedliche spatiale ›Ausdehnung‹ der Wörter auf dem Film bzw. der Leinwand als Fläche, das heißt, der aufgrund der wiederum Geschwindigkeit suggerierenden hohen Kaderdichte pro Sekunde gar nicht mehr 1:1 zu verrechnende Letternwechsel suggeriert die Vorgabe einer Leserichtung von links nach rechts: ein vielleicht gar nicht intendiertes, aber auch gar nicht zu vermeidendes Spiel mit Wahrnehmungskonditionierungen und -codierungen. Ein Araber zum Beispiel würde allerdings eine Leserichtung von rechts nach links annehmen müssen.

Kontrastiv zur visuellen, kinematographischen Gestaltung besteht die Tonspur von *Word Movie* aus einem duetthaften Sprechen einer weiblichen und einer männlichen Stimme. Wörter auch politischen Inhalts werden teilweise extrem langsam und somit hyperkorrekt artikuliert und bilden in ihrer akustischen Realisation so einen weiteren medialen Kontrastfaktor zu dem beschriebenen visuellen Wahrnehmungsangebot. *Word Movie* exemplifiziert die mediale Differenz von Sehen und Hören durch den Eingriff in den audiovisuellen Zeitparameter, der die Decodierung von Information (mit) steuert.

## Abspann

Die ikonisch-animierten Konstellationen, wie Adrian, Rühm und Sharits sie in ihren Schrift- bzw. Textfilmen anbieten, könnten mutmaßlich auch über ein anderes Medium präsentiert werden, wie zum Beispiel das volkstümlich Daumenkino genannte Abblätt-Buch,[61] das selbst wieder als Simulationsapparat von Bewegung ein Analogon filmischer Kader darstellt, oder – partiell zumindest – als Topographie der (Papier-)Fläche. Was also macht beim Schrift- bzw. Textfilm die spezifische Materialität des Mediums Film aus? Vielleicht die, dass eine Differenz Schrift und Film hier gar nicht (mehr) zu denken ist, sosehr auch autorenpoetologische Intentionalität differieren mag.

Das Konzept der kinematographischen Arbeiten von Adrian, Roth, Rühm und Sharits als Schrift-, Buchstaben- und Wörteranimationen, aber auch das Konzept des lettristischen Films kann mit einem geflügelten Wort umrissen werden: »Als Graphismen, Buchstaben (und Worte) laufen lernten« – und zu Figuren/Bildern wurden. Im Schrift- bzw. Textfilm wird das (analytische) Lesen von Text – sei es als Buchstabe, Einzelwort oder Wortkonstellation – zum Betrachten einer (wenn auch meist instabilen) Bildfläche mit all seinen wahrnehmungspsychologischen und gestalthypothetischen Implikationen wie zum Beispiel Bewegung/Stillstand, Figur/Grund, Teil/Ganzes.

Das Medium Film ordnet als externalisiertes Wahrnehmungsmedium, das einen ideellen Betrachter impliziert bzw. voraussetzt, Bewegung bzw. Zeiterfahrung vor. Schrift- und sonstige Experimentalfilme spielen mit der kognitiven Korrelation zwischen dem solchermaßen konstruierten ›Idealbewusstsein‹, das technisch und filmisch vorgegeben ist, und dem je individuellen Betrachter, der sich selbst als gegenseitig verrechnende Schnittstelle dieser Korrelation wahrnimmt. Die vom Betrachter an sich selbst beobachtete Differenz zwischen

61 Das sich zum Mutoscope/Mutoskop, Kineograph (kommerzialisiert zum ›Taschenkinematograph‹, ›Pennybook‹, ›Postkartenkino‹) oder Kinora-Apparat entwickelte.

Ideal und Empirie begründet dann auch das Irritationsmoment der (Selbst-)Wahrnehmung.

Schrift figuriert im Schriftfilm nicht mehr als bloß subsidiäres Mittel (Abspann, Stummfilmtitel) – gleichwohl kann sie, wie bei Lemaître, in dieser Funktion bewusst als formales, das heißt mediales Zitat eingesetzt werden –, oder als funktionales Element zum Beispiel im Sinne der Verknüpfung der Narration, sondern als ›autonomes‹, allerdings höchst anschlussfähiges ästhetisches Gestaltungsmedium, als Figur auf dem Grund des ›filmischen Rauschens‹.

Hubert Winkels

# Sinnflucht mit Fluchtsinn. Über Michael Lentz' Essays

Das Erste, was man vermeiden sollte, wenn man über Michael Lentz schreibt, ist die permanente, schon auf Silben-, ja auf Buchstabenebene beginnende Reflexion aller sprachlichen Einheiten, die sich meist auch noch als Selbstreflexion des Mediums tarnt. Die nicht nur bei Lentz so beliebte rhetorische Figur des Chiasmus (ab-ba) ist das klarste Beispiel für eine solche Obsession – und insofern ist schon der Titel dieses Nachworts ein Verstoß gegen das im ersten Satz aufgestellte Gebot – und insofern ist schon der bis gerade jetzt in zwei ersten Sätzen anlaufende erklärende Prozess eine Verstrickung in die schleifenförmige Selbstbezugnahme aller sprachlichen Mittel und Werkzeuge aufeinander, wie sie Michael Lentz in all seinen Büchern pflegt.

Das Zweite, was man vermeiden sollte, wenn man über Michael Lentz schreibt, ist die Selbstrücknahme des reflektierenden Ich zugunsten der Kräfte, die an seinem Unterbau in Arbeit sind, zugunsten also von Sprache, Laut, Begehren. In lauter Respekt vor den herrischen Untermietern im Haus des Ich, steppt der hellhörige Herr und Vermieter wild übers Parkett, was sich toll anhört, aber eben jenen Sound ergibt, der Michael Lentz zu eigen ist, und den will man ja nicht unbedingt wiederholen; obwohl einer der Kernsätze von Michael Lentz ein Zitat von Franz Mon ist, das besagt, dass das Ich eine variierte Wiederholung sei, und dass Wiederholen überhaupt aller zeitlichen Dinge Anfang ist, fügen wir lacanistisch kurzerhand hinzu.

Also: Wir wollen nicht plagiieren, können aber auch nicht

über Michael Lentz schreiben, als kämen wir von einem anderen Literaturplaneten, schon gar nicht, wenn der eine nach Düren, der andere nach Düsseldorf denkt und klingt. So sehen wir von außen zu, einerseits, und nehmen andererseits die beobachteten Bewegungen auf, so wie einer am Rande einer Tanz- oder Kampffläche schauend und sinnend das rege Treiben in gedämpfter Fassung sachte mitvollzieht. Es ist dies nicht die zweite Position im Spiel, sondern die dritte, sofern das Geschehen im Ringquadrat, in dem ein Ich mit einem Ich nach den Regeln von Phonetik, Grammatik und Poetik steppt und sich prügelt, nach zwei zählt, bis sie als Sieger wie als Verlierer, im Gegensatz gedoppelt also, sich vor dem Publikum verneigen. Und wie man hinschaut, mitzuckt hier, in Deckung geht dort, und freudig strahlt am Ende, wenn es gutgeht. Und das tut es.

Michael Lentz bugsiert die Literatur, seine Literatur und die von ihm gelesene, geschätzte und besprochene Literatur, die mit der seinen eng verschmolzen ist, nahe an die Wissenschaften heran: an die der Artikulationsorgane und damit des menschlichen Körpers, an die der technischen Prozessoren, der Lautentwickler und -modulatoren, also der Synthesizer, Vocoder, Computer; er schielt gerne hinüber zur Mathematik mit ihren idealen Algorithmen und schaudert sofort zurück zur Echolalie des kruden Lautgebarens, um den Purismus mit dem schönen Schmutz zu kontern. Er hängt, wie alle gattungs- und medientechnisch avancierten Künstler an der Regelpoetik, die vor gut 250 Jahren ausgehebelt wurde und von der Romantik schließlich spektakulär beerdigt, und erinnert dann wieder ganz rasch an Antonin Artaud oder andere Kannibalen des Ungekochten, um den Zwängen des poetischen Formationstanzes zu entgehen. Schon hier ist er permanent auf der Flucht, und zwar von einem Extrem des Spektrums zum anderen und zurück; und wenn man denkt, er bliebe bei den Laut-Modernen, umarmt er Rilke innig und kommt mit Benn zurück nach vorne. Überhaupt Rilke und Benn: Das Ethos der Philologie, von der historischen Gesamtschau bis zum letzten Reim der vorletzten Strophe einen triftigen Zusammenhang zu stiften, ergreift den Berliner Sinn-Exorzierer als Leipziger Literaturlehrer häufig ganz und treibt ihn in die feinsten Fasern des Verses hinein, wo das Wissen wieder kippt ins Werden des Gedichtes selbst. Ganz wichtig ist ihm die Selbstberührung der Alten: Großen im Wort. Hier treffen sie die Lentz'schen Neutöner im sprachlich inszenierten Selbstbezug. Lange haben wir geredet über die Spanne Rühm – Rilke, Benn – Beckett, über Kanon und Kalauer (kann im Gespräch kaum einen auslassen) und so weiter. Doch die Extrembewegung hat System. Wenn man ihn provozieren wollte, den Anti-Kanoniker Lentz, dann könnte man von einer kanonischen Choreographie seiner Arbeiten sprechen, ab-ba eben, oder eben kreuzweise. Aber wir wollen niemanden provozieren außer uns selbst und ganz anders beginnen, mit eben dem Eigenen, das Michael Lentz nicht zulässt – bei sich nicht, dem Autor der Essays, nicht bei dem Subjekt des Sprechens, und nicht bei dem in Düren vor 47 Jahren geborenen rheinischen Individuum, das seine Herkunft so unverhohlen auf der Zunge und in der Stimme und mit ihr und in ihr durchs Leben trägt wie eine permanente mündliche Ich-Bestätigung.

Der junge Michael Lentz, der kleine Michael, kommt in den Hunderten Seiten Essays zum Thema ›Ich und die avancierte Laut-, Sprech- und Letternkunst‹ kaum einmal vor. Doch ›kaum einmal‹ – das ist doch schon mal was. Ganz versteckt steht er auf einmal irgendwo (rheinisch: irgenswo) im Text, kaum wiederzufinden die Stelle, so klein macht sie sich, steht im Klassenzimmer der Grundschule an der Wand und muss sich das Einpauken des Alphabets im eigenen Rücken anhören. Warum steht er da? Statt einen ordentlichen Begründungsbatzen wirft uns Michael Lentz mal gerade ein mageres Halbsätzchen hin, der Art und des Sinns, dass er nicht fit genug war, dieses Zwangsinstrument der Erziehung und Bildung genannten Disziplinierung von Körper und Geist zu internalisieren. Er konnte das Alphabet nicht! Er! Der Alphabeter! Das Alphabet! Nicht! Bei Kafka wurde das basale Gesetz bekanntermaßen mit der Egge in den Rücken des Delinquenten graviert. Das war noch zu Zeiten der Prügelstrafen und der Weltkriege. In Düren steht jemand in nachkriegszivilen Zeiten mit hochangesehenem Vater ausgeschlossen vom juvenilen Stammesverband an der Wand und erleidet das Weitergehen der Welt im alphabetischen Sprechen hinter sich. Der nicht alphabetisierte Kindskörper und der sich sozial entfaltende Code im Rücken. Was für ein Bild! Und wie wenig macht Michael Lentz, der obsessive Alphabet-Traktierer, der einst Alphabetletzte, jetzt Alphabetier, der Permutierer der ›Brennstabn‹ (Thomas Kling) und der Verächter ihres reibungslosen Gebrauchs daraus, wie knapp ist er, wie schnell huscht er darüber weg! Was für ein grell illuminierender kurzer Spot, der eine Urszene freilegt, und schon flutschen ihm Scheinwerfer wie Szene wieder aus der Hand, mit der er lieber ein Saxophon hält oder den Sprechrhythmus skandiert.

Das kann ich mir als Beobachter der Szene, mit ganz anderen Grundcodierungen als lettristischen – grammatologischen nämlich, um kurz mal die Wahrheit zu sagen, was nun nicht ganz weit weg ist vom Lentz'schen Griff in die Mediengeschichte –, das kann ich als sowohl derridistisch wie psycho-, kultur-, und geistesgeschichtlich-biographisch geeichter Lesemensch nicht mitmachen. Nein, das kann ich nicht. Hier habe ich, und das wird jetzt so fest behauptet, wie nichts in den Essays von Michael Lentz fest behauptet wird, mit Ausnahme der Ich-Vermeidung: Hier haben wir die Kernspannung (-spaltung zwischen aktivem Nicht-Können und Hörend-Aufnehmen) in der Schrittfolge hin und her zwischen den Polen:

sagen wir: des alphanumerischen Reichs der Ordnung und des körperekstatischen Reichs der schieren Intensität der Gegenwart.

Wie nun das eine zum anderen flieht und umgekehrt, und wie ein künstlerisches Subjekt als künstlerisches Denken eingepasst wird in diese Schreitfolge, das exerzieren die Essays und Porträts, die Vorträge, Laudationes und Besprechungen, die Nachworte, Thesen und Resümees dieses Bandes im immer verwandten, doch eben auch ganz unterschiedlichen Material. Sie folgen dabei einer ganz eigenen ›Performance des Rühmens‹, wie es im Essay über Rilke heißt. Rationale Panegyrikperformance, mal sachlich heruntergekühlt, mal eher en passant.

Die Unterschiedlichkeit ergibt sich schon vorderhand mit der Wahl der Vorgänger, Vorfahren, Vorbilder, denen nicht zu unterliegen Michael Lentz paradoxerweise dadurch gelingt, dass er sie im Lobe geradezu schwindelerregend hoch auftürmt, die guten Seiten, die guten Stimmen, die guten bösen Poeten. Sie sind, auch wenn noch gerade eben unsere Zeitgenossen, Homere und Vergils und Goethes und so selbstverständlich in ihrer Größe und vom Können kommenden Klasse, dass sich Hinaus- oder Hinabsehen ebenso wie Einflussangst verbietet. Zu groß, um davor zu kuschen. Und Claus und Rühm und Jandl und Pastior: Was wäre das für ein Kanute, der Einflussangst vor dem reißenden Wasser hätte? So geschieht es also mit Franz Mon und Carlfriedrich Claus, mit Josef Anton Riedl, Jaap Blonk, Velimir Chlebnikov und Valeri Scherstjanoi, mit Uwe Dick und Jesse Thoor, Oskar Pastior, Friederike Mayröcker, Bodo Hell, Eugen Gomringer und vor allem, nein vor allem gilt für alle, vor allem also: mit Gerhard Rühm, wo denn das Rühmen des Rühm selbst zur Übung in rollendem Ü wird, womit – auch dies ein, nein: *das* Ideal von Michael Lentz – der Inhalt mit der Textform tendenziell zusammenfällt.

Wenn dies geschieht, übrigens, dann steht die Welt still, und wir wären alle erlöst. Doch diesen Gedanken erlaubt er sich nicht, der Jetzt-und-hier-die-Stimme-Denker Lentz, weil immer der Tod dazwischenfunkt, und der lässt das nicht (zu). Und warum nicht? Weil er genau die Grenze markiert zwischen Inhalt und Form oder, diskurspopulärer gesagt, zwischen Signifikant und Signifikat, oder, intrikater, zwischen Signifikant und Signifikant. Denn ein Signifikat ist immer nur ein Signifikant für einen anderen Signifikanten. Der Schnitter schneidet nämlich immer schon die Lautgestalt ab von dem Inhalt.

Ganz im Spezialmilieu, das heißt in der Denkform der lautpoetologischen Tradition, die mit der lautpoetischen sehr weitgehend zusammenfällt, ganz also in einem spezifischen Subsystem orientiert, trägt Michael Lentz, mitten im Material stehend, den historisch gewordenen Streit um die Dominanz von Stimme oder Schrift im zivilisatorischen Geschehen noch einmal aus. Er wird über den menschlichen Körper ausgetragen, über die Kommunikationsmittel und über die Macht der Rede – bis hin zum Buben-Jungen-Knaben-Kind an der Wand, nicht um erschossen, sondern um von den Buchstaben zerschossen zu werden, bis sie eine handhabbare Figur bilden, diese sinntragenden Geschosse, die der Junge selber ist (siehe Urszene), perfekt intonierend, am Ende ein Lautwunder mit den Qualitäten eines technisch versierten und also hochprofessionellen Deklamators, den Rampensau zu nennen die strenge und gänzlich uneitle Hingabe an die Sache verbietet.

Michael Lentz ist enthusiasmiert vom Spiel mit den Staben bis zum Hin-und-weg-Sein – sag keiner, der Lettrismus sei eine leidenschaftslose Angelegenheit für ebensolche Gnostiker –, ganz und gar begeistert ist er von der Entgeisterung im Blick auf die Werkzeuge. Er produziert und genießt die buchstäblichen und darüber hinaus die averbalen Ekstasen des Sprechens und Verlautens, wenn es sich im Vortrag, in der Performance von Partituren und Vorsätzen und Intentionen löst und nur noch den Bahnungen des Gefühls folgt, bis es mit diesen Bahnungen eins ist und als Schallwelle gewordene Intensität vernehmbar wird den Ohren, die bereit sind zu hören und nichts außer dem, am wenigsten Sinn.

Das ist beim bewunderten Carlfriedrich Claus der Fall, der sich von allen Bevormundungen löst, kein Blatt mehr vor dem Mund und keins vor den Augen, und loslegt, loslässt, es kommen und es gehen lässt, der es spricht, singt, krächzt, lallt, knallt usw. bis die Leute, die auf vornehmlich vornehm vernehmliche Kunstkunst geeicht sind, bei den Tagen Neuer Musik in Donaueschingen zum Beispiel den Saal verlassen, was Michael Lentz, so ent- wie begeistert eben, fassungslos en face bestaunt und auf die schöne Idee kommt – ars non olet –, dass die Saalflüchtigen vor den Sinnflüchtigen fliehen, weil sie akustische Exkremente vernommen zu haben glauben, Kot sozusagen statt Code, ein altes buchstäbliches und ein klassisches Missverständnis. Hier hüpft das anarchische Herz des Lautpoeten und sieht die Alphabetgitter und Benehmensvorschriften weggesprengt in einem Akt plötzlichen stimmlichen Aufruhrs, für den er, kulturdeutungsgeschichtlich eine Drehung weiter als der aus der DDR stammende und noch an Bloch'schen Visionen orientierte Carlfriedrich Claus, Karl Heinz Bohrers protopostromantische Theorie der Plötzlichkeit bemüht. Es geht aber auch beides zusammen: »Das Nichtzivilisierte, das aus der Zivilisation Verbannte, bricht über die Stimme wieder in die Zivilisation hinein«. Oder: »Das nichtkodifizierte Signal, ein vokales Freiheitszeichen«, und jetzt geht es nicht mit ›oder‹ weiter, sondern mit ›aber‹: aber dann der Schritt zurück, die Perversion, die Rolle rückwärts, kreuzwärts, der Chiasmus, der aus dem Gegenteil ein symmetrisches Glühen produziert für einen Augenblick: … aber dann die Faszination für die maschinelle Strenge, für die Verwandlung des gesamten unsauberen ungenauen ungehörigen Raums des Körpers, seiner Organe und ihrer Milieus in etwas fest Umzirkeltes, in der Wiederholung zur Perfektion und Stabilität Erhöhtes, wie es der Minimalismus von Samuel Becketts späten Stücken und vor allem seiner Filme tut, die eine ebenso bewundernde Vollumarmung erfahren wie ihr Carlfriedrich Claus'sches Gegenstück, das sich im Übrigen auch im visuellen Raum ausdrückt, in der aus der Handschrift abgeleiteten programmatischen Kritzelei, die es inzwischen zur kunsthistorischen Kanonisierung neben Klee'schen Lineamenten und Pollock'schen Drippings gebracht hat. Also von Claus zu Beckett und zurück, das ist eine Bewegung der Zivilisationsdurchquerung in jener Diagonale, das das Wilde und Geordnete, das Rohe und das Gekochte berührt jeweils von der Seite her: Hey, aufgepasst, hier rase ich gerade hin, und, hey, hier wieder zurück.

Dass die Stimme näher an der Revolte ist, und die Schrift oder das graphische Medium eher der Ordnung Gerüst, ist nicht zufällig, aber auch nicht zwingend so. Was die Wertigkeiten angeht, so neigt der eben auch Musiker und Instrumentalist Michael Lentz zur Bevorzugung der akustischen Sphäre, neigt der Stimme zu, ohne ihr zu verfallen, in sie zu fallen, vor allem aber macht er daraus den Ideologien den wörtlichen Garaus und eben keine eigene! Ideologie nämlich. Man sehe nur seine beiden Romane *Liebeserklärung* und *Pazifik Exil* und wie sie die Welt sehen: als Schrifteffekt mit entzündeter Geschichte und persönlicher Leidenschaft.

Das Verführerische allerdings bei einer intimen Kohabitation der Poesie mit den Auf- und Abschwüngen der Stimme ist ihre gefühlte Nähe zu einem sich artikulierenden Ich. Michael Lentz, die Gefahren einer sozusagen tiefennarzisstisch verankerten Selbstbegründung sehend, umkreist diese Schimäre, diesen Avatar eines vorsprachlichen Einsseins ein ums andere Mal, bis ihm und ihm schwindlig ist. Es ist dies genau die Bewegung im Boxring, die der schnelle Boxer Michael Lentz (der sich mit unvergleichlicher provozierend würdevollen

Langsamkeit durch einen Hotelfrühstücksraum in Leukerbad in den Walliser Alpen bewegen kann, so dass die Gäste das Kauen ihrer Brötchenhälften vergessen), es ist die Bewegung also, die er im Umkreisen seines Gegners pflegt, dieser zwielichtigen Gestalt eines über die Stimme aufgerichteten begehrten potenten Ichs, in dem der Autor sich selbst in fremder Gestalt begegnet, als Feind.

Das Autor-Ich als Stimm-Ich stimmig und a fortiori als schreibendes und schließlich als Buch-Ich braucht nach vielem systematischen Tak- und Traktieren und vielen Runden irgendwann den ›lucky punch‹. Der ist immer, wenn die Sprache sich durchsetzt gegen alles bloß Gewollte, möglich. Wir können es auch kürzer sagen (punch): Material schlägt Intention. Die Schrift schlägt die Stimme, schlägt durch sie durch, schlägt das stimmlich gefasste narzisstische Ich zu Boden, nieder und immer wieder fällt es wie Niederschlag eben fällt und fällt – und wenn man kurz der kleinen Wiederholungsstruktur des letzten Halbsatzes nachhört, hat man auch ein Stilmittel von Michael Lentz im Ohr: die Steigerung in der variierten Wiederholung, das treibt Metaphern heraus aus der Konventionalität und Konformität (habe ich eben Herz gesagt?), und es treibt das Allzu-Bewusstsein aus dem Gegner und also aus dem eigenen Schädel, um einst in einem litaneiähnlichen Schlaghagel, nein in einer schlaghageIähnlichen Litanei zu exzellieren, um dann – weiteres wichtiges Stilmittel: ganz cool abzubrechen. Das nennt man anderswo trockenen Humor. Das Abbrechen einer Bewegung, die soeben wunder was versprochen, den Leser mit- und hochgerissen hatte – und jetzt … Schluss mit lustig, wir denken jetzt wieder eine Weile geradeaus.

Im Aufsatz über Joachim Ringelnatz leuchtet der dazu passende Begriff kurz auf: Antipointismus heißt er und steht noch nicht im Rhetoriklehrbuch. Eine lechzende Sprachsynapse findet nicht den Anschluss, und der Leser hört ihr Stöhnen, leidet mit und freut sich dann der auf dem Fuße folgenden Ernüchterung, der immer ein Sarkasmus beigemischt ist, ein stummes Ätsch. Denn wenn Poesie eins nicht ist, hier jedenfalls, dann: imaginäre Wunscherfüllung; oder weiter gefasst: das Imaginäre als betörende Vollsinnumgebung. Kein Imaginäres, heißt es hingegen hier bei Lentzens, ohne Schweres. Schwere Arbeit beispielsweise. Wir denken nach nämlich und sehen dann, wie es gemacht ist, das ist die auf dem Fuß folgende Ernüchterungsbegeisterung. An diesem Punkt berührt sich der poetologische Avantgardismus auch wieder mit der Postmoderne, bei der Ästhetik des Making-of ... nämlich als Strukturprinzip und, wenn es sein muss, als eigentliches Kunstwerk. Und bei Michel Lentz muss es sein.

Beim Rilke-, mehr noch beim Benn-Durchlauf kann man das studieren, wie der schweifend auslegende Weg von der politischen Geschichte in den Mythos und das Leben ins Gedicht führt und immer tiefer hinein in dessen poetologisch buchstäbliches Genom. Ein schönes Beispiel dafür sind auch Helga M. Novaks Gedichte, denen tatsächlich ›halluzinatorische‹ und ›Trance‹-Kraft attestiert wird, selbst Selbstentblößung, was ansonsten – bloß nicht! – gar nicht geht, und dann geht's tief hinein ins Graphengitter, zu Zeichen, Schrift und tiefer bis ins Material: Papier, als Träger dessen, so in dem schönen Satz: »Es gibt Gedichte, für die ich alles stehen- und liegenlasse. Und da gehe ich hin. Durch das Papier.«

Doch sind wir abgewichen, was man, übrigens, bei Michael Lentz gar nicht kann, weil die Nicht-Abweichung ebenjene dogmatische Spurlegung ist, der man ja gerade entgehen will. Also: zum Antipointismus gehört, um beim Wortsinn zu bleiben, auch das letztlich eben Nicht-Zeigen auf den Urheber, der den (sinn-)schöpfenden Autor für einen sinndurstigen Leser gibt. Um dieser sekundären Göttlichkeit als Schöpferlichkeit zu entkommen, betont Michael Lentz ein übers andere mal, das heißt: er pointiert: dass der Autor ein Leser ist, also eben nicht er selbst. In ihm spricht und schreibt es, und gelegentlich stottert, lallt und röhrt es auch, bei seinen Lesungen/Performances sowieso, doch nie ad libitum, das hat er mit dem verstorbenen ›Stimminstallateur‹ Thomas Kling gemein, nie ohne eine reservierte Hinterbandkontrolle ausgangs des Gehirns am offenen Mund. Wenn der große Lober Lentz von den Autoren spricht, die er bespricht, ist das eben ein magischer Akt der wechselseitigen Anverwandlung, ein Besprechen auch im animistischen Sinn, das unentschieden lässt, wo die Ausgangsgröße liegt. Wiederauferstehung immer mit einbegriffen. Wenn wir Lentz lesen, dann lesen wir eben auch Schwitters und Ringelnatz, Morgenstern und Jandl und Pastior und übrigens, das dürfen wir nicht vergessen, obwohl es selten wörtlich, das heißt namentlich vorkommt bei Lentz: das Valentineske, also Valentin, Karl. Das wäre fast ein eigenes Kapitel: der in Lentz verborgene Valentin, der in Valentin verlorene Lentz; da muss man einerseits ein bisschen genauer hinsehen, weil sich doch der schöne Verlustvortrag von Sinn im Laufe eines halben Jahrhunderts förmlich wandelt; und andererseits sieht man den Valentin schon im Lentz'schen Habit und Habitus: die leuchtenden Hemden und der staksige Gang, Kopf hoch aufgerichtet, autark, ein Phantasma, das sich sogleich im Sprechen bricht, im bayrischen, rheinischen, je nachwem, … und dann die Abbrüche, die plötzlichen, wenn was zu viel ist oder zufällt oder einfällt oder ausfällt eben, oder etwas kurz bevorsteht …dieses erstaunte Innehalten … Antipointismus eben – und dann kracht es doch ganz plötzlich: Sie müssen einmal mit Michael Lentz ein Fußballspiel sehen, das heißt ihn erleben, wenn er sich vergisst, was er so gut wie nie tut, wiewohl wünscht, wovon noch zuletzt in offener Unruh seine *Liebeserklärung* erzählt, (stärker denn in den Gedichten *Offene Unruh* selbst), ja, erzählt, dann nämlich, wir sind bei Deutschland – Argentinien im Sommer 2010, wird aus der semantischen Vollgeschmeidigkeit ein hate-speechcrescendo der heiteren Art, wenn man nicht willens ist, sich erschrecken zu lassen jedenfalls. Also: Der Autor als Leser ist die Größe, die sich den Wünschen nach Verstehen und weiters der Bitte nach Verständnis für die Wünsche nach Verstehen mit System entzieht. Damit das funktioniert, muss, was man früher gerne Dialektik nannte, wiederum hinein in die Figur des Chiasmus, der Schreitfigur, Gradiva, choreographiert auf Lentz'sche Art. Ich spreche jetzt ausdrücklich nicht von den Essays, sondern von den Sprachformen der Dichter, die darin verhandelt werden. Lentz' Essays hingegen sind so transparent, dass diese trügerische Klarheit zu vermeiden das dritte Soll des schreibenden Herausgebers war.

Um von der Abweichung wiederum abzuweichen, das heißt zurückzukommen auf die Spur der Ordnung und Berechenbarkeit, des Machens, das von Können kommt und Können zeigt und eben nach der Unterscheidung richtig oder falsch statt, wie in der Ästhetik ansonsten, nach der Unterscheidung stimmig oder nicht stimmig (!) funktioniert: Die Anagrammgedichte gehören da unbedingt zu dem Feld, auf dem man vor moralischen Nachstellungen im eigenen Inneren sicher ist. Anagramme, Palindrome, Akrostichen und all das tropologisch so wohlklingende Zeugs, das hat er bedient und entwickelt und fixiert und hat es nun als richtiges, das heißt nicht bezweifelbares Ergebnis seiner literarischen Arbeit vor sich und schaut es an, eben das Buch von 1998 *Neue Anagramme*, und sagt, es sei gut; sein bestes Buch seien die *Neuen Anagramme*, sagt Michael Lentz in einem Rückblick und einer Musterung seiner bisherigen Bücher, und wenn man gerade seine Liebesgeschichte zum Beispiel gelesen hat oder *Muttersterben* noch im Ohr, dann meint man daraus die Erleichterung zu hören, dass es hier, bei den Permutationen der Lettern, keine zwei Meinungen geben kann, ja gar keine, keine Sorge, keine Schuld, nur reines naives Fragen: passt es oder passt es nicht, richtig oder falsch?, Erleichterung, dass dieser klare transparente Kasus der Gier der Buchstabendetektive des Sinns und der sinnverstärkenden Schönheit entzogen ist. Dann spürt man das Lentz'sche Sinnfliehen auch als angstgetriebene Bewegung, ausgeübt mit höchst ausgebildetem Fluchtsinn, der alles Verlassene um- und mit sich reißen möchte: Hier mündet diese lange Geschichte, die wir abendländische Literatur nennen, dann in der förmlichen Permutation der sechsundzwanzig Buchstaben, und wenn es sein muss, nehmen wir, das heißt Valeri Scherstjanoi tut das stellvertretend, noch einige kyrillische Zeichen dazu.

Ja, sagen wir, das ist richtig, aus diesen sechsundzwanzig Zeichen ist es gemacht. Aber erstens gehen aus diesen ganze Welten auf, die die Menschen in die Beglückung und den Zweifel treiben, im Zweifel sogar in den Krieg gegeneinander; aus ihnen sind wir gemacht, mindestens so sehr wie aus Gencodes. Und zweitens, und da sind wir wieder im Lentz-Reich: sind diese Lettern doch so schön zu umspielen, zu unterhöhlen (Schottern lautet ein aktueller Ausdruck dafür, aus der Anti-Atombranche, letter-ästhetisch gewendet: Schottern durch Stottern), damit der riesige Sinntransporter nicht durchkommt zum Endlager. Aber kleinen und immer wieder neuen Sinn, den kriegen wir doch hinein und wieder heraus! einwickeln und auswickeln, wie es bei Lentz oft heißt, wobei sich zwischendurch das Geschenk in die Verpackung selbst verwandeln kann, gut japanisch-zenbuddhistisch. Wer großen Sinn erwartet, verbrennt sich die Finger, im Lentz'schen Fall die eh schon langgezogenen Ohren, weshalb es eben Leute gibt, die gehen, wenn sie hören, dass es zum Hören keine Alternative, keinen Umweg gibt, Verstehen beispielsweise.

Aber die antihermeneutische Geste ist nicht einmal die halbe Wahrheit. Tatsächlich schafft ein sinnlicher Denker-Dichter die minimalistische Reduktion auf richtig oder falsch nur probeweise oder um es zu beweisen. Michael Lentz tut gar nicht lange so, als ob das Stimmige nicht seins sei, wenn nicht sein Eigentliches, so doch von Rang und Würde in seinem, im Lentz-Reich. Der Mathematik und Logik einen Schritt entgegen geht er, wenn er die *Kohärenz* des Textes betont. Die ist als Kriterium und Parameter keine Überraschung. Schön, dass sie im Spiel ist. Kohärenz ist in der kleinsten Lentz'schen Hütte, schon in den Silbennestern und Präfixclustern.

Doch interessanter wird es bei der Promovierung eines Outcasts unter den ästhetischen Termini zum Kaliber von Rang: der ›Peinlichkeit‹ nämlich. Das ist schon eher ein Ding. Für das, was die erleben, die türschlagend gehen, bevor sie hören, dass es klingt, wenn auch nicht nach sinnvollem Abend, für diese die lautliche Barbarei fliehenden barbarischen Anti-Barbaren und ihre Sensibilität gibt es ebendiesen Terminus, der es bis dato auch noch nicht zur akademischen Reife gebracht hat: die Peinlichkeit; Peinlichkeit als ästhetische Kategorie! Heute wird das Peinliche als ein dem Gegenstand anhaftendes und mit einer Mitgift des Urhebers versehenes Element gerne im modischen, am Rezipienten orientierten Begriff des Fremdschämens kaschiert. Will man aus ihm ein handhabbares ästhetisches Element machen, so muß es wieder näher heran an den Künstler und seine Arbeit: Denn dieser weiß so gut wie diese, dass das Verlassen der semantischen Sphäre, der Übertrag- und Übersetzbarkeit der Codes und der eingespielten Harmonien des Materials Unwillen bis zum Ekel erregen kann. Weil lang eingeübte kulturelle Prozesse revoziert werden: Der avancierte Sprachnutzer am Ende einer Kette gehobenen Sprachgebrauchs lallt wie ein Kleinkind: GoetheSchillerHilf!, das ist Regression in jenem Material, das Erwachsenwerden, Mündigkeit und Zivilisation bedeutet, Revokation derselben! Umgekehrt bewertet: Raus aus den kognitiven Zurichtungen in eine chaotische Gestalt des Raumes, der Schrift und der Zeiteinteilung; nicht wirklich chaotisch natürlich, sondern pseudochaotisch: denn wie soll der hochreflektierte Künstler, und sei es im brutalsten Akt der art brut, genau dahin zurück, woraus er sich ein Leben lang gearbeitet hat? Ja geht es denn? Nein! Er kann Funkkontakt dorthin aufnehmen und dann mit den Signalen spielen. Wenn es beim Hörer als weißes Rauschen oder als akustisches Exkrement ankommt, dann müssen diese eben noch nachsitzen und sich üben im Überwinden von Peinlichkeitsschwellen, und sei es über Indolenz und Desinvolture, hin zu einer zweiten Empfindsamkeit, die auf ein technisch verstärktes Gestöhn reagiert wie auf ein Distichon von Schiller oder ein Triptychon von Bosch (siehe die ›Optischen Lautgedichte‹ von Josef Anton Riedl).

In diesem programmatischen Sinne ist Michael Lentz dann auch wieder Lehrer, der er andererseits partout und ganz im Gegenteil nicht sein will. Und welche Bewegung finden wir in dieser lehrerverachtenden Lehrerhaltung (Lehrer. Nichtlehrer – Nichtlehrer. Lehrer)? Die des Chiasmus natürlich. Und was an ebendieser ästhetischen Figur so schlagend ist, so schlagend schön: dass sie einen Widerspruch in Symmetrie auflöst, in Symmetrie der Bewegung, Bewegung der Symmetrie, die man von einem Quasi-Außen aus entzückt betrachten kann. Deswegen ist der Chiasmus eine kommunikative Lösung des argumentationslogischen Problems des performativen Selbstwiderspruchs und des vitiösen Zirkels, (Punch): Ich widerspreche mit meiner Sprechhandlung der inhaltlichen Aussage und treibe die schöne Erkenntnis aus ebendiesem paradoxen Spiel hervor. Zum Beispiel: Ich. Ich setzt ein Ich voraus, um Ich sagen zu können, was mich dazu bringt dieses zweite Ich als Begründung für das erste anzusetzen. Statt Unvordenklichkeiten zu unterstellen wie bei Fichte oder Sartre, wandert das Problem hinein in Rhetorik und Poetik und beginnt zu klingen und den Charme seiner sprachlichen Form zu entfalten. Nicht wahr?, aber schön!

Oder nehmen wir die visuelle Kommunikation. Wiederholt kommt Michael Lentz auf ein wie ein barockes Emblem aufgebautes Plakat in der Münchner U-Bahn zu sprechen, auf dem unter der Fotografie eines Fallschirmspringers geschrieben steht »Dieser Mann ist in dreißig Sekunden tot«. Da schaut der Dichter auf die Uhr, und der Fallschirm geht ihm auf: Auf ewig wird der Mann auf dem Plakat vor seinem Tod verweilen, da die Zeitform der Behauptung mit der des Behaupteten nicht kongruent ist: Die Schrift schiebt das Ereignis auf immer auf. Ein typisches Lentz-Gedicht ist aus der emblematisch aufgezäunten Werbung geworden, ein Gedankenspiel in poetischer Spielform.

In diesem Sinne sind Michael Lentz' Gedichte zu großen Teilen poetologische Gebilde. Und seine hier versammelten poetologischen Essays bilden auch eine autobiographische Schrift; insofern eben, als sich der Schreiber ganz von der Schrift her schreibt (seit er aus dem Alphabet herausgeschmissen wurde und an die Schulwand gestellt). In diesem technisch-skripturalen Sinn ist des Klartext-Liebhabers Michael Lentz' autobiographisches Schreiben allerdings diskret bis zum Hass auf die verkleidende Metapher, die dauernd übersetzen will, Fremdes in Eigenes, den einen ins andere, mit einer normierten Normabweichung, die jedermann in Façon belässt, in diese einsperrt. In diesem Sinn wiederum, noch eine Wendung mehr, ist die ästhetische Programmschrift auch ein Aufruf zur Revolte. Stellt Euch der Grammatik, bekämpft den zur Ideologie tauglichen Sinn. Das ist schon seltsam in so revolteschwachen Zeiten. Nicht zufällig also Lentz' Neigung zum Expressionismus und zu Dada, zum Lettrismus und zu Oulipo, zur *Wiener Gruppe* und zu einem Carlfriedrich Claus, von dem es einmal heißt, der Staatsdruck habe den Artikulationsdruck erhöht. Doch das ist schon DDR-Geschichte und also leicht ansentimentalisiert. Die Druckverhältnisse heute sind dichter in die kommunikativen Netze gewebt. Einerseits technisch implementiert, andererseits ephemerer, flüchtiger in der Erscheinung.

Da braucht es einen wachen Fluchtsinn für die Sinnflucht einer vielsprachig zusammenwachsenden Kommunikationsgemeinschaft. Warum noch mal, braucht es das? Weil sonst die Einsinnigkeit sich in eine technisch-mediale Ideologie verwandelt. Deshalb ist hier einer so wach und manchmal auch laut. Wenn er von sich spricht allerdings so leise, dass man die Ohren spitzen muss. Es ist ihm etwas peinlich, das Poetische mit sich zu versehen und sich selbst mit dem Poetischen. Nein, da bellen wir lieber ein paar Nachbarn laut an, damit keiner meint, das sei ja nun ein properes Dichterexemplar, allseits kompatibel (Lentz' größte Sorge!) und obendrein noch voll sympathisch; nein, da schießen wir doch lieber mal quer einem durchs Gehirn. – Auch Teil des Programms!

Doch wiederum andersherum: Auch das Existentielle, so die Chiffre, die Michael Lentz gerne verwendet, um den Druck, die Intensität auch noch in der auswendigsten Sprachform zu markieren, auch dieses Existentielle hat immer eine Gestalt im Text. Sie ist sichtbar wie eine schwache Silhouette, die sich im Buchstabengeflecht selbst andeutet; oder hörbar, wie ein dünnes Motiv am Grund des kräftigen Rauschens. Und es braucht offenbar einen Dritten, um darauf hinzuweisen, dass da jemand von sich spricht, wenn er obsessiv von anderen und davon spricht, was er nicht ist, so obsessiv einerseits, so argumentativ stringent andererseits, dass man sich fast wie ein Ketzer vorkommt, wenn man sagt, so klingt nur einer.

# Personenverzeichnis

Achleitner, Friedrich 212
Achmadulina, Bella 273
Achternbusch, Herbert 308
Adorno, Theodor W. 22, 154, 155, 318
Adrian, Marc 210, 211, 219, 521, 536–538, 542, 543
Albers, Hans 245
Albert-Lazard, Lulu 373
Allemann, Beda 369
Amirkhanian, Charles 169
Ammelburger, Gerhard 384, 385
Anacker, Regine 432–434
Andreas-Salomé, Lou 383, 387, 499
Apollinaire, Guillaume 92
Aristoteles 16, 477
Arnaud, Noël 125
Artaud, Antonin 186, 546
Artmann, Hans Carl 52, 153, 209, 211, 214, 344
Asmus, Walter 461
Auden, Wystan Hugh 85–87, 95, 141, 298
Augner, Christiane 386
Ayler, Albert 361
Baader, Johannes 157, 180
Ball, Hugo 160
La Barbara, Joan 163
Bauer, Felice 121
Bauer, Kurt 71
Barlow, Klarenz 169
Barthes, Roland 17, 20, 28, 99, 104, 106, 107, 113, 114, 117, 124
Bataille, Georges 99
Baudelaire, Charles 77, 235
Bayer, Konrad 210, 211, 536
Beaudoin, Valérie 125
Becher, Johannes R. 444
Beckett, Samuel 8, 9, 64, 256, 301, 346, 459–511, 547, 552
Beethoven, Ludwig van 463, 465, 470, 476, 493, 499, 501–503, 505, 506, 508
Behrens, Franz Richard 160, 210
Benjamin, Walter 59, 161, 253, 269, 313, 452, 453
Benn, Gottfried 8, 73, 79, 407–455, 547, 554
Benthien, Claudia 463
Bernhard, Thomas 18, 383
Beumer, Isabeella 163

Beyer, Marcel 94
Bielski, Nella 378
Birken, Sigmund von 210
Blin, Roger 474
Bloch, Ernst 183, 204, 551
Block, Alexander 64
Block, Friedrich W. 219, 513, 515, 519, 521
Blonk, Jaap 39, 153, 163, 297, 549
Bloom, Harald 347
Blume, Bernhard 383, 384
Bodin, Lars-Gunnar 168, 184
Boehncke, Heiner 64
Böhme, Jakob 204
Bötticher, Hans (siehe auch: Joachim Ringelnatz) 323
Bohrer, Karl Heinz 200, 201, 551
Bök, Christian 164
Bolten, Jürgen 431
Bootz, Philippe 519
Borchardt, Rudolf 341
Bosch, Hieronymus 559
Brau, Jean-Louis 161, 177
Brecht, Bertolt 94, 314, 318, 429, 431, 432, 442–445, 456
Brinkmann, Rolf Dieter 64, 74, 86
Brötzmann, Peter 358
Brotchie, Alastair 126
Brown, Earle 226
Bruyndonckx, Jan 167
Bürger, Gottfried August 334
Büssgen, Antje 389
Bulatov, Dimitry 164
Bultmann, Johannes 230
Buñuel, Luis 346
Burkhard, Heinrich 443
Burljuk, David 289

Cage, John 33, 51, 52, 121, 122, 226, 256, 512, 527
Calvino, Italo 125
Caravaggio, Michelangelo 471
Celan, Paul 21, 63–65, 347
Céline, Louis-Ferdinand 111
Cervantes, Miguel de 461
Cézanne, Paul 372
Charms, Daniil 157, 158, 258, 302
Chlebnikov, Velimir 66, 177, 235, 236, 238–243, 549
Cho, Peter Sungil 519
Chopin, Henri 161, 167, 170, 183
Claus, Carlfriedrich 39, 158, 164, 177–207, 218, 230, 289, 290, 293, 297, 302, 335, 459, 475, 521, 532–533, 549, 551, 552, 560
Cobbing, Bob 39, 161, 164, 183, 226, 297
Coleman, Ornette 361
Coleridge, Samuel Taylor 514
Colmar, Levin 188
Corra, Bruno 518
Coy, Wolfgang 519
Cummings, E. E. 92

Dakić, Danica 477
Dante 79, 439, 441
Debord, Guy 90

Deisler, Guillermo 293
Deleuze, Gilles 341, 342, 476, 493
Develay, Frédéric 519
Demski, Eva 102
Derrida, Jacques 15, 16, 205, 513, 520
Dick, Uwe 53, 62, 66, 69, 77, 94, 273–289, 331, 549
Dieterle, Bernard 402
Dilthey, Wilhelm 430, 431
Döblin, Alfred 324, 428
Doesburg, Cor 167
Dressel, Alfons 443
Droste-Hülshoff, Annette von 324, 325
Druskin, Jakow Semjonowitsch 302
Duchamp, Marcel 121, 125, 461
Dürer, Albrecht 419, 420, 422
Dufrêne, François 39, 158, 161, 183, 297, 477, 525
Dumont-Billaudot, Marcelle 529
Dutey, Jean-Marie 519
Dyck, Joachim 407, 408, 411, 412

Eckel, Winfried 373
Economo, Constantin von 434
Eich, Günter 64
Eimert, Herbert 185
Einstein, Albert 318
Eisenstein, Sergej 229
Eisler, Hanns 318, 443, 445
Ekelöf, Gunnar 77
Ellmann, Richard 189
Ende, Hans am 389
Engel, Manfred 372, 373
Erhardt, Heinz 325
Ernst, Gustav 520
Ernst, Max 202
Escoffet, Eduard 171
Exner, Richard 369, 370, 372, 375, 385

Fehsenfeld, Martha 461
Feldmann, Morton 464
Feuchtwanger, Lion 318
Fialik, Maria 209
Fichte, Johann Gottlieb 274, 559
Fiedler, Theodore 387
Fisch, Michael 221
Flaker, Aleksandar 188
Folie, Sabine 461
Fontana, Giovanni 164
Fortner, Wolfgang 464
Foucault, Michel 514
Franco, Francisco 329
Frank, Horst J. 426
Freud, Sigmund 269, 521
Frieling, Rudolf 461
Fritz, Marianne 114, 115
Fülleborn, Ulrich 369, 370, 372

Galas, Diamanda 163, 297
Garret, John 86, 141, 298
Geerken, Hartmut 164, 349–365
George, Stefan 77, 78, 83, 92, 93, 279, 341

Gerhardt, Paul 445
Giesing, Michaela 461
Gilbert, Annette 203
Ginna, Arnaldo 518
Glasmeier, Michael 301, 461, 463, 469
Goethe, Johann Wolfgang von 40, 65, 213, 312, 315, 322, 358, 411, 445, 452, 549, 558
Goethals, Lucien 167
Gomringer, Eugen 32, 74, 549
Grabbe, Christian Dietrich 95, 110
Graf, Oskar Maria 369
Greenham, Lily 183
Greenham, Peter 183
Groddeck, Wolfram 371
Grönemeyer, Herbert 64
Groys, Boris 34, 523, 525
Grünbein, Durs 81
Gryphius, Andreas 73, 94
Guillaumin, Marc-Gilbert 525
Guymer, Christiane 529

Handke, Peter 153
Hansen-Löve, Aage 188
Hanson, Sten 168, 184
Hardenberg, Friedrich von (siehe auch: Novalis) 77, 264
Hardt, Ernst 443
Hardt-Warden, Bruno 245
Harsdörffer, Georg Philipp 210
Hartel, Gaby 301, 461, 500
Hartmann, Karl Amadeus 136, 138
Hartung, Harald 523
Hauer, Johann Matthias 215
Hauptmann, Gerhart 314
Hauschild, Vera 370
Hausmann, Raoul 157–159, 182
Haverkamp, Anselm 490, 491
Hegel, Georg Wilhelm Friedrich 16, 87, 422
Heidsieck, Bernard 38, 172
Heister, Hanns-Werner 230
Hell, Bodo 9, 257–272, 549
Hepner, Lotte 399
Herbeck, Ernst 71
Hertel, Gaby 461
Herzogenrath, Wulf 461
Hesse, Hermann 245
Higgins, Dick 514
Hilbig, Wolfgang 35, 36
Hil de Gard 259
Hindemith, Paul 422, 442–444
Hintze, Christian Ide 172
Hirsch, Cornelius 229
Hitler, Adolf 244, 312, 313, 410, 414, 418, 420, 422
Ho Chi Minh 204
Hoddis, Jakob van 73
Hodell, Åke 168, 184
Hölderlin, Friedrich 95, 334–336, 345, 372, 387, 388
Höllerer, Walter 26
Hoffmann, Christine 461

Hoffmann, E. T. A. 345, 463, 464
Hofmannsthal, Hugo von 404
Hofmannswaldau, Hofmann von 73, 94, 251
Holliger, Heinz 464
Homer 345, 594
Horaz 80
Horch, Hans Otto 424
Hummelt, Norbert 94
Humpert, Hans Ulrich 185

Iser, Wolfgang 25, 26
Isou, Isidore 32, 219, 476, 519, 524–526, 528, 529
Izambard, Georges 114

Jacobsen, Jens Peter 395
James, Henry 345
Jandl, Ernst 64, 79, 159, 173, 182, 184, 214, 268, 549, 555
Janke, Wolfgang 372, 386
Jarry, Alfred 341
Jeffers, Robinson 77, 273
Jessenin, Sergej 18, 19, 20, 21, 64, 77
Jesus Christus 383, 384, 415, 422, 447, 448
Joyce, James 189, 256
Jonson, Ben 440
Johnson, Bengt Emil 168, 184
Johnson, Uwe 40, 111
Jordan, Lothar 524
Jouet, Jacques 125
Jugel, Bernhard 182

Kafka, Franz 21, 99, 100, 102, 104, 108–110, 115, 117, 118, 121, 142, 292, 312, 322, 397, 548
Kandinsky, Wassily 226
Kant, Immanuel 25, 90, 137, 352, 353, 360, 362
Karcher, Simon 429, 444, 449
Karkoschka, Erhard 226
Keaton, Buster 467, 468, 487, 492
Kellen, Konrad 319
Kerner, Justinus 120
Key, Ellen 395
Kierkegaard, Søren 14, 57, 64, 386, 387
King, Martina 498, 403
Kisch, Egon Erwin 444
Klaj, Johann 210
Kleinschmidt, Erich 4, 95, 428
Klemperer, Otto 443, 445
Klee, Paul 202, 373, 527, 552
Kleist, Heinrich von 64
Kling, Thomas 80, 94, 340–348, 548, 555
Kluwe, Sandra 403
Knowlson, James 464, 471, 473, 478, 482, 496, 501
Kobus, Kathi 323
Køpcke, Arthur 527
Körner, Christian Gottfried 98
Kolesch, Doris 463, 497, 509
Kooning, Willem de 527
Kotzinger, Susi 203, 528
Krämer, Sybille 463, 497, 509
Kristeva, Julia 19
Krolow, Karl 127

Krumme, Peter 372
Krutschonych, Alexej 181, 182, 238, 289, 290
Kubelka, Peter 517
Kubin, Alfred 282, 283
Kubota, Nobuo 477
Kühn, Axel 146
Kühn, Renate 133
Kuhlmann, Quirinus 241
Kuhne, Bernd 64

Laaban, Ilmar 168, 184
Lacan, Jacques 545
Larkin, Philip 77
Lasker-Schüler, Else 73
Laxness, Halldór 67
Le Lionnais, François 125
Leeder, Karen 379
Lemaître, Maurice 183, 219, 477, 519, 521, 524–526, 528, 529, 544
Lenin 204, 206
Lye, Len 219, 518
Lichtenberg, Georg Christoph 278
Lichtenfeld, Monika 221
Liliencron, Detlev von 96
Löwenstein, Sascha 374
Lommel, Michael 470, 475, 477
Lohenstein, Daniel Casper von 72
Lora-Totino, Arrigo 164, 183
Lowe-Porter, Helen Tracy 319
Luhmann, Niklas 153
Macho, Thomas 497
Mackensen, Fritz 389
Maeda, John 520
Maeterlinck, Maurice 395
Magnússon, Gísli 378, 383, 402
Maier, Michael 493, 500–505, 508, 510
Maillard, Claude 519
Majakowski, Wladimir 62, 77, 238, 289
Mallarmé, Stéphane 92, 234
Mandelstam, Ossip 19, 273, 287, 338
Mann, Chris 169
Mann, Katia 321
Mann, Thomas 73, 111, 312–322, 395
Mao, Tse-tung 204
Marinetti, Filippo Tommaso 32
Martin, Jean 474
Martínez, Matías 434
Mathews, Harry 125, 126
Maurach, Martin 29, 160
Mayer, Rudolf 177, 181, 289
Mayröcker, Friederike 64, 80, 94, 153, 251–256, 549
Meander, Jelle 173
Meister Eckhart 384
Melo e Castro, Ernesto de 519
Meester, Louis de 168
Menninghaus, Winfried 95
Métail, Michèle 125
Michelangelo 471
Mihalovici, Marcel 474

Miller, Henry 51
Michaux, Henri 144, 203
Minton, Phil 163
Miranda, Fatima 163
Mitterer, Erika 379, 404
Mnatsakanjan, Elizaveta 203
Modersohn, Otto 389
Mon, Franz 14, 38, 74, 182, 183, 203, 428, 516, 533, 545, 549
Monk, Meredith 163, 297
Moog, Robert A. 185
Moore, Thomas 465
Morgenstern, Christian 160, 325, 555
Moss, David 297
Mozart, Leopold 528
Mozart, Wolfgang Amadeus 269
Mühlhiasl 282
Müller, Herta 243–249
Müller, Jürgen E. 514, 515
Müller, Wilhelm 235, 463, 474
Müller Farguell, Roger W. 373
Mynona (Salomo Friedlaender) 363

Nadolny, Sten 88
Namtchylak, Sainkho 163
Nauman, Bruce 461, 477
Neumann, Robert 453, 455
Niedermayer, Max 413
Nietzsche, Friedrich 129, 130, 144, 200, 312, 405, 413, 414
Novak, Helga M. 80, 94, 153, 328–339, 554
Novák, Ladislav 183
Novalis (siehe auch: Friedrich von Hardenberg) 75, 77–79, 87, 130, 198, 204, 255, 264, 277, 286, 358, 359

Oelze, Charlotte Stephanie 450
Oelze, Friedrich Wilhelm 408–412, 423, 448–450, 451
O'Hara, Frank 86
Olson, Charles 78, 84
Opitz, Martin 76
Ohrt, Roberto 523, 524
Oursler, Tony 389
Overbeck, Fritz 390

Paech, Joachim 520–522
Pape, Walter 325
Papp, Tibor 519
Paracelsus 204, 378
Pascin, Jules 326
Pastior, Oskar 62, 83, 84, 92, 94, 125, 214, 232–250, 433, 549, 555
Paul, Jean 25, 273–279, 282, 399
Pavese, Cesare 77
Paz, Octavio 92
Penck, A. R. 202
Perec, Georges 125
Pessoa, Fernando 59, 82
Petrarca, Francesco 79
Picon, Gaëtan 525
Pieper, Leonharda 325
Pichler, Josef 345
Piringer, Jörg 171

Plath, Sylvia 77
Platon 16
Poe, Edgar Allan 445
Polke, Sigmar 202
Pollock, Jackson 527
Pomerand, Gabriel 476, 528
Pound, Ezra 53, 62, 64, 77, 78, 273, 276, 278, 281, 321, 344, 345
Pousseur, Henri 527
Priessnitz, Reinhard 77
Przyboś, Julian 89, 90
Puschkin, Alexander 287
Pytlik, Priska 375, 404

Queneau, Raymond 125

Ramm, Klaus 179, 180, 182, 187–190, 198, 533
Renn, Ludwig 327
Reuchlin, Johannes 335
Rembrandt 439–441
Riedl, Josef Anton 38, 135, 146, 172, 177, 223–231, 526, 549, 559
Riemer, Friedrich Wilhelm 452
Rilke, Rainer Maria 8, 65, 94, 153, 198, 369–406, 421, 547, 549, 554
Rimbaud, Arthur 51, 77, 85, 114, 118, 225, 465
Rinck, Monika 94
Ringelnatz, Joachim (siehe auch: Hans Bötticher) 258, 260, 323–327, 553, 555
Rippl, Gabriele 203, 528
Ritter, Johann Wilhelm 118
Ritzer, Monika 393
Robbe-Grillet, Alain 64
Rodin, Auguste 372, 387, 390, 391, 392, 401
Röhm, Ernst 410
Rösch, Perdita 373
Ronsard, Pierre de 79
Ross, Werner 323
Rot(h), Di(e)ter 202, 219, 226, 521, 533–535, 543
Roth, Joseph 327
Roubaud, Jacques 125
Rühm, Gerhard 29, 74, 157, 160, 164, 183, 208–222, 289, 342, 521, 536, 538, 539, 542, 543, 547, 549
Rühmkorf, Peter 453
Russolo, Luigi 527
Ruttmann, Walter 517, 527

Sabatier, Roland 522, 525, 528
Sartre, Jean-Paul 52, 559
Schäfer, Hans Dieter 408, 409, 412
Schaeffer, Pierre 527
Schaer, Alfred 391
Scheerbart, Paul 160
Scherchen, Hermann 443
Scherstjanoi, Lev 291
Scherstjanoi, Valeri 164, 177, 181, 203, 289–303, 549, 557
Scheugl, Hans 523
Schiller, Friedrich 39, 98, 149, 151–153, 167, 303, 333, 334, 338, 390, 558, 559

Schiwy, Günther 372, 383, 384, 400
Schlechta, Karl 200
Schlegel, Friedrich 75, 80, 87, 117
Schmidt, Arno 273, 276, 312, 322
Schmidt, Ernst 523
Schmidt, Siegfried J. 523, 524
Schnack, Ingeborg 374
Schnebel, Dieter 226, 229
Schneider, Helge 315, 316
Schönberg, Arnold 215, 318
Schöning, Klaus 188
Scholz, Christian 181, 182
Schopenhauer, Arthur 53, 69, 312
Schreyer, Lothar 527
Schröder, Jürgen 407, 410, 413, 415, 422, 423, 435, 451, 452
Schubert, Franz 463, 465, 474, 476
Schumann, Henry 186, 187
Schünemann, Georg 443
Schwitters, Kurt 157–159, 182, 183, 202, 502, 555
Seibert, Peter 477
Shakespeare, William 212, 439–441
Sharits, Paul 219, 519, 521, 536, 540–543
Shepp, Archie 361
Shils, Edward 321
Sigurdardottir, Asta 336
Sobolewski, Klaus 188
Sokel, Walter H. 378
Solbrig, Ingeborg H. 379
Spies, Werner 461
Spinoza, Baruch de 204
Stäbler, Gerhard 229
Stalin, Josef 244, 245, 249, 291
Stein, Gertrude 111, 235
Steinbacher, Christian 266
Stewart, Amanda 169
Stifter, Adalbert 308
Stoffels, Hendrickje 439
Stolterfoht, Ulf 94
Storck, Joachim W. 369, 379
Stramm, August 74, 77, 91, 94, 215
Stratos, Demetrio 163
Stylites, Symeon, der Ältere 346
Sun Ra (Herman »Sunny« Blount) 363

Tasso, Torquato 79
Terent'ev, Igor' 243
Tesauro, Emanuele 342
Thiel, Detlef 15, 205, 513, 532
Thomas, Dylan 72
Thoor, Jesse 33, 77, 81, 94, 337, 549
Thurn und Taxis, Marie von 387
Toch, Ernst 318
Tophoven, Elmar 472
Trakl, Georg 73
Tucholsky, Kurt 261
Twombly, Cy 202, 203
Tzara, Tristan 88

Uetz, Christian 94
Ulrichs, Tim 517
Ungaretti, Giuseppe 234
Urweider, Raphael 94

Valentin, Karl 56, 153, 314, 325, 482, 555
Valéry, Paul 78, 81, 82, 387, 433
Veit, Carola 461
Velázquez, Diego 490
Vergil 346, 549
Vermeer, Johannes 490
Vilain, Robert 379
Völkner, Joachim 293
Vogeler, Heinrich 389
Vree, Paul de 167, 168, 183

Waldenfels, Bernhard 509
Walser, Robert 53, 88, 144, 206, 307–311, 312, 315, 322
Webern, Anton 215
Wedekind, Frank 307
Weibel, Peter 518
Weill, Kurt 443
Weiss, Peter 153
Weller, Michael J. 168
Wendt, Larry 167
Werckshagen, Carl 408, 409
Werner, Klaus 187
Westhoff, Clara 383
Wetzels, Walter D. 118
Wiener, Oswald 211, 536
Williams, William Carlos 77
Willrich, Wolfgang 407
Wishart, Trevor 169, 170
Wittig, Heinz 188, 190, 532
Wolff, Ernst 443
Wolman, Gil Joseph 161, 177, 219, 297, 477, 519, 521, 525, 529–532
Wols 202
Woolf, Virginia 111, 114

Xenophanes von Kolophon 477

Yeats, William Butler 465, 466

Zacharias, Leonie 385
Ziganke, Jana 459, 460, 473, 474
Zürn, Unica 78
Zumthor, Paul 28
Zweig, Ellen Marcia 472
Zwetajewa, Marina 400

## Quellenverzeichnis

**Schreiben. Sprechen. Ich. Eine Auskunft**
in: Sprache im technischen Zeitalter. Heft 171, September 2004, S. 346 – 374.

**Mir graut vor mir. Eine Inventur**
Unter dem Titel: Warum steht jetzt da, was da steht? Eine nachgefragte Inventur, in: Wie werde ich ein verdammt guter Schriftsteller? Hrsg. v. Josef Haslinger, Hans-Ulrich Treichel. Frankfurt/M.: Suhrkamp 2005, S. 156 – 176.

**Infekt. Über Poetik und Poesie**
Kieler Liliencron-Dozentur 2006. In: Neue Rundschau, Heft 3, 2008, S. 152 – 176.

**Ich, anders. Eine Poetik der Schwelle**
Vorlesungen, gehalten am 9. Oktober 2008 und 19. Januar 2009 im Rahmen der Poetikdozentur der Hochschule RheinMain Wiesbaden.

Unter dem Titel: Ich, anders. Brüche und Umbrüche. Eine Poetik der Schwelle, in: »nehmen sie mich beim wort ins kreuzverhör«. Vorlesungen der Wiesbadener Poetikdozentur. Hrsg. v. Rosemarie Altenhofer, Susanne Lewalter, Rita Rosen. Frankfurt/M.: Fischer Taschenbuch Verlag 2010, S. 205 – 260.

**Nie wieder Dada! Im Gefängnis der Lautpoesie**
in: Da mal Saturn heran kam. In Erinnerung an Karl Amadeus Hartmann zum 100. Geburtstag. München: Bayerischer Rundfunk/musica viva 2006, S. 190 – 206.

**Claustrophonie**
**I. Einmünden. Aushorchen: Stimme**
**II. ›Denklandschaften‹: textlose Schrift**
Erweiterte Fassung von: Einmünden. Aushorchen. Eine Claustrophonie, in: Schrift. Zeichen. Geste. Carlfriedrich Claus im Kontext von Klee bis Pollock. Hrsg. v. Ingrid Mössinger, Brigitta Milde. Kunstsammlungen Chemnitz, Katalog zur Ausstellung (24. Juli – 9. Oktober 2005), Wienand Verlag 2005, S. 20 – 27.

Carlfriedrich Claus: Sprachblätter, © VG Bild-Kunst, Bonn 2011. rinde der bäume, 1954, Typoskript, 29,8 × 20,9 cm, Bez. u. m. (maschinenschriftlich): 1954 carlfriedrich claus, Kunstsammlungen Chemnitz, Stiftung Carlfriedrich Claus-Archiv, 5.2.1. – 212; melos, 1957, Typoskript, 29,8 × 20,9 cm, Bez. u. l. (maschinenschriftlich): 1957 carlfriedrich claus, Kunstsammlungen Chemnitz, Stiftung Carlfriedrich Claus-Archiv, 5.2.1. – 176; in der rinde: geschehen: …, 1958, Typoskript, 29,8 × 20,9 cm, Bez. u. m. (maschinenschriftlich): 1958 carlfriedrich claus, Kunstsammlungen Chemnitz, Stiftung Carlfriedrich Claus-Archiv, 5.2.1. – 138; Kreis-Probe, Aus der Serie: Kreis-Probe einer Figur in je zwei mal zwei Richtungen, Reihe B: Mechanik, Blatt 5, o. J., Typoskript, 29,8 × 20,9 cm, Bez. verso u. l.: o sn+2, Kunstsammlungen Chemnitz, Stiftung Carlfriedrich Claus-Archiv, 5.2.2. – 9; Rschärk rskra, o. J., Typoskript, 29,8 × 20,9 cm; skizze, o. J., Typoskript, 29,8 × 20,9 cm, Bez. u. r.: C. Claus, Kunstsammlungen Chemnitz, Stiftung Carlfriedrich Claus-Archiv, 5.2.1. – 235. Alle Fotos: © bpk/Kunstsammlungen Chemnitz/László Tóth.

**Rühmungen. Gerhard Rühm**
Laudatio auf Gerhard Rühm anlässlich der Verleihung der Ehrendoktorwürde der Universität zu Köln am 25. Januar 2010, abgedruckt in: MusikTexte 124, Februar 2010. Köln: MusikTexte GbR 2010, S. 30 – 35.

**Ohrenblicke. Josef Anton Riedl**
in: Bayerische Akademie der Schönen Künste: Jahrbuch 24/2010. München 2011, S. 100 – 105.

**Pastiorphonie**
**I. Wer spricht denn da?**
Unter dem Titel: Nichts ersetzt das Original, in: Oskar Pastior: durch – und zurück. Hrsg. v. Michael Lentz. Frankfurt/M.: Fischer Taschenbuch Verlag 2007, S. 309–313.

**II. Pastior spricht (über) Chlebnikov**
Unter dem Titel: Geschwisterpaar der Posie. Freiheitsrausch: Oskar Pastiors Porträt von Velimir Chlebnikov, in: FAZ, 24. 04. 2004.

**III. Herta Müllers *Atemschaukel***
Unter dem Titel: Wo Sprache die letzte Nahrung ist. Herta Müllers Roman *Atemschaukel*, in: FAZ, 04. 09. 2009.

**Die Sprache 1 Tumult. Friederike Mayröcker**
Unter dem Titel: »Ach, die Sprache ist 1 Tumult«. Notizen beim Wiederlesen von Friederike Mayröcker, in: Neue Zürcher Zeitung, 27. 10. 2001.

Wird welken wie Gras, in: Friederike Mayröcker: Gesammelte Gedichte 1939–2003. Hrsg. v. Marcel Beyer. © Frankfurt/M.: Suhrkamp 2004. Alle Rechte bei und vorbehalten durch den Suhrkamp Verlag Berlin.

**Zum Parnass. Bodo Hell**
Laudatio auf Bodo Hell anlässlich der Verleihung des Preises der Literaturhäuser 2003, Berlin, 27. Mai 2003, unter dem Titel: »Kehrtwendung ins Konkrete«: »Dieses notwendige Fehlen von Klartext«. Reaktionen, Anrisse beim Lesen einiger Bücher von Bodo Hell. Ungedruckt.

**Donnerwetter. Uwe Dick**
Uwe Dick: Ein Tag ohne Lächeln – finsterer als eine Nacht ohne Stern; Michael Lentz: Ich, Dichter des Himmels und der Erde, ging aus meinem Munde hervor: Die Rede und Laudatio zum Jean-Paul-Preis. Bad Nauheim: ASKU Sven Uftring 2009, S. 4–21.

wer weiß denn … in: Uwe Dick: des blickes tagnacht. Gedichte 1969–2001. © 2002 Residenz Verlag im Niederösterreichischen

Pressehaus Druck- und Verlagsgesellschaft mbH, St. Pölten–Salzburg.

**Der letzte Futurist. Valeri Scherstjanoi**
in: Valeri Scherstjanoi: Mein Futurismus. Berlin: Matthes & Seitz 2011, S. 169–186.

**Prosakrone. Robert Walser**
Unter dem Titel: Robert Walser. Wer sonst?, in: NZZ, 27. 05. 2006.

**Kondensieren, Ausstaffieren. Thomas Mann**
Unter dem Titel: Hic et nunc. Lektüren, Kondensate. Dankbar Unbedeutendes zu Thomas Mann, in: Akzente – Zeitschrift für Literatur, Heft 4, August 2002, S. 311–318.

**Antipointismus. Joachim Ringelnatz**
Unter dem Titel: Und auf einmal steht es neben dir. Ringelnatz. Ein Porträt, in: Die Welt, 10. 05. 2003.

**Herkunft Heimat. Helga M. Novak**
Unter dem Titel: Herkunft Heimat. Eine Lektüre. Zu den Gedichten von Helga M. Novak, in: Helga M. Novak: wo ich jetzt bin. Gedichte. Ausgewählt von Michael Lentz. Frankfurt/M.: Schöffling 2005, S. 213–226.

**Flugdaten. Thomas Kling**
Unter dem Titel: Prophezeiungen aus hingestückter Stimme. Aber die Sprache, dieses vollständige Fragment: Thomas Klings letzter Gedichtband ›Auswertung der Flugdaten‹, das Vermächtnis eines Wortschatzgräbers, in: FAZ, 13. 08. 2005.

Über das Bildfinden II; Sibylle Hellespontica, in: Thomas Kling: Auswertung der Flugdaten. © Köln: DuMont Buchverlag 2005.

**Tintenfluss. Lieber Hartmut Geerken**
Unter dem Titel: Lieber Hartmut, in: pilze hats komischerweise wenig. schriftfest zum siebzigsten geburtstag von hartmut geerken. Wiesbaden: edition swumfsl 2008, S. 194–210.

**Nicht auszulesen. Rainer Maria Rilke**
Unter dem Titel: »Wenn wir uns mitten im Leben meinen«. Nachwort, in: Rainer Maria Rilke. Das große Lesebuch. Hrsg. v. Michael Lentz. Frankfurt/M.: Fischer Taschenbuch Verlag 2011, S. 693–723.

**Schweige und habe gelitten. Gottfried Benn**
Unter dem Titel: Gottfried Benn – ein Comeback, in: Gottfried Benn: Trunkene Flut. Ausgewählte Gedichte. Mit einem Vorwort von Michael Lentz. Stuttgart: Klett Cotta 2011, S. 9–59.

Dennoch die Schwerter halten, Mann –, Wo keine Träne hinfällt, Trunkene Flut, Gewisse Lebensabende, Mutter, Rosen, in: Gottfried Benn: Trunkene Flut. Ausgewählte Gedichte. Mit einem Vorwort von Michael Lentz. Stuttgart: Klett Cotta 2011.

**The steps of music. Samuel Becketts Fernsehspiele**
Gekürzte Fassung in: The Eye of Prey, Essays zu Samuel Becketts Film- und Fernseharbeiten. Hrsg. v. Gaby Hartel und Michael Glasmeier. Berlin: Suhrkamp 2011, S. 325–364.

**Anschlussfähig. Experimentelle Schriftfilme**
Unter dem Titel: Zur Intermedialität in experimentellen Schriftfilmen, in: Schrift und Bild im Film. Hrsg. v. Hans-Edwin Friedrich, Uli Jung. Bielefeld: Aisthesis 2002, S. 113–138.